# Solução e prevenção de litígios internacionais

## Volume II

S691    Solução e prevenção de litígios internacionais / coord. Araminta de
           Azevedo Mercadante, José Carlos de Magalhães. — São Paulo:
           NECIN-CAPES; Porto Alegre: Livraria do Advogado, 1999.
           552 p.; 16x23 cm

           ISBN 85-7348-128-5

           1. Controvérsia internacional. 2. Conflito internacional. 3. Políti-
ca internacional. 4. Arbitragem. 5. Comércio internacional. 6. MER-
COSUL. 7. Direito Internacional.   I. Mercadante, Araminta de Azevedo.  II. Magalhães, José Carlos de.

                                        CDU  341
                                          327

           Índices para catálogo sistemático:

MERCOSUL
Política internacional
Direito Internacional
Controvérsia internacional
Conflito internacional
Comércio internacional
Arbitragem


(Bibliotecária responsável: Marta Roberto, CRB-10/652)

# SOLUÇÃO E PREVENÇÃO DE LITÍGIOS INTERNACIONAIS

## Volume II

Araminta de Azevedo Mercadante
José Carlos de Magalhães
Coordenadores

NECIN – PROJETO CAPES

*livraria*
DO ADVOGADO
*editora*

Porto Alegre, 1999

© NECIN - PROJETO CAPES, 1999

**Araminta de Azevedo Mercadante, Aurea Christine Tanaka, Celso de Tarso Pereira, Fredys Orlando Sorto, Geraldo Miniuci, Geraldo Reis, Guido F. S. Soares, José Carlos de Magalhães, José Cretella Neto, J. R. Franco da Fonseca, Luis Fernando Franceschini da Rosa, Luiz Fernando Quadros Malta Pinto de Sampaio, Luíz Olavo Baptista, Marcelo Calliari, Masato Ninomiya, Neil Montgomery, Orlando Celso da Silva Neto, Paulo Borba Casella, Paulo Roberto de Almeida, Rafaela Lacôrte Vitale Pimenta, Rodrigo Fernandes More, Soraya Dib Abdul Nour, Valnora Leister e Welber Barral.**

*Coordenação:*
Araminta de Azevedo Mercadante e
José Carlos de Magalhães

*Editoração - Supervisão Editorial*
Editora Mania de Livro Ltda.

*Revisão:*
Aurea Christine Tanaka

*Projeto gráfico da capa:*
Renato V. Pimenta

*Direitos desta edição reservados por*
LIVRARIA DO ADVOGADO LTDA.
Rua Riachuelo, 1338
90010-273 - Porto Alegre - RS
Fone/fax: 0800-51-7522
E-mail: info@doadvogado.com.br
Internet: www.doadvogado.com.br

*Em co-edição com*
NECIN - Núcleo de Estudos sobre Controvérsias Internacionais
PROJETO CAPES
Rua Riachuelo, 185 sala 307
01007-000 - São Paulo - SP

Impresso no Brasil / Printed in Brazil

# Índice

## ==== PARTE GERAL ====

Solução e Prevenção de Litígios Internacionais:
Tipologias e Características Atuais ........................................................ **11**
    GUIDO F. S. SOARES

Fatores de Limitação da Jurisdição do Estado ..................................... **65**
    JOSÉ CARLOS DE MAGALHÃES

Natureza e Eficácia da Sentença Internacional ................................... **83**
    J. R. FRANCO DA FONSECA

As Convenções de Viena sobre Direito dos Tratados:
Solução de Controvérsias ................................................................. **101**
    NEIL MONTGOMERY

Novo Sistema de Segurança Coletiva? ONU e a OTAN .................... **133**
    ARAMINTA DE AZEVEDO MERCADANTE E
    RAFAELA LACÔRTE VITALE PIMENTA

Direitos Fundamentais e Direito do Meio Ambiente:
Conflito ou Complementação? ........................................................ **175**
    GERALDO MINIUCI

Programas para a Reforma do Estado: O Fortalecimento de
Métodos Extrajudiciais para Resolver Disputas ............................... **187**
    VALNORA LEISTER

O Acesso à Jurisdição Brasileira e a Situação do
Investidor Estrangeiro ..................................................................... **197**
    LUIS FERNANDO FRANCESCHINI DA ROSA

==== PARTE ESPECIAL ====

# Arbitragem

A Arbitragem e a "Paz pelo Direito" ............................................... **227**
SORAYA DIB ABDUL NOUR

Arbitragem e Jurisdição ............................................................... **237**
WELBER BARRAL

Solução de Controvérsias em Contratos Internacionais:
Sistemas Jurisdicionais Clássicos, Tratados Internacionais e
Arbitragem. Estudo de Caso de Arbitragem em
Contrato Internacional de *Franchising* ........................................... **249**
JOSÉ CRETELLA NETO

Arbitragem Comercial Internacional no Japão ................................. **263**
MASATO NINOMIYA E
AUREA CHRISTINE TANAKA

# Cortes Internacionais

Considerações sobre a Primeira Corte Internacional de Justiça ......... **275**
FREDYS ORLANDO SORTO

A Prevenção e Solução de Lítigios Internacionais no Direito Penal
Internacional: Fundamentos, Histórico e Estabelecimento
de uma Corte Penal Internacional (Tratado de Roma, 1998) ............. **317**
RODRIGO FERNANDES MORE

O Caso dos Testes Nucleares na Corte Internacional de Justiça e
os Atos Jurídicos Unilaterais
(Nova Zelândia *v.* França, 1974 e 1995) ........................................ **367**
CELSO DE TARSO PEREIRA

# OMC

O Mecanismo de Solução de Controvérsias da OMC:
Uma Análise à Luz da Teoria dos Jogos ........................................... **385**
    *MARCELO CALLIARI*

A Regulamentação Internacional do Setor Têxtil e de Vestuário
e a Abertura Comercial: Os seus Impactos para a
Indústria Brasileira ......................................................................... **403**
    *GERALDO REIS*

# Mercosul

Sistemas para Solução de Divergências nas Instituições de
Integração e o Mercosul ................................................................. **435**
    *LUÍZ OLAVO BAPTISTA*

Problemas da Integração no Mercosul:
Obstáculos Estruturais e Conflitos Negociais .................................. **469**
    *PAULO ROBERTO DE ALMEIDA*

O Papel da Comissão de Comércio MERCOSUL:
O Tribunal do MERCOSUL Disfarçado? ......................................... **493**
    *PAULO BORBA CASELLA*

A Aplicação do Direito Derivado do
Mercosul pelo Juiz Nacional ........................................................... **509**
    *ORLANDO CELSO DA SILVA NETO*

O Conflito Fronteiriço Argentino-Chileno e seus Reflexos
na Integração Regional – MERCOSUL. ........................................... **539**
    *LUIZ FERNANDO QUADROS MALTA PINTO DE SAMPAIO*

# AGRADECIMENTOS

O Núcleo de Estudos sobre Controvérsias Internacionais (NECIN) foi criado graças à atividade de alguns professores do Departamento de Direito Internacional da Faculdade de Direito da Universidade de São Paulo, num esforço concentrado para aprimorar as pesquisas que já vinham sendo desenvolvidas, notadamente na área de solução de litígios na esfera internacional.

A presente publicação, em seu segundo volume, reúne outros trabalhos, resultado das pesquisas desenvolvidas no âmbito do NECIN, compondo uma outra etapa do projeto de investigação a que se propuseram os pesquisadores envolvidos.

As atividades do NECIN contaram com o apoio de diversos segmentos acadêmicos, como a Universidade de São Paulo (USP), Universidade Federal de Santa Catarina (UFSC), Universidade Federal da Paraíba (UFPB), Universidade Estadual de Montes Claros (UNIMONTES) e Universidade Federal de Sergipe (UFS).

Participaram também das atividades do NECIN, professores estrangeiros, Philippe Fouchard, Didier Nedjar, da Sorbonne, que realizaram palestras nos seminários e conferências organizados, e William Park, da Universidade de Boston, que contribuiu com um artigo no primeiro volume deste livro.

A participação destes professores muito contribuiu para estimular e enriquecer o desenvolvimento das pesquisas no âmbito do NECIN, bem como o intercâmbio de idéias e experiências.

Não fosse o apoio da CAPES, através do Programa de Formação de Recursos Humanos em Relações Internacionais (RH/RI), este projeto não se concretizaria. Gostaríamos de estender nossos agradecimentos a Aurea Christine Tanaka, Luis Fernando Franceschini da Rosa, Rafaela Lacôrte Vitale Pimenta e Welber de Oliveira Barral, cuja contribuição foi fundamental para o bom desenrolar do projeto e para a presente publicação.

São Paulo, julho de 1999.

ARAMINTA DE AZEVEDO MERCADANTE
*Professora do Departamento de Direito Internacional*
*da Faculdade de Direito da USP.*
*Coordenadora do NECIN*

# Solução e Prevenção de Litígios Internacionais: Tipologias e Características Atuais

### Guido F. S. Soares

*Professor Titular de Direito Internacional Público*
*da Faculdade de Direito da USP*

1. Introdução: Definindo Litígios Internacionais – 2. Fontes Internacionais das Regras sobre Solução e Prevenção de Litígios Internacionais – 3. As Formas Tradicionais de Soluções e Prevenções de Litígios no Direito Internacional; 3.1. As Negociações Diplomáticas; 3.2. Bons Ofícios e Mediação; 3.3. Procedimentos Investigatórios; 3.4. A Conciliação Internacional; 3.5. A Arbitragem Interestatal; 3.6. Tribunais Internacionais Permanentes – 4. Formas Inovadoras da Diplomacia Multilateral e o Impacto das Organizações Intergovernamentais; 4.1. A Organização das Nações Unidas; 4.2. Organizações Especializadas do Sistema das Nações Unidas: O Caso do GATT-OMC; 4.3. Organizações Intergovernamentais Regionais de Defesa dos Direitos Humanos; 4.4. Organizações Intergovernamentais Regionais de Integração Econômica – 5. Conclusões. Anexo Único: Lista dos Mais Relevantes Tratados e Convenções Internacionais Citados.

## 1. Introdução: Definindo Litígios Internacionais

O tema da solução e prevenção dos litígios internacionais tem sido um dos mais tradicionais do Direito Internacional, desde a emergência de seus estudos sistemáticos, e aquele que, na atualidade, mais tem sofrido, com alguma intensidade, as notáveis inovações introduzidas pelas mutações das relações internacionais. Se bem que a maioria das formas de soluções de controvérsias tenha conservado a finalidade para a qual foram originadas no curso da História, seu conteúdo e os procedimentos para sua utilização têm sofrido radicais transformações, em particular, com a emergência crescente das organizações intergovernamentais,[1] sobretudo a partir do final da Segunda Guerra Mundial.

---

[1.] As primeiras organizações intergovernamentais surgiram, na feição da atualidade, após a I Guerra Mundial,

As questões a serem tratadas no presente estudo referem-se unicamente àquelas formas de prevenção ou solução de controvérsias, que não implicam a utilização de recursos da força atual ou potencial. Portanto, se encontram excluídos os estudos sobre as sanções políticas (nestas incluídas as econômicas, sobretudo comerciais) ou militares, quer sejam elas estabelecidas unilateralmente pelos Estados, quer sejam pelo conjunto de organizações político-militares preexistentes, com ou sem a intervenção da ONU. Como se sabe, na Carta das Nações Unidas, onde se consagra o princípio da segurança coletiva, logo após os Caps. IV e V, que versam, respectivamente, sobre a "Assembléia Geral" e o "Conselho de Segurança", existem 3 capítulos consecutivos que tratam de questões intimamente correlatas: o Cap. VI, "Soluções Pacíficas de Controvérsias", Cap. VII, "Ações relativas à Paz, Ruptura da Paz e Atos de Agressão", e Cap. VIII, "Acordos Regionais". Conquanto os processos de manutenção da paz, através da utilização de meios extremos, como o emprego de força militar multilateral (como as denominadas "operações de manutenção da paz"), estejam extremamente relacionados com os meios de prevenção e de solução de litígios internacionais, seu tratamento é diferenciado, não só pela forma de regulamentação que lhe deu a Carta da ONU (em capítulos separados), como pelo fato de seu estudo exigir uma abordagem de maior extensão que permitiria o presente trabalho[2]. Na verdade, o tema da manutenção da paz se acha correlato ao da efetividade das soluções dos litígios internacionais, sendo que ambos os assuntos se encontrariam mais bem estudados no campo particular metajurídico da eficácia das normas internacionais (e menos, nos aspectos formais das soluções e prevenções de litígios internacionais, conforme pretendemos realizar).

Por sua vez, as considerações que se seguem foram, na sua maior parte, baseadas no Capítulo X, "Conteúdo das Obrigações no Direito Internacional do Meio Ambiente (IV): Deveres de os Estados Absterem-se do Uso da Força, na Solução de Controvérsias sobre o Direito Internacional do Meio Ambiente",

---

com os Tratados de Versalhes de 1919: instituição da Sociedade das Nações, que foi sucedida pela atual ONU, e a Organização Internacional do Trabalho, esta até hoje atuante e com sede em Genebra. Para os antecedentes históricos das organizações internacionais, veja-se nosso artigo "Os Órgãos das Relações Exteriores dos Estados e as Formas da Diplomacia na Atualidade" (em Homenagem ao Prof. Dr. Vicente Marotta Rangel), no prelo da *Revista da Faculdade de Direito da USP*.

[2] Veja-se do Embaixador Ivan CANNABRAVA, "O Brasil e as Operações de Manutenção de Paz" in *Política Externa*, São Paulo, Paz e Terra, vol. 5, n. 3, dez. 1996, pp. 93-105. Para uma abordagem bastante pragmática do assunto, recomenda-se a consulta inicial às seguintes publicações da ONU: United Nations, *General Guidelines for Peace-keeping Operations*, Nova York, United Nations, Department of Peace-Keeping Operations, 1995, e United Nations, *The Blue Helmet: a Review of United Nations Peace-Keeping*, Nova York, United Nations Department of Public Intormation, 1996. Em assunto correlato, veja-se: United Nations High Commissiner for Regugees, *A United Nations High Commissioner Refugees Handbook for the Military on Humanitarian Operations*, Genebra, UNCHR, 1995.

do livro de nossa autoria, que se encontrava, na época em que este trabalho foi escrito, no prelo: *Direito Internacional do Meio Ambiente: Sua Emergência, as Obrigações e as Responsabilidades*. No fundo, mesmo para um estudo generalista, como o presente, preferimos deixar o tema relacionado com as normas internacionais de proteção do meio ambiente, porquanto assunto que mais reflete os fenômenos da globalidade dos nossos dias, e onde as inovações nos institutos da solução e prevenção de litígios internacionais são mais claras e necessárias do que em outros. Naquele Capítulo, e por conseguinte, no presente estudo, o principal texto de apoio foi a publicação editada pela ONU, o *Handbook on the Peaceful Settlement of Disputes between States*, de 1992[3], cuja referência, a seguir, será "*Handbook da ONU*", sem dúvida, um interessante repositório da prática dos Estados na atualidade, conquanto sem grandes preocupações doutrinárias. Quanto ao que se considera um litígio internacional[4], a teoria generalizada do Direito Internacional não elaborou, até o momento, categorias conceituais para bem defini-lo; trata-se, assim, de qualquer controvérsia, originária de conflitos de interesses, de qualquer natureza, entre dois ou mais Estados. Pode tratar-se tanto de diferenças de interpretação de normas internacionais vigentes, quanto de situações factuais, onde, por inexistir uma norma internacional que as regule, emerja a necessidade de estabelecer-se uma regulamentação; tal tipologia de litígios fez com que se passasse a distinguir entre conflitos de natureza política, os últimos e conflitos de natureza jurídica, os primeiros. Contudo, se tal distinção pode ser útil para um estudo comparativo e teórico dos institutos dedicados à resolução pacífica dos litígios internacionais, não tem ela maiores conseqüências no sentido de criar obrigatoriedade para os Estados de recorrerem a este ou àquele instituto, porque se trata de um litígio de tal ou qual tipo[5]; na verdade, nos litígios entre Estados, quando ocorrem, os interesses políticos se mesclam de tal maneira aos interesses jurídicos (e, na

---

[3] United Nations, Office of Legal Affairs, Codification Division, *Handbook on the Peaceful Settlement of Disputes between States*, United Nations, Nova York, 1992 (doc.: OLA/COD/2394). Na sua Introdução, lê-se: "A finalidade deste Manual é contribuir para a solução pacífica de controvérsias entre Estados e de auxiliar a fortalecer a sua conformidade com o Direito Internacional, propiciando aos Estados partes numa controvérsia, particularmente aqueles Estados que não contam com as vantagens de departamentos jurídicos com uma experiência longa e bem estabelecida, as informações de que necessitam para selecionarem e aplicarem os procedimentos mais adequados para a solução de controvérsias particulares", id., p. 1 (em tradução livre).

[4] Há, no Direito Internacional, outras palavras que se utilizam para designar "litígio": controvérsia, questão (litigiosa), conflito, lide, diferenças etc., devendo dizer-se que são perfeitos sinônimos, para os efeitos daquele Direito.

[5] Na verdade, existiria relevância, quando se tratar de examinar quando um litígio poderá ser resolvido no âmbito das Nações Unidas, pelos meios disponíveis nos procedimentos judiciários da Corte Internacional de Justiça. Veja-se, sobretudo, o parágrafo 3º do art. 36 da Carta da ONU, *verbis*: "Ao fazer recomendações, de acordo com este artigo, o Conselho de Segurança deverá tomar em consideração que as controvérsias de caráter jurídico devem, em geral, ser submetidas pelas partes à Corte Internacional de Justiça. De acordo com os

verdade, é de perguntar-se até que ponto existiria qualquer distinção entre ambos, num campo, como o Direito Internacional, onde os atores principais, os Estados, são a fonte originária das normas jurídicas), que impedem traçar-se uma linha divisória entre Política e Direito!

Da mesma forma, não existe relevância em distinguir-se entre litígios de natureza política ou jurídica, de um lado, e de outro, litígios de natureza econômica. Se é verdade que os litígios que versam sobre relações comerciais entre Estados, como aqueles resolvidos na Organização Mundial de Comércio, ou sobre questões relacionadas aos fenômenos de integração econômica regional, muito particularmente nas integrações do tipo mercado comum, tais a Comunidade Européia, o Pacto Andino e o Tribunal Centro-Americano, tenham um encaminhamento, na atualidade, com maior precisão e eficácia, acreditamos que não seja a natureza do assunto versado, mas antes, a natureza da regulamentação das próprias relações interestatais no seio de tais organizações, que propiciam a citada eficácia. Na verdade, tanto na OMC quanto nas integrações regionais do tipo mercado comum (e diga-se, desde já, que, nestas integrações, a nota característica é a existência simultânea de uma legislação de ordem supranacional profundamente integrativa e de um tribunal internacional regional, com poderes de aplicá-la, seja nos seus efeitos "inter pares", seja, significativamente e sobretudo, na esfera doméstica dos Estados-partes), as questões magnas que têm sido resolvidas, são todas políticas, embora se revistam de roupagens econômicas.

Enfim, nesta Introdução, e para efeitos do presente estudo, é necessário esclarecer o que se considera "internacional", sobretudo tendo-se presente o inevitável tema da globalização, que, nos dias correntes, perpassa por todos os campos nas relações internacionais. Entendemos que qualquer assunto, na atualidade, que ultrapasse fronteiras de um Estado, seja ele de pertinência exclusiva da ação diplomática dos Estados, seja da alçada dos particulares, no seu relacionamento com outros particulares postados fora da jurisdição do próprio Estado, ou em relacionamentos com Estados estrangeiros, devem ser versados pelo Direito Internacional. Este, não mais pode ser confinado, com rigidez, em denominações clássicas como o Direito Internacional Público (relacionamentos entre Estados, diretamente ou através de organizações intergovernamentais) ou o Direito Internacional Privado (relacionamento de indivíduos ou empresas, onde haja a emergência da questão da aplicabilidade de leis internas de Estados distintos, concomitantemente incidentes num determinado negócio jurídico).

---

dispositivos do Estatuto da Corte". Contudo, tal dispositivo não tem sido interpretado como impeditivo, nem de o Conselho de Segurança agir como um tribunal, em procedimentos declaratórios, nem a Corte de postular soluções, que sejam unicamente interpretativas de uma norma preexistente.

Assim sendo, passa a ser relevante, para o presente tema, uma classificação de litígios, em função das partes envolvidas, tendo em vista que, apesar do fenômeno da globalização das relações internacionais, ainda existem normas que se encontram reservadas à regulamentação das relações entre Estados, definidas como normas do Direito Internacional Público clássico, as quais não podem ser aplicadas a uma pessoa física ou jurídica de direito interno (seja o direito público, seja o direito privado de um determinado Estado), às quais aquele direito não reconhece personalidade.

Dentro de tal perspectiva, os litígios internacionais podem ser classificados:

a) entre Estados, nas suas relações bilaterais ou multilaterais (incluindo-se, no último subtipo, as relações entre Estados e organizações intergovernamentais, e entre elas próprias), que são regidos pelo Direito Internacional Público;

b) entre pessoas físicas ou jurídicas (estas últimas, públicas ou privadas), submetidas a sistemas jurídicos nacionais distintos, e que, na maioria das vezes se resolve pela regra do Direito Internacional Privado de um Estado, ou por normas de extração internacional (normas contidas em tratados internacionais sobre assuntos de Direito Internacional Privado, portanto escritas ou costumeiras, devendo destacar-se a extraordinária importância daquelas que constituem um setor do denominado Direito do Comércio Internacional); neste campo, dada a existência de um sistema de soluções de litígios extremamente bem construído na história da humanidade, a solução pela via dos Poderes Judiciários nacionais, pode-se falar de dois subtipos: soluções judiciais ou extrajudiciais, onde o ponto de distinção reside no acesso aos órgãos daqueles Poderes, que, recorde-se, são sempre nacionais (em contraposição aos outros órgãos das soluções extrajudiciais, como os árbitros, os conciliadores ou mediadores, que podem, e devem, estar despegados de quaisquer ligações nacionais);

c) entre pessoas físicas ou jurídicas de direito interno dos Estados, de um lado, e de outro, Estados, ou seja, seus órgãos (definidos pelo seu direito interno), entidades a quem o Estado faculta o exercício de prerrogativas do poder público, ou as pessoas que agem, de fato ou de direito, em nome do Estado. Tais litígios têm sido resolvidos pelas duas vias, a judicial, perante o Poder Judiciário do Estado, ou a extrajudicial (devendo destacar-se a arbitragem denominada, mesmo, entre Estados e particulares estrangeiros). O Direito Internacional Público, dada a importância crescente dos negócios financeiros e bancários entre poderes públicos dos Estados e poderosos grupos privados, regulados por outros direitos, que não o do Estado-parte no negócio, propiciou a que surgisse uma solução extrajudiciária especial, a arbitragem entre um Estado e um particular estrangeiro, com a instituição, no Banco Internacional de Reconstrução e Desenvolvimento, o BIRD, de um Centro Internacional para a Resolução de Disputas sobre Investimentos entre Estados e Particulares Estrangeiros, o CIRDI (do qual o Brasil não é parte)[6]. No presente estudo, a ênfase será nos litígios do primeiro tipo, conquanto não se descuidará, quando necessário, de referências aos dois outros.

## 2. Fontes Internacionais das Regras sobre Solução e Prevenção de Litígios Internacionais

O art. 33 da Carta da ONU, que se acha no seu referido Capítulo VI, "Solução Pacífica de Controvérsias", resume os meios de soluções de litígios, seja ao consolidar normas escritas esparsas em outros diplomas internacionais, seja numa tentativa de escrever usos e costumes de há muito vigentes entre os Estados. Eis seus termos:

> Artigo 33
> 1. As partes em uma controvérsia, que possa vir a constituir uma ameaça à paz e à segurança internacionais, procurarão, antes de tudo, chegar a uma solução por negociação, inquérito, mediação, conciliação, arbitragem, solução judicial, recurso a entidades ou acordos regionais, ou a qualquer outro meio pacífico à sua escolha.
> 2. O Conselho de Segurança convidará, quando julgar necessário, as referidas partes a resolver, por tais meios, suas controvérsias.

Os mecanismos de soluções pacíficas de controvérsias entre Estados, conquanto sempre latentes, em estado potencial (e susceptíveis de serem acionados, a qualquer tempo, por atos específicos dos Estados, como um pedido de negociações, uma aceitação de bons ofícios ou mediação, a assinatura de um

---

[6.] Tais tipos de arbitragem serão analisadas logo mais. Veja-se: Aurea Christine TANAKA, "A Arbitragem do Centro Internacional para a Resolução de Controvérsias relativas a Investimentos – CIRCI" *apud* Araminta de Azevedo MERCADANTE e José Carlos de MAGALHÃES, coordenadores, *Solução e Prevenção de Litígios Internacionais*, São Paulo NECIN – Projeto CAPES (Departamento de Direito Internacional da Faculdade de Direito da USP), pp. 71-92 + I-VI.

compromisso para arbitrar etc.), na maioria das vezes, em particular nas relações internacionais que se regulam por atos internacionais formais (como os tratados e convenções multilaterais), encontram-se previstos e constam de cláusulas especiais nos tratados ou convenções internacionais, denominadas "cláusulas de soluções pacíficas de controvérsias"[7]. Contudo, igualmente existem alguns tratados ou convenções internacionais que estabelecem, de maneira generalizada, sistemas de soluções de controvérsias entre Estados, para quaisquer assuntos e em quaisquer situações, e que por serem mecanismos por demais abstratos, acabaram por ter sido invocados em raríssimos casos[8]. Apesar de tais fatos, no entanto, a inexistência daquelas cláusulas em certos tratados ou convenções internacionais, em absoluto significaria que os Estados-partes teriam querido prescindir daquelas soluções; nem no caso de inexistirem tratados gerais específicos (ou a parca invocação dos existentes) poderia tornar legítimas quaisquer outras soluções de litígios que não fossem os pacíficos. Assim, no Direito Internacional do Meio Ambiente, a título de exemplo, citem-se, dentre outras, as seguintes convenções multilaterais onde não se encontra prevista qualquer forma de soluções de litígios entre os Estados-partes: o Tratado da Bacia do Prata de 1969 e o Tratado de Cooperação Amazônica de 1978[9].

Somente num caso, existe uma ausência propositada das cláusulas de soluções pacíficas de controvérsias em tratados multilaterais; trata-se daqueles tratados e convenções multilaterais, que instituem organizações regionais de integração econômica, do tipo mercado comum, ou seja, nos tratados-fundação da Comunidade Européia (Paris 1951 e Roma 1957), bem como naqueles que os modificaram e que, como se sabe, constituem o direito primitivo; da mesma forma no Acordo de Cartagena, instituidor do Pacto Andino e atos multilaterais que os modificaram. No caso da CE e do Pacto Andino, encontram-se instituídos tribunais judiciários internacionais, com a competência específica de resolver conflitos entre os Estados, na interpretação ou aplicação de qualquer norma

---

[7] No caso das arbitragens entre Estados (e igualmente nas arbitragens entre particulares), as distinções entre atos de previsão, no futuro, de mecanismos e atos de instituição presente dos mesmos, são bastante claras: a cláusula dita compromissória, parte de um ato jurídico, e o compromisso, ato jurídico expresso para tal fim. A Lei brasileira sobre arbitragem (Lei 9.307/96), no seu art. 3º, agrupa o compromisso arbitral e a cláusula compromissória, sob a denominação de "convenção de arbitragem" . Veja-se além, nesta mesma Seção.

[8] A ex.: o Tratado Interamericano de Soluções Pacíficas de Litígios, adotado por uma Conferência Interamericana (OEA) a 30 de abril de 1948, denominado "Pacto de Bogotá" (o qual é vigente para o Brasil, uma vez que promulgado pelo Decreto n. 57.785 de 15/02/1966).

[9] Outros exemplos: Tratado de Proscrição das Experiências com Armas Nucleares na Atmosfera, no Espaço Cósmico e sob a Água, de 1963, a Convenção Internacional para a Conservação do Atum e Afins do Atlântico de 1966, a Convenção Internacional sobre Responsabilidade Civil em Danos Causados por Poluição por Óleo de 1969, a Convenção sobre Prevenção da Poluição Marinha por Alijamento de Resíduos e Outras Matérias de 1972, e a Convenção sobre a Proibição do Desenvolvimento, Produção e Estocagem de Armas Bacteriológicas (Biológicas) à Base de Toxinas e Sua Destruição, de 1972.

constante, tanto do direito primitivo quanto daquele elaborado pelos órgãos das respectivas organizações internacionais (direito derivado). No caso de tratados e convenções multilaterais que instituem outros tipos de organizações regionais de integração econômica, a constância de cláusulas de soluções de controvérsias são a regra, conforme se pode constatar na leitura do tratado de instituição do NAFTA[10] (integração do tipo zona de livre comércio) e do Mercosul[11] (integração do tipo mercado comum).

Nos tratados e convenções internacionais que não sejam de integração econômica[12], os tipos de cláusulas de soluções pacíficas de controvérsias entre Estados são das mais variadas: todas, contudo, consagram a negociação, e, caso esta não consiga resolver o litígio, são previstos os outros modos, como se verá logo a seguir. A cláusula que consagra a arbitragem se denomina, tradicionalmente, *cláusula compromissória* ou *arbitral*.

Nos tratados e convenções multilaterais mais complexos, os dispositivos relacionados a soluções pacíficas de controvérsias podem ser bastante extensos e de grande complexidade. Outra característica nos tratados e convenções multilaterais sobre meio ambiente tem sido a feitura de Anexos ou Apêndices aos mesmos (que, portanto, poderão ser alterados de maneira mais expedita que os textos principais daqueles atos internacionais), com detalhamentos bastante precisos, em particular, sobre arbitragem e soluções judiciárias, e, nos últimos tempos, sobre a conciliação. Tais tipos de cláusulas têm sido as mais freqüentes nos tratados e acordos multilaterais sobre meio ambiente, a partir dos últimos anos, talvez por terem aqueles atos internacionais ganho feições mais técnicas e pormenorizadas em suas disposições; na verdade, na medida em que as normas descem a detalhes na sua regulamentação, e em que se busca colocar o maior número de participantes num universo multilateral, as possibilidades de ocorrências de controvérsias se tornam maiores, razões pelas quais se justificariam cláusulas mais trabalhadas e precisas. Assim sendo, nos tratados e convenções multilaterais sobre meio ambiente, aparecem normas correlatas ao mesmo tema, em um par de dispositivos: numa cláusula, por vezes desdobrada em vários dispositivos, inserida no corpo do texto principal e numa série de artigos agrupados em um Anexo ou Apêndice, com detalhamentos sobre os

---

[10] Veja-se o bem lançado estudo de Welber BARRAL, "Solução de Controvérsias no North American Free Trade Agreement – NAFTA, *apud* Araminta de Azevedo MERCADANTE e José Carlos de MAGALHÃES, coordenadores, *Solução e Prevenção de Litígios Internacionais*, São Paulo, NECIN-Projeto CAPES, 1998 (Departamento de Direito Internacional da Faculdade de Direito da USP), pp. 241-64.

[11] Quanto a uma descrição dos mecanismos constantes em tais tipos de organizações regionais de integração econômica, veja-se além, no presente trabalho.

[12] Para uma análise de alguns tratados e convenções existentes na América Latina, veja-se nosso artigo "Soluções Pacíficas de Litígios na América Latina: Retrospectiva 1988". in *Revista da Faculdade de Direito da USP*, São Paulo, v. 83 (jan./dez. 1988), pp. 176-218.

institutos previstos naquela cláusula, conforme se pode constatar a partir do exame dos dispositivos da Convenção de Espoo sobre Avaliação de Impacto Ambiental num Contexto Transfronteiriço, de 1991 no seu art. 15 e seu Apêndice. Diga-se que, no caso do tratado de fundação do Mercosul, foi seguida tal técnica de previsões duplas: no corpo do Tratado de Assunção, no art. 3º, e no Anexo III, "Solução de Controvérsias"[13].

## 3. As Formas Tradicionais de Soluções e Prevenções de Litígios no Direito Internacional

### 3.1. As Negociações Diplomáticas

A primeira forma de solução pacífica de controvérsias entre Estados são as negociações internacionais, procedimentos mais típicos daquelas soluções, e se encontram regidos, na sua melhor expressão, por usos e costumes internacionais. Caracterizam-se elas por sua informalidade (ausência de requisitos para serem entabuladas e de normas sobre como devem ser conduzidas) e podem intervir durante quaisquer fases de outras formas de soluções de controvérsias; neste particular, a Corte Internacional de Justiça já sentenciou, em várias ocasiões, serem as negociações formas paralelas e concomitantes com as outras[14]. Na verdade, constituem elas o requisito mesmo para que as outras formas possam instaurar-se, em particular as arbitragens[15] e as soluções judiciárias[16]. Relembre-se, igualmente, que podem ser considerados sinônimos de negociações

---

[13.] É necessário esclarecer que, para o mecanismo previsto no Anexo III do Tratado de Assunção, foi estipulado um regime provisório, para vigorar até 120 dias após a entrada em vigor do mesmo, data em que um dos órgãos instituídos, o Grupo Mercado Comum, deveria apresentar aos Governos dos Estados-Partes uma proposta de Sistema de Solução de Controvérsias. Na verdade, tal fato ocorreu, tendo sido aprovado, no âmbito do Conselho do Mercado Comum, pelos Presidentes dos Estados-Partes, a 17/12/1991, o Protocolo de Brasília, o qual, por sua vez, se declarou provisório, enquanto durasse o período de transição. O Protocolo de Ouro Preto, "Adicional ao Tratado de Assunção sobre a Estrutura Institucional do Mercosul", adotado a 17/12/1996, de seu lado, alterou alguns dispositivos do Protocolo de Brasília, mas ainda o conservou como provisório.

[14.] Num caso julgado em 1978 (Caso da Plataforma Continental do Mar Egeu) e em outro, em 1980, assim afirmaria: "... a jurisprudência da Corte fornece vários exemplos de casos em que negociações e recurso à solução judiciária pela Corte têm sido levados a cabo *pari passu*". Em 1984 (Caso Nicarágua versus EUA), assim estatuiu: "... a Corte considera que mesmo na existência de negociações em curso, nas quais ambas as partes estejam envolvidas, não devem prevenir seja o Conselho de Segurança e a Corte de exercerem suas funções, em separado, segundo os termos da Carta e do Estatuto da Corte". Ambas as citações *apud Handbook da ONU*, respectivamente pp. 20 e 21 (em tradução livre).

[15.] É o caso do Mercosul, como se verá mais além, onde as negociações constituem preliminares para a instauração dos procedimentos da arbitragem entre Estados.

[16.] Veja-se o precedente julgado firmado na CPJI *verbis*: "Antes que uma disputa possa ser objeto de uma ação judicial ("before a dispute can be made the subject of an action at law") sua matéria deverá ter sido claramente definida por negociações diplomáticas". *CPJI*, Séries A, n. 2, p. 15 (*citus apud Handbook da ONU*, p. 20).

**19**

internacionais: "canais diplomáticos", "consultas", "troca de opiniões", "pedido de informações" ou quaisquer outras expressões similares inscritas nos tratados e convenções internacionais. No Direito Internacional do Meio Ambiente, as negociações diplomáticas se encontram regulamentadas, de forma direta, como um dever de os Estados entabularem consultas e notificações, particularmente no que respeita a atividades com efeitos transfronteiriços (tendo-se destacado aquelas relacionadas a rios transfronteiriços e lagos internacionais e sobre deveres de realização de avaliações de impacto ambiental, em projetos de obras ou atividades reguladas, que possam produzir efeitos transfronteiriços).

Um fato importante nas negociações internacionais, em particular nos deveres de consultas prévias a outros Estados, refere-se à obrigação de um Estado dar seu assentimento a um pedido de negociações e assim permitir a continuidade do procedimento das mesmas. O assunto envolve um dos mais sensíveis aspectos das negociações internacionais, em especial quando já existe uma controvérsia (entendida esta como qualquer diferença de qualificação e/ou avaliação de fatos, conjuntamente ou em separado da interpretação e/ou aplicação de normas internacionais) entre dois Estados, na qual se exige a cooperação de ambos, para um equacionamento das soluções, dentro das opções existentes na panóplia das soluções pacíficas de controvérsias. Na verdade, o assunto diz respeito à regulamentação internacional dos atos unilaterais dos Estados, tendo em vista que tanto a oferta de negociações quanto a aceitação da continuidade do procedimento constituem atos que caem sob a jurisdição exclusiva dos Estados (havendo, contudo, precedentes da CIJ que criaram, para os casos "sub judice", o dever de um Estado prosseguir nas negociações propostas por outro[17].

Neste aspecto, é de toda relevância notar que tem sido precisamente em alguns tratados e convenções internacionais sobre meio ambiente que a situação tem sido equacionada de forma aceitável, ou seja, com a instituição de prazos de resposta a pedidos de negociações, ou ainda, de procedimentos especiais, no caso de falta de colaboração de um Estado. Reveja-se, em especial, a regulamentação contida no art. 3ª "Notificações", da Convenção de Espoo, que determina os elementos que as mesmas deverão conter, inclusive com a indicação de prazo de tempo razoável para resposta por parte do Estado destinatário, bem como os efeitos de uma negativa no dever de este responder àquela.

Outro ponto importante a salientar refere-se à emergência, no Século XX, de novas formas de negociações coletivas, que esporádicas nos séculos anteriores (nos grandes congressos ou conferências internacionais, em cujo curso foram firmados os tratados de paz que marcam a história da humanidade, como o

---

[17.] Casos da Plataforma Continental do Mar do Norte, e Caso das Pescarias (1969). Neste último, a CIJ assim estatuiu: "A obrigação de negociar deflui, assim, da própria natureza dos respectivos direitos das Partes, no sentido de mandá-los negociar ("to direct them to negotiate").

Tratado de Westfália de 1648, os tratados adotados nos Congressos de Viena do início do Séc. XIX) se tornam corriqueiros, com a emergência e espraiamento das organizações intergovernamentais: assim, o capítulo das negociações coletivas, correspondente à diplomacia multilateral, se enriquece com um subtipo de modos de negociações, o da diplomacia parlamentar[18]. Uma questão que já foi discutida e que se encontra resolvida por uma sentença de 1962 da Corte Internacional de Justiça, diz respeito a alegações de haver possíveis diferenças entre negociações bilaterais e/ou multilaterais, pelo sistema da diplomacia clássica e negociações multilaterais, no seio de organizações internacionais, no que respeita a uma hierarquia das obrigações criadas por uma ou outra forma de negociações (Caso do Sudeste da África): a uma objeção do Estado-parte reclamado, que invocara uma diferença substancial entre ambas as formas de negociações, assim estatuiu a CIJ, no julgamento de Questões Preliminares, cujos fundamentos merecem transcrição, pelo fato de ter muito bem descrito os fenômenos novos das negociações coletivas e ter-lhes atribuído seus efeitos:

> ... a diplomacia por conferência ou diplomacia parlamentar[19] tem sido reconhecida, nas quatro ou cinco décadas passadas, como um dos modos estabelecidos de negociações internacionais. Nos casos em que as questões controversas são do interesse comum a um grupo de Estados, de um lado, e de outro, um corpo organizado, a diplomacia parlamentar ou por conferência tem sido considerada como a mais prática das formas de negociações. O número de partes num lado ou no outro lado da disputa não tem qualquer importância; depende da natureza da questão examinada. Se for de interesse mútuo de vários Estados, quer dentro de um corpo organizado ou não, inexistiria qualquer razão que justificasse o formalismo e um pedido infundado para entrar em negociações diretas com o Estado "ex adverso" comum, após terem participado de amplas e abrangentes negociações coletivas com o mesmo Estado. (Cit. *apud Handbook da ONU*, p. 14).

---

[18.] Veja-se nosso trabalho, "Órgãos das Relações Exteriores dos Estados…" anteriormente citado.

[19.] Acreditamos que a sinonímia não é perfeita. Dentre outras diferenças, a mais evidente é que a diplomacia por conferência se realiza de maneira esporádica, em congressos ou conferências internacionais e as regras de sua atuação devem ser estabelecidas em cada reunião nas quais se exerce. A diplomacia parlamentar, realizada de modo permanente, se perfaz segundo as normas votadas no interior das organizações intergovernamentais e são válidas, em princípio, para quaisquer reuniões. Em tais regras se incluem as normas relativas a *quorum* de reunião e de deliberação, de direitos a voto, a representatividade, a eleição para cargos durante as reuniões, em suma, aquelas regras que, nos direitos internos, existem nas sessões ordinárias ou extraordinárias dos Parlamentos Nacionais, previstas pelo ordenamento jurídico ordinário, encimado pelas normas constitucionais; as regras da diplomacia multilateral de congressos e conferências seriam assimiláveis àquelas de uma Assembléia Constituinte, que não se subordinam a uma Constituição vigente e que são elaboradas "*ad hoc*".

No caso de fracasso nas negociações, alguns tratados e convenções internacionais estipulam outros modos de soluções pacíficas de controvérsias. Relembre-se que a possibilidade de novas negociações sobre uma pendência não resolvida, não se encontra esgotada, dada a flexibilidade daqueles modos, no Direito Internacional; portanto, o conceito de preclusão ou de esgotamento de outros recursos não se aplica nos procedimentos de soluções pacíficas de controvérsias entre Estados, muito especialmente no que respeita à negociação. Sendo assim, a enumeração de outros modos de soluções de controvérsias, no caso de terem as negociações falhado, deve ser vista como mera cautela (sendo a negociação a única forma que se exige, em alguns casos das arbitragens institucionalizadas ou das soluções judiciárias, como condição prévia e que tenha sido pelo menos tentada). Há vários exemplos, no Direito Internacional do Meio Ambiente, dos procedimentos previstos para virem em seguimento às negociações, no caso de estas não conseguirem qualquer resultado, fato que não se constitui uma novidade na prática do Direito Internacional em geral: uma comissão de investigação (art. IX da Convenção Internacional para a Proteção dos Vegetais, de 1961), mediação, conciliação, arbitragem, decisão judicial ou outro meio pacífico escolha dos Estados-partes (art. XI do Tratado de Antártica de 1959), arbitragem, conforme prevista num anexo especial da convenção (art. X da Convenção MARPOL[20]; art. XXV da Convenção sobre Recursos Vivos Marinhos Antárticos), Corte Internacional de Justiça e arbitragem, esta regulada em anexo próprio (art. XX da Convenção da Basiléia sobre movimento transfronteiriço de resíduos tóxicos), mecanismos autocontidos, com soluções alternativas e prazos de sua instalação e finalização dos trabalhos, com indicação de outros meios (Protocolo de Madri ao Tratado da Antártica sobre Proteção ao Meio Ambiente da Antártica de 1993, com os complexos art. XIX e art. XX, mais um Apêndice sobre Arbitragem).

### 3.2. Bons Ofícios e Mediação

Os bons ofícios, que não contam no rol das soluções de controvérsias entre Estados, no mencionado art. 33 da Carta da ONU, constituem, no entanto, formas bastante antigas e desde há muito reconhecidas pelo Direito Internacional enquanto tais (e se não fosse tal reconhecimento, a interveniência de um terceiro

---

[20.] A denominada "Convenção MARPOL", acróstico de sua denominação oficial em inglês ("maritime pollution"), é a Convenção Internacional para a Prevenção da Poluição Causada por Navios, adotada em Londres, no âmbito da Organização Marítima Internacional, em 1973, e que seria modificada por um Protocolo, adotado em 1973, da mesma forma. O Brasil assinou ambos os atos internacionais, na sua integralidade (inclusive tendo adotado seus Anexos III, IV e V, de aceitação opcional por parte dos Estados) e os promulgou como lei interna, pelo Decreto 2.508 de 4 de abril de 1998.

Estado numa controvérsia entre Estados poderia ser tida como intromissão indevida, e eventualmente ser repelida pelo Direito Internacional). Trata-se de procedimentos de resoluções de litígios por terceiros, segundo os quais, Estados, organizações internacionais e mesmo indivíduos, não partes numa controvérsia, oferecem, por iniciativa própria ou a pedido de uma das Partes na controvérsia, sua interveniência, em pontos de fato ou de direito, após ter havido a concordância dos Estados-partes na controvérsia. Os bons ofícios visam a evitar-se o deterioramento de uma situação e preparar o terreno para outras modalidades de soluções de litígios e sua prática tem aumentado, devido aos poderes de iniciativa de propostas, conferidos aos órgãos unipessoais das organizações internacionais do sistema da ONU (o Secretário-Geral da ONU, "*a fortiori*") ou das entidades constituídas pelos tratados e convenções internacionais sobre o meio ambiente, os quais, além de guardiães das normas convencionais, passam a ser agentes de oferecimento de bons ofícios nas disputas entre Estados-partes de convenções e tratados multilaterais.

A mediação tem contornos muito próximos ao procedimento dos bons ofícios, no que se refere à sua função preventiva de evitar que uma situação conflitiva se degenere, de encaminhar os litígios para uma solução através de outros meios e, enfim, de poder ela mesma apresentar uma solução (eventualmente aceitável pelos contendores, tendo em vista as qualidades personalíssimas do mediador, que já demonstrou ter a confiança das Partes, pelo fato de ter sido indicado, como tal, por consenso de ambas). Se nos bons ofícios um Estado, organização internacional ou indivíduos, não partes numa controvérsia, oferecem seus serviços e atuam "sponte sua" (conquanto com o consentimento das Partes em litígio) na mediação, trata-se de um pedido formulado por um ou ambos os Estados-partes numa controvérsia àqueles terceiros. A mediação, portanto, já supõe algum entendimento entre os Estados-partes numa controvérsia (pelo menos no que respeita a um pedido de interveniência do mediador), necessita de algumas formalidades no seu evolver (embora bastante longe das formalidades da conciliação e da arbitragem) e se completa com um ato informal, de mera indicação de comportamentos desejáveis (estando, assim, ainda mais longe dos relatórios ao final de uma conciliação ou de uma sentença arbitral!), por vezes formalizado por um acordo tripartite entre os Estados-partes e o Mediador (também denominado "moderador"). As fontes normativas da mediação se encontram, na maior parte, nos usos e costumes internacionais, havendo alguns tratados internacionais regionais que regularam o instituto, como o Tratado Interamericano sobre Bons Ofícios e Mediação, de 1936, o Pacto de Bogotá de 1948, e o Protocolo sobre Comissões de Mediação, Conciliação e Arbitragem de 1959, elaborado sob a égide da Organização da Unidade Africana. No que se refere ao Direito Internacional do Meio Ambiente, alguns tratados e convenções multilaterais prevêem a mediação; nunca, porém, como um procedimento isolado, mas sempre junto com outros meios pacíficos de soluções de controvérsias entre os Estados.

### 3.3. Procedimentos Investigatórios

O inquérito, como forma de solução pacífica de controvérsias entre Estados, igualmente denominado "investigação" ou "determinação dos fatos" ("fact finding"), é um procedimento levado a cabo por um terceiro não parte no litígio, um indivíduo (em geral, um funcionário de uma organização internacional, como o Secretário-Geral da ONU, ou pessoa por ele indicada), ou uma comissão composta de funcionários dos Estados, que se relaciona a exame de uma questão factual, com as finalidades de iniciar-se um procedimento mais formal, como a conciliação ou arbitragem, ou a transformar um procedimento em curso, por acordo dos Estados-partes, em outro mais formal (a ex: passar-se de uma negociação à arbitragem); pode igualmente apresentar sugestões às Partes, no que concerne a uma solução de uma disputa. Difere de outras formas de soluções de controvérsias, no sentido de que na indicação dos componentes de comissões de investigação não se necessita de observar procedimentos que resguardem uma independência ou neutralidade dos componentes: podem ser elas compostas de funcionários das Partes envolvidas, tendo em vista que se trata de determinação de fatos, que, em princípio, serão avaliados por outras instâncias (nas quais, se for o caso de arbitragem ou conciliação, aquelas qualidades são exigíveis). O que caracteriza o inquérito, é o fato de ser conduzido por pessoas ou entidades com conhecimentos especializados na matéria factual discutida. No caso de um inquérito levado a cabo por uma comissão composta por funcionários de terceiros Estados não partes numa controvérsia, há questões similares àquelas existentes na formação de comissões de conciliação ou de arbitragem e que cabe aos Estados-partes determinarem: número dos membros, maneiras de sua escolha (inclusive se feita a partir da retirada de componentes, de listas prévias, mantidas por organizações internacionais), modos e prazos de apresentação de relatórios, financiamento das atividades da comissão e sua sede. Um bom exemplo de comissão de inquérito se encontra no art. IX, "Solução de Controvérsia" da Convenção Internacional para a Proteção dos Vegetais, de 1951: no caso de conflitos na interpretação ou aplicação da Convenção, um Governo ou os Governos interessados poderão solicitar ao Diretor-Geral da FAO que nomeie uma Comissão de Técnicos, para apreciar a questão controvertida, a qual deverá incluir representantes dos Estados peticionários; esta Comissão deverá apreciar os documentos, provas apresentadas pelos Governos em lide, e deverá apresentar um relatório do Diretor-Geral da FAO, que o transmitirá aos Governos interessados e aos Governos das outras Partes contratantes. No § 3º daquela cláusula, há o seguinte dispositivo: "As Partes contratantes concordam em que as recomendações da aludida Comissão, embora não tenham caráter obrigatório, servirão de base para uma reconsideração pelos Governos interessados, do assunto que motivou a controvérsia".

## 3.4. A Conciliação Internacional

A conciliação é o procedimento que consiste na instituição de uma comissão composta de um número ímpar de pessoas, indicadas pelos Estados litigantes e por outras pessoas escolhidas por modos que garantam uma imparcialidade dos componentes da mesma, com a finalidade de investigar fatos e recomendar soluções aos Estados que se encontram numa controvérsia internacional; em relação aos modos de soluções de litígios anteriormente analisadas, representa um grande passo em direção a formalismos e soluções com alguma obrigatoriedade aos Estados, razão pela qual tem sido o instituto das soluções de controvérsias que mais tem sofrido aperfeiçoamentos, através de cláusulas constantes em tratados e convenções multilaterais. A conciliação tem algo de semelhante com a mediação, no que concerne a ser um procedimento de intervenção de terceiros, a pedido dos Estados-partes numa controvérsia; contudo, sua fundamental distinção se encontra nas formalidades de instituição das comissões de conciliação, em geral compostas de três ou cinco pessoas, representantes dos Estados litigantes e de terceiros Estados, na existência de regras quanto a procedimentos a serem seguidos pelas mesmas (em algo semelhantes aos procedimentos arbitrais), e quanto à natureza dos atos terminativos, sem dúvida mais solenes que aqueles provenientes da comissão de inquérito, dos bons ofícios ou da mediação, mas sem o caráter de obrigatoriedade para as Partes litigantes, como as sentenças arbitrais (na terminologia do Direito Internacional, sinônimas de "laudos arbitrais") ou as sentenças judiciárias internacionais. Na verdade, o ato terminativo da conciliação se apresenta como um relatório valorativo de fatos, acompanhado de uma recomendação aos Estados num litígio, com a dupla função de investigação e esclarecimento dos fatos na controvérsia e de tentativas mais eficazes de aproximar os litigantes, através de conselhos e exortações, inclusive para que cheguem a soluções mutuamente aceitáveis; portanto, numa combinação dos procedimentos das comissões de investigação e da mediação.

O instituto da conciliação, relativamente recente no Direito Internacional, evoluiu a partir de uma prática reiterada a partir das primeiras décadas do Século XX, em tratados bilaterais, para o universo das relações multilaterais, em especial, da atuação das organizações intergovernamentais do Entre Guerras e da atualidade; a sua previsão como meio pacífico de solução de disputas entre Estados, como um procedimento típico e independente, híbrido de investigação e mediação, tem sido freqüente nos tratados multilaterais, como no referido art. 33 da Carta da ONU, e nos tratados regionais gerais de soluções pacíficas de controvérsias entre Estados[21]. De suma importância considerar-se que a Convenção de Viena de 1969 sobre Direito dos Tratados contém um Anexo Único, que tem servido de modelo a vários tratados e convenções multilaterais da atualidade; trata-se da instituição de uma nova modalidade de conciliação, de instituição compulsória, tendo inovado a conciliação tradicional, cujo estabelecimento tem sido feito em bases totalmente voluntárias; conquanto a adoção do procedimento da conciliação seja sempre facultativo entre os Estados, o tipo introduzido pela referida Convenção de Viena tem sido denominado de "conciliação obrigatória", porque procedimento autônomo e automático, cujo refinamento se verificou na Convenção de Montego Bay sobre o Direito do Mar de 1982.

O ponto fulcral da conciliação reside na formação de uma comissão de conciliação, cujos integrantes não necessitam, em princípio, ter aquelas qualidades tradicionais dos árbitros: conhecimentos adequados do assunto sob litígio, imparcialidade no trato das questões, e independência em relação ao Estado que os indicou; diferentemente dos árbitros, os conciliadores, de certa forma, representam os interesses do Estado que os indicou, mas têm total independência nos procedimentos deliberativos no interior da comissão de conciliação, no que se refere a soluções possíveis (portanto, contam com grande iniciativa durante aqueles procedimentos). O método da formação da comissão de conciliadores tem sido de cada Estado indicar um conciliador (ou dois), por um sistema de notificações mútuas, e os conciliadores assim escolhidos, escolherem um desempatador, que, em geral, deverá presidir a comissão (procedimento este copiado do tradicionalmente utilizado na composição das comissões de arbitragens entre Estados).

No que respeita aos procedimentos da conciliação, a regra é deixar à comissão de conciliadores, tão logo instalada, o encargo de fixá-las; se em eventuais regulamentos sobre conciliação preexistentes a litígios houver dispositivos sobre procedimentos, são mínimos (em geral, restritos a prazos) e sempre com a ressalva de modificabilidade pelos Estados-partes ou em casos concretos, pelos próprios conciliadores.

---

[21.] O pacto de Bogotá de 1948, a Convenção Européia para a Resolução Pacífica de Controvérsias de 1957, o Protocolo à Carta da ONU sobre Comissões de Mediação, Conciliação e Arbitragens, de 1964 e o Tratado de Estabelecimento da Organização dos Estados do Caribe Ocidental de 1981.

O método introduzido em 1969 pela Convenção de Viena sobre Direito dos Tratados (como se disse, impropriamente denominado de "conciliação obrigatória"), além de ter inovado, com a instituição de prazos para resposta às notificações de indicações de conciliadores (na fase da constituição da comissão de conciliadores), previu a existência de listas anteriormente preparadas e conservadas pelo Secretário-Geral das Nações Unidas, com o nome de pessoas, dentre as quais os Estados podem escolher os conciliadores, e das quais os conciliadores indicados podem eleger o presidente da comissão (tais hipóteses igualmente se encontram presentes nos tratados e convenções internacionais que instituem comissões permanentes de conciliação). Quanto à constituição da comissão "ad hoc" de conciliadores, os procedimentos do Anexo da Convenção de Viena sobre Direito dos Tratados, repetidos em vários tratados e convenções internacionais (que, por refletirem usos e costumes internacionais, igualmente servem de ponto de referência para a constituição de comissões de conciliadores, no caso de silêncio dos tratados e convenções internacionais sobre tais incidentes) contemplam: uma Parte informa a outra de sua intenção de constituir uma comissão de conciliadores, já com a indicação de um ou dois conciliadores retirados ou não da mencionada lista; a outra Parte, no prazo de 60 dias, indica o(s) conciliador(es) dela, retirados ou não da lista; os conciliadores assim eleitos e reunidos, dentro de um prazo de 60 dias, elegem um conciliador/presidente; na eventualidade de falta de cooperação de uma Parte ou de os conciliadores não decidirem sobre indicação do conciliador/presidente, os poderes de indicação revertem para o Secretário-Geral da ONU, que escolherá os conciliadores, ou da lista, ou dentre os membros da Comissão de Direito Internacional das Nações Unidas, num prazo de 60 dias, a contar do seu conhecimento daquelas impossibilidades (por informação dos conciliadores já indicados). "Mutatis mutandis", muitos dos tratados e convenções internacionais multilaterais, adotados após 1969, têm copiado tais dispositivos, com variantes quanto à instituição que deverá ter a guarda da lista de eventuais conciliadores e que deverá atuar, na composição da comissão, no caso de falta de cooperação de uma Parte ou no caso de não indicação do Presidente da comissão, por parte dos conciliadores já indicados[22].

No que respeita ao Direito Internacional do Meio Ambiente, houve quanto à conciliação duas importantes inovações: uma, quanto a dar-se a este instituto um papel de último recurso, no caso de terem falhado a arbitragem e as vias judiciárias internacionais (fato inaugurado com a Convenção de Viena sobre a Proteção da Camada de Ozônio de 1985) e outra, quanto a atribuir-se às suas decisões um caráter de obrigatoriedade. Quanto ao primeiro aspecto inovador,

---

[22.] Para a aplicação destas normas, veja-se o caso do Mercosul, a ser analisado mais além.

deve recordar-se que, tradicionalmente, a conciliação vinha sendo considerada, ou como uma tentativa preliminar e indispensável, prévia ao recurso à arbitragem ou às vias judiciárias internacionais, ou como um procedimento paralelo a estas duas. Contudo, a conciliação se encontra prevista, de modo particular, no art. XI, § 4º, da referida Convenção de Viena sobre Proteção da Camada de Ozônio de 1985: caso as Partes não tenham aceitado a submissão da controvérsia a uma arbitragem[23] ou à Corte Internacional de Justiça, a disputa deverá ser, a pedido de uma das Partes, submetida a uma comissão de conciliação, composta de igual número de membros indicados pelas Partes e presidida por uma pessoa escolhida pelos membros indicados[24]; contudo, inexistem previsões nas hipóteses de falta de cooperação por parte de um Estado indicar seu conciliador, bem como na falta da indicação do presidente. Tais princípios de colocar-se a conciliação como alternativas à arbitragem ou à solução judiciária, se encontram repetidos na Convenção sobre Diversidade Biológica, no seu art. 27[25], e na Parte 2 de seu Anexo II, com uma sensível melhora: a) existem prazos para os Estados indicarem seus conciliadores, 2 (dois) meses a partir da notificação de outro Estado de sua intenção de iniciar o procedimento da conciliação, bem como prazos para os conciliadores escolhidos pelos Estados nomearem o presidente da comissão: igualmente 2 (dois) meses, e b) na falta de cooperação de um Estado indicar seu conciliador, e ainda na hipótese de os conciliadores indicados pelos Estados não conseguirem nomear o presidente da comissão de conciliação, tais poderes são atribuídos ao Secretário-Geral das Nações Unidas. Com diferenças despiciendas, idênticas normas se encontram na Convenção-

---

[23.] No caso desta Convenção, a arbitragem não se encontra diretamente regulamentada nela, mas por seu mandamento deverá sê-lo, em caráter de ato complementar à Convenção.

[24.] De acordo com o § 6º deste artigo, tais dispositivos deverão ser aplicáveis "com respeito a qualquer protocolo, exceto quando disposto diferentemente no protocolo em apreço". Deve ser notado, igualmente, que no § 5º daquele artigo, existe o seguinte dispositivo: "A comissão emitirá um *laudo final* e recomendatório, que as partes considerarão em boa-fé" (redação que não respeitou a tradição de, no Direito Internacional, reservar-se a denominação de "laudo", unicamente aos atos terminativos nas arbitragens)

[25.] O art. 27 da Convenção sobre Diversidade Biológica constitui um bom exemplo de cláusula moderna de soluções pacíficas de controvérsias, razão pela qual merece transcrição, *verbis*: "Artigo 27. Solução de Controvérsias – § 1º No caso de controvérsia entre Partes Contratantes no que respeita à interpretação ou aplicação desta Convenção, as Partes envolvidas devem procurar resolvê-la por meio de negociação. § 2º Se as Partes envolvidas não conseguirem chegar a um acordo por meio de negociação, podem conjuntamente solicitar os bons ofícios ou a mediação de uma terceira Parte. § 3º Ao ratificar, aceitar, ou aprovar esta Convenção ou a ela aderir, ou em qualquer momento posterior, um Estado ou organização de integração econômica regional pode declarar por escrito ao Depositário que, no caso de controvérsia não resolvida de acordo com o § 1º ou o § 2º acima, aceita como compulsórios um ou ambos dos seguintes meios de solução de controvérsias: (a) Arbitragem de acordo com o procedimento estabelecido na Parte 1 do anexo II; (b) Submissão da controvérsia à Corte Internacional de Justiça. § 4º Se as Partes na controvérsia não tiverem aceito, de acordo com o parágrafo 3 acima, aquele ou qualquer outro procedimento, a controvérsia deve ser submetida a conciliação de acordo com a Parte 2 do Anexo II, a menos que as Partes concordem de outra maneira. § 5º O disposto neste Artigo aplica-se a qualquer protocolo salvo se de outra maneira disposto nesse protocolo".

Quadro das Nações Unidas sobre Mudança do Clima (art. 14, "Solução de Controvérsias").

Quanto à segunda inovação, trata-se de novos atributos conferidos à conciliação, com a Convenção de Montego Bay sobre o Direito do Mar de 1982, que, na sua Parte XV, distingue as soluções voluntárias, e as soluções obrigatórias ("procedimentos compulsórios conducentes a decisões obrigatórias"). Ora, o instituto se encontra em ambas, pois encontram-se previstas as duas formas de conciliação: a) a voluntária, totalmente opcional, no art. 284, "Conciliação" e seção 1 do Anexo V "Conciliação", e b) a compulsória, conforme já nos referimos, um refinamento da modalidade introduzida pela Convenção de Viena sobre Direito dos Tratados, na seção 2 do mesmo Anexo V[26].

## 3.5. A Arbitragem Interestatal

A arbitragem, como meio de soluções de controvérsias entre Estados, é um instituto tão antigo quanto a existência dos próprios tratados internacionais, e seu prestígio, como meio de evitar-se o recurso ao uso da força, vem dos primórdios do Direito Internacional, na antiguidade clássica[27]. Regulada, desde sempre, por usos e costumes internacionais e, na atualidade, igualmente por uma série de tratados gerais[28] e dispositivos particulares nos tratados e convenções internacionais, bilaterais e multilaterais, sobre assuntos tópicos, define-se como um mecanismo, em virtude do qual um terceiro ou terceiros, indivíduos ou Estados não partes numa controvérsia, são chamados pelos Estados litigantes, para dar uma solução a uma controvérsia, a qual estes devem acatar como uma decisão definitiva e sem recurso[29]; em termos simples, pode-se definir a arbitragem como uma *jurisdição construída pelos Estados-partes numa controvérsia*, um misto

---

[26.] Deixamos de transcrever os respectivos dispositivos da Convenção de Montego Bay, pela extensão dos mesmos. Seu texto integral, conforme o texto oficial vigente no Brasil, poderá ser encontrado *apud* Vicente Marotta RANGEL, *Direito e Relações Internacionais*, 5ª edição revista e aumentada, São Paulo, Editora Revista dos Tribunais, 1997, pp. 337-587.

[27.] Cf. nosso trabalho "Introdução Histórica ao Estudo das Soluções Pacíficas de Litígios e Arbitragens Comerciais Internacionais", in: *Revista da Faculdade de Direito da USP*, São Paulo, v. 71 (1976) pp. 163-208.

[28.] Destaquem-se: as Convenções da Haia de 1899 e de 1907 (que instituíram, no art. 38, a Corte Permanente de Arbitragem, com sede na Haia) e a Revisão de 1949 do Ato Geral para a Resolução Pacífica de Controvérsias Internacionais, o Pacto de Bogotá (Tratado Americano de Soluções Pacíficas de Controvérsias, de 30 de abril de 1948).

[29.] Existe uma discussão na doutrina internacionalista de considerar-se a sentença arbitral como uma modalidade de tratado internacional (tratado cuja formação foi tornada possível graças à intervenção de terceiros); tal discussão se refere, igualmente, à natureza das sentenças judiciárias de tribunais internacionais, considerada como um tratado internacional, tornado possível pela intervenção de juízes internacionais. De nossa parte, acreditamos que, em que pese o fato de as obrigações "inter partes" poderem ser idênticas, seja constantes em tratados ou convenções internacionais, ou constantes de sentenças arbitrais ou expedidas por órgãos judiciários internacionais,

de tratado e jurisdição, na qual os Estados têm total controle, no que respeita à indicação do(s) integrante(s) de um órgão de decisão arbitral (árbitro único ou comissão/tribunal de arbitragem), na determinação de sua competência e jurisdição, nos procedimentos a serem seguidos, mas cujo resultado na decisão final de uma questão escapa àquele controle, pois esta depende da convicção do(s) árbitro(s), que devem decidir com total independência e imparcialidade. No que respeita à atuação dos árbitros, ou podem eles estar restringidos à interpretação e aplicação de uma norma jurídica (aplicação do *"jus strictum"*), ou podem, se houver permissão expressa dos Estados-partes numa controvérsia, decidir a questão, fora das normas e formas jurídicas (diz-se então que se trata de uma arbitragem por eqüidade, ou, de uma decisão *"ex bono et aequo"*, ou ainda, na terminologia da doutrina internacionalista francesa, de uma decisão *"en amiable composition"*, na qual os árbitros agem *"en amiables compositeurs"*[30]). A arbitragem tem elementos em comum com a mediação e a conciliação (decisões dadas por terceiros), mas destas se distingue por ser uma decisão baseada na interpretação e aplicabilidade de uma norma jurídica e com efeitos impositivos aos Estados-partes numa controvérsia formalizada (o que a faz semelhante às sentenças de judiciários internacionais, razão pela qual, impropriamente, a arbitragem e a solução judiciária por tribunais internacionais se denominam "soluções compulsórias de controvérsias"); diferencia-se, contudo, das soluções judiciárias internacionais, porque se trata de decisão de um julgador ou de um corpo de julgadores, que recebeu sua investidura, competência e jurisdição, para aquela tarefa específica, por um ato "ad hoc" dos próprios Estados-partes na controvérsia[31], faltando-lhe, assim, o elemento de permanência no tempo, como autoridades constituídas e a qualquer tempo invocáveis por quaisquer Estados, o qual está sempre presente nos tribunais internacionais permanentes.

A constituição do árbitro único (em inglês: *"umpire"*) ou do tribunal arbitral (igualmente denominado "comissão de arbitragem") pode basear-se num

---

os efeitos, em relação a terceiros, são distintos, pois, em particular no caso de sentenças arbitrais e das judiciárias, há de respeitar-se o princípio da "res judicata" e da validade das obrigações definidas por terceiros, árbitros ou juízes internacionais, unicamente em relação aos Estados-partes no litígio "sub studio".

[30.] O Prof. José Alexandre Tavares GUERREIRO, na sua brilhante tese de doutoramento defendida na Faculdade de Direito da USP, em 12/XII/1989, "Fundamentos da Arbitragem Comercial Internacional", relata o caso de alguém ter traduzido em inglês esta expressão, intraduzível em qualquer outra língua, como *"friendly printer"*! Em português, nem "linotipista amigo", nem "compositor amigável" seriam traduções sequer imagináveis!

[31.] Lapidarmente, o *Handbook da ONU* assim diferencia a arbitragem da solução judicial, consideradas ambas como meios compulsórios de resoluções de controvérsias: "Contudo, embora tanto a arbitragem quanto a solução judiciária sejam similares em tal aspecto, ambos os métodos de resolução são estritamente diferentes um do outro. A arbitragem, em geral, é constituída por consenso mútuo dos Estados-partes num litígio específico, e na qual as partes conservam considerável controle sobre o processo, através do poder de nomear os árbitros de sua escolha. Em contraste, as soluções judiciárias se baseiam em cortes internacionais ou tribunais pré-constituídos, para cuja composição o controle pelas partes em litígio não tem a mesma extensão. (Op. cit., p. 55, em tradução livre).

dispositivo de um tratado geral sobre soluções pacíficas de controvérsias ou numa cláusula (cláusula arbitral ou compromissória) contida num tratado ou convenção internacionais vigentes entre os Estados-partes numa controvérsia, as quais estabelecem, como quaisquer atos jurídicos voltados para eventos futuros, obrigações de submissão de questões controversas à arbitragem, porém, sem maiores detalhamentos sobre o objeto a ser examinado. Evidentemente que, tanto num como noutro caso, torna-se necessário especificar as atribuições do(s) árbitro(s), no caso de haver real ocorrência de uma controvérsia que seja arbitrável: tal especificação, que consiste na descrição dos fatos controversos e, conseqüentemente, na fixação da matéria a ser submetida a exame, portanto, a competência e jurisdição do(s) árbitro(s), se perfaz com a adoção, pelos Estados-partes litigantes, de um ato especial:

(a) ou um ato trilateral, juntamente com um árbitro único, ou árbitros já instituídos (*"acte de mission"*, na terminologia em francês, ou *"terms of referee"* em inglês), ou frente a um organismo internacional de arbitragem interestatal, ou reconhecido com funções a este assimiláveis;

(b) um ato bilateral entre os Estados-partes, correspondente a um acordo internacional (com ou sem a interveniência dos árbitros ou árbitro único), denominado "compromisso" (*"compromis"* ou *"submission"*[32], respectivamente em francês e inglês).

Tanto nos *"terms of referee"* quanto nas *"submissions"* podem constar, segundo usos e costumes internacionais, todos ou alguns dos seguintes elementos: a qualificação dos Estados-partes instituidores da arbitragem, o nome do(s) árbitro(s) e seus substitutos, suas imunidades pessoais e, para seus atos, a descrição do objeto do litígio, a sede da arbitragem, as leis aplicáveis quanto à matéria a ser decidida e quanto aos procedimentos a serem seguidos (inclusive, se for o caso, uma autorização para decisões por eqüidade), as línguas oficiais utilizadas e para servir de referencial a documentos autênticos, a indicação de advogados e peritos, prazos para as decisões interlocutórias e finais, a possibilidade de pedidos de revisão aos próprios árbitros ou árbitro único, a guarda posterior dos atos procedimentais e do laudo arbitral, questões financeiras relativas a custos e honorários do(s) árbitro(s)[33] e, em geral, um comprometimento de que os Estados-partes cumprirão a sentença arbitral de boa-fé. Muitos desses elementos podem estar ausentes daqueles atos (a ex.: a indicação da lei material

---

[32.] Deve ser notado que, nas sentenças arbitrais redigidas em inglês, o termo *"compromis"* aparece entre aspas; pouco se utiliza o termo *"submission"*, nas arbitragens entre Estados (sendo este termo reservado para as arbitragens entre particulares, de direito interno, para designar o compromisso, regulado pelas leis domésticas da *"Common Law"*).

[33.] No Direito Internacional, "laudo arbitral" é um perfeito sinônimo de "sentença arbitral", como também no Direito brasileiro.

**31**

aplicável, que poderá ser deixada à discrição dos árbitros ou do árbitro único) e, dado a natureza de um litígio, os compromissos e *"actes de missions"* podem variar, de simples descrições do objeto do litígio, ou simples indicações de pessoas como árbitro(s), até documentos complexos, com detalhes sobre procedimentos probatórios, sua força vinculante frente aos árbitros ou árbitro único, a realização de peritagens técnicas (com detalhes sobre tais procedimentos), provas de vigência de atos internacionais etc.

A arbitragem, igualmente, pode basear-se num ato específico de instituição daquele procedimento, mesmo que não haja cláusula compromissória vigente entre os Estados numa controvérsia, nem um tratado geral de arbitragem. Neste caso, os Estados-partes numa controvérsia assinam diretamente um compromisso, (*"compromis"*, em francês e inglês), acordo internacional que tem os mesmos contornos que um compromisso assinado na hipótese acima descrita, de haver uma obrigação geral anterior de submeter qualquer litígio à via arbitral (seja por força de existir uma cláusula compromissória, ou um tratado geral de arbitragem entre os Estados litigantes).

As arbitragens entre Estados, tradicionalmente eram estudadas no Direito Internacional Público, até o começo do Séc. XX, como um capítulo das soluções pacíficas de controvérsias entre eles, instituto regulamentado por usos e costumes internacionais, onde imperava a total criatividade no que se refere aos elementos envolvidos num instituto, que tinha por finalidade efeitos imediatos, em casos litigiosos concretos (como indicação dos árbitros, as leis aplicáveis, as normas de fundo e as procedimentais etc.). A partir das Conferências da Paz de 1890 e de 1905 na Haia, e a subscrição da Convenção da Haia para a Resolução Pacífica de Controvérsias Internacionais de 18/X/1907, houve uma primeira tentativa de tornar o instituto regulamentado, sob a égide de organismos internacionais especializados (naquele momento histórico, instituições que apenas começavam a ser esboçadas, nas relações internacionais[34]), portanto, para quaisquer situações futuras de eventuais conflitos. Em tal contexto, foi instituída a Corte Permanente de Arbitragem, com sede na Haia e sob a égide do Governo dos Países Baixos, cuja denominação é em tudo imprópria (pois não se trata de uma corte ou tribunal e muito menos permanente, no que respeita à atuação dos árbitros); compõe-se ela de quatro grandes conjuntos: a) uma lista anteriormente preparada pelos

---

[34] Na verdade, no começo do Século XX, além das uniões reais e pessoais de caráter político (a ex.: Grã-Bretanha e Áustria-Hungria) existiam as denominadas "uniões administrativas" como a União de Paris (propriedade industrial), União de Berna (direitos autorais), União de Madri (marcas), União Internacional das Telecomunicações e a União Postal Universal, estas duas últimas, após 1945, transformadas em organizações internacionais do sistema das Nações Unidas e aquelas outras, após a Segunda Guerra Mundial, federadas, na OMPI. Ressalte-se, ainda, a existência, a nível regional, da mais antiga, a União Panamericana, antecessora da atual OEA, esta, constituída em 1945. Veja-se nosso trabalho, anteriormente citado, "Órgãos das Relações Exteriores dos Estados…"

Governos, com nomes de pessoas ilustres, seus nacionais, que podem ser eleitos árbitros, ou seus substitutos, cuja guarda e atualização cabe ao Governo dos Países Baixos; b) uma série de normas com os mecanismos para a instituição de árbitros únicos ou de tribunais arbitrais, com a intervenção do Ministro das Relações Exteriores dos Países Baixos, com poderes de receber e expedir notificações, segundo os prazos estabelecidos, no caso de falta de cooperação dos Estados na indicação de um árbitro, ou na hipótese de os árbitros indicados pelos Estados não conseguirem indicar um superárbitro (nome que igualmente se dá ao presidente do tribunal arbitral); c) um conjunto de normas a serem respeitadas pelo(s) árbitro(s), no relativo a leis aplicáveis tanto à matéria a ser decidida e quanto a aspectos de procedimentos, tais as provas admitidas, as legitimações de advogados assistentes, substituições de árbitros, regras essas que os Estados-partes numa controvérsia, podem ou não adotar, com ou sem modificações; d) uma outra série de normas, a respeito de serviços administrativos a serem fornecidos nas arbitragens, como notários, tradutores, bem como dispositivos sobre responsabilidades por custas e honorários dos árbitros, e importantes normas sobre a guarda dos documentos e certificações de autenticidades dos principais atos da arbitragem. A Corte Permanente de Arbitragem, CPA, foi responsável pela realização de cerca de 20 arbitragens desde sua instituição até a Primeira Guerra Mundial e 6 em datas posteriores, muitas das quais ficaram famosas, tendo sua influência declinado após 1919, possivelmente pela instituição da Corte Permanente de Justiça Internacional, cujas soluções judiciárias passaram a ter preferência dos Estados (em detrimento das arbitragens propiciadas pela CPA). Sua influência, contudo, continua presente: em vários tratados e convenções internacionais, as cláusulas arbitrais fazem referência à arbitragem da Corte Permanente de Arbitragem, bem como o modelo de arbitragem que ela propicia (e pode continuar a propiciar), tem servido de parâmetro para um tipo de arbitragem que então surgiria: a arbitragem institucional (em oposição à arbitragem "ad hoc", esta inteiramente regulada pelos Estados-partes numa controvérsia). Basta comparar os mecanismos de arbitragem conforme existentes no Mercosul de recente instituição, com aqueles existentes na CPA! Por outro lado, muitas cláusulas compromissórias adotam algumas regras daquele modelo, em dispositivos complexos, onde outras autoridades, como o Secretário-Geral da ONU, tem aquelas funções que, na CPA, cabem ao Ministro das Relações Exteriores dos Países Baixos.

Após a Primeira Guerra Mundial, se a denominada arbitragem institucional, levada a cabo por organizações internacionais especializadas, no que se refere a controvérsias entre Estados, não teve uma prática generalizada (como se disse, possivelmente dada a preferência dos Estados pela solução judiciária, então propiciada pela Corte Permanente de Justiça Internacional) a arbitragem "ad hoc" (regulada caso a caso, através de compromissos específicos) continuou a ser largamente utilizada. Já no Entre Guerras, observou-se o rejuvenescimento de uma velha prática nos negócios entre particulares, a arbitragem comercial entre particulares, com a instituição de inúmeros organismos privados dedicados à sua prática (com destaque para a instituição de direito privado francês, com sede em Paris, a Câmara de Comércio Internacional, CCI); neste mesmo período, emergiram novas formas de arbitragens, impulsionadas pela ocorrência de novos tipos de negócios comerciais internacionais (em especial, na área de concessões de serviços públicos, em que participavam, de maneira decisiva, poderosas empresas estrangeiras[35]): trata-se das arbitragens que colocam face a face, de um lado, um Estado (diretamente ou por uma empresa sob seu controle ou responsabilidade), e de outro, uma empresa privada estrangeira (ou seja, não submetida a controle ou jurisdição daquele Estado). Tanto a prática reiterada de arbitragens entre particulares como as novas necessidades de regulamentar os atos praticados pelo "Estado empresário" se refletiriam nas normas sobre arbitragens entre Estados.

A partir de tais fenômenos, como um instituto em pleno desenvolvimento nos dias atuais, as arbitragens passaram a ser classificadas em:

a) arbitragens entre Estados; basicamente caracterizadas pela aplicação do Direito Internacional Público, subdivididas em dois subtipos: 1) "ad hoc", tradicionais, inteiramente reguladas por disposições expressas elaboradas pelos Estados-partes numa controvérsia atual e bem definida, contidas no compromisso, (que, além de instituir os julgadores para o caso em particular, indicar os árbitros e determinar o objeto da controvérsia, especifica as normas que deverão ser aplicadas e/ou interpretadas para a resolução dos litígios, nas questões de mérito e procedimentais) e regidas, subsidiariamente, por usos e costumes internacionais, pela jurisprudência arbitral ou judiciária internacionais, pelas convenções especiais sobre soluções pacíficas de controvérsias, pela doutrina dos internacionalistas e pelos princípios gerais do direito, e 2) institucionais, levadas a cabo com a interveniência de órgãos internacionais permanentes e especializados em arbitragem, onde as normas preexistentes que os mesmos conservam podem ou não ser incorporadas nas relações "sub studio", com ou sem modificações, e subsidiariamente pelas mesmas fontes que regem as arbitragens "ad hoc";

b) arbitragens entre particulares, que comportam dois subtipos: 1) internas, caracterizadas pela inexistência de vínculos significativos com sistemas jurídicos estrangeiros e totalmente regidas por um direito nacional, e 2) arbitragens

---

[35.] Dois casos famosos, o Caso ARAMCO e o Caso Sapphire, encontram-se relatados em nosso trabalho *Concessão de Exploração de Petróleo e Arbitragens Internacionais: o Caso ARAMCO e o Caso Sapphire*, São Paulo, Bushatsky, 1977.

internacionais (melhor dito: arbitragens comerciais internacionais, dado o fato que se realizam à vista de negócios de natureza mercantil), regidas por um direito permitido pelo Direito Internacional Privado de uma das partes (na maioria das vezes, aquele eleito por elas mesmas, havendo, em alguns casos, permissividade de ser um direito totalmente criado por elas ou vigente na comunidade internacional dos comerciantes, a denominada "lex mercatoria"), instituto que se encontra harmonizado, a nível internacional, através de convenções internacionais (das quais se destaca a Convenção de Nova York para o Reconhecimento e Execução de Sentenças Arbitrais Estrangeiras, votada sob a égide da ONU, a 10/VI/1958); e

c) arbitragens entre Estados e particulares estrangeiros, regidas por usos e costumes do comércio internacional, a denominada "lex mercatoria" (não porém do Direito Internacional Público tradicional, salvo nos quatro campos a seguir mencionados, os particulares não têm qualquer "locus standi", e "a fortiori", nem as empresas privadas comerciais), nas seguintes hipóteses: a) nas tentativas da Corte Permanente de Arbitragem de oferecer um foro para resoluções de disputas entre Estados e particulares estrangeiros, com a adoção, em 1962, de um *"Regulamento de Arbitragem e de Conciliação para os Conflitos Internacionais entre Duas Partes, das quais Somente Uma é um Estado"*[36]); b) a partir de 1965, unicamente no campo dos movimentos internacionais de investimentos, por força da Convenção sobre Resolução de Conflitos sobre Investimentos entre Estados e Nacionais de Outros Estados, votada sob a égide do BIRD e que instituiria uma das entidades do denominado Grupo do Banco Mundial[37]: o Centro Internacional para Resolução de Disputas sobre Investimentos (conhecido pela sua sigla CIRDI, ou em inglês, ICSID), com sede junto à sede do próprio BIRD, na cidade de Washington[38]; c) as hipóteses contempladas na Convenção de Montego Bay de 1986 sobre o Direito do Mar, a serem analisadas mais adiante.

No que se refere ao Direito Internacional do Meio Ambiente, as arbitragens têm representado um importante instrumento de soluções de litígios entre Estados; relembre-se, mesmo, que foi através de uma arbitragem entre o Canadá

---

[36.] Sobre este Regulamento, veja-se, o nosso trabalho já mencionado, *Órgãos das Soluções Extrajudiciárias de Litígios.*

[37.] O Grupo do Banco Mundial é constituído: pelo próprio BIRD, suas duas "emanações", a Agência Internacional de Desenvolvimento, AID, e a Corporação Financeira Internacional, CFI, e mais o referido CIRDI e o MIGA (Agência Internacional de Garantia de Investimentos). Com exceção do CIRDI, o Brasil faz parte de todos os outros componentes do Grupo.

[38.] Esta Convenção, conhecida como "Convenção BIRD", estabelece normas quanto à constituição do tribunal arbitral, regras mínimas sobre procedimentos e prestigia, no que se refere ao direito material a ser aplicado ao mérito, as normas constantes do sistema jurídico do Estado-parte na controvérsia (respeitada a autonomia da vontade das partes, quanto à eleição de um sistema jurídico determinado para regular os direitos substantivos dos contratos principais).

e os EUA (Fundição Trail, ou como é mais conhecida na literatura jurídica comparada: Trail Smelter, de 1941) que emergiu uma das principais regras daquele Direito[39], como também, em outra arbitragem, entre Espanha e França (Lac Lanoux, de 1956) que outros comportamentos nas relações interestatais foram afirmados como exigíveis, por força de normas jurídicas internacionais. Na maioria dos grandes tratados e convenções multilaterais sobre o meio ambiente[40], onde figuram cláusulas de soluções pacíficas de controvérsias, a arbitragem se encontra expressamente prevista, de várias maneiras:

a) através de uma indicação simples e geral de recurso à arbitragem, no conjunto dos outros meios clássicos de soluções pacíficas de controvérsias entre Estados (a ex.: art. XI do Tratado da Antártica);

b) além de indicação da negociação, uma referência à submissão à arbitragem, por consentimento mútuo, e uma vaga obrigação de as Partes obrigarem-se pela decisão arbitral (a ex.: o art. XVIII da CITES[41], que ainda se refere a uma arbitragem "especialmente à Corte Permanente de Arbitragem da Haia");

c) indicação de outros meios e a arbitragem, como solução final e vaga maneira de compor o tribunal arbitral, a ex.: a Convenção sobre Proteção Física do Material Nuclear de 1980, art. XVII (sem qualquer referência a soluções judiciárias mas com a indicação da autoridade a ser chamada a intervir nos incidentes de formação do tribunal arbitral: Presidente da CIJ ou o Secretário-Geral da ONU); e as Convenções gêmeas de Viena sobre Assistência no Caso de Acidente ou Emergência Radiológica, art. XIII e sobre Pronta Notificação de Acidente Nuclear, art. XI (com detalhamento sobre prazos para iniciar-se a arbitragem e de como proceder-se na formação do tribunal arbitral, sendo as autoridades chamadas a intervir, o referido Presidente da CIJ ou o Secretário-Geral da ONU);

---

[39] Trata-se da norma que hoje se acha repetida numa série de convenções e tratados multilaterais e que se encontra corporificada no Princípio 2 da Declaração do Rio sobre Meio Ambiente e Desenvolvimento, de 1992, assim redigida: "Os Estados, de conformidade com a Carta das Nações Unidas e com os princípios de Direito Internacional, têm o direito soberano de explorar seus próprios recursos segundo suas próprias políticas de meio ambiente e desenvolvimento, e a responsabilidade de assegurar que atividades sob sua jurisdição ou controle não causem danos ao meio ambiente de outros Estados ou de áreas além dos limites da jurisdição nacional".

[40] No Acordo (bilateral) entre o Governo da República Federativa do Brasil e as Nações Unidas relativo à Conferência das Nações Unidas sobre Meio Ambiente e Desenvolvimento, de 1992 (acordo que permitiu sediar-se a ECO-92 no Rio de Janeiro), conta, no art. XIII, "Soluções de Controvérsia", com o recurso a negociações e unicamente à arbitragem, a ser empreendida por uma comissão tripartite, com membros indicados cada qual pelo Governo brasileiro e pela ONU e o presidente escolhido pelos árbitros indicados; na falta de indicação de árbitros ou na impossibilidade de nomeação do presidente da comissão, seria chamado a intervir o Presidente da Corte Internacional de Justiça.

[41] CITES (pronuncia-se: "çáites") é a sigla da denominação abreviada, em inglês, da Convenção sobre Comércio Internacional das Espécies da Flora e da Fauna Selvagens em Perigo de Extinção, adotada em Washington, a 1973 (com emendas posteriores), e que se encontra promulgada no Brasil, pelo Decreto n. 76.623 de 17/11/1975: "Convention on International Trade in Endangered Species".

d) indicação dos condicionamentos prévios exigidos para a arbitragem, nas cláusulas principais dos tratados e convenções multilaterais, e uma referência a Anexos ou Apêndices próprios sobre arbitragem, em que se estabelecem, em detalhes, as possíveis previsões sobre maneiras de constituir o tribunal, com a interveniência de outros órgãos internacionais (como o Secretário-Geral da ONU, ou o Presidente da CIJ), e todos os pormenores que são possíveis estabelecer numa cláusula, com miras ao futuro (portanto, com os elementos que aproximam a cláusula de um verdadeiro compromisso, mas que não podem ser consideradas como compromissos, por faltar-lhe os elementos essenciais a eles: o nome das Partes instituidoras da arbitragem, o nome dos árbitros e, sobretudo, a indicação do objeto do litígio, com as especificações que permitam determinar com precisão a competência e jurisdição dos árbitros[42]); um exemplo é o da Convenção de Espoo, sobre Avaliação de Impacto Ambiental em um Contexto Transfronteiriço, de 1991, no seu art. 15 e seu Apêndice VII;

e) uma apresentação com as duplas indicações, como mencionado no item anterior, mas com a possibilidade instituída na cláusula do texto principal, de os Estados que o desejarem formular, numa declaração a ser recolhida junto ao Depositário das convenções, o reconhecimento automático e "ipso facto" das jurisdições da CIJ e de qualquer arbitragem que vierem a ser instituídas entre as Partes que fizerem a mesma declaração. Tal técnica legislativa foi inaugurada pelas duas convenções adotadas durante a ECO-92: a Convenção sobre Diversidade Biológica, no art. XXVII[43] e Anexo II, este composto de duas partes: a 1ª sobre arbitragem e a 2ª, sobre conciliação e a Convenção-Quadro das Nações Unidas sobre Mudança do Clima, no art. XIV e num Anexo a ser elaborado pela COP. Muito significativamente, tem esta técnica sido repetida nos grandes atos

---

[42.] As diferenças entre uma cláusula compromissória e um compromisso são igualmente existentes nas arbitragens comerciais internacionais, entre pessoas de direito privado. Para regulamentar os efeitos, que podem ser comuns a tais estipulações (contidas como cláusula, num contrato de finalidades variadas, ou como um contrato específico de arbitragem, o compromisso), a Lei brasileira sobre arbitragem, Lei 9.307 de 23 de setembro de 1996, instituiu a figura da "convenção de arbitragem", que engloba ambos.

[43.] Eis a íntegra do art. XXVII, "Solução de Controvérsias", da Convenção sobre Diversidade Biológica: "*§ 1ª No caso de controvérsia entre Partes Contratantes no que respeita à interpretação ou aplicação desta Convenção, as Partes envolvidas devem procurar resolvê-la por meio de negociação. § 2ª Se as Partes envolvidas não conseguirem chegar a um acordo por meio de negociação, podem conjuntamente solicitar os bons ofícios ou a mediação de uma terceira Parte. § 3ª Ao ratificar, aceitar, ou aprovar esta Convenção ou a ela aderir, ou em qualquer momento posterior, um Estado ou organização de integração econômica regional pode declarar por escrito ao Depositário que, no caso de controvérsia não resolvida de acordo com o §1ª ou o § 2ª acima, aceita como compulsórios um ou ambos dos seguintes meios de solução de controvérsias: (a) Arbitragem de acordo com o procedimento estabelecido na Parte 1 do anexo II; (b) Submissão da controvérsia à Corte Internacional de Justiça.§ 4ª Se as Partes na controvérsia não tiverem aceito, de acordo com o § 3ª acima, aquele ou qualquer outro procedimento, a controvérsia deve ser submetida a conciliação de acordo com a Parte 2 do Anexo II, a menos que as Partes concordem de outra maneira.§ 5ª O disposto neste Artigo aplica-se a qualquer protocolo salvo se de outra maneira disposto nesse protocolo*".

**37**

normativos multilaterais adotados desde então[44], o que significa um indicativo da atual preferência dos Estados na atualidade, no que respeita à regulamentação dos dispositivos de resolução de controvérsias entre Estados, no campo do meio ambiente.[45]

### 3.6. Tribunais Internacionais Permanentes

A indicação do recurso à solução judiciária da Corte Internacional de Justiça, em geral, em raros casos[46] aparece solitária, nas cláusulas de soluções pacíficas de controvérsias entre Estados, contidas nos tratados e convenções internacionais; tradicionalmente, constitui o último recurso, falhados os anteriores da negociação, bons ofícios, mediação, conciliação e arbitragem. Contudo, conforme já referido anteriormente, a partir de tendências atuais, sobretudo após a adoção da Convenção de Viena sobre Direito dos Tratados de 1969, tem sido indicado como um meio, após o qual se admite a conciliação, na hipótese de suas decisões não terem apresentado uma solução satisfatória aos Estados-partes numa controvérsia. Na verdade, o recurso à Corte Internacional de Justiça representa uma via de extremo formalismo, em que se discute a aplicação e execução de normas jurídicas pre-existentes ao litígio, através de procedimentos igualmente preexistentes, sobre os quais os Estados-partes numa controvérsia não têm qualquer influência no sentido de instituir novas fases, novos prazos ou de modificar uma competência dos julgadores conforme estabelecida entre as Partes numa controvérsia; na verdade, trata-se da interpretação de aplicação do direito, por funcionários internacionais investidos de um poder jurisdicional permanente e independente da vontade "ad hoc" dos Estados-partes numa controvérsia. Por tais razões, o recurso às vias judiciais internacionais tem suas limitações de ordem política, que os Estados consideraram, em particular, face ao caráter bastante mais compulsório das sentenças judiciais internacionais, que as soluções terminativas dos outros meios à disposição deles.

Dos tribunais internacionais permanentes existentes na atualidade[47], apenas

---

[44.] Adotaram tal tipo de previsão da arbitragem, calcada nos dispositivos constantes da Convenção sobre Diversidade Biológica de 1992: a Convenção Européia sobre a Proteção e Utilização de Cursos d'Água Transfronteiriços e Lagos Internacionais de 1994, no art. 22 e Anexo IV, a Convenção das Nações Unidas para o Combate à Desertificação de 1994, no art. 28 e Anexo a ser elaborado pela Conferência das Partes (COP).

[45.] No Capítulo de nosso livro anteriormente mencionado, *O Direito Internacional do Meio Ambiente, Sua Emergência, as Obrigações e as Responsabilidades* (no prelo), ainda fazemos uma análise do Protocolo de Madri ao Tratado da Antártica sobre proteção ao Meio Ambiente, bem como um estudo aprofundado sobre as arbitragens, conforme previstas na Convenção de Montego Bay (subseção única).

[46.] Contam-se algumas convenções sobre proteção dos direitos humanos (genocídio, 1948, supressão de tráfico de pessoas, de 1949, eliminação de todas as formas de discriminação racial, de 1965,) e o Tratado de Cooperação em matéria de Patentes, de 1970.

[47.] Sobre o tema dos tribunais internacionais existentes na atualidade, veja-se, nosso artigo "O Meio Ambiente e a Justiça no Mundo Globalizado" *apud 6 Justiça Penal, Críticas e Sugestões*, Centro de Extensão Universitária, São Paulo, Ed. Revista dos Tribunais, 1999, pp. 65-118.

aqueles com uma competência "ratione materiae" definida em tratados e convenções internacionais específicos, e de jurisdição regional, igualmente predeterminada em tratados e convenções internacionais preexistentes, contam com um poder jurisdicional automático, independente da manifestação da vontade dos Estados, nos casos apresentados perante aqueles. São os seguintes:

a) os três tribunais das organizações internacionais de integração econômica regional, do tipo mercado comum, que consagram as formas mais avançadas de um direito supranacional, regidos por um direito primitivo pelo qual os Estados cederam substanciais partes de sua soberania a órgãos supranacionais (dentre os quais se encontram os mencionados tribunais internacionais): a Corte da Comunidade Européia (instituída em 25/III/1957, com a Convenção relativa a Certas Instituições Comuns às Comunidades Européias) com sede em Luxemburgo, e a Corte do Pacto Andino (Acordo de Cartagena de 28/V/1976) com sede em Quito e a Corte de Justiça do BENELUX (Acordo de 31/III/1965), com sede no Luxemburgo;

b) os tribunais instituídos por convenções internacionais de proteção dos direitos humanos, para o caso de violações, pelos Estados, daqueles direitos expressamente definidos em convenções internacionais específicas: a Corte Européia de Direitos Humanos, com sede em Estrasburgo (Convenção Européia de 22/XI/1950), a Corte Interamericana de Direitos Humanos, com sede em San José, na Costa Rica (Convenção Americana de Direitos Humanos, de 22/XI/1969) e a Corte Européia para os casos de Imunidades dos Estados (Protocolo Adicional à Convenção Européia sobre Imunidades dos Estados, de 16/V/1972), sediado junto ao Tribunal de Estrasburgo.

Com uma competência para "quaisquer casos que as Partes lhe submetam e em todas as matérias especialmente contempladas na Carta das Nações Unidas ou em tratados ou convenções em vigor" (art. 36 do Estatuto da CIJ) e uma jurisdição territorial universal, existe a Corte Internacional de Justiça, instituída em 1946 como um dos cinco órgãos permanentes da ONU, sucessora da Corte Permanente de Justiça Internacional (esta, criada pelo Pacto da Liga das Nações, em 1922, como o primeiro tribunal internacional da História da humanidade, com uma jurisdição sobre toda a terra[48]), com uma jurisdição "ratione materiae"

---

[48.] Ressalte-se que existiu um anterior tribunal permanente, porém regional, anterior à própria Corte Permanente de Justiça Internacional, a Corte de Justiça Centro-Americana, de breve existência. Veja-se o trabalho do Prof. Fredys Orlando SORTO, "América Central: Relações Internas e Crise Política: Soluções Pacíficas", Dissertação de Mestrado em Direito Internacional, defendida a 07/VI/1991, na Faculdade de Direito da USP (Orientador: Prof. Dr. José Roberto FRANCO DA FONSECA).

e territorial universal, composta por 15 (quinze) juízes internacionais investidos em funções permanentes, eleitos para um mandato de 9 (nove) anos, pela maioria absoluta da Assembléia Geral e do Conselho de Segurança da ONU e representantes dos principais sistemas jurídicos dos Estados da atualidade[49].

Igualmente com uma jurisdição territorial universal, mas com uma competência "ratione materiae" restrita a matérias bem delimitadas, existem os seguintes tribunais permanentes, na atualidade:

a) para a interpretação e aplicação da Convenção das Nações Unidas sobre o Direito do Mar, o Tribunal Internacional para o Direito do Mar, instituído pela Convenção de Montego Bay de 1982, com sede em Hamburgo, já instalado (com seus 21 juízes internacionais empossados) e com seu Regimento Interno já adotado e

b) o Tribunal Criminal Internacional, instituído por uma convenção adotada em Roma, por uma conferência "ad hoc" convocada pela Comissão dos Direitos Humanos das Nações Unidas, assinada a 17 de julho de 1998 (convenção ainda não em vigor internacional) e que, tão logo vigente, fará emergir um tribunal, sediado na Haia, nos Países Baixos, composto de 18 juízes internacionais, com uma competência para julgar os crimes definidos na mesma[50].

Um dos principais problemas quanto ao exercício da jurisdição da Corte Internacional de Justiça reside no fato de que ela não se instala de maneira automática, a pedido de um Estado, e contra a vontade de outro Estado; conquanto uma jurisdição aplicada por pessoas investidas de funções judicantes internacionais, de maneira permanente e anterior a qualquer litígio (fato que distingue as soluções judiciárias das arbitragens), necessita ela, para um caso "sub judice", do consentimento expresso dos Estados-partes numa controvérsia.Tal consentimento pode ser manifestado, em princípio, de três maneiras:

a) pelo depósito junto ao Secretário-Geral da ONU, de uma declaração em que o Estado dê sua aceitação incondicionada da jurisdição da CIJ, no momento em que subscrever o Estatuto da CIJ ou a qualquer tempo; trata-se do

---

[49] Os juízes de nacionalidade dos Estados-partes numa controvérsia não perdem seu direito de constituírem o quórum da CIJ, em julgamentos nos quais aqueles estejam envolvidos. Neste caso, os Estados podem nomear um juiz "ad hoc", não necessariamente de sua nacionalidade, para compor a mesma, em paridade de direitos e deveres que os outros juízes.

[50] Ademais dos tribunais internacionais mencionados, deve-se, ainda, citar, na atualidade de nossos dias, a existência de dois tribunais "ad hoc" instituídos pela ONU: a) o Tribunal Criminal para a Ex-Iugoslávia (Resolução 808 do Conselho de Segurança) e b) o Tribunal Criminal para a Ruanda. Sobre o primeiro, veja-se de Geraldo Miniuci FERREIRA JR., "O Tribunal Criminal para a Iugoslávia", apud Araminta de Azevedo MERCADANTE e José Carlos de MAGALHÃES, coordenadores, Solução e Prevenção de Litígios Internacionais, São Paulo, NECIN-Projeto CAPES, 1998 (Departamento de Direito Internacional da Faculdade de Direito da USP).

dispositivo do art. 36 § 2º do Estatuto da CIJ, denominado "cláusula facultativa de jurisdição obrigatória" (facultativa, porque os Estados têm a faculdade de adotá-la ou não, e obrigatória, porque estabelece a jurisdição obrigatória da CIJ para os Estados que a adotarem da mesma forma), *verbis*: "Os Estados-partes do presente Estatuto poderão, em qualquer momento, declarar que reconhecem como obrigatória "ipso facto" e sem acordo especial, em relação a qualquer outro Estado que aceita a mesma obrigação, a jurisdição da Corte, em todas as controvérsias de ordem jurídica que tenham por objeto: a) a interpretação de um tratado; b) qualquer ponto de direito internacional; c) a existência de qualquer fato que, se verificado, constituiria violação de um compromisso internacional; d) a natureza ou extensão da reparação devida pela ruptura de um compromisso internacional". Na verdade, a cláusula não tem uma aceitação generalizada[51] sendo o Brasil um dos Estados que não admitem a jurisdição obrigatória "ipso jure" da CIJ;

b) pela subscrição de um acordo especial entre os Estados-partes numa controvérsia, denominado "compromisso" (em francês e inglês: *"compromis"*), em tudo semelhante ao "compromisso" existente nas arbitragens entre Estados[52], pelo qual aqueles reconhecem a jurisdição da Corte, descrevem a controvérsia e os pontos em que se pede um pronunciamento da Corte, e indicam as normas aplicáveis (se o Direito Internacional Geral ou uma norma particular constante num tratado ou convenção internacional vigente entre as Partes), inclusive com a autorização para os juízes decidirem "ex aequo et bono", ou seja, por eqüidade;

c) na inexistência de qualquer título de justificação da jurisdição da CIJ, pela submissão da demanda por um Estado e pela aceitação expressa ou tácita da jurisdição da Corte por outro Estado (trata-se do denominado princípio do "forum prorrogatum").

Mesmo que os Estados-partes sejam depositantes da mencionada declaração junto ao Secretário-Geral da ONU, a prática tem revelado que a subscrição de um compromisso tem sido norma, no sentido de tornar mais clara a função dos juízes internacionais.

Com mais forte razão, as soluções de controvérsias pela via da Corte Internacional de Justiça, previstas em cláusulas gerais de soluções de contro-

---

[51.] São apenas 52 Estados aqueles que reconhecem a jurisdição obrigatória da CIJ, dentre os quais, membros permanentes do Conselho de Segurança da ONU, somente o Reino Unido. Note-se a retirada dos EUA e da França, em época recente, após o julgamento de casos em seu desfavor (respectivamente: Nicarágua e ensaios nucleares no Pacífico).

[52.] Uma das principais diferenças de um compromisso numa arbitragem e do compromisso perante a CIJ reside no fato de que neste, como regra, inexistem dispositivos relativos a procedimentos, uma vez que estes fazem parte do arcabouço institucional daquela Corte e se encontram no Estatuto e no Regimento Interno deste tribunal internacional.

vérsias contidas em tratados e convenções internacionais, não constituem título legítimo que dê a um Estado o direito de acionar, de maneira unilateral e contra a vontade de outro Estado, a jurisdição daquele tribunal. A prática tem demonstrado que sempre haverá necessidade de um compromisso, no qual se certifica que a submissão àquela Corte, se dá pela vontade de todos os Estados-partes numa controvérsia, e com as especificações dos poderes dos julgadores.

Em que pese tais percalços inerentes ao recurso à Corte Internacional de Justiça, a prática tem demonstrado que os Estados têm recorrido a ele (e pelo menos, até o momento, não se tem notícia de algum movimento político significativo de suprimir-se a CIJ do universo das soluções pacíficas de controvérsias entre Estados, na atualidade). Suas vantagens em relação a outros meios de soluções de litígios continuam vigentes: a urgência nos procedimentos em geral e naqueles acautelatórios (uma vez que se trata do exercício de funções normais de um órgão composto de julgadores pré-constituídos e de caráter permanente, com normas procedimentais vigentes e sem possibilidade de alterações pelas Partes na controvérsia), e constituir-se uma fonte segura de desenvolvimento de uma jurisprudência relativamente uniforme em Direito Internacional, seja em casos contenciosos (unicamente Estado a Estado), seja em casos consultivos (Estado a Estado e Estados e organizações internacionais, ou entre organizações internacionais), com maior possibilidade de constituírem precedentes judiciários, que as decisões de tribunais arbitrais[53].

## 4. FORMAS INOVADORAS DA DIPLOMACIA MULTILATERAL E O IMPACTO DAS ORGANIZAÇÕES INTERGOVERNAMENTAIS

O Séc. XX, que, como se sabe, se iniciou ao final da Primeira Guerra Mundial, nas conferências de paz em Versalhes, em 1919, tem como uma das notas mais características, em relação aos anteriores, a presença de novos atores na cena internacional, as organizações intergovernamentais, com seus órgãos colegiados e unipessoais, e a emergência de novos foros de negociações e de novas regras para a conduta diplomática dos Estados. Na verdade, a diplomacia multilateral[54] se apresenta de duas maneiras: a) não institucionalizada, na forma de congressos e conferências internacionais, que eram reuniões solenes e esporádicas, nos séculos

---

[53.] Relembre-se que existem maiores limitações de uma *"res judicata arbitral"*, no que se refere a seus efeitos para além das partes em litígio, do que aquelas existentes nas sentenças da CIJ ou da antiga CPJI, fenômeno que torna bastante questionável a formação de uma jurisprudência internacional, como fonte formal do Direito Internacional.

[54.] Veja-se nosso artigo anteriormente mencionado: "Os Órgãos das Relações Exteriores dos Estados e as Formas da Diplomacia na Atualidade (em Homenagem ao Prof. Dr. Vicente Marotta Rangel), no prelo da *Revista da Faculdade de Direito da USP*.

anteriores, e que se tornam corriqueiras (pelas facilidades de comunicações diretas entre os Estados, e pelas possibilidades de reuniões de delegados dos Estados, em reuniões mais freqüentes); e b) institucionalizada, com regras muito precisas, tal como se pratica no seio de organizações intergovernamentais permanentes, ou segundo procedimentos estabelecidos em tratados e convenções internacionais, que instituem reuniões periódicas, em algo semelhantes àquelas levadas a cabo naquelas organizações intergovernamentais[55]. A diplomacia multilateral de forma institucionalizada mereceu, por parte da doutrina, a qualificação de diplomacia parlamentar, pela evidente semelhança com a tradicional atividade dos Parlamentos nacionais, onde a função de fazer o direito se encontra regulada por normas anteriores aos procedimentos legislativos, em particular, no que respeita a direito de voz e voto, a quórum de reunião e de deliberação, e a procedimentos outros decisórios (como o estabelecimento de pautas de assuntos a serem discutidos).

Em quaisquer reuniões multilaterais de representantes de Estados, existem questões prévias à instalação das mesmas (convocação, local da reunião, datas, legitimação dos participantes), questões de procedimento, que devem ser resolvidas antes da instalação dos trabalhos (agenda dos trabalhos, quórum de reunião e horários das sessões), questões que surgem durante os debates (procedimentos e quórum para deliberações, constituição de comitês, sua composição e atribuições) e, enfim, questões que surjam após o encerramento dos trabalhos (depósito e guarda dos textos finais, envio e recebimento de notificações, sobre os mais variados aspectos, como ratificações, adesões, reservas e denúncias). Nas reuniões não institucionalizadas, muitas de tais questões são resolvidas ora por negociações multilaterais centradas no Estado ou grupo de Estados que tiveram a iniciativa de convocar uma reunião internacional, ora nas primeiras sessões de instalação dos trabalhos. No caso da diplomacia parlamentar, tais regras já se encontram votadas e estabelecidas no seio de uma organização intergovernamental, para quaisquer reuniões que elas realizem; por outro lado, tais normas institucionais são de tal maneira aceitáveis aos Estados, que, numa reunião multilateral convocada sob a égide de uma organização intergovernamental, já se pressupõe a existência de normas sobre procedimentos, prévias ou "ad hoc"[56], e que os Estados aceitam, sem maiores discussões.

---

[55] Tal fenômeno pode ser observado nos modernos tratados e convenções internacionais, em particular sobre meio ambiente, em que se instituem um Secretariado permanente e se estipulam reuniões periódicas dos Estados-partes, denominadas Conferência das Partes (em geral, conhecidos pela sigla de sua denominação em inglês: COP), com atribuições políticas e técnicas, muito semelhante a um órgão colegiado de uma organização intergovernamental (do tipo Assembléia Geral, ou Conselho). Tais órgãos podem ser complementados com outros, de natureza técnica. Como exemplos, citem-se a Convenção-Quadro das Nações Unidas sobre Modificação do Clima e a Convenção sobre a Diversidade Biológica, onde se criam, além de um Secretariado permanente, uma COP e outros colegiados de natureza técnica.

[56] No caso de reuniões multilaterais convocadas por organizações intergovernamentais, muitas das questões são votadas em reuniões das mesmas, de tal forma que, ao ser convocada uma reunião particular sobre um determinado

O fato é que a diplomacia multilateral tem permitido a emergência de novos fenômenos nas relações interestatais, que têm causado substanciais modificações nos procedimentos tradicionais de soluções pacíficas de controvérsias entre Estados. Assim, emergem novos atores, unipessoais ou coletivos, no papel renovado de oferecer seus bons ofícios ou mediação, de fornecerem pessoal técnico para procedimentos investigatórios, de servirem como fatores que possibilitam e/ou facilitam a instalação dos clássicos procedimentos da conciliação ou da arbitragem, nas suas variadas modalidades. Por outro lado, a diplomacia parlamentar, em geral, já propicia existirem novos foros de negociações e de exercício de outros meios, de soluções pacíficas de controvérsias, com atributos renovados de neutralidade e com apreciável suporte físico e operacional. Enfim as organizações intergovernamentais, de seu lado, criam formas novas, a meio caminho entre soluções extrajudiciárias tradicionais (dos quais se destaca a arbitragem e a conciliação) e dos tribunais internacionais permanentes, que existem na atualidade (como é o exemplo, a seguir analisado, dos "painéis" da OMC).

Finalmente, é necessário dizer que a diplomacia multilateral se pratica em todas as organizações intergovernamentais da atualidade, e adota formas e espécies tão diversas, particulares e múltiplas, como são aquelas organizações nos dias correntes. Sendo assim, os meios de soluções de litígios internacionais no seio das organizações intergovernamentais irão apresentar as peculiaridades e qualidades típicas de cada qual. Os poderes dos órgãos deliberativos colegiados (em geral, em todas as organizações, são de dois tipos: a) grandes assembléias, onde participam todos os Estados-membros, em geral, sem votos qualificados, com poderes supremos, inclusive de ordem constitucional; b) pequenas assembléias, em geral denominadas "conselho", com *numerus clausus* de componentes, em geral eleitos pelas primeiras, segundo critérios variados, e que podem adotar sistemas de deliberação tanto democráticos, quanto aristocráticos), bem como dos órgãos unipessoais (sua denominação igualmente varia, secretário-geral, diretor-geral etc., com maior ou menor grau de iniciativa e de poderes decisórios), demonstram, por sua imensa variedade, as próprias feições variegadas, que podem assumir os meios de solução pacífica de controvérsias sob a égide das mesmas.

Outra inovação, trazida pelas organizações intergovernamentais, diz respeito a que as formas de sua atuação, no exercício da diplomacia parlamentar, mesclam as formas tradicionais de soluções e prevenções de litígios internacionais. Na verdade, uma decisão de uma organização intergovernamental assume formas

---

assunto, em particular, para a subscrição de um tratado multilateral, as questões procedimentais já se encontram estabelecidas, antes da instalação dos trabalhos. No caso, o que faz a reunião especial é, por uma questão de reafirmar seus poderes próprios, ratificar aquelas deliberações.

mistas, ao mesmo tempo mediação, bons ofícios, conciliação, refletindo a pouca preocupação com a forma, e mais com os resultados de uma atuação coletiva eficaz, para a solução de uma disputa.

No presente estudo, selecionamos apenas algumas organizações intergovernamentais, para, no interior delas, examinar as soluções e prevenções de controvérsias: a atuação dos órgãos da ONU, as modalidades existentes numa organização de seu sistema (o GATT/OMC), e dentre as organizações intergovernamentais regionais, as de proteção dos direitos humanos e as de integração econômica regional, com ênfase no Mercosul.

## 4.1. A Organização das Nações Unidas

Na sua dupla atividade de constituir-se, em primeiro lugar, como um foro renovado de negociações, que coloca frente a frente todos os Estados (e, de particular importância, mesmo aqueles Estados que não mantêm relações diplomáticas entre eles, ou em casos em que as relações se encontram rompidas ou se apresentam de forma hostil), e, em segundo, como um novo sujeito de Direito Internacional, que edita seus atos internacionais multilaterais (com conteúdos de soluções pacíficas de controvérsias entre contendores, elaboradas em nível coletivo), a ONU se tem destacado no capítulo das prevenções e das soluções pacíficas de controvérsias entre Estados. Neste particular, destacam-se, dos órgãos da ONU, o Conselho de Segurança, a Assembléia Geral e o Secretariado, como entidades que propiciam soluções políticas, e a Corte Internacional de Justiça, as soluções tipicamente jurídicas entre os Estados, com uma advertência sobre a dificuldade de traçar-se uma linha divisória entre as mesmas, conforme já dito anteriormente.

Igualmente, já nos referimos ao Capítulo VI da Carta, onde se disciplina a solução pacífica de controvérsias entre Estados, o qual, no entanto, não esgota o assunto, particularmente, no que se refere à atuação dos próprios órgãos da ONU. Já nos temos referido à figura do Secretário-Geral, cujos poderes de mediador e de conciliador devem ser destacados, conforme fizemos nas partes anteriores do presente trabalho. Sendo assim, para uma visão mais adequada da atuação daqueles órgãos da ONU, é necessário rever, nas partes correspondentes da Carta e nos usos e costumes que se criaram a partir das mesmas, as atribuições do Secretário-Geral, do Conselho de Segurança e da Assembléia Geral (esta última, em particular, a partir da adoção da Resolução "Unidos para a Paz", a seguir analisada, que lhe atribuiu novas competências, que a Carta tinha reservado, com exclusividade, ao Conselho de Segurança, no que se refere à manutenção da paz). Por outro lado, retomando o já anteriormente dito, insistimos em que uma visão mais abrangente sobre a atuação da ONU na solução pacífica

**45**

de litígios entre Estados, sobremaneira no tema da prevenção de futuras situações de conflito, se acha ligado a outro, da manutenção da paz, que se concretizam pelas denominadas "operações de paz", seja encetadas com recursos humanos e materiais carreados dos Estados, via ONU (operações dos denominados "capacetes azuis"), seja com a cooperação de organismos político-militares regionais, como a OTAN ou a OEA; tal tema, que se encontra regulado nos Cap. VIII e IX da Carta, por sua especificidade, refoge ao tema do presente trabalho, conquanto sua íntima correlação com as soluções e prevenções de litígios internacionais.

Quanto ao Conselho de Segurança, seus atributos no tema da solução e prevenção de litígios podem ser descritos, em grandes linhas: a) investigações de controvérsias e determinação daquelas que constituem ou possam constituir uma situação de fato que coloque em perigo a paz e a segurança internacionais (art. 34 da Carta), a ex.: as situações em 1979, no Oriente Médio, com a ocupação de territórios árabes, inclusive Jerusalém; b) recomendações aos Estados para que resolvam suas controvérsias pelos meios pacíficos tradicionais, mencionados no art. 33 da Carta (art. 36 § 1º, id.), seja a uma determinada modalidade, como no caso do Estreito de Corfu, entre Albânia e o Reino Unido, em 1947, quando as Partes foram encaminhadas à Corte Internacional de Justiça; seja para os contendores utilizarem qualquer meio de solução pacífica (art. 33 § 2º e art. 38, id.); d) recurso a procedimentos estabelecidos em agências especializadas da ONU ou a acordos regionais (Cap. VIII, id.). Recentemente, o Conselho de Segurança invocaria o art. 39 da Carta, constante no Cap. VII ("fará recomendações ou decidirá que medidas deverão ser tomadas de acordo com os arts. 41 e 42, a fim de manter ou restabelecer a paz e a segurança internacionais"), num entendimento inovador de suas competências, com a constituição de dois tribunais criminais internacionais, com um verdadeiro estatuto penal internacional, e não na aplicação de medidas legitimadas por aqueles artigos, respectivamente, medidas constritivas, sem o uso da força militar (como a interrupção de relações econômicas, dos meios de comunicação ferroviários, marítimos... e das relações diplomáticas) e medidas de cunho militar (como bloqueios e outras operações por parte das forças aéreas, navais ou terrestres dos membros das Nações Unidas); trata-se do Tribunal Criminal para a Ex-Iugoslávia, instituído pelo Conselho de Segurança em 22/02/1993 e seu Estatuto aprovado pela Resolução 827 de 25/03/1993[57] e o Tribunal Criminal para a Ruanda.

Quanto à Assembléia Geral, é sabido a importância que tem ganhado, como foro de decisões entre os Estados, à vista da relativa paralisia do Conselho

---

[57.] Veja-se de Geraldo Miniuci FERREIRA JR. "O Tribunal Criminal para a Iugoslávia", in *Solução e Prevenção de Litígios Internacionais*, Araminta de Azevedo MERCADANTE e José Carlos de MAGALHÃES, Coordenadores, São Paulo, NECIN-Projeto CAFES, 1998 (Departamento de Direito Internacional da Faculdade de Direito da USP).

**46**

de Segurança, em virtude do poder de veto dos 5 membros permanentes, em particular, após 1947, com a adoção da Resolução "Unidos para a Paz"[58]; destaque-se a possibilidade ilimitada de a Assembléia Geral poder constituir comitês e comissões, com delegados de Estados, num sistema decisório, sem a sombra de um poder inibidor, como o do veto. As competências se acham reguladas no art. 14 da Carta, em virtude da qual, poderá a AG, *verbis*, "recomendar medidas para a solução de qualquer situação, qualquer que seja sua origem, que lhe pareça prejudicial ao bem-estar geral ou às relações amistosas entre as nações, inclusive em situações que resultem da violação dos dispositivos da presente Carta que estabelecem os propósitos e princípios das Nações Unidas". Acreditamos que, além de tais atribuições e de ser um dos foros mais adequados para o exercício da diplomacia parlamentar, com sua panóplia de soluções de controvérsias entre os Estados, a Assembléia Geral tem atuado, através de sua Comissão de Direito Internacional e da UNCITRAL, na tarefa de codificar e profligar pelo desenvolvimento progressivo do Direito Internacional, de cuja obra resultaria, dentre outros atos, a Convenção de Viena sobre o Direito dos Tratados, com seu Anexo sobre conciliação internacional. Por outro lado, é necessário enfatizar a importância da atuação de duas comissões permanentes, com sede em Genebra, constituídas pela AG: a Comissão de Direitos Humanos e a Comissão de Desarmamento, onde, além de foros negociais que se têm destacado como importantes fatores para a elaboração dos mais relevantes atos internacionais sobre tais assuntos, têm elas aperfeiçoado procedimentos investigatórios, nos assuntos de suas competências respectivas.

No que respeita ao Secretariado, seu chefe, o Secretário-Geral da ONU, na verdade, seu órgão unipessoal, tem, resumidamente, três atribuições: a) chefe de um complexo órgão burocrático, com sedes em Nova York e em Genebra (art. 97 da Carta da ONU), b) funções que os Estados lhe acometerem, diretamente ou através de decisões tomadas no Conselho de Segurança e/ou na Assembléia Geral (art. 98, id.) e c) as funções de poder "chamar a atenção do Conselho de Segurança para qualquer assunto que, em sua opinião, possa ameaçar a manutenção da paz e da segurança internacionais" (art. 99, id.). Já apontamos o caráter inovador desta figura, em relação às formas tradicionais de soluções pacíficas de controvérsias entre os Estados, em especial, pelo fato de ser um funcionário internacional, em princípio sem quaisquer aligeâncias

---

[58.] A Resolução Unidos para a Paz (Resolução 377 (V) de 03 de novembro de 1950), assim dispôs: a AG resolveu que "se o Conselho de Segurança, devido à falta de unanimidade dos membros permanentes, deixar de exercer sua responsabilidade primária para a manutenção da paz internacional e da segurança em qualquer caso em que haja ameaça à paz, violação da paz ou ato de agressão, a Assembléia Geral considerará a questão imediatamente, com vistas a fazer as recomendações apropriadas aos Membros, sobre medidas coletivas, inclusive no caso de violação da paz ou ato de agressão, o uso de força armada quando necessário, a fim de manter ou restaurar a paz internacional e a segurança" (*apud Handbook da ONU*, p. 126, em tradução livre).

com quaisquer Estados, atributo que, em princípio, lhe empresta qualidades de neutralidade e independência, necessárias a qualquer mediador, conciliador ou negociador desinteressado.

## 4.2. Organizações Especializadas do Sistema das Nações Unidas: O Caso do GATT/OMC

Em praticamente todos os atos constitutivos das organizações intergovernamentais do sistema das Nações Unidas (que a Carta da ONU, na sua versão vigente no Brasil, denomina de "Agências das Nações Unidas"), ou seja, nos tratados-fundação, há a cláusula de soluções pacíficas de litígios entre os Estados-partes, como chegamos a mencionar anteriormente. Além disso, nas atuações dos órgãos coletivos instituídos (e, igualmente, em algumas atribuições dos órgãos unipessoais), constam mecanismos muito precisos de soluções pacíficas de litígios, como dissemos, característicos da diplomacia parlamentar, dos quais os mais notáveis são as negociações.

Talvez devido à proximidade com os temas das relações comerciais internacionais entre particulares (campo onde as soluções de controvérsias, por meios adotados entre os litigantes, seja tradicional e muito bem estruturado), das organizações intergovernamentais do sistema das Nações Unidas, no tema ora em estudo, destaca-se aquele vigente na Organização Mundial do Comércio, sucessora de uma organização similar, o antigo GATT[59] (*General Agreement on Tariffs and Trade*), após a vigência dos Acordos de Marrakesh de 1995, assinados em abril de 1994, ao final de uma das várias das negociações comerciais multilaterais, denominada Rodada Uruguai. Trata-se de um mecanismo diplomático de verificação da adimplência das obrigações por parte dos Membros[60], e, no caso de comprovação de violação das obrigações, bem como de existência de um dano, em geral quantificável, decretar-se a imposição de uma sanção, consistente na outorga ao Membro lesado, de direitos subjetivos a poder discriminar contra o violador, a título de reparação[61].

---

[59.] GATT significava tanto a organização intergovernamental quanto o conjunto de regras sobre ela elaboradas. O antigo GATT, como organização intergovernamental, foi substituído pela OMC. Contudo, ainda continuam vigentes as regras do mesmo, relativas a comércio de bens materiais ("*commodities*"), que juntamente com as novas regras sobre comércio de serviços e de bens imateriais, integram a OMC. Àquele conjunto de regras sobre bens materiais, ainda vigentes e integradas na OMC, denomina-se: GATT-1947, e integram os Acordos de Marrakesh, com as modificações e interpretações dadas por estes.

[60.] Deve notar-se que tanto no antigo GATT, quanto na atual OMC, não se emprega a terminologia Estado-parte ou Estado-membro. No antigo GATT a expressão era "Parte Contratante" e, na OMC, "Membro". Tal fato se deve a que tanto no antigo GATT, quanto na OMC, encontram-se representados não apenas Estados, mas também organizações regionais de integração econômica (como a Comunidade Européia), e *territórios aduaneiros sob tutela,* como Hong Kong.

[61.] Veja-se, na bibliografia brasileira: Celso LAFER, *O Sistema de Soluções de Controvérsias da Organização Mundial do Comércio,* e de nossa autoria, "O Tratamento da Propriedade Intelectual no Sistema da Organização

Relembre-se que na OMC existem obrigações (que já eram existentes no antigo GATT) de os Membros não criarem discriminação em relação a outros Membros; na verdade, o mecanismo da cláusula da nação mais favorecida tornava e torna vigente para quaisquer outros Membros, os favores que, unilateralmente, um Membro outorgue a outro (ou seja, um parceiro preferencial). Assim, um favor tarifário (tributos menores ou com sistemas de incidência mais favoráveis) ou não tarifário (restrições não tributárias, como facilidades para a importação/exportação de mercadorias, sistemas de controles de qualidade ou de sanidade mais benevolentes), eram e são automaticamente estendidos ao universo dos Membros da OMC. As exceções a tais possibilidades (no linguajar do GATT/OMC: as exceções à cláusula da nação mais favorecida), ou são aquelas previstas nos tratados-fundação e suas regulamentações, ou são aquelas expressamente permitidas, após um procedimento formal, em que se imponham sanções a um Membro violador de qualquer obrigação, em benefício do Membro lesado. As sanções, no fundo obrigações impostas a um Membro violador de uma obrigação, em benefício reparatório a um Membro lesado, por outro lado, devem ser temporárias, porquanto devem durar até que o montante de um prejuízo sofrido com a violação daquelas seja ressarcido (e lembre-se que tais favores/ reparação não são aplicáveis a nenhum outro Membro que não tiver sido abrangido pela decisão a respeito)[62].

Observada uma inadimplência por parte de um Membro ou grupo de Membros, tendo havido consultas entre os interessados, uma reclamação é apresentada a um órgão especial da OMC, o Órgão de Soluções de Controvérsias, o qual, por uma votação por consenso, constitui um Grupo de Trabalho, composto de técnicos (representantes diplomáticos dos Membros em Genebra, ou peritos escolhidos em função de suas qualidades personalíssimas), que o jargão diplomático e jornalístico tem denominado de "painel". Após um procedimento regulamentado, onde são ouvidos os litigantes e apresentadas as provas, o Grupo de Trabalho conclui por um relatório, em que se recomendam medidas a serem adotadas. Tais medidas, com seus aspectos constritivos em relação a um Membro, são formalmente adotadas pelo Órgão de Soluções de Controvérsias, que decidirá sobre a adoção das mesmas (havendo a possibilidade de um recurso, com efeitos

---

Mundial do Comércio: Uma Descrição Geral do Acordo "TRIPS", ambos *apud* Paulo Borba CASELLA e Araminta de Azevedo MERCADANTE, organizadores, *Guerra Comercial ou Integração Mundial pelo Comércio?: a OMC e o Brasil*, São Paulo, LTr, 1998, respectivamente, pp. 729-755 e 660-689.

[62.] No discurso normativo do GATT/OMC fala-se em retaliações comerciais (a ex.: uma violação de uma obrigação no setor de calçados, ou seja, práticas protecionistas à exportação de produtos nacionais, acarretará uma suspensão de favores aos produtos do setor, até o montante dos prejuízos sofridos com a prática de "*dumping*"); a partir da instituição da OMC, é possível que as sanções sejam impostas, em setores diferentes daqueles onde houve uma violação, em particular naqueles setores do comércio internacional onde haja substanciais volumes de comércio (a ex.: uma prática antidumping no setor de calçados, poderá ser sancionada com a suspensão de favores, no setor de têxteis): é o que se denomina de "*cross-retaliation*".

**49**

suspensivos, a um Corpo de Apelação, entidade permanente com sede em Genebra, junto à OMC, composto de pessoas escolhidas, em função de seus conhecimentos e não como funcionários diplomáticos dos Membros).

O procedimento da OMC, sem dúvida, trouxe inovações no sistema clássico das soluções e prevenções de litígios entre os Estados: o procedimento previsto no sistema, com a competência específica de uma entidade "*ad hoc*", o Órgão de Soluções de Controvérsias, com a instituição de negociações prévias, apresentação formal de reclamações, a instituição prevista de um Grupo de Trabalho (os "painéis"), a decisão deste, em procedimentos relativamente rígidos, bem como sua aprovação por órgãos diplomáticos de representantes dos Membros, em decisões que conferem às recomendações daquele GT um caráter impositivo aos Membros, torna o sistema da OMC um misto de mediação institucionalizada, com traços de conciliação e de soluções por outras modalidades.

### 4.3. Organizações Intergovernamentais Regionais de Defesa dos Direitos Humanos

Um dos temas globais da atualidade, os direitos humanos e sua proteção em nível internacional, veio trazer novas formas de soluções de litígios entre os Estados. Ademais de reformular modalidades tradicionais, como as investigações, a regulamentação do tema propiciou o aparecimento de organizações regionais intergovernamentais, no seio de cujos procedimentos se tem praticado a diplomacia parlamentar, com uma particularidade na matéria: além da instituição de tribunais internacionais permanentes, a possibilidade única (comparativamente aos outros tribunais internacionais permanentes na atualidade, excetuados os tribunais existentes nas organizações regionais de integração econômica do tipo mercado comum) de acesso dos indivíduos aos procedimentos judiciários dos mesmos, por direito próprio e sem qualquer necessidade de representação por parte de qualquer Estado ou organização intergovernamental.

Logo após a adoção da Declaração Universal dos Direitos Humanos, pela Assembléia Geral das Nações Unidas, em 10/12/1948, já cogitavam os Estados de instituírem mecanismos internacionais, a fim de tornar imperativos, como obrigações legais claramente exigíveis dos Estados, os grandes princípios normativos nela contidos. Assim sendo, não só em direção a dotarem-se os instrumentos normativos de maior eficácia, como também na instituição de precisos mecanismos de verificação da adequação das normas jurídicas internas e das práticas no interior dos Estados, com os padrões normativos internacionais, foram sendo constituídos dois grandes sistemas normativos, um ao nível regional, outro ao nível global, neste, com a ativa participação da Assembléia Geral da ONU, através de sua Comissão dos Direitos do Homem.

**50**

Em trabalho anterior[63], assim nos expressamos, *"verbis"*:

> No campo da proteção internacional dos direitos humanos[64], o Segundo Pós-Guerra foi marcado, em nossa visão, por dois traços: a) a busca pelos Estados de uma formalização crescente dos padrões normativos internacionais exigíveis de qualquer deles, quanto a níveis mínimos de respeito à pessoa humana (portanto, normas internacionais cogentes, se possível uniformes, aplicáveis no interior dos Estados) e b) instituição de mecanismos de controle da aplicação, no interior dos ordenamentos jurídicos dos Estados, daqueles padrões normativos internacionais (instituições de organismos especiais, dotados de mecanismos de feitura de novas normas, verificação do adimplemento das obrigações internacionais e de controles políticos, em alguns casos, inclusive, controles pela via judicial, especialmente instituída para tanto).

Ressalte-se que tais fenômenos são mais aperfeiçoados, no sentido da existência de mecanismos de eficácia das normas de proteção internacional dos direitos humanos, na esfera regional. Com efeito, tanto na Europa, quanto na América Latina, e em grau menor, na África[65], existem alguns elementos comuns:

a) a existência de uma convenção de base, que institui órgãos internacionais regionais e mecanismos políticos e diplomáticos de aperfeiçoamento de suas normas: a Convenção Européia para a Proteção dos Direitos Humanos e das Liberdades Fundamentais (1950), a Convenção Americana sobre Direitos Humanos (Pacto de San José de Costa Rica, de 1969), a Carta Africana dos Direitos Humanos e dos Povos (Carta de Banjul de 1981);

b) a existência de uma série de convenções regionais, que regulamentam assuntos tópicos, relacionados ao tema da proteção dos direitos humanos: a ex.: a Carta Social Européia de 1961, a Convenção Européia para a Prevenção de Tortura e Tratamento ou Punição Desumana ou Degradante de 1987, a Convenção Interamericana para Prevenir e Punir a Tortura de 1985;

---

[63] "O Meio Ambiente e a Justiça no Mundo Globalizado", *apud 6 Justiça Penal, Críticas e Sugestões*, Centro de Extensão Universitária, São Paulo, Ed. Revista dos Tribunais, 1999. (cit. pp. 84-85).

[64] Como referencial importante, inclusive dos textos internacionais, veja-se a obra do Prof. Antônio Augusto Cançado TRINDADE, *A Proteção Internacional dos Direitos Humanos, Fundamentos Jurídicos e Instrumentos Básicos*, São Paulo, Saraiva, 1991. Mais modernamente, veja-se, igualmente, de José Augusto Lindgren ALVES, *A Arquitetura Internacional dos Direitos Humanos*, São Paulo, FTD, 1997.

[65] Deve fazer-se referência à existência de um Projeto de Carta dos Direitos Humanos e os Povos do Mundo Árabe, de 1971, conforme constante da obra do Prof. A. A. Cançado TRINDADE, referida no rodapé anterior.

c) a existência de mecanismos de controle político relativamente à aplicação, por parte dos Estados, das normas internacionais, nos respectivos ordenamentos jurídicos nacionais, bem como à verificação da efetiva adimplência das obrigações internacionais, pelas autoridades internas, mecanismos esses de natureza diplomática (órgãos interestatais, composto de representantes dos Estados, com competência para examinar reclamações de Estados ou de particulares contra Estados-partes naqueles tratados internacionais) como a Comissão Européia de Direitos Humanos, a Comissão Interamericana de Direitos Humanos e a Comissão Africana dos Direitos Humanos e dos Povos;

d) a existência de mecanismos de controle judicial das normas das convenções internacionais sobre direitos humanos, corporificados na instituição de tribunais, os quais, de início, somente admitiam reclamações formuladas por Estados ou pelos órgãos diplomáticos instituídos, contra Estados, e que, na atualidade, admitem reclamações de qualquer indivíduo, independentemente de sua nacionalidade, contra qualquer Estado, inclusive o de sua nacionalidade ou domicílio[66]. Trata-se da Corte Européia dos Direitos Humanos, com sede em Estrasburgo, e da Corte Interamericana de Direitos Humanos, com sede em San José de Costa Rica, devendo dizer-se que inexiste qualquer tribunal no que se refere à África.[…][67];

Na esfera internacional, portanto, naqueles campos que interessam a todos os Estados do mundo (sejam ou não membros da ONU, fato cada vez menos observado), aqueles elementos existem, com exceção do item relativo a um tribunal internacional. Com efeito, ao nível global, existem os textos de base, a Declaração Universal dos Direitos do Homem, de 1948, os dois Pactos Internacionais, o de 1960, sobre Direitos Econômicos, Sociais e Culturais e o de 1966, sobre Direitos Civis e Políticos, as inúmeras convenções sobre assuntos tópicos, as Resoluções da Assembléia Geral da ONU, bem assim a existência da Comissão das Nações Unidas dos Direitos Humanos, com sede em Genebra, com seus mecanismos unicamente diplomáticos. Registre-

---

[66.] A admissibilidade do indivíduo aos tribunais regionais de direitos humanos, por direito próprio, sem necessidade da proteção diplomática do Estado de sua nacionalidade ou sem necessidade do endosso das Comissões de Direitos Humanos, é fenômeno bastante recente, em virtude de Protocolos que modificaram os textos das convenções de base, que instituíram aqueles tribunais, conforme será visto logo além.

[67.] No trecho transcrito, há ainda a seguinte afirmação, que, conforme será dito, não corresponde à verdade: "No que pertine à jurisdição da Corte Interamericana de Direitos Humanos, conquanto o Brasil tenha indicado um juiz de sua nacionalidade para integrá-la, até o momento, não admitiu reconhecer a jurisdição automática da mesma" (portanto, estando na inconfortável posição de, pretendendo ser, a partir da Constituição Federal de 1988, um campeão na luta pelos direitos humanos, não reconhecer a jurisdição obrigatória da Corte, nos assuntos que lhe dizem respeito!).

se, assim, a falta, em nível global, da proteção dos direitos humanos, de um tribunal internacional, nos moldes dos existentes na Europa e no Continente Americano, para o controle jurisdicional das obrigações dos Estados na África, Ásia e Oceania, no referente às normas internacionais vigentes em tais partes do mundo.

É necessário corrigir-se uma afirmação que consta da citação supra (e que foi retirada da parte transcrita) a respeito do reconhecimento, por parte do Brasil, da jurisdição obrigatória da Corte Interamericana de Direitos Humanos. Na verdade, em nota passada a 10 de dezembro de 1998, pela Missão brasileira junto à Organização dos Estados Americanos, ao Secretariado Geral da mesma, como se sabe, depositário do Pacto de San José, o País reconheceria, expressamente, aquela jurisdição, tendo em vista que tal fato, por ser facultativo, desde a assinatura daquela Convenção pelo Brasil, não tinha, até então, recebido o seu assentimento.

No que se refere ao tema das soluções de litígios, deve ser ressaltada a instituição das citadas Comissões, compostas por representantes dos Estados-partes, tanto no sistema global dos direitos humanos (Comissão dos Direitos Humanos e as duas Comissões instituídas, respectivamente, pelo Pacto sobre Direitos Econômicos, Sociais e Culturais e pelo Pacto sobre Direitos Civis e Políticos), quanto nas três convenções regionais, comissões essas que têm desenvolvido um expressivo sistema de investigação sobre o cumprimento dos termos das obrigações internacionais, pelos Estados-partes (ou mesmo pelos Estados que não participam das convenções).

Ressalte-se, ademais, a importante modificação havida na competência da Corte Européia dos Direitos Humanos, a partir de um Protocolo firmado a 11 de maio de 1994 (Protocolo n. 11, posteriormente modificado pelo Acordo Europeu Relativo a Pessoas que Participam nos Procedimentos da Corte Européia dos Direitos Humanos, firmado em Estrasburgo a 5 de maio de 1996). Na letra primitiva da Convenção Européia, tão-somente sua Comissão poderia receber postulações de indivíduos, quanto a violações, pelos Estados, das normas convencionais e, somente após uma decisão *"interna corporis"*, ela tinha a faculdade de iniciar um procedimento perante a Corte de Estrasburgo (portanto, quem apresentava uma reclamação contra um Estado era uma Comissão, composta de representantes dos Estados, a qual, tinha a possibilidade de não conhecer, rechaçar e portanto não provocar a jurisdição daquela Corte, no que respeitava a qualquer pedido de indivíduos). Com a adoção do citado Protocolo, portanto, a Corte de Estrasburgo passou a ter plena competência para receber reclamações de indivíduos, contra qualquer Estado-parte na Convenção Européia, independentemente de sua nacionalidade e, tão-somente, pela verificação de uma violação contra os mesmos cometida (jurisdição *"ratione loci delicti commissi"*).

**53**

Deve ser enfatizado que tal possibilidade de acesso dos indivíduos por direito próprio a tribunal internacional não se verifica, até o momento, no que respeita ao Pacto de San José.

### 4.4. Organizações Intergovernamentais Regionais de Integração Econômica

A integração econômica regional é um fenômeno recente no Direito Internacional, certamente marcado pela relevância, nos campos de temas econômicos e comerciais, da diplomacia multilateral, ela mesma um dos traços mais distintivos das relações internacionais do Séc. XX. Conforme demonstramos num nosso estudo anterior[68], em grandes linhas, a integração consiste na instituição pelos Estados (em geral, num número limitado, reunidos em torno de uma certa proximidade geográfica e/ou por interesses econômicos assemelhados), de entidades internacionais, às quais conferem determinados poderes normativos, administrativos e de soluções de controvérsias, não só em relação ao direito internacional regional (elaborado, originariamente, pelos Estados, e derivadamente, pela atuação dos órgãos daquelas entidades[69]), em relação aos próprios sistemas normativos internos dos Estados-partes. Tanto nas integrações físicas (construção e administração em comum de obras de engenharia, como usinas hidrelétricas, pontes, túneis, rodovias de transporte internacional, administração de portos marítimos e fluviais e de aeroportos colocados em condomínio internacional), quanto nas integrações econômicas, existem fenômenos comuns:

a) um esforço conjunto de dois ou mais Estados, que se formaliza por um tratado internacional (algumas vezes por contratos internacionais entre entidades controladas pelos Estados, características da administração indireta em serviços dados em concessão);

b) a constituição de entidades, dos mais variados aspectos, em função da complexidade das tarefas que lhe são cometidas, tendo em vista os fins colimados pela integração (uma administração conjunta de uma ponte, de um aeroporto, ou uma diretoria mais complexa, de composição plurinacional, ou uma organização do tipo complexo, seja unicamente de representantes diplomáticos dos Estados, seja de

---

[68] Guido F. S. SOARES, "Uma Revisão em Profundidade, em 1996, de: As Instituições do MERCOSUL e as Soluções de Litígios no seu Âmbito – Sugestões De Lege Ferenda". *In MERCOSUL: Das Negociações à Implantação*, Luiz Olavo BAPTISTA, Aramınta de Azevedo MERCADANTE e Paulo Borba CASELLA, Coordenadores, São Paulo, LTr., 2ª ed. revista e ampliada, 1998.

[69] Nas integrações econômicas regionais, a doutrina distingue com clareza, um direito primitivo (tratados-fundações e suas modificações), elaborado pelos próprios Estados, e regidos pelas normas do Direito Internacional Público e um direito derivado (as deliberações dos órgãos instituídos, inclusive as sentenças dos órgãos judiciários, quando existentes), regidos pelas normas do direito primitivo.

representantes diplomáticos, mais os próprios responsáveis por setores da política doméstica dos Estados, como os Ministros de Estado, conjugado com a existência de órgãos colegiados apolíticos, que devem responder pelos interesses da entidade);

c) a transferência de poderes administrativos, legislativos ou judiciários tradicionalmente inerentes aos Estados, àquelas entidades, em graus variáveis, que vão desde os poderes de instituição e cobrança de taxas e impostos pelos serviços prestados, passando por poderes de instituir medidas tarifárias para determinados produtos, cuja circulação deve ser livre, entre os Estados parceiros, indo mais além, e delegando inclusive poderes para o estabelecimento de uma inteira política comercial para produtos de inteiros setores industriais, comerciais ou agrícolas, estendendo as atribuições delas, para regular movimentos de bens, pessoas, estabelecimentos, créditos, e, enfim, no grau mais elevado, poderes de aquelas entidades criadas estenderem suas competências para, além de todo este universo até aqui descrito, ainda instituir uma moeda única, constituir um banco central, e chegar a determinar a política de comércio exterior dos Estados-partes, com o resto do mundo. Tais fenômenos nos permitiram formular a hipótese de graus de supranacionalidade, entendendo-se como supranacional tudo o que realizam as entidades instituídas, por criação expressa dos Estados-partes e os graus de autonomia residual que sobram aos Estados-partes (nomeadamente, a questão da autonomia de políticas comerciais com o resto do mundo).

No que se refere aos poderes transferidos pelos Estados-partes às entidades constituídas, e tendo em vista os mencionados graus de supranacio-nalidade, os tipos de integração econômica regional se apresentam nas seguintes formas:

a) áreas de livre comércio (ex.: NAFTA), onde os órgãos instituídos têm poucos poderes supranacionais, em particular no que concerne à possibilidade de o direito derivado ser, por força própria, aplicado no território dos Estados-partes (trata-se, mais, de entidades de coordenação das políticas dos Estados, em setores limitados, como alguns aspectos do comércio externo dos mesmos);

b) áreas de união aduaneira (ex.: o Mercosul), onde os poderes supranacionais dos órgãos são mais extensos que no caso anterior, com a possibilidade, inclusive, de as normas derivadas serem aplicadas em relação ao comportamento interpartes dos Estados-partes, mas que, para serem aplicadas nos territórios dos mesmos, necessitam de um procedimento de internalização, segundo os procedimentos deixados à livre escolha dos Estados-partes; em tal tipo de integração, a atuação dos órgãos supranacionais chega a abarcar inteiros setores da vida interna dos Estados e não meramente regras para a circulação livre de algumas mercadorias negociadas caso a caso;

c) áreas de mercado comum (ex.: a CE na atualidade, antes da decretação da moeda comum e da instalação do Banco Central Europeu), onde os órgãos supranacionais têm um campo de atuação nas áreas de livre circulação, por entre os Estados-partes, não só de mercadorias corpóreas, mas igualmente de pessoas, estabelecimentos, capitais e quaisquer outros bens produzidos internamente em cada Estado-parte. As deliberações dos órgãos comunitários têm um elevado grau de supranacionalidade, posto que se trata de normas que são automaticamente aplicadas nos territórios dos Estados-partes, diretamente pelos próprios dispositivos ou, indiretamente, pela legislação nacional que deverá ser elaborada pelas autoridades domésticas[70], sem necessidade de qualquer internalização ou incorporação pelos Poderes Executivos ou Legislativos dos mesmos (e, conseqüentemente, os Poderes Judiciários as aplicam, em igualdade absoluta de tratamento, como se fossem normas tipicamente nacionais);

d) áreas de união econômica (ainda não plenamente realizadas, mas para a qual tende a CE), onde os órgãos instituídos terão um grau máximo de supranacionalidade, uma vez que aos Estados-partes nem ao menos determinar a sua política comercial com terceiros será livre dos paradigmas fixados em conjunto. Nesta fase, é de esperar-se uma moeda comum, administrada por um Banco Central igualmente comum, e um alargamento da esfera decisória dos órgãos comunitários, já quase próximos aos poderes de um Governo central de uma organização do tipo federativo, conforme o modelo da federação existente nos EUA[71].

---

[70] Importa transcrever as normas que, a nosso ver, constituem a mola-mestra da interação entre norma comunitária e direito nacional, numa integração do tipo mercado comum. Trata-se do art. 189 do Tratado CEE, repetido *ipsis verbis* no Tratado EURATOM e, com temperamentos, no Tratado CECA: "Para o desempenho das suas atribuições e nos termos do presente tratado, o Conselho e a Comissão adoptam regulamentos e directivas, tomam decisões e formulam recomendações ou pareceres. O regulamento tem carácter geral. É obrigatório em todos os seus elementos e directamente aplicável em todos os Estados-membros. A directiva vincula o Estado-membro destinatário quanto ao resultado a alcançar, deixando, no entanto, às instâncias nacionais a competência quanto à forma e aos meios. A decisão é obrigatória em todos os seus elementos para os destinatários que ela designar. As recomendações e os pareceres não são vinculativos". [Versão oficial em língua portuguesa].

[71] Mais que o modelo brasileiro, a federação dos EUA (diga-se: país que, historicamente, inventou a federação, juntamente com o presidencialismo), se caracteriza por uma notável autonomia deixada aos Estados-membros, após o pacto federativo (a Constituição de 1777). Na verdade, o modelo foi originário de um movimento de aglutinação, pela cessão de poderes de entidades soberanas, a uma então instituída, os EUA, e menos como um movimento de cissiparidade (doação de poderes antes concentrados num Estado unitário imperial, a unidades então estabelecidas, os Estados-membros), como no caso do Brasil.

Quanto ao sistema de soluções de litígios, num tipo ou noutro de organização de integração econômica regional, irá refletir os graus da supranacionalidade de cada qual: a) procedimentos muito próximos às soluções clássicas dos litígios, como mediação, conciliação, arbitragem não institucionalizada, previstos nas cláusulas, igualmente clássicas, de soluções pacíficas de controvérsias; b) procedimentos mais elaborados, com regras próprias em instrumentos especiais, com alguma institucionalização de órgãos ou entidades; c) procedimentos formais, inclusive com a instituição de tribunais judiciários, com amplos poderes de conhecer e determinar aplicarem-se não só as normas internacionais primitivas (intérpretes dos tratados-fundação e suas modificações), as derivadas (intérpretes privilegiados das normas editadas pelos órgãos instituídos), mas, igualmente, as próprias normas internas dos Estados (em particular, no que respeita a obrigações de fazer ou não fazer instituídas nas normas comunitárias, mas, em particular, no que respeita à compatibilidade do ordenamento jurídico nacional dos Estados-partes, com a ordem supranacional).

A literatura jurídica sobre o assunto é vasta[72]. No fundo, revela ela a preocupação dos juristas com as possibilidades de soluções de controvérsias, não só entre os Estados-partes e deles com os órgãos constituídos, mas também entre aqueles e terceiros Estados. Por outro lado as controvérsias que envolvem um particular, seja litígios entre particulares submetidos à jurisdição de uma organização regional de integração econômica, seja um particular e os Estados-partes e/ou os órgãos instituídos, têm, igualmente, merecido atenção; naqueles casos em que inexiste um "*locus standi*" para os particulares (como no caso das integrações de grau supranacional menos pronunciado como o Mercosul); os próprios órgãos supranacionais têm-se esforçado por regulamentar a situação dos mesmos, que, na verdade, são os verdadeiros agentes da integração econômica.

O direito primitivo do Mercosul, ou seja, os tratados e convenções internacionais sub-regionais, regidos pelo Direito Internacional Público, é constituído pelo tripé consistente no Tratado de Assunção de 1991 (que iniciou o procedimento da feitura do sistema, tendo estabelecido órgãos provisórios, inclusive prenunciado um sistema, igualmente provisório, de soluções de controvérsias entre os Estados-partes, na sua Cláusula X, com remissão a um Anexo ao Tratado), no Protocolo de Brasília de 1991 (instrumento internacional que

---

[72.] Quanto ao sistema de soluções de controvérsias no NAFTA, remetemos o leitor, em língua portuguesa, para os trabalhos: de Selma Maria LEMES "O Sistema de Soluções de Controvérsias no 'North American Free Trade Agreement'" *apud* Paulo Borba CASELLA e Araminta de Azevedo MERCADANTE, organizadores, *Guerra Comercial ou Integração Mundial pelo Comércio?: a OMC e o Brasil*, São Paulo, LTr, 1998, pp. 756-86; e de Welber BARRAL, "Solução de Controvérsias no *North American Free Trade Agreement*", *apud* Araminta de Azevedo MERCADANTE e José Carlos de MAGALHÃES, coordenadores, *Solução e Prevenção de Litígios Internacionais*, São Paulo NECIN – Projeto CAPES (Departamento de Direito Internacional da Faculdade de Direito da USP), pp. 241-64. Quanto à CE e ao Pacto Andino, em comparação com o Mercosul, permitimo-nos remeter o leitor a nosso trabalho anteriormente citado, "Uma Revisão em Profundidade..."(id., 1998).

estabelece, de maneira provisória, um sistema de soluções de controvérsias entre os Estados-partes) e no Protocolo de Ouro Preto de 1994 (instrumento internacional que estabeleceu os órgãos definitivos do Mercosul, tendo reformulado e reconduzido, ainda que de maneira provisória, o sistema do Protocolo de Brasília). O direito derivado do Mercosul, em época recente, estabeleceu as normas para soluções de litígios entre particulares submetidos à jurisdição do mesmo (arbitragens comerciais entre particulares[73], porém sem prever qualquer possibilidade de confronto entre particulares e um dos Estados-Partes ou dos órgãos instituídos). O sistema de soluções de controvérsias no âmbito do Mercosul, na atualidade, se rege pelo disposto no art. 43 do Protocolo de Ouro Preto, que, como dito, reformulou o Protocolo de Brasília, e que se acha assim redigido:

> Art. 43 (Protocolo de Ouro Preto): "As controvérsias que surgirem entre os Estados-partes sobre a interpretação, a aplicação ou o não cumprimento das disposições contidas no Tratado de Assunção, dos acordos celebrados no âmbito do mesmo, bem como das Decisões do Conselho do Mercado Comum, das Resoluções do Grupo Mercado Comum e das Diretrizes da Comissão de Comércio do Mercosul[74], serão submetidas aos procedimentos de solução estabelecidos no Protocolo de Brasília, de 17 de dezembro de 1991".

O sistema de soluções de controvérsias do Mercosul, conforme previsto no direito primitivo, distingue claramente duas situações:

> a) as controvérsias que possam surgir entre Estados-partes, e que se encontram regulamentadas no Protocolo de Brasília, no Cap. II

---

[73.] Trata-se de duas recentes decisões do Conselho do Mercado Comum (no Brasil, apenas publicadas no *Boletim de Integração Latino-Americana,* Brasília, jan/jun/1998): Decisão n. 03/98, "Acordo sobre Arbitragem Comercial no Mercosul", e Decisão n. 04/98, "Acordo sobre Arbitragem Comercial Internacional entre o Mercosul, a República da Bolívia e a República do Chile", as quais, no Brasil, ainda não foram remetidas à aprovação do Congresso Nacional, condição para que possam ser promulgadas como leis internas brasileiras e ratificadas na esfera internacional. São atos internacionais regionais, que estipulam condições para facilitar as arbitragens comerciais ("*ad hoc*" ou com o auxílio de entidades privadas nacionais especializadas em arbitragem) entre parceiros comerciais, particulares submetidos ou abrangidos pelo ordenamento do Mercosul. Tratam-se de normas condicentes ao estabelecimento de normas domésticas relativamente uniformes, as quais regulam as arbitragens comerciais, entre particulares, no interior dos ordenamentos jurídicos nacionais dos Estados-partes do Mercosul.

[74.] *Decisões* (do Conselho do Mercado Comum), *Resoluções* (do Grupo Mercado Comum) e *Diretrizes* (da Comissão de Comércio do Mercosul) são os atos dos órgãos do Mercosul, que constituem o direito derivado. Note-se que, em função da origem dos atos, e sendo dado que existe uma hierarquia entre os órgãos do Mercosul, sendo o Conselho o mais elevado, a denominação dos atos é de extrema relevância (menos do que sua funcionalidade, em relação aos sistemas jurídicos internos dos Estados-partes). Compare-se com a situação na Comunidade Européia, conforme dados constantes em nota de rodapé anterior, referentes ao art. 189 do Tratado CEE.

(Negociações Diretas), Cap. III (Intervenção do Grupo Mercado Comum) e Cap. IV (Procedimento Arbitral, auto-regulado, com a existência de listas com nomes de possíveis árbitros e possíveis superárbitros), e ainda com as modificações introduzidas pelo Anexo do Protocolo de Ouro Preto, que instituiu o denominado: "Procedimento Geral para Reclamações Perante a Comissão de Comércio do Mercosul" (tanto este quanto a Intervenção do GMC são formas de conciliação, em litígios entre Estados-partes, levadas a cabo por órgãos do Mercosul);

b) as reclamações de particulares (pessoas físicas ou jurídicas), em controvérsias que envolvam a interpretação, a aplicação ou o não cumprimento pelos Estados-Partes dos mesmos diplomas legais mencionados no referido art. 43 do Protocolo de Ouro Preto[75], as quais devem ser encaminhadas às Seções Nacionais da Comissão de Comércio do Mercosul ou às Seções Nacionais do Grupo Mercosul, e que se encontram regulamentadas pelo Cap.V (Reclamações de Particulares) do Protocolo de Brasília e pelo referido Anexo do Protocolo de Ouro Preto. Portanto, em que pese uma regulamentação especial sobre litígios entre particulares e os Estados-partes, na verdade, sem o intermediário destes, os particulares não têm nenhuma possibilidade de acionar qualquer mecanismo do Mercosul, por direito próprio.

No que respeita a condições de instauração dos procedimentos, estes podem ser classificados em duas categorias: a) os procedimentos incondicionados ao término de outros, que são as negociações diretas e os procedimentos para reclamações perante a Comissão de Comércio do Mercosul e b) os procedimentos que só podem ser instaurados, após o encerramento dos que lhe antecedem, que são a intervenção do Grupo Mercado Comum e a arbitragem entre Estados.

Os procedimentos de soluções de controvérsias no Mercosul revelam o modelo da organização de integração regional que os Estados-partes elegeram, pela natureza da sua estrutura jurídica e funcional, e menos pela sua denominação oficial: na realidade normativa, trata-se de uma área de união aduaneira. Neste modelo, um tribunal judiciário permanente regional, a exemplo dos existentes em áreas de mercado comum, é totalmente descabido[76]. Na verdade, é necessário

---

[75.] Na verdade, o art. 25 do Protocolo de Brasília foi alterado pelo art. 43, parágrafo único do Protocolo de Ouro Preto, para incluir as Diretrizes da Comissão de Comércio do Mercosul, dentre os atos que podem dar causa às reclamações de particulares, apresentáveis perante os mecanismos do sistema de solução de controvérsias do Mercosul.

[76.] Sobre tais aspectos, veja-se nosso trabalho apresentado no Primeiro Congresso "Integração Econômica e Regime Jurídico do MERCOSUL", realizado em Buenos Aires, de 30/XI a 1º/XII/1998, no Painel: "Sistemas para a Solução de Controvérsias no MERCOSUL. A Polêmica da Justiça Internacional" (no prelo da *Revista de Direito do Mercosul, Revista de Derecho del Mercosur*, Buenos Aires, La Ley).

considerar a maneira como, no Mercosul, a legislação supranacional interage com as legislações internas dos Estados-partes. Neste aspecto, releva, sobremaneira, considerar-se o Cap. IV do Protocolo de Ouro Preto, denominado "Aplicação Interna das normas Emanadas dos Órgãos do Mercosul". Nele, constam dois artigos relevantes: o art. 38 (obrigação de os Estados-partes adotarem todas as medidas necessárias para assegurar, nos seus respectivos territórios, o cumprimento das normas emanadas dos órgãos do Mercosul, com capacidade decisória, de natureza intergovernamental, ou seja, o Conselho do Mercado Comum, o Grupo Mercado Comum e a Comissão de Comércio do Mercosul) e o art. 40 (obrigação de os Estados-partes comunicarem à Secretaria Administrativa as medidas tomadas para a incorporação nos respectivos ordenamentos jurídicos internos, daquelas normas, para fins de notificação aos demais Estados-partes, e a entrada em vigor simultânea das mesmas, nos territórios dos Estados-partes, 30 dias após a data da notificação pela citada Secretaria). Portanto, longe estamos de uma automaticidade de vigência das normas derivadas, nos ordenamentos jurídicos internos dos Estados-partes; embora possa já haver a necessidade de harmonização de interpretações e aplicações de normas vigentes entre vários Estados, um tribunal judiciário permanente esbarraria na precariedade da entrada em vigor, nos territórios dos Estados-partes, do ordenamento supranacional. Por outro lado, como se trata de questões que envolvem Estados soberanos como litigantes, a questão da justiciabilidade (conhecimento da causa por um tribunal doméstico, onde o réu é um Estado estrangeiro, e/ou decretação de medidas compulsórias, conservatórias ou executórias de mérito finais), sem que tenha havido uma norma de Direito Internacional Público que estabeleça as possibilidades de um tribunal doméstico conhecer e julgar causas contra Estados estrangeiros, se torna impossível. Finalmente, é de levar-se em consideração que, nos sistemas constitucionais internos dos quatro Estados-partes do Mercosul, unicamente na Argentina existem dispositivos expressos que reconhecem a vigência automática, no seu ordenamento jurídico interno, de normas elaboradas por órgãos supranacionais, aos quais tenha delegado poderes em tais extensões!

## 5. Conclusões

Do presente estudo, deve ressaltar-se a importância das organizações internacionais intergovernamentais (melhor dito: a atuação da diplomacia multilateral), não só na aplicação dos métodos e institutos tradicionais de soluções pacíficas de controvérsias entre Estados, mas também ao ter propiciado a emergência de formas novas, que fogem à tipicidade dos elaborados no curso dos séculos anteriores. A tendência dos Estados, no Séc. XX, de instituírem organizações internacionais, em praticamente todos os assuntos, já revela uma face renovada da busca de soluções de litígios internacionais: a ênfase na cooperação e o definitivo desprestígio de soluções entre os litigantes, isoladas do conjunto da comunidade dos Estados e, sobretudo, o afastamento de soluções unilaterais por um dos contendores.

No fundo, os temas da globalidade, tais como a regulamentação das relações econômicas e comerciais, a entronização da proteção dos direitos humanos em nível universal, o desarmamento e, em particular, o novíssimo campo da proteção do meio ambiente mundial, propiciaram a que as formas de soluções de litígios mais adequadas sejam precisamente aquelas elaboradas no exercício da diplomacia multilateral, sobremaneira no seio de organizações intergovernamentais permanentes, ou em esquemas normativos, elaborados com precisão, em grandes tratados multilaterais.

Na verdade, tais fenômenos nada mais são do que a expressão dos novos conteúdos finalísticos do Direito Internacional Público. A partir da visão de ser este um direito concebido como um conjunto de regras mínimas proibitivas, elaboradas em esquemas contratuais pelos próprios destinatários, os Estados soberanos, passa-se a uma concepção de que a finalidade do Direito Internacional Público não é unicamente manter um "*status quo*", através de regras de abstenção do uso unilateral da força militar ou de outras formas de coerção real, mas, igualmente, de traçar comportamentos operantes, com vistas a criar-se algo de novo no relacionamento entre os mesmos. Portanto, este conteúdo novo do Direito Internacional Público, um direito de cooperação, vem dar ao campo das soluções e prevenções de litígios internacionais igualmente um conteúdo finalístico renovado, constituído de obrigações positivas de fazer e agir, em prol da construção de relações internacionais mais próximas de um ideal de paz e desenvolvimento harmonioso dos povos.

Claro está que, em comparação com a abordagem tradicional do tema das soluções e prevenções de litígios internacionais, esta nova visão confere a tal campo de estudo maior riqueza e pertinência à realidade das relações internacionais dos dias correntes.

# Anexo Único

Lista dos Mais Relevantes Tratados e Convenções Internacionais Citados[77].

1. Convenção da Haia para a Resolução Pacífica de Controvérsias Internacionais de 18/10/1907. Adesão do Brasil autorizada pelo Congresso Nacional e sancionada pelo Decreto n. 1.647 de 29/05/1907;
2. Tratado Interamericano de Bons Ofícios e Mediação, Buenos Aires, 23/12/1936. Promulgado pelo Decreto n. 2.645 de 05/05/1938;
3. Carta das Nações Unidas, adotada a 26 de junho de 1945, em São Francisco, nos EUA. Promulgada pelo Decreto n. 19.841 de 22/10/1945;
4. Tratado Interamericano de Soluções Pacíficas de Litígios, Bogotá, 30 de abril de 1948, sob a égide da OEA (conhecido como Pacto de Bogotá, ou TIASU). Promulgado pelo Decreto n. 57.785 de 15/02/1966;
5. Convenção Européia para a Proteção dos Direitos Humanos e das Liberdades Fundamentais, Roma, 04/12/1950[78];
6. Convenção Internacional para a Proteção dos Vegetais, Roma, 1951. Promulgada pelo Decreto n. 51.342 de 28/10/1961; (* 39-48)
7. Convenção de Nova York para o Reconhecimento e Execução de Sentenças Arbitrais Estrangeiras, votada sob a égide da ONU, a 10/06/1958[79];
8. Tratado que Institui a Comunidade Européia do Carvão e do Aço (CECA), Paris, 1958[80];
9. Tratados que Instituem a Comunidade Econômica Européia (CEE) e a Comunidade Européia de Energia Atômica (CEEA ou EURATOM), Roma, 1961[81];
10. Tratado de Proscrição das Experiências com Armas Nucleares na Atmosfera, no Espaço Cósmico e sob a Água, Moscou, 1963. Promulgado pelo Decreto n. 58.256 de 26/06/1966; (* 55-58)
11. Convenção sobre Resolução de Conflitos sobre Investimentos entre Estados e Nacionais de Outros Estados, Washington (BIRD), de 18/03/1965 (criação do CIRDI). Texto e informações *apud 4 ILM 524* (1965)[82];
12. Acordo de Cartagena (instituição do Pacto Andino), 26/05/1969, posteriormente complementado por um Acordo de 18/05/1979 (criação do Tribunal Andino);
13. Convenção Internacional para a Conservação do Atum e Afins do Atlântico, Rio de Janeiro, 1966. Promulgada pelo Decreto n. 412 de 09/01/1969; (* 59-68)

---

[77.] Os atos assinalados com (* x-x), encontram-se com seus textos publicados, igualmente, *apud* Senado Federal, Primeira Secretaria, Subsecretaria de Edições Técnicas, *Meio Ambiente (Legislação)*, Brasília, 3ª ed., 1996, vol. I.

[78.] Texto em português apud A. A. Cançado TRINDADE, *A Proteção Internacional dos Direitos Humanos, Fundamentos Jurídicos e Instrumentos Básicos*, São Paulo, Saraiva, 1991, pp. 402-20.

[79.] Texto em tradução oficiosa, apud Guido F. S. SOARES, "Introdução Histórica ao Estudo das Soluções Pacíficas de Litígios e das Arbitragens Comerciais Internacionais", in *Revista da Faculdade de Direito da USP*, São Paulo, 71: 163-209, 1976, Anexo Único.

[80.] Os textos modificativos deste Tratado, desde a instituição da primeira das três comunidades, a CECA, as quais hoje constituem a Comunidade Européia, se encontram *apud CECA-CE-CEEA, União Européia, Compilação dos Tratados*, 1995, Bruxelas, Luxemburgo, 1995 (2 volumes).

[81.] Veja-se nota de rodapé anterior.

[82.] ILM é a abreviatura da publicação norte-americana trimestral, *International Legal Materials*. A maneira de citação é a adotada pela mesma; n. do volume, ILM, página (ano da publicação).

14. Tratado para a Proscrição de Armas Nucleares na América Latina (Tratado de Tlatelolco), Cidade do México, 1967. Promulgado pelo Decreto n. 1.246 de 16/09/94; (* 77-94)
15. Convenção Internacional sobre Responsabilidade Civil em Danos Causados por Poluição por Óleo, Bruxelas, 1969. Promulgada pelo Decreto n. 79.437 de 28/03/1977 e regulamentada pelo Decreto n. 83.540 de 04/06/1979; (* 101-112)
16. Convenção de Viena sobre Direito dos Tratados, adotada em Viena, a 23/05/1969[83];
17. Tratado da Bacia do Prata, Brasília, 1969. Promulgado pelo Decreto n. 81.351 de 17/02/1978;
18. Convenção Americana sobre Direitos Humanos (Pacto de San José), adotada em San José da Costa Rica, a 22/11/1969, tendo o Brasil aderido à mesma em 1992 e promulgado seu texto pelo Decreto n. 678 de 06/11/1992;
19. Convenção sobre a Proibição do Desenvolvimento, Produção e Armazenamento de Armas Bacteriológicas (Biológicas) e de Toxinas, e sua Destruição, Londres, Moscou, Washington, 1972. Promulgada pelo Decreto n. 77.374 de 1º/04/1976 (conhecida como BWC); (* 123-128)
20. Convenção sobre Prevenção de Poluição Marinha por Alijamento de Resíduos e Outras Matérias (com emendas), Londres, Cidade do México, Moscou (Washington), 1972. Promulgada pelo Decreto n. 87.566 de 16/09/1982; (* 129-142)
21. Convenção Internacional para a Prevenção da Poluição Causada por Navios, MARPOL, Londres, 1973 (OMCI), juntamente com seu Protocolo de 1978, promulgados pelo Decreto n. 2.508 de 04 de abril de 1998, inclusive com a adoção dos Anexos III, IV e V, opcionais, da Convenção; (* 143-148)
22. Convenção sobre Comércio Internacional das Espécies da Flora e da Fauna Selvagens em Perigo de Extinção (conhecida pela sigla de sua denominação em inglês: CITES), Washington, 1973, com emendas. Promulgada pelo Decreto n. 76.623 de 17/11/1975 e as emendas votadas em Gaborone, em 1983, promulgadas pelo Decreto n. 92.446/86 e as votadas em Bonn, em 1979, pelo Decreto n. 133/91; (* 207-242)
23. Acordo Sub-regional de Integração, ou Pacto Andino (posteriormente rebatizado de Acordo de Cartagena), Cartagena, 28/05/1976; Texto e informações *apud 8 ILM 910* (1969);[84]
24. Tratado de Cooperação Amazônica, Brasília, 1978. Promulgado pelo Decreto n. 85.050 de 18/08/1990; (* 253-260)
25. Convenção sobre Proteção Física de Material Nuclear, Viena, AIEA, 1979. Promulgada pelo Decreto n. 95 de 16/04/1991; (* 277-288);
26. Tratado de Criação do Tribunal de Justiça do Acordo de Cartagena, Cartagena, 28/05/1979. Texto e informações *apud 18 ILM 1203* (1979)[85];
27. Convenção sobre a Conservação de Recursos Vivos Marinhos Antárticos, Canberra, 1980. Promulgada pelo Decreto n. 93.935 de 15/01/1987; (* 261-276)
28. Convenção das Nações Unidas sobre o Direito do Mar, Montego Bay, 1982. Assinada pelo Brasil, promulgada pelo Decreto n. 99.165 de 12 de março de 1990, e declarada em vigor no Brasil pelo Decreto n. 1.530 de 22 de junho de 1995;
29. Convenção de Viena para a Proteção da Camada de Ozônio, Viena, 1985. Promulgada pelo Decreto n. 99.280 de 06/06/1990; (* 305-322)

---

[83.] Texto *apud* Vicente Marotta RANGEL, *Direito e Relações Internacionais*, 5ª ed. revista e atualizada, São Paulo, Revista dos Tribunais, 1997, pp. 297-334.
[84.] Texto oficial em espanhol, *apud* Galo Pico MANTILLA, *Textos y Convenciones de la Integración*, Quito, Tribunal de Justicia del Acuerdo de Cartagena, 1992.
[85.] Texto oficial em espanhol, *apud* Galo Pico MANTILLA, Op. Cit.

30. Convenção sobre Assistência no caso de Acidente Nuclear ou Emergência Radiológica, Viena, 1986. Promulgada pelo Decreto n. 9 de 15/01/1991; (* 331-340)
31. Convenção sobre Pronta Notificação de Acidentes Nucleares, Viena, AIEA, 1986. Promulgada pelo Decreto n. 9 de 15/01/1991; (* 341-348)
32. Convenção da Basiléia sobre Movimentos Transfronteiriços de Resíduos Perigosos e Seu Depósito, Basiléia, 1989. Promulgada pelo Decreto n. 875 de 19/7/1993; (* 361-394)
33. Convenção das Nações Unidas sobre Avaliação de Impacto Ambiental em um Contexto Transfronteiriço, Espoo (Finlândia), 25 de fevereiro de 1991. Texto e informações *apud 30 ILM 1599* (1992);
34. Tratado de Assunção, para a Constituição de um Mercado Comum entre a República Argentina, a República Federativa do Brasil, a República do Paraguai e a República do Uruguai (Mercosul), assinado em Assunção, 25/09/1991, promulgado pelo Decreto n. 350 de 21/11/1991;
35. Protocolo de Brasília para a Solução de Controvérsias no Mercosul, adotado em 17/12/1991, promulgado pelo Decreto n. 922 de 10/09/1993;
36. Protocolo ao Tratado da Antártica sobre Proteção ao Meio Ambiente, adotado em Madri em 1991. Já aprovado pelo Decreto Legislativo n. 88 de 06/06/1995; (* 411-456)
37. Convenção sobre Efeitos Transfronteiriços de Acidentes Industriais, Helsinki, 17/03/1992. Texto e informações *apud 30 ILM 800* (1991);
38. Convenção 22 sobre a Proteção e Utilização de Cursos d'Água Transfronteiriços e Lagos Internacionais, Helsinki, 17/03/1992. Texto e informações *apud 31 ILM 1599* (1992);
39. Acordo entre o Governo da República Federativa do Brasil e as Nações Unidas Relativo à Conferência das Nações Unidas sobre Meio Ambiente e Desenvolvimento, Rio de Janeiro, 1991. Promulgado pelo Decreto n. 440 de 06/02/1992; (* 473-508)
40. Convenção-Quadro das Nações Unidas sobre Modificação do Clima, Rio de Janeiro, 1992. Assinada pelo Brasil, durante a ECO-92 e promulgada pelo Decreto n. 2.652 de 1º/07/1998; (* 509-514)
41. Convenção sobre a Diversidade Biológica, Rio de Janeiro, 05/06/1992. Assinada pelo Brasil durante a ECO-92 e promulgada pelo Decreto n. 2.519 de 16/03/1998; (* 529-586)
42. North American Free Trade Agreement (NAFTA), Cidade do México, Ottawa e Washington, 17/12/1992. Texto e informações *apud 32 ILM 605* (1993);
43. Protocolo de Ouro Preto, Adicional ao Tratado de Assunção sobre a Estrutura Institucional do Mercosul, assinado em Ouro Preto, a 17/12/1994 e promulgado pelo Decreto n. 1.901 de 09/05/1996;
44. Convenção das Nações Unidas para o Combate à Desertificação Naqueles Países que Experimentam Sérias Secas e/ou Desertificação, Particularmente na África, 17/07/1994, Nova York (ONU). Assinada pelo Brasil na mesma data, tendo seu texto já sido encaminhado à aprovação do Congresso Nacional com a Mensagem n. 697 de 15/01/1996. (Texto e informações *apud 33 ILM 1328* (1994).

# FATORES DE LIMITAÇÃO DA JURISDIÇÃO DO ESTADO

### JOSÉ CARLOS DE MAGALHÃES

*Advogado. Professor Associado da Faculdade de Direito da USP; Mestre em Direito (Yale University); Doutor em Direito (USP); Livre-Docente (USP); Presidente do Ramo Brasileiro da International Law Association; Diretor do Instituto de Direito Internacional e Relações Internacionais.*

1. Introdução – 2. Da Jurisdição Internacional do Estado – 3. Da Jurisdição Originária da Nação – 4. Do Exercício da Jurisdição Concorrente pela Nação – 5. A Interação das Jurisdições Nacional e Internacional – 6. Do Contraste entre a Comunidade Nacional e Internacional – 7. Novos Fatores de Limitação da Jurisdição do Estado – 8. Conclusão

## 1. INTRODUÇÃO

Ao constituir a Organização das Nações Unidas, a comunidade internacional, ainda sob o impacto dos acontecimentos da Segunda Guerra Mundial, procurou estabelecer mecanismos políticos e jurídicos para evitar, ou, pelo menos, minimizar controvérsias internacionais que pudessem desencadear novos conflitos, nas dimensões então assistidas. Daí que exortou o emprego de meios pacíficos de solução de litígios (art. 2.3), dotando, ao mesmo tempo, o Conselho de Segurança de poderes para identificar situações e controvérsias que pudessem pôr em risco a paz e segurança internacionais. Os princípios e propósitos da Carta que a constituiu, embora ressalve, no sempre lembrado art. 2.7, que nenhum dos dispositivos dela constantes autoriza as Nações Unidas a intervirem em assuntos que dependam essencialmente da jurisdição de qualquer Estado, não esclarece quais sejam esses assuntos. Mesmo porque, diante do caráter dinâmico das relações internacionais, um assunto que, em certo momento, depende essencialmente da jurisdição de um Estado, no momento seguinte pode interessar à comunidade internacional como um todo, como ocorre, atualmente, com os direitos humanos e o meio ambiente.

Esse caráter dinâmico das relações internacionais acentuou-se no pós-guerra, com o desenvolvimento da tecnologia de comunicações e dos meios de transporte, fazendo com que fenômenos locais assumissem contornos internacionais, diante de repercussões anteriormente desconhecidas. O Estado, ademais, deixou de ser apenas a entidade organizadora da comunidade nacional, passando a intervir na economia, a participar ativamente do comércio internacional, a atuar como agente de desenvolvimento nacional e regional, nos processos de integração econômica e política, e, dessa forma, assumiu feições antes desconhecidas. A interação das economias tornou o Estado dependente do processo econômico e tecnológico internacional, afrouxando-lhe o sentido tradicional de soberania. Da mesma forma, a preocupação em evitar a repetição das atrocidades cometidas na Segunda Guerra Mundial fez com que fossem aprovados tratados, convenções, resoluções e declarações internacionais de diversos tipos e sob diversas formas, tendo como epicentro o respeito a direitos fundamentais do homem e a preocupação com a sobrevivência da humanidade. Tais atos, por traduzirem aspirações, princípios e valores da comunidade internacional como um todo, formam corpo de normas com caráter imperativo, que se impõe a todos os Estados, ainda que não tenham participado de sua formulação. O art. 53 da Convenção de Viena sobre Direito dos Tratados – considerada como norma costumeira de aplicação geral – inquina de nulidade os tratados entre Estados que conflitem com norma imperativa de Direito Internacional Geral, a salientar a limitação imposta pela comunidade internacional aos Estados, retirando-lhes autoridade para acordarem de maneira conflitante com tais princípios e valores.

A atuação do Estado, como sujeito de direito internacional, dotado de jurisdição nacional e internacional, deixou, pois, de ser autônoma e independente, mas condicionada a fatores que escapam de seu controle. E quando essa atuação contrasta com valores e princípios acolhidos pela comunidade internacional, pode surgir conflito que deve ser resolvido no interesse do homem, ou mesmo da humanidade.

Ademais, o Estado nada mais é senão a entidade constituída pela comunidade nacional que lhe delegou poderes e, assim, jurisdição – entendida como poder para declarar o Direito – sendo imprescindível que os seus atos traduzam as aspirações, valores e princípios eleitos pela comunidade nacional que o constituiu. Integrando a comunidade internacional, pode haver conflito e disparidade entre ambas, impondo-se o emprego de meios de solução de controvérsias que as eliminem, em prol dos interesses maiores da comunidade internacional que se conciliem com os da humanidade, como um todo.

O art. 2.7 da Carta da ONU encerra limitação auto-imposta pela comunidade internacional, vedando quaisquer interferências internacionais em assuntos que dependam essencialmente da jurisdição interna dos Estados. E, ao fazê-lo, a comunidade internacional organizada, se, de um lado, autodelimitou a autorização para impor normas de direito a serem observadas na esfera interna dos Estados, deixou ao desenvolvimento das relações internacionais a definição das matérias que ficariam restritas à jurisdição doméstica. E esse desenvolvimento depende do comportamento dos Estados e da atenção que vierem a dar a matérias que extravasam o âmbito interno, diante da repercussão maior que passarem a ter na comunidade internacional.

Impõe-se, por isso, examinar os fatores que delimitam a jurisdição do Estado e suas repercussões no âmbito internacional.

## 2. DA JURISDIÇÃO INTERNACIONAL DO ESTADO

Cada Estado, como membro da comunidade internacional, é dotado de autoridade para declarar e tornar efetivo o Direito nacional e internacional, seja por meio de atos unilaterais, seja em conjunto com outros Estados, firmando convenções ou tratados internacionais, ou contribuindo, com seu acatamento, para a formação de normas costumeiras.

Até o presente estágio de desenvolvimento da ordem internacional, os Estados não delegaram o poder jurisdicional de que são titulares as organizações internacionais supranacionais, salvo em casos específicos e de âmbito regional, sem caráter de universalidade. O Direito Comunitário, que emana da União Européia, para lembrar a organização supranacional de maior expressão, decorre de tratados que vinculam apenas os Estados que dela fazem parte, formando organização regional típica, à semelhança dos Estados federados, embora com estes não se confundam. O mesmo pode-se dizer das cortes regionais de direitos humanos, como a Corte Européia de Direitos Humanos e a Corte Interamericana de Direitos Humanos, cujas decisões vinculam e obrigam os Estados que ratificaram os tratados que as criaram.

A Organização das Nações Unidas, não obstante o caráter de universalidade de que se reveste, não dispõe de jurisdição supranacional, como a dos órgãos da União Européia. Suas deliberações, seja do Conselho de Segurança, seja da Assembléia Geral, condicionam o comportamento dos Estados, mesmo na esfera interna, não por emanarem de autoridade instituída com tal poder formal, mas por expressarem valores e princípios da comunidade internacional que o Estado sente-se compelido a acatar. Se não o fizer, estará sujeito a sanções impostas pela comunidade internacional organizada, ou, individualmente, por outros Estados. Tais sanções podem consistir em represálias não armadas, boicote e retaliações, ou outras medidas de caráter diplomático.

**67**

Isto porque o poder jurisdicional do Estado, que lhe permite editar normas de direito nacional e internacional, isoladamente, até mesmo por atos unilaterais com efeitos internacionais, é limitado pela competência estabelecida por princípios gerais de direito internacional a que o Estado está adstrito a observar. O Estado regula, dentro de sua esfera territorial, atos e relações que podem ter efeitos internacionais. É o caso da nacionalidade, em que o Estado dispõe quem são seus nacionais e quais os direitos e deveres a que estão sujeitos. As normas sobre nacionalidade são de caráter nacional, de Direito interno, e, assim, unilaterais, porém têm efeitos internacionais, interferindo com interesses de outros Estados. Daí que tal poder é limitado por princípios universalmente acolhidos, não se admitindo que o Estado extravase essa competência, deixando de observá-los. A decisão da Corte Permanente de Justiça Internacional, no Caso dos Decretos sobre Nacionalidade da Tunísia e do Marrocos, demonstrou que certas matérias, mesmo que tenham repercussão internacional, não são reguladas pelo direito internacional, mas pelo direito nacional. Desde aquela decisão, ficou claro que, para se determinar se uma questão pertence à jurisdição doméstica de um Estado, depende do desenvolvimento do Direito Internacional, ou, por outras palavras, do estágio em que se encontra a ordem internacional [1].

Na área de Direitos Humanos, o Estado, no âmbito interno de seu território, era juiz único sobre o tratamento conferido a nacionais e estrangeiros, de acordo com seu próprio Direito. Por isso que alguns países latino-americanos, para se protegerem das antigas metrópoles, foram levados a proclamar a doutrina Calvo, segundo a qual o estrangeiro não poderia gozar de mais direitos do que seus nacionais, recusando-se a aceitar o instituto da proteção diplomática e a inscreverem, em contratos com investidores estrangeiros, a cláusula Calvo, pela qual o estrangeiro renunciava ao direito de pleitear tal proteção ao seu país[2].

Atualmente, o exercício de tal autoridade está condicionado à observância de princípios internacionalmente acolhidos, como os que proíbem o trabalho escravo, o genocídio e a tortura, objeto de convenções como a Convenção sobre Prevenção e Punição de Genocídio, de 9 de dezembro de 1948[3]; Convenção sobre Escravidão, de 25 de setembro de 1927, emendada pelo Protocolo de 1953, Convenção Suplementar sobre Abolição da Escravidão, Tráfico de

---

[1] Na opinião da Corte, "a questão de se uma certa matéria está ou não dentro da jurisdição de um Estado é uma questão essencialmente relativa, ela depende do desenvolvimento das relações internacionais". PCIJ series B, 4, Hudson Court Reports; BRIGGS, *The Law of Nations*, 2ª ed., Appleton Century Crofts, Inc. Nova York, pp. 452-457.

[2] A cláusula Calvo sempre sofreu contestação quanto aos efeitos e à proibição de o estrangeiro renunciar ao direito à proteção diplomática, entendendo-se que se trata de direito do Estado e, não, do indivíduo. Diversas decisões arbitrais, contudo, reconhecem-lhe a validade, como assinalado por Eduardo Jimenez de ARÉCHAGA, in *Responsabilidad Internacional"*, in *Manual de Derecho Internacional Publico*, organizado por Max Sorensen, Fondo de Cultura Economica, Mexico, p. 560.

[3] Em vigor no Brasil, pelo Decreto n. 30.822, de 6.5.52 e no mundo, desde 12.1.1961.

Escravos e Práticas Similares, de 7 de setembro de 1956; Convenção sobre Tortura, de 10 de dezembro de 1984; Convenção sobre Seqüestros, em vigor desde 1983[4].

Assim, embora o Estado possua jurisdição para declarar o Direito, os princípios acolhidos pela comunidade internacional a ele se sobrepõem, limitando-lhe o poder de legislar. Ao decidir sobre quaisquer matérias de repercussão internacional, ainda que restrita ao seu âmbito interno, não pode o Estado ignorar tais princípios e valores, sob pena de ficar sujeito a medidas de coerção que lhe venham a ser impostas por outros Estados, ou pela comunidade internacional organizada.

## 3. Da Jurisdição Originária da Nação

Não pode, igualmente, o Estado ignorar os princípios e valores da comunidade nacional que o organizou. Isto porque os indivíduos que formam as comunidades nacionais – o povo, ou a nação – é que detêm a jurisdição originária, entendida como autoridade para declarar o Direito, delegando-a à entidade por eles criada para coordenar-lhes as atividades e organizar os serviços de interesse comum. Em outras palavras, é o povo que outorga ao Estado autoridade para declarar e tornar efetivo o Direito nas órbitas interna e internacional. A autoridade do Estado, portanto, é sempre delegada, não originária, pois a Constituição nada mais é senão o instrumento que lhe confere essa autoridade – a jurisdição, como poder de declarar o Direito – em nome da comunidade, que a possui originariamente.

No Brasil essa circunstância ficou muito clara desde sua primeira Constituição, de 1824, aprovada no regime imperial, mas sob os efeitos das idéias ainda recentes da Revolução Francesa. Se, no passado, o poder do rei, ou do imperador, advinha de Deus, por direito divino, a Revolução Francesa e, antes dela, as idéias já incorporadas na Constituição não escrita da Inglaterra, modificaram o conceito, condicionando-o à vontade da nação. O rei, ou o imperador, não detém mais o poder de interpretar o Direito, por inspiração divina, ou por qualquer outra prerrogativa de que está investido, mas pelos princípios constitucionais estabelecidos pela nação. Por isso que, logo no art. 1º a Constituição brasileira do Império, adotando tais idéias, declarava que "o Império do Brasil é *associação política* de todos os cidadãos brasileiros...". Ou seja, os cidadãos brasileiros, mediante associação política, organizaram o Estado, sob a forma de império, e não de república. O art. 12 consagrava fórmula, depois

---

[4] Textos em Vicente Marotta RANGEL, *Direito e Relações Internacionais*, e em Ian BROWNLIE, *Basic Documents on Human Rights*, Clarendon Press, Oxford, 1971.

repetida nas Constituições que se lhe seguiram: "Todos estes poderes do Império do Brasil são *delegações da nação*". O art. 11 deixara expresso que "os representantes da nação brasileira são o Imperador e a assembléia geral". E o art. 12 arrematou: *"Todos esses poderes são delegações da nação."*

Claro, portanto, o reconhecimento de que é a comunidade – a nação – que detém os poderes e, assim, a autoridade para declarar o Direito e torná-lo efetivo, delegando-os ao Estado organizado pela Constituição. Aliás o termo *"delegação"*, *"delegado"*, aparece em outras disposições da mesma Constituição, como a do art. 13: "O poder legislativo é *delegado* à assembléia geral com a sanção do Imperador". O art. 98 repete: "O poder moderador é a chave de toda a organização política e é *delegado* privativamente ao Imperador..." . Até mesmo a entronização do Imperador foi estabelecida pela comunidade – e não por direito divino ou de qualquer outra natureza. O art. 116 é preciso: "O Sr. D. Pedro I, *por unânime aclamação dos povos*, atual Imperador Constitucional e Defensor Perpétuo, imperará sempre no Brasil."

A Assembléia Geral que aprovou a Constituição imperial de 1824 teve presente o pensamento ilustrado por Thomas Payne, em sua polêmica com Edmund Burke, de que "a constituição é uma coisa antecedente ao governo, e um governo é somente uma criatura da constituição. A constituição de um país não é um ato de seu governo, mas do povo que constitui seu governo".[5]

A Constituição de 1891, calcada no modelo norte-americano, é menos explícita sobre o papel da comunidade. Apesar disso, declarava que é a nação brasileira, pelos seus representantes, que adotava, como forma de governo, sob regime representativo, a República Federativa (art. 1º), estabelecendo serem "órgãos da soberania nacional o Poder Legislativo, o Executivo e o Judiciário".

A Constituição de 1934 voltou a dar ênfase ao que fora expresso na Constituição de 1824, ao dispor, no art. 2º, que "todos os poderes emanam do povo e em nome dele serão exercidos".

O art. 1º da Carta Constitucional outorgada em 1937 pelo Chefe do Executivo repetiu a formulação: "O Brasil é uma República. O poder político emana do povo e é exercido em nome dele e no interesse de seu bem-estar, da sua honra, da sua independência e da sua prosperidade."

Da mesma forma, a Constituição de 1946 reiterou que "todo poder emana do povo e em seu nome será exercido". A Carta Constitucional outorgada sob tutela da força militar, em 1967, e sua emenda de 1969 mantiveram o preceito.

A atual, editada em outubro de 1988, resolveu aduzir a explicação de que esse poder é exercido "por meio de representantes ou diretamente nos termos desta Constituição" (Parágrafo único do art. 1º).

É o povo, portanto, que detém o poder, a autoridade para declarar o Direito

---

[5.] Thomas PAYNE, *The Rights of Men*, The Eastern Press, Nowark, Conn., Collector's Edition, p. 42.

– e, assim, a jurisdição – delegando-a aos órgãos centrais do Estado que, vê-se, não age em nome próprio e, sim, no da comunidade que o organizou. Em outras palavras, é o povo que tem jurisdição originária. A autoridade estatal – executiva, legislativa ou judiciária – exerce jurisdição delegada.

Essa delegação de poderes, contudo, não é absoluta, tendo a comunidade estabelecido restrições e limitações, reservando para si a autoridade exclusiva de decidir sobre certas matérias, vedando o Estado de sobre elas dispor.

A limitação dos poderes conferidos aos representantes do povo de modificar a Constituição, pela forma nela expressa, foi prevista no art. 60 que os impede de deliberar sobre: a) qualquer proposta tendente a abolir a forma federativa do Estado; b) o voto direto, secreto, universal e periódico; c) a separação dos Poderes; e d) os direitos e garantias individuais. A comunidade nacional, nesses casos, reservou para si a competência exclusiva para deliberar sobre tais matérias, sem delegá-la ao Congresso Nacional. Somente nova Assembléia Nacional Constituinte eleita para esse fim poderá modificar os preceitos constitucionais mantidos sob jurisdição exclusiva da nação, e, assim, não modificáveis, sequer, por emenda constitucional. São o que o jargão jurídico apodou de "cláusulas pétreas", sobre as quais os representantes designados pela comunidade nacional para integrar os órgãos do Estado não têm autoridade para alterar.

Além dessas restrições, podem, ainda, ser destacadas outras, como: a) a proibição, para a União, Estados e Municípios, de estabelecerem cultos religiosos ou igrejas; b) de criarem dificuldades para o seu funcionamento; c) ou de manterem com eles ou com seus representantes relações de dependência ou aliança, ressalvada a colaboração de interesse público; d) de recusarem fé aos documentos públicos; e e) de criarem distinção entre brasileiros, ou preferências entre si (art.19).

As limitações ao poder de tributar são disciplinadas como garantias do contribuinte, não se outorgando ao Estado jurisdição para estabelecer normas sem observância das normas previstas na Constituição (arts.150 a 152).

Essa limitação de poderes imposta na Constituição faz salientar, de modo candente, a jurisdição originária de que está investida a nação, o povo, e o caráter delegado da jurisdição outorgada aos órgãos do Estado.

## 4. DO EXERCÍCIO DA JURISDIÇÃO CONCORRENTE PELA NAÇÃO

A organização da comunidade nacional, centralizada no Estado, delega-lhe poderes para declarar e tornar efetivo o Direito, por meio do uso da força de que dispõe e que lhe é propiciada pela Nação.

Contudo, apesar de centralizar no Estado a jurisdição delegada, a Nação reservou também para si, em caráter concorrente – e, assim, não exclusivo –, o exercício de certas prerrogativas pelos indivíduos que a integram. Alguns dispositivos legais deixam claro que, paralelamente à jurisdição delegada, a comunidade, vale dizer, os indivíduos que a compõem, podem exercê-la, concorrentemente com o Estado. Algumas normas do direito brasileiro ilustram a preservação do exercício desse poder originário, não delegado inteiramente ao Estado:

> *Código de Processo Penal (1941):*
> "Art. 301 – Qualquer do povo poderá e as autoridades policiais e seus agentes deverão prender quem quer que seja encontrado em flagrante delito."
> *Código Penal:*
> "Art. 23 – Não há crime quando o agente pratica o fato:
> I – em estado de necessidade;
> II – em legítima defesa;
> III – em estrito cumprimento do dever legal ou no exercício regular de direito."
> "Art. 24 – Considera-se em estado de necessidade quem pratica o fato para salvar de perigo atual, quem não provocou por sua vontade, nem podia de outro modo evitar, direito próprio ou alheio, cujo sacrifício, nas circunstâncias, não era razoável exigir-se."
> "Art. 25 – Considera-se em legítima defesa quem, usando moderadamente dos meios necessários, repele injusta agressão, atual ou iminente, a direito seu ou de outrem."

Em todas essas hipóteses, o indivíduo declara e torna efetivo o Direito, prescindindo da participação da autoridade delegada. Quando age em legítima defesa, o indivíduo declara injusta a agressão, emitindo, portanto, preceito de natureza jurídica, conferindo-lhe, ao mesmo tempo, efetividade ao repelir, por sua própria força, o ato que ele qualificou como injusto. Tratamento idêntico é dado ao estado de necessidade, em que o indivíduo faz um juízo de valor entre dois bens, um dos quais resolve sacrificar para salvaguardar o outro, ameaçado. É o indivíduo – e não a autoridade pública – que, em situação de emergência, decide qual o bem que merece ser resguardado, em detrimento de outro, cuja destruição ou danificação é necessária para aquele fim.

Na área do Direito Civil, encontram-se reguladas situações em que a comunidade manteve a autoridade direta do indivíduo para declarar e tornar efetiva a norma jurídica, sem a intervenção da autoridade delegada ao Estado. Constituem exemplos significativos encontrados no Código Civil:

> "Art. 502 – O possuidor turbado, ou esbulhado, poderá manter-se, ou restituir-se, *por sua própria força*, contanto que o faça logo."
> "Parágrafo único: Os atos de defesa, ou de desforço, não podem ir

além do indispensável à manutenção, ou restituição da posse."

"Art. 558 – As raízes e ramos de árvores que ultrapassam a extrema do prédio, *poderão ser cortados*, até o plano vertical divisório, *pelo proprietário do terreno invadido.*"

"Art. 573 – *O proprietário pode embargar* a construção de prédio que invada a área do seu, ou sobre este deite goteiras, bem com a daquele, em que, a menos de metro e meio do seu, se abra janela, ou se faça eirado, terraço, ou varanda."

"Art. 776 – São credores pignoratícios, independentemente de convenção:

I – Os hospedeiros, estalajadeiros ou fornecedores de pousada ou alimento;

II – O dono do prédio público ou urbano"

"Art. 778 – Em cada um dos casos do art. 776, *o credor poderá tomar em garantia um ou mais objetos até o valor da dívida.*"

"Art. 779 – Os credores compreendidos no referido artigo podem fazer efetivo o penhor, *antes de recorrerem à autoridade judiciária*, sempre que haja perigo na demora."

Em todas essas hipóteses o indivíduo atua na sua condição de autoridade originária e no exercício de jurisdição concorrente à delegada ao Estado. É ele, indivíduo, quem declara o Direito aplicável ao fato concreto e o torna efetivo, exercendo sua própria força, sem invocar a da comunidade organizada. Claro está que, para fazê-lo, deve averiguar se estão presentes os pressupostos do exercício dessa jurisdição. Caso contrário, estará cometendo abuso, pois estará atuando fora dos limites da jurisdição de que está investido, da mesma forma como o Estado comete abuso, quando atua fora dos limites de sua jurisdição delegada.

Também o Código de Processo Civil, destinado a regular a atuação do Estado-Juiz na composição de litígios, enuncia regras de processo, reconhecendo a atuação direta do indivíduo, mesmo em atos de natureza coercitiva, como serve de ilustração a norma do art. 935:

"Art. 935 – Ao prejudicado, também, é licito, se o caso for urgente, *fazer o embargo extrajudicial*, notificando, verbalmente, perante duas (2) testemunhas, o proprietário, ou, em sua falta, o construtor para não continuar a obra."

"Parágrafo único – Dentro de três (3) dias, requererá o nunciante a ratificação em juízo, sob pena de cessar o efeito do embargo."

Constata-se, dessa forma, o reconhecimento da legitimidade do exercício, pelo indivíduo, da jurisdição originária, do poder de declarar o Direito e de torná-lo efetivo, de imediato, até com o uso da força, como ocorre na legítima defesa, sem intervenção do Estado.

## 5. A Interação das Jurisdições Nacional e Internacional

Esse elenco de normas serve para demonstrar a similitude entre o direito nacional e o direito internacional, fazendo ressaltar, ao mesmo tempo, a diferença entre ambos. O direito internacional é fruto da jurisdição internacional dos Estados e cuja efetividade repousa, também, na atuação dos Estados, como indivíduos que compõem essa comunidade. Sendo a ordem internacional organizada horizontalmente, diferentemente da ordem interna, que é vertical, cada Estado, como integrante da comunidade de Estados que compõem a ordem internacional, é também autoridade de Direito Internacional.

Não havendo órgão central que tenha recebido a delegação conferida pelas comunidades nacionais aos Estados singulares, são estes que exercem individual ou coletivamente a jurisdição, formando o Direito Internacional. Os costumes internacionais – reiteração de práticas com a convicção de sua legitimidade – e os tratados ilustram a atuação dos representantes do Estado na elaboração do direito internacional. Os tratados, por sinal, constituem a expressão maior dessa participação efetiva e do processo formal de declaração de normas que compelem os Estados à sua observância.

Quando um Estado pratica um ilícito internacional, compete aos demais atuar, singular ou coletivamente, para fazer cessar a ilicitude ou para impor a sanção adequada. Como não há órgão centralizador que exerça o poder delegado da comunidade internacional, a exemplo do Estado na órbita interna, cada país, em sua condição de autoridade de direito internacional, tem autoridade para dar eficácia à norma violada.

Deverá contar, de um lado, com sua própria base de poder ou da do grupo de Estados que a ele se associam para impor a regra desrespeitada (art. 51 da Carta da ONU); de outro, tal como no direito interno, não poderá, ou não deverá ultrapassar os limites estritamente necessários à restauração da norma ou à aplicação da sanção equilibrada. Caso contrário, o excesso considerar-se-á ilegítimo, como ocorre, no direito interno, no excesso da legítima defesa, por exemplo.

O exercício da jurisdição internacional do Estado atende, ou deve atender, às aspirações da comunidade internacional, constituída dos povos que delegaram o exercício da jurisdição ao Estado. Daí que os valores perseguidos pelo homem, ao longo da história, cristalizados em princípios mantidos e reiterados em convenções e costumes internacionais, em leis nacionais, em manifestações de grupos representativos de povos ou de comunidades, devem ser detectados pelos encarregados de tomar decisões em nome da comunidade nacional que representam, como autoridade capaz de formar o direito internacional em atos unilaterais, ou em conjunto com outros países, mediante tratados ou por meio de resoluções dos organismos internacionais.

Da mesma forma, ao exercerem a jurisdição delegada no âmbito interno, editando normas legais, ou pronunciando decisões judiciais, as autoridades do Estado devem observar os valores e princípios em que se assenta a comunidade nacional que lhes delegou essa jurisdição, sob pena de transformar as leis em manifestação da força ditatorial usurpadora da autoridade originária. A norma nesse caso deixa de ser jurídica, embora possa ser dotada de efetividade, amparada pela força do Estado. Mas não será norma de Direito e, não sendo norma de Direito, somente obriga pela força, despida que está de autoridade. A lei, em tal situação, contrapõe-se ao Direito e não o expressa e sua efetividade não repousa na autoridade outorgada pela nação, mas simplesmente na força bruta de que o Estado dispõe. É o exercício do poder nu que, como assinala Bertrand Russell, o Estado emprega "quando os seus súditos o respeitam somente porque se trata de um poder, e não por qualquer outra razão".[6]

A desobediência civil, em tal circunstância, constitui, no âmbito interno do Estado, meio de defesa do indivíduo contra o poder ilegítimo exercido pelo Estado. O indivíduo que transgride a lei editada com desrespeito aos limites da jurisdição outorgada ao Estado, desobedecendo-a, não comete um ilícito, uma ilegalidade, pois quem a cometeu foi o Estado, desrespeitoso e usurpador de poder a ele não outorgado, com violação dos valores e princípios eleitos pela comunidade nacional. A desobediência civil, pode-se dizer, é o meio pelo qual o indivíduo desarmado e subjugado pela força do Estado, manifesta sua não concordância com o abuso da jurisdição estatal, sem recorrer à força. Ou, como a define John Rawls, "civil disobedience (is) a public, nonviolent conscientious yet political act contrary to law usually done with the aim of bringing about a change in the law or policies of the government".[7]

Na esfera internacional, o mesmo raciocínio pode ser desenvolvido. O ato do Estado que contraria as aspirações da comunidade internacional, com efetividade lastreada na sua base de poder superior ao dos demais, será manifestação da força bruta e não a expressão de uma norma jurídica.


## 6. Do Contraste entre a Comunidade Nacional e Internacional

Quando as aspirações e valores de uma comunidade nacional contrastam com aspirações e valores da comunidade internacional, pode surgir conflito que

---

[6] Bertrand RUSSELL. *O Poder – Uma Nova Análise Social*, Cia. Editora Nacional, Trad. Ennio Silveira, 1955, p. 76.

[7] John RAWLS. *A Theory of Justice*, Oxford University Press, 1973, p. 364.

tende a ser resolvido pela persuasão pacífica ou pela força. O contraste entre comunidades nacionais e a internacional é freqüente e decorre, fundamentalmente, do processo dinâmico da vida comunitária e das necessidades e objetivos momentâneos ou permanentes que as perpassam, requerendo ajustes e tolerância recíproca. Daí que a persuasão desempenha fator preponderante na ordem internacional, impondo aos seus participantes o dever de demonstrar aos demais que a política adotada em determinado caso específico não colide com valores e princípios colimados pela comunidade internacional. Não é por acaso que, dentre os princípios que inspiraram a Carta da ONU, tem relevância o estabelecido no art. 2.3, segundo o qual as controvérsias entre Estados devem ser resolvidas por meio de negociações ou pelos demais meios pacíficos de solução de litígios, previstos no art. 33.1, sem o emprego da força, *"de modo que não sejam ameaçadas a paz, a segurança e a justiça internacionais"*.

A persuasão, de fato, constitui a forma comum de resolver pretensões conflitantes entre Estados, mesmo em situações envolvendo costumes internacionais sólidos, como é o caso da largura do mar territorial, que alguns países, dentre os quais o Brasil, pretenderam ampliá-la, contrariando norma costumeira estabelecida e acatada há mais de quinhentos anos. Tais países, por ato unilateral, mediante lei interna estabeleceram que o território marítimo passou a ter 200 milhas marítimas, deixando de observar, com isso, o critério costumeiro, que o considerava de apenas 3 milhas.

Mas, ao fazê-lo, buscaram defender seus interesses nacionais, entendendo-os coincidentes com o internacional, de proteção da flora e fauna marítimas ameaçadas pela exploração predatória. O incidente com o aprisionamento de barcos pesqueiros de lagostas franceses, nas costas brasileiras, e a recusa do Brasil de levar a questão à Corte Internacional de Justiça, como proposto pela França, provocou, ao lado de outros fatores paralelos, discussão multilateral sobre a matéria, com a participação de outros países, motivando desenvolvimento posterior, com o reexame genérico do Direito do Mar. A pretensão de tais países era a de modificar o Direito costumeiro, não mais compatível com a realidade atual, que requeria intervenção mais efetiva para evitar a exploração predatória, sem controle algum das comunidades nacionais e da internacional. Os atos unilaterais daqueles países constituíram manifestação de caráter político, destinado a provocar o reexame da matéria, diante da necessidade de proteção da fauna e flora marítimas.

A Convenção do Mar, aprovada em Montego Bay, nada mais é senão o resultado da análise do estágio em que se encontrava a exploração dos recursos marinhos e da necessidade, percebida pela comunidade internacional, de rever costumes antigos, não mais compatíveis com a realidade atual.

Se Brasil, Chile, Peru e outros países tomaram a iniciativa de rever, por atos unilaterais, costume internacional, fizeram-no fundados na autoridade de direito internacional de que são dotados, objetivando atender aspirações de suas comunidades nacionais coincidentes com as da comunidade internacional. Tanto que a Convenção de Montego Bay acabou por rever todo o Direito do Mar, estabelecendo normas que resguardam e atendem tais aspirações.

E, ao fazê-lo, teve presente que "*a consecução destes objetivos contribuirá para o estabelecimento de uma ordem econômica internacional justa e eqüitativa, que tenha em conta os interesses e as necessidades da humanidade em geral e, em particular, os interesses e as necessidades especiais dos países em desenvolvimento, quer costeiro, quer sem litoral*", como expresso em seu preâmbulo.

Claro, assim, que os atos unilaterais dos Estados, que visam alterar o direito internacional, provocam o nascimento de controvérsia, diante das pretensões que encerram, conflitantes com as de outros países, nem sempre concordes com as modificações, tal como propostas. Daí a necessidade de analisá-las sob a ótica do interesse comum maior da humanidade, que deve prevalecer sobre os interesses particulares de determinado Estado ou de grupo de Estados.

A persuasão pacífica desempenha papel relevante, tanto quanto a flexibilidade com que devem atuar os Estados interessados em modificar substancialmente o regime jurídico a que está submetida determinada matéria, não mais compatível com o desenvolvimento das relações internacionais. É o caso expressivo da qualificação atribuída aos fundos oceânicos, que, de livre exploração por qualquer Estado, em seu próprio benefício e interesse, passou a ser considerado patrimônio comum da humanidade, deixando, portanto, de ser livre. Sua exploração somente pode ser feita em benefício da humanidade.

Quando, contudo, falha a persuasão, com a falta de entendimento entre a comunidade interna de um Estado e a internacional, surge situação de conflito que será resolvida pela imposição de sanções, tendentes a impor comportamento compatível com o desejado pela comunidade internacional. Ainda aqui o uso da força é descartado, reservado para instância extrema, tendo precedência a aplicação da coerção mínima que importa no emprego de sanções econômicas, políticas, diplomáticas ou de outra natureza.

Deixando os meios coercitivos não armados de produzir efeito, podem crescer de intensidade até a aplicação da coerção máxima, compreendendo desde a imposição de medidas de retaliação, represálias, bloqueios e boicotes, até o emprego puro e simples da força armada.

O dissenso entre a comunidade nacional rebelde e a internacional, nesse caso, pode desaguar em guerra, que nada mais é senão um meio não pacífico de solução de controvérsias. A base de poder maior tende a prevalecer, mas as normas impostas pelo vencedor somente poderão ser consideradas jurídicas se atenderem aos valores e princípios permanentes da comunidade internacional.

Daí que importa detectar essas tendências, para se averiguar se as normas editadas pelas autoridades estatais, no exercício da competência delegada de que se acham investidas, se conciliam com as aspirações médias que essas tendências indicam. Se contrariam, as normas não podem ser consideradas jurídicas, não obstante a efetividade que lhes confere a força e, assim, devem ser modificadas.

## 7. Novos Fatores de Limitação da Jurisdição do Estado

Atualmente, diversas convenções e resoluções de organismos internacionais apontam o interesse geral em resguardar princípios que concernem à humanidade como um todo, e não aos Estados ou ao indivíduo em particular.

Isto explica porque o art. 1º, III, da Constituição brasileira inscreve, como fundamento da República, dentre outros, *"a dignidade da pessoa humana"* e, como princípio que a governa nas relações internacionais, a *"cooperação entre os povos para o progresso da humanidade"*.

O interesse preponderante da humanidade passou a governar as relações internacionais, desde que se tomou consciência de que o planeta deve ser preservado para as gerações futuras, ameaçado que se encontra pela superpopulação e pela necessidade de racionalizar os recursos por ele produzidos. A consciência de que o mundo abriga, atualmente, cerca de 5,7 bilhões de pessoas e que a projeção para o ano 2050 estima a população mundial em cerca de 9,0 bilhões, 85% da qual habitando países em desenvolvimento, é suficientemente alarmante para que cada comunidade nacional em particular e a internacional em geral enfrente a situação que a todos afeta.

A preocupação com o meio ambiente – para mencionar apenas um dos múltiplos temas que interessam a humanidade como um todo – não advém de mero exercício poético de proteção da natureza, porque é bela, mas porque, se não for protegida, a humanidade corre risco de não superar desastres ecológicos que ela própria provoca, com o desenvolvimento da tecnologia e com as constantes agressões ao meio ambiente.

Mas não é só com a preservação do meio ambiente que se concentra a preocupação da comunidade internacional, senão, também, com a solução de problemas de caráter econômico, social, cultural e humanitário, como expresso dentre os propósitos da carta da ONU, a guiar e estimular os esforços de cooperação internacional entre os povos. O fenômeno da globalização é fruto, também, desse quadro, em que fatores de caráter econômico, cultural e ideológico-religioso, foram acendrados pelo triunfo do sistema capitalista de produção sobre o da economia planificada do regime comunista.

O aparecimento da estratégia de produção e de distribuição que caracterizou

**78**

a empresa multinacional, que, nos anos setenta, tanto preocupou os Estados – ciosos ainda de sua antiga soberania – e que provocou, até, a instalação de uma Comissão das Empresas Transnacionais, pela Assembléia Geral da ONU, foi um sintoma das tendências que a comunidade internacional acabou por solidificar e tornar realidade, com a ampliação experimentada com a queda do muro de Berlim. E essa evolução desaguou no processo de globalização da economia, com reflexos na organização da jurisdição dos Estados, submetidos a fatores que não podem, individualmente, controlar mesmo em sua base territorial.

Há muito vem-se dizendo que o mundo virou uma aldeia global, e, se isso é verdade, os contrastes típicos de aldeias surgem com grande intensidade, salientando diversidades regionais e antagonismos próprios de pequenas comunidades. A competição existente, na Idade Média, entre Milão, Florença, Siena, Gênova e Veneza, para só mencionar cidades do norte da Itália contemporânea, revela antagonismos amainados com a unificação do país, mas de certa forma ainda latentes, embora não suficientes para gerar movimentos separatistas.

Em outras regiões, contudo, movimentos separatistas regionais manifestam, com virulência, aspirações de autonomia de povos ou nações de etnias diversas, adormecidas pela unificação do país, pela supremacia de uma parcela da população sobre as demais. Os conflitos entre sérvios, albaneses e croatas, na Iugoslávia, o movimento revolucionário dos bascos, na Espanha e o da Irlanda do Norte, no Reino Unido, podem ser mencionados como exemplos de tais aspirações. O fenômeno da globalização faz ressaltar o caráter multicultural que a diversidade de civilizações abriga, impondo a necessidade de reconhecimento de tal diversidade e a recíproca tolerância com costumes regionais e a convivência com sistemas religiosos diferentes. Mas, tais diversidades e antagonismos – que, de resto, não são muito diferentes dos antigos movimentos de libertação nacional – não interferem com os valores e princípios maiores perseguidos pela comunidade internacional, sempre latente nas relações internacionais.

A globalização advém da vitória do neoliberalismo sobre a economia planificada, com a conseqüente abertura dos mercados nacionais, propiciando intenso movimento de capitais, produtos e de mão-de-obra, fatores da produção já de há muito separados e não mais incorporados no produto industrializado, exportado como um todo. A constituição da Organização Mundial do Comércio, que os Estados Unidos não deixaram formar em 1948, após a aprovação da carta que constituiu a Organização Internacional do Comércio, por dela não terem participado e, assim, desestimulado sua ratificação por outros países, é reflexo dessa tendência afinal vitoriosa, compelindo os Estados a adaptarem-se aos novos tempos. O protecionismo, teoricamente abolido, tomou novas formas, travestido de imposição de regulamentos nacionais ou de aplicação de normas nacionais sobre *dumping,* que, na prática, impedem o ingresso de produtos estrangeiros de melhor qualidade e preço.

A prática generalizada do mercado livre, ou mais ou menos livre, estimulou a abertura das bolsas de valores aos capitais internacionais, com intensa movimentação, facilitada pelo avanço da tecnologia de comunicações. E esse movimento de capitais tornou os Estados, sobretudo os neoindustrializados, como os da Ásia e da América Latina, presas fáceis da volatilidade que os caracteriza. Se, no plano interno, os Estados dispõem de um banco central que socorre os bancos, em épocas de corridas, impedindo que quebrem, com prejuízo a milhares de depositantes e poupadores, no plano internacional nada há com esse propósito, salvo na União Européia, em virtude da integração dos países de que é fruto e da criação de banco central que administra a moeda única então criada. E, assim, se uma economia, como a dos Estados Unidos atualmente, exibe vigor e crescimento notáveis e necessita de capitais para financiá-la, tais capitais são retirados rapidamente de outros países, causando desastres econômicos, como os verificados na Ásia e América Latina.

Esse fato novo, fruto da liberalização da economia mundial, tornou o Estado ainda mais dependente das forças econômicas internacionais, com a maior integração das economias nacionais na internacional. E essa integração tende a provocar a harmonização de sistemas jurídicos e dos valores e princípios eleitos pelas comunidades nacionais, com os valores e princípios que governam a comunidade internacional como um todo, a despeito de suas divisões em Estados. Daí que emerge a necessidade de adaptar interesses regionais, inclusive os de desenvolvimento econômico e de manutenção de tradições culturais e religiosas, à realidade internacional, subordinada ao jogo do poder político, militar e financeiro das potências de maior expressão, agrupadas no G-7 (Alemanha, Canadá, Estados Unidos, França, Itália, Japão e Reino Unido), agora transformado em G-8, com a inclusão da Rússia, apesar de seu desenvolvimento econômico precário. Volta o mundo a assistir a Santa Aliança, do Congresso de Viena de 1815, sob nova roupagem, mas com o mesmo efeito de grupo governador dos destinos do mundo, impondo padrões e comportamentos aos Estados.

O caráter hegemônico que o grupo de países mais desenvolvidos apresenta tende a fazê-los dar ênfase a aspectos particulares das aspirações da comunidade internacional, coincidentes com as suas próprias, ou com seus próprios interesses momentâneos, relegando outras, de interesse de comunidades menos desenvolvidas, a plano secundário. É o caso do direito ao desenvolvimento, que presidiu o movimento dos países em desenvolvimento, dentro dos órgãos da ONU, para a adoção de uma nova ordem internacional, agora amortecido pelos acontecimentos subseqüentes à queda do muro de Berlim e à constituição da Organização Mundial do Comércio.

**80**

Esse duplo padrão de comportamento leva à condenação de atividades exploratórias de recursos minerais, como a exploração de madeira nas florestas tropicais, mas justifica outras, por interessarem à defesa do país que as pratica.

A exploração de madeira na Amazônia, ou a incapacidade dos governos incluídos na bacia amazônica de impedirem ou controlarem incêndios, são condenadas acerbamente pelos mesmos países que realizam testes atômicos no alto mar. Ilustra bem esse comportamento contraditório um dos debates provocados quando da realização de testes de bombas de hidrogênio, pelos Estados Unidos, no Pacífico, qualificada por alguns juristas de ilegal *per se,* por se entender que "os efeitos nefastos das explosões termonucleares podem ser vistas também dentro do contexto jurídico da responsabilidade dos Estados de prevenir a poluição das águas internacionais e do espaço"[8]. A pronta resposta, em defesa do ato norte-americano sustentava, com base no Direito então vigente, que "nenhum tribunal jamais considerou uma nação responsável por danos por poluição do mar ou declarou a existência de um dever de desistir"[9] .

O motivo da controvérsia, ocorrida nos idos de 1955, foi superado por acontecimentos que refletiram a prevalência do interesse internacional sobre os nacionais, como se constata da Declaração de Estocolmo sobre Meio Ambiente Humano, de 1982, e a Declaração do Rio, de 1992, que proclamaram que "os Estados têm responsabilidade de assegurar que atividades dentro de suas jurisdições ou controle não causem danos ao meio ambiente de outros Estados ou áreas além dos limites da jurisdição nacional"[10]. A Corte Internacional de Justiça, ratificando o princípio, deu-lhe apoio, ao declarar, na Opinião Consultiva emitida sobre a Legalidade da Ameaça ou Uso de Armas Nucleares, que "a existência de obrigação geral dos Estados de assegurar que atividades dentro de suas jurisdições e controle respeitem o meio ambiente de outros Estados ou de áreas além do controle nacional é agora parte do corpo de normas internacionais relacionadas ao meio ambiente"[11] .

Essa decisão tem o importante efeito de limitar a liberdade dos Estados sobre atividades que possam ter repercussão internacional – e, assim, de interesse da humanidade – podendo servir de parâmetro para o equacionamento de pretensões, tanto de países desenvolvidos, como dos em desenvolvimento, diante dos valores maiores a serem preservados.

---

[8.] Emanuel MARGOLIS, "The Hydrogen Bomb Experiment And International Law", in *Yale Law Journal*, 1955, vol. 64, p. 629.

[9.] Myres S. MCDOUGAL e Norbert SCHLEI, "The Hydrogen Bomb Test In Perspective Lawful Measures For Security", *Yale Law Journal*, vol.64, p. 690; Mahnoush H. ARSANJANI e W. Michael REISMAN, "The Quest for an International Liability Regime for the Protection of the Global Commons", in K. WELLENS (Org.), *International Law Theory And Practice*, pp. 469-492, a pp. 470-471.

[10.] Mahnoush H. ARSANJANI E W. Michael REISMAN, nota 3, p. 471.

[11.] Opinião Consultiva de 8 de julho de 1996, parágrafo 28, texto em *International Legal Materials*, julho, 1996, vol. 35, p. 809.

## 8. Conclusão

Da análise sucinta ora feita, depreende-se que o Estado, na atualidade, está limitado, na ordem interna, pelas restrições a ele impostas pela comunidade nacional, por meio da Constituição, e por normas imperativas de direito internacional geral, que expressam princípios e valores consagrados pela comunidade internacional. Segundo dispõe o art. 53 da Convenção de Viena "uma norma imperativa de direito internacional geral é uma norma aceita e reconhecida pela comunidade internacional dos Estados no seu conjunto, como norma da qual nenhuma derrogação é admitida e que só pode ser modificada por nova norma de direito internacional geral da mesma natureza". O processo de modificação de norma internacional de tal qualificação depende sempre do comportamento dos Estados sobre a matéria por ela regulada e que, em virtude do caráter dinâmico das relações humanas, está sujeito à apreciação pelos demais, aceitando essa modificação ou rejeitando-a. Os novos fatores, que o processo de globalização fez emergir, fazem parte desse processo de transformação permanente e poderão incorporar-se ao direito internacional sempre que não impliquem recusar a observância de valores e princípios consagrados pela comunidade internacional em geral.

# NATUREZA E EFICÁCIA DA SENTENÇA INTERNACIONAL

### J. R. FRANCO DA FONSECA

*Professor Associado do Departamento de Direito Internacional da Faculdade de Direito da USP*

Introdução (Precisões terminológicas. Extensão e compreensão) – 1. Natureza, função, classificação e eficácia da sentença; 1.1. Natureza da sentença; 1.2. Função da sentença; 1.3. Classificação das sentenças; 1.4. Eficácia da sentença internacional – 2. Lide internacional e relação jurídica internacional – 3. Os Tribunais internacionais; 3.1. A Corte Internacional de Justiça; 3.2. Os Tribunais Comunitários; 3.2.1. na União Européia; 3.2.2. no Pacto Andino; 3.3. A Corte de Justiça Centro-americana; 3.4. Os Tribunais de Direitos Fundamentais ("Humanos"); 3.4.1. A Corte Européia de Estrasburgo; 3.4.2. A Corte Interamericana de San Jose; 3.5. O Tribunal Internacional de Direito do Mar; 3.6. O Tribunal Penal Internacional – 4. Conclusões; 4.1. Quanto à natureza da sentença internacional; 4.2. Quanto à eficácia da sentença internacional – 5. Bibliografia

## INTRODUÇÃO – (PRECISÕES TERMINOLÓGICAS. EXTENSÃO E COMPREENSÃO)

Pretende o presente estudo analisar a natureza da sentença internacional e a eficácia de seus efeitos na sociedade internacional. Por sentença internacional entendemos a prestação jurisdicional obtida de órgão com jurisdição para compor litígios constituídos de relações jurídicas reguladas pelo Direito Internacional Público. Excluem-se, assim, desde logo, do âmbito dos objetivos do presente estudo, as relações jurídicas concernentes ao Direito Comercial Internacional, ainda que envolvam eventualmente conflitos em que um dos interessados na lide seja um Estado, como sói ocorrer na OMC.

Por outro lado, são sentenças internacionais (composição de lides de Direito Internacional Público) tanto as emanadas de órgãos judiciários, como as emanadas de juízes arbitrais. Essas últimas, tanto quanto o procedimento próprio da arbitragem, também serão adrede excluídas do presente estudo, por razões de ordem prática: o que se quis foi concentrar a atenção sobre exclusivamente o fenômeno jurisdicional judiciário; se se tentasse abranger também a jurisdição não judiciária ou arbitral, ou o trabalho atingiria tamanho e volume inadequados para seus propósitos (integração em coletânea de estudos) ou o estudo perderia integralmente em desejável pretensão de profundidade (em compreensão) e exaustão (em extensão). Assim sendo, somos obrigados a omitir, no estudo, a atividade da Corte Permanente de Arbitragem (no seio das Nações Unidas) e arbitragens importantes feitas por órgãos não judiciários especiais no âmbito do direito internacional público (lamentavelmente aí se compreeendem as três em que o Brasil foi parte: a atinente ao território de Palmas, decidida em 1895 pelo presidente Grover Cleveland; a atinente ao Amapá, decidida em 1900 pelo Conselho Federal Suíço; e a atinente à Guiana inglesa, decidida também em 1900 pelo rei Vitor Emanuel III).

Pelas mesmas razões práticas e metodológicas acima apontadas, o presente estudo também não cuidará de tribunais exclusivamente administrativos (como o do BIRD e de outros organismos regionais, a título de exemplo).

Excluir-se-ão do presente estudo, por idênticas razões, considerações (que poderiam até revestir-se de grande interesse, mas alhures) em torno de fenômeno contemporâneo crescentemente freqüente: aprovação de decisões, no âmbito estatal interno de um Estado, por órgão jurisdicional interno, dotadas de efeitos que se irão produzir no âmbito da sociedade internacional. É o caso, por exemplo, de três sentenças do 5º Juízo Central espanhol, duas delas declarando a competência internacional espanhola para conhecer de crimes cometidos contra súditos espanhóis na Argentina (sentença de 28.06.1996 e de 12.09.1996) e a terceira declarando a mesma competência para conhecer de crimes consumados no Chile. É o caso, como ilustração, do mesmo fenômeno recente do Acórdão proferido em 15.06.1992 pela Corte Suprema dos Estados Unidos da América, no caso Humberto Alvarez Machain, no qual se proclamou que o governo norte-americano está autorizado a deter em qualquer outro país, sem necessidade de pedido de extradição e sem necessidade de tratado nesse sentido, qualquer súdito estrangeiro ou norte-americano que no território dos Estados Unidos deva ser criminalmente julgado. Quanto às sentenças espanholas, estão ainda suscitando alguma polêmica nos meios acadêmicos; quanto à decisão da Suprema Corte dos Estados Unidos da América, tomada por dois terços dos seus membros (três foram os votos vencidos), sofreu, no meio acadêmico, repúdio universal.

Quanto ao método adotado para a elaboração do presente estudo, consistiu em usar (numa Primeira parte) dos fundamentos e pressupostos teóricos e técnicos do Direito Internacional Processual (análise das conceituações de sentença, sua natureza, suas funções, sua classificação e sua eficácia); em seguida (numa Segunda parte) tentar a identificação da lide ou litígio internacional (a partir de seus limites objetivos e subjetivos); para, finalmente, aplicar tais pressupostos e fundamentos teórico-doutrinários e técnicos (numa terceira parte) aos diversos tipos de jurisdição internacional e às ações que junto a eles são propostas.

Quanto à bibliografia (item 5), obviamente ela não é exaustiva, tendo em vista a amplitude e a abrangência do tema. Há autores prestigiados e livros consagrados que ali não foram referidos; não se trata de omissão deliberada, nem sequer culposa. É que uma opção teve de ser feita e essa consistiu em arrolar exclusivamente os escritores cujas obras e idéias contribuíram diretamente para os conceitos, proposições e juízos articulados neste trabalho.

## 1. Natureza, Função, Classificação e Eficácia da Sentença

### 1.1. Natureza da sentença

A sentença, quanto à sua natureza jurídica, o ato que, no entender de Chiovenda e Carnelutti, se pode escandir em duas faces: a) ato de inteligência (interpretação da regra, com o intuito de apreender a vontade concreta do legislador, em referência à lide *sub iudice*); b) ato de vontade (atuação da vontade da lei ao caso concreto).

Como tal, toda sentença contém, em primeiro plano, uma declaração que ou se esgota em si ou admite um *plus* de condenatoriedade, de consitutividade ou de mandamentalidade (Pontes de Miranda).

Alguns processualistas discordam da dicotomia teórica acima referida (ato de inteligência, ato de vontade), sustentando que é impossível, na prática, o ato de escandir-se o juízo, que seria um ato sintético-integrativo, que não se presta a qualquer tentativa de dissecação.

Contra tal discordância há, na jurisdição internacional, fenômeno original que tem por fundamento tal dicotomia. Trata-se da original "questão prejudicial interpretativa", existente no seio da Corte de Justiça da União Européia, que constitui importante via de intercâmbio entre a jurisdição comunitária e as jurisdições nacionais, com vistas à uniformização da interpretação e aplicação do ordenamento jurídico comunitário. Segundo tal instituto, sempre que, num processo que flua perante juízo nacional europeu (de instância irrecorrível), uma das partes traga à colação um dispositivo do Tratado de Roma (Direito Comunitário Originário) ou de uma das regras emanadas da Comissão e do Conselho (Direito Comunitário Derivado), o juízo nacional suspende o conhecimento da causa, remete o processo à Corte Comunitária de Luxemburgo e essa procede à *interpretação* (ato de inteligência) do referido dispositivo; em seguida, a Corte Comunitária devolve o processo ao juízo de origem, que, no território do Estado-membro, irá aplicar a regra tal como interpretada pelo juízo comunitário (*força vinculante*), ao caso concreto em julgamento (ato de vontade).

**85**

## 1.2. Função da sentença

Uma primeira função da sentença tem merecido o consenso dos processualistas, mormente os dos países de direito codificado (continental europeu e latino-americano), a função de *atuação* (declaração, com eventuais consectários condenatório, constitutivo ou mandamental) da vontade concreta da lei.

Uma segunda função, todavia, apontada por outros juristas (Stammler, Geny), não goza do mesmo consenso, tendo mesmo tal idéia sofrido violenta contestação, por exemplo, de Moacyr Amaral Santos, entre nós. Trata-se da função *criadora* do direito objetivo.

Ora, é sabido que, no sistema anglo-norte-americano, do *common law*, o precedente judiciário é importante fonte de direito objetivo, segundo o modelo romano do *ius praetorium* que ali permaneceu, intacto ao "vírus" codificador iniciado por Napoleão no continente. Ademais, no Direito Internacional Público, a *eqüidade* (criação judiciária da regra para o caso concreto) é fonte aplicável pela Corte Internacional de Justiça (Estatuto do CIJ, art. 38, § 2º), em suas três modalidades: a) *secundum legem*; b) *praeter legem*; c) *contra legem*. Essa terceira modalidade só é aplicável se houver prévia aquiescência das partes.

É conhecido o antológico julgamento do caso do navio Winbledom, ainda pela antiga Corte Permanente de Justiça Internacional (cujo estatuto era o mesmo da atual CIJ), que decidiu, por eqüidade, condenar a Alemanha a reparar danos causados aos autores, em moeda francesa e não em marcos alemães, tendo em vista que a inflação alemã era gravíssima e havia necessidade de tornar eficaz o efeito da condenação (Acórdão de 17.08.1923, in *Publications de la Cour*, série AB, n. 5, p. 29).

## 1.3. Classificação das sentenças

As sentenças podem classificar-se: a) segundo seus efeitos processuais; b) segundo seu conteúdo volitivo (natureza da providência jurisdicional invocada).

Segundo seus efeitos processuais, Liebmann classifica as sentenças em *finais e interlocutórias*. As finais, por seu turno, subdividem-se em *terminativas* (as que põem fim à relação processual sem apreciar o mérito) e *definitivas* (as que têm por conteúdo a apreciação do *meritum causae*). Quanto às interlocutórias, essas subdividem-se em interlocutórias *simples* (despachos ordinatórios ou de mero expediente) e interlocutórias *mistas* (que resolvem questões processuais incidentes, sem, contudo, pôr termo à relação jurídica processual).

Para o objeto do presente estudo, a classificação mais importante é a que parte do segundo critério: a natureza da providência jurisdicional invocada. Segundo tal critério, as sentenças podem classificar-se: a) de conhecimento (declaratórias, condenatórias e constitutivas); b) de execução; c) preventivas ou cautelares. Devem mencionar-se, como categoria própria, as sentenças penais (criminais).

### *1.4. Eficácia da sentença internacional*

É pressuposto deontológico do Direito Internacional Público a afirmação que o valor fundamental de suas regras é a idéia do justo, ínsita ao valor do ser humano. Não será demais, porém, frisar que, se a *idéia de justiça* é o valor sempre presente na fundamentação deontológica de qualquer regra jurídica, tal idéia não prescinde da referência ao *fato*, à *circunstância* e à *conjuntura* histórico-cultural, onde ocorre a concreção dos valores (do plano axiológico) no plano sócio-histórico, para, nesse novo aspecto (agora *sub specie* axiológico-cultural), do poliédrico Direito, fazer ressaltar a segurança ou paz como critério de sua validade, quanto à eficácia na sociedade internacional.

Via de regra, a jurisdição internacional é exercida por órgãos constituídos em tratados ou convenções, vale dizer: "órgãos criados pela legislação interna-cional". Tal legislação difere dos ordenamentos nacionais internos por uma circunstância especialíssima: a democracia (quanto à função legiferante) é praticada, no plano internacional, de forma direta (não representativa, como ocorre no plano interno); os destinatários das normas são os próprios legisladores. Depreende-se daí que o fundamento do Direito Internacional apontado por Kelsen (*pacta sunt servanda*) é a norma fundamental da sociedade internacional e condição para a sua sobrevivência e desenvolvimento. Tais considerações, obviamente, são feitas no plano propriamente jusfilosófico.

Quanto ao plano meramente técnico-jurídico ou dogmático, a eficácia da sentença internacional é geralmente assegurada nos próprios instrumentos de constituição dos colegiados internacionais dotados de jurisdição. Tal assecuração de eficácia vai variar em função da lide internacional objeto de tal jurisdição, como se verá, pormenorizadamente, a seguir.

## 2. Lide Internacional e Relação Jurídica Internacional

Denomina-se *interesse* a relação psicológica entre um bem da vida e uma pessoa (física ou jurídica) que julga tal bem útil para a satisfação de uma sua necessidade. Algumas necessidades são naturais ou biológicas (sobretudo aquelas decorrentes do instinto de conservação); outras, decorrentes da cultura (escala de valores éticos, estéticos, próprios do grupo em que se insere a pessoa ou próprios da humanidade); outras, finalmente, são necessidades artificiais, criadas nem pela exigência de conservação anátomo-biológica nem pelo inconsciente coletivo: são aquelas criadas pelo processo de comunicação de massa posto em

**87**

ação pela publicidade, ínsita ao sistema capitalista de produção industrial de bens de comércio.

Os interesses, pois, crescem em progressão geométrica: são ilimitados. Por outro lado, os bens da vida (ou a possibilidade de utilizá-los para a satisfação das necessidades) são limitados.

Quando duas ou mais pessoas (físicas ou jurídicas) se interessam por um mesmo bem, que a uma só delas possa satisfazer, a essa situação dá-se o nome de *conflito de interesses*.

Compõem-se os conflitos de interesses por uma de várias soluções possíveis: ou pela moral (renúncia de um dos interessados), ou pela da prevalência da força (o que atentaria contra a necessidade de existência e sobrevivência do grupo social), ou pela contratual (que utilizaria, quando possível, o uso comum do bem objeto do conflito); ou, como conquista da civilização e da cultura, numa sociedade chamada moderna, pela solução *jurídica*: a ordem jurídica não é senão a previsão legal (e respectiva regulação) de hipóteses de futuros possíveis conflitos de interesses, tipificando relações em que se compreendem duas situações jurídicas: uma subordinante (indicação do *interesse juridicamente protegido*) e outra subordinada.

*Pretensão* é o nome que se dá ao ato de um dos sujeitos (da relação material prevista na lei) exigir a subordinação do interesse do outro ao seu próprio interesse. A composição do conflito será possível, nesse caso, ou pela renúncia do outro, ou por negociação contratual. Pode ocorrer, todavia, que o outro, cujo interesse a pretensão quer subordinar, oponha *resistência* (ativa ou passiva) à pretensão. Surgirá, nesse caso, a *lide* ou *litígio* que Carnelutti define assim: relação jurídica (material) caracterizada pela pretensão de um dos sujeitos e a resistência do outro.

A lide, quer no plano interno quer na sociedade internacional, só pode ser composta por meios jurídicos pacíficos. Na sociedade internacional, com maior razão, é proibido o uso da força (salvo a hipótese excepcional da situação de legítima defesa, em que se exclui a antijuridicidade). Tal proibição do uso da força é tanto mais importante no mundo global contemporâneo, caracterizado pela permeabilidade das fronteiras tradicionais e pela multipolaridade, em que a paz e a segurança são sempre suscetíveis de desequilíbrio, em função dos desequilíbrios de poder. Na sociedade internacional, pois, a realização das pretensões estatais resistidas deve ser buscada, segundo princípio fundamental da carta das Nações Unidas, por meio da utilização de instrumentos políticos, diplomáticos e jurídicos (em sentido estrito) postos à disposição da comunidade das nações pelo Direito Internacional.

Para o objetivo de nosso trabalho, interessa o instrumento jurídico (em sentido estrito).

A composição jurídica das lides realiza-se por meio da atuação da *jurisdição* (ou judiciária ou arbitragem, que se distinguem apenas do ponto de vista orgânico ou subjetivo, não quanto à natureza jurisdicional). A jurisdição é posta em movimento pela *ação* de uma ou ambas as partes, que é a dedução da pretensão perante o órgão jurisdicional, para que este componha o litígio, mediante a prestação jurisdicional (*sentença*).

A lide internacional, quanto aos titulares dos interesses em conflito (aspecto subjetivo, que será relevante para a indagação sobre a *"legitimatio ad causam"* uma das condições da ação), é de conteúdo variável. Com efeito, na relação jurídica material ora os interesses conflitantes têm como titulares só Estados (isso ocorre quando o objeto do litígio é um problema ou questão de Direito Internacional Público clássico, que se subsuma no âmbito de jurisdição da Corte Internacional de Justiça), ora Estados e indivíduos, pessoas físicas ou jurídicas (como nas violações de direitos fundamentais de natureza política, que se subsumem no âmbito de jurisdição das Cortes Européia e Interamericana de Direitos Fundamentais; ou como nas violações gerais de direitos de estrangeiro, que dão ensejo à proteção diplomática dos Estados de que é nacional a pessoa que sofreu o dano; em outros casos, que serão adiante analisados), ou na relação jurídica material, inexiste Estado interessado (como em certos tipos de ação próprios do Direito Comunitário).

A natureza dos interesses em conflito é que vai determinar o *objeto* da lide ou litígio e, de conseqüência, o tipo de jurisdição a ser exercido para sua composição (v. infra, n. 3), no cenário dos vários tribunais postos à disposição da sociedade internacional.

Quando o titular da pretensão resistida a deduz em juízo, exigindo do órgão jurisdicional internacional a composição da lide, exercitando, pois, a ação, faz surgir nova relação jurídica internacional (a *relação jurídica processual internacional*), esta é independente e autônoma em face da relação material. Dada essa independência e autonomia, compreende-se porque nem sempre o titular do interesse protegido na relação material é o titular da *legitimatio ad processum* (pressuposto processual de validade da relação processual); é o que ocorre em dois tipos de situação: a) na chamada proteção diplomática, em que o Estado da nacionalidade do lesado é que propõe a ação, agindo em nome próprio, para defender interesse de seu súdito (*substituição processual*); b) nas violações de direitos fundamentais (vulgarmente chamados humanos), de indivíduos, no âmbito de Estados-partes da Convenção Européia de 1949 e da Convenção Interamericana de 1969, em que ou a Comissão Européia ou a Comissão Americana é que tem a *legitimatio ad processum* para, agindo em nome próprio, defender interesse de vítima ou dos familiares dessa. Quanto à proteção diplomática, Rezek entende que o interesse lesado é o do próprio Estado e não de seu súdito.

Todavia, é mister se distingam as *lides internacionais* (pretensões resistidas), de um lado, e, de outro, cenários em que os interesses estatais são às vezes conflitantes (em razão do próprio conteúdo ideológico em que se estruturam os sistemas geopolíticos), como ocorria no sistema bipolar da guerra fria, ou como ocorre entre divergentes valores culturais (fundamentalismo islâmico e civilização ocidental). A tais cenários (que não caracterizam litígios) poder-se-ia dar o nome de *situações* (Marotta Rangel).

Quanto à lide internacional *penal*, ela apresentará peculiaridades que merecem ser postas em relevo. A pretensão punitiva (de que é titular a comunidade internacional, representada pela Promotoria) presume-se sempre resistida pelo criminoso (por um princípio que é corolário dos direitos fundamentais do réu), o que obriga, sempre, que o Promotor deduza tal pretensão em juízo, para que possa obter a condenação do réu.

## 3. Os Tribunais Internacionais

### 3.1. A Corte Internacional de Justiça

O art. 14 do Pacto da Sociedade das Nações Unidas atribuía ao Conselho a tarefa de organizar e preparar o projeto de uma Corte Permanente de Justiça Internacional, com a dupla função de "conhecer de todas as controvérsias que as partes lhe submetam" e de "dar pareceres consultivos sobre toda controvérsia ou questão a ela submetida pelo Conselho ou pela Assembléia". A Corte instalou-se em Haia, em 1920, integrada por 15 juízes, eleitos pela Assembléia e Conselho da Sociedade das Nações, e regida por estatuto aprovado no mesmo ano. Até a extinção, de fato, da Sociedade das Nações, em 1939 (em decorrência da II Grande Guerra), a CPJI julgou 31 casos de natureza contenciosa e emitiu 27 pareceres consultivos, tendo contribuído enormemente para a própria consolidação e edificação da doutrina do Direito Internacional Público Clássico.

Com a criação das Nações Unidas, ressurge aquela Corte, agora denominada Corte Internacional de Justiça, sediada no mesmo Palácio da Paz em que funcionava sua antecessora e com estatuto idêntico ao da CPJI. Continua com dupla função: jurisdicional e consultiva.

Quando da constituição da Sociedade das Nações, assim como quando da constituição da ONU, o conceito teórico vigente com relação à soberania era ainda o clássico, que a via como poder com atributos de unidade, indivisibilidade, indelegabilidade. Disso resultou a "cláusula facultativa de jurisdição obrigatória" (Estatuto, art. 36, § 2º), que faculta aos Estados-membros da ONU a submissão ou não à jurisdição da CIJ. Todavia, se efetivada pelo Estado sua declaração no

**90**

sentido afirmativo (de submissão à jurisdição daquele Tribunal), a decisão que vier a ser proferida nos processos em que o referido Estado seja parte ser-lhe-á obrigatória, quanto ao cumprimento (Carta, art. 94), ensejando, no caso de inadimplência, reclamação de medidas de execução a cargo do Conselho de Segurança (Carta, art. 94, §2º). A execução, nesse caso, é procedimento duplamente administrativo: não só do ponto de vista material, objetivo (como toda e qualquer execução), mas também do ponto de vista orgânico e subjetivo (pois o Conselho de Segurança, órgão estratégico, nesse caso se traveste de órgão administrativo).

### 3.2. Os Tribunais Comunitários

*3.2.1.* Na União Européia

A União Européia (união política e econômico-monetária que engloba a Comunidade Européia do Carvão e do Aço, a Comunidade Econômica Européia e a Comunidade Européia de Energia Nuclear) tem seu Tribunal de Justiça (com duas instâncias) sediado em Luxemburgo.

Criado originariamente pelos Tratados de Paris (1951), que instituiu a CECA, e de Roma (1957), que instituíram a CEE e a CEEN, reunido pelo Tratado de Bruxelas (1963), por meio de fusão, num único e comum colegiado judiciário, depois desdobrado em duas instâncias (Ato Único 1986), revestiu-se, desde sua criação, de natureza supranacional, sendo sua jurisdição obrigatória e revestindo-se suas decisões de executoriedade em todo o território da comunidade (Tratado CECA, art. 44), procedendo-se a execução forçada sobre o território dos Estados-membros segundo as vias do Direito Processual vigente em cada um desses Estados (Tratado CECA, art. 92). Os Tratados CEE e CEEN incorporam regra idêntica, quanto à eficácia das decisões jurisdicionais comunitárias.

Qual a natureza das ações que se subsumem na jurisdição da Corte Comunitária? Em primeiro lugar, temos ações contra órgão dirigente da comunidade (ações de anulação e ações por omissão); em segundo lugar, ações de anulação, de um órgão contra outro; em terceiro lugar, ações contra Estado-membro. Note-se que à pessoa física ou jurídica, de direito privado, foi dada *legitimatio ad processum*, para deduzir suas pretensões em juízo, nas ações de anulação e nas ações por omissão, em primeiro lugar acima referidas (CECA, arts. 33 e 35; CEE, arts. 173 e 175, al. 2; CEEN, arts. 146 e 145, al. 2).

Releva notar a interessante manifestação jurisdicional da Corte, que tem lugar na chamada "questão prejudicial interpretativa" (Tratado CECA, art. 41; Tratado CEE, art. 177; Tratado CEEN, art. 150). Trata-se de procedimento *"sui generis"*, mediante o qual se institui a Corte de Justiça comunitária como única jurisdição definitiva competente para a interpretação do Tratado e do ordenamento jurídico comunitário. O que se fez foi escandir o juízo (aplicação da lei comunitária à lide apreciada) em duas operações lógicas: a primeira, de interpretação da lei (a cargo da Corte comunitária, com exclusão das jurisdições nacionais quando essas forem de instância irrecorrível); a segunda, dizer se o fato se adapta ou não, se se subsume ou não à regra *tal como interpretada* na fase ou operação anterior (esta sim, tarefa a cargo do judiciário nacional).

Quanto à eficácia vinculante dos arestos prolatados no sistema do remédio considerado ("questão prejudicial interpretativa"), eles não vinculam, quer quanto à questão da validade eventualmente impugnada de alguma regra emanada de órgão comunitário, quer quanto à interpretação dada a essa regra, senão as jurisdições nacionais chamadas a compor um litígio e que provocaram, por meio do mecanismo do "reenvio", a manifestação da Corte comunitária.

### 3.2.2. No Pacto Andino

Em 26 de maio de 1969, foi celebrado o Acordo de Integração Sub-regional (no âmbito da Alalc), depois conhecido como de Cartagena, com a assinatura de Bolívia, Colômbia, Chile, Equador e Peru. A Venezuela aderiu em 1973 e o Chile retirou-se em 1976. O acordo original instituía dois órgãos de direção na estrutura da organização: a Comissão (com caráter político-normativo, constituída por representantes governamentais dos Estados-membros) e a Junta (com caráter técnico-progressivo e dotada de certa supra-estatalidade), com sede em Lima.

Nessa primeira fase, incumbiriam à Comissão as funções de negociação, bons ofícios, mediação e conciliação, para solução de eventuais litígios, e, na hipótese de terem fracassado tais medidas, a lide seria submetida à Alalc, conforme os termos do Protocolo dessa, ao qual se submeteu o Acordo de Cartagena.

Em 26 de maio de 1979, subscreveu-se o Tratado instituindo o Tribunal de Justiça, com sede em Quito.

É interessante notar que, quanto às atribuições do Tribunal de Justiça, o grupo Andino inspirou-se total e literalmente no modelo de estrutura e funções do Tribunal de Justiça das então Comunidades Européias. São os mesmos os tipos de ação admissíveis (ações de nulidade ou anulação, ações por omissão, ações de indenização).

É importante também mencionar que o Tribunal de Justiça andino incorporou dois princípios fundamentais do modelo europeu de Luxemburgo: por um lado, a *legitimatio ad processum* de pessoas físicas e jurídicas, privadas, para intentar ações; por outro lado, o controle jurisdicional comunitário da uniformidade de interpretação do ordenamento andino, por meio da questão prejudicial interpretativa.

**92**

### 3.3. A Corte de Justiça Centro-americana

Em 1907, México e Estados Unidos envidaram esforços na tentativa de pôr fim a conflitos localizados, envolvendo países da América Central. Desses esforços resultou a realização da Conferência da Paz, em Washington, e ali se celebrou Convenção, assinada por Costa Rica, Guatemala, Honduras, Nicarágua e El Salvador, instituindo a Corte de Justiça Centro-americana.

Trata-se do primeiro Tribunal internacional moderno. Não só nisso reside sua importância, mas sobretudo no fato de apresentar características revolucionárias que o tornaram iniciativa pioneira muito mais avançada que a Corte Permanente de Justiça Internacional, que a Sociedade das Nações Unidas viria a criar muito mais tarde.

Em 25 de maio de 1908 instalou-se o Tribunal em Cartago (Costa Rica), transferindo-se depois para San José, em virtude de aquela cidade ter sido assolada por um terremoto. Constituíam-no cinco juízes efetivos e dez suplentes, com mandato de cinco anos, eleitos pelos Parlamentos dos Estados-membros.

O art. 17 de seu Regimento enuncia o seguinte: "A jurisdição ordinária da Corte compreende: 1) todas as questões ou controvérsias, que entre os Estados centro-americanos ocorram, quaisquer que sejam sua origem e natureza, se as Chancelarias interessadas não tiverem podido chegar a um acordo, o que poderá ser demonstrado por atas ou outra classe de documentos hábeis ou pelo fato de encontrarem-se as partes em estado de guerra; 2) os litígios que um centro-americano estabeleça contra algum dos Estados contratantes, que não seja o seu, quando se refiram a violações de tratados ou convenções ou a outros assuntos de caráter internacional, com a condição de que haja esgotado os remédios que as leis do país lhe outorguem contra os atos motivadores da ação, ou com a condição de que demonstre denegação de justiça". Merecem ser ressaltados, no artigo citado, dois pontos importantes. O primeiro consiste em que, nas duas hipóteses previstas de *legitimatio ad processum* (pressuposto processual de validade da relação processual), exige-se, como condição da ação (pressuposto para a admissibilidade do pedido), o *interesse de agir*, isto é: que tenham sido esgotadas as vias políticas e diplomáticas, na primeira hipótese (lide entre Estados), ou que tenham sido esgotadas as vias jurisdicionais, na segunda hipótese (lide entre pessoa física ou jurídica e Estado).

Em 12 de março de 1918, dissolveu-se o Tribunal, por denúncia da Nicarágua, mas, enquanto esteve em atividade, ele conheceu dez casos. Das ações propostas por indivíduos, apenas uma chegou à fase de sentença: a proposta por Alejandro Bermudez Nuñez (nicaragüense) contra Costa Rica, em 1913.

São memoráveis as decisões do Tribunal proferidas em duas ações, movidas respectivamente por Costa Rica e por El Salvador, contra a Nicarágua, em torno do mesmo objeto: a construção de canal, a cargo dos Estado Unidos, no território da Nicarágua, acordada entre este país e os Estados Unidos no pacto Bryan-Chamorro (5 de agosto de 1914). Nessas duas ações (cujos pedidos iniciais e respectivas sentenças são exaustivamente analisados por Fredys Orlando Sorto), cada sentença teve natureza diferente: a que julgou a pretensão deduzida por Costa Rica declarou (inequívoco efeito declaratório) que Nicarágua agira ilicitamente, ao dispor, para sempre, de parte de seu território que interessa também a condôminos de um único golfo, dentre os quais Costa Rica; a que julgou a pretensão ajuizada por El Salvador chegou a ter força cominatória, na medida em que decidiu (5º item do julgado) "que o governo da Nicarágua está obrigado, empregando todos os meios possíveis aconselhados pelo direito internacional, a restabelecer e manter o estado de direito que existia antes do Tratado Bryan-Chamorro, entre as repúblicas litigantes, no que respeita às matérias consideradas nesta sentença". A chamada força cominatória chega a envolver efeitos constitutivos negativos (de desconstituição), muito embora o Tribunal, na mesma decisão (6º item) tenha se abstido de se pronunciar sobre o pedido de anulação do Pacto (o Tribunal absteve-se porque os Estados Unidos, parte no Pacto, não eram parte na Convenção que criou a Corte).

### 3.4. Os Tribunais de Direitos Fundamentais ("Humanos")

*3.4.1.* A Corte Européia de Estrasburgo

Estados europeus firmaram, em 1949, Convenção sobre direitos fundamentais, criando duas instituições para tornar eficazes e efetivos os compromissos assumidos: uma Comissão, destinada a receber a *notitia* de fatos ilícitos; e uma Corte de Justiça, destinada a conhecer as ações propostas pela Comissão com relação a Estados violadores dos respectivos compromissos (que geraram obrigação jurídica, no caso não prestada). A Comissão, já se vê, tem poderes também investigatórios, para que, formada sua *opinio*, entenda conveniente ou não deduzir em juízo, em nome próprio, o interesse do indivíduo sobre quem recaiu a ação ilícita do Estado violador (exercendo, assim, atividade de *substituição processual*).

Os direitos fundamentais são aqueles derivados da personalidade (que começa no nascimento e termina com a morte), distintos dos adquiridos (que correspondem a diversos títulos aquisitivos regulados pelo Estado). Estes, os direitos adquiridos, permanecem no âmbito jurisdicional de proteção ou tutela do ordenamento jurídico interno dos Estados-membros.

A natureza da decisão da Corte é dúplice: pode ela apenas proferir sentença declaratória (atestando, assim, relação jurídica caracterizada por ilicitude imputável ao Estado); ou pode ela acrescentar à declaração (uma vez que toda sentença tem uma carga ou só inicial ou final de declaratoriedade) um *plus* de condenatoriedade, impondo ao Estado violador a obrigação de indenizar o dano resultante do ato ilícito.

Em nossa opinião (discordante, nesse ponto, da de alguns estudiosos), a adoção do instituto da substituição processual (tal como ocorre com a proteção diplomática exercida pelo Estado junto à CIJ no interesse de seu súdito), longe de entender-se como uma restrição ao reconhecimento dos direitos individuais no plano internacional, ao contrário visou a dar ao indivíduo maior garantia e segurança (por parte da Comissão, na Corte de Direitos Fundamentais; por parte do Estado da nacionalidade, na proteção diplomática junto à CIJ), uma vez que o indivíduo, agindo por si só, seria inerme perante o Estado violador ou, pelo menos, estaria em situação de evidente desvantagem.

### 3.4.2. A Corte Interamericana de San Jose

Inspirando-se no modelo europeu, os Estados-membros da OEA, na sua maioria, celebraram, em 1969, a Convenção Interamericana de Direitos Humanos. Criaram, igualmente, uma Comissão e um Tribunal, ambos sediados em San José (Costa Rica) e ambos com funções idênticas às atribuídas aos mesmos órgãos no continente europeu.

O Brasil aderiu à Convenção em 25 de setembro de 1992, mas permanecia sem ratificar o Protocolo referente à sua sujeição à Corte de Justiça (decreto de promulgação n. 678, de 6 de novembro de 1992). Em 7 de setembro de 1998, o Executivo mandou mensagem ao Congresso, propondo a ratificação do Protocolo referente à Corte de Justiça.

Quanto à natureza e eficácia das decisões proferidas pela Corte Interamericana, aplicam-se todas as observações feitas acima (n. 3.4.1), tendo em vista que o modelo europeu serviu de inspiração para o sistema americano.

### 3.5. Tribunal Internacional do Direito do Mar

Assinada a 10 de dezembro de 1982, em Montego Bay (Jamaica), a Convenção das Nações Unidas sobre o Direito do Mar entrou em vigor (internacionalmente) a 16 de novembro de 1994. No Brasil, foi ratificada a 22 de dezembro de 1998 e promulgada a 12 de março de 1990.

A Convenção criou o conceito jurídico de *área* (leito do mar, fundos marinhos e o seu subsolo, além dos limites da jurisdição nacional); instituiu, além disso, a *Autoridade* (Autoridade Internacional dos Fundos Marinhos); regulou os recursos da Área (minerais sólidos, líquidos ou gasosos no leito do mar ou em seu subsolo, incluindo os nódulos polimetálicos); instituiu para a Área e seus recursos o regime jurídico do patrimônio comum da Humanidade (regime que já existia em relação ao condomínio da lua, espaço sideral e demais corpos celestes, adotado pela Assembléia Geral das Nações Unidas em 19 de dezembro de 1966).

Na estrutura institucional da Autoridade, foram criados a Assembléia, o Conselho e um Secretariado. Na estrutura da Autoridade, criou-se, também, a *Empresa*, que realizará diretamente as atividades na Área, bem como o transporte, o processamento e a comercialização dos minerais ali existentes.

Criou-se, igualmente, o Tribunal Internacional do Direito do Mar. Um Estado, ao assinar ou ratificar a Convenção, pode escolher livremente, por meio de declaração escrita, para composição dos litígios relativos ao objeto do Tratado, ou a jurisdição da CIJ, ou do Tribunal Internacional do Direito do Mar, ou de um Tribunal Arbitral constituído em conformidade com o anexo VII da Convenção, ou de um Tribunal Arbitral Especial constituído em conformidade com o anexo VIII (específico para pescas, proteção e preservação do meio marinho, investigação científica, marinha e navegação, incluindo poluição, proveniente de embarcações e por alijamento. É sediado em Hamburgo.

A decisão proferida pelo Tribunal será definitiva e terá força obrigatória para as partes.

### 3.6. O Tribunal Penal Internacional

Em 17 de julho de 1998, a Conferência diplomática de plenipotenciários das Nações Unidas, reunida em Roma, aprovou a criação do Tribunal Penal Internacional, a ser sediado em Haia, para julgamento dos crimes internacionais (crimes de guerra). Esse importante passo veio dar aperfeiçoamento final a longo processo evolutivo no tratamento jurídico da matéria. Tal evolução teve início com a criação do primeiro Tribunal de Crimes de Guerra eficiente, no Estatuto de Londres, em 1945, para julgar os crimes de guerra cometidos pelos nazistas (este sediado em Nuremberg) e pelos japoneses (este sediado em Tóquio). Tal Corte era integrada por juízes designados pelas potências vencedoras da Segunda Guerra: tal fato foi argüido como violador do princípio fundamental do juízo natural. Os dois Tribunais de crimes de guerra que se lhe seguiram (para a ex-Iugoslávia, 1991; para Ruanda, 1994) sediados respectivamente na Holanda e na Tanzânia, já não padeciam tanto de tal vício: foram criados não por Estados envolvidos naquelas guerras, mas por resoluções do Conselho de Segurança das Nações Unidas. Continuava, todavia, a falecer a integral existência de um juízo natural (muito embora agora imparcial, na origem e na sua constituição). Urgia, pois, que a sociedade internacional viesse a dispor de órgão jurisdicional permanente, específico para compor lides penais internacionais, o que veio a ocorrer em Roma, com a criação do referido Tribunal Penal Internacional.

As resoluções do Conselho de Segurança (acima referidas concernentes à Bósnia e a Ruanda) trouxeram importante inovação, para a conceituação dos "crimes de guerra", fazendo subsumir-se neles os atos ilícitos penais praticados em mero cenário de beligerância interna (na chamada 'guerra civil' de caráter não-interestatal).

A jurisdição do Tribunal Penal Internacional permanente será exercida tão-somente com relação à matéria objeto do Direito Internacional Penal; restringir-se-á tal jurisdição, portanto, aos "crimes internacionais", tipificados em fontes internacionais (o próprio Estatuto aprovado em Roma não se limita, em seus 128 artigos, a regular a estrutura e funcionamento daquela Corte, mas, ainda, procede à tipificação dos delitos) e imputáveis a pessoas físicas partícipes de um cenário de guerra (intestina ou interestatal). Excluem-se, assim, os crimes chamados "de caráter internacional" (tipificados no Direito Penal Substancial interno dos Estados), para cuja execução o *iter criminis* percorre o território de dois ou mais Estados (como o contrabando, o narcotráfico, o terrorismo, o tráfico de escravos ou mulheres etc.). São crimes de guerra ("internacionais"), nos termos do Estatuto referido, os atos ilícitos penais que se subsumam em uma de suas quatro categorias: a) crimes de genocídio (tipificado no art. 6º); b) crimes contra a humanidade (tipificados no art. 7º); c) crimes de guerra em sentido estrito (tipificados no art. 8º); d) crimes de agressão (que, no Estatuto de Londres, se denominava "crimes contra a paz" e que, no Estatuto de Roma, deixou de ser tipificado: sua tipificação incumbirá a uma Conferência das Partes Contratantes, a ser convocada pelo Secretário-Geral das Nações Unidas sete anos após a entrada em vigor do Estatuto de Roma).

Há, no referido Tribunal, uma Seção de Primeira Instância e uma Seção Preliminar, compostas, cada uma, de pelo menos seis juízes. A Seção ou Câmara Preliminar é quem vai proferir verdadeiro *iudicium accusationis*, em relação a um pedido do Procurador-Geral, no sentido de que se instaure investigação preliminar (inquérito), sobre fatos que vieram ao seu conhecimento (*notitia criminis*): a) por iniciativa de um Estado-Parte; b) por iniciativa do Conselho de Segurança das Nações Unidas nos termos do capítulo VII da Carta da ONU; c) por iniciativa de qualquer pessoa, física ou jurídica. A decisão da Corte Preliminar, assim, após a formação da *opinio* do Procurador, que requer a instauração da ação penal, equivale a verdadeira *pronúncia*, dando abertura à fase do *iudicium causae*, em que o mérito (não só a admissibilidade da acusação) vai ser apreciado, agora pela Seção de Primeira Instância.

Nessa segunda fase (*iudicium causae*), a sentença final é de natureza condenatória (positiva: declaração da procedência do pedido, seguida de condenação à prisão, perpétua ou temporária; negativa: declaração de improcedência do pedido, seguida de absolvição). Tal decisão é suscetível de eventual reforma, por uma Seção de Apelação, composta por um Presidente e mais quatro juízes.

**97**

# 4. Conclusões

## 4.1. Quanto à natureza da sentença internacional

Toda prestação jurisdicional (sentença) é ato de exercício da jurisdição, que busca atingir, mediante a substituição das partes interessadas, o momento da composição definitiva do litígio (atuação da vontade concreta da lei).

Não há, pois, distinção ontológica entre a sentença no ordenamento jurídico interno e a sentença no ordenamento internacional: a distinção é meramente gnoseológica e repousa no dúplice caráter específico da sentença internacional. A primeira face dessa especificidade está no fato de que, subjetiva e organicamente, ela é proferida por juízo institucional (com as ressalvas feitas na nossa Introdução) vinculado à sociedade internacional (dotado, assim, de certa supra-estatalidade). A segunda face da mencionada especificidade consiste em que, material e objetivamente, a lide por ela composta é relação jurídica qualificada pelo Direito Internacional Público.

Portanto, para aferir-se a natureza, é de mister se busquem subsídios à Teoria Geral do Processo quanto aos pressupostos e fundamentos teórico-doutrinários e técnico-dogmáticos da sentença.

## 4.2. Quanto à eficácia da sentença internacional

Sendo os legisladores do Direito Internacional convencional os próprios destinatários das normas avençadas (os Estados ou as organizações internacionais) entendendo-se por norma fundamental o princípio *pacta sunt servanda*. Por outro lado, o valor ínsito nas regras de Direito em geral (idéia de justiça) traduz-se, no campo das relações interestatais, pelos valores do binômio paz-segurança.

Para garantir tal fundamentação jusfilosófica, quando da concreção desses valores na realidade histórico-cultural (eficácia) o ordenamento jurídico internacional está munido de instrumentos específicos para dar efetividade às sentenças emanadas de órgãos jurisdicionais internacionais.


# 5. Bibliografia

ACCIOLY, H. e Nascimento e Silva, G. E. – *Manual de direito Internacional Público*, S. Paulo, Saraiva, 12ª ed., 1996.

CALAMANDREI, P. – *Instituzioni di Diritto Processuale Civile secondo il nuovo Codice*, Padova, Cedam, 1943, parte prima.

CANÇADO TRINDADE, A. A. "Universalismo e regionalismo nos Direitos Humanos: o Papel dos organismos internacionais na consolidação e aperfeiçoamento dos mecanismos de proteção internacional" in *Anuario Hispano-Luso-americano de Derecho Internacional*, Madri, 1997, vol. 13.

CARNELUTTI, F. – *Sistema di Diritto Processuale Civile*, Padova, Cedam, 1936, v. 10.

CHIOVENDA, G. – *Instituzioni di Diritto Processuale Civile*, Napoles, Casa Editrizi Dott. E Jovene, 1936, v. 2º.

CRISTOFOLINI – "Efficacia dei provvedimenti di giurisdizione voluntaria emmessi da giudice incompetente", in *Studi di Diritto Processuale in onore di Giuseppe Chiovenda*, Padova, Cedam, 1927, pp. 393-394.

FREDERICO MARQUES, J. – *Instituições de Direito Processual Civil*, Rio, Forense, 4ª ed., 1971, vol. 1º.

GRINOVER, A P., ARAÚJO CINTRA, A C., DINAMARCO, C. R. – *Teoria Geral do Processo*, S. Paulo, Malheiros Editores, 11ª ed., 1995.

LIEBMAN, E. T. – *Eficácia e autoridade da sentença* (trad. de Alfredo Buzaid e Benvindo Aires), Rio, Forense, 1984, 3ª ed. (anotada por Ada P. Grinover).

MAGALHÃES, J. C. de – "Jurisdição extraterritorial", in *Enciclopédia Saraiva do Direito*, S. Paulo, 1977, v. 47, pp. 126-133.

MAROTTA RANGEL, V. – *Direito e Relações Internacionais*, S. Paulo, Ed. Revista dos Tribunais, 5ª ed., 1997.

_____. "Nova ordem internacional: fundos oceânicos e solução de controvérsias no Direito do Mar", in *O Direito na década de 1990* (ensaios em homenagem a A. Wald), S. Paulo. Ed. Revista dos Tribunais, 1994, pp. 365-383.

MERCADANTE, Araminta A., MAGALHÃES, J. C. de – *Solução e prevenção de litígios internacionais*, S. Paulo, Necin/Capes, 1998.

MINIUCI FERREIRA Jr., G. – "O Tribunal Internacional para a Iugoslávia", in *Solução e prevenção de litígios internacionais* (coletânea org. por Araminta de Azevedo Mercadante e José Carlos de Magalhães), S. Paulo, Necin/Capes, 1998, pp. 93-128.

NEVES, Celso – "Classificação das ações", in *Revista Brasileira de Direito Processual,* Uberaba, 3º trimestre de 1976, v. 7º, pp. 31 e ss.

REALE, Miguel – *Filosofia do Direito*, S. Paulo, Saraiva, 1953, vol. 1º.

REZEK, J. F. – *Direito Internacional Público*, S. Paulo, Saraiva, 5ª ed. 1995.

ROSA, L. F. Franceschini da – "Jurisprudência e princípios gerais do direito no Direito Internacional", in *Solução e prevenção de litígios internacionais* (org. por Araminta de Azevedo Mercadante e José Carlos de Magalhães), S. Paulo, Necin/Capes, 1998, pp. 151-174.

SÁHICA, L. C. e outros – *El Tribunal de Justicia del Acuerdo de Cartagena*, B. Aires, Intal/BID, 1985.

SANTOS, M. Amaral – *Primeiras Linhas de Direito Processual Civil*, S. Paulo, Max Limonad, 1967.

SORTO, Fredys O. – *América Central: relações internas e externas* (dissertação de mestrado – Fac. Direito USP), S. Paulo, 1990, pp. 91 e ss.

TORNAGHI, H.B. – *Instituições de Processo Penal*, S. Paulo, Saraiva, 1977, 2ª ed., v. 1º.

TUNKIN, G. e outros – *Curso de Derecho Internacional* (trad. de Frederico Pita), Moscou, Edit. Progresso, 1972, 2 vs.

# As Convenções de Viena sobre Direito dos Tratados: Solução de Controvérsias

**Neil Montgomery**

*Advogado em São Paulo.*
*Mestrando em Direito Internacional (USP)*

1. Introdução – 2. A Convenção de Viena de 1969 – 3. Uma Breve Análise das Organizações Internacionais; 3.1. Características das organizações internacionais; 3.2. Surgimento das organizações internacionais; 3.3. Consolidação do entendimento da organização internacional como sujeito de direito internacional público – 4. Tipos de Tratado Celebrados por Organizações Internacionais; 4.1. Tratados concluídos por organizações internacionais dentro de sua esfera de competência e como pessoa jurídica distinta de seus Estados-membros; 4.1.1. Tratados celebrados por organizações internacionais com outras organizações internacionais; 4.1.1.1. Tratados de coordenação e cooperação; 4.1.1.2. Tratados de sucessão entre organizações internacionais; 4.1.2. Tratados celebrados entre organizações internacionais e Estados; 4.1.2.1. Acordos de sede; 4.1.2.2. Acordos de gestão; 4.1.2.2.1. Acordos de assistência técnica; 4.1.2.2.2. Acordos "opex"; 4.1.2.2.3. Acordos de controle da AIEA. 4.1.2.3. Acordos de empréstimo; 4.1.2.4. Acordos de manutenção da paz; 4.1.2.5. Convenções sobre privilégios e imunidades; 4.1.2.6. Mandatos e acordos de tutela; 4.2. Tratados celebrados por organizações internacionais substituindo seus Estados-membros nas relações com terceiros Estados – 5. A Convenção de Viena de 1986 – 6. Considerações finais – 7. Bibliografia

## 1. Introdução

Dentre as principais fontes do Direito Internacional Público arroladas no § 1º do art. 38 do Estatuto da Corte Internacional de Justiça (CIJ), principal órgão judiciário da Organização das Nações Unidas (ONU ou Nações Unidas), com sede na cidade holandesa de Haia, merecem destaque os tratados internacionais.

**101**

Na conceituação de José Francisco Rezek, tratado internacional *"é todo acordo formal concluído entre sujeitos de direito internacional público, e destinado a produzir efeitos jurídicos"*[1]. Este conceito, porém, é extremamente amplo, conforme veremos mais adiante, não correspondendo à atual realidade do direito internacional. Usaremos, portanto, para fins deste artigo, a definição adotada pelo art. 2º da Convenção de Viena sobre Direito dos Tratados celebrados entre Estados e Organizações Internacionais ou entre Organizações Internacionais, firmada em 21 de março de 1986 (a Convenção de Viena de 1986), artigo este que ampliou o conceito de tratado internacional contido no art. 2º da Convenção de Viena sobre Direito dos Tratados, assinada em 23 de maio de 1969 (a Convenção de Viena de 1969), qual seja:

*"Art. 2º*
*Expressões Empregadas.*

*1. Para os fins da presente Convenção:*

*(a)   "tratado" significa um acordo internacional regido pelo direito internacional e celebrado por escrito:*

*(i) entre um ou mais Estados e uma ou mais organizações internacionais; ou*
*(ii) entre organizações internacionais,*

*quer conste de um instrumento único, quer de dois ou mais instrumentos conexos, qualquer que seja sua denominação particular."*

Depreende-se da definição supra que os seguintes requisitos devem ser cumpridos para que um instrumento possa ser considerado um tratado internacional:

(i)   que se trate de um instrumento formal regido pelo direito internacional, estando excluídos, assim, acordos que sejam regulados pelo direito interno de uma das partes, como no caso de um acordo relativo à compra por um Estado de um prédio em outro Estado para a instalação da embaixada daquele, regido pelo direito interno deste. Ademais, é preciso que o instrumento produza efeitos jurídicos ou crie direitos e obrigações para as partes, isto é, que se trate de ato jurídico formal vinculante;

---

[1] REZEK, José Francisco. *Direito Internacional Público – Curso Elementar*, 4ª ed., São Paulo: Saraiva, 1994, p. 14.

(ii) que tenha sido celebrado por escrito, estando excluídos, assim, acordos verbais entre as partes, acordos verbais estes, no entanto, que não perdem sua validade jurídica, em virtude do disposto no art. 3º das Convenções de Viena de 1969 e 1986;

(iii) que tenha sido firmado por Estados soberanos ou por organizações governamentais internacionais[2] com poderes para celebrar tratados internacionais, estando excluídos, portanto, outros sujeitos de direito internacional. Efetivamente, embora existam outras pessoas internacionais (como o indivíduo[3]), apenas os Estados, as organizações internacionais e a Santa Sé (que, por razões históricas, é comparada a um Estado e tem capacidade para celebrar tratados internacionais denominados "concordatas"), no atual estágio de desenvolvimento do direito internacional público, possuem *treaty making power*.

Note-se, ainda, que um tratado internacional pode estar representado por um ou mais instrumentos conexos (como, por exemplo, a Convenção das Nações Unidas sobre o Direito do Mar, firmada em Montego Bay, na Jamaica, em 10 de dezembro de 1982) e pode receber diversas denominações (tratado, convenção, carta, ato, estatuto, protocolo etc.), sem, contudo, perder sua natureza de tratado internacional.

Os tratados internacionais como os conhecemos hoje têm sido celebrados desde o surgimento do Estado moderno, inicialmente, na forma de tratados bilaterais, e a partir da segunda metade do século XIX, na forma também de tratados multilaterais, tendo as formalidades a eles referentes, quanto à sua elaboração, celebração, ratificação e término, sido regidas, por muito tempo, por uma série de regras costumeiras que marcaram o direito internacional clássico.

Tendo em vista a máxima importância dos tratados no direito internacional contemporâneo, em detrimento do costume internacional e em decorrência do inciso "a" do § 1º do art. 13 da Carta das Nações Unidas[4], a Comissão de Direito Internacional (CDI), órgão da ONU, em sua primeira sessão em 1949,

---

[2.] Convenção de Viena de 1986, art. 2º, (i).

[3.] Em sua decisão proferida em 22 de julho de 1952, no caso *Anglo-Iranian Oil Co.*, entre o Reino Unido e o Irã, a CIJ decidiu que não tinha competência para julgar o conflito surgido em virtude do inadimplemento de contrato de concessão firmado entre o governo do Irã e a empresa britânica Anglo-Iranian Oil Co. em 1933, haja vista que o acordo entre um governo (Estado) e uma pessoa (física ou jurídica) estrangeira não pode ser considerado um tratado internacional.

[4.] Dispõe o inciso "a" do § 1º da Carta das Nações Unidas:
"Art. 13.
§ 1º A Assembléia-Geral iniciará estudos e fará recomendações destinados a:
a) promover cooperação internacional no terreno político e incentivar o desenvolvimento progressivo do direito internacional e sua codificação."

decidiu incluir o tema do direito dos tratados no elenco de matérias de direito internacional a serem codificadas. Embora os trabalhos relativos à codificação tenham começado imediatamente, foi apenas em 1966 que a CDI apresentou à Assembléia Geral da ONU seu "Projeto de Artigos sobre Direito dos Tratados", no qual recomendava a realização de uma conferência internacional para a elaboração de uma convenção sobre a matéria.

Tal conferência realizou-se em Viena nas primaveras de 1968 e 1969 e culminou com a assinatura da Convenção de Viena de 1969, que entraria em vigor internacionalmente em 27 de janeiro de 1980. Haja vista que a Convenção de Viena de 1969 excluiu de seu âmbito de aplicação os instrumentos firmados entre Estados e organizações internacionais e entre organizações internacionais, a CDI prosseguiu em seus trabalhos de codificação e, em 1982, apresentou seu "Projeto de Artigos" relativo ao direito dos tratados firmados também por organizações internacionais.

Como ocorrera anteriormente, a Assembléia Geral da ONU convocou uma conferência internacional que se realizou na primavera de 1986, também na cidade de Viena, ao término da qual foi firmada a Convenção de Viena de 1986. Esta convenção, entretanto, ainda não entrou em vigor na esfera internacional. Mister se faz observar, contudo, que embora o Brasil, à semelhança de outros Estados, tenha assinado ambas as convenções, ainda não ratificou nenhuma delas. Neste tocante, entretanto, salienta João Grandino Rodas que *"...pela ampla maioria chegada por ocasião de sua adoção* [referindo-se à Convenção de Viena de 1969], *bem como pelo maciço apoio a seu texto, no interregno entre a adoção e a entrada em vigor, tem-se como assente que entre os Estados que ainda não a ratificaram, a mesma vigora enquanto expressão do Direito costumeiro..."*[5].

Estas convenções constituem um marco importante no desenvolvimento do direito internacional, mesmo não tendo abordado assuntos de grande relevância relacionados à matéria como, por exemplo, os efeitos da guerra sobre os tratados e a responsabilidade internacional de Estados e organizações internacionais pelo inadimplemento de suas obrigações convencionais, uma vez que estabelecem as principais regras concernentes a tratados internacionais, instrumentos indispensáveis para o bom andamento das relações internacionais entre Estados e organizações internacionais, pois como sustentam Richard Kearney e Robert Dalton, *"o tratado permanecerá como o cimento que une a comunidade internacional"*[6]. Dentre esse corpo de regras estão previstos diversos mecanismos de solução de controvérsias, pois, à semelhança dos contratos internacionais (com

---

[5] RODAS, João Grandino. *Tratados Internacionais*, São Paulo: RT, 1991, p. 10.

[6] KEARNEY, Richard D. e DALTON, Robert E. "The Treaty on Treaties", in: *American Journal of International Law*, v. 64, n. 3, julho 1970, p. 495.

os quais, porém, os tratados internacionais não se confundem), dos tratados também podem surgir litígios entre as partes contratantes.

São esses mecanismos de solução de controvérsias que analisaremos neste artigo, começando por aqueles previstos na Convenção de Viena de 1969.

## 2. A Convenção de Viena de 1969

Conforme anteriormente mencionado, os 110 Estados participantes das conferências de Viena de 1968 e 1969 tomaram, como base para as discussões, o Projeto de Artigos elaborado pela CDI, a qual, ao preparar referido projeto, teve como objetivo traçar, ainda que de modo extremamente amplo, as regras básicas pertinentes ao direito dos tratados entre Estados, haja vista a diversidade dos sistemas jurídicos mundiais.

Uma dessas regras básicas é que o tratado internacional, como todo ato jurídico, tem sua validade e vigência sujeitas a certos requisitos materiais e formais. A inobservância de tais requisitos vicia o tratado, podendo o mesmo, conseqüentemente, ser considerado nulo, ser anulado, rescindido ou suspenso. A esse respeito, a Parte V da Convenção de Viena de 1969 trata da nulidade, extinção e suspensão da aplicação de tratados internacionais, cabendo salientar que, nos termos da convenção, um tratado só pode ser contestado com base nas disposições da mesma.

Desde o início das conferências, a CDI afirmou que a regra geral no tocante ao curso normal de tratados internacionais seria sua validade plena e sua vigência contínua, constituindo uma exceção, portanto, qualquer reivindicação feita por seus signatários contra os mesmos. Ocorre que, mesmo sendo as alegações de nulidade, rescisão e suspensão exceções à regra geral, era preciso que a convenção contivesse um conjunto de regras adequado para que tais alegações referentes a um tratado internacional fossem eventualmente feitas por uma parte, regras adequadas essas que o Projeto de Artigos da CDI não continha. Tais regras garantiriam a segurança e a estabilidade do sistema convencional e coibiriam possíveis abusos e arbitrariedades por parte de signatários de tratados. Ademais, vários dos participantes, em especial os Estados Unidos, exigiam que mecanismos eficientes de solução de controvérsias fossem previstos pela convenção, uma vez que tais alegações poderiam originar graves litígios entre as partes contratantes. Desta forma, a questão sobre solução de controvérsias tornou-se o tema fulcral da conferência.

O procedimento inicialmente proposto pela CDI para que um Estado pudesse apresentar suas alegações com o fim de desvincular-se de um tratado internacional em virtude de um dos motivos previstos na Parte V, envolvia que o Estado primeiro notificasse as demais partes de sua reivindicação, de seus motivos e

**105**

das medidas que pretendia tomar em relação ao tratado. Caso não fossem apresentadas, no prazo de três meses, quaisquer objeções à reivindicação do Estado notificante, o mesmo poderia proceder da maneira como havia pretendido. No entanto, se alguma objeção fosse feita por qualquer das partes, uma solução para o litígio deveria ser encontrada pelas partes nos termos do art. 33 da Carta das Nações Unidas. Ocorre que, referido artigo apenas estabelece que as partes em uma controvérsia devam resolvê-la de forma pacífica, por negociação, inquérito, mediação, conciliação, arbitragem, solução judicial, recurso a entidades ou acordos regionais ou por qualquer outro meio pacífico de sua escolha. A falha da proposta da CDI resta no fato de que o procedimento por ela apresentado não prevê o que aconteceria se uma parte, por exemplo, apresentasse um pedido de retirar-se de um tratado, e assim procedesse, caso não chegasse a um acordo com as outras partes quanto à forma de solução pacífica de controvérsias a ser adotada ou se, havendo chegado a um acordo quanto à referida forma, o meio escolhido fora incapaz de solucionar o litígio.

Com o fim de corrigir as falhas do procedimento supra, os participantes da conferência entabularam longos debates para formular um sistema adequado para a apresentação de reivindicações e para a solução de controvérsias. Muitos obstáculos surgiram durante tais debates contra a incorporação de mecanismos eficientes de solução de controvérsias que, segundo um bloco de países ocidentais liderados pelos Estados Unidos, deveriam incluir meios imparciais e compulsórios, como a submissão do litígio à CIJ.

Em conferências internacionais anteriores, tentativas de submeter controvérsias surgidas das convenções firmadas ao término de tais conferências à CIJ haviam sido frustradas, já que as disposições sobre tal mecanismo de solução de controvérsias eram sempre incluídas em protocolos de adesão facultativa, anexos às convenções, o que fazia com que poucos Estados signatários da convenção também assinassem e ratificassem o referido protocolo.

Um segundo obstáculo foi a oposição do bloco socialista, liderado pela então União Soviética, e de Estados árabes e de alguns países asiáticos e africanos como a Índia, a Indonésia, o Quênia e a Tanzânia, contra a submissão de litígios a qualquer forma de solução imparcial de controvérsias, como a arbitragem e a solução judicial (CIJ). Tais países tentaram impedir que qualquer aperfeiçoamento ao Projeto de Artigos da CDI fosse aprovado.

Outro fator que acirrou a polêmica sobre a aceitação de meios imparciais de solução de controvérsias foi a decisão proferida em 1966 pela CIJ no caso do *Sudoeste Africano (Libéria e Etiópia x África do Sul)*[7], uma vez que a CIJ não foi capaz de decidir se a imposição do regime do *apartheid* pela África do Sul

---

[7.] [1966] ICJ Reports. 6.

no Sudoeste Africano, hoje Namíbia, violava as disposições do mandato que a África do Sul havia recebido da ONU, o que resultou no descrédito da CIJ perante a comunidade africana e mundial por não ser vista como uma instituição verdadeiramente imparcial.

Ademais, mesmo entre os Estados que pleiteavam a adoção de meios imparciais de solução de controvérsias, não havia um consenso sobre o melhor mecanismo a ser adotado. Efetivamente, países como o Japão, a Suíça e a Turquia eram favoráveis à idéia de que as controvérsias fossem submetidas à CIJ, enquanto outros como a Suécia, a Tunísia e o Peru eram favoráveis à arbitragem, e, ainda, outros tantos países que preferiam que eventuais litígios fossem submetidos a um procedimento conciliatório.

No que diz respeito à posição do Brasil, relata G. E. do Nascimento e Silva, chefe da delegação brasileira à Conferência de Viena, que nosso país *"... sendo contrário à adoção de uma solução compulsória geral, era e sempre havia sido favorável à solução arbitral em casos específicos, tanto assim que as suas principais pendências de fronteiras foram submetidas à arbitragem e que ainda em 1969 importante problema relativo ao café merecera solução arbitral"*[8].

Os debates duraram 4 dias[9], ao final dos quais foram aprovados os arts. 65 e 66, respectivamente, acerca do procedimento relativo à nulidade, à extinção, à retirada ou à suspensão da execução de um tratado e dos procedimentos de solução judiciária de arbitragem e de conciliação, combinando elementos da proposta inicial da CDI e do bloco dos países ocidentais. Passaremos agora a analisar ambos os artigos.

Nos termos do art. 65 (c/c o art. 67), uma parte que, de acordo com a Convenção de Viena de 1969, invocar um vício do seu consentimento em obrigar-se por um tratado ou uma causa para impugnar sua validade, dá-lo por extinto, retirar-se dele ou suspender sua execução, deve notificar, por escrito, sua pretensão às outras partes. Acrescenta, outrossim, que a notificação deve indicar a medida que se pretende tomar e suas razões.

Feita a notificação, caso nenhuma parte formule objeções, no prazo de três meses contados do recebimento da notificação, salvo em caso de extrema urgência, a parte notificante poderá tomar a medida proposta. É mister salientar que o ato que declarar a nulidade, a extinção, a retirada ou a suspensão da execução do tratado, deve ser consignado num instrumento comunicado às outras

---

[8]. SILVA, G. E. do Nascimento e. *Conferência de Viena sobre Direito dos Tratados*, Ministério das Relações Exteriores, 1971, p. 83.

[9]. Para mais detalhes sobre os debates realizados, favor referir-se a KEARNEY, Richard D. e DALTON, Robert E., "The Treaty on Treaties", in: *American Journal of International Law*, v. 64, julho de 1970, n. 3, pp. 545 e ss.

partes. Referido instrumento poderá ser assinado pelo chefe de Estado, chefe de governo, ministro de Relações Exteriores ou por outro representante do Estado munido de plenos poderes.

Entretanto, caso pelo menos uma das partes notificadas tenha formulado uma objeção, as partes em litígio deverão procurar uma solução pelos meios do já citado art. 33 da Carta das Nações Unidas. Até aqui o procedimento adotado é o mesmo que aquele previsto no "Projeto de Artigos" da CDI. A novidade vem prevista no art. 66, segundo a qual, caso nenhuma solução for alcançada, sob o art. 65, nos doze meses seguintes à data na qual a objeção foi formulada:

> (a) qualquer parte na controvérsia sobre a aplicação ou a interpretação dos arts. 53 ou 64 (referentes ao *ius cogens*) poderá, mediante pedido escrito, submetê-la à decisão da CIJ, salvo se as partes decidirem, de comum acordo, submeter a controvérsia à arbitragem; *ou*
> (b) qualquer parte na controvérsia sobre a aplicação ou a interpretação de qualquer dos artigos da Parte V da convenção (que não os arts. 53 ou 64) pode iniciar o processo de conciliação previsto no Anexo à Convenção de Viena de 1969, mediante pedido neste sentido ao Secretário-Geral das Nações Unidas.

Desta forma, a Convenção de Viena de 1969 permite que as partes em litígio por causa de um tratado internacional utilizem mecanismos imparciais de solução de controvérsias com a intervenção de terceiros. Passaremos a analisar as duas situações acima mencionadas.

A primeira situação diz respeito à polêmica questão do *ius cogens*. Segundo a definição de E. Suy, reproduzida na obra de Sir Ian Sinclair, o *ius cogens* é *"o corpo de normas gerais de direito cuja inobservância pode afetar a própria essência do sistema jurídico ao qual pertençam de tal maneira que não podem ser referidas normas derrogadas pelos sujeitos de direito em contratos particulares, sob pena de nulidade absoluta destes"*[10]. Em outras palavras, a noção de *ius cogens*, originalmente teorizada, conforme observado por José Francisco Rezek, por juristas alemães como Alfred Verdross e Friedrich von Heydte, nos anos que precederam a Segunda Guerra Mundial[11], faz com que os

---

[10.] A definição de E. Suy apresentada é uma tradução livre do seguinte extrato da obra *The Concept of Jus Cogens in International Law*, publicada por Suy em 1967, e reproduzida em SINCLAIR, Sir Ian. *The Vienna Convention on the Law of Treaties*, 2nd ed., Manchester: Manchester University Press, p. 203: *"...the body of those general rules of law whose non-observance may affect the very essence of the legal system to which they belong to such an extent that the subject of law may not, under pain of absolute nullity, depart from them in virtue of particular agreements."*

[11.] REZEK, José Francisco. Op. cit. pp. 119-120.

Estados tenham sua liberdade de concluir tratados internacionais limitada por certas normas imperativas de direito internacional. Saber quais são essas normas imperativas tem sido a árdua tarefa da doutrina, que tem identificado a proibição: do uso da força (salvo em situações de legítima defesa ou sob a autoridade de órgão competente das Nações Unidas ou de outra organização regional atuando em conformidade com seu ato constitutivo), do trabalho escravo e do genocídio como exemplos de tais normas. Não nos preocuparemos neste artigo, porém, de analisar o tema do *ius cogens* com maior profundidade, haja vista a extensa bibliografia existente sobre o assunto[12]. Limitaremo-nos, contudo, a mencionar que o art. 53 da Convenção de Viena de 1969 entende como norma de *ius cogens* (ou norma imperativa de direito internacional geral, na terminologia da convenção) aquela que é aceita e reconhecida pela comunidade internacional dos Estados no seu conjunto, como norma da qual nenhuma derrogação é permitida e que só pode ser modificada por nova norma de direito internacional geral da mesma natureza, acrescentando referido art. 54 que é nulo o tratado que, no momento de sua conclusão, conflite com uma norma imperativa de direito internacional geral. O já citado art. 64 apenas complementa o art. 54 ao estabelecer que qualquer tratado em vigor que conflite com norma imperativa de direito internacional geral superveniente à sua conclusão torna-se nulo e extingue-se.

Isto posto, caso a controvérsia em questão diga respeito à alegação de que determinado tratado internacional violou norma de *ius cogens*, poderão as partes em litígio submetê-lo à análise da CIJ, a qual, ao final do procedimento contencioso instaurado pelas partes (tendo elas aceito a jurisdição da CIJ), proferirá um acórdão com força vinculante. As partes poderão optar, também, pela arbitragem para solucionar a controvérsia.

No segundo caso, não estando a controvérsia relacionada aos arts. 53 e 64, mas aos demais artigos da Parte V da Convenção de Viena de 1969, poderá qualquer das partes em litígio submetê-lo, mediante pedido escrito ao Secretário-Geral das Nações Unidas, ao processo de conciliação previsto no Anexo à convenção. Os principais aspectos desse processo de conciliação são:

(a) Todo Estado-membro das Nações Unidas ou parte na Convenção de Viena de 1969 tem o direito de nomear dois juristas qualificados para serem conciliadores, os quais integrarão uma lista de conciliadores elaborada pelo Secretário-Geral da ONU.

(b) Quando um pedido é submetido ao Secretário-Geral da ONU nos termos do art. 66 da convenção, deve ele submeter a controvérsia a uma comissão de conciliação (cujas despesas serão arcadas pelas Nações Unidas), constituída da seguinte maneira:

---

[12.] Sugerimos a leitura, por exemplo, de SINCLAIR, Sir Ian. Op. cit. – Capítulo 7.

**109**

O Estado ou Estados que forem uma das partes no litígio nomeiam:
(i) um conciliador de nacionalidade desse Estado ou de um desses Estados escolhido ou não da lista de conciliadores que é elaborada pelo Secretário-Geral da ONU; e
(ii) um conciliador que não seja da nacionalidade desse Estado ou de um desses Estados, escolhido da lista acima mencionada.

Por sua vez, o Estado ou os Estados que constituírem a outra parte na controvérsia nomeiam dois conciliadores pelo mesmo processo.

Ato contínuo, os quatro conciliadores escolhidos pelas partes nomeiam, num prazo de sessenta dias da data da última nomeação (que não pode exceder o prazo de sessenta dias da data do recebimento do pedido pelo Secretário-Geral), um quinto conciliador da lista para ser o Presidente da comissão. Qualquer nomeação não for feita nos prazos previstos no Anexo será feita pelo Secretário-Geral.

(c) Estando constituída a comissão, determinará ela o procedimento a ser adotado. Suas recomendações e decisões são tomadas por maioria de votos.

(d) A comissão deve ouvir as partes envolvidas na controvérsia (e, mediante consentimento delas, outros Estados que sejam partes no tratado), examinar as pretensões e fazer propostas às partes a fim de ajudá-las a chegar a uma solução amigável.

(e) A comissão deve elaborar um relatório nos doze meses que se seguirem à sua constituição, que é depositado junto ao Secretário-Geral e comunicado às partes na controvérsia. Referido relatório, com todas as conclusões nele expressas quanto aos fatos e às questões de direito, não vincula as partes e não terá outro valor senão o de recomendações submetidas à consideração das partes, a fim de facilitar uma solução amigável da controvérsia.

A falha desse processo conciliatório reside no fato de que o relatório da comissão não vincula as partes, possibilitando, assim, que a controvérsia não seja efetivamente solucionada, ou seja, o mesmo problema com o qual se depararam os participantes da Conferência de Viena quando da apresentação do "Projeto de Artigos" pela CDI. A Convenção de Viena de 1969 não oferece qualquer remédio em caso do processo de conciliação falhar ou de as partes não seguirem as recomendações da comissão. Entretanto, como salienta Sir Ian Sinclair, *"... é razoável assumir que, muito embora o relatório da comissão de conciliação tenha um caráter formalmente recomendatório, um relatório favorável ao Estado que pleiteara a invalidade ou a rescisão de um tratado, justificaria "prima facie" que tal Estado procedesse da maneira como havia proposto, e que um relatório não favorável para esse Estado legitimaria o Estado que formulou a objeção a exigir a execução continuada do tratado."*[13] Seria preferível que a solução judicial ou a arbitragem, adotadas em caso de controvérsias relacionadas ao *ius cogens*, tivesse sido estendida às demais controvérsias. Infelizmente, o art. 66, por razões políticas, só conseguiu ser aprovado com a redação acima mencionada.

Tendo analisado os mecanismos de solução de controvérsias previstos na Convenção de Viena de 1969, passaremos a identificar aqueles estabelecidos pela Convenção de Viena de 1986. Antes disso, porém, com o intuito de melhor entender as particularidades dos mecanismos de solução de controvérsias envolvendo organizações internacionais, analisaremos as peculiaridades desses sujeitos de direito internacional, e, haja vista que a doutrina nacional é quase inexistente a respeito, identificaremos os diversos tipos de tratado internacional firmados por organizações internacionais.

## 3. UMA BREVE ANÁLISE SOBRE AS ORGANIZAÇÕES INTERNACIONAIS

A expressão "organização internacional" comporta dois sentidos. Em sentido amplo, refere-se a todas as associações e coletividades regidas pelo direito público ou pelo direito privado que atuam no plano internacional, incluindo-se, assim, tanto as organizações internacionais intergovernamentais (definidas a seguir), quanto as organizações internacionais não-governamentais (ONGs), que são associações civis sem fins lucrativos, regidas pelo direito privado interno e compostas por pessoas físicas e jurídicas. São exemplos de ONGs o *Greenpeace* e a Anistia Internacional. Embora as ONGs participem de forma ativa no cenário internacional, seja através da colaboração na confecção de tratados internacionais sobre assuntos como a proteção dos direitos fundamentais e do meio ambiente ou através da colaboração com organizações internacionais intergovernamentais como a Organização das Nações Unidas para a Educação, Ciência e Cultura (UNESCO) e o Conselho da Europa, seja através de iniciativas próprias em termos de assistência humanitária e defesa de interesses difusos, não são elas consideradas pessoas internacionais propriamente ditas, qualidade, esta, que só é concedida às organizações internacionais de caráter intergovernamental[14]. Em

---

[13] SINCLAIR, Sir Ian. Op. cit. p. 233. Tradução livre do seguinte extrato: *"...but it is not unreasonable to assume, despite the nominally recommendatory character of the conciliation commission's report, that a report favourable to the State having asserted a ground of invalidity or termination would "prima facie" justify that State in going ahead with the measure proposed, and that an unfavourable report would justify the objecting State claiming continued performance of the treaty."*

[14] No que diz respeito ao papel das ONGs no plano internacional, observa Ridruejo que *"no hay que subestimar en ningún caso la importancia del papel que desempeñan en el mundo contemporáneo las organizaciones*

sentido técnico, a expressão refere-se apenas às organizações compostas por Estados ou por outros sujeitos de direito internacional. Paul Reuter, um dos maiores especialistas sobre o assunto, define a organização internacional, neste sentido, como toda entidade composta exclusiva ou preponderantemente por Estados, capaz de manifestar, de maneira permanente, vontade jurídica distinta de seus membros, estando diretamente regida pelo direito internacional[15]. Desta definição podemos destacar as principais características das organizações internacionais.

### 3.1. Características das organizações internacionais

Em primeiro lugar, estas entidades são compostas preponderantemente por Estados, que, como vimos anteriormente, constituem os sujeitos de direito internacional por excelência. Assim, coletividades territoriais que não Estados, bem como outras organizações internacionais, podem ser admitidas como membros em organizações internacionais, ainda que, em certas situações, com direitos reduzidos em relação aos Estados. Principalmente as organizações internacionais de caráter técnico, como a União Internacional de Telecomunicações (UIT) e a União Postal Universal (UPU) (como veremos a seguir), possuem membros que não são Estados soberanos. Por sua vez, a Cruz Vermelha Internacional, idealizada pelo suíço Henri Dunant, é composta por Estados e pessoas. Alguns doutrinadores têm dado o nome de organizações internacionais mistas a essas entidades.

Um segundo traço característico das organizações internacionais é que elas são constituídas através de um ato internacional de caráter formal. Em sua grande maioria, esses atos internacionais são tratados ou convenções internacionais (ex: Carta das Nações Unidas; Tratado de Assunção e Protocolo de Ouro Preto – Mercado Comum do Sul (MERCOSUL)), mas podem ser também resoluções de outra organização internacional (como ocorreu no caso da Organização das Nações Unidas para o Desenvolvimento Industrial (ONUDI), que foi criada em 1965, pela Resolução 2089 XX da Assembléia Geral da ONU.

Os atos constitutivos das organizações internacionais circunscrevem a competência das mesmas, o que as distingue dos Estados, que possuem soberania plena. Assim, uma organização internacional só terá a competência que lhe for atribuída por seu ato constitutivo. Isto é importante para um estudo de direito

---

*no gubernamentales, dentro del marco amplio de los actores internacionales. Como ha dicho MERLE esas organizaciones constituyen 'la expresión de una solidaridad transnacional creciente en todos los ámbitos en que se ejerce la actividad no lucrativa de los particulares y de los grupos privados"* (RIDRUEJO, José A. Pastor. *Curso de Derecho Internacional Publico y Organizaciones Internacionales*, 5ª ed., Madri, Tecnos S.A., 1994, p. 690).

[15]. REUTER, Paul. *Institutions Internationales*, 8ª ed., Paris, PUF, 1975, pp. 234-235.

dos tratados celebrados por organizações internacionais na medida em que, em linhas gerais, como veremos mais adiante, uma organização internacional só poderá concluir e celebrar tratados internacionais que digam respeito ao seu campo de atuação. Observe-se, no entanto, que um tratado constitutivo de uma organização internacional pode atribuir-lhe competência não apenas de forma expressa, mas também de forma implícita. Estamos falando aqui da chamada *doutrina da competência implícita*, pela qual as organizações internacionais possuem as competências que lhes foram atribuídas pelo tratado constitutivo, bem como aquelas que sejam necessárias para o exercício das funções previstas nos tratados constitutivos. Essa doutrina originou-se na jurisprudência federal dos Estados Unidos da América e tem sido aceita pela jurisprudência internacional. Ela foi invocada, por exemplo, no parecer consultivo da CIJ proferido em 1949 no caso *Indenização por danos sofridos a serviço das Nações Unidas*[16] e ao qual voltaremos mais adiante. Outrossim, os tratados constitutivos das Comunidades Européias[17], expressamente prevêem tal doutrina, o que também ocorre na Convenção das Nações Unidas sobre o Direito do Mar, assinada em 10 de dezembro de 1982, em Montego Bay, na Jamaica, cujo § 2º de seu art. 157 estabelece:

> *"Art. 157 – NATUREZA E PRINCÍPIOS FUNDAMENTAIS DA AUTORIDADE*
> *1.* .....................................................
> *2. A Autoridade tem os poderes e as funções que lhe são expressamente conferidos pela presente Convenção. A Autoridade terá os poderes subsidiários, compatíveis com a presente Convenção que sejam implícitos e necessários ao exercício desses poderes e funções no que se refere à atividade na Área."*

Outrossim, possuem as organizações internacionais personalidade jurídica própria[18]. No plano internacional, essa personalidade decorre do *status* de sujeito de direito internacional e se traduz na capacidade de firmar tratados (a qual será estudada neste trabalho) e reclamar seus direitos nos foros internacionais, além da função de legação. No plano interno do país onde a organização mantém sua sede, sua personalidade a permite comprar e vender imóveis, bem como contratar funcionários. Em decorrência de sua personalidade internacional, possuem as

---

[16] [1949] ICJ Reports.
[17] Art. 235 do tratado constitutivo da Comunidade Econômica Européia; art. 95 do tratado constitutivo da Comunidade Européia do Carvão e do Aço.
[18] Como decorrência dessa personalidade, devem as organizações internacionais possuir um representante legal, quase sempre denominado Secretário-Geral ou Diretor-Geral.

**113**

organizações internacionais privilégios e imunidades que se projetam aos seus agentes.

Uma quarta característica das organizações internacionais diz respeito à sua permanência e sede, que as distinguem das meras conferências de Estados, já que asseguram sua própria continuidade. Para tanto, as organizações celebram tratados internacionais denominados *accords de siège* (ou acordos de sede) com o Estado onde pretendem estabelecer sua sede. Ademais, deve a organização internacional possuir uma estrutura composta por órgãos, cujas atribuições estão definidas em seu ato constitutivo. Via de regra, essas entidades possuem um órgão executivo no qual apenas alguns Estados estão representados, uma assembléia geral que admite a participação de todos os seus membros e um secretariado que cuida dos assuntos administrativos da organização.

Outra característica é que as decisões adotadas por esses órgãos, no âmbito das finalidades da organização, refletem uma vontade jurídica própria, distinta de seus membros.

Finalmente, as organizações internacionais possuem competência legislativa própria para atingirem seus objetivos. Seus atos normativos costumam assumir a forma de decisões, resoluções e regulamentos (de caráter obrigatório) ou de recomendações, deliberações e ditames (de caráter facultativo).

## 3.2. Surgimento das organizações internacionais

Do ponto de vista histórico, as organizações internacionais, ainda que rudimentares, surgiram na primeira metade do século XIX sob a forma de uniões administrativas. A primeira delas, a Comissão Internacional do Reno, nasceu em 1815, através do Tratado de Paris de 1814 e do Ato Geral de Viena de 1815. Em 1856, criou-se a Comissão do Danúbio. Ambas deveriam assegurar a liberdade de navegação nesses rios internacionais. Outras uniões administrativas se seguiram: a União Telegráfica Internacional (1865)[19], a União Geral dos Correios (1874)[20], a União para a Proteção da Propriedade Industrial (1883) etc. Um traço comum dessas entidades era que possuíam apenas dois órgãos: conferências periódicas dos representantes de seus membros e um *bureau* ou secretaria, que garantia sua permanência.

No campo político, tem-se sustentado que a Santa Aliança, formada pelos vencedores das Guerras Napoleônicas (Grã-Bretanha, Rússia, Áustria e Prússia), quando do Congresso de Viena de 1815, cujo tratado prescrevia a realização de conferências visando à manutenção da paz na Europa, seria um precedente fático das organizações internacionais de cunho político surgidas no século XX: a Sociedade das Nações (SDN) e a ONU.

---

[19] A União Telegráfica Internacional tornou-se mais tarde a atual União Internacional de Telecomunicações (UIT).
[20] Em 1878, a União Geral dos Correios passou a denominar-se União Postal Universal (UPU).

### 3.3. Consolidação do entendimento da organização internacional como sujeito de direito internacional público

Os tratados constitutivos de quase todas as organizações internacionais surgidas até a Segunda Guerra Mundial não continham cláusula expressa quanto à eventual personalidade jurídica das mesmas. Uma exceção era a Constituição da (Organização Interbacional do Trabalho) OIT, datada de 1919, cujo art. 39 determina que:

> *"A Organização Internacional do Trabalho deve possuir personalidade jurídica; ela tem, especialmente, capacidade (a) de contratar, (b) de adquirir bens móveis e imóveis, e de dispor desses bens, (c) de estar em juízo."*

Conseqüentemente, a qualidade dessas entidades surgidas no século XIX e início do século XX como organizações internacionais e sujeitos de direito internacional (dotadas de personalidade jurídica própria) demorou a ser reconhecida pela doutrina e jurisprudência internacionais. A questão só foi definitivamente resolvida através do já mencionado parecer consultivo proferido pela CIJ no caso *Indenização por danos sofridos a serviço das Nações Unidas.*

Em 17 de setembro de 1948, foram assassinados na Palestina o mediador das Nações Unidas – o sueco Conde Folke Bernardotte – e o Coronel André Sirot – chefe dos observadores franceses –, tendo sido feridos vários agentes da ONU. A ONU acabou por indenizar as vítimas ou seus sucessores. Para que ela obtivesse do governo responsável pelos acontecimentos uma indenização apropriada, a Assembléia Geral, mediante uma resolução datada de 3 de dezembro de 1948, solicitou um parecer consultivo à CIJ sobre as seguintes questões:

> *"I – Quando um agente das Nações Unidas sofre, no exercício de suas funções, em circunstâncias que comprometam a responsabilidade de um Estado, a ONU tem qualidade para apresentar contra o governo 'de jure' ou 'de facto' responsável uma reclamação a fim de obter a reparação dos danos causados (a) às Nações Unidas, (b) à vítima ou a seus sucessores? II – Em caso de resposta afirmativa sobre o ponto I-b, como a ação da ONU deve conciliar-se com os direitos que o Estado de que a vítima é nacional poderia ter?"*[21]

O parecer consultivo foi proferido pela CIJ em 11 de abril de 1949. Sua importância reside no fato de que, para responder à pergunta formulada pela Assembléia Geral, a Corte teve que, preliminarmente, definir se a ONU tinha

---

[21] REZEK, José Francisco. *Direito Internacional Público*, 4ª ed., São Paulo: Saraiva, 1994, pp. 271-272.

capacidade para apresentar uma reclamação internacional, ou seja, se ela possuía personalidade jurídica internacional. Ela conclui que, dado que num determinado sistema jurídico, os sujeitos de direito não são necessariamente idênticos entre si quanto à sua natureza ou à extensão de seus direitos, que sua natureza depende das necessidades da comunidade internacional, que a ONU surgiu como uma entidade com finalidades, órgãos e sede próprios e com vontade jurídica distinta de seus membros (todas características das organizações internacionais), a ONU:

> *"...é sujeito de Direito Internacional, que tem capacidade para ser titular de direitos e deveres internacional e pode prevaler-se de seus direitos mediante uma reclamação internacional."*

Assim, a Corte finalmente consagrou o entendimento de que organizações internacionais intergovernamentais, como a ONU, são verdadeiros sujeitos de direito internacional.

No campo convencional, o art. 82 da Convenção de Viena de 1986 estabelece que ela está aberta à assinatura de Estados e organizações internacionais, o que realmente consolidaria o entendimento de que ambos sujeitos de direito internacional teriam a mesma expressão no plano internacional. Ocorre que, no entanto, seu art. 85 dispõe que a convenção entrará em vigor trinta dias após a data do depósito do $35^{\circ}$ instrumento de ratificação de Estados signatários, relegando, portanto, as organizações internacionais a um segundo plano e retirando delas sua força política no campo internacional. Isso demonstra que ainda hoje, cinqüenta anos após o proferimento do clássico parecer consultivo da CIJ, as organizações internacionais são pessoas internacionais de "segunda categoria".

## 4. Tipos de Tratado Celebrados por Organizações Internacionais

Os tratados celebrados por organizações internacionais podem ser classificados, de acordo com a doutrina de Suzanne Bastid[22], em duas categorias, a saber:

(i) tratados celebrados por organizações internacionais dentro de sua esfera de competências e na qualidade de sujeitos de direito internacional com personalidade jurídica distinta de seus Estados-membros, categoria esta que pode ser, ainda, desdobrada em:

---

[22] BASTID, Suzanne. *Les Traités dans la Vie Internationale – Conclusion et Effets*, Paris, Economica, p. 225.

(a) tratados celebrados por organizações internacionais com outras organizações internacionais; e

(b) tratados celebrados entre organizações internacionais e Estados;

(ii) tratados celebrados por organizações internacionais substituindo seus Estados-membros em relações com terceiros Estados.

### 4.1. Tratados concluídos por organizações internacionais dentro de sua esfera de competência e como pessoa jurídica distinta de seus Estados-membros

**4.1.1.** Tratados celebrados por organizações internacionais com outras organizações internacionais

Dentre os tratados celebrados entre organizações internacionais podemos identificar os seguintes tipos de tratado:

(i) tratados de coordenação e cooperação; e

(ii) tratados de sucessão entre organizações internacionais.

4.1.1.1 Tratados de coordenação e cooperação

Este tipo de tratado foi muito utilizado entre os anos de 1946 e 1948 quando da organização do sistema de agências especializadas das Nações Unidas, em conformidade com os arts. 57 e 63 da Carta da ONU. Tais tratados regulavam o relacionamento entre a ONU e cada agência especializada, dispondo também sobre uma variedade de outros assuntos, como, por exemplo, o direito de a agência especializada, se for o caso, utilizar-se do procedimento de solicitação de pareceres consultivos à CIJ. Exemplo desse tipo de tratado é o acordo celebrado entre a UPU e a ONU em 4 de julho de 1947, que entrou em vigor em 1º de julho de 1948 e passou a reconhecer a UPU como agência especializada. Esse acordo foi complementado depois por um segundo, datado de 13 e 27 de julho de 1949 e que entrou em vigor em 22 de outubro desse mesmo ano. Ambos acordos regem as relações entre ambas organizações internacionais e encontram-se anexos à Constituição da UPU.

Outra espécie de tratado de cooperação também pode ser firmado por organizações internacionais para que uma delas possa utilizar-se de órgãos subsidiários criados por outra organização, como, por exemplo, os Tribunais

Administrativos da ONU e da OIT.

Há ainda tratados de cooperação que se enquadram no contexto da prestação de serviços de assistência técnica sob programas como o Programa das Nações Unidas para o Desenvolvimento (PNUD), em que os tratados regulam a participação das organizações internacionais, quase sempre agências especializadas, em tais programas.

### 4.1.1.2. Tratados de sucessão entre organizações internacionais

No que diz respeito à sucessão entre organizações internacionais, o que se tem verificado na prática é que no lugar dos Estados-membros da organização internacional prestes a ser sucedida reunirem-se com o intuito de extingui-la, a organização a ser sucedida e a organização sucessora celebram um tratado internacional regulando a sucessão, estabelecendo, com freqüência, a emissão de resoluções paralelas entre elas. Se compararmos essa operação ao nosso direito societário pátrio, estaríamos diante, nada mais nada menos, de uma incorporação de empresas, na qual a sucessora incorpora a sucedida.

O acima disposto pode ser verificado na sucessão da SDN pela ONU, quando a mesma foi negociada entre a Comissão preparatória da ONU e uma comissão especial da SDN. Dessa negociação resultaram várias resoluções emanadas da primeira sessão da Assembléia Geral da ONU e da última sessão da Assembléia Geral da SDN, que aprovaram um plano comum de liquidação da SDN e em relação às quais foram firmados uma série de acordos formais.

Uma questão jurídica que se apresenta é a de se saber se a validade de tais acordos não seria afetada pela extinção de uma das partes, de um dos sujeitos de direito internacional. A doutrina internacional tem entendido que essa validade não é maculada pela sucessão, uma vez que a mesma é o próprio objeto do acordo. É o que nos ensina Suzanne Bastid ao dispor que:

> *"Em geral, considera-se que as obrigações nascidas de tais acordos subsistem após a extinção da organização, uma vez que o tratado foi firmado em função da própria extinção."*[23]

### 4.1.2. Tratados celebrados entre organizações internacionais e Estados

Podemos identificar os seguintes tipos de tratado internacional celebrados entre organizações internacionais e Estados:

---

[23.] O trecho acima transcrito é uma tradução livre do seguinte extrato: *"En général, on a considéré que les obligations nées de ces accords subsistent après la disparition de l'organisation, car l'engagement a été pris en fonction de cette dispanition."* (BASTID, Suzanne. Op. cit. *p.* 227 )

(i)  acordos de sede;
(ii) acordos de gestão;
(iii) acordos de empréstimo;
(iv) acordos de manutenção da paz;
(v)  convenções sobre privilégios e imunidades;
(vi)  mandatos internacionais e acordos de tutela.

## 4.1.2.1. Acordos de sede

Já mencionamos anteriormente que a permanência das organizações internacionais – representada por sua sede – é elemento caracterizador de sua qualidade de sujeito de direito internacional. Assim, visto que as organizações internacionais não possuem uma base territorial como os Estados, precisam elas que um Estado faculte a instalação física de seus órgãos em algum ponto do território estatal. Para tanto, é preciso que a organização internacional firme um tratado com o respectivo Estado, tratado este que é comumente denominado acordo de sede. Cabe salientar que uma organização internacional pode ter mais de uma sede (a exemplo da ONU, que possui instalações em Nova York, Genebra, Viena e Haia, sendo esta última cidade a sede da CIJ), devendo ela celebrar um acordo de sede com cada Estado anfitrião.

Tais acordos de sede costumam impor ao Estado obrigações pertinentes não apenas aos privilégios assegurados à organização internacional, mas, ainda, àqueles que devem cobrir os representantes dos Estados-membros junto à organização.

Outrossim, é importante mencionar que a doutrina tem observado que a conclusão de um acordo de sede entre uma organização internacional e um Estado não membro da mesma implica o reconhecimento, ainda que de forma implícita, da personalidade jurídica da organização por esse Estado.

## 4.1.2.2  Acordos de gestão

Os acordos de gestão visam, em síntese, regular o exercício de certas atividades das organizações internacionais dentro do território de Estados, podendo ser distinguidas três espécies desse tipo de tratado, quais sejam:

(i)  acordos de assistência técnica;
(ii)  acordos "opex"; e
(iii)  acordos de controle da Agência Internacional de Energia Atômica (AIEA).

**119**

### 4.1.2.2.1. Acordos de assistência técnica

Acordos de assistência técnica, como o próprio nome indica, são tratados internacionais bilaterais concluídos entre organizações internacionais e Estados, pelos quais aquelas prestam tais serviços a este, em virtude das limitações estatais em determinados setores (tecnológicos, econômicos, sociais etc.). A partir da década de 1960, com a implantação do PNUD, grupos de agências especializadas passaram a fazer parte de tais acordos, os quais, ainda assim, são considerados tratados bilaterais e não convenções multilaterais, uma vez que uma das partes é complexa.

Os acordos de assistência técnica quase sempre englobam um acordo base e vários acordos complementares.

Cabe aqui observar que além das agências especializadas, acordos de assistência técnica também costumam ser concluídos entre Estados e órgãos subsidiários criados pela Assembléia Geral da ONU. É o caso, por exemplo, do Fundo das Nações Unidas para a Infância (UNICEF), o qual tem como função, entre outras atividades, fornecer bens aos Estados necessitados, bem como contribuir para o desenvolvimento de certos serviços nesses países.

### 4.1.2.2.2. Acordos "opex"

Mediante os chamados acordos "opex", uma organização internacional fornece pessoal administrativo a Estados carentes de tais pessoas, passando as mesmas a prestar serviços sob a autoridade do Estado.

Como observa Suzanne Bastid, tal sistema funciona em razão da seguinte base tripartite[24]:

Primeiro, conclui-se um acordo entre a organização internacional que fornecerá o pessoal e o Estado recipiente. Segundo, tal organização internacional celebra um acordo (que não pode ser considerado um tratado internacional) com a pessoa que vai prestar os serviços administrativos, o qual reger-se-á pelo direito interno da ONU. Terceiro, firma-se um outro acordo entre o Estado e o funcionário "opex", semelhante a um contrato de trabalho, que não é regido exclusivamente pelo direito interno do Estado recipiente, visto que o mesmo não prevê acesso aos tribunais locais em caso de litígio mas sim à arbitragem. É importante salientar, outrossim, que este terceiro acordo deve estar em conformidade com o tratado "opex" firmado entre a organização internacional e o Estado.

---

[24.] BASTID, Suzanne. Op. cit., p. 230.

### 4.1.2.2.3. Acordos de controle da AIEA

Há ainda um terceiro tipo de acordo de gestão, qual seja, aquele firmado pela AIEA com Estados fornecedores e beneficiadores de matérias fissíveis, para fins de controle da utilização pacífica da energia atômica, controle este que é da competência da AIEA. Tais acordos de controle regulam-se pelas regras-tipo baixadas pela AIEA, tendo sido os primeiros acordos firmados entre a AIEA e a Finlândia e a AIEA e a Áustria.

### 4.1.2.3. Acordos de empréstimo

Os acordos de empréstimo são concluídos entre Estados e organizações internacionais de natureza econômica, tais como o Banco Internacional para Reconstrução e Desenvolvimento (BIRD), o Fundo Monetário Internacional (FMI) e o Banco Interamericano de Desenvolvimento (BID). Embora tais acordos possuam características de tratados internacionais, uma vez que: (i) são celebrados por sujeitos de direito internacional com capacidade plena de concluírem tratados; (ii) regem-se pelo direito internacional; (iii) são registrados da mesma forma como são os tratados de maneira geral; (iv) em caso de litígio entre as partes contratantes os mesmos são submetidos à arbitragem, alguns internacionalistas como Suzanne Bastid hesitam em afirmar expressamente que tais acordos constituem tratados internacionais[25].

### 4.1.2.4. Acordos de manutenção da paz

Os acordos de manutenção da paz celebrados entre as Nações Unidas e seus Estados-membros estão previstos pelo art. 43 da Carta da ONU, ao dispor que:

> *"Art. 43*
> *1. Todos os membros das Nações Unidas, a fim de contribuir para a manutenção da paz e da segurança internacionais se comprometem a proporcionar ao Conselho de Segurança, a seu pedido **e de conformidade com o acordo ou acordos especiais**, forças armadas, assistência e facilidades, inclusive direitos de passagem, necessários à manutenção da paz e da segurança internacionais.*
> *2. **Tal acordo ou tais acordos** determinarão o número e tipo das forças, seu grau de preparação e sua localização geral, bem como a*

---

[25.] BASTID, Suzanne. Op. cit., p. 231.

*natureza das facilidades e da assistência a serem proporcionadas.*
**3. O acordo ou acordos** *serão negociados o mais cedo possível, por iniciativa do Conselho de Segurança. Serão concluídos entre o Conselho de Segurança e membros da Organização ou entre o Conselho de Segurança e grupos de membros, e submetidos à ratificação, pelos Estados signatários, de conformidade com seus respectivos processos constitucionais.*" (negritos nossos)

Tais acordos para a manutenção da paz são de três tipos, quais sejam:
(i) acordo concluído com o Estado anfitrião, o qual consente com a presença militar em seu território;
(ii) acordos concluídos com os Estados participantes da força militar;
(iii) acordos conexos regulando os mais diversos assuntos: logísticos, direito de sobrevôo, direito de passagem etc.

### 4.1.2.5. Convenções sobre privilégios e imunidades

A fim de assegurarem a realização de seus objetivos, as organizações internacionais concluem tratados bilaterais ou convenções multilaterais com seus Estados-membros relativas aos privilégios e imunidades das mesmas. É o caso das Nações Unidas, que em 1946 firmou a Convenção sobre Privilégios e Imunidades da ONU, com fundamento no art. 105 de sua Carta[26].

### 4.1.2.6. Mandatos e acordos de tutela

Visto que os mandatos internacionais e os acordos de tutela outrora concluídos, respectivamente, pela SDN e pela ONU, não estão mais em vigor, limitaremo-nos tão somente a mencioná-los para fins de complementação do presente artigo, salientando, porém, que os mesmos não adotavam a forma tradicional de tratados internacionais.

---

[26.] Estabelece o art. 105 da Carta da ONU que:
"*Artigo 105.*
*1. A Organização gozará, no território de cada um de seus membros, dos privilégios e imunidades necessários à realização de seus propósitos.*
*2. Os representantes dos membros das Nações Unidas e os funcionários da Organização gozarão, igualmente, dos privilégios e imunidades necessários ao exercício independente de suas funções relacionadas com a Organização.*
*3. A Assembléia-Geral poderá fazer recomendações com o fim de determinar os pormenores da aplicação dos §§ 1º e 2º deste artigo ou poderá propor aos membros das Nações Unidas convenções nesse sentido.*"

**122**

## 4.2. Tratados celebrados por organizações internacionais substituindo seus Estados-membros nas relações com terceiros Estados

Na década de 1950, surgiram as primeiras organizações internacionais de integração, as quais, associadas diretamente a processos de integração econômica, exercem poder de preeminência e de controle sobre os seus Estados-membros, os quais tendem a delegar parte de suas competências a órgãos de caráter supra-estatal, compostos por pessoas politicamente desvinculadas dos Estados que as nomearam, e se comprometem a se sujeitar às deliberações desses órgãos supra-estatais. A atual União Européia, denominada Comunidade Econômica Européia (CEE) antes da entrada em vigor do Tratado de Maastricht, é o melhor exemplo desse tipo de organização internacional.

Em acórdão proferido em 31 de março de 1971 pela Corte de Justiça das comunidades européias no caso do *Acordo europeu sobre transportes rodoviários*[27] , entendeu-se que a CEE dispunha do direito exclusivo de concluir tratados internacionais com terceiros Estados, substituindo seus Estados-membros, que contenham regras relativas a determinada política comum da comunidade.

Esta é uma tendência que com certeza presenciaremos mais constantemente no futuro diante do crescente aumento no número de organizações internacionais de integração.

## 5. A CONVENÇÃO DE VIENA DE 1986

Conforme mencionado anteriormente, a Conferência de Viena de 1969 recomendou que fosse elaborada uma convenção internacional sobre tratados celebrados entre Estados e organizações internacionais ou entre organizações internacionais, recomendação esta que acabou sendo aceita pela Assembléia Geral das Nações Unidas, através da Resolução 2501 (XXIV), de 12 de novembro de 1969. Em 1970, a CDI incluiu o assunto em seu programa de trabalho e nomeou o já citado professor francês Paul Reuter como relator especial. Entre 1974 e 1982, a CDI elaborou uma minuta de artigos, que serviu de base para a Conferência de Viena de 1986 que, em 21 de março de 1986, adotou a Convenção de Viena de 1986, por 67 votos a 1, com 23 abstenções. A convenção ainda não entrou em vigor na esfera internacional, uma vez que ainda não foi atingido o número mínimo de depósitos de instrumentos de ratificação para que ela entre em vigor.

---

[27.] Affaire 22/70.

Chegou-se a cogitar durante a conferência se de fato a hora era propícia para a elaboração de um tratado internacional (isto é, um instrumento jurídico vinculante) sobre o tema e se não seria preferível adotar a minuta de artigos preparada pela CDI na forma de mera orientação ou recomendação, uma vez que seria melhor examinar com maior atenção a experiência prática das organizações internacionais nesse campo, experiência essa extremamente variada face às inúmeras diferenças entre as organizações internacionais. Mesmo assim, a conferência acabou adotando a Convenção, que levou em consideração duas premissas de extrema importância: (i) que nunca antes no desenvolvimento do direito internacional dois instrumentos de codificação [as Convenções de Viena de 1969 e 1986] apresentaram uma relação tão próxima entre si e (ii) que nenhum dos instrumentos poderia representar um obstáculo ao desenvolvimento do direito das organizações internacionais em geral e ignorar as diferentes finalidades, poderes e *status* das diferentes organizações internacionais.

A conferência decidiu adotar uma redação quase idêntica àquela da Convenção de Viena de 1969, tendo sido feitas algumas alterações para adaptar o texto às especificidades das organizações internacionais como um todo. Entretanto, a conferência resistiu à tentação de melhorar a redação da Convenção de Viena de 1969, a fim de evitar pôr em dúvida a vigência dessa Convenção em relação à de 1986 no que diz respeito às disposições aplicáveis tanto aos Estados quanto às organizações internacionais. Outrossim, teve ela que adotar uma definição abrangente de organização internacional face à diversidade dessas entidades.

As disposições acerca dos mecanismos de solução de controvérsias contidas na Convenção de Viena de 1986 são semelhantes àquelas da Convenção de Viena de 1969. Entretanto, algumas novidades foram introduzidas em virtude das peculiaridades das organizações internacionais, o que faz com que tais mecanismos de solução de controvérsias representem uma das maiores contribuições da Convenção de Viena de 1986 para o desenvolvimento do direito internacional.

O procedimento para Estados e organizações internacionais formularem alegações de invalidade de tratados é idêntico àquele previsto pela Convenção de Viena de 1969, motivo pelo qual não nos deteremos em descrevê-lo. Semelhantemente, determina o § 3º do art. 65 da Convenção de Viena de 1986 que as partes em litígio surgido em virtude de tratado internacional (por exemplo, em relação à anulação, suspensão ou rescisão de um tratado) devem buscar uma solução para tal litígio através dos mecanismos previstos no art. 33 da Carta das Nações Unidas.

Caso as partes não consigam resolver o litígio nos termos do já mencionado § 3º do art. 65, num prazo de 12 meses, deverão elas engajar-se nos mecanismos de solução de controvérsias previstos no art. 66 da Convenção, os quais

**124**

passaremos agora a analisar.

Visto que tal art. 66 prevê várias alternativas de submissão da controvérsia em questão à CIJ, mister se faz descrevermos, ainda que de forma sintética, os procedimentos jurisdicionais que podem ser iniciados perante a mesma.

A CIJ possui duas espécies de competência: a *contenciosa* (regulada pelos arts. 34 a 64 do Estatuto da Corte) e a *consultiva* (regulada pelos arts. 65 a 68 de seu Estatuto e pelo art. 96 da Carta das Nações Unidas). Podem ser apontadas várias diferenças entre ambas as competências.

Em primeiro lugar, nos termos do § 1º do art. 34 do Estatuto da CIJ, apenas Estados podem ser partes em contenciosos perante a CIJ. Esta competência *ratione personae* tem sido a mesma desde a instalação de sua predecessora, a Corte Permanente de Justiça Internacional (CPJI), em 1922. Conforme o disposto no art. 36 de seu Estatuto, a competência contenciosa da CIJ abrange todas as questões que os Estatutos lhe submeterem, bem como todos os assuntos especialmente previstos na Carta das Nações Unidas ou em tratados interna-cionais em vigor. Conseqüentemente, outros sujeitos de direito internacional público, principalmente as organizações internacionais, não podem ser partes em nenhum assunto contencioso perante a CIJ. Em matéria contenciosa, as organizações internacionais apenas podem prestar informações à CIJ, nos termos de seu Regulamento. Ademais, nos termos do § 3º do art. 34 do Estatuto, sempre que no julgamento de uma questão for discutida a interpretação do instrumento constitutivo de uma organização intergovernamental ou de uma convenção internacional adotada em virtude do mesmo, o escrivão da CIJ dará conhecimento disso à organização internacional interessada e encaminhar-lhe-á cópias de todo o expediente escrito. Às organizações internacionais cabe apenas solicitar pareceres consultivos à CIJ sobre qualquer questão jurídica. Mas não são todas as organizações internacionais que gozam dessa capacidade. O art. 65 do Estatuto estabelece que apenas os órgãos da ONU e as organizações internacionais devidamente autorizadas, nos termos da Carta, podem solicitar tais pareceres consultivos à CIJ. O § 1º do art. 96 da Carta autoriza, em primeiro lugar, a Assembléia Geral e o Conselho de Segurança, ambos órgãos da ONU, a formular tais solicitações. Por sua vez, o § 2º desse mesmo artigo permite que outros órgãos da ONU, bem como as agências especializadas da ONU devidamente autorizadas pela Assembléia Geral, solicitem pareceres consultivos à CIJ sobre questões jurídicas surgidas dentro da esfera de suas atividades. Ou seja, nem todos os órgãos da ONU, nem todas as organizações internacionais podem solicitar pareceres consultivos à CIJ. No presente momento, os seguintes órgãos e agências especializadas da ONU possuem autorização para solicitar tais pareceres:

> **Órgãos da ONU e organizações internacionais autorizadas a solicitar pareceres consultivos à CIJ**
>
> **<u>Órgãos da ONU</u>**
>
> – Assembléia Geral
> – Conselho de Segurança
> – Conselho Econômico e Social
> – Conselho de Tutela
> – Comissão Interina da Assembléia Geral
> – Comitê de Petições de Revisão das Decisões do Tribunal Administrativo
>
> **<u>Organizações internacionais</u>**
>
> – Organização Internacional do Trabalho (OIT)
> – Organização para a Alimentação e a Agricultura (FAO)
> – Organização das Nações Unidas para a Educação, a Ciência e a Cultura (UNESCO)
> – Organização Mundial da Saúde (OMS)
> – Banco Internacional para a Reconstrução e o Desenvolvimento (BIRD)
> – Corporação Financeira Internacional (CFI)
> – Associação Internacional de Desenvolvimento (AIF)
> – Fundo Monetário Internacional (FMI)
> – Organização da Aviação Civil Internacional (OACI)
> – União Internacional de Telecomunicações (UIT)
> – Organização Meteorológica Mundial (OMM)
> – Organização Marítima Internacional (OMI)
> – Organização Mundial da Propriedade Intelectual (OMPI)
> – Fundo Internacional de Desenvolvimento Agrícola (FIDA)
> – Organização das Nações Unidas para o Desenvolvimento Industrial (ONUDI)

A competência contenciosa também difere da consultiva em razão dos atos proferidos ao final de cada procedimento e do efeito vinculante dos mesmos. Assim, enquanto em assuntos contenciosos a CIJ profere um acórdão, de efeito vinculante entre as partes, o parecer consultivo proferido ao final do procedimento consultivo, via de regra, não possui efeito jurídico vinculante.

Essa regra geral, porém, comporta duas exceções nas quais os pareceres consultivos da CIJ possuem efeito vinculante, quais sejam: (i) no caso de revisão das decisões dos Tribunais Administrativos das Nações Unidas e da OIT; e (ii) no caso em que tratados internacionais, tais como a Convenção de Viena de 1986, atribuam efeito vinculante a pareceres consultivos solicitados por organizações internacionais em conflito. Vejamos, pois, o que dispõe a Convenção de Viena de 1986.

Estabelece o § 2º do art. 66 que se a controvérsia versar sobre a aplicação ou a interpretação dos arts. 53 e 64 da Convenção (que tratam de eventuais conflitos entre tratados internacionais e o *ius cogens* e a prevalência deste sobre aqueles), em primeiro lugar, se um Estado for parte no litígio com um ou mais Estados, poderá tal Estado, mediante pedido escrito, submeter a controvérsia à decisão da CIJ. Até aqui não há nenhuma novidade, uma vez que a Convenção de Viena de 1969 possui disposição semelhante. Ocorre que, nos termos do inciso "a" do referido parágrafo, caso um Estado estiver envolvido na controvérsia com uma ou mais organizações internacionais, poderá o Estado, através de um Estado-membro das Nações Unidas, se necessário, solicitar que a Assembléia Geral ou o Conselho de Segurança ou, quando for apropriado, o órgão competente de uma organização internacional que seja parte na controvérsia e que esteja devidamente autorizada a solicitar um parecer consultivo à CIJ, solicitar tal parecer consultivo (inciso "b"). Demais disso, caso as Nações Unidas ou outra organização internacional autorizada a solicitar pareceres consultivos à CIJ seja parte na controvérsia, poderá também essa organização solicitar um parecer consultivo à CIJ (inciso "c"). E, ainda, caso uma organização internacional parte na controvérsia não esteja autorizada a solicitar pareceres consultivos à CIJ, poderá ela fazê-lo através de um Estado-membro das Nações Unidas, o qual procederá em conformidade com o acima mencionado.

O importante é que o inciso "e" do § 2º, conforme anteriormente mencionado, atribui efeito jurídico vinculante a tais pareceres consultivos solicitados à CIJ. De certa forma, dispositivos como este tentam contornar o impedimento legal constante do Estatuto da CIJ de que apenas Estados podem obter decisões (com efeito vinculante) da CIJ, impedimento este que tem sido veementemente criticado com bastante freqüência, inclusive pelos próprios juízes da CIJ, tais como o juiz H. E. Mohammed Bedjaoui, que, em 11 de outubro de 1995, na qualidade de Presidente da CIJ, proferiu um discurso crítico perante a Assembléia Geral das Nações Unidas, do qual extraímos o seguinte trecho:

> *"A competência 'ratione personae' da Corte tem permanecido estática desde 1922. A Corte está aberta aos Estados. Nos dias de hoje, haja vista o crescimento das organizações intergovernamentais, é importante que elas tenham acesso ao procedimento contencioso.*
>
> *Os Estados, sujeitos tradicionalmente identificados como componentes 'primários' ou 'necessários' da ordem jurídica internacional,*

**127**

*não são, na realidade, os únicos atores nas relações internacionais, ou os únicos interlocutores em relação à manutenção da paz. A via internacional nos mostra todos os dias que, neste nível, maior atenção deveria ser dada a outras entidades, principalmente as organizações internacionais. O acesso ao procedimento contencioso da Corte, atualmente reservado apenas aos Estados, pode, portanto, ser considerado muito restrito.*

*(...)*

*Entre os remédios encontrados para suprir tais falhas, verificamos a inclusão em determinados tratados de cláusulas 'ad hoc' estabelecendo que, em casos de litígio entre uma organização internacional e um Estado, tal organização poderá solicitar um parecer consultivo da Corte, o qual, pelo acordo das partes, terá efeitos vinculantes. A técnica denominada 'parecer consultivo compulsório' – cujo nome ressalta sua singularidade – é, porém, uma solução provisória, que não pode ser vista como um substituto para o total acesso ao procedimento contencioso da Corte por organizações com personalidade jurídica internacional."*[28]

Cabe salientar, contudo, que se a CIJ não der seu parecer consultivo, poderá qualquer das partes, mediante notificação por escrito à(s) outra(s) parte(s), submeter a controvérsia à arbitragem, cujo procedimento está previsto no Anexo à Convenção de Viena de 1986, procedimento este que não estava previsto no

---

[28.] O trecho acima transcrito é uma tradução livre do seguinte extrato do referido discurso, proferido originalmente em inglês:

*"The Court's jurisdiction 'ratione personae' has remained frozen as it were since 1922. The Court is open to States. Today, when inter-governmental organizations have grown up, it is important to give them access to [the] contentious procedure.*
*States, subjects traditionally described as 'primary' or 'necessary' components of the international legal order, are, in reality, no longer the only players in international relations, or the only interlocutors where peacekeeping is concerned. International life shows us every single day that, at this level, greater account must be taken of other entities, notably, the international organizations. Access to the Court's contentious procedure, currently reserved for States alone, may therefore now seem too narrow.*
*(...)*
*Among the remedies found for these shortcomings has been the incorporation, into certain treaties, of 'ad hoc' clauses laying down that, in the event of a dispute between the international organization and the States specified therein, that organization will request the Court for an advisory opinion, which the two parties agree will have a 'decisive' or 'binding' effect. The technique referred to as that of 'compulsory advisory opinion' – whose very name underlines its singularity – is, however, no more than a stopgag, which cannot be a substitute for full access by organizations with international legal personality to the contentious procedure of the Court."*

**128**

Anexo à Convenção de Viena de 1969. Tal procedimento arbitral, nos termos do § 3º do art. 66, também será instaurado, em lugar dos procedimentos previstos no § 2º, se todas as partes envolvidas no litígio assim concordarem.

Por último, é mister mencionar que em conflitos que não digam respeito à violações do *ius cogens* cometidas por tratados internacionais firmados por Estados e organizações internacionais ou somente por organizações internacionais, as partes em litígio poderão solucioná-lo através do procedimento conciliatório também previsto no Anexo à Convenção.

Os principais aspectos dos procedimentos arbitral e conciliatório previstos no Anexo à Convenção de Viena de 1986 são:

(a) Todo Estado-membro das Nações Unidas ou parte na Convenção de Viena de 1986 tem o direito de nomear dois juristas qualificados para serem árbitros ou conciliadores, conforme for o caso, os quais integrarão uma lista de árbitros e conciliadores elaborada pelo Secretário-Geral da ONU e transmitida por este ao Presidente da CIJ. O mandato de cada jurista será de 5 anos.

(b) Quando uma notificação é feita nos termos dos §§ 2º ou 3º do art. 66 da Convenção (relativamente a normas imperativas de direito internacional geral, ou *ius cogens*), o Secretário-Geral da ONU deverá submeter a controvérsia em questão a um tribunal arbitral. Se, no entanto, uma notificação é feita nos termos do § 4º do referido artigo (relativamente aos demais artigos da Parte V da Convenção), deverá o Secretário-Geral submeter o litígio a uma comissão de conciliação (cujas despesas serão arcadas pelas Nações Unidas). Tanto o tribunal arbitral quanto a comissão de conciliação serão constituídos da seguinte maneira:

Os Estados ou as organizações internacionais ou, conforme for o caso, os Estados e as organizações internacionais que forem uma das partes no litígio nomeiam, de comum acordo:

(i) um árbitro ou, conforme for o caso, um conciliador, escolhido ou não da lista de juristas elaborada pelo Secretário-Geral da ONU; e

(ii) um árbitro ou, conforme for o caso, um conciliador escolhido da lista e que não seja da nacionalidade de qualquer dos Estados ou nomeado por qualquer das organizações que seja parte na controvérsia, desde que um litígio entre duas organizações internacionais não seja analisada por um nacional e um e o mesmo Estado.

**129**

Por sua vez, os Estados, as organizações internacionais ou, conforme for o caso, os Estados e as organizações que forem a outra parte no litígio nomeiam dois árbitros ou, conforme for o caso, dois conciliadores da mesma maneira.

Ato contínuo, os quatro árbitros ou, conforme for o caso, os quatro conciliadores escolhidos pelas partes nomeiam, num prazo de sessenta dias da data da última nomeação (que não pode execeder o prazo de sessenta dias da data do recebimento do pedido pelo Secretário-Geral), escolhem um quinto árbitro ou, conforme for o caso, um quinto conciliador da lista para ser o Presidente da comissão. Qualquer nomeação não feita nos prazos previstos no Anexo será feita pelo Secretário-Geral. Caso as Nações Unidas forem parte na controvérsia ou forem incluídas em uma das partes na controvérsia, o Secretário-Geral transmitirá o pedido de fazer tal nomeação ao Presidente da CIJ, o qual exercerá as funções daquele.

(c) Estando constituído o tribunal arbitral, que terá suas despesas arcadas pela ONU, salvo por objeção de qualquer das partes, determinará ele o procedimento a ser adotado, assegurando-se às partes o direito de serem ouvidas e de apresentarem seus argumentos. Suas decisões são tomadas por maioria de votos.

Caso qualquer das partes não se apresente ao tribunal ou deixe de expor seus argumentos, a outra parte poderá solicitar ao tribunal que continue o processo e profira o laudo arbitral. Entretanto, é mister que o tribunal, antes de proferir seu laudo, esteja satisfeito de que não apenas possui competência sobre a controvérsia mas também que as alegações estão devidamente fundadas, factual e legalmente.

O laudo arbitral, que não comporta recurso e deve ser cumprido pelas partes, estará confinado à matéria objeto da controvérsia e deverá mencionar as razões nas quais está baseada. Ademais, qualquer dos membros do tribunal poderá anexar seu voto contrário em apartado.

(d) Estando constituída a comissão de conciliação, seu funcionamento é o mesmo daquele previsto no Anexo à Convenção de Viena de 1969, motivo pelo qual não nos preocuparemos em repetir a descrição do mesmo.

Embora a Convenção de Viena de 1986 represente um avanço no campo da solução de controvérsias, haja vista a adoção da técnica do "parecer consultivo compulsório" e do estabelecimento de um procedimento arbitral para litígios que digam respeito à aplicação do *ius cogens*, foi ela incapaz, no tocante ao procedimento conciliatório disponível para a solução de controvérsias surgidas por outros motivos que não a aplicação do *ius cogens*, de corrigir a grande falha da Convenção de Viena de 1969 anteriormente citada, qual seja, a falta de previsão das providências a serem adotadas pelas partes caso referido procedimento conciliatório não fosse capaz de solucionar o litígio. É de se salientar, também, que a Convenção de Viena de 1986 falhou em não fixar um prazo no qual o laudo arbitral devesse ser proferido. A esse respeito, caberia a seguinte interrogação: poderia ser aplicado, extensivamente, o prazo de doze meses previsto para o procedimento conciliatório?

## 6. CONSIDERAÇÕES FINAIS

As Convenções de Viena de 1969 e 1986 representam um marco importante no desenvolvimento do direito internacional, principalmente no que diz respeito à solução de controvérsias. Contudo, a comunidade internacional tem ainda diante de si um longo caminho a percorrer até chegar à implementação de mecanismos ideais de solução de controvérsias, através dos quais todos os litígios relacionados a tratados internacionais fossem submetidos à apreciação de órgãos jurisdicionais cujas decisões tivessem efeito vinculante para as partes, tanto Estados quanto organizações internacionais.

## 7. BIBLIOGRAFIA

BASTID, Suzanne, *Les Traités dans la Vie Internationale – Conclusion et Effets*, Paris: Economica.

HUSEK, Carlos Roberto, *Elementos de Direito Internacional Público*, São Paulo: Malheiros, 1995.

KEARNEY, Richard D. e DALTON, Robert E. "Treaty on Treaties", in: *American Journal of International Law*, v. 64, julho 1970, n. 3, pp. 495-561.

MELLO, Celso D. de Albuquerque, *Curso de Direito Internacional Público*, v. 1, 9ª ed., Rio de Janeiro, Renovar, 1992.

MONTGOMERY, Neil, "Competência Consultiva da Corte Internacional de Justiça", in: *Solução e Prevenção de Litígios Internacionais*, coordenado por Aramita de Azevedo Mercadante e José Carlos de Magalhães, NECIN – Projeto CAPES, São Paulo: Mania de Livro, 1998, pp. 175-194.

MORGENSTERN, Felice, "The Convention on the Law of Treaties between States and International Organizations and between International Organizations", in: *International Law at a Time of Perplexity – Essays in Honour of Shabtai Rosenne*, organizado por Yoram Dinstein, Dordrecht: Kluwer Academic Publishers, 1989, pp. 435-447.

MUGERVA, Peter James Nkamo, "Sujetos de Derecho Internacional", in: *Manual de Derecho Internacional Público*, organizado por Max Soerensen, 5ª ed., México: Fondo de Cultura Económica, 1994, pp. 260-313.

PARRY, Clive. "Derecho de los Tratados", in: *Manual de Derecho Internacional Público*, organizado por Max Soerensen, 5ª ed., México: Fondo de Cultura Económica, 1994, pp. 199-259.

RANGEL, Vicente Marotta, *Direito e Relações Internacionais,* 5ª ed., São Paulo: RT, 1997.

RODAS, João Grandino. *Tratados Internacionais,* São Paulo: RT, 1991.

SILVA, G. E. do Nascimento e. *Conferência de Viena sobre o Direito dos Tratados*, Brasil: Ministério das Relações Exteriores, 1971.

_____. "The 1969 and the 1986 Conventions on the Law of Treaties: A Comparison", in: *International Law at a Time of Perplexity – Essays in honour of Shabtai Rosenne*, Dordrecht: Kluwer Academic Publishers, 1989.

SINCLAIR, Sir Ian. *The Vienna Convention on the Law of Treaties*, 2ª ed., Manchester: Manchester University Press.

REUTER, Paul, *Institutions Internationales*, 8ª ed., Paris: PUF, 1975.

REZEK, José Francisco, *Direito Internacional Público – Curso Elementar*, 4ª ed., São Paulo: Saraiva, 1994.

RIDRUEJO, José A. Pastor, *Curso de Derecho Internacional Público y Organizaciones Internacionales*, 5ª ed., Madri: Tecnos S.A., 1994.

SEITENFUS, Ricardo, *Manual das Organizações Internacionais*, Porto Alegre: Livraria do Advogado, 1997.

# Novo Sistema de Segurança Coletiva?: ONU e OTAN

### Araminta de Azevedo Mercadante

*Professora do Departamento de Direito Internacional da Faculdade de Direito da USP; Coordenadora do Núcleo de Estudos sobre Controvérsias Internacionais (NECIN) – CAPES.*

### Rafaela Lacôrte Vitale Pimenta

*Doutoranda em Direito Internacional (USP); Bolsista do Fundo Ryoichi Sasakawa.*

1 . Noção de Solução e Prevenção de Controvérsias Internacionais – 2. ONU: A segurança coletiva – 3. ONU: O monopólio da força – 4. ONU: As medidas coercitivas – 5. ONU: Acordos Regionais – 6. A Organização do Tratado do Atlântico Norte; 6.1. Antecedentes históricos específicos; 6.1.1. A guerra fria; 6.1.2. A década de 80; 6.1.3. A queda do muro de Berlim; 6.2. A Natureza jurídica da OTAN; 6.3. A área geográfica da OTAN; 6.4. O Tratado do Atlântico Norte; 6.5. A Organização do Tratado do Atlântico Norte; 6.5.1. Elementos estruturais; 6.5.1.1. O Conselho do Atlântico Norte (CAN); 6.5.1.2. O Comitê de Planejamento de Defesa (CPD); 6.5.1.3. O Comitê de Planejamento Nuclear (CPN); 6.5.1.4. A Secretaria Geral; 6.5.1.5. A Equipe Internacional; 6.5.1.6. O Comitê Militar; 6.5.1.7. Estrutura Militar Integrada; 6.5.1.8. O Corpo Militar Internacional; 6.5.1.9. Direitoria de Recursos *Senior*; 6.5.1.10. O Conselho de Parceria Euro-Atlântico; 6.5.1.11. O Conselho Conjunto Permanente OTAN – Rússia; 6.6. A OTAN e a Organização de Segurança e Cooperação Européia; 6.7. O novo conceito estratégico da OTAN; 6.7.1. A Conferência de Londres, 1990: O Novo conceito estratégico; 6.7.2. A Conferência de Roma, 1991: O Conselho de Cooperação do Atlântico Norte; 6.7.3. A conferência de Bruxelas, 1994: Parceira para a Paz; 6.7.4. A Conferência de Madri, 1997: Revisão do conceito estratégico; 6.7.5. A Conferência de Washington, 1999: A Aliança do século 21; 7. Análise de caso: a crise em Kosovo.

Em linhas gerais, o presente estudo visa apontar a compatibilidade dos mecanismos de segurança coletiva previstos na Carta da ONU e o atual papel desempenhado pelo Tratado do Atlântico Norte (**OTAN**) ressaltando-se especialmente os aspectos jurídicos.

Várias questões podem ser colocadas quanto aos temas que estão a exigir uma reflexão dos estudiosos, neste final de milênio, algumas tentativas estão sendo feitas[1], porém, as principais indagações permanecem.

## 1. Noção de Solução e Prevenção de Controvérsias Internacionais

A denominação "**conflito**" ou "**controvérsia**" ou "**litígio internacional**" abrange "todo desacordo sobre questão de direito ou de fato", toda "contradição ou oposição de teses jurídicas ou de interesses entre dois Estados" (conceito deduzido pela CPJI em 1924 no caso Mavrommatis; em 1927, no caso Lotus; em 1962 no caso do Sudoeste africano, então pela CIJ)[2]. O direito internacional não estabelece distinções doutrinárias sobre a terminologia empregada, contudo, os termos podem ter significado preciso em tratados internacionais como a própria Carta da ONU e nos específicos, como o Tratado Interamericano de Assistência Recíproca, que se refere à "situação" ou "disputa entre Estados americanos" (art.18) ou Convenção para a Solução Pacífica de Conflitos Internacionais (Haia, 1907).

Segundo Vicente Marotta Rangel[3] "a Carta distingue duas modalidades de litígios: a "controvérsia" (*différend; dispute*) e a situação (*situation*). É o que se infere, entre outras, das cláusulas do cap. VI, sobre "Solução pacífica de controvérsias". Buscam asssentá-los os comentadores da Carta, uma vez que a distinção, imperfeita e difusa, figura apenas em um lanço das atas da Conferência; naquele, em que se assinala referir-se a palavra situação "a questões menos agudas que a palavra controvérsia". É o que realmente ocorre. Do enunciado do

---

[1] Uma breve bibliografia dos principais autores nacionais sobre a matéria pode ser indicada, a saber: Antonio de Aguiar PATRIOTA, com o excelente livro *O Conselho de Segurança após a Guerra do Golfo: A Articulação de um Novo Paradigma de Segurança Coletiva*, Brasília, Instituto Rio Branco, Fundação Alexandre de Gusmão, Centro de Estudos Estratégicos, 1998; Hermes Marcelo HUCK ao enfrentar a árdua tarefa de fazer "uma revisão sobre o uso da força em Direito Internacional", em sua obra *Da Guerra Justa à Guerra Econômica*, tese para o concurso de Professor Titular, FADUSP, São Paulo, 1995 e o trabalho fundamental de Vicente Marotta RANGEL, datado de 1954 intitulado *Do Conflito entre a Carta das Nações Unidas e os Demais Acordos Internacionais*, São Paulo, Oficinas Gráficas de Saraiva S.A.

[2] REZEK , J.F. *Direito Internacional Público*, São Paulo, Editora Saraiva, 1989, p. 337.

[3] RANGEL, Vicente Marotta. *Do Conflito entre a Carta das Nações Unidas e os demais Acordos Internacionais*, São Paulo, Oficinas Gráficas de Saraiva S.A., 1954, p. 91.

art. 34 da Carta, se deduz ser a situação "suscetível de provocar atritos entre as nações ou dar origem a uma controvérsia". A "situação" é , pois, fase preliminar de litígio, podendo ou não, ulteriormente, revestir forma de "controvérsia"; "perturbação da atmosfera internacional", sem que, todavia "dois ou mais governos tenham formulado uns em relação a outros pretensões precisas e contraditórias"; litígio de interesse de apenas uma nação, podendo ser considerado em si mesmo, "independente dos Estados mais diretamente interessados". Denota a controvérsia amadurecimento do litígio, de tal sorte que possibilita às partes formularem pedido e contestação "suficientemente precisos para permitirem o pronunciamento de uma Corte, ou de qualquer outro organismo instituído para fins de solução pacífica". A atitude dos governos interessados pode ser assimilada a de autores e réus, e impossível se torna abstrair, dos termos do litígio, a presença das partes. Acentuando o aspecto processual da diferença esclarece A. Salomon que, em sendo hipótese de "situação", deve ser intentada a ação, em nome dos interesses coletivos dos membros da entidade, e com base em normas generalizadas e abstratas; ao passo que, ao contrário, na hipótese de "controvérsia", ela visa a proteger o interesse particular pessoal de um Estado."

O termo "**conflito**", em sentido amplo, expressa a idéia de um desacordo sério e carregado de tensões, enquanto a palavra "**controvérsia**" designa a discussão de temas sujeitos a dúvidas e "**litígio**" indica desacordos deduzidos ante uma jurisdição, e afasta a imagem daquelas tantas outras desavenças que se resolvem em bases diplomáticas ou políticas, inclusive, aquelas que importam confrontação armada.

Os arts. 1º, 12, 34, 35 e 36 da Carta referem-se a controvérsias (disputas) ou situações, sem distinguir ou indicar qualquer distinção entre aquelas e estas. Noutros artigos, só a palavra controvérsia (ou disputa) é empregada. Para Hildebrando Accioly[4] parece claro que a distinção usada na Carta distingue *controvérsia* ou *disputa* entre partes, isto é, trata-se de uma divergência, de um litígio entre Estados. A *situação* é diferente, pode ser definida como sendo um estado de coisas, um conjunto de circunstâncias favorável a atritos entre Estados, ou suscetível de provocar conflitos entre Estados, ou, ainda, denunciador da existência de conflito latente entre Estados ou de divergências internacionais acentuadas, mas ainda não transformadas em *disputas* ou *controvérsias*. Como afirmado anteriormente, o direito internacional geral não distingue os termos conflitos, litígios, disputas, controvérsias, situações que vão depender do tratado internacional onde são inseridos.

---

[4] ACCIOLY, Hildebrando. *Tratado de Direito Internacional Público*, Rio de Janeiro, 2ª ed., tomo II, Oficinas de Serviço Gráfico do I.B.G.E., 1956, pp. 58 e 59.

## 2. ONU: A Segurança Coletiva

A Organização das Nações Unidas tem como objetivos principais a manutenção da paz e segurança internacionais que podem ser alcançadas através dos mecanismos de segurança coletiva e de solução pacífica de controvérsias. Nesse sentido, a Carta da ONU contém várias disposições entre as quais se salientam, ao lado da manifestação do intento de "preservar do flagelo da guerra as futuras gerações" (preâmbulo), a declaração dos propósitos de suprimir atos de agressão e de adotar medidas coletivas eficazes para esse fim (art. 1º, alínea 2), bem como a afirmação dos princípios da obrigatoriedade da solução pacífica de controvérsias (art. 2º, alínea 3) e da abstenção do recurso à ameaça ou uso da força, contra a integridade territorial e a independência política de qualquer Estado, ou a qualquer ação contrária às finalidades das Nações Unidas (art. 2º, alínea 4), mas nenhum dispositivo da Carta autoriza as Nações Unidas a intervirem em assuntos que dependam essencialmente da jurisdição de qualquer Estado; este princípio não prejudicará a aplicação das medidas coercitivas constantes do Capítulo VII.

No que tange à prevenção da guerra e segurança coletiva[5], a prioridade é garantir a segurança internacional mediante meios pacíficos de soluções de controvérsias. A interdição do recurso à força constitui um modo de outorgar primazia aos meios pacíficos de solução de controvérsias e uma garantia de sua eficácia, porém, será uma utopia se não for acompanhada no plano institucional de meios destinados a reprimir o recurso à força e a assegurar, em nome e no lugar dos Estados, privados de seu poder de coerção unilateral, o respeito ao direito. Ademais, os mecanismos da responsabilidade internacional para assegurar certas violações do direito *a posteriori* é aleatória e insuficiente. A conciliação da soberania estatal e do princípio de segurança internacional exigem um verdadeiro poder executivo internacional e os Estados não estão preparados para a assunção de tal compromisso, o que introduz um desequilíbrio nos mecanismos de segurança coletiva, previstos na Carta da ONU, para assegurar o respeito aos princípios e propósitos nela contidos.

Em vez de instituir a função executiva em sua plenitude, os Estados, após duas guerras mundiais, preocuparam-se com o que lhes pareceu imperioso, *a segurança coletiva* e limitaram-se a conferir aos órgãos das organizações internacionais a função e os poderes para assegurar a eficácia, não do direito em geral, mas da regra da interdição do emprego da força; o direito e a paz deveriam ser salvaguardados pela mesma ação coletiva. Face a um conflito de

---

[5.] DINH, Quoc Nguyen, DAILLIER, Patrick et Alain PELLET. *Droit International Public* , 5ª édition, Paris, L.G.D.J. , 1994, p. 924.

interesses, a preocupação fundamental é a manutenção da paz e não da justiça. A ONU preferiu dar um sentido restrito ao "interesse comum" dos Estados. Essa visão estreita justifica a reticência dos Estados quanto ao emprego dos procedimentos de segurança coletiva e impede um clima político favorável para a negociação progressiva com vistas ao desarmamento, condição para a utilização sistemática dos meios coletivos (incluindo os militares) contra Estados que violassem os direitos dos demais e a garantia da eficácia desses meios.

Como aponta Antonio de Aguiar Patriota[6], "o problema da coexistência da segurança coletiva postulada em termos universais com acordos de segurança territorialmente circunscritos permanece relevante até hoje e se situa no cerne das diferentes interpretações dadas ao termo "segurança coletiva". Dentre as definições apresentadas pelo autor, retém-se aquela que designa a expressão segurança coletiva "como a garantia da integridade territorial e da independência de cada Estado por todos os Estados, com base em um acordo prévio sobre o *status* a ser defendido, aceitação dos riscos envolvidos nesse esforço e poder suficiente para lidar com qualquer combinação de Estados que venham a desafiar o sistema".

Conforme Nguyen Quoc Dinh[7], os negociadores da Carta das Nações Unidas não consideraram que os postulados da Sociedade das Nações fossem responsáveis pelo seu fracasso, mas atribuíram as conseqüências deles derivadas ao caráter inacabado do Pacto. Tanto assim que a idéia de segurança coletiva foi retomada para constituir um progresso em relação ao sistema tradicional das alianças políticas e militares, ou seja, a segurança coletiva não consiste mais em uma coalizão *a priori* de certos Estados que adotam uma filosofia comum contra outros, nem de alianças fluidas e pragmáticas. A segurança

---

[6.] PATRIOTA, Antonio de Aguiar. *O Conselho de Segurança após a Guerra do Golfo: A Articulação de um Novo Paradigma de Segurança Coletiva,* Brasília, Instituto Rio Branco, FAG, CEE, pp. 14, 15, 16.
Henry Kissinger, citado pelo autor, distingue Aliança e Segurança Coletiva, nos seguintes termos: *alliances in which America participated (such as NATO) were generally described as instruments of collective security. This is not, however, how the term was originally conceived, for in their essence, the concepts of collective security and of alliances are diametrically opposed. Traditional alliances were directed against specific threats and defined precise obligations for specific groups of countries linked by shared national interests or mutual security concerns. Collective security defines no particular threat, guarantees no individual nation, and discriminates against none. It is theoretically designed to resist any threat to the peace, by whomever might pose it and against whomever it might be directed. Alliances always presume a specific potential adversary; collective security defends international law in the abstract, which it seeks to sustain in much the same way that a judicial system upholds a domestic criminal code. In an alliance the casus belli is an attack on the interests of the security of its members. The casus belli of collective security is the violation of the principle of "peaceful settlement of disputes" in which all peoples of the world are assumed to have a common interest. Therefore, force has to be assembled on a case by basis from a shifting group of nations with a mutual interest in "peacekeeping"* (in KISSINGER, Henry, *Diplomacy*, New York: Simon & Schuster, 1994, p. 247.
[7.] DINH, Nguyen Quoc, DAILLIER, Patrick, Pellet ALAIN. *Droit International Public*, Paris, L.G.D.J., 5ª edition, pp. 926 e 927.

coletiva passa a ser o compromisso aceito por cada membro das Nações Unidas de tomar decisão coletiva, contra o Estado considerado culpado de um ato de agressão ou de ameaça a paz. Todavia, como é sabido, a instituição do veto impede o funcionamento efetivo do sistema e da aplicação de medidas coercitivas ou, mais precisamente, do emprego da força armada contra a agressão.

A problemática da *segurança coletiva* foi abordada por Kelsen[8] ao referir-se à autodefesa e segurança coletiva. Para o autor, onde prevalece o princípio da autodefesa, a ordem jurídica pode facultar ou obrigar os sujeitos que não sejam vítimas imediatas do ato ilícito a ajudar a vítima em sua reação jurídica contra o ato ilícito, na execução da sanção. Contudo, o princípio da autodefesa está eliminado se a ordem jurídica reserva a execução da sanção, ou seja, o monopólio da força, a um órgão especial da comunidade centralizada. Se os membros da comunidade jurídica estão obrigados – e não somente autorizados – a ajudar a vítima de um delito em sua legítima reação contra o agressor, isto é, na execução da sanção, ou se a sanção está reservada a um órgão especial da comunidade, fala-se de segurança coletiva. Há duas etapas no desenvolvimento da segurança coletiva: a primeira, está caracterizada pelo fato de ainda prevalecer o princípio da autodefesa, pois os membros da comunidade estão juridicamente obrigados a ajudar a vítima de um ato ilícito, especialmente a vítima do uso ilegal da força, em sua reação jurídica contra este ato ilícito, ou seja, na execução da sanção; a segunda, está caracterizada pelo fato de que a execução da sanção está reservada a um órgão central da comunidade, o que significa que está estabelecido um monopólio centralizado da força dessa comunidade.

Comenta Kelsen: é lógico que a segurança coletiva é mais efetiva se o monopólio da força da comunidade está centralizado do que descentralizado. O efeito óbvio do controle descentralizado da força consiste no fato de que não existe autoridade competente, distinta e independente das partes interessadas, para determinar no caso concreto se um ato ilícito foi cometido. Em conseqüência, se não há acordo entre as partes sobre esta questão, permanece a dúvida se o ato coercitivo executado como reação contra um pretenso ato ilícito é uma sanção ou um ato ilícito. Outro defeito de um monopólio descentralizado da força é de que o indivíduo ou grupo de indivíduos facultados pelo direito para levar a cabo uma sanção não é tão poderoso quanto o transgressor e a sanção não pode ser executada com êxito. Pelo exposto, o conceito de direito contém a prerrogativa de exigir da ordem coercitiva que estabeleça um mínimo de centralização mediante a instituição de tribunais e organismos executivos. Sob esse enfoque, não existe direito se prevalecer o princípio da autodefesa, donde se pressupõe como requisito

---

[8.] KELSEN, Hans. *Principios de Derecho Internacional Público*, traducció por Hugo Caminos y Ernesto C. Hermida, Buenos Aires, Libreria "El Ateneo", 1965, pp. 13 e 14.

**138**

prévio do direito o estabelecimento de um sistema relativamente centralizado de segurança coletiva.

O autor contesta a argumentação acima referida – que considera o estabelecimento de um sistema relativamente centralizado de segurança coletiva como requisito prévio do direito – ao assinalar que uma ordem social é considerada como direito mesmo que estabeleça unicamente o monopólio descentralizado da força da comunidade constituída por essa ordem social, e mesmo que prevaleça o princípio da autodefesa. O direito do Estado, o mais centralizado da ordem coercitiva, não elimina o princípio da autodefesa preservado na instituição da legítima defesa. A legítima defesa é espécie de autodefesa que se traduz no emprego lícito da força por um indivíduo contra o uso ilegal da força por outro indivíduo. No exercício da legítima defesa o indivíduo está autorizado pelo direito a empregar a força contra o agressor ilegal. Sob uma ordem jurídica que não centralize o emprego da força, o direito de legítima defesa está implícito no princípio de autodefesa e sob uma ordem jurídica que estabeleça o monopólio centralizado da força, a legítima defesa é o mínimo de autodefesa indispensável dentro de tal sistema jurídico.

As dificuldades de uma política de segurança coletiva decorrem do sistema adotado pela Carta da ONU, ao exigir um entendimento entre os membros permanentes do Conselho de Segurança para manter a paz. A Carta não dispõe sobre quem é competente para decidir se o Conselho de Segurança tomou as medidas necessárias para o restabelecimento da paz, provavelmente a intenção dos redatores da Carta terá sido a de deixar o julgamento de semelhante caso ao critério exclusivo do próprio Conselho. A prática das Nações Unidas, no decurso dos últimos cinqüenta anos, pode ser ilustrada com o emprego de sanções nela previstas, de caráter episódico – Coréia e Congo, casos de intervenção sob a égide do Conselho de Segurança; África do Sul e Rodésia do Sul foram objeto de sanções – e sem abranger todas as situações que colocam em risco a ameaça à paz e segurança internacionais. Nota-se no estudo dos casos acima mencionados a "capacidade de improvisação" do Conselho de Segurança, e de seu *modus operandi*, que se autolegitima através de novas interpretações de suas funções e com a criação de novos precedentes.

Após a Guerra Fria e a Guerra do Golfo, a reunião de Cúpula do Conselho de Segurança em janeiro de 1992 aprovou uma Declaração final contendo um novo compromisso com o sistema de segurança coletiva previsto na Carta da ONU para lidar com ameaças à paz e reverter atos de agressão. Nessa ocasião foi solicitado ao Secretário Boutros-Boutros Ghali, um relatório sobre as ações da ONU nas áreas de diplomacia preventiva, estabelecimento da paz (*peacemaking*) e manutenção da paz (*peacekeeping*) que redundou em *"Uma Agenda para a Paz", de 17 de junho de 1992, seguido de uma "Agenda pour le Développement" de 6 de junho de 1994.* No Relatório Anual sobre a Atividade

**139**

da ONU, intitulado *Pour la Paix et le Développement* (New York, Nations Unies, 1994, número de venda: F.95.1.3, ISBN 92-1-100541-8) na qualidade de Secretário-Geral da ONU, Boutros-Boutros Ghali, no Capítulo IV deste, relata a ampliação da diplomacia preventiva e solução de controvérsias para a manutenção da paz em um mundo em evolução, bem como as atividades atuais no domínio da diplomacia preventiva, do restabelecimento e manutenção da paz e relata o que denominou "grandes operações polivalentes" como os casos da Ruanda, Somália, ex-Iugoslávia.

Conclui-se este item com as oportunas considerações tecidas por Antonio de Aguiar Patriota[9], nos seguintes termos: "A *noção de segurança coletiva universal* sobrevive há mais de três quartos de século. No entanto, um sistema previsível de operacionalização da segurança coletiva não chegou a ser instaurado, nem com base no Pacto da Liga das Nações nem para a aplicação do Capítulo VII da Carta da ONU. Quando a ação coletiva contra o Iraque foi autorizada pelo Conselho de Segurança com a aprovação dos cinco membros permanentes, abriram-se perspectivas que, a rigor, talvez nunca tivessem se apresentado antes, ou, quem sabe, tenham existido durante um breve interregno entre o fim da II Guerra Mundial e o esfriamento definitivo das relações entre Washington e Moscou ao findar a década de quarenta. No contexto da intensificação da atividade do Conselho de Segurança do período Pós-Guerra do Golfo, o Capítulo VII foi invocado um número maior de vezes do que nos cinqüenta anos anteriores, em um processo de experimentação virtualmente contínuo, que acarretou reinterpretações da Carta, tanto no que se refere aos objetivos da segurança coletiva como no tocante aos meios para garanti-la. A Somália, a ex-Iugoslávia, Ruanda, o Haiti, os países alvo de sanções foram, ou continuam sendo, palco de experiências com implicações para a teoria e prática da segurança coletiva que, embora não se tenham ainda cristalizado em uma doutrina ou em um conjunto de regras, vão articulando um paradigma novo pelos precedentes que estabelecem".

Prossegue o autor: "Essa articulação pode ser analisada a partir de dois eixos distintos: o dos fins e o dos meios. No primeiro eixo situar-se-iam as questões relacionadas aos objetivos das ações de segurança coletiva, no contexto das quais se sobressai o problema da ampliação do campo de aplicação do Capítulo VII para incluir situações de emergência humanitária e violações maciças de direitos humanos, ou para o combate ao terrorismo, à subversão da ordem democrática, à proliferação de armas de destruição de massa – na expressão de Stanley Hofman, a transformação da ameaça à paz e segurança internacional em um *all purpose parachute*. No eixo dos meios podem ser agrupadas as diferentes modalidades de *enforcement* que vêm sendo praticadas,

---

[9] Ob. cit., pp. 155 e 156.

**140**

como as da atribuição de mandatos coercitivos a operações de paz, ou do emprego de forças multinacionais ou alianças militares defensivas para a imposição de decisões do Conselho de Segurança. Também relevante para o debate sobre os meios são as trocas de idéias e as iniciativas em curso sobre o estabelecimento de *standby arrangements* e de Unidades de Estado-Maior de deslocamento rápido (*Rapidly Deployable Headquarters Unit*).

Acrescenta-se que na recente questão de Kosovo (abril, maio, junho de 1999), o bombardeamento feito contra a Iugoslávia pela OTAN realizou-se sem consulta prévia ao Conselho de Segurança e à margem da ONU. A OTAN invocou como motivo para atacar a Iugoslávia, as atrocidades cometidas pelo regime de Belgrado, como a limpeza étnica, propugnada pelo governo de Milosevic, sérvio, contra os kosovares de origem albanesa. Ora, em nome da ingerência humanitária, a OTAN não hesitou em transgredir normas internacionais como: intervenção armada em assuntos que dependem essencialmente da jurisdição interna do Estado; a atuação fora da área geográfica definida em seu tratado constitutivo; não solicitação de consulta prévia à ONU, deixando *à latere* todos os Estados-membros da ONU, não signatários do Pacto Regional. Ressalta-se ainda que o litígio envolve Estado estranho à entidade regional e nessa hipótese a competência não é mais desta, mas das Nações Unidas.

Pergunta-se se a crise de Kosovo não forneceu aos Estados Unidos da América uma ocasião de aplicar o novo conceito de estratégia formulado no âmbito da OTAN, em Washington, em 25 de abril de 1999, que amplia a competência da organização e estende sua influência na Europa, inclusive ao acolher três países da Europa do Leste (Polônia, República Checa e Hungria). Para William Branigin (in *International Herald Tribune*, 20 de maio de 1999, "What Good is NATO if America Intends to Go if Alone?"), a OTAN foi mantida em razão da influência política que ela proporciona aos Estados Unidos na Europa e porque ela bloqueia o desenvolvimento de uma estratégia européia rival daquela dos Estados Unidos.

Uma nova ordem internacional está sendo delineada, para alcançar a sua evolução faz-se necessário considerar tanto as decisões do Conselho de Segurança, como a ampliação das atribuições das organizações regionais e o perigo de fragmentação das Nações Unidas.

## 3. ONU: O MONOPÓLIO DA FORÇA

Kelsen[10] aborda o tema da *centralização do monopólio da força*, ao

---

[10.] KELSEN, Hans. *Principios de Derecho Internacional Público*, Buenos Aires, Libreria "El Ateneo", 1965, pp. 58 e ss.

comentar as disposições da Carta da ONU e tece considerações sobre a obrigação imposta aos Estados-membros de solucionarem suas controvérsias através de meios pacíficos e de se absterem em suas relações internacionais de qualquer forma do uso da força, incluindo tanto a guerra quanto as represálias.

A fundamentação legal da matéria pode ser assim discriminada: *Art. 2º*, inciso 3: "Todos os membros deverão resolver suas controvérsias internacionais por meios pacíficos, de modo que não sejam ameaçadas a paz, a segurança e a justiça internacionais". Esta disposição está especificada nos arts. 33 a 38 da Carta, Capítulo VI sobre Solução Pacífica de Controvérsias.

*Art. 2º*, inciso 4: "Todos os membros deverão evitar em suas relações internacionais a ameaça ou o uso da força contra a integridade territorial ou a independência política de qualquer Estado, ou qualquer outra ação incompatível com os Propósitos das Nações Unidas".

A segurança coletiva caracteriza-se pelo monopólio centralizado da força no âmbito da ONU. Conforme proclama o Preâmbulo "a força armada não será usada a não ser no interesse comum". Por sua vez, o artigo dispõe: 1º) "Os propósitos das Nações Unidas são: 1 – Manter a paz e a segurança internacionais e, para esse fim, tomar, coletivamente, medidas efetivas para evitar ameaças à paz e reprimir os atos de agressão ou qualquer ruptura da paz". Os Estados-membros estão obrigados a abster-se "do uso da força ou de qualquer outra ação incompatível com os Propósitos das Nações", qualquer emprego da força que não tenha caráter de medida coletiva está proibido pela Carta.

A Carta reserva o uso da força ao Conselho de Segurança, órgão central das Nações Unidas e no seu art. 24 outorga ao Conselho competência para exercer o monopólio da força ao dispor: "a fim de assegurar pronta e eficaz ação por parte das Nações Unidas, seus membros conferem ao Conselho de Segurança a principal responsabilidade na manutenção da paz e segurança internacionais e concordam em que, no cumprimento dos deveres impostos por essa responsabilidade, o Conselho de Segurança aja em nomes deles "e os Membros das Nações Unidas concordam em aceitar e executar as decisões do Conselho de Segurança, de acordo com a presente Carta (art. 25). O art. 2º, inciso 5, assinala "que todos os membros darão às Nações Unidas toda assistência em qualquer ação a que elas recorrrerem de acordo com a presente Carta e se absterão de dar auxílio a qualquer Estado contra o qual as Nações Unidas agirem de modo preventivo ou coercitivo".

O monopólio das Nações Unidas em matéria de segurança não é absoluto, pois o monopólio absoluto da segurança internacional pressupõe uma estrutura federal da sociedade dos Estados, ou seja, um estágio que a sociedade interna-cional não atingiu e que a Carta das Nações Unidas não conseguiu realizar, tanto assim, que o seu art. 51 constitui uma exceção ao sistema das Nações Unidas, pois permite aos Estados o recurso à força no caso de legítima defesa

**142**

individual ou coletiva, em conseqüência de um ataque armado. Essa exceção se explica pela impossibilidade de a ONU reagir imediatamente, sendo necessário deixar aos Estados a possibilidade de assegurar sua existência ameaçada. As disposições do art. 51 restringem o direito de legítima defesa para o caso de um ataque armado contra um membro das Nações Unidas e até o momento da intervenção do Conselho de Segurança e estende esse direito ao autorizar a legítima defesa coletiva, isto é, o direito dos membros de ajudar a outro membro objeto de um ataque armado.

O grave problema que se apresenta concerne à redação do art. 27, inciso 3, ao determinar que as decisões do Conselho de Segurança, em todos os assuntos que não envolvam questões processuais, serão tomadas pelo voto afirmativo de nove membros, inclusive os votos afirmativos de todos os membros permanentes, ficando estabelecido que, nas decisões previstas no Capítulo VI (sobre solução de controvérsias) e no inciso 3, do art. 52, aquele que for parte em uma controvérsia se absterá de votar. Todavia, o art. 39 da Carta, ao outorgar ao Conselho de Segurança a atribuição de adotar medidas coercitivas através de uma decisão que exige o voto afirmativo de todos os membros permanentes, pode levar à paralisia do Conselho de Segurança pelo veto, em outras palavras, uma ação coercitiva contra um Membro Permanente ou contra um Estado por ele protegido poderá não ser decidida em razão do veto.

Em razão do monopólio da força como atribuição da ONU, questiona-se a legalidade da Organização do Tratado do Atlântico Norte (OTAN), verdadeira aliança militar em princípio incompatível com um conceito de segurança coletiva global, cuja fundamentação legal baseou-se no art. 51 da Carta, ao admitir medidas de defesa individual ou coletiva, desde que preservadas as prerrogativas do Conselho de Segurança para manutenção ou restauração da paz.

O Tratado constitutivo da OTAN reconheceu explicitamente em seu art. 7º a responsabilidade primordial do Conselho de Segurança para a manutenção da paz e segurança internacionais e o seu art. 12 possibilita a revisão do Tratado, inclusive "o desenvolvimento de acordos tanto universais quanto regionais, desde que concluídos de conformidade com a Carta das Nações Unidas para a manutenção da paz e segurança internacionais". Decorridos cinqüenta anos, a OTAN não tende a evoluir no sentido de uma autolimitação de sua capacidade militar em benefício de tais acordos de segurança universais. O que se constata é a sua ampliação territorial, com a incorporação de novos membros da antiga esfera soviética e uma redefinição de sua competência e atribuições, com a assunção de funções de manutenção da paz que vão além dos objetivos de defesa contidos no seu Tratado constitutivo. A grande questão que permanece é qual seria o órgão

**143**

ou entidade competente para o controle da compatibilidade dos acordos regionais, no caso específico a OTAN, com a Carta da ONU[11].

## 4. ONU: As Medidas Coercitivas

A ação rápida e eficaz das Nações Unidas referida no art. 24 está especificada no Capítulo VII (arts. 39 a 50) sobre ação relativa a ameaças à paz, ruptura da paz e atos de agressão. Esta ação é uma medida coercitiva e só poderá ser tomada pelo Conselho de Segurança com a condição de que exista ameaça à paz, ruptura da paz ou ato de agressão. A existência desse fato deve ser determinada pelo Conselho de Segurança que poderá fazer recomendações apropriadas ou tomar as medidas especificadas nos arts. 41 e 42 para manter ou restabelecer a paz e a segurança internacionais. O art. 39 estipula que o Conselho de Segurança decidirá que medidas deverão ser tomadas de acordo com os arts. 41 e 42. Antes de tomar as medidas mencionadas, o Conselho de Segurança poderá "convidar as partes interessadas a que aceitem as medidas provisórias que lhe pareçam necessárias ou aconselháveis. Tais medidas provisórias não prejudicarão os direitos ou pretensões, nem a situação das partes interessadas. O Conselho de Segurança tomará devida nota do não-cumprimento dessas medidas".

As medidas coercitivas a serem tomadas pelo Conselho podem ser de duas categorias: medidas coercitivas que não impliquem o uso da força armada e medidas coercitivas que impliquem o uso da força armada. As *medidas coercitivas que não impliquem o uso da força armada* têm o caráter técnico de represálias e estão determinadas no art. 41: "O Conselho de Segurança decidirá sobre as medidas que, sem envolver o emprego de forças armadas, deverão ser tomadas para tornar efetivas suas decisões e poderá convidar os membros das Nações Unidas a aplicarem tais medidas. Estas poderão incluir a interrupção completa ou parcial das relações econômicas, dos meios de comunicação ferroviários, marítimos, aéreos, postais, telegráficos, radiofônicos, ou de outra qualquer espécie, e o rompimento das relações diplomáticas".

*As medidas coercitivas que impliquem o uso da força armada têm tecnicamente o caráter de guerra*, a esse respeito o art. 42 dispõe: "No caso de o Conselho de Segurança considerar que as medidas previstas no art. 41 seriam

---

[11]. DINH, Nguyen Quoc, ob. cit. p. 792. *"Les modes de règlement pacifique propres aux organisations internationales ne trouvent pas à s'appliquer seulement aux différends interétatiques, où ils sont en concurrence avec les techniques plus traditionnelles. Ils ont un champ d'application exclusif, constitué par les litiges résultant de l'existence des organisations elles-mêmes: règlement des conflits de juridiction entre organisations universelles, ou entre organisations universelles et régionales. Règlement des conflits de compétence entre organes d'une organisation, conflits qui ne trovent pas toujours une solution simple dans le principe hiérarchique".*

ou demonstraram que são inadequadas, poderá levar a efeito, por meio de forças aéreas, navais ou terrestres, a ação que julgar necessária para manter ou restabelecer a paz e a segurança internacionais. Tal ação poderá compreender demonstrações, bloqueios e outras operações, por parte das forças aéreas, navais ou terrestres dos membros das Nações Unidas".

De acordo com a intenção da Carta as medidas que impliquem o emprego da força armada só deverão ser tomadas se as demais medidas forem inadequadas. Uma classe especial de medida coercitiva militar está regida pelo art. 45: "A fim de habilitar as Nações Unidas a tomar medidas militares urgentes, os membros das Nações deverão manter, imediatamente utilizáveis, contingentes das forças aéreas nacionais para a execução combinada de uma ação coercitiva internacional. A potência e o grau de preparação desses contingentes, bem como os planos de ação combinada serão determinados pelo Conselho de Segurança com a assistência da Comissão de Estado-Maior, dentro dos limites estabelecidos no acordo ou acordos especiais a que se refere o art. 43".

O difícil problema de colocar as forças armadas necessárias à disposição do Conselho de Segurança foi resolvido pelo art. 43: "1 – Todos os membros das Nações Unidas a fim de contribuir para a manutenção da paz e da segurança internacionais se comprometem a proporcionar ao Conselho de Segurança, a seu pedido e de conformidade com o acordo ou acordos especiais, forças armadas, assistência e facilidades, inclusive direitos de passagem, necessários à manutenção da paz e segurança internacionais. 2 – Tal acordo ou tais acordos determinarão o número e tipo de forças, seu grau de preparação e sua localização geral, bem como a natureza das facilidades e da assistência a ser proporcionadas. 3 – O acordo ou acordos serão negociados o mais cedo possível, por iniciativa do Conselho de Segurança. Serão concluídos entre o Conselho de Segurança e membros da Organização ou entre o Conselho de Segurança e grupos de membros, e submetidos à ratificação, pelos Estados signatários, de conformidade com seus respectivos processos constitucionais". É importante assinalar que os acordos referidos neste artigo não estabelecem obrigação para os membros de colocar parte de suas próprias forças armadas à disposição do Conselho. A Carta previu unicamente a maneira como a obrigação estabelecida deverá ser cumprida. A obrigação incondicional de celebrar acordos sobre o contingente das forças armadas à disposição do Conselho encontra-se expressa no art. 43, inciso 1, porém, os acordos previstos só se referem aos assuntos determinados pelo art. 43, inciso 2. Ademais, é importante assinalar que estes acordos deverão ser celebrados entre a ONU, representada pelo Conselho de Segurança, de um lado, e pelos Estados-membros ou grupo de Estados-membros de outro. A obrigação de celebrar tratados não é possível tecnicamente, pois supõe o livre consentimento dos Estados em obrigar-se, portanto, não existe a obrigação jurídica dos membros de estabelecerem os acordos mencionados no art. 43, inciso 2. É inoperante a obrigação dos Estados-membros de colocarem suas forças armadas à disposição do Conselho de Segurança enquanto as convenções internacionais previstas não entrarem em vigor.

A ação coercitiva a ser tomada pelo Conselho de Segurança é uma ação coercitiva da Organização, levada a efeito pelos seus membros. A esse respeito, o art. 48 da Carta diz: "1 – A ação necessária ao cumprimento das decisões do Conselho de Segurança para manutenção da paz e da segurança internacionais será levada a efeito por todos os membros das Nações Unidas ou por alguns deles, conforme seja determinado pelo Conselho de Segurança. 2 – Tal acordo ou acordos determinarão o número e tipo das forças, seu grau de preparação e sua localização geral, bem como a natureza das facilidades e da assistência a serem proporcionadas. 3 – O acordo ou acordos serão negociados o mais cedo possível, por iniciativa do Conselho de Segurança. Serão concluídos entre o Conselho de Segurança e membros da Organização ou entre o Conselho de Segurança e grupos de membros submetidos à ratificação, pelos Estados signatários, de conformidade com seus respectivos processos constitucionais".

Os membros não só estão obrigados a levar a cabo as decisões do Conselho relativas a ação coercitiva como também a prestar ajuda mútua ao levar a cabo essa obrigação. O art. 49 dispõe: "Os membros das Nações Unidas prestar-se-ão assistência mútua para a execução das medidas determinadas pelo Conselho de Segurança".

O membro cujas forças armadas deverão ser utilizadas na ação coercitiva poderão participar da correspondente decisão do Conselho. O art. 44 estipula: "Quando o Conselho de Segurança decidir o emprego de força, deverá, antes de solicitar a um membro nele não representado o fornecimento de forças armadas em cumprimento das obrigações assumidas em virtude do art. 43, convidar o referido membro, se este assim o desejar, a participar das decisões do Conselho de Segurança relativas ao emprego de contingentes das forças armadas do dito membro". O direito do membro de participar na decisão não exclui a possibilidade de que seja derrotado na votação pelo voto da maioria, conforme o art. 27.

Ao empreender uma ação coercitiva que implique o uso da força armada o Conselho de Segurança é assistido por um órgão auxiliar, o Comitê de Estado Maior; a esse respeito a Carta prevê: "Art. 46 – O Conselho de Segurança, com a assistência da Comissão de Estado-Maior, fará planos para a aplicação das forças armadas. Art. 47: 1 – Será estabelecida uma Comissão de Estado-Maior destinada a orientar e assistir o Conselho de Segurança, em todas as questões relativas às exigências militares do mesmo Conselho, para a manutenção da paz e da segurança internacionais, utilização e comando das forças colocadas à sua disposição, regulamentação de armamentos e possível desarmamento. 2 – A Comissão de Estado-Maior será composta dos Chefes de Estado-Maior dos

Membros Permanentes do Conselho de Segurança ou de seus representantes. Todo Membro das Nações Unidas que não estiver permanentemente representado na Comissão será por esta convidado a tomar parte nos seus trabalhos, sempre que a sua participação for necessária ao eficiente cumprimento das responsabilidades da Comissão. 3 – A Comissão de Estado-Maior será responsável, sob a autoridade do Conselho de Segurança, pela direção estratégica de todas as forças armadas postas à disposição do dito Conselho. As questões relativas ao comando dessas forças serão resolvidas ulteriormente. 4 – A Comissão do Estado-Maior, com autorização do Conselho de Segurança e depois de consultar os organismos regionais adequados, poderá estabelecer subcomissões regionais."

Conforme o art. 47, inciso 1, o comando das forças armadas estará submetida ao Conselho de Segurança, ou seja, o Conselho de Segurança poderá ser considerado como o comandante chefe das forças armadas postas à sua disposição. Ora, um órgão colegiado não é um instrumento muito apropriado para comandar as forças armadas. Segundo o art. 29 o Conselho pode designar um indivíduo como órgão subsidiário, como comandante em chefe.

As disposições da Carta relativas às medidas coercitivas a serem tomadas pelo Conselho de Segurança para a manutenção da paz ou restabelecimento da paz e da segurança internacionais são praticamente inaplicáveis, em parte porque até o presente não foi possível colocar em vigor os acordos especiais previstos no art. 43, e em parte pela falta de unanimidade entre os membros permanentes do Conselho de Segurança, exigência requerida para as decisões do Conselho, nos termos dos arts. 39, 41 e 42 da Carta.

Esta situação permite trazer à tona o disposto no art. 12 da Carta ONU: "enquanto o Conselho de Segurança estiver exercendo, em relação a qualquer controvérsia ou situação, as funções que lhe são atribuídas na presente Carta, a Assembléia Geral não fará nenhuma recomendação a respeito dessa controvérsia ou situação, a menos que o Conselho de Segurança a solicite".

A interpretação do artigo acima referido foi objeto de acirrada polêmica, em razão da paralisia provocada pelo veto da União Soviética no âmbito do Conselho de Segurança, na década 50. A Assembléia Geral adotou a Resolução n. 377, em 3 de novembro de 1950, denominada "*A União Para a Manutenção da Paz*", que transferiu para a Assembléia Geral a competência para tratar de assuntos referentes a manutenção da paz e segurança internacionais, objetivo último da Carta da ONU, impossível de ser mantido com o Conselho de Segurança paralisado pelo veto.[12]

---

[12.] Resolução 377, de 3 de novembro de 1950. A Assembléia Geral da ONU "1 – Resolve que se o Conselho de Segurança, por falta de unanimidade entre seus membros permanentes, deixar de cumprir com sua responsabilidade primordial de manter a paz e a segurança internacionais em todo caso que resulte uma ameaça à paz, uma ruptura da paz ou um ato de agressão, a Assembléia Geral examinará imediatamente o assunto, com vistas a dirigir aos membros recomendações apropriadas para a adoção de medidas coletivas, inclusive, no caso

Opta-se, nesta controvertida questão sobre as competências da ONU e aquelas de seus principais órgãos, pela corrente doutrinária[13] que considera a competência do Conselho de Segurança principal, mas não exclusiva, para a manutenção da paz e segurança internacionais, o que possibilitaria ação da Assembléia Geral, ao assumir a competência residual para intervir na manutenção da paz e segurança internacionais, se inoperante o Conselho, em decorrência do veto.

Os Estados estão circunscritos às obrigações decorrentes da Carta da ONU e não gozam de autonomia plena para disciplinarem, mesmo nos acordos regionais, a matéria de segurança internacional, tema este a ser retomado no item referente aos acordos regionais, desmembrado em legítima defesa individual e coletiva, previstos nos tratados de assistência recíproca e disciplinados pela Carta da ONU.

Como bem acentua Hans Günter Brauch[14], ao apresentar um panorama geral das disposições da ONU sobre segurança coletiva: "a Carta de ONU distinguiu três sistemas de segurança: *a) o sistema universal de segurança coletiva*, contido no Capítulo VI sobre a solução pacífica de controvérsias (do art. 33 ao 38) e no Capítulo VII sobre Ação relativa a ameaças à paz, ruptura da paz e atos de agressão (do art. 39 ao 50); *b) acordos ou entidades regionais destinados a tratar das questões de segurança regional* no Capítulo VIII (do art. 52 ao 54); e *c)* o dispositivo que se refere ao *direito inerente de legítima defesa individual ou coletiva*, contido no art. 51 apenso ao Capítulo VII".

Assinala-se que o tema segurança coletiva exige referência ao preâmbulo, aos propósitos e princípios da Carta da ONU, arts. $1^{\underline{o}}$ e $2^{\underline{o}}$, bem como ao art.107 ao dispor "que nada na presente Carta invalidará ou impedirá qualquer ação que em relação a um Estado inimigo de qualquer dos signatários da presente

---

de ruptura da paz ou ato de agressão, o uso de Forças Armadas quando for necessário, a fim de manter ou restaurar a paz e a segurança internacionais. Se não estiver reunida em sessão, a Assembléia Geral pode reunir-se em sessões de emergência, em período extraordinário, dentro de vinte e quatro horas seguintes à apresentação de uma solicitação feita. Tal período extraordinário de sessões de emergência, será convocado se assim o solicita o Conselho de Segurança pelo voto de sete quaisquer de seus membros, ou pela maioria dos membros das Nações Unidas".

A íntegra da Resolução n. 377, in CORDOBA, José A. Corriente, *Textos de Derecho Internacional Publico*, tomo I, Pamplona, Ediciones Universidad de Navarra, S.A., 1973, pp. 389 a 394.

[13.] TRINDADE, Antônio Augusto Cançado. *Princípios do Direito Internacional Contemporâneo*, Brasília, Editora Universidade de Brasília, 1981, pp. 191 e 199. Segundo Cançado TRINDADE, "É claro que tal medida acarretou profundas modificações na distribuição de competências entre os órgãos principais da ONU. Antes, as funções de solução de conflitos, e de cessação e prevenção de hostilidades (capítulos VI e VII, respectivamente, da Carta da ONU), recaíam sob o ângulo próprio do Conselho de Segurança; com a inovação da resolução "*Uniting for Peace*", na época do episódio da Coréia, verificou-se uma transferência à Assembléia Geral de pelo menos parte da responsabilidade pela manutenção da paz, tendo sido o novo mecanismo utilizado em crises internacionais sucessivas".

[14.] BRAUCH, Hans Günter, "As Nações Unidas e as Organizações Regionais. Uma Contribuição ao Sistema de Segurança Coletiva: O Caso Europeu" , in *Contexto Internacional*, Rio de Janeiro, v. 16, n. 2, pp. 209 e 210, julho/dezembro, 1994.

Carta durante a Segunda Guerra Mundial, for levada a efeito ou autorizada em conseqüência da dita guerra pelos governos responsáveis por tal ação".

Esta introdução abordará no item subseqüente ONU e os **Acordos Regionais** e estará voltada, precipuamente, para as seguintes indagações:1) a disciplina jurídica dos *acordos regionais*; 2) a compatibilidade dos *acordos regionais, de aliança e assistência recíproca com a Carta da ONU*; 3) a autonomia dos acordos regionais quanto: *a) à solução pacífica de controvérsias*; *b) à segurança coletiva* e *c) à aplicação de medidas coercitivas*.

## 5. ONU: Acordos Regionais

O problema do regionalismo pode ser considerado sob um tríplice aspecto: 1º) *stricto sensu*, para abarcar a Carta da ONU e o Capítulo VIII que rege os acordos regionais; 2º) *lato sensu*, para abranger a cooperação dos Estados, circunscrita a determinada região, em matéria política, econômica, social e cultural; 3º) para abordar os aspectos jurídicos do Direito Internacional Regional integrado ao Direito Internacional Geral.

O núcleo do tema será restrito à disciplina dos acordos regionais na Carta da ONU.

Desde a época da Liga das Nações (1919) cujo art. 21 dispunha: "Os compromissos internacionais, tais como os tratados de arbitragem, e os acordos regionais, como a Doutrina de Monroe, destinados a assegurar a manutenção da paz, não serão incompatíveis com nenhuma disposição do presente Pacto". A inclusão desse artigo deve-se tanto a fatos históricos e políticos quanto à forte oposição do Senado norte-americano e da opinião pública do país, em aceitar o tratado que estabelecia a Sociedade das Nações. Diante de tais oposições, o Presidente Wilson propôs uma emenda relativa à Doutrina Monroe e aos acordos regionais, aprovada, após calorosos debates entre os Estados negociadores que conduziram à criação da Sociedade das Nações. A inclusão do art. 21 causou protestos de vários Estados, os quais estavam dispostos a aceitar uma restrição geral à sua soberania em proveito da segurança coletiva e das normas internacionais de caráter universal, mas recusavam-se a admitir uma doutrina "panamericana" de cuja elaboração não participaram e cujo reconhecimento pelo Pacto poderia acarretar o fracasso da nova Organização. A Sociedade das Nações foi dissolvida em 1939, em conseqüência da deflagração da Segunda Guerra Mundial.

A idéia de estabelecer um sistema de segurança coletiva mais eficaz que a Sociedade das Nações surgiu em plena época de guerra. Em agosto de 1941, o Presidente dos Estados Unidos, Franklin Roosevelt e o Primeiro-Ministro britânico, Winston Churchill, firmaram a *"Carta do Atlântico"* com o intuito de

**149**

prever uma ampla instituição de segurança geral.

Não pretendiam ressuscitar a Sociedade das Nações, cujo fracasso era evidente e o efeito de sua restruturação poderia levar a um resultado desastroso, além do mais, a então União das Repúblicas Socialistas Soviéticas, expulsa da Sociedade das Nações, opunha-se energicamente contra a sua reorganização. Predominava a intenção de criar uma nova organização internacional com a finalidade de estabelecer sólida segurança coletiva. Em 1º de janeiro de 1942, durante a passagem de Churchill por Washington, foi assinada a *"Declaração das Nações Unidas"*, pelas nações em guerra contra a Alemanha e o Japão, cujo projeto original foi preparado pelo Departamento de Estado dos Estados Unidos da América do Norte. Os participantes comprometeram-se a elaborar um sistema de paz e segurança após a guerra, fundamentados na *"Carta do Atlântico"*.

Por ocasião de sua viagem à Moscou em outubro de 1943, o secretário de Estado Cordell Hull obteve o apoio soviético a seus projetos que se resumiam no seguinte: criação de uma organização internacional baseada na igualdade entre todos os Estados pacíficos; compromisso tomado pelos países em guerra contra o Eixo de continuar prestando sua colaboração após a vitória. Esta decisão foi reafirmada em novembro na Conferência de Téhéran que reuniu Stalin, Roosevelt e Churchill. Nessa ocasião foi instituído em Washington um grupo de estudos para preparar e elaborar as bases da futura Organização Internacional.

O trabalho principal foi realizado em Dumbarton Oaks, nos Estados Unidos da América do Norte, em virtude do compromisso assumido pela Declaração de Moscou sobre segurança coletiva, que contemplava o estabelecimento, dentro de curto prazo, de uma organização internacional. Duas Conferências foram realizadas: a primeira, de 21 de agosto a 28 de setembro de 1944, e dela participaram os representantes da URSS, da Grã-Bretanha e dos Estados Unidos; na segunda, de 29 de setembro a 7 de outubro, a delegação da URSS foi substituída pela China, por não estar o governo soviético em guerra com o Japão.

A Conferência em questão preparou as propostas para o estabelecimento de uma Organização Internacional Geral, deixando dois pontos em suspenso: o problema do voto e a admissão das Repúblicas Socialistas Soviéticas que compunham a URSS, como entidades separadas.

As proposições de Dumbarton Oaks previam a criação de um *Conselho de Segurança* cuja função principal seria de assegurar a manutenção da paz e da segurança internacionais; a constituição de uma *Comissão de Estado Maior*. Tal *Comissão* seria subordinada ao *Conselho de Segurança* e responsável pela direção estratégica de todas as forças armadas, postas à disposição das Nações Unidas, por cada um dos membros da organização a ser constituída, para assegurar uma ação coercitiva internacional necessária à manutenção e ao reconhecimento da paz. Mesmo após a criação da Organização das Nações Unidas, nunca houve possibilidade de entendimento entre os Estados quanto ao funcionamento da referida *Comissão*[15].

O grave problema da *segurança coletiva* ficava assegurado pela Organização Internacional e as questões relativas aos *acordos regionais* também foram previstas na Conferência de Dumbarton Oaks, Seção C[16].

Como bem colocou Hanna Saba,[17] em conseqüência do estabelecido em Dumbarton Oaks sobre os *acordos regionais*, pode-se concluir: 1) a nova organização reconhecia os *acordos regionais* ou organizações regionais, cujas atividades fossem compatíveis com os fins e propósitos nela estabelecidos. A legitimidade dos acordos regionais ficou assentada, e não mais prevista em termos vagos, como os do art. 21 da Sociedade das Nações. 2) Mesmo preenchendo as condições acima expostas, os organismos regionais não poderiam tomar iniciativa em matéria de medidas coercitivas, estando sua ação subordinada à autorização do Conselho de Segurança. 3) Os organismos regionais poderiam tomar a iniciativa de determinar as medidas destinadas a assegurar a solução pacífica de controvérsias que pudessem surgir entre seus membros. 4) O Conselho de Segurança deveria todo o tempo estar plenamente informado e ciente das atividades dos acordos regionais.

As proposições de Dumbarton Oaks restringiam as atividades dos acordos regionais a soluções pacíficas de controvérsias, mas toda e qualquer medida coercitiva tomada pelos acordos regionais deveriam estar sob o controle estrito do Conselho de Segurança.

---

[15.] Na proposição de Dumbarton Oaks, o seu art. 9º, assim dispunha: "Deveria estabelecer-se uma Comissão do Estado Maior, com a função de aconselhar e auxiliar o Conselho de Segurança em todas as questões relativas às necessidades militares do Conselho de Segurança para a manutenção da paz e segurança internacionais, ao emprego e comando das forças colocadas à sua disposição, à regulamentação dos armamentos e ao possível desarmamento. Deveria ser responsável, subordinado ao Conselho de Segurança, pela direção estratégica de quaisquer forças armadas colocadas à disposição do Conselho de Segurança. A Comissão deveria ser composta dos Chefes dos Estados Maiores dos membros permanentes do Conselho de Segurança ou de seus representantes. Qualquer membro da Organização que não estivesse representado permanentemente na Comissão deveria ser convidado por esta a associar-se com ela quando, a bem do cumprimento eficiente das responsabilidades da Comissão fosse exigida a sua participação no trabalho. As questões de comando das forças devem ser resolvidas subseqüentemente."

[16.] Seção C – Entendimentos Regionais: 1) Nada, na Constituição, deveria excluir a existência de entendimentos ou entidades regionais destinadas a fazer face a questões relacionadas com a manutenção da paz e segurança internacionais, desde que essas questões fossem passíveis de ação regional, e que esses entendimentos ou entidades e suas atividades fossem compatíveis com as finalidades e princípios da Organização. O Conselho de Segurança deveria estimular a solução de controvérsias locais, alcançada por meio desses entendimentos regionais ou com intervenção dessas entidades regionais, quer fosse por iniciativa dos Estados interessados, quer fosse por indicação do Conselho de Segurança. 2) O Conselho de Segurança deveria, sempre que fosse aconselhável, utilizar-se desses entendimentos ou entidades para uma ação coercitiva praticada debaixo de sua autoridade, não devendo, entretanto, ser empreendida nenhuma ação coercitiva sob entendimentos regionais ou entidades regionais sem autorização do Conselho de Segurança. 3) O Conselho de Segurança deveria ser constantemente informado sobre todas as atividades empreendidas ou consideradas em prol da manutenção da paz e segurança internacionais sob a égide de entendimentos regionais ou entidades regionais.

[17.] SABA, Hanna, "Les accords régionaux dans la Charte de l'ONU", *Recueil des Cours*, 1952, vol. I, tomo LXXX, p. 662.

**151**

Conhecedores das propostas colocadas em Dumbarton Oaks, os Estados Americanos decidiram realizar uma Conferência Extraordinária, na Cidade do México, de 21 de fevereiro a 8 de março de 1945, a fim de permitir, aos Estados nela representados, a oportunidade de considerar "a sua colaboração e a participação da América na futura organização mundial, e as medidas que deveriam ser tomadas para fortalecer o sistema interamericano e a solidariedade econômica do Continente" (Conferência Interamericana sobre Problemas da Guerra e da Paz, México, 1945). Dentre as resoluções aprovadas, destaca-se: a VIII Resolução sobre Assistência Recíproca e Solidariedade Americana, também conhecida como a Ata de Chapultepec, que dispunha sobre a defesa coletiva do Continente Americano e serviu de precedente ao Tratado Interamericano de Assistência Recíproca de 1947, que por sua vez antecedeu o Tratado da Organização do Atlântico Norte (**OTAN**).

Na Conferência de São Francisco, uma série de emendas foram introduzidas pelos Estados[18], principalmente pela posição dos Estados Latino-Americanos sobre os acordos regionais, fundamentada nas Resoluções adotadas na Conferência do México de 1945, que redundou na atual sistemática da Carta da ONU, Capítulo VIII (Acordos Regionais) ao prever: 1) que todos os Estados-membros de um sistema regional têm o direito de resolver pacificamente, através de seus próprios meios, todas as controvérsias que possam surgir entre eles, independentemente de intervenção do Conselho de Segurança; 2) que nenhuma medida coercitiva poderá ser tomada, de conformidade com acordos ou entidades regionais sem autorização do Conselho de Segurança (art. 53). Em outras palavras, os Estados Americanos, esgotados todos os meios pacíficos, poderão tomar medidas coercitivas, mas, para tanto, deverão munir-se de uma prévia autorização do Conselho de Segurança.

---

[18.] As posições tomadas pelos Estados em São Francisco, foram resumidas por Hanna SABA (ob. cit., p. 675) nos seguintes termos: "Ils correspondaient en fait à trois tendances générales: 1ère) d'une part, certaines délégations estimaient que la loi internationale, la discipline de l'organisations nouvelle et le système de sécurité qu'elle établissait devaient être aussi absolus et aussi étendus que possible. Le Chapittre VIII, Section C, des propositions de Dumbarton Oaks reconnaissant la possibilité d'une co-existence entre cette discipline générale et une discipline particulière, il étais absolument nécessaire de définir d'une manière précise les accords ou organismes régionaux qui étaient compatibles avec la Charte, voire même de prévoir leur approbation formelle par l'Organisation; 2ème) et, d'autre part, certaines délégations, et plus spécialement celles de l'Amérique Latine, inquiètes des conséquences que le droit de veto des grandes Puissances – droit résultant des décisions de Yalta – pouvait avoir sur le fonctionnement des accords régionaux, insistèrent soit pour une modification des règles de vote au Conseil de Sécurité pour toutes les questions relative aux accords régionaux soit pour l'octroi d'une large autonomie d'action aux organismes régionaux. Des propositions analogues furent présentées par la Belgique et l'Australie; 3ème) Enfin, les puissances invitantes, auxquelles se joignit la France, devaient présenter, au cours de la Conférence, une proposition destinée à excepeter au controle préalable du Conseil de Sécurité les mesures à prendre contre les États ennemis dans la guerre de 1939/1945. Soumise comme un emendement aux propositions de Dumbarton Oaks relatives aux accords régionaux ...".

Além disso, inseriu-se no art. 33 da Carta da ONU, entre os meios pacíficos de solução de controvérsias internacionais, o recurso aos órgãos regionais, bem como incluiu-se nas disposições do art. 51, contido no Capítulo VII, sobre "Ação Relativa a Ameaças à Paz, Ruptura da Paz e Atos de Agressão", o direito inerente de legítima defesa individual ou coletiva, no caso de ataque dirigido contra Estado, o que implica o reconhecimento da imediata e autônoma ação coercitiva dos sistemas regionais em caso de agressão. Não obstante isso, o Conselho de Segurança deverá ser sempre informado das atividades realizadas pelos acordos ou entidades regionais para a manutenção da paz e da segurança internacionais. É o que determina o art. 53 da Carta, em virtude do qual o Conselho de Segurança supervisiona as atividades dos organismos regionais e uma ação coercitiva ficará submetida à sua autoridade. Por outro lado, o funcionamento dos sistemas regionais não pode prejudicar de modo algum a aplicação dos arts. 34 e 35, pelos quais se reconhece ao Conselho de Segurança competência para investigar, por sua própria iniciativa ou a pedido de algum Membro da ONU, qualquer controvérsia, entre as Nações ou situação suscetível de constituir ameaça à manutenção da paz[19].

Retoma-se a questão dos "*acordos regionais*" não definidos na Conferência de São Francisco ao respeitar a diretriz traçada no Projeto de Dumbarton Oaks. Todavia, como salienta Vicente Marotta Rangel[20], com fundamento no art. 52, § 1º, da Carta , pode-se considerar "*acordos regionais*"os destinados a tratarem de assuntos relativos à manutenção da paz e da segurança internacionais, e compatíveis com os propósitos e princípios das Nações Unidas, bem como suscetíveis de ação regional. Dessa concepção se deduz que devem os acordos regionais atender a três condições: 1) serem compatíveis com os propósitos e princípios das Nações Unidas; 2) serem suscetíveis de ação regional, dentro de uma área previamente definida; 3) destinarem-se a assuntos relativos à manutenção da paz e segurança internacionais.

Pergunta-se: os Tratados de Aliança e de Assistência Recíproca são compatíveis com a Carta das Nações Unidas? Como preleciona Marotta Rangel[21] "em geral as alianças se apresentam como sendo de caráter defensivo. Os Estados se comprometem, por meio delas, a prestar mútua assistência, apenas no caso em que um deles seja vítima de agressão por parte de um Estado determinado ou de um Estado qualquer. Sucede, porém, que essas convenções, como freqüen-

---

[19.] MARINHO, Ilmar Penna. *O Funcionamento do Sistema Interamericano dentro do Sistema Mundial*, São Paulo, Livraria Freitas Bastos S.A., 1959, pp. 61/62.
[20.] RANGEL, Vicente Marotta. *Do Conflito entre a Carta das Nações Unidas e os demais Acordos Internacionais*, São Paulo, Oficinas Gráficas Saraiva S.A., 1954, pp. 84 e ss.
[21.] RANGEL, Vicente Marotta. *Do Conflito entre a Carta das Nações Unidas e os demais Acordos Internacionais*, São Paulo, Oficinas Gráficas Saraiva S.A., 1954, p. 88.

**153**

temente se assinala, pretendem, por vezes, tão-somente dissimular alianças ofensivas, uma vez que é sumamente difícil distinguir umas das outras. Demais, as alianças particulares tendem a debilitar as mais gerais. Tendem, pois, a desvigorar o Tratado de São Francisco, uma vez que cuidam do mesmo assunto: a manutenção da paz e da segurança entre as nações".

A centralização do monopólio da força estabelecida pela Carta fica limitada pelo direito dos Estados-membros a empregar a força: 1) no exercício do direito de legítima defesa (art. 51) e 2) contra os Estados ex-inimigos (arts. 107 e 53, inciso I, da Carta).

O art. 51 da Carta, ao consagrar a legítima defesa, abre uma exceção ao princípio de condenação genérica da força. Essa exceção vem condicionada: ao afirmar que "nada nesta Carta prejudicará o direito inerente de legítima defesa individual ou coletiva, no caso de ocorrer um ataque armado contra um Membro das Nações Unidas" e mesmo nessas condições excepcionais há a imposição do limite do uso da força "até que o Conselho de Segurança tenha tomado as medidas necessárias para a manutenção da paz e segurança internacionais". Refere-se o presente artigo à necessidade de um ataque armado, o que "aparentemente" exclui a possibilidade do recurso à força para reagir a qualquer tipo de ataque, seja ele econômico ou ideológico, mesmo quando se atinjam valores juridicamente protegidos[22].

A legítima defesa coletiva, para certos autores[23], só pode ser exercida em favor do Estado ligado por um acordo regional nos termos do art. 52 da Carta da ONU. Para outros[24] a legítima defesa coletiva compete tanto aos acordos regionais quanto aos tratados de aliança e assistência recíproca.

A **Aliança Defensiva** pode ser conceituada como aquela estabelecida através de tratado vinculando dois ou mais Estados e estipulando obrigações de auxílio político e militar, cuja execução é realizada através de uma ação própria ou convencional, sem a criação de órgãos superiores de decisão.

A **Assistência Recíproca ou Assistência Mútua** é estabelecida através de um tratado celebrado entre dois ou mais Estados e estipula obrigações de auxílio político e militar, cuja execução é realizada através de uma ação própria e imediata, em que cada uma das partes poderá determinar as medidas que considere passíveis de serem individualmente adotadas, as quais estarão sujeitas ao exame de um órgão de decisão de um acordo regional e este determinará as medidas de caráter coletivo a serem aplicadas.

---

[22.] HUCK, Hermes Marcelo. *Da Guerra Justa à Guerra Econômica*, São Paulo, 1995, pp. 185 e 186.

[23.] YEPES, J. M. "Les accords régionaux et le Droit International", *RDC*, 1947, v. II, tomo LXXI; Boutros Boutros-Ghali, in *Contribution à l'étude des ententes régionales*, Paris, Pedone, 1949.

[24.] KELSEN, Hans. *The Law of the United Nations. A critical analysis of its fundamental problems*, Londres, Stevens and Sons Limited, 1951. VELLAS, Pierre. *Le Regionalisme International et l'Organisation des Nations Unies*, Paris, Penod, 1948.

Entre a Aliança e o Tratado de Assistência Recíproca há uma diferença fundamental, a primeira não pode ser invocada contra um de seus aliados, enquanto o pacto de assistência recíproca pode funcionar contra um dos seus Membros, desde que o mesmo se converta em Estado agressor[25].

Tanto o **Tratado Interamericano de Assistência Recíproca (TIAR) como a Organização do Tratado do Atlântico Norte (OTAN)** apresentam as seguintes características: 1) foram estabelecidos por um tratado solene, ligando mais de dois Estados de uma área geográfica previamente definida; 2) ambos estipulam obrigações de auxílio político e militar, de caráter defensivo, e só serão aplicados em caso de agressão previamente qualificada pelo próprio pacto ou pelo organismo regional criado, tendo por finalidade última a conservação da paz; 3) todo Estado-membro do acordo regional pode tomar de imediato a defesa do agredido, mas tais medidas serão examinadas por um órgão de decisão e, ainda, as medidas de caráter coletivo serão tomadas pelos órgãos competentes; 4) o **TIAR** e a **OTAN**, como pacto de segurança coletiva, podem funcionar contra um de seus membros, desde que o mesmo se transforme em Estado agressor; 5) os referidos acordos contêm artigos impondo a obrigação de respeitar os propósitos e princípios da ONU.

Questão relevante foi colocada em São Francisco sobre a amplitude da expressão acordos regionais, ou seja, indagava-se se seriam acordos realizados entre Estados vizinhos, ou se a contigüidade geográfica não seria essencial. Entende-se que não é necessário que as partes sejam geograficamente vizinhas. Basta que tenham um interesse comum numa atividade relativa à manutenção da paz e da segurança internacionais e restrita a uma área previamente definida[26].

---

[25.] "Alliance: sens donné d'ordinaire à ce terme par les juristes et dans l'expression: traité d'alliance. Situation crée par traité entre deux ou plusieurs Etats et comportant des obligations d'aide politique et militaire dont ils ont à assumer l'execution par leur action propre ou concertée, sans création d'organes supérieurs de décision. Fondée sur un traité, l'alliance est susceptible de modalités diverses, elle peut être réciproque ou inégale, défensive ou offensive ou offensive et défensive, temporaire ou perpétuelle, dirigée contre un danger déterminé, viser une ou plusieurs hypothèses determinées ou avoir un caractère général". (in *Dictionnaire de la Terminologie du Droit International*, Paris, SYREY, 1960).

Segundo Caicedo CASTILLA "Otra cuestion que se presenta respecto del Tratado de Rio es la de determinar si es un pacto de alianza político-militar. En nuestro concepto, aun cuando el Tratado de Rio puede reunir algunas de las condiciones que anteriormente determinaban une alianza, debe calificarse dentreo de la figura jurídica del mundo contemporáneo conocida con el nombre de Pacto de Seguridad Colectiva.

Esses pactos se diferencian notoriamente de las antigas alianzas. Porque el Tratado de Seguridad se basa en el estricto respecto a principios jurídicos; no opera para defender intereses egoístas de los contratantes, sino para mantener los intereses generales de una comunidad internacional; es meramente defensivo y sólo se aplica cuando hay una agresión previamente calificada por el mismo pacto o por un organismo internacional; tiene por finalidad absoluta la conservación de la paz.

De outro lado, entro la alianza y la seguridad colectiva hay la diferencia fundamental de que la primera, como es obvio, no puede funcionar contra uno de sus aliados; en cambio, el sistema de seguridad sí puede funcionar contra uno de sus miembros, que se convierte en agresor." (in. CASTILLA Caicedo, *El Panamericanismo*, Buenos Aires, Roque Depalma Editor, 1961, pp. 200 e 201.

[26.] ACCIOLY, Hildebrando. *Tratado de Direito Internacional Público*, vol. II, 2ª ed., Rio de Janeiro, 1956, p. 65.

Cumpre notar que *as organizações intergovernamentais relativas à cooperação internacional* possuem autonomia, desde que suas atividades sejam compatíveis com os fins e os propósitos da ONU. Nada impede que os acordos regionais disponham sobre cooperação econômica, social e cultural entre os seus membros, podendo tratar de todas as questões pertinentes à colaboração pacífica entre Estados. Nota-se que os acordos que têm uma finalidade exclusivamente econômica não são abrangidos pelas disposições do art. 52 da Carta da ONU, pois não consideram problemas relativos à manutenção da paz e da segurança internacionais.

A Carta da ONU reflete preocupação em delimitar a ação regional, quer exigindo a autorização do Conselho de Segurança para o caso da aplicação de medidas coercitivas (art. 53 , inciso 1); quer disciplinando o exercício de legítima defesa (art. 51), quer dispondo que o Conselho de Segurança será sempre informado de toda ação compreendida ou projetada de conformidade com os acordos regionais.

Não resta dúvida de que a comparação entre as proposições de Dumbarton Oaks com os textos adotados em São Francisco vai demonstrar que a concepção de acordo regional adotada em Dumbarton Oaks era mais progressista, pois visava colocar a segurança coletiva e sua organização sob o controle exclusivo das Nações Unidas (supra, nota 7). Contudo, os Estados não chegaram a uma evolução tal que permitisse uma integração maior mediante uma federação mundial, e não é só, o próprio veto introduzido no Conselho de Segurança poderá paralisar qualquer ação da organização regional, impedindo o seu auxílio ao Estado vítima da agressão.

Apesar de a ONU permitir a ação regional em caso de ataque armado, procurou delimitá-la, ao dispor que a ação de legítima defesa pode ser exercida até o momento em que o Conselho tome as medidas necessárias para a manutenção da paz e segurança internacionais. A Carta da ONU permite a legítima defesa individual e coletiva, desde que ocorra um ataque armado contra um Membro das Nações Unidas.

A legítima defesa individual consiste no direito que tem o Estado de repelir a agressão da qual foi vítima, até o momento em que o Conselho de Segurança esteja em condições de agir diretamente contra o agressor.

A legítima defesa coletiva permite aos Estados obrigados por um acordo regional, ou por um pacto de segurança coletiva ou de assistência mútua repelir a agressão armada, vindo em socorro do Estado agredido[27].

A Carta de São Francisco procurou evitar, não só a definição, mas a própria caracterização do ato de agressão, cingindo-se a declarar entre os propósitos e

---

[27.] YEPES, J.M. "Les accords régionaux et le Droit International", *Recueil des Cours*, Haia, 1947, vol. II, tomo LXXXI, p. 287.

princípios da Organização o de "tomar coletivamente medidas efetivas para evitar ameaça à paz e reprimir os atos de agressão, ou de qualquer outra ruptura da paz"[28]. A definição de agressão só veio a ocorrer em 14 de dezembro de 1974, mediante uma Resolução da Assembléia Geral da ONU.

Como conclusão deste item nota-se: 1) devem os membros da ONU, no que tange aos acordos regionais por eles celebrados, envidar todos os esforços para chegar a uma solução pacífica de controvérsias locais ou no âmbito da área geograficamente definida, antes de submetê-las ao Conselho de Segurança; 2) os acordos regionais, no que tange à cooperação internacional pacífica, têm prioridade sobre os demais; 3) os Estados-membros devem recorrer inicialmente aos acordos regionais, para a solução pacífica de controvérsias; 4) ao Conselho de Segurança cabe estimular, por meio dos acordos regionais, a solução de controvérsias locais, quer por iniciativa do Conselho quer a pedido dos Estados interessados (art. 52, § 3º); 5) os acordos regionais podem disciplinar, sem restrições, os meios de solução pacífica de controvérsias; 6) os acordos regionais não gozam de autonomia para disciplinarem matéria de segurança internacional; 7) os acordos regionais não podem regulamentar nenhuma ação coercitiva que contrarie as amplas atribuições que a Carta confere ao Conselho; 8) os acordos regionais de caráter defensivo permitem aos Estados prestar assistência recíproca apenas para o caso em que um deles seja vítima de agressão por parte de qualquer Estado; 9) a Carta disciplina o direito inerente de legítima defesa individual ou coletiva, no caso de ocorrer ataque armado contra um Membro das Nações Unidas, até que o Conselho de Segurança tenha tomado as medidas necessárias para a manutenção da paz e segurança internacionais; 10) a ação contra o agressor pode ser exercida tanto pelo Estado vítima, isoladamente, ou em conjunto com os demais Membros do acordo regional ou do tratado de assistência recíproca; 11) no caso de o litígio envolver Estados estranhos aos acordos regionais, a competência é das Nações Unidas; 12) os acordos regionais e os tratados de assistência recíproca prevêem que suas disposições não afetam os direitos e obrigações resultantes da Carta das Nações Unidas, nem a responsabilidade que fundamentalmente incumbe ao Conselho de Segurança pela manutenção da paz e segurança internacionais, para salvaguardar a supremacia da ONU.

**Tratado de Aliança:**

A palavra Aliança é utilizada para indicar a cooperação entre Estados, traduzida pelo compromisso assumido em questões políticas (e.g. Aliança para o Progresso) e militares (Pacto de Bruxelas), para a proteção e a obtenção de seus interesses. O acordo entre Estados formaliza-se pela celebração de um tratado que poderá instituir uma organização internacional para a realização das finalidades e objetivos previstos.

---

[28.] MARINHO, Ilmar Penna. ob. cit., p. 71.

As alianças ofensivas são incompatíveis com a Carta da ONU, em razão do disposto no seu art. 2º, inciso 4, "Todos os membros deverão evitar em suas relações internacionais a ameaça ou o uso da força contra a integridade territorial ou a independência política de qualquer Estado, ou qualquer outra ação incompatível com os Propósitos das Nações Unidas".

A idéia de constituir um sistema de defesa entre os signatários da União Ocidental e os Estados Unidos apareceu desde a assinatura do Pacto de Bruxelas, tratado de defesa coletiva e assistência mútua. Ora, a União Ocidental teve como origem a aliança franco-britânica, estabelecida em 4 de março de 1947 em Dunkerque. Embora a França e o Reino Unido tenham participado como aliados nas duas grandes guerras mundiais, não existia um tratado no sentido formal do termo. O tratado só foi celebrado em 1947. A extensão da aliança, concretizada em 17 de março de 1948, foi preconizada por Ernest Bevin em discurso proferido na Câmara dos Comuns em 22 de janeiro de 1948, em que proclamava a necessidade de criar uma União dos Países da Europa Ocidental que englobasse além da França e Inglaterra os três Estados do BENELUX (Bélgica, Holanda e Luxemburgo). Em setembro de 1948 foi criado no quadro do tratado de Bruxelas um organismo militar denominado Organização de Defesa da União Ocidental comportando um Comitê de Defesa, um Comitê dos Chefes do Estado Maior e um Comitê de Armamento. A União Ocidental foi progressivamente transformada e esvaziada com a criação do Pacto Atlântico que a absorveu. O tratado subsistiu até outubro de 1954, a União da Europa Ocidental foi modificada de maneira radical e realizada a sua revisão para permitir a entrada da Alemanha e Itália, após o fracasso da criação de uma Comunidade Européia de Defesa.

## 6. A Organização do Tratado do Atlântico Norte

*6.1. Antecedentes históricos específicos*

6.1.1. A guerra fria

Após a Segunda Guerra Mundial, verificou-se a divisão do mundo em dois blocos ideológicos excludentes por excelência, o capitalismo e o socialismo. O cenário mundial do período, conhecido como guerra fria, foi marcado pela "deformação no sistema internacional"[29], no qual a expansão da esfera de influência de qualquer um dos blocos era vista como temível pelo outro. Por

---

[29.] ARBATOV, Georgi. "O novo ordenamento mundial: a perspectiva russa", *A Nova Ordem Mundial em Questão*, Coord. VELLOSO, João Paulo dos Reis e MARTINS, Luciano, José Olympio Editora, 1991, RJ.

**158**

este motivo, os adeptos de cada um dos sistemas citados, desejosos de sua manutenção, desenvolveram mecanismos para proteção de sua opção. Em conseqüência, foram realizadas alianças militares interblocos, tidas como pontos de equilíbrio estratégicos. Assistiu-se, fundamentalmente, à criação da Organização do Tratado do Atlântico Norte (OTAN) entre os capitalistas e do Pacto de Varsóvia entre os socialistas. Definiram-se assim as bases dos principais sistemas de defesa regionais do pós-guerra, os quais se mantiveram praticamente estáveis até o fim da guerra fria.

### 6.1.2. A década de 80

A guerra fria levou a uma militarização sem precedentes[30], com a construção de um complexo de guerra extremamente dispendioso que efetivamente não chegou a ser mobilizado. Na década de 80, os orçamentos militares no mundo comprometiam recursos nacionais em larga escala[31], os quais escoavam para a compra de armas, desenvolvimento da tecnologia militar ou manutenção de tropas. Diversos fatores, notadamente a política de desarmamento mundial, levaram ao questionamento dos benefícios oriundos de tais gastos[32]. Em conseqüência, iniciaram-se discussões para a revisão da Aliança do Atlântico Norte, pois sentia-se a necesssidade de seu enxugamento, com a diminuição das tropas estacionadas em caráter permanente e a melhor divisão das obrigações financeiras dos membros para com a organização[33]. A OTAN experimentou longa crise[34], à qual se somou a dúvida sobre a legitimidade dos poderes exercidos internamente, dada a clara dominação americana em todo o processo decisório e institucional, pois a organização nunca foi multilateral nos referidos aspectos[35].

### 6.1.3. A queda do muro de Berlim

Os eventos desencadeados pela abertura da União Soviética, desde 1989, que envolveram a queda de regimes na Europa Centro-oriental, o desmantelamento do Pacto de Varsóvia e a reunificação alemã[36], culminaram, acima de tudo, no fim da bipolaridade e na necessidade de redefinição de diferentes aspectos

---

[30.] ARBATOV, Georgi, ob. cit.

[31.] McNAMARA, Robert, "O novo ordenamento mundial: a perspectiva russa", *A Nova Ordem Mundial em Questão*, Coord. VELLOSO, João Paulo dos Reis e MARTINS, Luciano, José Olympio Editora, 1991, RJ.

[32.] Robert McNAMARA, ob. cit., diz que já era claro, na década de 80, que a guerra fria estva no fim. ROGERS, General Bernard W., *The Atlantic Alliance: prescriptions for a difficult decade*, Foreign Affairs, v. 60, n. 5, New York, 1982, argumenta que a memória da segunda guerra mundial estava se apagando e que por isto o medo de uma nova guerra começava a se esvair, de modo que se questionavam despesas com defesa.

[33.] ROGERS, General Bernard W., ob. cit.

[34.] COHEN, Eliot A. "The long term crisis of the Alliance", *Foreign Affairs*, v. 61, n. 2, New York, 1982-1983.

[35.] WEBER, Steve "Shaping the post-war balance of power: multilateralism on NATO", *International Organization*, v. 46, n. 3, 1992, Cambridge.

[36.] JUDT, Tony. "A nova Alemanha e a obsolescência da OTAN", *Política Externa*, v. 6, n. 3, 1997-1998, São

do modelo global, pois todo o sistema tornou-se obsoleto. No tocante à segurança, desapareceu o "inimigo"[37]. Conseqüentemente, questionou-se a utilidade da manutenção da OTAN e os meios de adequação da mesma à nova realidade[38], de polaridades indefinidas, onde a terceira guerra mundial se tornara improvável, multiplicavam-se as potências nucleares[39] e surgiam focos de tensão de difícil identificação, especialmente quanto aos países em fase de transição pós-socialismo e ao ressurgimento dos nacionalismos[40]. Como resultado destes novos fatores, a OTAN altera seu conceito estratégico, mediante instrumentos jurídicos nela previstos, dentro das competências de seu tratado constitutivo, de modo a ampliar o seu campo de atuação, no tocante à segurança coletiva, para a proteção dos direitos humanos e a luta contra o terrorismo. É de se notar que o discurso do desarmamento continua presente na OTAN, no entanto o mesmo se aplica a terceiros e não à própria Organização, que pretende garantir a viabilidade das indústrias bélicas dos países-membros.

### 6.2. A natureza jurídica da OTAN

Deve-se reconhecer na OTAN o caráter de organização regional intergover-namental, admitindo-se no entanto que seu estatuto, o Tratado do Atlântico Norte[41], documento com apenas 14 artigos, é insuficiente para justificar tal posição. Pois, conforme se verá, a única instituição criada explicitamente pelo referido tratado é o Conselho do Atlântico Norte[42]. Não obstante, o Tratado do Atlântico Norte prevê a possibilidade de o Conselho criar órgãos subsidiários. Assim, o tratado possibilita a criação de uma organização, como de fato ocorreu[43].

A história da OTAN reflete um mecanismo em evolução. Originalmente, o Conselho do Atlântico Norte se reunia em sessões ordinárias, com periodicidade indefinida, sempre que os Estados-membros julgavam necessário. Estas reuniões nada mais eram que conferências diplomáticas, presididas em rodízio pelos Ministros das Relações Exteriores dos diferentes países. Posteriormente, o Conselho do Atlântico Norte tornou-se um órgão permanente, que se reúne em nível ministerial ou de representantes diplomáticos e nos dois casos é presidido pelo Secretário-Geral. Atualmente a OTAN tem permanência, instituições,

---

Paulo.

[37] ARBATOV, Georgi, ob. cit.

[38] ASMUS, Ronald D., KUGLER, Richard L. & LARRABEE, Stephen F., "Building a new NATO", *Foreign Affairs*, v. 72, n. 4, New York, 1993.

[39] Por exemplo, a China.

[40] Os nacionalismos foram abafados pela guerra fria, onde o discurso das questões mundiais envolvia necessariamente os macrointeresses diretos das superpotências.

[41] Ver Item 6.4, abaixo, sobre o Tratado do Atlântico Norte.

[42] Tratado do Atlântico Norte, art. 9º.

[43] Fenômeno semelhante ocorreu na criação da UNIDO, pela ONU. Órgão cria todos os outros.

vontade, orçamento e responsabilidade próprios, bem como funções definidas e uma multiplicidade de órgãos.

Assim, o fato de alguns Estados se recusarem a considerar a OTAN como organização internacional não têm o condão de lhe subtrair esta característica.

### 6.3. A área geográfica da OTAN

São membros originários da OTAN: Bélgica, Canadá, Dinamarca, França (a França abandonou a sua representação nos órgãos de cooperação militar da OTAN em 1966, mas continuou a participar da Aliança Atlântica), Islândia, Itália, Luxemburgo, Holanda, Noruega, Portugal, Reino Unido da Inglaterra e Irlanda do Norte e Estados Unidos da América. Posteriormente, foram aceitos na Organização, por ordem alfabética, a Alemanha (1954), Espanha (1982), Grécia, Hungria, Polônia, República Tcheca e Turquia (1951). Portanto, hoje a OTAN conta com 19 membros.

Pode aderir à referida organização qualquer Estado europeu[44] que se considere em condições de seguir os princípios fixados para segurança da área do Atlântico Norte, desde que seja convidado a participar pelos seus membros originários.

No que concerne à área geográfica definida, a OTAN abrange o território de qualquer das partes, na Europa ou na América do Norte, as ilhas sob sua jurisdição, situadas ao norte do Trópico de Câncer, ou os navios e aeronaves de qualquer das partes nessa mesma área. Segundo Marotta Rangel[45], "é inegável, porém, quanto aos contratantes, não pertencerem à mesma região. Não são geograficamente contíguos. Participam de dois continentes. Banham-se em águas do Mediterrâneo, bem como nas do Mar do Norte ou do Oceano Ártico, que apenas por esforço de imaginação se tomam pelas do Atlântico Norte."

### 6.4. O Tratado do Atlântico Norte[46]

Os 12 membros originários da OTAN, partindo do pressuposto de que a segurança da América do Norte e da Europa se tornaram indivisíveis após a Segunda Guerra Mundial celebraram em Washington, em 4 de abril de 1949, o Tratado do Atlântico Norte. Nascia uma Aliança de países independentes, unidos na determinação de manter sua liberdade e segurança através de garantias mútuas e do desenvolvimento de mecanismos de defesa militar adequados a deter, se necessário, qualquer forma de agressão contra os aliados e seus territórios[47]. A

---

[44.] Art. 10, Tratado do Atlântico Norte.

[45.] RANGEL, Vicente Marotta. *Dos conflitos entre a Carta das Nações Unidas e os demais Acordos Internacionais*, São Paulo, Oficinas Gráficas Saraiva S.A, 1954.

[46.] Organização do Tratado do Atlântico Norte, *NATO Handbook*.

[47.] De acordo com ROGERS, General Bernard W., ob. cit., a Aliança foi concebida para fornecer proteção

**161**

Aliança se estabeleceu com o firme propósito de funcionar nos termos da Carta da ONU[48], a partir da reafirmação do direito à legítima defesa coletiva inerente a cada Estado-membro desta última organização[49].

Segundo o Tratado de Washington, o propósito da Aliança é **puramente defensivo** e seu princípio fundamental é o de que os **territórios** e **fronteiras** de seus membros[50] são completamente invioláveis. Desta forma, o ataque de terceiro Estado contra qualquer um dos membros é considerado um ataque contra todos os aliados[51], hábil a provocar a resposta da Organização.

Assim, os países da OTAN assumem o compromisso de cooperação militar baseado na indivisibilidade de sua segurança, o que possibilita a preservação da segurança nacional, integridade territorial e independência política de cada um deles através de mecanismos de defesa coletiva, disponíveis a todos a despeito do nível de desenvolvimento nacional ou da proporção de sua contribuição[52]. Note-se que é mantida a possibilidade soberana de cada Estado-membro se defender.

A execução das finalidades da Aliança envolve:

1) solidariedade e unidade estratégica dos membros;
2) manutenção de aparato militar (no menor nível possível) hábil a prevenir a guerra e a prover defesa efetiva;
3) capacidade genérica para a solução de conflitos que afetem a segurança;
4) promoção ativa de diálogo com outras nações a partir de uma abordagem cooperativa da segurança européia; e
5) medidas para a redução e controle de armas.

Para atingir seus objetivos, a Aliança tem as seguintes atribuições[53]: fomentar o desenvolvimento de instituições democráticas e o comprometimento com a solução pacífica de controvérsias; ser um fórum transatlântico de consultas para os aliados; fornecer defesa contra qualquer agressão de terceiros a membros da Aliança e preservar o equilíbrio estratégico na Europa.

---

coletiva contra agressão do Leste. Ainda assim, é de se notar que a Aliança não considera nenhum Estado seu adversário em particular.

[48] Tratado do Atlântico Norte, arts. 1º, 5º e 7º.

[49] Art. 51 da Carta da ONU, in RANGEL, Vicente Marotta. *Direito e Relações Internacionais*, Ed. RT, São Paulo, 1995.

[50] O Art. 5º do Tratado do Atlântico Norte determina que o âmbito de atuação da OTAN é o território dos Estados-membros.

[51] WEBER, Steve, ob. cit.

[52] Conforme ROGERS, General Bernard W., ob. cit., durante a década de 80, muito se questionou o fato de os Estados Unidos contribuírem para a OTAN de modo superior aos demais Estados-membros que, mesmo assim, podiam desfrutar igualmente dos benefícios da organização.

[53] Note-se que, conforme se verá abaixo, a OTAN reformula seus propósitos e princípios após a guerra fria.

## 6.5. A Organização do Tratado do Atlântico Norte[54]

A Organização do Tratado do Atlântico Norte (OTAN) fornece a estrutura institucional que possibilita a implementação dos objetivos da Aliança. É o fórum de negociações e consultas coletivas contínuas para quaisquer questões políticas ou militares referentes à segurança dos seus membros, bem como para assuntos não-militares, como cooperação econômica ou científica.

A OTAN possibilita aos aliados desenvolver a política coletiva através de atividades complementares[55]. Opera nos campos militar e não-militar, de modo a desenvolver estratégias conjuntas de defesa e estebelecer a infra-estrutura necessária à operação das forças armadas, tais como programas de treinamento e exercícios. Além destas atividades, a OTAN mantém complexa estrutura civil e militar, que envolve equipes de planejamento administrativo, orçamentário e a manutenção de agências nos países-membros para coordenar as atividades em áreas especializadas[56]. É uma organização que tende a se expandir e que conta com centenas de instalações ao redor do globo. Somente a sede da OTAN, localizada em Bruxelas, emprega mais de 3.500 pessoas em regime de trabalho integral, sendo que apenas metade destas faz parte de delegações nacionais. Muitas destas pessoas são indicadas à OTAN por um período de quatro anos e se agrupam de acordo com especialidades técnicas e características pessoais diferentes, sendo certo que têm o objetivo comum de possibilitar o funcionamento da Aliança[57].

### 6.5.1 Elementos estruturais

Já nos primeiros anos da organização, foi estabelecida a estrutura básica para seu funcionamento, a qual possibilita a representação de todos os membros em todos os órgãos decisórios e consultivos. Os principais elementos estruturais da organização são apresentados a seguir, ressalvando-se que os mesmos contam com o apoio de diferentes grupos de trabalho, divisões e agências, estabelecidos a partir de necessidades práticas.

6. 5.1.1. O *Conselho do Atlântico Norte (CAN)* é o único corpo que deriva explicitamente do Tratado do Atlântico Norte[58], com competência e responsa-

---

[54] Organização do Tratado do Atlântico Norte, *NATO Handbook.*

[55] Por exemplo: durante a guerra fria, os Estados Unidos forneciam grande parte do aparato militar da OTAN, ao passo que alguns países europeus aliados cediam partes de seus territórios para o estacionamento de tropas da organização (cf. ROGERS, General Bernard W.).

[56] Como exemplo, devem haver meios de comunicação que facilitem as consultas entre os membros e apoio logístico para a sustentação das forças armadas.

[57] CALLA, Robert B., "NATO's persistence after the cold war", *International Organization*, n. 50, v. 3, 1996, Cambridge.

[58] Tratado do Atlântico Norte, art. 9º.

bilidade de criar órgãos subsidiários, sendo composto por todos os Estados membros da organização. Possui autoridade política, tem competência para discutir qualquer tópico referente à segurança coletiva e à Organização e emite decisões, que são obrigatórias a todos os membros. Estas decisões são tomadas por consenso, ou por unanimidade[59]. A consulta coletiva é "regra de ouro" na OTAN, de modo que os países possuem total igualdade no processo decisório, independente de sua importância[60]. O CAN se reúne em dois níveis diferentes, ambos com a mesma autoridade e poder decisório, que são os mais importantes da Organização. Em um dos níveis, o CAN é formado por representantes permanentes da mais alta hierarquia diplomática dos Estados, que se encontram no mínimo semanalmente. Por outro lado, o CAN se reúne em nível ministerial, geralmente a cada dois anos[61]. Por fim, o CAN tem relevante papel na divulgação de informações a respeito da OTAN e por isso emite declarações e comunicados que explicam suas políticas aos países não membros e ao público em geral. As reuniões do CAN são presididas pelo Secretário-Geral da Organização.

6. 5.1.2. O *Comitê de Planejamento de Defesa (CPD)* lida com assuntos relacionados à estratégia coletiva de defesa e orienta as autoridades militares da OTAN quanto a suas atribuições e responsabilidades. Nas questões de sua competência, tem a mesma autoridade do Conselho. Com a exceção da França[62], todos os aliados estão representados no CPD, composto por representantes permanentes. Há encontros no nível de Ministros de Defesa ao menos duas vezes por ano.

6. 5.1.3. O *Comitê de Planejamento Nuclear (CPN)* é o principal foro de consultas sobre o papel das forças nucleares na estratégia defensiva da OTAN. Participam do CPN todos os Estados-membros, exceto a França. Suas reuniões normalmente acontecem duas vezes por ano, juntamente com o Comitê de Planejamento de Defesa.

6.5.1.4. A *Secretaria Geral* é coordenada pelo Secretário-Geral (que também é presidente do Conselho do Atlântico Norte, do Comitê de Planejamento de Defesa e do Comitê de Planejamento Nuclear). Cabe ainda ao Secretário-Geral promover e orientar os procedimentos consultivos e decisórios na

---

[59] Pode-se dizer, assim, que na OTAN todos os países detêm poder de veto.

[60] Consagra-se, assim, o respeito à soberania nacional e a igualdade jurídica entre os Estados.

[61] As reuniões de Ministros são chamadas Summits ou Conferências e serão abordadas abaixo.

[62] Desde 1966, a França não participa do aparato militar da OTAN. Para compreensão da posição francesa na organização, ver ANDRÉANI, Gilles, "La France et l'Otan après la guerre froide", *Politique Étrangère*, v. 63, n. 1, Paris, 1988.

organização. É a Secretaria Geral composta pela Divisão da Secretaria Geral e pelo *Private Office*.

A Divisão da Secretaria Geral se divide em Secretariado Executivo, Divisão de Informação e Imprensa e Divisão de Segurança da OTAN.

O Secretariado Executivo é responsável pela infra-estrutra de funcionamento do Conselho do Atlântico Norte, Comitê de Planejamento de Defesa, Comitê de Planejamento Nuclear e grupos de trabalho. Deve também conduzir as atividades do corpo administrativo de acordo com as regras da organização.

O Escritório de Informação e Imprensa possui o Serviço de Mídia e Imprensa e o Serviço de Informação, o qual por sua vez se divide na Seção de Planejamento de Produção e Seção de Relações Externas. De um modo geral, o Escritório de Informação e Imprensa divulga informações sobre as funções e políticas da OTAN ao público dos diferentes países, através de uma diversidade de programas e atividades. Para tanto, o Escritório mantém contato com autoridades de informação nacionais e com organizações não-governamentais.

O Escritório de Segurança da OTAN coordena, monitora e implementa a política de segurança da organização.

O *Private Office* serve de apoio a todos os aspectos das atividades do Secretário-Geral e ao *Deputy* do Secretário-Geral e conta com assessoria jurídica e para assuntos da Europa do Leste e Central.

6.5.1.5. A *Equipe Internacional* é escolhida nos países-membros para trabalhar no Conselho, Comitês ou Grupos de Trabalho, contribuindo em diversos aspectos da Aliança, tais como logística ou comunicações.

6.5.1.6. O *Comitê Militar* é responsável por recomendar às autoridades políticas da OTAN as medidas necessárias à defesa coletiva, além de oferecer orientação às Comissões Maiores da organização. O Comitê Militar é a mais alta autoridade militar da Aliança e está sob a autoridade política do Conselho do Atlântico Norte, do Comitê de Planejamento de Defesa e, se for o caso, do Comitê de Planejamento Militar. É composto por todos os Estados-membros, exceto a França, e se reúne ao menos duas vezes por ano.

6.5.1.7. A função da *Estrutura Militar Integrada* é garantir a segurança e integridade territorial dos Estados-membros, fornecendo o modelo organizacional para a defesa contra ameaças externas. Para tanto, conta com complexa rede de comandos militares subsidiários que cobre toda a região do Atlântico Norte e funciona sob a orientação política do Conselho do Atlântico Norte.

6. 5.1.8. O *Corpo Militar Internacional* tem por finalidade fornecer recursos humanos para apoiar o Comitê Militar da OTAN. Se desdobra em um grande número de Agências Militares específicas.

6.5.1.9. A função da *Diretoria de Recursos Senior* é identificar prioridades na alocação dos recursos civis e militares da organização, para garantir que os programas mais importantes sejam contemplados com verba orçamentária[63]. Representantes do Conselho, dos Comitês e da Secretaria Geral participam das reuniões desta Diretoria.

6.5.1.10. O *Conselho de Parceria Euro-Atlântico* nasce em 29 de maio de 1997, em substituição ao Conselho de Cooperação do Atlântico Norte. Composto por representantes de todos os Estados-membros e pelos participantes da Parceria para a Paz[64], sua principal função é implementar o programa referido e expandir a dimensão política do mesmo, considerando as atividades das demais instituições de defesa européias. O Conselho é flexível e pode se reunir de diferentes formas, como os diferentes grupos de Aliados e Parceiros interessados em determinadas questões.

6.5.1.11. O *Conselho Conjunto Permanente OTAN – Rússia*[65] é um foro de consultas, cooperação e incentivo para o consenso entre a Aliança e a Rússia, a fim de que sejam superados quaisquer resquícios de confrontos e competições anteriores entre os mesmos. Deve fomentar a transparência e reciprocidade na construção de um relacionamento saudável, sólido e durável entre os envolvidos.

### 6.6. A OTAN e a Organização de Segurança e Cooperação Européia

Devido ao âmbito geográfico de atuação da OTAN, apontado acima, deve-se compreender o relacionamento institucional desta organização com outras organizações européias, notadamente a Organização de Segurança e Cooperação Européia (OSCE). A OSCE, instituída como organização internacional de caráter regional em janeiro de 1995, é composta por todos os países da Europa, bem como pelos Estados Unidos da América e Canadá.

A OSCE tem como antecedente a Conferência para Segurança e Cooperação na Europa (CSCE), criada em 1972 e que consistia somente em um foro de

---

[63] Para discussão aprofundada acerca da alocação de recursos na OTAN, ver ONEAL, John R., "The theory of collective action and burden sharing and NATO", *International Organization*, v. 44, n. 3, Cambridge, 1990.

[64] Ver item 4, infra.

[65] O Conselho em tela foi criado em maio de 1997, em Paris, pelo *Founding act on mutual relations, cooperation and security between NATO and the Russian Federation*.

**166**

consultas políticas entre países-membros. Em 1975, os participantes da CSCE assinaram o Ato Final de Helsinki, continente de uma gama de princípios para reger as relações entre seus membros a fim de estreitar seu relacionamento, aumentar a confiança mútua, o respeito aos direitos humanos e liberdades fundamentais e a cooperação nos campos econômico, cultural, técnico e científico, sempre com vistas à segurança na Europa. O Ato de Helsinki, porém, seria apenas o primeiro passo para a implementação dos objetivos citados, de modo que a CSCE se reuniu posteriormente, por diversas vezes, para dar continuidade a este processo[66].

A OSCE tem desempenhado, portanto, papel fundamental na promoção do diálogo e da cooperação na Europa. Na Conferência de 1992, foi decidido que a OSCE (então CSCE) deveria se envolver na manutenção da paz, bem como na solução e prevenção de controvésias. Desde então, a OSCE passou a estreitar seu relacionamento com a OTAN e outras organizações internacionais.

As relações entre a OTAN e a OSCE são informais por natureza. O Secretário-Geral da OTAN participa de reuniões ministeriais e conferências da OSCE, bem como o Presidente da OSCE participa das reuniões do Conselho do Atlântico Norte, na OTAN. Existem também comissões *ad hoc* de cooperação entre estas duas organizações.

A OTAN e a OSCE têm atuado em conjunto para operações na Bósnia, Herzegovina e, desde 1998, em Kosovo.

### 6.7. O novo conceito estratégico da OTAN

Com o fim da guerra fria, a OTAN restou anacrônica em relação à realidade e sentiu necessidade premente de reforma[67]. Por este motivo realizaram-se, a partir de 1990[68], Conferências entre os representantes de Estado e de Governo dos aliados, as quais resultaram em novo conceito estratégico para a Organização, a partir de seus princípios fundamentais. Estas reuniões levaram em conta os novos dados da realidade, ou seja, que se reduzia enormemente a ameaça de um ataque em grande escala, que os riscos haviam se tornado multidirecionados, que instabilidades iriam surgir de dificuldades econômicas e sociais ou de disputas étnicas e territoriais e que seriam os conflitos de menor escala a ameaça à estabilidade da Europa e, conseqüentemente, aos próprios aliados.

---

[66] Reuniões importantes da CSCE aconteceram em Estocolmo, em 1986, em Viena, em 1990, 1992 e 1994.

[67] Alguns autores chegaram a pregar a morte da OTAN com o fim da guerra fria, pois consideravam a mesma inadequda à nova realidade. Neste sentido, JUDT, Tony, ob. cit.

[68] As principais Conferências que revisaram o conceito estratégico da OTAN foram: London Summit, 1990; Rome Summit, 1991; Brussels Summit, 1994; Madrid Summit, 1997, Washington Summit, 1999 e Balkans Summit, 1999.

6.7.1. A Conferência de Londres, 1990: O novo conceito estratégico

A Conferência de Londres obteve os resultados mais abrangentes desde a instituição da OTAN. Neste sentido, o novo Conceito Estratégico da Aliança decidiu pela **manutenção** da Aliança, nos termos de seu documento originário. Assim, continuaria a exisitir um mecanismo de defesa coletivo, com capacidade militar, em que a agressão contra um membro seria agressão contra todos os demais.

No entanto, a Declaração inovou ao estabelecer, secundariamente, um ambiente de **cooperação** positiva entre a OTAN e os países do Leste europeu, pois entendeu que a nova situação exigia e possibilitava o **diálogo** com os mesmos, de modo que deveriam ser aprofundadas as relações diplomáticas e contatos militares[69]. A segunda inovação consistiu no comprometimento da OTAN em participar ativamente, em conjunto com outras organizações internacionais e nos termos da Carta da ONU, da **prevenção e solução de crises externas** aos territórios dos aliados, em favor da integridade e unidade européias, de modo que se expandiu a atuação da organização[70]. Haveria uma redução progressiva nas tropas estacionadas e nas armas nucleares e seria desenvolvida estratégia militar adequada à nova realidade, mais maleável e adaptável a diversas situações[71].

6.7.2. A Conferência de Roma, 1991: O Conselho de Cooperação do Atlântico Norte

Os resultados favoráveis da Conferência de Londres possibilitaram, no ano seguinte, a Declaração sobre Paz e Cooperação[72], a qual manteve e estendeu a estratégia elaborada no ano anterior. Desta forma, ampliou-se definitivamente o conceito de segurança, que passaria a levar em conta uma diversidade de fatores. Deste modo, a capacidade militar passou a ser considerada apenas um entre os vários elementos relevantes à prevenção e solução de conflitos, que envolvem elementos estruturais, políticos, econômicos e ambientais.

No plano institucional, foi criado o **Conselho de Cooperação do Atlântico Norte**[73] (CCAN), com a finalidade de aprofundar o processo de adaptação e

---

[69.] Como conseqüência da Declaração de Londres, diversos representantes de países do Leste europeu, tais como a Rússia, Bulgária, Romênia e Hungria foram convidados a visitar a sede da OTAN e contatos regulares foram estabelecidos.

[70.] Logo após a Declaração de Londres, a OTAN teve participação ativa na guerra do Golfo, sob o comando da ONU.

[71.] Por exemplo, conflitos locais de menor escala podem se iniciar em pontos inesperados e exigem mobilização rápida, o que torna sem utilidade a existência de um grande número de tropas estacionadas.

[72.] A Declaração sobre Paz e Cooperação também é chamada Declaração de Roma.

[73.] A primeira reunião do Conselho aconteceu em 20 de dezembro de 1991, com a participação dos países da OTAN, seis países da Europa Central e três Estados dos Balcãs. Em sua reunião de encerramento, em 1997, o Conselho de Cooperação do Atlântico Norte contava com mais de 40 Estados, quando foi subsituído pelo Conselho de Parceria Euro-Atlântica.

**168**

transformação da Aliança. Aberto à participação dos países da Europa Central, do Leste, e aos países recém-independentes da União Soviética, suas finalidades seriam: desenvolver o modelo político institucional para facilitar a aproximação oficial dos países da Europa Central e do Leste e com os países recém-independentes da União Soviética; implementar a cooperação genérica nas esferas defensiva e militar; aperfeiçoar a atuação da OTAN em momentos de crise e na manutenção da paz[74].

No âmbito das atividades do Conselho encontram-se consultas regulares sobre questões políticas vinculadas à segurança, despesas orçamentárias com defesa e sua relação com as economias nacionais, informação aos membros sobre as atividades previstas pelo Conselho e debates sobre as formas de implementação das mesmas (tais como exercícios de batalha, realização de seminários etc.).

### 6.7.3. A Conferência de Bruxelas, 1994: Parceria para a Paz

A fim de aprofundar o ambiente de relacionamento positivo criado pelo Conselho de Cooperação do Atlântico Norte, a Conferência de Bruxelas lançou o programa Parceria para a Paz[75]. O programa é um convite para que todos os países da Europa estreitem na prática seus laços de diálogo e cooperação com a Aliança, principalmente nas esferas militar, de manutenção da paz e de assistência humanitária. A dimensão política do programa consiste na promoção e comprometimento com os princípios democráticos, para diminuir os riscos de instabilidade[76]. Seus principais objetivos são: maior transparência nos planejamentos nacionais de defesa, controle democrático das forças de defesa, manutenção de capacidade para contribuir ou colaborar com acordos militares para operações de paz, estabelecimento de relações militares para operações de paz e de resgate e para operações humanitárias e desenvolvimento de forças capazes de operar de modo otimizado com os membros da OTAN[77].

A Parceria para a Paz surge em uma era em que a cooperação já não era mais uma meta, mas, sim, uma realidade[78]. Por este motivo, dentro dos objetivos gerais do programa, são desenvolvidos programas individuais e específicos de cooperação, elaborados entre cada parceiro e a Aliança.

É de se notar que, originariamente, o responsável pela implementação do

---

[74.] Particularmente, de acordo com *NATO Handbook*, ob. cit., o Conselho de Cooperação do Atlântico Norte deveria se preocupar com a crise da Ex-Iugoslávia.

[75.] Como explica o General Manfred WOERNER, in *NATO Handbook*, ob. cit., a Parceria para a Paz não é uma forma de adesão à OTAN, mas sim um caminho para a mesma. Na atualidade, o programa conta com 24 países.

[76.] MOLTKE, Gebhardt Von, "Building a Partnership for Peace", *NATO Review*, vol. 42, n. 3, junho, 1994.

[77.] Um dos grandes exemplos de atividade da OTAN e seus parceiros foi a criação da Força Multinacional de Implementação, que auxiliou nas atividades militares na Bósnia.

[78.] É de se notar que, desde 1997, a Parceria para a Paz vem sendo incrementada especialmente em seu aspecto político, a fim de se tornar um foro de consultas neste sentido, cf. Welcome to NATO, http://www.nato.org.

**169**

programa Parceria para a Paz seria o Conselho de Cooperação do Atlântico Norte, o qual foi substituído pelo Conselho de Parceria Euro-Atlântico[79]. Para facilitar o contato entre os parceiros estes estão autorizados, inclusive, a estabelecer escritórios na sede da OTAN em Bruxelas.

Ainda em Bruxelas, inicia-se planejamento para o alargamento da Aliança[80], considerado mais um fator relevante para a segurança e estabilidade da região euro-atlântica.

### 6.7.4. A Conferência de Madri, 1997[81]: Revisão do conceito estratégico

A Conferência de Madri concluiu que os pressupostos[82] da estratégia política da Aliança, estabelecida em Londres e Roma, foram minados por fatos supervenientes, tais como o colapso absoluto da União Soviética, que transformou a OTAN na maior potência militar do globo e eliminou os riscos de um ataque estratégico em escala coletiva, restando no entanto potências nucleares autônomas; os riscos de instabilidade apresentados pela crise do Golfo e da Ex-Iugoslávia, que fez com que a OTAN decidisse apoiar operações de paz a partir da análise de cada caso[83], a fim de aprofundar seu relacionamento com a Organização das Nações Unidas. Assim, dever-se-ia abandonar a postura defensiva tradicional da Aliança e adotar o modelo de envolvimento intenso em crises externas. A Organização passaria de uma aliança militar de defesa coletiva para uma política-militar de cooperação em matéria de segurança, na qual a solução e prevenção de controvérsias se tornariam os **principais** objetivos[84]. No novo modelo, seria fundamental eliminar toda forma de distinção entre as estruturas e forças para defesa coletiva regional e aquelas destinadas a outras operações. Isto porque os riscos futuros dos Estados-membros, em um mundo de interdependência crescente, consistiriam em ameaças não só à sua segurança interna como externa, pois esta última teria conseqüências econômicas e sociais, além de resultar em hordas de refugiados, que atingiriam os aliados.

Assim, a Conferência de Madri modificou os elementos do conceito de segurança, que incluiria elementos de defesa, políticos, sociais, culturais, econômicos e ambientais. Para equacionar este problema complexo, as instituições de segurança deveriam ser interligadas, tendo a OTAN como elo central.

Os valores dignos de preservação, intimamente ligados à prevenção e solução de controvérsias, seriam a democracia, a economia de mercado, o estado

---

[79.] Ver item 3, supra.
[80.] Esta questão foi debatida, individualmente, com cada parceiro da Aliança.
[81.] Cf. Madri Declaration, NATO Press Release M-1(97)81, 8 de julho de 1997.
[82.] Ver itens 6.7.1 e 6.7.2, supra.
[83.] Decisão tomada na reunião do Conselho do Atlântico Norte em Oslo, em 1992.
[84.] WIJK, Rob de, "Towards a new political strategy for NATO", *NATO Review*, vol. 46, n. 2, Summer, 1998.

de Direito, os direitos humanos, os direitos das minorias e as regras de conduta militar. A partir destes conceitos, determinou a Conferência que se elaborasse, mais uma vez, plano estratégico para a Aliança.

Decidiu-se em Madri, também, pela admissão de novos membros à OTAN. Em conseqüência a República Tcheca, Hungria e Polônia foram convidadas a iniciar negociações com os Aliados[85], para esta finalidade.

### 6.7.5. A Conferência de Washington, 1999: A Aliança do século 21

A Conferência de Washington, no 50º aniversário do Tratado do Atlântico Norte, considerando os objetivos estabelecidos em Madri, consolidou o conceito estratégico da Aliança para o próximo milênio, quais sejam:

1) Manutenção do dever de defesa coletiva dos membros e do vínculo transatlântico entre os mesmos;
2) Construir uma Aliança mais ampla[86], com adesão de novos membros, mais eficaz e mais flexível, comprometida com novas missões, especialmente prevenção e solução de conflitos na região euro-atlântica;
3) Ser foro de consultas aos Aliados e seus parceiros;
4) Ser responsável pela construção de um ambiente estável na região euro-atlântica, baseado no desenvolvimento de instituições democráticas e na solução pacífica de controvérsias;
5) Participar da solução de problemas humanitários;
6) Coordenar esforços internacionais para a criação de ambiente de cooperação e segurança na região européia;
7) Solucionar conflitos, eleitos caso a caso, na região euro-atlântica;
8) Respeitar os princípios da Carta da Organização das Nações Unidas e reconhecer a autoridade daquela organização na prevenção e solução de controvérsias;
9) Apoiar a implementação dos acordos de paz da Bósnia e Herzegovina;
10) Auxiliar no retorno dos refugiados da Bósnia e Herzegovina;
11) Atuar de modo efetivo com o Tribunal Penal Internacional para a Ex-Iugoslávia[87];
12) Intensificar a atuação da resolução da crise de Kosovo[88];
13) Integrar os países da região dos Balcãs à região euro-atlântica, para que os primeiros conquistem segurança, estabilidade, respeito aos direitos humanos, democracia, liberdades individuais e o estado de Direito;

---

[85] A entrada de novos membros deve se dar nos termos do art. 10 do Tratado do Atlântico Norte.

[86] Conforme o Comunicado da Conferência de Washington, o alargamento da Aliança se dará de acordo com o *Membership Action Plan*. Muito provavelmente, o próximo país admitido na OTAN será a Ucrânia, que já está vinculada à organização de modo único, pela Carta OTAN – Ucrânia, a qual estabelece cooperação muito mais profunda do que aquela prevista na Parceria para a Paz.

[87] A atuação se dará através de forças especiais da OTAN, estabelecidas para este fim.

[88] Em Washington, a crise de Kosovo foi tida como uma ameaça à estabilidade do sudeste da Europa.

14) Apoiar a soberania e transição da Ucrânia para República Democrática;
15) Aprofundar o diálogo com a região do Mediterrâneo[89];
16) Aumentar a interação com outras organizações de segurança coletiva, especialmente com a União Européia e a Organização das Nações Unidas;
17) Aprofundar o relacionamento com os países da Parceria para a Paz e promover a participação de novos membros da região euro-atlântica;
18) Aprofundar as relações com a Rússia[90];
19) Disponibilizar as forças da OTAN aos países da União Européia em operações militares lideradas por esta última;
20) Aperfeiçoar a interoperabilidade entre as forças de defesa da Aliança e de seus parceiros a adaptar as estruturas de comando para este fim;
21) Evitar a proliferação de armas convencionais nucleares, biológicas e químicas;
22) Promover o controle de armas, desarmamento e não proliferação das mesmas;
23) Se envolver na aceitação, pelos Estados, de tratados internacionais sobre a não proliferação de armas e desarmamento;
24) Proteger os Estados contra o terrorismo e responsabilizar as nações coniventes por tais atos;
25) Manter viáveis as indústrias de defesa dos Estados-membros, a fim de que estes produzam armas eficientes para sua defesa.

Por fim, a Conferência de Washington recebeu a República Tcheca, Hungria e Polônia como novos membros da Aliança.

### 7. Análise de caso: a crise em Kosovo[91]

Já em 1998 a OTAN se preocupava com os conflitos étnicos, entre sérvios e albaneses, em Kosovo. Neste mesmo ano, a organização ameaçou, unilateralmente, realizar ataques aéreos à região a fim de forçar Slobodan Milosevic, líder sérvio, a retirar suas tropas.

Em 23 de setembro de 1998, a Resolução 1199 do Conselho de Segurança da ONU manifestou profunda preocupação com o escalonamento da violência em Kosovo e determinou um cessar-fogo na região. Pela Resolução 1203, também do Conselho de Segurança da ONU, coube à OTAN e à OSCE supervisionar a implementação da ordem dirigida a Kosovo.

---

[89.] A região do Mediterrâneo é considerada estratégica pela OTAN para a estabilidade da Europa. Assim, foi iniciada a aproximação com esta região pelo documento denominado *Mediterranean Dialogue*, de maio de 1997.

[90.] O relacionamento com a Rússia continuará a ser construído nos termos do *NATO-Russia Founding Act*, cit.

[91.] De acordo com http://www.nato.int

Os objetivos da OTAN em relação aos conflitos em Kosovo foram definidos pelo Conselho do Atlântico Norte em 12 de abril de 1999 e reafirmados pela Conferência de Washington, neste mesmo ano. Fundamentalmente, a OTAN buscava restaurar o respeito aos direitos humanos e estabelecer tropas internacionais na região, além de supervisionar o retorno dos refugiados e pessoas deslocadas a seus lares.

No entanto, continuavam as violações aos direitos humanos em Kosovo e a OTAN patrocinou, por vários meses, negociações de paz entre sérvios e albaneses. Quando finalmente se chegou a um documento final, em março de 1999, somente a delegação albanesa assinou o mesmo. Os sérvios, além da recusa de assinatura, fecharam as estradas da região e impediram os exércitos de verificação da OSCE, coordenados pela OTAN, de se deslocar pela região.

Em conseqüência, em 23 de março de 1999 o Conselho do Atlântico Norte, sem autorização anterior da ONU, determinou que a OTAN iniciasse ataques aéreos contra alvos estratégicos da República Federal da Iugoslávia, os quais duraram 77 dias.

Quando afinal, em 10 de junho, as tropas sérvias passaram a se retirar de Kosovo, a investida da OTAN teve fim. Na mesma data, o Conselho de Segurança da ONU aprovou a Resolução 1244 por 14 votos contra nenhum, com abstenção da China. A referida Resolução louvou a solução política da controvérsia, aceita por sérvios e albaneses e o compromisso de estes cessarem os atos de violência, bem como anunciou a intenção de o Conselho de Segurança movimentar tropas internacionais, sob o comando da ONU, para a região.

Por fim, aconteceu entre 28 e 30 de julho de 1999, em Sarajevo, a Conferência do Pacto para Estabilidade nos Balcãs[92], a qual, como o próprio nome indica, buscou implementar definitivamente a paz na região.

---

[92.] Os textos da Conferência ainda não estão disponíveis.

# DIREITOS FUNDAMENTAIS E DIREITO DO MEIO AMBIENTE: CONFLITO OU COMPLEMENTAÇÃO?

GERALDO MINIUCI

*Doutorando em Direito Internacional (USP)*
*Bolsista da FAPESP.*

Introdução – 1. Instrumental Filosófico – 2. A Concepção Organicista – 3. A Concepção Individualista; 3.1. Direitos humanos; 3.2. Soberania – 4. Direito do Meio Ambiente – 5. Considerações Finais – 6. Bibliografia

## INTRODUÇÃO

*Ubi societas, ibi jus.* Desse velho adágio podemos iniciar nossas discussões. Ele sugere a idéia de que o direito é uma criação da sociedade. Sendo uma criação da sociedade, terá o direito, desde o seu surgimento, características da sociedade que o gerou. A criatura é feita à imagem e semelhança do criador.

Portanto, para entendermos o direito e suas funções, devemos inicialmente procurar seu fundamento maior na fonte que o trouxe ao mundo.

A primeira pergunta a ser respondida, parece-me, então, deveria ser: como é a sociedade que criou o direito? Qual a concepção que se tem dela?

A partir dessa resposta, será possível entender a natureza do direito examinado.

Os seguidores do islamismo, por exemplo, têm uma concepção teocrática da sociedade. Disso resulta que as características do direito muçulmano serão próprias, a distingui-lo dos demais direitos. A esse respeito, ensina René David,

> "O direito muçulmano não é ...um ramo autônomo da Ciência. Constitui apenas uma das faces da religião do Islão...O *char'* ou *châr'ia*, isto é, 'o caminho a seguir', constitui o que se chama o direito muçulmano. Essa ciência indica ao muçulmano como deve, segundo a religião, comportar-se sem que se distingam, em princípio, as obrigações que ele tem para com os seus semelhantes (obrigações civis, esmola) e as que tem para com Deus (oração, jejum, etc.); *está centrada, portanto, na idéia das obrigações que incumbem ao homem, não sobre*

*a dos direitos que ele poderia seguir... A concepção que preside no Islão é a de uma sociedade essencialmente teocrática, na qual o Estado não tem valor senão como servidor da religião revelada.*[1] (o grifo é meu).

Tal como o Estado, o direito exerce a função de servidor da religião revelada. Citando Gibb, conta ainda René David:

"O direito muçulmano foi a ciência básica e o factor mais importante para conformar a ordem social e a vida da comunidade dos povos muçulmanos. Manteve coerente e firme a estrutura do Islão através de todas as flutuações da vida política e fez sentir a sua influência sobre quase todos os aspectos da vida social e sobre cada ramo da literatura."[2]

Assim, para tratarmos do tema proposto, *Direitos fundamentais e direito do meio ambiente: conflito ou complementação?*, é necessário, de início, desvendar a concepção que rege esses direitos.

Essa tarefa resolvi enfrentá-la, como veremos, lançando mão de instrumentos fornecidos pela filosofia. Será em torno das idéias expostas logo na primeira parte do texto que estará estruturado este trabalho.

Considerando que os principais destinatários dos comandos normativos ambientais podem ser tanto a pessoa natural[3] como o Estado, a exposição, além de cobrir os direitos humanos, irá tratar igualmente da soberania, entendida como um direito do Estado. Examinando a essência desses dois direitos com a ajuda do instrumental filosófico a ser apresentado a seguir, será possível, pela via do método comparativo, identificar a concepção que fundamenta o direito do meio ambiente.

## 1. INSTRUMENTAL FILOSÓFICO

Por paradoxal que seja, podemos identificar dois tipos de totalidade: a totalidade inorgânica e a totalidade orgânica. A primeira se refere a um todo, semelhante ao todo que representa, por exemplo, o relógio. É possível desmontar

---

[1] René DAVID. *Os grandes sistemas do direito contemporâneo.* 2ª ed., Lisboa, Editora Meridiano, 1978, p. 471.

[2] H.A.R. GIBB. *Mohammedanism. An Historical Survey* (1953), pp. 9-11, *apud* René DAVID, op. cit. p. 472.

[3] A expressão *"pessoa natural"* é aqui utilizada no lugar de *"pessoa física"*, porque esta é um conceito mais adequado ao direito tributário.

o relógio, tirando-lhe a lente, os ponteiros, a tampa, as engrenagens. Se tivermos suficiente habilidade e destreza, somadas a uma paciência oriental, poderemos remontá-lo e pô-lo novamente a funcionar, com a mesma precisão de antes.

A totalidade orgânica, podemos representá-la socorrendo-nos de um animal como exemplo. Se tentarmos fazer com uma cobaia viva o mesmo que pretendíamos com o relógio, isto é, desmontá-la, separando-lhe todas as suas partes internas, poderemos, com a mesma habilidade, destreza e paciência, colocá-la na forma original, mas algo faltará. Esse algo, que podemos chamar, conforme nossas convicções, de vida, alma, espírito, sopro divino, ele se coloca acima do pobre animal e de suas partes. É um elemento essencial, responsável por sua existência.

Em resumo, a totalidade inorgânica é formada pela soma de seus elementos constitutivos; a totalidade orgânica, por sua vez, é um corpo que, se desmembrado, não mais poderá voltar a ser o que era.

## 2. A CONCEPÇÃO ORGANICISTA

De acordo com a concepção organicista, o todo está acima das partes. Segundo Bobbio, esse tipo de visão

> "ofereceu um dos argumentos mais comuns para a justificação da pena de morte. Se o homem, como animal político, não pode viver fora de um corpo social, do qual constitui logicamente um membro, a vida (ou melhor, a sobrevivência) do corpo social em sua totalidade é um bem superior à vida ou à sobrevivência de uma de suas partes; em particular, a vida de um indivíduo deve ser sacrificada à vida do todo quando, estando aquele infectado, apresenta o risco de contagiar e de pôr em perigo a vida do todo."[4]

O professor italiano cita, a esse respeito, o seguinte texto de Santo Tomás:

> "Cada parte está ordenada ao todo como o imperfeito ao perfeito (...). Por causa disso, vemos que, se a extirpação de um membro é benéfica à saúde do corpo humano em seu todo (...), é louvável e salutar suprimi-lo. *Ora, cada pessoa considerada isoladamente coloca-se em relação à comunidade como a parte em relação ao todo.* Por conseguinte, se um homem constitui um perigo para a comunidade, (...) é louvável e salutar matá-lo para salvar o bem comum"[5] (o grifo é meu).

---

[4] Norberto BOBBIO. *A era dos direitos*. Rio de Janeiro, Editora Campus, 1992, p. 181.
[5] Id.

Essa concepção organicista da sociedade, dominante no mundo antigo e na era medieval, consiste, portanto, nisso, que o indivíduo, submetido ao todo, é menos sujeito de direitos do que de deveres.

## 3. A CONCEPÇÃO INDIVIDUALISTA

Locke, usando uma construção da razão, formula a hipótese de um estado originário, onde não há sociedade, nem leis a serem obedecidas, exceto as leis naturais. A partir daí, o filósofo inglês introduz uma nova ótica, que permitirá subverter a concepção orgânica da sociedade, colocando o indivíduo em posição diametralmente diversa daquela defendida por Santo Tomás:

> "Para entender bem o poder político e derivá-lo de sua origem, deve-se considerar em que estado se encontram naturalmente todos os homens; e esse é um estado da perfeita liberdade de regular as próprias ações e de dispor das próprias posses e das próprias pessoas como se acreditar melhor, nos limites da lei da natureza, *sem pedir permissão ou depender da vontade de nenhum outro*"[6] (o grifo é meu).

Esse enfoque permite uma concepção não mais orgânica da sociedade, mas individualista. O indivíduo, no estado de natureza, exercendo sua liberdade, associou-se a outros indivíduos e criou o Estado com suas instituições para garantir os direitos naturais individuais. Com isso, ele passou a ser também sujeito de direitos e não somente de deveres. Segundo Bobbio, *"em relação aos indivíduos, doravante, primeiro vêm os direitos, depois os deveres; em relação ao Estado, primeiro os deveres, depois os direitos."*[7]

### 3.1. Direitos humanos

Somente a partir dessa concepção individualista da sociedade é que poderemos compreender fenômenos como a democracia e os direitos humanos. Ainda nas palavras do mestre italiano:

> "Da concepção individualista da sociedade, nasce a democracia moderna (...), que deve ser corretamente definida não como o faziam os antigos, isto é, como o 'poder do povo', e sim como o poder dos indivíduos tomados um a um (...). Numa democracia moderna, quem

---

[6] John LOCKE. *Segundo tratado sobre o governo*, II, 4. *Apud* Norberto BOBBIO, op. cit., p. 59.
[7] Norberto BOBBIO. op. cit., p. 60.

**178**

toma as decisões coletivas, direta ou indiretamente, são sempre e somente os cidadãos *uti singuli*, no momento em que depositam o seu voto na urna."[8]

Como corolário da própria democracia, os direitos humanos também trazem em sua essência o individualismo, que é a marca dos tratados internacionais de direitos humanos. O art. 1º da Declaração Universal dos Direitos do Homem, por exemplo, em sua primeira parte, adota, por assim dizer, a hipótese de estado natural construída por Locke que serviu de base para redefinir a posição do ser humano em suas relações com a sociedade: *Todas as pessoas nascem livres e iguais em dignidade e direitos.*

Disso resulta que a principal característica dos instrumentos legais sobre a matéria, a distingui-los no âmbito do Direito Internacional Público, é o fato de estarem voltados fundamentalmente para o ser humano. Enquanto muitos tratados internacionais regulam de modo geral os interesses dos Estados, admitindo reservas, derrogações, legalizando, enfim, de toda forma possível, decisões políticas, os tratados internacionais de direitos humanos dispõem-se a socorrer não entes estatais, mas o ser humano enquanto vítima de ação ou omissão do Estado. Com a vigência desses instrumentos, o Direito Internacional deixa de ser domínio reservado da soberania estatal e passa a incorporar o indivíduo como sujeito de direitos. Conforme ensina o diplomata J.A. Lindgren Alves:

> "Ao aderirem às convenções sobre direitos humanos, diferentemente do que ocorre nas demais esferas, os Estados não se propõem obter vantagens claras. Assumem, ao contrário, obrigações internacionais para a defesa de seus cidadãos contra seus próprios abusos ou omissões. Mais ainda, aceitam a intrusão na soberania nacional, na forma de monitoramento da respectiva situação, sem contrapartidas palpáveis, pelo menos à primeira vista."[9]

Hoje, é possível verificar, há uma extensa relação de instrumentos internacionais voltados para a proteção da pessoa humana. Diversos aspectos, alguns bem específicos, da vida do indivíduo em sociedade são objeto de tratamento legal. O ser humano não é mais visto, no dizer de Bobbio, *"como ente genérico, ou homem em abstrato"*[10], mas como criança, mulher, trabalhador, velho, índio, religioso, incapacitado etc.

---

[8] Id., pp. 119-120.
[9] José Augusto Lindgren ALVES. *Os direitos humanos como tema global.* São Paulo, Perspectiva; Brasília, Fundação Alexandre de Gusmão, 1994, p. 43.
[10] Norberto BOBBIO. op. cit., p. 68.

## 3.2. Soberania

O mesmo individualismo, até aqui abordado sob a perspectiva da pessoa natural, também está presente nas relações entre os Estados. Enquanto membros da sociedade internacional, os Estados podem ser concebidos como indivíduos. Hegel já dizia:

> "Nas relações entre si, os Estados comportam-se como particulares. Têm elas, por conseguinte, aquilo que há de mais mutável na particularidade, nas paixões, interesses, finalidades, talentos, violências, injustiças e vícios, mas elevado à mais alta potência que possa assumir."[11]

Essa *individualidade estatal*, ela se revela, sobretudo, no conceito jurídico de soberania. Heber Arbuet Vignali, Catedrático de Direito Internacional Público na Faculdade de Direito de Montevidéu, ensina que "quando a soberania se refere ao Direito Internacional, confere aos Estados um poder independente, *que não admite subordinação a nenhum outro poder*, mas que é compartido por muitos entes iguais, todos os quais dispõem do atributo da soberania..." (o grifo é meu).[12]

Em nome da soberania – e nos limites que sua capacidade de projeção e inserção internacionais permitirem-no –, os Estados praticam diversos atos, algumas vezes ao arrepio das leis e dos costumes internacionais. Em 1974, por exemplo, foi instituída, nos Estados Unidos, pela Lei de Comércio e Tarifas, a Seção 301, que conferia poder discricionário ao Executivo daquele país para adotar unilateralmente "medidas coercitivas contra políticas e práticas comerciais de governos estrangeiros consideradas prejudiciais aos interesses norte-americanos."[13] Explica o diplomata Regis P. Arslanian que os mecanismos da Seção 301 "impõem aos parceiros comerciais dos EUA, em caso de disputa comercial, uma negociação bilateral sobre uma agenda estabelecida pelos EUA, com base em critérios, julgamentos e ritos de sua própria legislação interna"[14], o que era incompatível com as normas internacionais, de modo geral, e com o ordenamento do GATT, em particular.

---

[11] Georg Wilhelm Friedrich HEGEL. *Princípios da filosofia do direito*. São Paulo: Martins Fontes, 1997, p. 306.

[12] Heber Arbuet VIGNALI. "O atributo da soberania". *Estudos da integração*, 9º volume, Brasília: Senado Federal, Subsecretaria de Edições Técnicas; Porto Alegre: Associação Brasileira de Estudos da Integração, 1995, p. 20.

[13] Regis P. ARSLANIAN. *O recurso à seção 301 da legislação de comércio norte-americana e a aplicação de seus dispositivos contra o Brasil*. ("Coleção Relações Internacionais; 23") Brasília: Instituto Rio Branco, 1994, p. 7.

[14] Id.

Salcedo, ao tratar da comunidade internacional e soberania estatal no direito internacional contemporâneo, observa que

> "la posesión de alta tecnología hace al Estado más autosuficiente, menos dependiente de la cooperación y ayuda de los demás, por lo que cabe incluso temer que los Estados altamente industrializados y con una soberanía tecnológica real no constituyan ya una nueva oligarquia internacional, *instalada en la falta de solidariedad internacional*".[15]

Em resumo, vimos até aqui que tanto nas relações internacionais como no Direito há elementos que apontam para a existência de uma concepção individualista seja da sociedade da pessoa natural seja da sociedade dos Estados. No Direito, essas concepções se manifestam pela via dos direitos humanos, no primeiro caso, e pela da soberania, no segundo.

## 4. DIREITO DO MEIO AMBIENTE

Isso posto, examinemos agora o direito do meio ambiente.

Para que possamos situá-lo nesse cenário onde há direitos essencialmente individualistas, será necessário desvendar-lhe também a sua essência. Formulando em outras palavras: se o individualismo é a principal característica dos direitos humanos e da soberania, qual é então o traço distintivo do direito do meio ambiente?

Quando nos defrontamos com o assunto, somos levados a crer, num primeiro momento, que as disposições ambientais nada mais são do que um complemento das normas voltadas para a proteção dos direitos da pessoa natural. Nesse sentido, é muito comum vê-las catalogadas como uma espécie de direitos humanos de geração mais avançada. Assim, além dos direitos de primeira geração, os chamados direitos civis e políticos, e dos direitos de segunda geração, conhecidos como direitos econômicos, sociais e culturais, *"emergiram hoje"*, conforme observa Bobbio, "os chamados direitos de terceira geração, que constituem uma categoria, para dizer a verdade, ainda excessivamente heterogênea e vaga, o que nos impede de compreender do que efetivamente se trata. O mais importante deles é o reivindicado pelos movimentos ecológicos: o direito de viver num ambiente não poluído."[16]

A própria introdução do conceito de desenvolvimento sustentável pode reforçar essa impressão, a de que o direito do meio ambiente é, na realidade,

---

[15] J.A.C. SALCEDO. *El derecho internacional en un mundo en cambio.* Madrid, Tecnos, 1985, p. 213.
[16] Norberto BOBBIO, op. cit., p. 6.

uma espécie do gênero direitos humanos. São significativas, a esse respeito, as palavras do Embaixador Marcos Castrioto Azambuja:

> "A adição do conceito de sustentabilidade ao desenvolvimento lhe dá duas características novas, primeiro, pela primeira vez ele se universaliza, pois não há qualquer país que não seja sócio da idéia de desenvolvimento sustentável, mesmo e sobretudo os ricos. Em segundo lugar, de certa maneira esse casamento entre o desenvolvimento e o meio ambiente tirou do meio ambiente talvez o seu pecado mais terrível que é um ingrediente desumano que ele contém, a idéia de que o homem é apenas uma espécie entre milhares de outras espécies, que nós não temos na ordem da natureza nenhuma posição central que cabe ao ser humano, apenas se acomodar entre coleópteros e pterodátilos, a desempenhar uma função talvez passageira, seria a rejeição da sacralidade da espécie de sua posição de foco e objetivo da criação. *O vínculo com o desenvolvimento resgata para a causa do meio ambiente o elemento que o humaniza e o universaliza*"[17] (o grifo é meu).

Teria o direito do meio ambiente de fato esse caráter antropocêntrico? Representa ele apenas um estágio na evolução dos direitos humanos ou seria algo que transcende a proteção da pessoa humana, indo mais além?

Vejamos a evolução histórica das duas matérias.

O processo de universalização dos direitos humanos iniciou-se com a Carta das Nações Unidas, de 24 de outubro de 1945, que lançou os fundamentos jurídicos para a proteção do indivíduo, impondo aos Estados-membros o compromisso de promover, em conjunto ou separadamente, ações em favor dos direitos humanos e das liberdades fundamentais para todos, sem distinção de raça, sexo, idioma ou religião.[18] A partir dessa base legal, entrou em curso verdadeiro processo de expansão da proteção internacional dos direitos humanos, marcado pela progressiva vigência, em diversos níveis, de inúmeros tratados sobre a matéria, o primeiro deles, a Declaração Universal de Direitos Humanos, de 1948.

O movimento que deu origem ao direito internacional do meio ambiente iniciou-se no final dos anos 60, após fortes manifestações de preocupação da comunidade científica a respeito da saúde do planeta.[19] A partir de então, esse tema passou a ser debatido em diversos níveis, numa freqüência inusitada. Desde

---

[17] *Política Externa*, São Paulo, Paz e Terra, vol. I, n. 2, set./out./nov. 1992, p. 45, *apud* Guido Fernando Silva SOARES. *As responsabilidades no Direito Internacional do Meio Ambiente*. Campinas, Komedi Editores, 1995, p. 64.

[18] Cf. art. 55, *c*, c/c art. 56 da Carta da ONU.

[19] Alexandre KISS. *Droit International de l'Environnement*. Paris, Editions A. Pedonne, 1989, p. 30.

**182**

1968, com a Declaração sobre a luta contra a poluição do ar, adotada em março pelo Comitê de Ministros do Conselho da Europa, e a proclamação, em maio do mesmo ano, da Carta Européia da Água, está em curso um novo processo de expansão legislativa semelhante, em termos quantitativos, ao que marcou a evolução dos direitos humanos, mas, ao contrário deste, relativo não a interesses individuais do homem, como sua integridade física, sua liberdade, seu direito de ir e vir, e sim a um patrimônio comum da humanidade, ou, para utilizar expressão empregada por Washington Peluso Albino de Souza, relativo à *base material da vida humana.*[20]

Esses dois grandes movimentos no âmbito do direito internacional, o dos direitos humanos e o do direito ambiental, foram, em última análise, desencadeados por desgraças, horrores como o holocausto, os campos de concentração, a bomba atômica, as indústrias poluentes, os rios que, já não tendo mais vida, ao invés de peixes, só carregam os dejetos das cidades por onde passam. Foi em resposta a situações dessa natureza que se criaram as inúmeras normas internacionais sobre as duas matérias.

Do ponto de vista cronológico, vemos que o ser humano preocupou-se primeiro em regular suas relações com a sociedade, estabelecendo direitos que se pretendem fundamentais, voltados essencialmente para o indivíduo. Somente numa etapa posterior é que passou a reconhecer direitos, cujo objeto é a base material de sua vida.

São, portanto, duas discussões completamente diferentes, a que trata dos direitos do homem com seus pares e suas instituições e a que diz respeito às interações humanas com o meio ambiente.

Isso não significa que sejam incompatíveis. É comum inclusive vermos disposições ambientais inseridas em diplomas legais de direitos humanos. O art. 11 do Protocolo Adicional à Convenção Americana sobre Direitos Humanos em Matéria de Direitos Econômicos, Sociais e Culturais, o conhecido Protocolo de San Salvador, de 1988, por exemplo, dispõe que:

**1**. Toda pessoa tem direito a viver em meio ambiente sadio e a contar com os serviços públicos básicos.

**2**. Os Estados-partes promoverão a proteção, preservação e melhoramento do meio ambiente.

O art. 24 da Carta Africana dos Direitos Humanos e dos Povos, a Carta de Banjul, de 1981, estabelece, por sua vez, que "todos os povos têm direito a um

---

[20] Washington Peluso Albino de SOUZA. "Comentários sobre Direitos Humanos e Meio Ambiente". In: Antônio Augusto Cançado Trindade (editor), *Direitos Humanos, Desenvolvimento Sustentável e Meio Ambiente* (Seminário de Brasília de 1992), Instituto Interamericano de Direitos Humanos/Banco Interamericano de Desenvolvimento, San José da Costa Rica/Brasília, Brasil, 1992.

meio ambiente geral satisfatório, propício ao seu desenvolvimento."

Quando determinado diploma internacional de direitos humanos reconhece o direito a um meio ambiente saudável, como é o caso dos exemplos acima, ele o faz a partir da perspectiva do indivíduo, para atender as necessidades do indivíduo, que precisa de um meio ambiente equilibrado para bem viver.

Outro é o enfoque adotado no direito do meio ambiente. Conforme observa o Prof. Guido Soares, "*o meio ambiente é um valor complexo, que deve ser encarado como uma 'Gestalt' em relação aos seus componentes*, extremamente frágil e que necessita de proteção contra seu maior predador: o homem (que, afinal, é igualmente seu beneficiário)[21] (o grifo é meu). O objetivo das normas ambientais, portanto, não é proteger esta ou aquela espécie animal, mas toda a natureza. Não se trata de conferir direitos ao mico-leão dourado, às aves de rapina, às baleias ou mesmo ao ser humano, mas sim de preservar a *totalidade* ambiental, cuja existência equilibrada depende da boa saúde dessas e de outras espécies, animais ou vegetais.

Imaginemos, utilizando de certa forma a hipótese de estado originário formulada por Locke, dois indivíduos no meio do mato que discutem entre si se devem cortar determinada árvore para aproveitar-lhe a madeira. Não há litígio entre eles, são amigos, apenas confabulam se a derrubada da árvore será prejudicial ou não para a sua base material de vida. Nessa discussão, o que está em pauta não são direitos humanos, nem os direitos da árvore, mas a preservação do patrimônio comum desses dois homens.

A idéia de focalizar o meio ambiente como uma *Gestalt* em relação aos seus componentes resgata, em boa medida, a mesma visão organicista que, no passado, foi subvertida pelo individualismo.[22] Dessa vez, no entanto, não se trata de uma concepção orgânica da sociedade, mas do universo. Disso resulta que a saúde do meio ambiente torna-se um bem superior à vida ou à sobrevivência de uma de suas partes. Com isso, podemos justificar, por exemplo, o sacrifício de algumas espécies que, reproduzindo-se excessivamente, alteram o equilíbrio ecológico.

Seria, então, lícito advogar o extermínio em massa de seres humanos em casos de explosão populacional? Evidentemente que não, pois o homem tem direito à vida. De todas as espécies, animais ou vegetais, a do ser humano é a única a contar com direitos individuais. Sua vida é protegida em razão de sua mera existência. A vida dos demais seres, ela é protegida em razão da importância que terá para a manutenção do equilíbrio ecológico.

---

[21] Guido Fernando Silva SOARES. *As responsabilidades no Direito Internacional do Meio Ambiente.* Campinas, Komedi Editores, 1995, p. 42.

[22] Confira, supra, pp. 175 e 176.

Esse fato, porém, não torna o homem senhor absoluto do universo, como se dele pudesse dispor obedecendo exclusivamente à sua vontade. Em que pesem os seus direitos pessoais, o ser humano pertence ao meio ambiente – um todo que, não podendo ser desmembrado, está acima de suas partes. Se em nome dos direitos individuais não é lícito exterminar homens para recompor o equilíbrio demográfico, em nome do meio ambiente é perfeitamente factível implementar políticas de controle populacional. Da mesma forma, o direito à moradia deve ser respeitado, desde que exercido em áreas adequadas para habitação e não em locais onde a presença humana seja prejudicial ao meio ambiente.

Essa linha de observações vale também para o direito ao desenvolvimento. O conceito *sustentável*, introduzido na Conferência do Rio, em 1992, de certa forma disciplina aquele direito humano, impondo a obrigação de que os modelos de desenvolvimento sejam dominados menos por questões financeiras do que por considerações ambientais. Portanto, ao invés de ter conferido ao direito ambiental um caráter antropocêntrico, a idéia de desenvolvimento sustentável, regulando as relações do homem com a sua base material de vida, tornou-se matéria de direito do meio ambiente.

## 5. Considerações Finais

A concepção orgânica do universo parece à primeira vista perigosa, pois ela pode justificar um certo *"totalitarismo verde"*, capaz de eliminar o individualismo, ignorando direitos tanto da pessoa natural como dos Estados. Contudo, no que se refere aos direitos humanos, vimos que eles exercem uma função de contrapeso, impedindo a total submissão do homem à natureza. Ao mesmo tempo, embora não seja possível reduzir a pessoa humana ao nível em que se encontram coleópteros e pterodátilos, a sua atuação na natureza é limitada pelo interesse maior que se traduz na preservação da própria base material de vida.

Portanto, o direito do meio ambiente e os direitos humanos servem ambos de contrapeso entre si. Nesse sentido são complementares – e não no sentido de que o primeiro é uma categoria do segundo, pois eles são, na essência, diferentes, organicista um, individualista o outro.

Quanto ao individualismo dos Estados, expresso juridicamente pelo conceito de soberania, não seria cabível, ao menos ainda nos dias de hoje, afirmar que ele seja, diante da totalidade orgânica, uma idéia ultrapassada. A soberania continua sendo a força motriz das relações internacionais, porém com um novo caráter, impossível de ser entendido à luz do direito internacional clássico, que, regulando a prática diplomática, os direitos e as obrigações de beligerantes ou os modos de aquisição de territórios, se limitava tão-somente a dispor sobre a *coexistência* dos elementos constitutivos de uma totalidade inorgânica. O novo conceito de soberania depende hoje de imperativos fáticos que exigem maior *coordenação* das diversas partes de uma mesma estrutura orgânica, sob pena de comprometer-lhe irreversivelmente a existência. Em outras palavras, não é mais possível admitir que os Estados ajam com total discricionariedade, apenas de acordo com os respectivos interesses nacionais, baseados numa filosofia imediatista, que tolera o desenvolvimento a qualquer preço, sem atentar para o equilíbrio entre atividade econômica e meio ambiente.

## 6. BIBLIOGRAFIA

ARBUET VIGNALI, Heber. "O atributo da soberania". *Estudos da integração*, 9º volume, Brasília: Senado Federal, Subsecretaria de Edições Técnicas; Porto Alegre: Associação Brasileira de Estudos da Integração, 1995.

ARSLANIAN, Regis P. *O recurso à seção 301 da legislação de comércio norte-americana e a aplicação de seus dispositivos contra o Brasil.* ("Coleção Relações Internacionais; 23") Brasília: Instituto Rio Branco, 1994.

BOBBIO, Norberto. *A era dos direitos.* Rio de Janeiro, Editora Campus, 1992.

DAVID, René. *Os grandes sistemas do direito contemporâneo.* 2ª ed., Lisboa, Editora Meridiano, 1978.

HEGEL, Georg Wilhelm Friedrich. *Princípios da filosofia do direito.* São Paulo: Martins Fontes, 1997.

KISS, Alexandre. *Droit International de l'Environnement.* Paris, Editions A. Pedonne, 1989.

LIEBS, Detlef. *Lateinische Rechtsregeln und Rechtssprichwörter.* München: Beck, 1991.

LINDGREN ALVES, José Augusto. *Os direitos humanos como tema global.* São Paulo: Perspectiva; Brasília: Fundação Alexandre de Gusmão, 1994.

REMIRO BROTONS, Antonio. *Derecho Internacional Público.* Madrid, Tecnos, 1983.

SALCEDO, J.A.C. *El derecho internacional en un mundo en cambio.* Madrid, Tecnos, 1985.

SOARES, Guido Fernando Silva. *As responsabilidades no Direito Internacional do Meio Ambiente.* Campinas, Komedi Editores, 1995.

SOUZA, Washington Peluso Albino de. "Comentários sobre Direitos Humanos e Meio Ambiente". In: Antônio Augusto CANÇADO TRINDADE (editor), *Direitos Humanos, Desenvolvimento sustentável e Meio Ambiente* (Seminário de Brasília de 1992), Instituto Interamericano de Direitos Humanos/Banco Interamericano de Desenvolvimento, San José da Costa Rica/Brasília, Brasil, 1992.

# PROGRAMAS PARA A REFORMA DO ESTADO: O FORTALECIMENTO DE MÉTODOS EXTRAJUDICIAIS PARA RESOLVER DISPUTAS

VALNORA LEISTER

*Advogada do Banco Interamericano de Desenvolvimento, em Washington, DC, EUA\*. Mestre e Doutora pela Universidade de McGill, Montreal, Canadá*

1. Introdução – 2. Métodos Alternativos de Resolução de Conflitos; 2.1. Uruguai; 2.2. Colômbia; 2.3. Brasil – 3. Conclusões

## 1. INTRODUÇÃO

O Banco Interamericano de Desenvolvimento (o "Banco") tem financiado projetos, através de empréstimos e cooperações técnicas não reembolsáveis, orientados à reforma do Estado, especialmente no âmbito do Poder Judiciário. Recentemente o Banco financiou projetos com a finalidade de estabelecer Centros para Conciliação e Arbitragem e para fortalecer métodos extrajudiciais para a resolução de disputas comerciais.

O programa do Banco nesta área teve início com base em pedidos dos países-membros em desenvolvimento, que haviam diagnosticado sérios problemas com seus sistemas judiciários, tais como: falta de independência judicial, perda de confiança, obsolescência dos procedimentos legais, trâmites lentos, escassez de recursos, ausência de sistemas modernos para administração, congestão dos tribunais e das cortes de justiça.

Visto que a estabilidade e previsibilidade política, junto com a existência de uma adequada segurança jurídica, são condições indispensáveis para o desenvolvimento econômico e social, o Banco desenvolveu uma estratégia para financiar projetos nesta área com uma dimensão tripla: o fortalecimento da independência do Poder Judiciário, a modernização do ordenamento legal e o incremento na eficiência da administração da justiça.[1]

---

\* Embora este artigo seja baseado em documentos aprovados pela Diretoria do Banco, as opiniões aqui expostas são de exclusiva responsabilidade da autora e não refletem necessariamente as posições que o Banco venha a tomar sobre o mesmo assunto.

[1.] Este capítulo é baseado no documento do Banco, entitulado "Marco de referencia para la acción del Banco en los programas de modernización del estado y fortalecimiento de la sociedad civil", de 13 de março de 1996 – documento preparado pelo Departamento de Planificação Estratégica e Políticas Operativas.

A estratégia da reforma institucional do Banco no setor de justiça cobre as seguintes áreas principais:

i. adequação do ordenamento legal e a promoção dos direitos fundamentais;
ii. o fortalecimento administrativo do Poder Judiciário;
iii. programas de assistência e educação legal popular;
iv. a formação e capacitação de recursos humano; involucrados na modernização dos sistemas de justiça;
v. modernização da infra-estrutura física;
vi. promoção da segurança pública, e
vii. métodos alternativos de solução de conflitos.

## 2. MÉTODOS ALTERNATIVOS DE RESOLUÇÃO DE CONFLITOS

Desde um ponto de vista doutrinário defende-se o conceito de que o Poder Judiciário deve atender às causas sociais e juridicamente relevantes. Mas devido a congestão do sistema, às dificuldades de acesso e, em geral, o fraco desempenho do aparato judicial, muitas causas não chegam ao conhecimento dos tribunais ou se perdem, qualitativamente, dentro do volume dos expedientes. A eficácia de uma política que contribua para a efetividade do princípio da relevância judicial é de suma importância. Neste sentido os sistemas alternativos para a solução de disputas seriam instrumentos através dos quais o Estado delegaria certas competências para entidades com conhecimento especializado para oferecer uma solução mais rápida e adequada aos problemas privados.

Entre os métodos de resolução alternativa de disputas extrajudiciais consideradas pelo Banco dentro de programas para a reforma do Estado encontram-se:

*Mediação* – que consiste em um mecanismo não processual por meio do qual as partes entre as quais existe uma controvérsia procuram chegar a um acordo com a assistência de uma pessoa qualificada e neutra. Esta é uma forma bastante arraigada na cultura da América Latina e do Caribe, e pode ser formalizada mediante a organização e promoção de centros de conciliação.

*Arbitragem* – é um dos métodos mais aptos para contribuir na solução de controvérsias jurídicas de natureza contratual ou extracontratual. No âmbito do comércio internacional é um instrumento imprescindível em que as partes se asseguram da resolução rápida de seus conflitos. Este método não tem tido muito sucesso na América Latina. Sua implementação também depende do estabelecimento de Centros de Conciliação e Arbitragem e do reconhecimento de tais Centros por parte do Estado.

*Composição amigável* – que difere da conciliação, pois os terceiros intervenientes resolvem a controvérsia através de um contrato de transação que assinam em nome e por conta das partes conflitantes – a decisão tem um valor contratual e não exatamente uma sentença judicial, mas tem o mérito de resolver a disputa.

*Tribunais de Vizinhos e Juízes de Paz* – instituições que promovem acordos diretos entre as partes relacionadas com problemas da vida em comunidades. Os juízes de paz são em muitos casos pessoas respeitadas pela comunidade.

*Defesa do Povo* – em alguns países da região surgiu a figura do *ombudsman* ou defensor do povo com a função de investigar as reclamações que formulam os cidadãos contra a administração pública – o defensor atua como mediador entre o setor oficial e os particulares para superar os conflitos que ocorrem com relação ao governo.

Devido à extensão do tema, este artigo se limitará a analisar três projetos financiados pelo Banco (Uruguai, Colômbia e Brasil), dirigidos a apoiar o estabelecimento de centros para a solução de conflitos ou o fortalecimento de centros existentes.

No contexto destes projetos, a *Resolução Alternativa de Disputas* (RAD) é definida como vários mecanismos conducentes à solução de conflitos entre pessoas ou entre organizações. Estes mecanismos podem ser *adversariais*, onde as partes se confrontam e uma terceira parte neutra toma a decisão, em que geralmente uma parte ganha e outra perde, e mecanismos *não adversariais*, em que as partes atuam juntas e buscam uma solução que contempla o interesse de ambas as partes.

Estes projetos foram financiados com recursos do Fundo Multilateral de Investimentos (FUMIN), do qual o Banco é administrador, através de operações de cooperação técnica não reembolsável.

O propósito fundamental do FUMIN, estabelecido em 11 de fevereiro de 1992, é o de "incentivar o desenvolvimento e a implantação de reformas de sistemas de investimento e facilitar de modo significativo o incremento dos níveis de investimento privado, tanto no campo externo como interno, assim acelerando o crescimento e o desenvolvimento econômico e social nos países em vias de desenvolvimento que são membros do Banco e do Banco de Desenvolvimento do Caribe".

## 2.1. Uruguai

No Uruguai a arbitragem é regulamentada pelo Código de Processo Civil, art. 472, que estipula que qualquer disputa, individual ou coletiva, poderá ser submetida pelas partes à resolução de um tribunal arbitral.

Em fins de 1995 o Banco aprovou um financiamento não reembolsável por um valor de US$ 835,000, para o Centro de Conciliação e Arbitragem, órgão criado em junho de 1995, ligado à Bolsa de Comércio de Montevidéu S.A., estabelecida em 1867.

**189**

O objetivo do financiamento é o de melhorar o clima das relações comerciais e de investimento no Uruguai e na região, através da utilização de meios alternativos de resolução de conflitos, através da consolidação do Centro de Conciliação e Arbitragem da Bolsa de Comércio.

O Centro oferece seus serviços tanto a empresários uruguaios, como àqueles da região do MERCOSUL, visto que as Câmaras de Comércio do MERCOSUL, em seu segundo encontro de março de 1995, declararam sua adesão aos sistemas alternativos de solução de controvérsias e encarregaram a Câmara Nacional de Comércio do Uruguai a realização das gestões necessárias para fazer operativo o acordo do MERCOSUL. Tal Acordo promove o conhecimento e difusão dos sistemas alternativos de solução de controvérsias e adota na contratação internacional dos Estados-partes do Tratado de Assunção, cláusulas que prevêem que as diferenças sejam resolvidas através da mediação e arbitragem.

O Centro, através do uso de métodos alternativos para a resolução de conflitos, busca uma melhora não só dos aspectos quantitativos da resolução de conflitos (duração do processo, menores custos relativos), mas também dos aspectos qualitativos como confidencialidade, flexibilidade quando seja necessária, e adaptação ao caso concreto, buscando utilizar o método que melhor contemple as necessidades das partes. O Centro também difunde tais métodos para generalizar um nível de demanda que seja constante para tais serviços.

Para atingir tais objetivos o Banco financiou os seguintes componentes:

*a. Componente de Desenvolvimento Conceitual:*

Este componente financiou a análise dos distintos aspectos da resolução alternativa de disputa, principalmente o marco normativo nacional, regional e internacional com referência à sua aplicação.

Outras atividades de pesquisa incluíram: análise de distintos métodos RAD disponíveis e recomendações de aplicação, análise de Códigos de Ética do Árbitro e do mediador para redação, discussão e difusão do Código a ser adotado pelo Centro, recomendações para a criação e atualização do Corpo de Árbitros e Mediadores.

Para desenvolver estas pesquisas foram contratados consultores especializados no marco jurídico nacional, regional e internacional, mediação e instrumentos comerciais e financeiros.

*b. Componente de Organização e Operação:*

Este componente financiou a consolidação da capacidade operativa e o apoio logístico do Centro, de maneira que o mesmo esteja em condições de prestar os serviços requeridos e servir de órgão difusor dos métodos RAD. Para tanto contempla o desenho de políticas do Centro, ou seja, a regulamentação dos aspectos éticos e de funcionamento do mesmo e a definição sobre o perfil

**190**

dos árbitros e mediadores a selecionar. Os manuais do Centro foram analisados e aperfeiçoados, e se contempla o desenho dos procedimentos administrativos, contábeis e financeiros do Centro com a elaboração de seus correspondentes manuais, a capacitação do pessoal do Centro e o desenho e implementação de um sistema informático.

*c. Componente de Treinamento:*

Este componente financiou cursos nas áreas de:

i. Capacitação de arbitragem e em Código de Ética do Árbitro – dirigida a 60 profissionais de direito e a outros profissionais vinculados a Arbitragem Comercial;

ii. Capacitação em Mediação, compreende 5 cursos destinados a candidatos a Mediadores do Centro e ao próprio corpo de mediadores existente;

iii. Capacitação em Meios Alternativos Especializados por Setor – prevê 4 cursos com 200 profissionais capacitados nos distintos temas;

iv. Capacitação para Capacitadores – compreende cursos para os 20 capacitadores.

*d. Componente de Promoção e Difusão.*

Este componente prevê 10 conferências, material para a difusão, campanha publicitária e a publicação de 10 artigos em jornais de grande circulação.[2]

## 2.2. Colômbia

A partir da década de 80, o sistema judicial colombiano enfrentou lentidão e acumulação de processos judiciais. Em 1987 foram outorgados poderes extraordinários ao Executivo a fim de melhorar a legislação e incorporar mecanismos extrajudiciais. Na mesma época se realizou uma reforma administrativa do Poder Judiciário, com as seguintes metas: racionalização de gestões perante a administração de Justiça e a implantação de sistemas alternativos para a solução de controvérsias. O governo publicou diferentes normas que contemplaram a admissibilidade de mecanismos extrajudiciais para a solução de controvérsias – entre as quais se destacam o Decreto 2.279 de 7 de outubro de 1989, que implementou sistemas de solução de disputas entre particulares, e a Lei 23/91 para descongestionar Despachos Judiciários. Esta lei estabeleceu o marco regulador para a criação e funcionamento de Centros de Arbitragem e Conciliação (CAC), administrados pelo setor privado, requisitos fundamentais e procedimentos de arbitragem comercial e a introdução do conceito de conciliação e arbitragem em outras áreas judiciais. Como resultado

---

[2] Este Capítulo sobre o financimento no Uruguai é baseado no Documento aprovado pela Diretoria do Banco e preparado pela equipe de Projeto, integrada por Stefano Tinari, Pablo Alonso, Alfredo Echegaray, Carlos Melo, Maria Juliana Abella e Raúl Baginski, com data de 31 de outubro de 1995.

**191**

de tal processo o número de centros de conciliação aumentou de 5 para 105 em 1995. Audiências de conciliação se realizaram nos níveis judicial e extrajudicial – mas as extrajudiciais tiveram pouca demanda em relação às judiciais, que são obrigatórias. A estatística revela que entre os casos extrajudiciais, 90% resultam em acordo entre as partes, e que tais acordos são executados pela vontade das partes.

A pesquisa realizada demonstrou que mais de 60% dos CAC autorizados pelo Ministério de Justiça careciam de conhecimentos técnicos apropriados para aplicar métodos de conciliação e arbitragem em nível nacional.

Por tais razões o setor privado, com a assistência do governo colombiano, solicitou o apoio do FUMIN para uma cooperação técnica para fortalecer a capacidade técnica dos CAC elegíveis e melhorar a capacidade do Ministério de Justiça, para assegurar um marco institucional que promova a solução de controvérsias mediante mecanismos extrajudiciais.

Em 1995 o Banco aprovou um financiamento para a Câmara de Comércio de Bogotá no valor de US$ 1,220,000 com recursos do FUMIN. O objeto principal do programa foi o de contribuir para o aumento da eficiência do sistema de administradores de justiça, mediante a melhora e consolidação dos serviços prestados pelos CAC, e difundir métodos alternativos para a solução de disputas com o fim de gerar um nível de demanda constante.

Os recursos da cooperação técnica foram usados para a contratação de serviços de consultoria e compra de equipamentos de acordo com os procedimentos do Banco para:

*a.* Fortalecer os CAC elegíveis mediante a criação de um sistema de nivelação de centros e de intercâmbio de informação técnica, institucional e administrativa para atender às necessidades do setor privado,

*b.* Formar árbitros, conciliadores e pessoal administrativo vinculados com as CAC elegíveis,

*c.* Apoiar o Ministério no processo de consolidação de um marco regulatório flexível e dinâmico que contemple a crescente participação do setor privado, e permita ao Ministério de Justiça detectar as necessidades de serviço do setor privado e apóie as CAC para atender às necessidades de serviço e difundir o uso de métodos alternativos de solução de controvérsias que introduzam a noção dos benefícios do uso de tais métodos.[3]

Como resultado dos esforços do Governo nesta área foram sancionados os seguintes instrumentos:

---

[3.] Este Capítulo sobre o financiamento na Colômbia é baseado no Documento aprovado pela Diretoria do Banco e preparado pela equipe de projeto integrada por Sara Atala, Christina Biebesheimer, Stefano Tinari, Helmuth Carl, Juvenal Meza e Fred Aarons.

- Lei n. 251, em 25 de dezembro de 1995, aprovando o "Acordo Pacífico das Disputas Internacionais", preparado em Haia em 18 de outubro de 1907,
- Lei n. 266, em 26 de janeiro de 1996, que aprova o "Convênio sobre o Acordo de Diferenças Relativas a Investimentos entre Estados e Nacionais de Outros Estados", preparado em Washington em 18 de março de 1965, e
- Lei n. 315, de 1996, regulando a arbitragem internacional.

## 2.3. Brasil

Devido a problemas de lentidão e acumulação de processos e depois de uma década de esforços, foi sancionada em 23 de setembro de 1996 a Lei de Arbitragem n. 9.307 para cuja elaboração foram tomados em conta os mais modernos instrumentos internacionais. Tal lei reconhece a plena validez do pacto arbitral como o acordo de vontades por meio do qual as partes submetem suas diferenças a um tribunal arbitral e outorga ao laudo arbitral efeitos de sentença judicial. A constitucionalidade desta lei está sendo debatida pelo Supremo Tribunal Federal, pois um juiz opina que fere o princípio de participação da Justiça na resolução de litígios, previsto no art. 5º da Constituição Federal.

Desde a promulgação da lei a sociedade civil tem promovido ativamente o tema da mediação e arbitragem – realizaram-se muitos seminários em nível nacional e internacional e foram criados muitos Centros de Arbitragem e Mediação (CAM), tanto privados como associados com federações de indústria e associações comerciais. Entretanto, tanto o Governo como as instituições que atuam neste campo reconhecem a necessidade de melhorar sua capacidade técnica e institucional.

Para harmonizar e consolidar os Métodos Alternativos de Solução de Conflitos (MASC) no Brasil, foi criado, em fins de 1997, o Conselho Nacional de Instituições de Mediação e Arbitragem (CONIMA), que agrupa 18 das instituições existentes de mediação e arbitragem – nascendo como um foro de intercâmbio, coordenação e impulso da arbitragem e mediação no Brasil. Com o objetivo de acompanhar o desempenho das entidades de mediação e arbitragem para defender altos padrões de qualidade e normas éticas e estimular a criação de novas instituições de arbitragem e apoiar as existentes e promover e divulgar o uso das MASC no país.

A Confederação de Associações Comerciais do Brasil (CACB) realizou um segmento detalhado da Lei de Arbitragem, constituindo-se em Comitê Nacional pelo Brasil da Comissão Interamericana de Arbitragem.

Apesar destes esforços concluiu-se que as iniciativas não constituíam um processo ordenado e que existia a necessidade de harmonizar e consolidar o sistema MASC no Brasil e gerar uma capacidade técnica e administrativa de acordo com o tamanho, dimensão e possibilidades do país. Com base nessas premissas o Banco aprovou em janeiro deste ano um projeto com o objetivo de apoiar o fortalecimento e consolidação nacional e regional do sistema de métodos alternativos para solução de conflitos comerciais no país, contribuindo assim para aumentar a eficiência na solução de conflitos e descongestionar o sistema judiciário com um financiamento no valor de US$ 1,599,400.

Este Programa compreende três componentes:

*a. Fortalecimento e consolidação da capacidade técnica e administrativa dos CAMs*

O objetivo deste componente é consolidar a capacidade operacional e técnica dos centros de arbitragem e mediação que participam do Programa para que possam prestar serviços adequados de solução de conflitos por vias extrajudiciais.

Este componente inclui: (a) realização de uma análise-diagnóstico de mercados e serviços oferecidos para determinar as instituições que atualmente estão trabalhando nesse campo, incluindo as que não são membros do Conselho Nacional de Instituições de Mediação e Arbitragem (CONIMA), zonas de influência, áreas de especialização, clientes atuais e potenciais, graus de conhecimento dos MASC por segmentos populacionais, proporcionando insumos para elaborar as estratégias dos componentes de capacitação e difusão do Programa; (b) preparação de metodologia de definição de custos variáveis e fixos médios dos CAMs, se possível por áreas de especialidade, a fim de preparar estimativas para que os CAMs possam estabelecer tarifas por seus serviços de acordo com os custos reais de operação; (c) elaboração de uma estratégia para que os centros possam, em cumprimento de uma série de requisitos e responsabilidades operacionais, oferecer uma garantia de qualidade aos usuários dos serviços; (d) elaboração de um estudo de organização e métodos (80% dos CAMs participantes) para determinar os níveis de eficiência e eficácia com que os CAMs trabalham, com recomendações de condições mínimas de infra-estrutura e recursos necessários para operar e oferecer serviços de qualidade; (e) capacitação operacional e gerencial, para o pessoal dos CAMs, concentrada nas aptidões requeridas para o manejo das operações dos centros, especificamente dirigidas ao aperfeiçoamento das atividades de gestão, manejo técnico e jurídico de arbitragem e mediação comercial e avaliação e acompanhamento do serviço prestado e utilização adequada dos MASC.

De modo a facilitar a realização dessas atividades, será oferecido aos CAMs um sistema de informação para que possam estabelecer suas metas e

**194**

objetivos. Esse sistema também servirá para que cada centro possa determinar os recursos necessários para a prestação do serviço e seus custos e estabelecer as tarifas a serem cobradas pelos serviços.

*b. Capacitação nacional através de uma rede de especialistas*

O propósito desse componente é dotar os árbitros e mediadores atuais e potenciais dos CAMs, que participam do Programa, da capacidade técnica e administrativa necessária para melhorar a prestação de serviços.

Este componente será implantado através do estabelecimento e capacitação de uma rede nacional de docentes especialistas em mediação e arbitragem, que o Programa utilizará para a capacitação nacional dos árbitros e mediadores dos CAMs. Na seleção da amostra representativa de profissionais para integrar a lista nacional de docentes em MASC deve-se buscar uma representação eqüitativa das regiões do país, levando em conta a disponibilidade de profissionais e a demanda de serviços, de acordo com os insumos determinados pelo estudo de mercados, realizado no componente de fortalecimento e consolidação da capacidade técnica e administrativa dos CAMs supradescritos.

O Programa contará com uma lista de pelo menos 180 docentes capacitadores. Cada docente deverá assistir, obrigatoriamente, como parte do Programa, a um curso de atualização em mediação, um curso de atualização em arbitragem e um curso em atualização pedagógica com ênfase em técnicas para solucionar disputas através de MASC.

Para cumprir o objetivo de atingir todas as regiões do país que necessitem da capacitação de árbitros e mediadores, será estabelecida uma forma de vinculação dos docentes formados ao projeto, que fixe as condições mínimas de ação e os compromissos que cada docente assume ao aceitar ser formado pelo Programa como docente da rede nacional de capacitadores. Em princípio, os docentes assumirão o compromisso de realizar dois cursos de arbitragem e mediação (por um mínimo de 30 horas cada um) aos CAMs que solicitem capacitação dentro do Programa.

*c. Culturização*

Este componente tem como objetivo principal gerar a curto e médio prazos um nível de demanda efetiva suficiente que permita um maior e melhor uso dos MASC e da capacidade instalada dos CAMs que participam do Programa.

As atividades principais desse componente são: (i) elaborar uma estratégia para a promoção, a fim de difundir com maior profundidade os serviços e benefícios da arbitragem e mediação; (ii) elaborar um pacote de informação sobre os serviços prestados através da arbitragem e mediação, para ser divulgado e apresentado em foros acadêmicos e comerciais, feiras, eventos jurídicos e outros eventos de caráter local, regional ou nacional, ressaltando as vantagens desses instrumentos para a solução das controvérsias; (iii) estabelecer, dentro da unidade técnica executora, um centro de informação permanente e uma biblioteca virtual para proporcionar informação sobre os serviços de todos os centros, bem como informações gerais sobre os MASC nos âmbitos nacional e internacional; (iv) elaborar e implementar um programa de identificação, recrutamento e seleção de difusores do Programa; (v) implementar um programa de visitas semanais a diversas localidades e regiões que, de acordo com os estudos de mercado (do componente *a*), requeiram promoção e difusão dos serviços.[4]

## 3. CONCLUSÕES

O apoio do Banco no estabelecimento e fortalecimento dos métodos alternativos de resolução de conflitos visa a aliviar, principalmente, o congestionamento do Poder Judiciário para que o setor privado possa resolver suas controvérsias de maneira rápida e eficaz.

O objetivo também é difundir, a existência de tais métodos entre os setores públicos e privados da América Latina e do Caribe, e a necessidade de promover o estabelecimento de centros de conciliação e mediação e de regular e reconhecer tais métodos como alternativas legais para a resolução de disputas. Na área internacional este reconhecimento implica a aceitação e ratificação dos instrumentos de direito internacional que versam sobre a matéria, principalmente a Convenção das Nações Unidas de 1958 e a Convenção do Panamá de 1975, que reconhecem a validez da arbitragem internacional e tratam do reconhecimento e execução de laudos estrangeiros.

Finalmente, para que tais métodos possam ser implementados eficazmente é necessário que as Universidades e principalmente as Faculdades de Direito da região incluam em seus currículos temas que colaborem para o reconhecimento e difusão dos métodos extrajudiciais para a solução de conflitos e criem incentivos para a formação de profissionais nesta área.

---

[4.] As informações neste capítulo sobre o financiamento no Brasil são baseadas no Documento preparado por uma equipe integrada por Ricardo Posada (Chefe), Luis Maia, Christina Biebesheimer, Carlos Sampaio-Costa, Claudete Camarano e Monica Ribaudo, com data de 19 de janeiro de 1999.

# O Acesso à Jurisdição Brasileira e a Situação do Investidor Estrangeiro

### Luis Fernando Franceschini da Rosa

*Professor de Direito Internacional Público e Privado da UNISINOS. Doutorando em Direito Internacional (USP)*

**Introdução. Primeira Parte** – O Direito de Acesso à Jurisdição como Decorrência de um Novo Conceito de Igualdade e os Obstáculos para a sua Efetivação. *Capítulo 1* – Da Igualdade Formal à Igualdade Material e os Obstáculos à sua Efetivação. *Capítulo 2* – Os Movimentos de Reforma: a Busca do Direito de Acesso amplo à Jurisdição; 2.1. Primeira Fase: a Visão Assistencialista; 2.2. Segunda Fase: Proteção dos Direitos Supra-individuais; 2.3. Terceira Fase: Busca de um Novo Modelo de Justiça. – **Segunda Parte** – O Acesso à Justiça no Brasil e a Posição do Investidor Estrangeiro. *Capítulo 1* – Considerações Gerais sobre o Acesso à Justiça no Brasil. *Capítulo 2* – O Investidor Estrangeiro, Meios de Solução de Conflitos e o Acesso aos Tribunais Locais; 2.1. Os Meios de Solução de Conflitos à Disposição do Investidor Estrangeiro; 2.2. O Investidor Estrangeiro Frente aos Tribunais Locais; 2.3. A Facilitação do Acesso à Justiça para os Estrangeiros nos Tratados de Cooperação Jurisdicional – **Conclusão – Bibliografia**

## INTRODUÇÃO

O tema do acesso à jurisdição é amplo e engloba questões que extrapolam o figurino estreito de um enfoque meramente processualístico. De fato, os estudos levados a cabo em diversas áreas, como a sociologia e a ciência política, foram suficientes para demonstrar que a defesa do direito amplo de acesso aos Tribunais circunscreve-se na esfera do direito fundamental por excelência, ou seja, o direito à igualdade entre os homens e a luta contra a discriminação.

A superação de uma mera igualdade formal trouxe para o direito processual, da mesma forma que para outras áreas do direito, o reconhecimento de que a garantia do acesso à justiça subscreve-se no capítulo das garantias dos direitos do homem, ou seja, no Direito ao Direito, nas palavras de Coelho Ribeiro[1].

Por essa razão, uma análise de seu real significado na atualidade deve principiar pela abordagem do princípio que o fundamenta e lhe dá sentido e orientação, ou seja, o princípio da igualdade.[2]

A temática do acesso à justiça, da mesma forma, não se exaure somente na análise dos fatores externos, ditos extrajudiciais, que obstacularizam o acesso à tutela estatal pelo cidadão ou grupos lesados em seus direitos. Ainda quando ultrapassadas essas barreiras, as deficiências da sistemática processual fundada sob as bases da visão duelística do processo[3] e de uma ilusória igualdade entre as partes acabam por ser barreiras intransponíveis para que se enxergue o processo jurisdicional estatal como apto a conceder proteção aos direitos lesados.

Neste instante é que ganha relevância a abordagem do acesso das demandas endereçadas por estrangeiros não residentes no país perante os tribunais brasileiros, porque sendo um direito fundamental, a igualdade de acesso não pode comportar diferenciações baseadas em critérios como nacionalidade ou domicílio.

O acesso ao Judiciário, assim, ganha uma nova dimensão, na medida em que se desloca da ótica do produtor para a do consumidor da justiça, buscando atender suas expectativas e necessidades, o que na perspectiva de integração de mercados e queda de barreiras nacionais acaba por lhe dar um caráter supra-nacional.[4]

Para tanto, o movimento de acesso à justiça será abordado, neste trabalho, em duas partes. Na primeira parte, focaliza-se a transição do conceito de igualdade formal para o de igualdade material, como cenário para a emergência do movimento de defesa da plena acessibilidade dos cidadãos ao aparelho judiciário, bem como as dificuldades enfrentadas para a superação dos obstáculos econômicos, culturais e sociais que se interpõem entre a realidade e o plano

---

[1] RIBEIRO, José Manuel Coelho. *O Acesso ao Direito* (…), p. 58.

[2] COSTA, Judith Hofmeister Martins. *O Acesso à Justiça* (…), p. 22.

[3] FABRÍCIO, Adroaldo Furtado. *As Novas Necessidades do Processo Civil e os Poderes do Juiz.*

[4] "Uma outra dimensão fundamental do direito e da justiça no mundo contemporâneo é aquela 'transnacional'. Como a economia, as comunicações, os intercâmbios de pessoas e de culturas, e ainda fenômenos como as grandes migrações de trabalhadores, o turismo, e a poluição, não conhecendo as barreiras dos confins artificiais entre os Estados, assim se faz sempre mais necessária também uma expansão transnacional do direito; fenômeno naturalmente transnacional necessita de uma disciplina jurídica também a esse nível. Vê-se a crescente importância das organizações como a Comunidade Européia, o Conselho da Europa, a Conferência sobre Segurança e Cooperação na Europa, a OEA, o GATT, a Convenção Européia para a proteção dos direitos humanos e das liberdades fundamentais... Um novo *jus gentium* se está delineando; e também aqui sempre mais importante a atividade dos juízes... O Conselho da Europa emanou recomendações diretas aos Estados-membros nas quais figura o acesso à justiça... A Corte Européia dos Direitos Humanos tem muitas vezes decidido que um eficaz sistema de patrocínio da parte não abastada é elemento essencial deste direito das partes, como um 'fair hearing' que é prescrito pelo Bill of Rights transnacional da Convenção Européia, que é hoje vinculada a quatrocentos milhões de cidadãos na Europa". (Mauro CAPPELLETTI. "O acesso à justiça e a função do jurista em nossa época".)

ideal. Abordar-se-á, também, a evolução das iniciativas visando à garantia da acessibilidade dos cidadãos ao Judiciário, iniciando-se por um tratamento individualista das lesões de direito para, no período seguinte, consciente do perfil da moderna sociedade de massas e das violações coletivas de direito, passar-se ao estudo dos mecanismos de defesa coletiva, além da busca de um modelo diferenciado da justiça contenciosa para a sociedade moderna, denominado justiça coexistencial.

A segunda parte do trabalho, agora já de natureza dogmático-positiva, estará preocupada em verificar os obstáculos normativos existentes para o amplo acesso do estrangeiro, investidor no Brasil, aos tribunais locais e como esses obstáculos vêm sendo superados pelos diversos tratados de cooperação jurisdicional. Para tanto, a segunda parte está dividida em dois capítulos.

Num primeiro capítulo, far-se-á a conceituação do investidor estrangeiro, com o objetivo de demonstrar que o conceito de estrangeiro não se prende ao elemento de conexão nacionalidade tão-somente, mas também pode derivar do elemento de conexão do domicílio ou residência.

Posto isso, o investidor estrangeiro tem, em tese, à sua disposição um leque de opções para a solução dos conflitos de investimento que o oponham ao Estado receptor do investimento, todas elas previstas nos tratados multilaterais, regionais e bilaterais de promoção e proteção de investimento. A particularidade que emergirá desse estudo, contudo, é que a não ratificação da quase unanimidade desses instrumentos pelo Brasil faz com que ao investidor estrangeiro reste o recurso às cortes nacionais.

Neste ponto, ingressamos no capítulo final e mais importante deste trabalho, que busca identificar quais são, de fato, os obstáculos processuais para o amplo acesso do estrangeiro à jurisdição brasileira, basicamente os temas da competência, caução processual e assistência judiciária e como esses problemas são superados pelos diversos tratados bilaterais e regionais, de cooperação jurisdicional e assistência judiciária, efetivamente ratificados pelo Brasil.

Nosso objetivo, com o presente trabalho, é mostrar, de um lado, que as dificuldades que o recurso aos métodos de solução de conflitos tradicionais trazem para o nacional podem ainda ser aumentadas para os nacionais ou residentes em outros Estados. Ao mesmo tempo, busca-se promover duas desmistificações.

A primeira desmistificação é da idéia de que a vasta quantidade de tratados bilaterais de promoção e proteção de investimentos já assinados pelo Brasil, nos quais se contempla o recurso à arbitragem internacional, tenha aplicabilidade no Brasil. Ainda neste ponto, busca-se mostrar que os tratados de proteção e promoção de investimento efetivamente em vigor no Brasil – Brasil x Estados Unidos e Brasil x Itália (Decreto 30.823/52) – contemplam o recurso às cortes nacionais como método de solução de conflitos entre o Estado e o investidor estrangeiro e não o recurso à arbitragem entre Estado e particular.

A segunda desmistificação é a da idéia de que ao estrangeiro o acesso à jurisdição brasileira é dificultado. Demonstrar-se-á que a par da evolução da interpretação da cláusula constitucional do acesso à justiça pelo estrangeiro, também ao estrangeiro se vê assegurada, pela lei brasileira, a assistência judiciária. Mais além, uma tal garantia também está contida em uma variedade de tratados internacionais, tanto de assistência judiciária quanto de cooperação jurisdicional, contemplando as matérias do acesso à jurisdição, assistência judiciária e caução judicial.

## PRIMEIRA PARTE

## O DIREITO DE ACESSO À JURISDIÇÃO COMO DECORRÊNCIA DE UM NOVO CONCEITO DE IGUALDADE E OS OBSTÁCULOS PARA A SUA EFETIVAÇÃO

## CAPÍTULO 1 – DA IGUALDADE FORMAL À IGUALDADE MATERIAL E OS OBSTÁCULOS À SUA EFETIVAÇÃO

A afirmação da igualdade entre os homens com sentido político e histórico relaciona-se ao nascimento do Estado moderno e à consagração de um formalismo abstrato e idealista que, desde seu nascimento, abdicou da realidade concreta e desigual do homem comum. Como bem coloca Fábio Konder Comparato, a desigualdade jurídica que justificava a existência de estamentos passa a ser substituída pela desigualdade econômica de uma sociedade de classes.

Rousseau, antes da Revolução Francesa, já desvendara que sob o formalismo igualitário da lei esconde-se a mais ignóbil das injustiças: "é unicamente sobre a mediocridade (no sentido da igualdade mediana de condições de vida) que se exerce toda a força das leis; elas são igualmente importantes contra os tesouros do rico e contra a miséria do pobre; o primeiro as elude, o segundo delas escapa; um rompe a teia e o outro passa através.[5]"

A concepção liberal-individualista, dominante nos séculos dezoito e dezenove, satisfazia-se com o enunciado meramente formal do princípio da igualdade entre os homens, para fazer dele derivar a garantia do acesso à justiça como direito natural dos homens. As eventuais discrepâncias entre contendores

---

[5.] CAPPELLETTI, Mauro. "Problemas de Reforma do Processo Civil nas Sociedades Contemporâneas", p. 70.

era antes atribuída à sua fraqueza de iniciativa do que às mazelas derivadas da própria forma como então estruturava-se a sociedade. Dessa forma, o apoio aos necessitados não derivava de uma postura de reconhecimento das contradições da igualdade formal, mas de uma eventual atitude filantrópica exigida das sociedades de advogados. Bem se pode imaginar as deficiências de tal sistemática, quando confrontada com o espírito dominante do liberalismo competitivo da época.

O crescimento das sociedades modernas, como fruto da industrialização e do urbanismo, bem como a crescente demanda por participação e democracia resultantes da inserção de grandes massas de trabalhadores na cena política acabaram por extenuar os limites da concepção do homem abstrato. Assim, amparado pela bandeira dos direitos humanos, nasceria, no rescaldo das duas guerras mundiais na Europa, o Estado Social de Direito, representante do abandono de uma concepção individualista da sociedade.

A ótica da coletividade e do bem comum passa a nortear as atividades estatais, fazendo com que ganhem em importância os direitos sociais, que passam a ser integrados às cartas constitucionais.[6]

Assim, o princípio da igualdade passa a ganhar conteúdo material e concreto com o advento do Estado Social de Direito e a consagração das políticas estatais de compensação das desigualdades e da garantia de acesso dos hipossuficientes às conquistas materiais da civilização ocidental.

Por seu turno, a industrialização acelerada das últimas décadas produziu uma nova e mais complexa composição de classes, terminando por gerar conflitos inéditos, para os quais os procedimentos judiciais não fornecem remédios adequados. A inadequação do modelo existente para a resolução de lides que, por exemplo, veiculam interesses metaindividuais tem gerado a substituição da atividade jurisdicional por formas paralegais de negociação, mediação e arbitragem, como forma de criar alternativas para que segmentos crescentes da população excluída acabem por incorporar-se à Sociedade institucionalizada.[7]

Sem que isso ocorra, a norma constitucional segundo a qual nenhuma lesão ou ameaça de direito deva ser subtraída da análise do poder judiciário, tornada

---

[6.] O coletivismo como marca da sociedade moderna é facilmente observável no mégalo-urbanismo de hoje e a ecumenópolis, ou cidade universal profetizada por Arnold TOYNBEE (historiador): "Este desenvolvimento...é parte de um fenômeno que tem caráter universal.

Em todos os continentes as megalópoles se estão fundindo, formando assim as ecumenópolis...que, como seu nome proclama, tendem a conglomerar-se em um único habitat a superfície inteira da terra." (Apud Mauro CAPPELLETTI. "Formações Sociais e Interesses Coletivos Diante da Justiça Civil", 1977)

[7.] "...toda a processualística contemporânea, da mesma forma que a maioria das ordens jurídicas de nossos dias, é voltada para uma incorporação, à sociedade institucionalizada, de grandes segmentos a população que, apenas nominal e formalmente dessa faziam parte." (ALVIN, Arruda. "Princípios Constitucionais na Constituição Federal de 1988 e o Acesso à Justiça").

lugar-comum em todo o constitucionalismo moderno, perde significado frente à grande parte da população que não tem meios de levá-los ao Judiciário.

Na análise dos fatores que se interpõem à plena efetivação do direito de acesso aos Tribunais, não pode a ciência processual deixar de considerar as contribuições trazidas pelas pesquisas produzidas em campos distintos como a sociologia, economia ou a ciência política, no sentido de retratar o distanciamento existente entre a idéia formal e abstrata do pleno acesso à justiça e a efetiva desigualdade entre as partes, inobstante a declaração formal de sua supressão em todos os ordenamentos modernos.

Os obstáculos concretos iniciam-se pelo fator econômico, representado pelos altos custos para a sustentação de uma demanda, tanto no sistema sucumbencial quanto no chamado sistema americano, onde ao vencedor da demanda não se ressarcem os custos dos honorários dispendidos com o processo. Da mesma forma, a questão financeira influencia diretamente na qualidade das provas produzidas, além de permitir aos economicamente mais fortes a possibilidade de suportar o tempo de espera por uma solução.

Ao fator econômico alia-se a indisposição psicológica que deriva da idéia de uma justiça morosa. As razões para este estado de coisas já foram analisadas com exaustão; basicamente, relacionam-se com a resultante de uma equação cujos componentes são a sobrecarga de trabalho dos juízes, aliada aos vícios de formação dos mesmos e a precariedade da máquina judiciária.

Da mesma forma, as partes distanciam-se uma das outras em vários aspectos, principalmente quando contrapostos litigantes eventuais aos habituais. A estes, a experiência acumulada das demandas passadas acaba por ofertar uma vantagem estratégica que nas palavras de Adroaldo Furtado Fabrício[8] somente aos incautos pode parecer sem importância.

Não menos importante é a questão da aptidão para reconhecer-se um direito, cuja existência depende da divulgação e ensinamento de um conteúdo jurídico básico. Ademais, as pessoas têm limitados conhecimentos a respeito da maneira de ajuizar uma demanda.

No nível europeu, merece ser citado o desenvolvimento dado à matéria do acesso à justiça pela ação conjunta do Conselho da Europa e pelo Tribunal Europeu dos Direitos do Homem, preocupados com a efetividade da integração européia e a eliminação da discriminação entre nacionais e estrangeiros, conforme

---

[8.] "Este outro, o litigante habitual, bem ao contrário, está permanentemente à barra dos pretórios e tem com eles a maior intimidade. Tem a seu favor a experiência acumulada dos litígios passados e a preparação sempre mais aprimorada para os futuros, o 'saber da experiência feito', ...está melhor aparelhado à produção de provas do seu interesse; mais facilmente captará a simpatia do poder político, do econômico e da mídia – vantagens extraprocessuais estas últimas, sem dúvida, mas cuja importância seria ingênuo negligenciar." (FABRÍCIO, Adroaldo Furtado. *As Novas Necessidades do Processo Civil e os Poderes do Juiz*, p. 60)

nos relata o professor Coelho Ribeiro.[9] Lá, a Resolução (78)8, de 2.3.78, do Conselho da Europa decidiu pela implementação de 15 princípios, os quais desenvolvem tanto as questões ligadas à assistência judiciária quanto as relacionadas à consulta jurídica.[10]

## Capítulo 2 – Os Movimentos de Reforma: A Busca do Direito de Acesso Amplo á Jurisdição

Diversas foram as fases e diversas as tentativas de efetivação do direito de acesso à justiça nos países ocidentais. Na análise da evolução dos movimentos reformistas, ater-se-á, principalmente, aos dados oferecidos por Mauro Cappelletti.[11]

---

[9.] RIBEIRO. José Manuel Coelho. "O Acesso ao Direito. O Acesso à Justiça. O Direito ao Direito", p. 61.

[10.] Por sua importância, decidiu-se relacioná-los abaixo:

"1. O objetivo fundamental de ninguém ser impedido, por razões econômicas, de fazer valer os seus direitos ou de se defender perante as jurisdições;

2. A assistência judiciária deve ser autorizada mesmo se o interessado puder suportar uma parte das despesas do processo;

3. Deve cobrir todas as despesas, desde as remunerações do advogado e outros auxiliares de justiça, despesas de peritagem, indenização às testemunhas, despesas de tradução e até dispensa de depósito de preparos;

4. Deve poder ser obtida já no decurso do processo se as circunstâncias o justificarem;

5. Deve comportar o concurso de uma pessoa qualificada para exercer uma profissão jurídica não só quando a representação é obrigatória, mas também se se constata que a seu concurso é necessário em razão das circunstâncias próprias da ação;

6. Deve haver liberdade de escolha do profissional por parte do utente da assistência judiciária;

7. O profissional jurídico, designadamente o advogado, deve receber uma remuneração adequada pelo trabalho prestado;

8. As autoridades nacionais devem poder apreciar da razoabilidade de propor uma ação ou de a contestar;

9. A recusa da concessão de assistência judiciária deve poder ser reexaminada (ainda que pela mesma autoridade);

10. A responsabilidade pelo financiamento deve ser assumida pelo Estado;

11. As modalidades financeiras da assistência devem poder ser revistas em razão da alta do custo de vida;

12. As modalidades do sistema de assistência devem ser publicadas junto aos meios interessados, bem como a consulta jurídica. Quanto a este, estabeleceu-se:

13. O Estado deve providenciar para que as pessoas economicamente desfavorecidas possam obter a necessária consulta jurídica;

14. A consulta jurídica deve ser gratuita ou paga segundo os recursos da pessoa que a pede;

15. O Estado deve providenciar para que a informação sobre legislação seja colocada ao dispor dos organismos de consulta jurídica."

[11.] *Acesso à Justiça*. Mauro CAPPELLETTI e Byan GARTH. Sérgio Antônio Fabris Editor.

**203**

## 2.1. Primeira fase: a visão assistencialista

A assistência judiciária, num primeiro momento, foi confiada às associações de advogados que, sob inspiração filantrópica, prestavam assistência sem remuneração. Contudo, a falta de motivação dos advogados e a ausência de uma política que alcançasse a facilitação do acesso foram minando o sistema.

No seu lugar, introduziu-se o chamado sistema *judicare*, característico de países como Inglaterra e França, consistente na criação, por parte do Estado, de convênios com advogados particulares, a fim de que esses prestassem assistência aos necessitados, sob remuneração e condições previamente aceitas e contratadas. A intenção subjacente à idéia é a de oferecer aos necessitados a mesma assistência profissional ofertada a clientes regulares.

Embora reconhecidos os méritos da iniciativa assistencialista, o fato é que suas fraquezas superaram suas conquistas, de forma que se evidenciou que tão importante quanto a superação da barreira dos custos processuais é a superação da dificuldade no reconhecimento dos direitos por parte dos mais necessitados. O sistema *judicare* orientava-se para o atendimento das necessidades do homem individualmente considerado, negligenciando sua situação de classe e, portanto, distante dos novos direitos da moderna sociedade de massas, seja como consumidor, inquilino etc.

A busca de uma solução para esta problemática foi representada pela iniciativa de contratação de advogados pagos pelo Estado. Essa sistemática caracterizou-se pelo esforço no sentido de fazer com que os hipossuficientes tomassem consciência de seus novos direitos por meio de advogados, que passariam a conviver diretamente com as situações problemáticas e com as barreiras encontradas por aqueles.

Presente à experiência acumulada pelos sucessos e insucessos das experiências anteriores, pensou-se, então, que a melhor forma de atuação residiria na simbiose dos modelos de assistência do *judicare* com o modelo dos advogados pagos pelo Estado. Nascia, assim, o modelo combinado, de que são exemplos os sistemas encontrados na Suécia e na província canadense de Quebec. Esse modelo permite que os interessados escolham entre um advogado particular ou os advogados de equipe dos escritórios mantidos pelo Estado, mais sintonizados com os problemas dos pobres enquanto classe.

## 2.2. Segunda fase: proteção dos direitos supra-individuais

Nos anos sessenta, a visão de um tratamento pulverizado à problemática do acesso à justiça viria dar lugar a preocupações mais abrangentes, consistentes no que foi denominado interesses coletivos ou grupais. O fortalecimento dessa tendência não se deveu, somente, a fatores de ordem econômica, consistente na emergência de uma sociedade de consumo de massa, mas, principalmente, ao fenômeno da extrema mobilização da sociedade civil e a conseqüente reivindicação pela ampliação dos direitos civis que marcou tanto a Europa quanto a América nas décadas de sessenta e setenta.

A grande vantagem das ações coletivas reside na possibilidade de reunião das pequenas ações potenciais, principalmente demandas resultantes de relação de consumo, em uma só ação, com conseqüente redução de custos e maior poder de pressão. Evidentemente, tal mudança implicou uma completa revisão dos conceitos sob os quais se assenta o processo civil, principalmente no que toca à questão da legitimidade ativa. Alguns países, motivados pela intenção de evitar demandas fúteis, obrigam o processamento da demanda por uma etapa prévia, onde ao tribunal caberá homologar a legitimação ativa da entidade representativa de grupos de demandantes.[12]

A primeira tentativa de representação desses interesses deu-se pela atuação estatal, via Ministério Público. Outra forma encontrada para a representação dos interesses de massa foi a instituição da figura do *ombudsman*. O *ombudsman* é um funcionário extrapartidário, apontado pelo Poder Legislativo, a quem incumbe a função de acompanhamento da administração pública e da proteção dos interesses da população. Outra forma de atuação na proteção de interesses supra-individuais foi a iniciativa da formação de escritórios particulares especializados em ações de massa, a exemplo do que ocorre nas chamadas *class actions* americanas. Outras formas de atuação consistiram, por exemplo, na extensão da legitimação de agir também a sujeitos privados, indivíduos e associações, ainda que não pessoalmente prejudicados, mas suficientemente idôneos para representar a grande massa de envolvidos.

O obstáculo trazido pela legitimação ativa é mais bem contornado pelas ações populares, ainda que, no caso brasileiro, limite-se sua extensão à proteção dos interesses coletivos ou difusos em matéria de proteção do ambiente e do patrimônio histórico ou cultural (art. 5º, LXXIII da Constituição Federal). Cappelletti[13] cita o caso de uma lei italiana que permite a qualquer cidadão a

---

[12.] Nicole L'HEUREX, "Acesso Eficaz à Justiça. Juizado de Pequenas Causas e Ações Coletivas", p. 13, arrola como requisitos mais comuns para que tal autorização seja obtida:

    a) grande número de pessoas representadas, suficientemente definidas, bem como sua dispersão geográfica;

    b) que o representante possua legitimidade dentro do grupo e que seu interesse na causa seja da mesma natureza dos representados;

    c) que o representante possua recursos financeiros para sustentar a demanda;

    d) que os danos sofridos por cada um tenham o mesmo fundamento jurídico, ainda que nem todos os fatos materiais ligados ao processo sejam os mesmos;

    e) que haja avaliação prévia da viabilidade da demanda.

[13.] "O Acesso dos Consumidores à Justiça", p. 210.

legitimidade para propor ação popular visando à anulação de licenças de construção concedidas de forma ilegítima, enquanto nos Estados Unidos o *Clean Air Act* de 1970 permite a qualquer cidadão a ação contra poluidores da atmosfera.

## 2.3. Terceira fase: busca de um novo modelo de justiça

Uma terceira via consistiu na preferência ao estudo das reformas dos tribunais e seus procedimentos à pura e simples substituição dos mesmos por outros. Como afirma Cappelletti, "tal movimento ficou conhecido na Europa sob a denominação de oralidade, propugnando, dentre outras coisas, pela livre apreciação da prova pelo Julgador, pela concentração do procedimento e o contato imediato entre juízes, partes e testemunhas, bem como a utilização de juízos de instrução para investigar a verdade e auxiliar a colocar as partes em pé de igualdade".[14]

Exemplo desta nova fase foi dado pelo chamado "modelo de Stuttgart", adotado pelo processo civil alemão, caracterizado pela oralidade e pelo envolvimento das partes, advogados e juízes na busca de decisões consensuais, facilmente compreensíveis pelas partes, o que resulta num insignificante número de recursos.

Nessa mesma linha, procurou-se substituir a chamada justiça contenciosa pela dita justiça coexistencial baseada em formas conciliatórias que se destinam a minimizar a contenciosidade inerente à relação processual, em prol de decisões equânimes e razoáveis para todos os envolvidos, com a clara intenção e projetar a convivência para o futuro".[15]

O sistema está calcado na figura do conciliador, que ao mesmo tempo seja alguém de reconhecida legitimidade no meio social. Trata-se, na verdade, de

---

[14.] "Acesso à Justiça", p. 84.

[15.] "De resto, também no Ocidente, por séculos o direito de criação mercantil, o *jus mercatorium* tem permitido o desenvolvimento do processo arbitral, extrajudicial, de grande eficácia. Os mercadores sabiam que era do seu interesse obter uma 'justiça' ainda que informalmente, rapidamente, dos seus pares, centralizada no mesmo lugar das feiras ou mercados, com a finalidade, ainda, de salvaguardar a continuidade de seus relatos. Ora, uma das características da sociedade moderna consiste mesmo na acrescida importância e freqüência dos 'relatos repetitivos' ou 'de duração' entre indivíduos ou grupos de indivíduos, relatos desenvolvidos continuamente no âmbito das instituições, nas quais, similarmente aos mercadores, suas feiras e seus mercados internacionais, aqueles indivíduos se portam repetidamente, também se encontram cotidianamente, para conviver e para colaborar: fábricas, escolas, etc. Neste relato de permanente e inevitável vizinhança, a solução contenciosa da controvérsia poderia levar à exasperação dos contrastes e das paixões; uma justiça conciliativa ou coexistencial pode ser mais eficaz; essa pode levar a uma reaproximação das posições, a solução nas quais não há, necessariamente, um perdedor e um vencedor, mas antes há uma recíproca compreensão, uma modificação bilateral dos comportamentos. A procura dessa alternativa denominou-se a terceira onda do movimento do acesso à justiça." (CAPPELLETTI, Mauro. "O Acesso à Justiça e a Função do Jurista em Nossa Época", p.151)

**206**

substituir os tribunais jurídicos por tribunais sociais, com a vantagem de serem mais bem aceitos os resultados, além de restaurar-se o relacionamento entre os envolvidos. O Japão é o maior exemplo do uso desse mecanismo. Lá, a conciliação pode ser requerida por uma das partes ou um juiz pode remeter um caso judicial à conciliação.

Por último, sucedeu-se o chamado desvio especializado, caracterizado pela criação de tribunais especializados como são os tribunais de pequenas causas, orientados pela idéia de tornar a justiça mais acessível às pessoas comuns e com o firme propósito de erradicarem os principais obstáculos que afastam o cidadão comum do Judiciário, ou seja, demora na solução, perda do dia do trabalho para as audiências, taxas elevadas, rigorismo das regras probatórias, dentre outros.[16]

## PARTE 2

## O ACESSO À JUSTIÇA NO BRASIL E A POSIÇÃO DO INVESTIDOR ESTRANGEIRO

## CAPÍTULO 1 – CONSIDERAÇÕES GERAIS SOBRE O ACESSO À JUSTIÇA NO BRASIL

Calmon de Passos[17] relaciona os problemas de acesso à Justiça no país com nossa formação colonial, politicamente centralizada e propensa à elitização e, principalmente, devido à ausência de participação política e lutas reivindicatórias por parte dos marginalizados. A cultura expropriatória desenvolvida pelos colonizadores europeus fecundou nossas elites com o chamado "mozambismo", sensação de exílio em seu próprio país.

Assim, não se deve perder de vista que o problema do acesso à justiça reside num fator mais profundo, de cunho social e econômico, qual seja, o baixo índice de politização, estado de miséria absoluta e mínimo poder de mobilização de nossa população.

A primeira forma de ação visando à facilitação do acesso à jurisdição deuse pela oferta de assistência judiciária aos necessitados, cuja menção remonta às Ordenações Filipinas, às quais se seguiram diversas manifestações legis-

---

[16.] L' HEUREX, Nicole. "Acesso Eficaz à Justiça", p. 94.
[17.] "O Problema do Acesso à Justiça no Brasil", p. 83.

lativas.[18] Atualmente, a assistência é objeto de lei federal, a Lei 1.060/50.

No Brasil, o modelo processual adotado com o atual CPC de 1973 preservou, nas palavras da professora Ada Pellegrini Grinover,[19] a tradição cultural brasileira presente num modelo processual que se pauta pela unidade de jurisdição, pelos princípios da iniciativa das partes, respeito à congruência entre pedido e sentença, além da igualdade das partes e o contraditório, findando com o julgamento legal e não por eqüidade. Apesar do desenvolvimento da doutrina e da legislação, nota-se um profundo acanhamento da prática judiciária e da administração judiciária, com os juízes fazendo uso contido dos poderes que lhe atribuem as normas processuais, enquanto as partes carentes carecem de eficiente orientação.

Dos primórdios de constituição de uma disciplina autônoma nos anos 40, o processo brasileiro alcançou a maturidade nos anos 70, quando voltou-se para a efetivação das conquistas constitucionais, mediante "a percepção da necessidade da plena e total aderência do sistema processual à realidade sócio-jurídica a que se destina...",[20] ou seja, consciente de sua função instrumental de garantia da efetividade da justiça. Tal tendência desembocou no que se denominou de "deformalização" das controvérsias.

Em nível jurisdicional, os esforços concentraram-se na reformulação do processo em busca de formas mais simples, rápidas e econômicas de viabilização do acesso à justiça. A Comissão composta pelo Ministério da Justiça, para a revisão da justiça civil, apresentou, em 1985, sugestões de mudanças para o processo, dentre as quais destacaram-se a obrigatoriedade de prévia audiência de conciliação, a qual não deveria ser coincidente com a audiência de instrução, pois, quando tal ocorre, nas palavras de especialistas como Ada Pellegrini Grinover, dá-se, via de regra, o fracasso das tentativas de conciliação, diante do espírito exaltado com que comparecem as partes.

Afora isso, foram apresentadas sugestões para ampliação do cabimento de ações dúplices, sem necessidade de reconvenção, extensão da citação pelo correio, simplificação recursal, julgamento conjunto de causas afins, com identidade de autores ou réus, dentre outros.[21]

Merece destaque especial pela sua atualidade e importância o tribunal de pequenas causas contemplando a Lei Federal 7.244/84, onde reúnem-se praticamente todos os requisitos de um processo civil moderno e eficaz, ou seja, a

---

[18.] Inicialmente, pode-se citar as Ordenações Filipinas, no livro 3, tít. 22, parágrafo 2º, tít. 84, parágrafo 10 e tít. 95, parágrafo 2º, *in fine*. Na fase republicana, trataram da matéria o Dec. federal 2.457/1897, a Lei de 11.8.02 e o Decreto 9.263/11, art.199. Por sua vez, a Constituição de 1934 incluiu a assistência judiciária entre as garantias individuais, enquanto encontra-se o mesmo preceito na Constituição de 1946. (Calmon de PASSOS, op. cit., p. 83).

[19.] *Participação e Processo*, p.71.

[20.] GRINOVER, Ada Pellegrini. "Deformalização do Processo e Deformalização das Controvérsias", p. 63.

[21.] GRINOVER, Ada Pellegrini. "Deformalização do Processo e Deformalização das Controvérsias", p. 65.

simplicidade das formas voltadas para a instrumentalidade, a oralidade, a economia processual, a gratuidade e a celeridade, baseadas todas na busca constante de alternativas conciliatórias.

Em nível extrajudicial, os esforços todos são no sentido da conquista de uma cultura de conciliação que anteceda ao processo e que sirva como instrumento para evitá-lo. Uma vez reconhecida a importância do procedimento conciliatório, antevê-se o retorno às formas institucionalizadas de solução de controvérsias – uma grande massa de demandas contidas ou malsolucionadas, responsáveis em boa parte pela chamada litigiosidade latente prenunciada na sociedade brasileira. Mas esse não é, somente, o único benefício que pode advir da conquista de espaço da idéia conciliatória, pois a desobstrução dos tribunais é apontada como conseqüência natural desse processo.

Mas como já foi demonstrada pela experiência do Código de Processo Civil de 1973, a pura e simples instituição de uma fase prévia à instauração do processo, de natureza conciliatória, não vai evitar que a mesma burocratize-se e perca, com isso, seu sentido original. Deve-se fazer sua instituição de forma gradativa, de forma a facilitar a assimilação, além de haver critérios que possam orientar as regras da conciliação.

A Constituição de 1988 veio consagrar importantes inovações para a garantia do direito de acesso aos tribunais. Foram inovações do tipo extensão da legitimidade ativa *ad causam* às entidades associativas como as sindicais, partidos políticos e associações, para a defesa em juízo de interesses supra-individuais, bem como a legitimidade conferida ao Ministério Público para a defesa dos interesses coletivos e difusos (art. 5º, XXI e LXX, art. 8º, III, art. 129, III e § 1º, art. 232), além da ação direta de inconstitucionalidade (art. 103).

Os juizados especiais citados na Constituição possuem competência para a conciliação, julgamento e execução de causas de menor complexidade e infrações de menor potencial ofensivo, sustentando-se em um procedimento oral e sumaríssimo com recursos julgados por turmas de juízes de primeiro grau (art.98, I).

A nova Constituição outorgou função primordial, de um lado, aos juízes de paz, eleitos pelo voto direito, secreto e universal, com mandato de quatro anos (art. 98, III) e, de outro, à defensoria pública, à qual caberá a assistência jurídica integral aos necessitados, prevista no art. 5º, LXXIV.

Dentre os remédios judiciais viabilizadores do amplo acesso à jurisdição de segmentos prejudicados por ações estatais ou privadas, que superem o limite estreito dos direitos subjetivos, estão a ação popular, que foi a primeira iniciativa de atuação do cidadão na defesa de bens e direitos não individuais, com seu conteúdo alargado pela Constituição de 1988, prevista no art. 5º, LXXXIII.

Também a ação civil pública, conferindo legitimidade ao Ministério Público, à União, aos Estados e Municípios, além das Entidades de administração pública indireta e associações civis que tenham por objeto a proteção do bem sujeito à tutela. Particularmente o Ministério Público possui atribuições amplas para a proteção do patrimônio público e social, do meio ambiente e de outros interesses difusos e coletivos.

O mandado de segurança coletivo, por sua vez, previsto no art. 5º, LXX, cuja legitimidade foi atribuída, também, a partido político com representação no Congresso Nacional e a organização sindical, entidade de classe ou associação legalmente constituída e em funcionamento há pelo menos um ano, em defesa dos interesses de seus membros ou associados.

Mais além, o *habeas data*, instrumento de garantia de acesso às informações pessoais arquivadas em registros ou bancos de dados, bem como sua retificação (art. 5º, LXXXII), bem como o mandado de injunção, para os casos onde a falta de norma regulamentadora impeça o exercício dos direitos e liberdades constitucionais e das prerrogativas inerentes à nacionalidade, soberania e cidadania (art. 5º, LXXI).

## CAPÍTULO 2 – O INVESTIDOR ESTRANGEIRO E O ACESSO AOS TRIBUNAIS LOCAIS

Ao falar-se em acesso à justiça, não se pode olvidar que se está falando primordialmente no acesso à justiça estatal. Até agora preocupamo-nos em estudar as dificuldades gerais e particulares brasileiras em se assegurar o amplo acesso à jurisdição e como isso vem sendo superado em nível mundial e local. Contudo, até o momento, consideramos tais dificuldades sob o ponto de vista do homem abstrato que busca a proteção do Judiciário à ameaça ou violação de seus direitos. Mas quando pensamos no homem concreto, verifica-se que apesar dos enunciados principiológicos da plena igualdade, as diferenças calcadas na nacionalidade podem fazer com que os obstáculos reais interponham-se no caminho do pleno acesso à justiça.

Esse tema acaba sendo de extrema atualidade, porque é de conhecimento generalizado que a abertura das economias nacionais, o incremento do comércio internacional e um maior intercâmbio cultural e social são características hoje já consolidadas desse nosso fim de século, o que tem acarretado um crescente intercâmbio de pessoas de diferentes nacionalidades e as relações que disso derivam potencialmente podem desaguar nas barras dos tribunais nacionais.

É por isso que hoje é importante analisar-se o quanto a garantia do pleno acesso à jurisdição, formal e materialmente, é também assegurada ao estrangeiro, em igualdade de condições com os nacionais, quando busque a proteção dos tribunais locais. Essa onda de intercâmbio vem atraindo crescentes levas de

**210**

investimento estrangeiro ao nosso país, o que para muitos, como sinônimo de desenvolvimento, precisa encontrar um meio ambiente legal em que as garantias de acesso à jurisdição não sejam impactadas por obstáculos baseados no elemento da nacionalidade, do domicílio ou da residência.

Assim, é importante desde já esclarecer que quando se fala em investidor estrangeiro, quer-se referir a toda a pessoa física que tenha residência ou domicílio no exterior ou a pessoa jurídica que não tenha sido constituída em território brasileiro e que não tenha sua sede no Brasil.[22] Nas palavras de Luiz Olavo Baptista, melhor seria falar-se em investidor do estrangeiro do que investidor estrangeiro, porque o critério não é nacionalidade, mas a localização territorial.[23]

### 2.1. Os meios de solução de conflitos à disposição do investidor estrangeiro

Os tratados bilaterais, regionais e multilaterais buscam tornar efetivo um elenco básico de garantias ao capital estrangeiro: a garantia de repatriação dos benefícios e do próprio capital investido, a garantia de não expropriação, sem justa e prévia indenização, garantias gerais contra as ações ilegais dos órgãos dos Estados e de seus funcionários, garantias de estabilidade legislativa, evitando-se a mudança abrupta da base legislativa que sustenta o interesse econômico do investimento e, enfim, a garantia de tratamento nacional.[24]

A lei brasileira 4.131/62 prevê em seu art. 2º o que, ademais, foi ratificado pela Lei 8.383/91 (art. 29), Lei 8.981/95 e pela Lei 9.249/95 (art. 18), que *"ao capital estrangeiro que se investir no País será dispensado tratamento jurídico idêntico ao concedido ao capital nacional em igualdade de condições, sendo vedadas quaisquer discriminações não previstas na presente Lei"*.

Essa série de garantias não se tornarão efetivas, entretanto, se não houver a previsão de amplo acesso do investidor estrangeiro a mecanismos de solução de controvérsias. A fuga do investidor do recurso aos tribunais locais é uma das facetas da internacionalização dos contratos de investimento, chamada internacionalização direta. A internacionalização direta do contrato de investimento, quando feita pela via dos acordos de investimento, sejam bilaterais, regionais ou multilaterais, findam por reconhecer ao particular a capacidade postulatória internacional, via arbitragem, que nada mais é do que um corolário da personalidade jurídica internacional.

---

[22] SLIVINSKIS, Hugo Brazioli."Investimentos Internacionais". *Revista da Faculdade de Direito*, vol. 92, 1997, p. 429.

[23] BAPTISTA, Luiz Olavo. *Investimentos Internacionais no Direito Comparado e Brasileiro*, Porto Alegre, Livraria do Advogado, 1998, p. 64.

[24] KITIC, Dusan. *Aspects juridiques de la privatisation et des investissements étrangers*, Publication de la Faculté de Droit et des Sciences Sociales de Potiers, Tome 27, pp. 145-161.

As Convenções Bilaterais de Proteção de Investimento prevêem a utilização da arbitragem *ad hoc*, organizada segundo as regras de arbitragem da Comissão das Nações Unidas para o direito do comércio internacional – UNCITRAL ou as regras de arbitragem do ICSID – Banco Mundial.[25]

Mas o recurso à arbitragem não deve ofuscar o fato de que os tratados de proteção de investimento também prevêem, como primeira opção ao investidor, a escolha pelos tribunais do Estado de acolhimento do investimento. Assim é que se vê, exemplificativamente, que o Acordo Brasil-Grã-Bretanha, de 1994, em seu art. 7º (3) prevê o uso da arbitragem quando o investidor não haja utilizado, previamente, dos recursos aos tribunais locais, da mesma forma como o estabelece o art. 8º (2) do Acordo Brasil-Venezuela, de 1995, e o art. 8º, (2, I) do Acordo Brasil-Portugal, de 1994.

A mesma disposição se vê repetida no Protocolo sobre Promoção e Proteção de Investimentos Provenientes de Estados Não-Partes do Mercosul (art. 2º, H, 2. A) e no Protocolo de Colonia para a Promoção e Proteção Recíproca de Investimentos no Mercosul (art. 9º, 2, I). O Acordo MAI, na versão negociada em 1998, em seu capítulo V, intitulado Solução de Controvérsias prevê que os conflitos entre investidores e Estados de acolhimento poderão serem solucionados pelo recurso a qualquer corte civil ou administrativa competente do Estado de acolhimento (D, 2, a).

O que se nota, portanto, é que a par da previsão de recurso à arbitragem, os tratados internacionais sobre proteção e promoção do investimento não afastam o recurso dos investidores aos tribunais locais. Contudo, ainda que tais tratados bilaterais, à exceção do tratado Brasil-Estados Unidos,[26] e mesmo os tratados regionais e o Acordo MAI não tenham sido ratificados pelo Brasil, não se pode duvidar de que as cortes nacionais cumprem um papel importante no acolhimento das demandas de investidores estrangeiros.

## 2.2. *O investidor estrangeiro frente aos tribunais locais*

Mas ao recorrer o investidor estrangeiro às cortes brasileiras, vê-se na condição de estrangeiro e portanto terá de ultrapassar os obstáculos da diferencia-

---

[25] KITIC, Dusan, *Aspects juridiques de la privatisation (...)*, pp. 173/174.

[26] Decreto 57.943/66, que em seu art. 6º envia às cortes nacionais do Estado de acolhimento do investimento as demandas derivadas de desapropriação de bens dos investidores brasileiros ou norte-americanos, limitando o procedimento arbitral aos litígios de Direito Internacional Público entre Estados, dentre eles aqueles que resultem de denegação de justiça pelas cortes locais ao investidor nacional de um dos Estados-contratantes. O conceito de denegação de justiça de que trata esse dispositivo veio a ser explicitado pela ressalva feita pelo Decreto-legislativo n. 69/65: *"Ressalva-se que por denegação de justiça, nos termos do artigo VI, par. 3º, se entende: a inexistência de tribunais regulares, ou de vias normais de acesso à justiça; a recusa de julgar, de parte da autoridade competente; o retardamento injustificável da decisão judicial, com violação da lei processual interna."*

**212**

ção de tratamento entre o litigante aqui residente e o litigante não residente.

O acesso do estrangeiro aos tribunais nacionais é um direito fundamental, previsto no art. 5º da Constituição Federal. O conceito atual de sociedades em rede, conectadas por múltiplos interesses sociais, comerciais e culturais está engendrando um novo conceito de soberania e aprofundando a idéia de que os direitos e garantias de qualquer indivíduo são de responsabilidade do Estado, que assume, com isso, uma responsabilidade de nível internacional: a responsabilidade de aplicar o Direito e prover a Justiça em seu próprio território. Se o Estado nega ao estrangeiro direitos fundamentais, está cometendo um ilícito internacional.

O compromisso nacional com a garantia de efetividade dos direitos individuais se vê representado no próprio Preâmbulo da Constituição Federal, que em suas palavras institui *"um Estado Democrático destinado a assegurar o exercício dos direitos sociais e individuais, a liberdade, a segurança, o bem-estar, o desenvolvimento, a igualdade e a justiça como valores supremos de uma sociedade fraterna, pluralista e sem preconceito, fundada na harmonia social e comprometida na ordem interna e internacional, com a solução pacífica das controvérsias (....)"*.

Já o art. 4º da Constituição Federal reafirma o compromisso da República Federativa do Brasil, nas suas relações internacionais, com o princípio da prevalência dos direitos humanos. Enfim, temos o art. 5º da Constituição Federal, enunciando que *"Todos são iguais perante a lei, sem distinção de qualquer natureza, garantindo-se aos brasileiros e aos estrangeiros residentes no País a inviolabilidade do direito à vida, à liberdade, à igualdade, à segurança e à propriedade, nos termos seguintes:"*

O enunciado de que todos são iguais perante a lei é a pedra angular de sustentação de um Estado de Direito e traduz-se pela submissão de toda pessoa ao império da lei, da qual retira o governante a legitimidade do poder de mando. Um pouco mais adiante, o enunciado parece contradizer-se, pois as garantias básicas da afirmação da personalidade como a vida, liberdade, igualdade, segurança e propriedade estão outorgadas aos brasileiros e aos estrangeiros residentes. Isso, numa leitura apressada e afastada do fio condutor que vem da afirmação de igualdade de todos perante a lei pareceria autorizar uma não garantia aos estrangeiros não residentes.

Evidentemente que uma tal conclusão é inaceitável, o que ademais não tardou por ser afirmado pelo Supremo Tribunal Federal, de que é exemplo o julgamento do H.C. n. 74.051-1-SC (*DJ* 20.9.96) em cuja ementa se afirma: "DIREITOS E GARANTIAS FUNDAMENTAIS – ESTRANGEIROS – A teor do disposto na cabeça do art. 5º da Constituição Federal, os estrangeiros residentes no País têm jus aos direitos e garantias fundamentais". O voto do relator, por sua vez, é conclusivo "(...) Pouco importa que se trate de estrangeiro, que também está sujeito tanto à ordem jurídica em vigor como aos benefícios nela previstos".

Em sede doutrinária também não poderia ser outra a conclusão, como se verifica dos comentários de Pontes de Miranda à Constituição Federal de 1967, em especial ao art.150, bem como o magistério de Pinto Ferreira, em seus comentários à atual Constituição Federal, ambos citados em parecer de José Carlos Barbosa Moreira sobre o tema da garantia constitucional do direito à jurisdição do estrangeiro.[27]

O reconhecimento de direitos fundamentais[28] à pessoa humana deriva do reconhecimento da sua existência e, portanto, de sua personalidade. É por isso que a atribuição da personalidade jurídica à pessoa humana é matéria por demais importante para que possa ser passível de diferenciações entre o nacional e o estrangeiro.

Nesse sentido, a Constituição brasileira não fez qualquer distinção entre o brasileiro e o estrangeiro quando, no *caput* do art. 5º, afirmou que ao brasileiro e ao estrangeiro residente no país garantia a inviolabilidade do direito à vida, liberdade, igualdade, segurança e propriedade. A doutrina constitucional,[29] e como se viu, a jurisprudência do STF,[30] assimilou o conceito de residência ao de localização em território nacional.

Sendo os direitos fundamentais aqueles que se perfazem em face do Estado[31], o direito de acesso aos tribunais[32] funda-se sobre o reconhecimento da personalidade da pessoa humana, o que se configura em uma obrigação internacional dos Estados[33], cujo descumprimento caracteriza a figura da denegação de justiça[34] e abre caminho para a proteção diplomática do estrangeiro.

Sendo, portanto, todos iguais perante a lei, assegurados ao brasileiro ou ao estrangeiro, residente ou não residente no país, os direitos e garantias previstos na Constituição Federal, não se poderá excluir da apreciação do Judiciário lesão

---

[27.] "Garantia Constitucional do Direito à Jurisdição – Competência Internacional da Justiça Brasileira – Prova do Direito Estrangeiro". *Revista Forense*, vol. 343, p. 277.

[28.] Os direitos fundamentais são aqueles que derivam da personalidade e, portanto, são definíveis à vista das diversas ciências que estudam o homem, seja a biologia, a sociologia ou a psicologia. (FRANCO DA FONSECA, José Roberto. "Dimensão Internacional dos Direitos Fundamentais da Pessoa")

[29.] BASTOS, Celso Ribeiro. *Comentários à Constituição do Brasil* e MELLO, Celso de. *Constituição Federal Anotada*, p. 24.

[30.] HC 74051-1-SC, *DJ*, 20.09.96.

[31.] Direitos de primeira geração, na linguagem de BOBBIO.

[32.] Art. 5º, inciso XXXV.

[33.] Nesse sentido é interessante notar como o direito de agir como um direito abstrato de ação, em oposição à concepção civilística do direito concreto de ação, corresponde a uma fase da afirmação dos direitos fundamentais da pessoa humana em face do Estado.

[34.] Segundo a lei brasileira, denegação de justiça se entende por inexistência de tribunais regulares ou de vias normais de acesso à justiça; a recusa de julgar, de parte da autoridade competente, o retardamento injustificável da decisão judicial com violação da lei processual interna. (Decreto legislativo 69, 1965).

ou ameaça de direito endereçada por estrangeiro, a teor do art. 5º, inciso XXXV da citada Constituição Federal.

Mas a garantia formal do acesso à jurisdição brasileira pelo estrangeiro não deve ofuscar o fato de que a particularidade de tratamento para os processos com conexão internacional em que seja parte legitimada o estrangeiro, podem, concretamente, contribuir para uma limitação material do amplo acesso à jurisdição.

Um exemplo de como o direito de acesso aos tribunais pode sofrer limitações no seu exercício deriva da figura da *cautio judicatum solvi*[35], prevista em nosso ordenamento no art. 835 do Código de Processo Civil[36] e no art. 9º, III, "c"[37] e art. 20[38] da Lei de Falências (Decreto-lei 7.661/45). O objetivo básico da caução processual é o de proteção do nacional frente a demandas infundadas iniciadas por estrangeiros. O que se pode notar, entretanto, no confronto entre a norma do art. 835 do CPC[39] e a letra "c" do inciso III do art. 9º da Lei de Falências é que a caução exigida no segundo caso é mais extensa, abrangendo os prejuízos do processo, enquanto no primeiro caso a caução restringe-se às custas e aos honorários advocatícios.

Outro exemplo é o problema da competência internacional do juiz brasileiro para conhecer de demandas com conexão internacional. A competência internacional dos Estados delimita os casos em que o Estado tem interesse de conhecer da lide, em virtude de critérios de viabilidade e conveniência[40]. Isso está estabelecido nos arts. 88, 89 e 90[41] do Código de Processo Civil, tratando, respectivamente, da competência internacional concorrente e exclusiva do juiz brasileiro, repetidos, em parte, no art. 12 da Lei de Introdução ao Código Civil

---

[35] Embora utilizada largamente na doutrina, a expressão é condenada por autores como ROXO (op. cit., p. 62), pois para o Direito Romano, a *cautio judicatum solvi* tinha por objetivo assegurar a restituição da coisa pelo réu, sendo preferível a expressão *cautio pro expensis*.

[36] O autor, nacional ou estrangeiro, que residir fora do Brasil ou dele se ausentar na pendência da demanda, prestará, nas ações que intentar, caução suficiente às custas e honorários de advogado da parte contrária, se não tiver no Brasil bens imóveis que lhe assegurem o pagamento.

[37] A falência pode também ser requerida:
III – pelo credor, exibindo título do seu crédito, ainda que não vencido, observadas, conforme o caso, as seguintes condições:
(…)
c) o credor que não tiver domicílio no Brasil, se prestar caução às custas e ao pagamento da indenização de que trata o art. 20.

[38] Quem, por dolo, requerer a falência de outrem, será condenado, na sentença que denegar a falência, em primeira ou segunda instância, a indenizar ao devedor, liquidando-se na execução da sentença as perdas e danos. Sendo a falência requerida por mais de uma pessoa, serão solidariamente responsáveis os requerentes.

[39] Note-se, entretanto, que não se exigirá caução nos casos de execução fundada em título extrajudicial e na reconvenção – art. 836 do CPC.

[40] ROXO, Helena Maria de Jesus Cravo. *O Estrangeiro frente à justiça brasileira: pretensão à tutela jurisdicional civil*. São Paulo, 1990. 132p. Dissertação (Mestrado) – Faculdade de Direito, Universidade de São Paulo.

[41] Art. 88. É competente a autoridade judiciária brasileira quando:
I – o réu, qualquer que seja a sua nacionalidade, estiver domiciliado no Brasil;

– LICC – e que, de fato, podem repelir a demanda aforada pelo estrangeiro em território nacional, quando inexista um dos elementos de conexão lá previstos.

Da mesma forma, a assistência judiciária, como forma de viabilizar o acesso pleno à jurisdição de um Estado não se deve limitar apenas aos nacionais. Essa conclusão ajusta-se ao contido no art. 2º, *caput* e parágrafo único[42], da Lei 1.060/50, que não faz distinção entre nacionais e estrangeiros, para o efeito do benefício. A par desse dispositivo, o Brasil é parte de um sem-número de tratados que estabeleceram a extensão do benefício aos nacionais dos Estados-parte, exaustivamente listados na obra de Rechsteiner.[43]

## 2.3. A facilitação do acesso à justiça para os estrangeiros nos tratados de cooperação jurisdicional

O princípio do amplo acesso à jurisdição, sem discriminação baseada na nacionalidade ou no domicílio da parte, vem sendo reafirmado com freqüência em resoluções de Organizações Internacionais e nos tratados internacionais de proteção dos direitos do homem do pós-guerra. Assim é que, exemplificati-vamente, vemos tal princípio exposto no art. VIII[44] da Declaração Universal dos Direitos do Homem, de 1948, oriunda da 3ª sessão ordinária da Assembléia Geral das Nações Unidas e repetido no art. 14, § 1º[45] do Pacto Internacional de Direitos Civis e Políticos, de 1966, no art. 6º, n. 1[46], Decreto 592/92 da Convenção

---

II – no Brasil tiver de ser cumprida a obrigação;

III – a ação se originar de fato ocorrido ou de ato praticado no Brasil;

Parágrafo único. Para o fim do disposto no n. I, reputa-se domiciliada no Brasil a pessoa jurídica estrangeira que aqui tiver agência, filial ou sucursal.

Art. 89. Compete à autoridade judiciária brasileira, com exclusão de qualquer outra:

I – conhecer de ações relativas a imóveis situados no Brasil;

II – proceder a inventário e partilha de bens situados no Brasil, ainda que o autor de herança seja estrangeiro e tenha residido fora do território nacional.

Art. 90. A ação intentada perante tribunal estrangeiro não induz litispendência, nem obsta a que a autoridade judiciária brasileira conheça da mesma causa e das que lhe são conexas.

[42.] Gozarão dos benefícios desta Lei os nacionais ou estrangeiros, residentes no País que necessitarem recorrer à justiça penal, civil, militar ou do trabalho.

Parágrafo Único – Considera-se necessitado, para os fins legais, todo aquele cuja situação econômica lhe permita pagar as custas do processo e os honorários de advogado, sem prejuízo do sustento próprio ou da família.

[43.] RECHSTEINER, Beat Walter. *Direito Internacional Privado*, pp. 235 a 237.

[44.] Todo homem tem direito a receber dos tribunais nacionais competentes remédio efetivo para os atos que violem os direitos fundamentais que lhe sejam reconhecidos pela Constituição ou pela lei.

[45.] "Todos são iguais perante os tribunais e cortes de justiça. Toda pessoa tem direito a que a sua causa seja apreciada, com eqüidade e publicamente por um tribunal competente, independente e imparcial, estabelecido por lei, que decidirá quer sobre o bom fundamento de toda a acusação em matéria pessoal dirigida contra ele, quer quanto às contestações sobre seus direitos e obrigações de caráter civil (…)"

[46.] Qualquer pessoa tem direito a que a sua causa seja examinada, eqüitativa e publicamente, num prazo razoável, por um tribunal independente e imparcial, estabelecido pela lei, o qual decidirá quer sobre a determinação dos

Européia de Direitos do Homem e das Liberdades Fundamentais, de 1950, no art. 8º, § 1º[47], da Convenção Americana de Direitos Humanos, de 1969, Decreto 678/92 e mesmo anteriormente a todos esses, o art. 5º[48] da Convenção sobre Condição dos Estrangeiros de Havana, de 1928, Decreto 18.956/29.

Mas a *sede materiae* para as disposições internacionais facilitadoras do acesso à jurisdição são os tratados internacionais sobre cooperação judicial. Esses foram primeiramente iniciativa das Conferências de Haia sobre Direito Internacional Privado[49], que na década de 50 adicionou às já conhecidas convenções uniformizadoras de Direito Privado, convenções sobre questões processuais[50].

Essas Convenções iniciaram como a que dispunha sobre o Processo Civil, de 1954, com dispositivos específicos afastando a exigência de caução judicial aos estrangeiros em seus arts. 17 e 19, a par de estender aos estrangeiros os benefícios da assistência judiciária, em seus arts. 20 a 24. Mas as Conferências de Haia mostraram maior produção em matéria processual internacional a partir da década de 60, iniciando pela Convenção concernente à competência das autoridades e lei aplicável em matéria de proteção de menores, de 1961 (a), seguida pela conferência dispondo sobre a supressão de exigência de legalização de atos públicos estrangeiros, de 1961[51] (b), sobre a citação e notificação no estrangeiro de atos judicias e extrajudiciais em matéria civil ou comercial (c), sobre o reconhecimento e execução de sentenças estrangeiras em matéria civil e comercial, de 1971 (d), sobre o reconhecimento de divórcios e separações de corpos, de 1970 (e), sobre a obtenção de provas no estrangeiro em matéria civil ou comercial, de 1970 (f), sobre o reconhecimento e execução de decisões relativas a obrigações alimentícias, de 1973 (g), sobre os aspectos civis do seqüestro internacional de menores, de 1980 (h), sobre o acesso internacional à justiça, de 1980 (i).

---

seus direitos e obrigações de caráter civil, quer sobre o fundamento de qualquer acusação em matéria penal dirigida contra ela.(...)

[47] Toda pessoa tem direito a ser ouvida, com as devidas garantias e dentro de um prazo razoável, por um juiz ou tribunal competente, independente e imparcial, estabelecido anteriormente por lei, na afirmação de qualquer acusação pessoal formulada contra ela, ou para que se determinem seus direitos ou obrigações de natureza civil, trabalhista, fiscal, ou de qualquer outra natureza.

[48] Os Estados devem conceder aos estrangeiros domiciliados ou de passagem em seu território todas as garantias individuais que concedem aos seus próprios nacionais e o gozo dos direitos civis essenciais, sem prejuízo, no que concerne aos estrangeiros, das prescrições legais relativas à extensão e modalidades do exercício dos ditos direitos e garantias.

[49] O Brasil fez parte das Conferências de Haia até 1977, tendo ratificado o Estatuto da Conferência de Haia de Direito Internacional Privado em 1971. O Brasil jamais ratificou qualquer das Convenções de Haia. (DOLINGER, Jacob. *Direito Internacional Privado*, p. 78.

[50] PFUND, Peter H. *Contributing to Progressive Development of Private International Law* (...), p. 24.

[51] Essa convenção, da qual fazem parte 55 Estados, substituiu a legalização consular pela emissão de um certificado pelos oficiais públicos dos Estados-parte, o qual foi denominado *apostille*.

Essa última convenção interessa-nos mais de perto, porquanto criou um mecanismo detalhado de garantia de assistência judiciária aos nacionais ou residentes em qualquer dos Estados-parte – arts. 1º a 13 – além de afastar as exigências de cauções judiciais de custas e honorários – arts. 14 ao 17.

No âmbito da Organização das Nações Unidas, o Brasil é parte da Convenção da ONU sobre Prestação de Alimentos no Estrangeiro, Decreto 56.826/65, que amplia a competência do Estado onde encontre-se o demandante, para conhecer de ação de natureza alimentar endereçada ao demandado que se encontre no território de um outro Estado-parte. Mais do que isso, o art. IX[52] estende a tais demandantes não só a assistência judiciária de que gozam os demandantes residentes quanto isenta a caução judicial.

No continente americano, tivemos a primeira tentativa significativa[53] de uniformização do direito internacional privado por meio do Congresso de Montevidéu de 1889, atualizado em 1940, do qual resultaram vários tratados e, dentre eles, os de Direito Processual Internacional[54], nenhum dos quais foi ratificado pelo Brasil. O Brasil faria parte, em 1928, do Código de Bustamante, de 1928 – Decreto 18.871/29 –, aprovado na Conferência de Havana de 1928, em vigor em catorze Estados[55], compreendendo 437 artigos, divididos em quatro livros e, dentre eles o livro IV, intitulado Direito Processual Internacional, dividido em dez títulos.[56]

O direito de acesso à jurisdição em termos de igualdade com os nacionais é afirmado solenemente pelo Código de Bustamante em seu art. 315, dentro do título em que se falam dos Princípios Gerais: "Nenhum Estado contratante organizará ou manterá no seu território tribunais especiais para os membros dos demais Estados contratantes".

O Código de Bustamante, ao tratar de competência internacional, estabelece no art. 318 que será competente o juiz de mesma nacionalidade ou domicílio de

---

[52.] ISENÇÕES E FACILIDADE

1. Nos procedimentos previstos na presente Convenção, os demandantes gozarão do tratamento e das isenções de custos e de despesas concedidas aos demandantes residentes no Estado em cujo território for proposta a ação.

2. Dos demandantes estrangeiros ou não-residentes não poderá ser exigida uma caução *judicatum solvi* ou qualquer outro pagamento ou depósito para garantir a cobertura das despesas.

[53.] Anteriormente aos Congressos de Montevidéu, o Congresso de Lima, do qual resultou o Tratado de Lima de 1878 foi, de fato, a primeira tentativa, em âmbito americano, de uniformização do Direito Internacional Privado. Contudo, a pequena participação dos Estados latino-americanos, somada à ausência de ratificação do tratado, condenaram-no ao fracasso.

[54.] Os Estados-parte desse tratado foram Argentina, Bolívia, Paraguai, Peru e Uruguai.

[55.] São eles: Bolívia, Chile, Costa Rica, Cuba, República Dominicana, Equador, Guatemala, Haiti, Honduras, Nicarágua, Panamá, Peru, El Salvador e Venezuela.

[56.] Compreende tanto os princípios gerais (I), a competência em matéria civil, comercial e penal (II), a extradição (III), o acesso à justiça por parte do estrangeiro (IV), as cartas rogatórias (V), litispendência internacional (VI), regime da prova (VII), recurso da aplicação do direito estrangeiro (VIII), regras sobre competência para decretar a falência e a concordata (IX) e a execução de sentença estrangeira (X).

qualquer dos litigantes, exceção feita à disposição em contrário da lei local ou de rejeição de um tal critério pela lei de situação do bem imóvel, em se tratando de ações reais. Já o art. 324 estabelece que para as ações pessoais, competente é o juiz do lugar do cumprimento da obrigação e, em sua falta, o do domicílio dos réus, ou, ainda, subsidiariamente, o da sua residência.

O juízo sucessório será o do lugar em que o finado tiver tido o seu último domicílio, art. 327, enquanto o concurso de credores e a falência respeitam à competência do juízo do domicílio do devedor. Os atos de jurisdição voluntária, a princípio, devem ser praticados perante o juízo em que a pessoa que os motivar tenha domicílio, art. 330, bem como o local do cumprimento da obrigação ou local do fato que a origine, nos atos de jurisdição voluntária em matéria de comércio, art. 331. Por fim, a litispendência internacional pode ser alegada por motivo de pleito em outro Estado contratante, excepcionando-se, mais uma vez o contido no art. 90 do CPC brasileiro.

O mesmo Código de Bustamante – Decreto 18.871/29, em seu art. 382[57], firma o direito de assistência judiciária integral também aos nacionais de qualquer dos Estados contratantes, da mesma forma que exclui as exigências de qualquer tipo de caução para o exercício do direito de ação – arts. 383 a 387[58].

A partir da década de 70, no âmbito da Organização dos Estados Americanos – OEA, e por meio da Comissão Jurídica Interamericana, uma renovação das anteriores codificações americanas passou a ser feita e o resultado são as Conferências Especializadas Interamericanas sobre Direito Internacional Privado, denominadas de CIDIP I, II, III, IV e V, realizadas, respectivamente, nas cidades de Panamá, Montevidéu, La Paz, Montevidéu e Cidade do México, nos anos de 1975, 1979, 1984, 1989 e 1994.

Dessas conferências resultaram uma série de vinte e três tratados[59], dos quais seis[60], somadas a dois protocolos adicionais, contemplam matérias exclu-

---

[57] Os nacionais de cada Estado contratante gozarão, em cada um dos outros, do benefício da assistência judiciária, nas mesmas condições dos naturais.

[58] Art. 383. Não se fará distinção entre nacionais e estrangeiros, nos Estados contratantes, quanto à prestação de fiança para o comparecimento em juízo.
Art. 384. Os estrangeiros pertencentes a um Estado contratante poderão solicitar, nos demais, a ação pública em matéria penal, nas mesmas condições que os nacionais.
Art. 385. Não se exigirá, tampouco, a esses estrangeiros que prestem fiança para o exercício de ação privada, nos casos em que se não faça tal exigência aos nacionais.
Art. 386. Nenhum dos Estados contratantes imporá aos nacionais de outro a caução *judicati* ou o *onus probandi*, nos casos em que não exija um ou outra aos próprios nacionais.
Art. 387. Não se autorizarão embargos preventivos, nem fianças, nem outras medidas processuais de índole análoga, a respeito de nacionais dos Estados contratantes, só pelo fato da sua condição de estrangeiros.

[59] Em ordem: 1) CIDIP I – Cartas Rogatórias, Conflitos de Leis em Matéria de Letras de Câmbio, Notas Promissórias e Faturas, Conflito de leis em matéria de cheques, obtenção de prova no exterior, regime legal das procurações para serem utilizadas no exterior, arbitragem comercial internacional; 2) CIDIP II – cumprimento de medidas cautelares, conflitos de leis em matéria de cheques, protocolo adicional à convenção sobre cartas

sivamente de ordem processual internacional[61]. Os tratados sobre matéria processual que foram incorporados ao ordenamento brasileiro[62] foram as Convenções sobre Cartas Rogatórias (Decreto 1.899/96), Regime Legal das Procurações no Exterior (Decreto 1.213/94), Protocolo Adicional à Convenção sobre Cartas Rogatórias (Decreto 2.022/96), Eficácia Extraterritorial das Sentenças e Laudos Estrangeiros (Decreto 2.411/97) e sobre a Prova e Informação do Direito Estrangeiro (Decreto 1.925/96).[63]

Em nível sub-regional, o processo de integração do Mercado Comum do Sul – Mercosul, iniciado pelo Tratado de Assunção de 1991, Decreto-Legislativo 197/91, reunindo Argentina, Brasil, Uruguai e Paraguai, já contava com o acervo de tratados bilaterais sobre Igualdade Processual e Rogatórias[64], Aplicação e Informação do Direito Estrangeiro e Proteção Internacional de Menores.[65]

Mas a par desses tratados bilaterais, foram introduzidos:

  a) Protocolo de Las Leñas sobre Cooperação e Assistência Jurisdicional em Matéria Civil, Comercial, Trabalhista e Administrativa (Decisão 05/92 do Conselho Mercado Comum), Decreto 2.067/96, onde o art.

---

rogatórias, domicílio das pessoas físicas no direito internacional privado, conflitos de leis em matéria de sociedades mercantis, eficácia extraterritorial das sentenças e laudos arbitrais estrangeiros; 3) CIDIP III – personalidade e capacidade das pessoas jurídicas no direito internacional privado, conflitos de leis em matéria de adoção de menores, competência na esfera internacional e eficácia extraterritorial de sentenças estrangeiras, protocolo adicional à convenção sobre obtenção de provas no exterior; 4) CIDIP IV – restituição internacional de menores, obrigação alimentar, contrato de transporte internacional de mercadorias; 5) CIDIP V – tráfico internacional de menores, lei aplicável aos contratos internacionais.

[60.] A Convenção sobre Normas Gerais de Direito Internacional Privado, de 1979, incorporada ao ordenamento brasileiro pelo Decreto 1.979/96, contém dispositivos principiológicos relativos à aplicação da lei estrangeira, que tratam da interpretação e aplicação das normas conflitivas, como também da aplicação do direito estrangeiro, quando então tem em mira as normas de direito processual civil internacional. Exemplo desse último tipo de normas é a do art. 2ª, onde se afirma o princípio do *iura novit curia* para o direito estrangeiro, e estabelece-se o caráter supletivo da participação das partes na prova da existência e conteúdo do direito estrangeiro. Para uma análise desse dispositivo em particular, veja-se a obra de BATALHA, Wilson de Souza Campos e RODRIGUES NETTO, Sílvia Marina L. Batalha, *O Direito Internacional Privado na Organização dos Estados Americanos*, pp. 61 a 86.

[61.] Cartas Rogatórias, obtenção de prova no exterior, regime legal das procurações para serem utilizadas no exterior, cumprimento de medidas cautelares, protocolo adicional à convenção sobre cartas rogatórias, eficácia extraterritorial das sentenças e laudos arbitrais estrangeiros; competência na esfera internacional e eficácia extraterritorial de sentenças estrangeiras, protocolo adicional à convenção sobre obtenção de provas no exterior.

[62.] Em 1989, de vinte e uma CIDIPs existentes, catorze já haviam sido ratificadas pelo Paraguay e Uruguay, enquanto dez pela Argentina e nenhuma pelo Brasil. (BARRANDEGUY, Marcelo Solari. "Importancia del Derecho Internacional Privado" (...), p. 81.

[63.] CASELLA, Paulo Borba e ARAUJO, Nadia de. *Integração Jurídica Interamericana*, pp. 581 e 582.

[64.] Acordo de Cooperação Judiciária em matéria civil, comercial, trabalhista e administrativa, celebrado entre o Governo da República Federativa do Brasil e o Governo da República Oriental do Uruguai, Montevidéu, 1992, Decreto 1.850/96. Acordo de Cooperação Judiciária em Matéria Civil, Comercial, Trabalhista e Administrativa, celebrado entre o Governo da República Federativa do Brasil e o Governo da República Argentina, em Brasília, 1991, Decreto 1.560/95.

[65.] As cartas rogatórias trocadas por esses dois Estados alcançam a marca anual de 1600. (BERGMAN, Eduardo Tellechea." Panorama de los Protocolos del Mercosur sobre Derecho Internacional Privado"(...), p. 189.

3º estabelece o princípio da igualdade de tratamento processual, excluindo a exigência de caução no art. 4º;

b) Protocolo de Ouro Preto sobre Medidas Cautelares (Decisão 27/94 do Conselho Mercado Comum) – Decreto 2.626/98;

c) Protocolo de Buenos Aires sobre Jurisdição Internacional em Matéria Contratual, firmado em 1991, Decreto 2.095/96, principalmente os dispositivos que asseguram a autonomia da vontade das partes para a escolha de jurisdição – art. 4º – e o dispositivo que acrescenta às hipóteses de competência internacional previstas nos arts. 88 e 89 do CPC a competência do juízo de domicílio ou sede social do autor, quando demonstrar que cumpriu sua prestação – art. 7º, "c";

Ao lado dos tratados multilaterais e regionais, encontramos também dispositivos que asseguram o pleno acesso do estrangeiro aos tribunais nacionais nos tratados bilaterais de cooperação jurisdicional, nos quais se exclui a exigência da caução judicial e se estende a proteção da assistência judiciária. São exemplos:

a) os arts. 34 a 36[66] da Convenção de Cooperação Judiciária em Matéria Civil, Comercial, Trabalhista e Administrativa Brasil-França, Decreto 91.207/85;

b) a Convenção sobre Assistência Judiciária Gratuita entre Brasil e Bélgica, de 1955, art. I[67] do Decreto 41.908/57.

c) a Convenção sobre Assistência Judiciária entre Brasil e Países Baixos, de 1959, art. I[68] do Decreto 53.923/64;

d) a Convenção sobre Assistência Judiciária Gratuita entre Brasil e Argentina, art. I[69] do Decreto 62.978/68;

---

[66] Art. 34. Os nacionais de um dos dois Estados terão, nas mesmas condições que os nacionais do outro Estado, livre acesso às jurisdições deste para a satisfação e a defesa de seus direitos e interesses e nelas desfrutarão da mesma proteção jurídica.
Art. 35. No território de um dos Estados não se imporá aos nacionais do outro Estado caução ou depósito sob qualquer denominação por motivo de sua qualidade de estrangeiro ou de sua residência habitual, mesmo em um terceiro Estado. A mesma regra se aplica ao pagamento que possa ser exigido dos autores ou intervenientes para garantir as despesas judiciárias.
A alínea precedente se aplica às pessoas jurídicas constituídas, autorizadas ou registradas de acordo com as leis de um ou outro dos Estados.

[67] Os nacionais de cada uma das Altas Partes Contratantes gozarão, no território da outra, em igualdade de condições, dos benefícios da assistência gratuita concedidos aos próprios nacionais, perante a Justiça penal, civil, comercial, militar e do trabalho.

[68] Os nacionais de cada uma das Altas Partes Contratantes gozarão, no território da outra, do benefício da assistência judiciária gratuita; esta será concedida em igualdade de condições aos nacionais de cada uma das Altas Partes Contratantes, perante os tribunais, em matéria de legislação penal, civil, militar e do trabalho.

[69] Os nacionais de cada uma das Altas Partes Contratantes gozarão, no território da outra, em igualdade de condições, dos benefícios da assistência judiciária gratuita concedidos aos próprios nacionais, perante a justiça penal, civil, comercial, militar e do trabalho.

e) o Convênio de Cooperação Judiciária em Matéria Civil entre o Governo da República Federativa do Brasil e o Reino da Espanha, Decreto 166/91;

f) o Tratado Relativo à Cooperação Judiciária e ao Reconhecimento e Execução de Sentenças em Matéria Civil, entre a República Federativa do Brasil e a República Italiana, de 1989, arts. 9º[70] e 10[71] do Decreto 1.476/95;

g) o Acordo de Cooperação Judiciária em Matéria Civil, Comercial, Trabalhista e Administrativa, entre o Governo da República Federativa do Brasil e o Governo da República Argentina, de 1991, arts. 27[72] e 28[73] do Decreto 1.560/95;

h) o Acordo de Cooperação Judiciária em Matéria Civil, Comercial, Trabalhista e Administrativa entre o Governo da República Federativa do Brasil e o Governo da República Oriental do Uruguai, de 1992, arts. 21[74] e 22[75] do Decreto 1.850/96;

## CONCLUSÃO

A conclusão que sobressai do estudo da temática do acesso à justiça é que se opera uma mudança de eixo no direito processual, que reflete, em suma, uma

---

[70] Dispensa da "Cautio Judicatum Solvi"

1 – Aos cidadãos residentes ou domiciliados no território de uma das partes que sejam autores ou intervenientes perante as autoridades judiciárias da outra Parte não poderá ser imposta, em razão de sua qualidade de estrangeiros, ou por não serem residentes ou domiciliados no território desta última parte, nenhuma "cautio judicatum solvi" relativa às despesas do processo. (...)

[71] Patrocínio Gratuito e Dispensas das Taxas e Adiantamentos

1 – Os cidadãos de cada uma das Partes beneficiar-se-ão, no território da outra Parte, nas mesmas condições e medida que os cidadãos desta, do patrocínio gratuito para os processos cíveis. (...)

[72] 1 – Os cidadãos e os residentes permanentes de um dos Estados gozarão, nas mesmas condições que os cidadãos e residentes permanentes do outro Estado, do livre acesso às jurisdições do referido Estado, para a defesa de seus direitos e interesses.

2 – O parágrafo anterior se aplicará às pessoas jurídicas constituídas, autorizadas ou registradas de acordo com as leis de qualquer dos dois Estados.

[73] 1 – Nenhuma caução ou depósito, qualquer que seja sua denominação, pode ser imposto em razão da qualidade de cidadão ou residente permanente do outro Estado.

2 – O parágrafo anterior se aplicará às pessoas jurídicas constituídas, autorizadas ou registradas de acordo com as leis de qualquer dos dois Estados.

[74] 1 – As pessoas físicas que tenham cidadania ou residência permanente em um dos Estados-parte gozarão no outro das mesmas condições de que gozam os cidadãos ou residentes permanentes do referido Estado-parte para ter acesso aos órgãos judiciários em defesa de seus direitos e interesses.

2 – O parágrafo anterior se aplicará às pessoas jurídicas constituídas, autorizadas ou inscritas em conformidade com as leis de qualquer dos dois Estados;

[75] 1 – Nenhuma caução ou depósito, qualquer que seja sua denominação, poderá ser imposto em decorrência da condição de cidadão ou residente permanente no outro Estado.

2 – O parágrafo anterior se aplicará às pessoas jurídicas constituídas, autorizadas ou inscritas de acordo com as leis de qualquer dos dois Estados.

transformação de maior envergadura em toda a ciência jurídica, qual seja a consagração da chamada "perspectiva dos consumidores", através do que abandonam-se os projetos meramente idealísticos em favor do atendimento das necessidades e expectativas que os consumidores do direito e da justiça possam ter.

Repetindo-se Cappelletti: "Assim como na economia, substitui-se, no direito, ou pelo menos deveria substituir-se, uma concepção concentrada exclusivamente no *supply side* por uma visão mais realística, na qual se insere igualmente e assume grande importância o *demand side.*" A análise do jurista passa a ser mais realista, na medida em que passa a preocupar-se com a efetividade dos instrumentos colocados à disposição dos indivíduos.[76]

No plano exclusivamente processual, o princípio da isonomia obriga a uma releitura dos princípios dispositivo e inquisitório, por meio dos quais afirma-se a função judicial como condutora de uma renovação na concepção passiva da atividade jurisdicional. Também o conceito de legitimação para a causa, formulado ao tempo do processo com feições duelísticas, nas palavras de Adroaldo Furtado Fabrício[77], precisa modificar-se para acolher a defesa pelos organismos representativos, denominados por esse autor de corpos sociais intermediários, como sindicatos e associações, das vítimas de violações de massa.

Dificilmente o estudo do instrumental utilizado para a operacionalização do pleno acesso à justiça poder-nos-ia levar à conclusão diversa daquela que expressou Cappelletti[78], referindo-se ao *Florence Access do Justice Project*, isto é, de que não existe solução para a questão que não passe pela combinação dos diversos métodos de defesa dos interesses individuais e coletivos já postos em funcionamento em grande parte dos países.

No tocante ao acesso do investidor estrangeiro à jurisdição brasileira – ressaltado que para os efeitos processuais a residência e não a nacionalidade é que define o tratamento diferenciado – vemos que apesar de ser a arbitragem tida como o método por excelência para a solução de conflitos derivados do investimento, inexiste previsão específica na lei brasileira de investimentos e nos tratados de investimento efetivamente ratificados pelo Brasil, de sua utilização compulsória, à escolha do investidor estrangeiro, nos conflitos que o oponham ao Estado brasileiro.

Ao contrário, o que vemos, por exemplo, no Tratado Brasil-Estados Unidos de Investimento é a opção pelos tribunais nacionais. Daí que pareceu-nos importante abandonar, por um instante, o interesse na arbitragem, para estudar o mecanismo a que, efetivamente, terá acesso o investidor estrangeiro em conflito com o Estado brasileiro, qual seja o recurso às cortes nacionais brasileiras.

---

[76] CAPPELLETTI, Mauro. "O Acesso à Justiça e a Função do Jurista em Nossa Época", p. 155.

[77] Adroaldo Furtado FABRÍCIO. *As Novas Necessidades do Processo Civil e os Poderes do Juiz.*

[78] CAPPELLETTI, Mauro. "O Acesso dos Consumidores à Justiça". p. 211.

Concluímos que o acesso do estrangeiro, em geral, às cortes brasileiras não é discriminatório, embora obstáculos materiais como a caução processual e os limites da competência internacional do juiz brasileiro possam, efetivamente, prejudicar a sua pretensão de ter suas demandas encaminhadas ao Judiciário brasileiro.

Mas mesmo em relação a esses dois pontos, verificamos que uma ampla malha de tratados de assistência judiciária, de cooperação jurisdicional e de jurisdição internacional acabam, na prática, eliminando as poucas diferenciações que ainda se fazem entre o nacional e aquele cuja nacionalidade não é brasileira e, para efeitos processuais, a residência não se localiza em território nacional.

## BIBLIOGRAFIA

ALVIM, Arruda. "Princípios Constitucionais na Constituição Federal de 1988 e o Acesso à Justiça". *Revista do Advogado*, n. 34, julho/91.

BAPTISTA, Luiz Olavo. *Investimentos Internacionais no Direito Comparado e Brasileiro*, Porto Alegre, Livraria do Advogado, 1998.

BARBOSA MOREIRA, José Carlos. "Garantia Constitucional do Direito à Jurisdição – Competência Internacional da Justiça Brasileira – Prova do Direito Estrangeiro". *Revista Forense*, vol. 343, pp. 275-291.

BARRANDEGUY, Marcelo Solari. "Importancia del Derecho Internacional Privado en el Ambito del Mercosur". *Revista Jurídica del Centro Estudiantes de Derecho*, ano II, n. 5, pp. 79-86.

BASTOS, Celso Ribeiro. *Comentários à Constituição do Brasil*, 2º volume, São Paulo, Saraiva, 1988/89.

BATALHA, Wilson de Souza Campos e RODRIGUES NETTO, Sílvia Marina L. Batalha. *O Direito Internacional Privado na Organização dos Estados Americanos*, São Paulo, LTr, 1997.

BERGMAN, Eduardo Tellechea. "Protocolo de Cooperação e Assistência Jurisdicional em Matéria Civil, Comercial, Trabalhista e Administrativa entre os Estados-Membros do Mercosul". In *Estudos sobre a Proteção do Consumidor no Brasil e no Mercosul*. Porto Alegre, Livraria do Advogado Editora, 1994, pp. 214-248.

_____ ."Panorama de los Protocolos del Mercosur sobre Derecho Internacional Privado, com Especial Referencia a Aquellos Relativos a la Cooperacion Juridica Internacional". In *Del Mercosur* (Miguel Angel Ciuro Caldani Coordinador). Buenos Aires, 1996, pp. 187-241.

BOBBIO, Norberto. *A Era dos Direitos*. Rio de Janeiro, Editora Campus, 1992.

CAPPELLETTI, Mauro e GARTH, Bryant. *Acesso à Justiça*. Sérgio Antônio Fabris, Editor, 1988.

CAPPELLETTI, Mauro. "Formações Sociais e Interesses Coletivos diante da Justiça Civil". *Revista de Processo*, ano II, n. 5, jan/mar/1977.

_____."Problemas de Reforma do Processo Civil nas Sociedades Contemporâneas". *Revista de Processo*, ano 17, n. 65, jan/mar/92.

_____."O Acesso dos Consumidores à Justiça". *Revista de Processo*, n. 62, pp. 205/220.

_____."O Acesso à Justiça e a Função do Jurista em Nossa Época". *Revista de Processo*, n. 61, pp. 144-160.

CASELLA, Paulo Borba e ARAUJO, Nadia de. *Integração Jurídica Interamericana*. São Paulo, LTr, 1998.

COSTA, Judith Hofmeister Martins. *O Acesso à Justiça*. Monografia apresentada para a disciplina de Teoria Geral do Processo, nov/88. Curso de Pós-Graduação, Mestrado em Direito, Faculdade de Direito, UFRGS.

DOLINGER, Jacob. *Direito Internacional Privado* (parte geral). 3ª edição, Rio de Janeiro, Renovar, 1994.

FABRÍCIO, Adroaldo Furtado. *As Novas Necessidades do Processo Civil e os Poderes do Juiz*. Estudos Jurídicos, vol. 25, n. 64, maio/agosto/92.

FRANCO DA FONSECA, José Roberto. "Dimensão Internacional dos Direitos Fundamentais da Pessoa". *Revista da Faculdade de Direito da Universidade de São Paulo*, vol. 88, 1993, pp. 487-496.

GRINOVER, Ada Pellegrini (Coordenadora). *Participação e Processo*. São Paulo. Revista dos Tribunais, 1988.

_____. "Deformalização do Processo e Deformalização das Controvérsias". *Revista de Processo* n. 46, pp. 60-83.

KITIC, Dusan. *Aspects juridiques de la privatisation et des investissements étrangers*, Publication de la Faculté de Droit et des Sciences Sociales de Potiers, Tome 27, pp. 145-161.

L'HEUREX, Nicole. "Acesso Eficaz à Justiça". *Revista de Direito do Consumidor,* n. 5, pp. 5-26.

MELLO, Celso de. *Constituição Federal Anotada.*, 2ª ed., São Paulo, Saraiva, 1986.

PASSOS, Calmon de. "O Problema do Acesso à Justiça no Brasil". *Revista de Processo*, n. 39, pp. 78/87.

PFUND, Peter H. *Contributing to Progressive Development of Private International Law: the International Process and the United States Approach*. Recueil des Cours de L'Academie de Haie.

RIBEIRO, José Manuel Coelho. "O Acesso ao Direito. O Acesso à Justiça. O Direito ao Direito". *Revista Brasileira de Direito Comparado*, n. 8, julho/90, pp. 57-73.

RECHSTEINER, Beat Walter. *Direito Internacional Privado. Teoria e Prática*. São Paulo, Ed. Saraiva, 1996.

ROXO, Helena Maria de Jesus Cravo. *O Estrangeiro frente à justiça brasileira: pretensão à tutela jurisdicional civil*. São Paulo, 1990. 132p. Dissertação (Mestrado) – Faculdade de Direito, Universidade de São Paulo.

SILVA, Ovídio A. Baptista. "Democracia Moderna e Processo Civil. Direito e Justiça". *Revista da Faculdade de Direito da PUCRS*, vol. 12, ano X, 1988.

SLIVINSKIS, Hugo Brazioli. "Investimentos Internacionais". *Revista da Faculdade de Direito da USP*, vol. 92, 1997, pp. 401-435.

# A Arbitragem e a "Paz pelo Direito"

### Soraya Dib Abdul Nour

*Doutoranda em Direito Internacional (USP).*
*Bolsista da FAPESP*

1. Introdução – 2. Movimento Pacifista – 3. Idealismo Utópico –
4. Realismo – 5. A Discussão Contemporânea – 6. Bibliografia

## 1. Introdução

As idéias pacifistas, que encontravam seu princípio de legitimidade na religião desde a Antigüidade, começam no século XVIII a buscar seus fundamentos no direito internacional. Da instauração de instituições jurídicas como a arbitragem internacional, e não mais da conversão dos fiéis, é que dependeria a paz entre os Estados. Desse movimento da "paz pelo direito" origina-se a doutrina teórica em relações internacionais predominante no entre-guerras, chamada por seus opositores de "idealismo-utópico": a idéia era de que a paz seria assegurada pelo direito internacional – pela Liga das Nações, pela Corte Internacional de Justiça e pela arbitragem internacional. O fracasso destas instituições em evitar a Segunda Guerra e a bipolarização do cenário mundial no período de Guerra Fria pareciam provar a falácia da crença idealista, dando origem a um novo paradigma teórico em relações internacionais, que se autodenominaria "realista": só os interesses dos Estados é que predominariam, o que excluiria a possibilidade de soluções jurídicas no âmbito internacional; apenas alianças militares como a OTAN e o Pacto de Varsóvia poderiam assegurar a paz entre os Estados.

Isso gera, contudo, uma reação que se intensifica com a Guerra do Vietnã: os filósofos opõem-se aos realistas, que avaliavam a guerra por seus custos e por sua utilidade, e não por questões jurídicas ou morais. Esta reação chega aos especialistas em relações internacionais, que buscam recuperar a crença idealista, demolida pelos realistas, no direito internacional bem como em suas instituições — e assim, na arbitragem internacional.

## 2. Movimento Pacifista

O termo "pacifismo" é recente, mas a idéia é antiga.[1] Já aparecia há

---

[1] GIESEN, Klaus-Gerd. "Die Genfer Friedensgesellschaft (1830-1839) und der Strukturwandel des Europäischen Pazifismus". In: *Die Friedens-Warte*. Vol. 66, nºˢ 1-2, 1986, pp. 23-42, *passim*.

muito tempo vinculada a doutrinas ético-religiosas como o budismo, bem como na "pregação da montanha" do cristianismo. Este vínculo religioso da idéia da paz foi mantido nas diversas seitas da Idade Média.

Houve, contudo, uma considerável mudança no século XIX. Nos séculos XVII e XVIII, a maioria das associações pacifistas era religiosa. No final do século XVIII, contudo, a religião perde seu papel de legitimação: o pacifismo passa a se preocupar com questões políticas e sociais. Além disso, irá se vincular ao direito internacional, que vinha gozando de um considerável progresso: o tratado de 1792 entre Inglaterra e Estados Unidos e de 1802 entre Espanha e Estados Unidos prevêem pela primeira vez a arbitragem para conflitos fronteiriços. O Congresso de Viena de 1815 realiza uma codificação decisiva de direito das gentes: a categoria dos diplomatas é fixada, são estabelecidas regras para a navegação fluvial, a escravidão é condenada.

Tudo isto influi de modo decisivo no pacifismo europeu no início do século XIX, que passa a ser organizado de modo diferente: são desenvolvidas estratégias de ação, principalmente por meio de influência na imprensa emergente e, com isso, sobre a opinião pública total. Em 1830 é fundada em Genebra a primeira sociedade pacifista no continente europeu, a "Société de la Paix de Genève".

O primeiro parágrafo do estatuto da sociedade determina como seu objetivo "esclarecer a opinião pública sobre o mal da guerra e sobre os melhores meios de obter uma paz geral e duradoura", figurando a arbitragem como idéia central. A mais significativa estrutura de ação foi a revista *Archives de la Société de la Paix de Genève*. Ao mesmo tempo, Sellon, seu fundador, publicou vários artigos em jornais nacionais e estrangeiros, instruindo a opinião pública internacional sobre o problema da paz e chamando a atenção para a sociedade. A terceira estrutura de ação da sociedade foi o contato internacional, que criou uma rede internacional voltada para o pacifismo, de onde se originaram outras sociedades do gênero.

Os efeitos foram, principalmente, a formação de uma autêntica rede de pacifismo europeu e a troca de idéias resultante desta rede (tanto pela correspondência entre os membros das sociedades pacifistas como pela troca de revistas). Este tipo de troca de idéias é precursor do direto confronto de idéias que seria introduzido nos congressos europeus pacifistas a partir de 1843, quando houve em Londres o primeiro *Congresso internacional da paz*, com participação de 324 delegados da Europa e da América do Norte. Os representantes das sociedades pacifistas passam a se encontrar regularmente em congressos para discutir problemas da política internacional assim como teorias da paz.

A doutrina pacifista foi a partir de então cada vez mais empreendida por organizações não-religiosas, que tinham em seu programa a instituição de um tribunal arbitral. Com isso, muda também a prática, que passa a ser mais pragmática: pluralista dentro da sociedade e expansionista para fora. A idéia de que a arbitragem seria o único meio legítimo de resolver os conflitos entre os Estados foi assim amplamente difundida.

É desse movimento da paz pelo direito internacional que irá surgir a doutrina em relações internacionais conhecida por idealismo utópico.

## 3. IDEALISMO UTÓPICO

Esta doutrina corresponde ao nascimento da disciplina acadêmica Relações Internacionais, logo após a Primeira Guerra, estendendo-se pelo período do entre-guerras. Buscando evitar um novo conflito mundial, a preocupação é encontrar uma resposta institucional para o problema da paz. Daí sua visão predominantemente legalista, marcada por uma reflexão de caráter filosófico-político sobre a institucionalização de uma "ordem internacional" pacífica baseada nos princípios do direito internacional; e daí também sua crença em instituições internacionais como a Sociedade das Nações, a Corte Internacional de Justiça e a arbitragem.[2]

A idéia era de que a guerra devia ser combatida "porque é contrária à natureza, porque é irracional, porque impede as pessoas de se aperfeiçoarem".[3] A representação emblemática deste programa será a Sociedade das Nações e sua fórmula, "paz pelo direito" (*peace through law*). Diziam os idealistas que, assim como a civilização das nações ditas civilizadas se dá pelo estabelecimento da paz entre os indivíduos, que passam a solucionar suas controvérsias por um juiz, e não mais por "punhaladas", assim também as nações devem ser levadas a imitar os indivíduos, solucionando suas controvérsias por um juiz e, "para falar como os filósofos de outrora, a sair do estado de natureza para entrar no estado de razão".[4]

A opinião pública é atingida. Em 1927, numa grande demonstração inglesa contra a guerra, mais de 100.000 pessoas aderiram a uma declaração solene pela qual o signatário se comprometia a não pegar em armas em um conflito onde seu governo não recorresse às medidas de arbitragem da Sociedade das Nações. O coordenador da campanha, Ponsonby, declarava que era necessário "escolher entre a consciência e a obediência cega aos governos, entre viver pela pátria e morrer pelos aproveitadores e exploradores, entre livrar o mundo do mal da guerra ou deixar a civilização se consumir".[5]

Os esforços do Brasil seriam reconhecidos. Em junho de 1928, a Revista

---

[2] WEISS, G. "Patrie et humanité". In: *La paix par le droit*. Ano 37, 1927, pp. 340-1, p. 341.

[3] FRIED, Alfred H. "Die Friedensidee in moderner Auffassung". In: *Der deutsche Friedens-Kongress in Stuttgart 1909*. Edição da Deutschen Friedensgesellschaft, pp. 15-19, p. 19.

[4] AULARD, A. La propagande pour la Société des Nations". In: *La paix par le droit*. Ano 37, 1927, p. 238 (Aulard era presidente da *Union International des Associations pour la Société des Nations*).

[5] PRUDHOMMEAUX, J. e ROUSSEAU, Charles. "L'actualité". In: *La paix par le droit*. Ano 37, 1927, p. 38.

*Paix par le droit* publicou um artigo no qual dizia que o Brasil, na *recente* reforma de sua Constituição (1925/26, no governo do Presidente Bernardes) teria introduzido a obrigação, tomada do Pacto da Sociedade das Nações, de não fazer guerra de conquista e de não apelar por outro motivo às armas sem recorrer antes a um procedimento de solução pacífica.[6] O então presidente Castro Maya escreveu à revista para, como disse, "dar a César o que é de César", esclarecendo que tais cláusulas já existiam na Constiuição de 24 de fevereiro de 1891, sendo em grande parte obra do jurista brasileiro Ruy Barbosa.[7]

O texto da Constituição, que não teria sido alterado pela reforma, dizia o seguinte:

Art. 34. É da competência privativa do Congresso nacional:

Nº 11) Autorizar o Governo a declarar a guerra, se não tiver lugar ou malograr-se o recurso do arbitramento ...

Art. 48. É da competência privativa do Presidente da República:

Nº 7) Declarar a guerra ou fazer a paz, nos termos do art. 34 nº 11.

Nº 8) Declarar imediatamente a guerra nos casos de invasão ou agressão exterior.

O então presidente Castro Maya ressaltava assim que o Brasil, bem antes da criação da Socidade das Nações, condenava solenemente toda guerra que não fosse defensiva ou precedida de arbitragem: "no interesse da humanidade, seria desejável que este exemplo fosse seguido".

## 4. REALISMO

A partir dos anos 30, com a ascensão do fascismo e do nacionalismo na Europa, torna-se cada vez maior a discrepância entre a pretensão normativa destas idéias e a realidade política. As análises em relações internacionais, buscando revelar as regras do jogo, começam a privilegiar os conceitos de "interesse nacional" e de "segurança nacional", caracterizando o nascimento de uma escola que se autodenominaria "realista". As relações entre os Estados passam a ser entendidas como "relações de poder"; os aspectos legalistas da teoria das relações internacionais são marginalizados.[8]

Na Guerra Fria, a bipolarização do cenário internacional favorece a hegemonia do "realismo político" norte-americano nas relações internacionais: o "interesse nacional" é considerado o único guia racional da conduta internacional dos Estados. Introduz-se na teoria das relações internacionais, em nível metodológico, a separação entre questões políticas, jurídicas e morais.

---

[6.] Ano 38, 1928, p. 261.

[7.] MAYA, P. de Castro. "Correspondance". In: *La paix par le droit*. Ano 38, 1928, p. 315.

[8.] GIESEN, Klaus Gerd. *L'éthique des relations internationales. Les théories anglo-américains contemporaines*. Bruxellas, Bruylant, 1992, pp. 26-7.

Morgenthau diria que "intelectualmente, o realista político mantém a autonomia de sua esfera política, assim como o economista, o jurista e o moralista mantêm as deles. Ele pensa no interesse definido como poder, assim como o economista pensa no interesse definido como prosperidade; o jurista, na conformidade da ação com leis jurídicas; o moralista, na conformidade da ação com princípios morais". O realista político é consciente da importância destes outros padrões de pensamento, mas os subordina aos da política.[9]

Os realistas criticavam a ilusão dos idealistas de reduzir a dimensão política a um quadro jurídico. O que impediria o direito internacional de se desenvolver como ordem normativa válida, desfazendo o sonho idealista de que seu desenvolvimento asseguraria a paz, seria a política: o conflito entre os Estados é político, de tal forma que não pode ser resolvido juridicamente. A questão política pode estar por trás de qualquer questão internacional e, assim, levar as normas de direito internacional e a arbitragem ao fracasso.[10]

A realidade era considerada "trágica". Analisando prioritariamente os fatos em vez dos princípios morais, os realistas buscavam compreender o que seria politicamente possível em vez do que seria moralmente desejável, e se ater antes a objetivos políticos limitados – centrados em torno de questões de segurança nacional – do que ao que chamavam de abstrações morais. Como observou Giesen, a unanimidade dos realistas contra as normas ético-idealistas vinha de sua oposição à estrutura *universalista* e *racionalista* destas.[11] Carr, em sua obra *The Twenty Year's Crisis*, de 1939, ataca esta discrepância entre as puras construções teóricas dos filósofos e a realidade das circunstâncias históricas. A dedicatória de seu livro aos realizadores da paz que está por vir é seguida da seguinte citação de Bacon (*On the advancement of learning*): "Filósofos fazem leis imaginárias para comunidades imaginárias, e seus discursos são como estrelas que dão pouca luz porque estão muito alto". Os filósofos de Bacon com suas leis imaginárias serão identificados por Carr nos que ele chamaria de "metafísicos de Genebra", que "tinham dificuldades em acreditar que um acúmulo de engenhosos textos proibindo a guerra não seria uma barreira à própria guerra". Ora, prossegue o autor, "uma vez que se passou a acreditar nos círculos da Liga (...) que o fluxo desregrado da política internacional poderia ser canalizado em um conjunto de fórmulas abstratas logicamente inexpugnáveis, inspiradas nas doutrinas da democracia liberal do século XIX, o fim da Liga como um instrumento político efetivo estava em vista".[12]

---

[9] MORGENTHAU, Hans J. *Politic among nations. The struggle for power and peace.* (1ª ed. 1948) 5ª ed., New York, Knopf, 1973, pp. 11-12.

[10] GIESEN, 1992, pp. 35-53.

[11] *Id.*, pp. 36-37.

[12] CARR, Edward Hallet. *The twenty year's crisis 1919-1939. An introduction to the study of international relations.* (1ª ed. 1939). 2ª ed., London, Papermac, 1946 (Reimpressão 1993), p. 30.

Em suas críticas, os realistas acabavam por reduzir os idealistas a um estereótipo. Por exemplo, rebatiam os idealistas, sua insistência em soluções jurídicas para conflitos internacionais seria apenas uma possibilidade de canalizá-los, e não uma tentativa de reduzir todos os problemas políticos a um quadro jurídico, tal como eram acusados pelos realistas. Daí o protesto de Fried: "disseram de nós que vemos a *arbitragem* como um remédio universal, que resolveria os problemas mais difíceis. Na realidade nós a vemos como apenas um entre muitos métodos de ajuste (...). Não fomos nós os culpados por esta falsa descrição, mas a ingenuidade de nossos opositores que não observaram que nós entendemos que nem todos os conflitos internacionais podem ter uma solução legal".[13] Ainda, ressalta Fried, não só os realistas deturpavam as idéias dos que chamavam de idealistas como também desprezavam a importância do legado do movimento pacifista e das teorias que surgiram vinculadas a ele: "eles eram igualmente ignorantes quanto a *extensão do pacifismo* (...). Em quantos campos da atividade humana o pacifismo é percebido hoje — freqüentemente sem que seus agentes tenham consciência da origem pacifista ou do propósito pacifista de suas atividades! (...) Todo partido político, toda confissão religiosa, toda escola de pensamento não aceitou ao menos uma parte do programa pacifista ou de alguma maneira assumiu atividades pacifistas? (...) O trabalho de todo o mundo não se tornou pacifista em propósito, as ciências do direito internacional, da economia e da sociologia não enfatizam seus elementos pacifistas (...)?[14]

O próprio Carr reconheceria no "Prefácio" da segunda edição de sua obra que a ênfase unilateral de alguns de seus argumentos já não seria mais apropriada em 1946 como foi em 1939, quando o propósito deliberado de seu livro era combater o tipo de pensamento acadêmico e popular então dominante em matéria de política internacional.

## 5. A DISCUSSÃO CONTEMPORÂNEA

O realismo, apesar de ter sido considerado por muitos como a doutrina exclusiva do pós-guerra em relações internacionais, sofria contudo a oposição de um outro paradigma: a escola de direito natural e da guerra justa. Como a crítica vinha do exterior da disciplina – num primeiro momento, principalmente através de teólogos – numa época de progressiva departamentalização das ciências humanas e limitação do diálogo entre as disciplinas, não despertava nos realistas nenhum tipo de reação: simplesmente a ignoravam.[15] A contestação ao realismo se estende dos teólogos aos filósofos, dando origem a um novo paradigma.[16]

---

[13.] FRIED, Alfred H. *The restoration of Europe.* New York, The Macmillan Company, 1916, p. 154.
[14.] *Id.*, p. 155.
[15.] GIESEN, 1992, pp. 123-124.
[16.] *Id.*, pp. 153-223.

Foi a guerra do Vietnã que deu o impulso decisivo para a oposição de alguns filósofos americanos. A resolução votada pela divisão Leste da *American Philosophical Association*, no dia 28 de dezembro de 1966, quando de seu congresso anual, evocava a tradição da filosofia de se preocupar com questões de uma grande urgência *moral* e, considerando a Guerra do Vietnã como sendo uma questão deste tipo, opunha-se a que seu destino fosse decidido por meios meramente militares.[17]

Em maio de 1968, a divisão Oeste da *American Philosophical Association* organizou um debate com o tema "Filósofos e política", cujos atos foram publicados em outubro do mesmo ano pela revista *Ethics*. O orador principal foi o filósofo e lingüista Noam Chomski, que na sua intervenção acusou os Estados Unidos de serem "o país mais agressivo do mundo, a maior ameaça para a paz do mundo e sem igual como fonte de violência".[18] Acusou ainda a disciplina de relações internacionais de partilhar a ideologia da administração, por ter como critério em sua oposição à guerra apenas a pouca probabilidade de vitória norte-americana, em vez de reflexões éticas. Tal modo de pensar seria "sinal de degeneração moral". Os filósofos deveriam assumir suas responsabilidades e se imiscuir nesta esfera.[19]

O movimento se amplia. Um ano após o simpósio, os filósofos Sidney Morgenbesser e Tomas Nagel fundam a *Society for Philosophy and Public Affairs*, que tinha por objetivo promover a aplicação da filosofia à reflexão de problemas políticos e sociais.

Vários trabalhos teóricos passam a se ocupar destas questões, e assim define-se que o filósofo pode participar do debate político pela explicitação de dimensões éticas por trás de posições políticas, principalmente análises que se pretendem puramente empíricas, e que a legitimidade de tal intervenção decorre da tradição dos sistemas políticos mais viáveis terem sido inspirados pela filosofia. Surge então, no outono de 1971, um periódico destinado a isso: *Philosophy & Public Affairs*, fundado e dirigido pelo filósofo Marshall Cohen.

A partir de 1977, multiplicaram-se os trabalhos dos filósofos sobre relações internacionais, movimento que foi institucionalizado com a criação em 1976 de dois organismos: o *Institute for Philosophy & Public Policy*, fundado por filósofos na Universidade de Maryland, e o *Ethics and Public Policy Center,* fundado por politólogos e teólogos em Washington. Ainda, as questões resultantes dos trabalhos *filosóficos* do período 1967-1977 foram introduzidas na disciplina das relações internacionais pela publicação em 1977 de *Just and unjust wars,*

---

[17] American Philosophical Association, Eastern Division, "Resolution". In: *The Journal of Philosophy.* Vol. LXIV, nº 1, janeiro 1967, p. 28. Ver: GIESEN, 1992, p. 154.

[18] CHOMSKY, Noam. "Philosophers and public philosophy". In: *Ethics.* Vol. 79, nº 1, outubro 1968, pp. 1-9, p. 01. Ver GIESEN, 1992, pp. 155-7.

[19] CHOMSKY, op. cit., p. 09.

do politólogo Michael Walzer.

Os trabalhos dos filósofos começaram a se infiltrar na disciplina Relações Internacionais, até então ocupada pela doutrina realista. Este processo, que Giesen chama de uma "pequena revolução", se iniciou por politólogos especializados em teoria política, como Michael Walzer e Charles Beitz, que só nos anos oitenta seriam seguidos por especialistas em relações internacionais.[20]

Um dos resultados desta discussão é que a idéia presente no movimento pacifista e no idealismo utópico de que instituições jurídicas internacionais têm seu papel na promoção da paz – idéia desprezada pelos realistas – torna-se novamente marcante na reflexão internacionalista contemporânea. No mundo da Guerra Fria, baseado num sistema bipolar de alianças, a política de segurança era assunto apenas de militares; no mundo pós-Guerra Fria, a questão da segurança é baseada em acordos regionais de segurança coletiva, nos quais devem dominar a interação cooperativa e os mecanismos jurídicos de solução de controvérsias, como a arbitragem, ligados a esforços comuns para garantir a sobrevivência da humanidade e do meio ambiente: problemas como escassez de água, crescimento populacional, migrações e mudança de clima, bem como questões econômicas e conflitos nacionalistas, não podem mais ser resolvidos pelas antigas estratégias de competição.[21] Contrapõe-se, quanto aos sistemas de segurança, à perspectiva teórica do realismo, para quem apenas os sistemas de legítima defesa coletiva – ou seja, as alianças militares, como a OTAN e o Pacto de Varsóvia – podem dar conta do problema da segurança, a confiança em estratégias de cooperação e instituições jurídicas destinadas à segurança coletiva.[22]

Reivindica-se assim a necessidade de instituições de solução de controvérsias que promovam medidas de ajuste e a arbitragem – o que de resto envolve a exigência de que o direito, enquanto direito internacional, se torne o fundamento de toda ação política".[23] Apesar de se reconhecer que o predomínio dos interesses dos Estados mais poderosos dificulta a realização das decisões de instituições como estas (quando não interfere em sua própria tomada de decisão), teóricos em relações internacionais admitem agora que o caminho mais viável parece ser não o de recusá-las – proclamando, tal como os realistas, a impossibilidade de sua eficácia –, mas sim de se empenhar na reforma de suas estruturas para que possam cumprir de maneira mais adequada suas tarefas.

---

[20] GIESEN, 1992, pp. 159-160.

[21] BRAUCH, Hans Guenter. "As Nações Unidas e as organizações regionais. Uma contribuição ao sistema de segurança coletiva: o caso europeu". In: *Contexto internacional*. Rio de Janeiro, vol. 16, nº 2, jul/dez 94, pp. 209-248, p. 221.

[22] *Id.*, p. 213.

[23] THIERSE, Wolfgang. "A paz como categoria política e desafio político". In: ROHDEN, Valerio (coord.) *Kant e a Instituição da Paz*. Porto Alegre, Ed. Universidade/UFRGS, Goethe-Institut/ICBA, 1997, pp.161-179 (Frieden als politische Kategorie und Herausforderung. In: *Id*, pp. 143-160), p. 178.

## 6. Bibliografia

American Philosophical Association, Eastern Division, "Resolution". In: *The Journal of Philosophy*. Vol. LXIV, nº 1, janeiro 1967, p. 28.

AULARD, A. "La propagande pour la Société des Nations". In: *La paix par le droit*. Ano 37, 1927, p. 238.

BRAUCH, Hans Guenter. "As Nações Unidas e as organizações regionais. Uma contribuição ao sistema de segurança coletiva: o caso europeu". In: *Contexto internacional*. Rio de Janeiro, vol. 16, nº 2, jul/dez 94, pp. 209-248.

CARR, Edward Hallet. *The twenty year's crisis 1919-1939. An introduction to the study of international relations*. (1ª ed., 1939). 2ª ed., London, Papermac, 1946 (Reimpressão 1993).

CHOMSKY, Noam. "Philosophers and public philosophy". In: *Ethics*. Vol. 79, nº 1, outubro 1968, pp. 1-9.

FRIED, Alfred H. "Die Friedensidee in moderner Auffassung". In: *Der deutsche Friedens-Kongress in Stuttgart 1909*. Edição da Deutschen Friedensgesellschaft, pp. 15-19.

_____. *The restoration of Europe*. New York, The Macmillan Company, 1916.

GIESEN, Klaus-Gerd. "Die Genfer Friedensgesellschaft (1830-1839) und der Strukturwandel des Europäischen Pazifismus". In: *Die Friedens-Warte*. Vol. 66, nºˢ 1-2, 1986, pp. 23-42.

_____. *L'éthique des relations internationales. Les théories anglo-américains contemporaines*. Bruxellas, Bruylant, 1992.

MAYA, P. de Castro. "Correspondance". In: *La paix par le droit*. Ano 38, 1928, p. 315.

MORGENTHAU, Hans J. *Politic among nations. The struggle for power and peace*. (1ª ed., 1948) 5ª ed., New York, Knopf, 1973.

PRUDHOMMEAUX, J. e Rousseau, Charles. "L'actualité". In: *La paix par le droit*. Ano 37, 1927, p. 38.

THIERSE, Wolfgang. "A paz como categoria política e desafio político". In: Rohden, Valerio (coord.), *Kant e a Instituição da Paz*. Porto Alegre, Ed. Universidade/ UFRGS, Goethe-Institut/ICBA, 1997, pp.161-179 ("Frieden als politische Kategorie und Herausforderung". In: *Ibid.*, pp. 143-160).

WEISS, G. "Patrie et humanité". In: *La paix par le droit*. Ano 37, 1927, pp. 340-1.

# ARBITRAGEM E JURISDIÇÃO

**WELBER BARRAL**

*Professor de Direito Internacional Econômico (UFSC)*
*Doutorando em Direito Internacional (USP)*

1. Introdução – 2. Um Debate Longevo – 3. As Razões do Debate – 4. Mutações da Jurisdição – 5. Natureza Jurídica da Arbitragem – 6. Considerações Finais

## 1. INTRODUÇÃO

A questão da natureza jurídica da arbitragem compõe um debate longevo, que já provocou posicionamentos apaixonados de diversos estudiosos. O acirrado e interminável debate se justifica não somente pela sua importância teórica, mas também pelas relevantes conseqüências políticas que implica.

Com efeito, a técnica da arbitragem atinge um dos pilares do poder do Estado - o poder de ditar a norma aplicável ao caso concreto, assegurando-lhe o monopólio da sanção e da pacificação social. A extensão dada à arbitragem é vista usualmente como um desafio a este poder, a ser promovido ou restringido segundo a ideologia que se adote.

O presente artigo pretende demonstrar que considerações ideológicas, muitas vezes inconfessadas, são determinantes para a categorização onde se pretenda inserir a arbitragem. Para tanto, será retomado o debate entre os jurisdicionalistas e os contratualistas. Em seguida, serão esclarecidas as razões políticas do debate, bem como as mutações do conceito de jurisdição. Uma parte final reúne as considerações inferíveis das idéias apresentadas.

## 2. UM DEBATE LONGEVO

O método jurídico resguarda, entre suas características, a sistemática de agrupar fenômenos sob categorias teóricas. Estes agrupamentos compõem uma determinada *natureza jurídica*, que servirá de paradigma caracterizador de seus elementos.

A correção científica desta metodologia é, no mínimo, questionável. A tentativa de inserção dos fenômenos jurídicos num grupo preestabelecido (numa natureza jurídica) redunda não raras vezes em esforço intelectual infrutífero, uma vez que se aceita a categoria como paradigma de explicação (e limite de aplicação) do fenômeno.

De paradigma de explicação semântica, a natureza jurídica passa a constituir uma fronteira pragmática, impedindo que novos fenômenos sejam compreendidos, ou que se restrinja a aplicação do fenômeno a uma sociedade tornada mais complexa social e economicamente, e para a qual as categorias teóricas da sucessão no direito romano, *v.g.*, detêm pouca valia.

Nesta situação, a categorização do fenômeno implica a aceitação dos limites, ou a imposição de limites, à sua utilidade. Esta categorização é, portanto, elaborada tendo-se em vista a determinação da fronteira pretendida para aquele fenômeno jurídico.

A assertiva acima se aplica à arbitragem. O debate sobre sua natureza jurídica se prolonga desde fins do século passado, e deverá persistir, a depender do autor que a abordar, e sobretudo dos interesses políticos que o moverem.

Uma tal afirmação merece ser mais bem fundamentada. O prolongado debate sobre a natureza jurídica da arbitragem separa dois lados contendores e irreconciliáveis. Os denominados contratualistas vêem no instituto uma obrigação criada por contrato, circunscrevendo-se sua natureza às conseqüências derivadas dos pactos em geral. Do outro lado, os jurisdicionalistas persistem em afirmar a natureza jurisdicional da arbitragem, sustentando sua equivalência com a função do juiz estatal.

Os argumentos contratualistas se baseiam na constatação de que: a) inexistirá arbitragem sem convenção de arbitragem[1]; b) o caráter fundante da arbitragem é o consenso entre as partes, enquanto a jurisdição se assenta na soberania do Estado[2]; c) o árbitro não compõe a estrutura judiciária; d) o laudo arbitral não tem sua coercibilidade assegurada.

---

[1] Adota-se neste caso o termo *convenção arbitral*, por adaptado à Lei n. 9.307/97 (art. 3º), e assim entendida a cláusula compromissória e o compromisso.

[2] Assim Serpa Lopes, para quem "a base do compromisso é sempre a liberdade contratual: onde esta cessa, ou sofre restrições, aí cessa ou é limitada a faculdade de se comprometer". No mesmo sentido, MOTULSKY: "L'arbitrage est une justice privé, dont l'origine est normalement conventionnelle". MOTULSKY, Henri. *Écrits. Études et Notes sur l'Arbitrage*. Librairie Dalloz, 1974, p. 6. Nos países da *common law*, o conceito de jurisdição é mais abrangente, o que evita este debate: "An arbitral tribunal may only validly determine disputes which the parties have agreed that it should determine. This rule is an inevitable consequence of the voluntary nature of arbitration. In consensual arbitration, the authority or competence of the arbitral tribunal comes from the agreement of the parties; indeed, there is no other source from which it can come. It is the parties who give to what is essentially a private tribunal the authority to decide disputes between them; and the arbitral tribunal must take care to stay within the terms of this authority. The rule to this effect is expressed in several different ways. Sometimes it is said that an arbitral tribunal must conform to the mission entrusted to it; or that

Os jurisdicionalistas não refutam tais constatações, mas pretendem revisar os elementos constitutivos do conceito de jurisdição. Desta forma, sustentam que o *juris dicere* é protagonizado pelo árbitro[3], e sua perfeição jurisdicional se efetiva, independentemente da execução futura, de caráter administrativo[4], e não jurisdicional. Assim por exemplo a jurisdição dos tribunais, a quem não cabe a execução de suas decisões, mas que conhecem definitivamente do litígio[5].

Por outro lado, a arbitragem configuraria participação do povo na administração da justiça. Seriam outros exemplos neste sentido o júri popular e, no caso brasileiro, o julgamento do Presidente da República pelo Senado[6]. Mesmo porque, arremata-se, em nenhum momento a Constituição garantiu o monopólio da jurisdição ao Poder Judiciário, e as regras pertinentes à arbitragem se encontram no próprio Código de Processo Civil[7].

---

it must not exceed its mandate; or that it must stay withi its term of reference, competence or authority. Another way of expressing the rule is to state that an arbitral tribunal must not exceed its jurisdiction (this term being used in the sense of mandate, competence or authority)". Redfern, Alan e Hunter, Martin. *Law and Practice of International Commercial Arbitration.* 2ª ed., London: Sweet & Maxwell, 1991, p. 272.

[3.] Afirma Batista Martins que "os árbitros, não obstante nomeados por particulares, exercitam atos de jurisdição ao aplicar a regra geral ao caso concreto, têm responsabilidades análogas às dos juízes togados e pronunciam verdadeiras sentenças. (...) Na realidade, o fim atingido pela arbitragem não difere daquele alcançado pelo poder estatal, qual seja, o de aplicar o direito ao caso determinado". MARTINS, Pedro Antonio Batista. "Aspectos da Reforma do Código de Processo Civil", *Revista de Processo*, pp. 31-32. No mesmo sentido, CARMONA, Carlos Alberto. "Arbitragem e Jurisdição". *Jurisprudência Brasileira*, n. 145, 1990, pp. 19-36. Pierre Mayer conclui ser correto mencionar-se a *competência* do árbitro. Para este autor, a alusão ao *poder jurisdicional* do árbitro somente é possível se se tem consciência "que cette expression n'est pas à prendre dans le même sens que lorsqu'on l'emploie à propos d'un juge étatique; le pouvoir de juger d'un arbitre n'est pas une propriété qu'il possède dans l'absolue; c'est l'habilitation à juger un litige déterminé, et il n'existe que relativement à un litige entrant dans les compétence (...)". "L'autonome de l'arbitre international". *Recueil des cours*, n. 249, v. V, 1994, p. 331.

[4.] Tal argumento se assenta no fato de que, como aduz LIEBMAN, "no processo cognitivo, a atividade do juiz é preponderantemente lógica, tendo em vista a descoberta e formulação, na sentença, da regra jurídica concreta que deve regular a hipótese *sub iudice*; no processo executivo, pelo contrário, ganham relevo as operações práticas necessárias à efetivação do conteúdo daquela regra (...)". Cf. TUCCI, José Rogério Cruz e. *Processo Civil, realidade e justiça.* São Paulo: Saraiva, 1994, p. 31. José Carlos Barbosa MOREIRA, a seu turno, distingue a índole da atividade jurisdicional. "No de conhecimento, ela é essencialmente executiva, ao passo que no de execução ela se manifesta, de maneira preponderante, através de atos materiais, destinados a modificar a realidade sensível". *O Novo Processo Civil Brasileiro.* 14ª ed. Rio de Janeiro: Forense, 1993, p. 227.

[5.] Segundo Adolfo RIVAS, "En mi opinion, creo que la arbitral constituye verdadera jurisdicción; cinco son los elementos que componen el poder de los jueces: notio, vocatio, coertio, iudicium y executio (...). De tales elementos, la 'jurisdicción arbitral solamente tiene los dos primeros y el cuarto, situación que pareciera establecer una diferencia absoluta con la jurisdicción oficial o indiscutible jurisdicción. No creo, sin embargo, que esas falencias sean decisivas: hay tribunales oficiales que carecen de executio sin que por ello pueda persarse que escapan a la condición jurisdiccional; como ejemplo, puede darse el de los tribunales de alzada, que no tienen la posibilidad de ejecutar, pues para ello son competentes los jueces de primera instancia". "El arbitraje según el derecho argentino". *Revista de Processo*, v. 45, jan/mar 1987, p. 72.

[6.] Constituição Federal de 1988, art. 52, I.

[7.] Cf. Nelson NERY JR., que conclui: "O árbitro exerce verdadeira jurisdição estatal, razão por que o

Destes posicionamentos deriva outra polêmica, agora sobre o caráter material ou processual da arbitragem[8]. Trata-se outrossim de discussão correlata, ainda presente na elaboração legislativa contemporânea sobre normas internas aplicáveis à arbitragem.

Mais recentemente, alguns autores vêm caracterizando uma natureza mista na arbitragem[9]. Esta categorização se basearia no fato de que a constituição da arbitragem, a partir da cláusula compromissória ou do compromisso, tem caráter contratual, enquanto o processo arbitral está imbuído de natureza jurisdicional, visando à elaboração de uma decisão ao litígio.

## 3. AS RAZÕES DO DEBATE

Conforme se asseverou acima, o debate apresentado constitui mais que mera elucubração acadêmica, e importa – segundo os contendores – graves conseqüências para os limites de atuação do Estado e para a utilização da arbitragem.

Desta forma, pretender atribuir à arbitragem um caráter jurisdicional constitui, para muitos, uma violação do princípio da tripartição de poderes do Estado. Mais ainda, a tentativa de atribuir a particulares, ainda que parcialmente, a jurisdição que deveria ser monopólio do Estado constituiria verdadeira ameaça às garantias políticas conquistadas após árduo processo de democratização[10].

Tal raciocínio confunde duas ordens de problemas, e expõe preconceitos usuais sobre a arbitragem. As questões podem ser diferenciadas a partir da tensão intra-estatal e da tensão Estado-sociedade civil. No primeiro caso, trata-

---

processo arbitral não pertence ao direito privado, mas ao processual e, pois, ao direito público". *Princípios do Processo Civil na Constituição Federal.* São Paulo: RT, 1992, p. 74.

[8.] Quanto à natureza do Juízo Arbitral, Araminta MERCADANTE expõe outra fonte de debate: "HUGO ROCCO considera que há o exercício privado de uma função pública; para MORTARA, está-se diante de um mandato pelo qual os árbitros são investidos do poder jurisdicional; para CHIOVENDA, o Juízo Arbitral é um julgamento que só se aperfeiçoa quando recebe a força da autoridade do Estado". *Contribuição ao Estudo da Arbitragem Comercial Internacional.* São Paulo: Faculdade de Direito (USP). Dissertação de mestrado, p. 20.

[9.] Neste sentido, LEMES, Selma. "Arbitragem. Princípios Jurídicos Fundamentais". *Revista dos Tribunais*, v. 686, dez. 1992, pp. 73-89. Também José Carlos de MAGALHÃES: "se a arbitragem é contratual em seu fundamento [o compromisso], é também jurisdicional, ante a natureza pública do laudo arbitral, como forma privada de solução de litígios". *Arbitragem Internacional.* São Paulo: FADUSP (Depto. Direito Internacional), s.d., p. 7.

[10.] É interessante notar, por outro lado, que imediatamente após a Revolução Francesa, o direito de arbitrar era considerado um direito natural. Assim, o art. 1ª do Decreto de 16-24 de agosto de 1790 proclamava: "L'arbitrage étant le moyen plus raisonable de terminer les contestations entre les citoyens, les législateurs ne pourront faire aucune disposition qui tendraient à diminuer soit la faveur, soit l'efficacité du compromis". Nas ações seguintes, de reação conservadora, a disposição foi restringida pelo controle judicial. Cf. GARRO, Alejandro. "Enforcement of arbitral agreements and jurisdiction of arbitral tribunals in Latin America". *Journal of International Arbitration*, v. 1, n. 4, Dec. 1994, p. 314.

se do interesse de uma entidade estatal – Poder Judiciário – que busca resguardar suas prerrogativas de poder face às investidas das demais esferas estatais.

No segundo caso, efetiva-se a busca da sociedade civil por alternativas de organização alheias à estrutura estatal. Tais alternativas são incentivadas pela lentidão do Estado em responder demandas colmatadas, mas esbarram não raramente em restrições criadas pelos próprios agentes estatais, em compreensível tentativa de manutenção de poder e prestígio social.

A frase acima se aplica a inumeráveis processos visíveis ao longo do processo de complexificação de uma sociedade, mas se torna particularmente problemática no caso da arbitragem. Ao longo de todo este debate conceitual, são inferíveis posicionamentos políticos e ideológicos, ainda que inconscientes ou não declarados. Ambos os posicionamentos – os entusiastas incondicionais e os inimigos capitais da arbitragem – devem ser relativizados, em prol da análise científica de sua verdadeira utilidade, limitações e restrições. Os equívocos interpretativos derivam justamente da invocação de argumentos extra-jurídicos, para levar até mesmo à interpretação de inconstitucionalidade do instituto[11].

Desta forma, as promessas da arbitragem – celeridade, especialização na matéria, confiança das partes – seduzem facilmente os juristas, sobretudo no Brasil, que enfrenta sérios problemas em relação à eficiência de seu Poder Judiciário. Assim é que o próprio Procurador-Geral da República indica a arbitragem como "recomendável aos interessados, diante do acúmulo de processos judiciais e do formalismo excessivo que têm gerado a lentidão das demandas judiciais"[12].

Ao mesmo tempo, os detratores da arbitragem são vistos como empecilho à modernidade, corporativistas apegados a textos legais "de um formalismo exacerbado, e ineficaz, [que] sempre refletiram temor, preconceito e atraso, criando nessa área uma cultura de resistência ao progresso sob os mais diversos e infundados argumentos"[13].

---

[11.] A inconstitucionalidade da cláusula compromissória vem sendo fundamentada no art. 5º, XXXV, da CF/88. O argumento olvida que a previsão constitucional regula a tensão intra-estatal, dirigindo ao legislador a proibição de impedir o acesso ao Judiciário. Contudo, aquela previsão constitucional não impede a disponibilidade dos direitos privados.

Esta falsa polêmica deverá ser esgotada brevemente pelo Supremo Tribunal Federal, se acolhido o parecer do Procurador-Geral da República, para quem a norma constitucional "não significa, contudo, que as pessoas físicas ou jurídicas estão obrigadas a ingressar em juízo todas as vezes que seus direitos subjetivos são afrontados por outrem, pois o princípio garante o direito de ação, não o impõe. O direito de ação, à luz do princípio da autonomia das vontades, representa uma faculdade inerente à própria personalidade, não um dever". Brindeiro, Geraldo. Parecer n. 8.062. Sentença Estrangeira n. 5.206-8/246 (STF). MBV Commercial v. Resil Ltda.

[12.] BRINDEIRO, id., p. 4.

[13.] TEIXEIRA, Sálvio de Figueiredo. "A arbitragem no sistema jurídico brasileiro". *Revista Consulex*, jan. 1997, p. 31.

Do outro lado, a arbitragem é exorcizada como a "institucionalização da hegemonia do poder econômico", uma vez que "demandas verificadas em setores inteiros da economia passariam a ser decididas por particulares destituídos das garantias da magistratura"[14]. Teme-se enfim que a arbitragem configure a definitiva privatização da justiça, em prol daqueles que detêm o poder econômico, e em detrimento da cidadania.

Este temor se relaciona com uma das vantagens sempre mencionadas da arbitragem, a manutenção do sigilo do litígio. A arbitragem interessa aos litigantes justamente porque evita a publicização da contenda, e permite ao perdedor que restabeleça seu comportamento, sem que seja atingida sua reputação no meio empresarial em que atua. Por outro lado, este sigilo pode permitir que se subtraia da sociedade a vigilância sobre as transações, e que decisões privadas possam encobrir negociações que envolvam a ordem pública, uma vez que o árbitro se encontra comprometido com o interesse das partes, e não com o conjunto da sociedade[15].

No caso de arbitragens internacionais, não se pode deixar de reconhecer ainda a existência de uma generalizada desconfiança, na América Latina, a propósito do instituto. Segundo Abbott, esta desconfiança derivou da Doutrina Calvo, que, eivada de ressentimento, pretendeu restringir a intervenção estrangeira nas administrações dos Estados latino-americanos[16].

Outra crítica invocada para fundamentar esta desconfiança a propósito da arbitragem se refere ao momento histórico em que a atualização do instituto se efetiva no Brasil. Desta forma, não são poucos os críticos que inserem a arbitragem na atual desmontagem do Estado social. Nesta visão, a arbitragem constituiria a privatização da justiça.

Entretanto, a observação mais isenta demonstrará o exagero de uma tal crítica. Em primeiro lugar, porque a existência da solução de litígios pela intervenção de particulares constituiu um dos pilares do direito processual, desde

---

[14.] ETCHEVERRY, Carlos Alberto. "A Nova lei de arbitragem e os contratos de adesão: algumas considerações", *Revista Ajuris*, http://www.ajuris.org.br/dout_9.html.

[15.] Comentário do Prof. J.L. BOLZAM. Diálogo com o autor. Universidade Federal de Santa Maria, 20.06.97. Neste sentido, MONTEIRO adverte que "A interpenetração das esferas pública e privada traz o grave risco, já denunciado por HABERMAS, da 'refeudalização da esfera pública', com a conseqüente exclusão dos princípios válidos para esta, tais como moralidade, publicidade, transparência e legalidade. O equilíbrio entre a flexibilidade e racionalidade desses procedimentos e a preservação das garantias constitucionais e dos valores universais é o principal desafio do direito contemporâneo". "A Crise da regulação jurídica e de seu paradigma nas sociedades contemporâneas". *Revista da Faculdade de Direito Cândido Mendes*, n. 1, s.d., p. 60.

[16.] "Latin America and international arbitration conventions: the quandary of non ratification". *Harvard International Law Journal*, n. 17, 1976, p. 131. No mesmo sentido GARRO, op. cit., p. 298. Por outro lado, Robert LAYTON identifica uma diminuição de obstáculos legais, sobretudo após a Convenção Interamericana sobre Arbitragem Internacional (Panamá, 1975). "Changing attitudes toward dispute resolution in Latin America". *Journal of International Arbitration*, v. 10, n. 2, june 1993, p. 123-141.

seus primórdios, não constituindo inovação do liberalismo econômico[17].

Em segundo lugar, porque a atualização das normas internas a propósito da arbitragem não constitui uma particularidade do Brasil, mas tendência mundial que vem se mantendo há décadas[18]. Esta tendência vem sendo impulsionada sobretudo pela internacionalização dos negócios e pela necessidade de foros isentos, céleres e especializados para a solução dos litígios decorrentes desses negócios.

Por fim, equivaler arbitragem à decorrência do liberalismo econômico é negligenciar a tendência da sociedade em se auto-regular, em detrimento da ação regulatória do Estado. Com efeito, a ação estatal é debilitada pela lentidão em atender as demandas da sociedade, engendrando a perda do monopólio da produção normativa, a crescente organização da sociedade civil, a regulação corporativa e a informalização das relações sociais[19].

Desta forma, pode-se asseverar que o liberalismo econômico promove a utilização da arbitragem, mas não é seu fator condicionante. Na arbitragem, as partes assumem o risco de um julgamento equivocado pelo árbitro, mas tal risco é inerente a qualquer sistema decisional. A distinção, no caso da decisão arbitral, se refere aos direitos envolvidos, necessariamente disponíveis e portanto passíveis de serem colocados em risco pelos seus titulares.

Reconheça-se ser esta uma abordagem individualista. Outrossim, a conseqüência lógica será não a hegemonia do liberalismo, mas a redefinição do âmbito privado, ou da possibilidade de tutela estatal sobre direitos particulares. Resguardar esta tutela sobre os direitos indisponíveis é pressuposto para a manutenção dos interesses coletivos. Pretender que a tutela estatal sobre os direitos privados é melhor, ou mais efetiva, constitui opinião ideológica, não necessariamente corroborada pela análise de eficácia da solução estatal dos litígios.

## 4. Mutações da Jurisdição

As idéias expostas acima demonstram ser questionável a possibilidade, ou a utilidade, de atribuição à arbitragem de uma determinada natureza jurídica.

---

[17.] A delegação do litígio a um juiz privado era o traço característico do *ordo iudiciorum privatorum* do direito romano. Cf. TUCCI, J. Rogério Cruz e AZEVEDO, Luiz Carlos. *Lições de História do Processo Civil Romano*. São Paulo: RT, 1996. No caso do direito brasileiro, o Dec. n. 737, de 1850, disciplinou a arbitragem, tornando-a obrigatória em determinados casos, para a solução de litígios entre comerciantes.

[18.] Tais atualizações nas diversas legislações derivaram em grande parte da adesão de mais de 100 países à Convenção de Nova York de 1958. São exemplos a reformulação da Holanda (1986), França (1981), Suíça (1987), Bélgica (1985), Inglaterra (1996), Índia (1996), Rússia (1995) e China (1995).

[19.] Cf. MONTEIRO, Geraldo T. M. Op.cit., p. 64. Ver ainda CHAZEL, François e COMMAILLE, Jacques. *Normes juridiques et régulation sociale*. Paris: LGDJ, 1991.

Este questionamento se fundamenta no fato de que a natureza jurisdicional não constitui uma categoria definitiva, um conceito hermético.

Em outros termos, pode-se dizer que a crescente complexificação da sociedade, e os demais fatores mencionados de debilitamento do poder estatal obrigam à redefinição do conceito tradicional de jurisdição.

Entre estes fatores, destaca-se a necessidade de intervenção do Estado prioritariamente na prevenção dos litígios, como estratégia de manutenção de estabilidade social. Quanto à solução dos litígios, estes passam a depender do cosmos social em que se insiram, e que muitas vezes impossibilita a atuação de uma justiça estatal genérica ou distante dos problemas vivenciados pelos contendores. Este distanciamento da solução estatal pode ser exemplificado não somente pelos grupos empresariais[20], mas também por comunidades pouco ou nada assistidas pelas autoridades estatais.

Ao mesmo tempo, a jurisdição estatal tende a adaptar-se à solução de litígios cada vez mais específicos, para as quais o senso comum dos juristas aparece como limitado. Conseqüência visível desta adaptação é não somente a criação de justiças especializadas, mas uma tendência a dotar a jurisdição estatal de um caráter administrativo[21].

No caso da arbitragem, mesmo esta limitação ao caráter administrativo da justiça estatal permite uma área cinzenta, onde as dúvidas a propósito da *arbitrabilidade* dos litígios são permanentes. Exemplos dessas dúvidas são os litígios que envolvam questões de concorrência[22] ou de propriedade intelectual[23].

---

[20] Neste caso, deve-se reconhecer que a maioria dos defensores da arbitragem advogam maior liberdade para o estabelecimento das regras procedimentais do juízo arbitral. A intervenção legislativa deveria se cingir "por um mínimo de regras" e o controle judiciário limitado "ao que for estritamente necessário para a salvaguarda da ordem pública". LALIVE, Pierre. "Problèmes spécifiques de l'arbitrage international". *Revue de l'arbitrage*, n. 2, 1980, p. 349. E prossegue este autor: "On vient d'employer les termes de 'libéralisme' et 'd'ordre public'; c'est une manière d'évoquer la tension entre deux soucis du législateur, celui de respecter la très large autonomie reconnue, par la pratique et les Conventions internationales, aux parties à un rapport de commerce international, et d'autre part le souci, et le devoir, de préserver les intérêts des tiers et les intérêts généraux".

[21] Em termos de função jurisdicional, uma inovação relevante se refere à jurisdição econômica do Conselho Administrativo de Defesa Econômica (CADE). É interessante observar que a Lei n. 8.884/94 assevera que o CADE é "órgão judicante com jurisdição em todo o território nacional" (art. 3ª). O sentido dessa jurisdição, seus limites e oposições que pode suscitar, ainda não sofreu exame jurisprudencial definitivo.

[22] Embora as legislações nacionais permitam, via de regra, a arbitrabilidade somente dos direitos disponíveis, há uma indefinição limitativa quanto à aplicação, pelos árbitros, de normas de ordem pública. No caso Mitsubishi, a Suprema Corte dos EUA aceitou que árbitros estrangeiros decidissem um litígio entre montadoras de automóveis, num caso que envolvia a legislação antitruste norte-americana. Mitsubishi Motors Corp. v. Soler Chrysler-Plymouth, INC, 105 S Ct. 3346, 87 L (1985). Sobre este caso, veja-se PARK, William. "Private Adjudicators and the Public Interest". *Brooklyn Journal of International Law*, v. XII, n. 03, pp. 629-674. Sobre ordem pública e arbitragem, veja-se, o artigo de José Augusto Fontoura COSTA e Rafaela Lacôrte Vitale PIMENTA, "Ordem pública na Lei n. 9.307/96", in Paulo Borba CASELLA (coordenador), *Arbitragem – a nova lei brasileira (9307/96) e a praxe internacional*, LTr, 1997, pp. 197-214.

[23] Uma abordagem deste problema está em LEMES, Selma. *Arbitragem em Propriedade Industrial.*

A incompatibilidade teórica de inserção da arbitragem numa categorização jurídica, a partir da atual indeterminação do conceito de jurisdição, aparecerá também se se elaborar uma analogia com outro conceito valioso aos publicistas e aos ideólogos, o de soberania.

Com efeito, a evolução do conceito de soberania se vincula à própria evolução do Estado, sendo fundamental para a teoria do Direito Internacional Público. Entretanto, não seriam os sérios compromissos assumidos pelos Estados face aos processos de integração regional (ou à Organização Mundial do Comércio) um atentado à sua própria soberania? Se se adota o conceito clássico de soberania, a afirmativa se impõe. A validade do conceito, portanto, somente resistirá se adaptável a uma nova realidade.

A jurisdição – entendida inclusive como um dos atributos da soberania – somente constituirá um conceito válido na medida em que for adaptável a uma realidade que obriga à validação das soluções de conflitos alternativas ao Estado. Entendida de outra forma, a natureza jurisdicional constituirá argumento vazio, razão meramente ideológica para a tentativa de limitação de um fenômeno social e jurídico.

## 5. Natureza Jurídica da Arbitragem

A nova lei foi profícua em manifestações do caráter jurisdicional da arbitragem. Assim, determina que o árbitro é juiz de fato e de direito (art. 18), que poderá estabelecer o procedimento a ser utilizado (art. 21), e cuja sentença produz os mesmos efeitos da sentença proferida pelos órgãos do Poder Judiciário (art. 31). Segundo um entendimento extensivo dessa lei, ao árbitro é facultado, inclusive, o poder de conceder medidas cautelares[24].

Outra demonstração do intuito do legislador em garantir a jurisdição do árbitro foi outorgar-lhe o poder de decidir sobre a oposição da parte a que o litígio lhe seja submetido, a chamada doutrina da *kompetenz-kompetenz*. Desta forma, mesmo se o contrato for extinto, ou questionado quanto a sua legalidade, a cláusula compromissória remanesce, assegurando que qualquer disputa relativa àquele contrato seja submetida à arbitragem[25].

---

*Patentes e Marcas*, n. 17, jun 1995, p. 1-5. Note-se, por outro lado, que a Lei n. 9.307/96 determina a intervenção do Judiciário, ocorrendo controvérsia acerca da disponibilidade do direito em litígio (art. 25).

[24]. Cf. CARNEIRO, Paulo Cezar Pinheiro. "Aspectos processuais da nova lei de arbitragem", in Paulo Borba CASELLA (coordenador), *Arbitragem – a nova lei brasileira (9307/96) e a praxe internacional*, LTr, 1997, pp. 131-156.

[25]. JALILI, Mahir. "Kompetenz-Kompetenz: recent US and UK developments". *Journal of International Arbitration*, v. 13, 1996, pp. 169-178. Nas legislações recentes sobre arbitragem, a doutrina do *kompetenz-kompetenz* vem sendo estendida. Assim, o Arbitration Act 1996, da Inglaterra, determina

Entretanto, a norma cuidou também para que se garantisse o recurso ao Judiciário, diante do abuso de poder ou da ilegalidade praticados pelos árbitros. Assim, a nova lei prevê especificamente a invocação do Judiciário quando as partes não concordarem sobre os termos do compromisso, inclusive para a nomeação do árbitro (art. 7º). Da mesma forma, a controvérsia quanto à disponibilidade do direito será resolvida pelo juiz (art. 25), bem como a efetivação de medidas cautelares e a execução da sentença arbitral (art. 22).

O que se observa portanto é a oscilação entre a tentativa de alargamento do âmbito de aplicação da arbitragem e a manutenção da vigilância judiciária. Esta oscilação torna impraticável a inserção da arbitragem numa natureza contratual ou jurisdicional, que será apenas predominante num dado momento histórico. Tampouco pode-se mencionar uma natureza mista, face à relevância política da arbitragem e suas repercussões além do contrato e da jurisdição.

Desta forma, forçoso é concluir por uma natureza autônoma da arbitragem. Somente a compreensão da impossibilidade de sua categorização é que permitirá a evolução da arbitragem, resguardando concomitantemente os interesses coletivos[26].

## 6. CONSIDERAÇÕES FINAIS

Conforme se demonstrou, a discussão teórica sobre a arbitragem vem sendo estereotipada por preconceitos positivos e negativos. Tais preconceitos, que trazem relevantes conseqüências práticas, não resistem a um cotejo com a experiência da atualização da arbitragem em outros países.

Neste debate, nem sempre explícito, a virtude permanece no meio-termo. Nem a arbitragem merece tal zelo apologético, que lhe outorga poderes miraculosos de resolver os problemas do Judiciário nacional, nem constitui ameaça à salvaguarda da cidadania, garantida pelos juízes. Uma análise sóbria demonstrará que, mesmo nos países mais desenvolvidos e com larga tradição na utilização da arbitragem, o número de litígios submetidos aos árbitros é pequeno em relação ao número total. E tratam-se, em sua maioria, de matérias específicas, abrangendo v.g. negócios internacionais, onde 80% dos contratos contêm cláusula compromissória, proporção que alcança 100% no setor de tráfico marítimo[27].

---

que: "Section 30: (1) Unless otherwise agreed by the parties, the arbitral tribunal may rule on its own substantive jurisdiction, that is, as to: a) whether there is a valid arbitration agreement; b) whether the tribunal is properly constituted; and c) what matters have been submitted to arbitration in accordance with the arbitration agreement".

[26.] JACQUELINE RUBELLIN-DEVICHI, a este propósito, conclui: "Pour permettre à l'arbitrage de connaître le développement qu'il mérite, tout en le maintenant dans les justes limites, il faut admettre, croyons-nous, que sa nature n'est ni contractuelle, ni juridictionelle, ni hybride, mais autonome". RUBELLIN-DEVICHI, Jacqueline. *L'Arbitrage. Nature Juridique. Droit Interne et Droit International Privé*. R. PICHON et R. DURAND. Auzias. 1965, p. 365.

[27.] Os dados são de Antonio Remiro BROTÓNS, "La reconnaissance et l'execution des sentences

Por outro lado, a arbitragem não representa, como querem alguns, a ascensão judiciosa do neoliberalismo triunfante. A utilização da arbitragem vem se expandindo há décadas, e diversos países atualizaram sua legislação na matéria, de forma a facilitar a opção das partes pelas técnicas alternativas de solução de controvérsias.

Em nenhum desses países se vivenciou "a privatização da justiça" nem "a celeridade do Judiciário inerte". A arbitragem não passa de uma técnica, cujos efeitos serão positivos ou negativos, a depender do uso primordial que se faça dessa técnica. A arbitragem, desta forma, não será um "corretivo aos inconvenientes da competência dos tribunais, mas uma renúncia ao modo habitual de tratamento dos litígios"[28]. Por esta razão, somente será utilizada "em circunstâncias limitadas e excepcionais, entre partes que tenham interesses de natureza equivalente"[29].

No caso brasileiro, a arbitragem sofrerá evidentemente alguns revezes, em conseqüência do formalismo arraigado e do corporativismo judiciários. Nem se pode olvidar, por outro lado, as conseqüências funestas que poderão advir da multiplicação de tribunais arbitrais amadorísticos e oportunistas, ou da imposição de cláusulas compromissórias pelos que detêm poder econômico[30].

Em qualquer desses casos, a correta utilização da arbitragem somente será alcançada através do estudo sério e aprofundado, que esclareça pontos nebulosos, inclusive processuais. Este estudo, ora em evolução, não pode prescindir de entender a arbitragem como detentora de natureza jurídica autônoma, igualmente eqüidistante da limitação contratualista e da pretensão jurisdicionalista. Neste sentido, será fundamental o posicionamento da jurisprudência – isenta de preconceitos ou de argumentos extrajurídicos – que possa dirimir as diversas dúvidas pendentes quanto à aplicabilidade da arbitragem.

---

arbitrales étrangères". *Recueil des Cours*, n. 184, v. I, 1984, p. 179. A utilização quotidiana da arbitragem nos contratos internacionais explica, de certa forma, que no Brasil os internacionalistas sejam os maiores entusiastas da arbitragem, a exemplo de Irineu STRENGER, Paulo CASELLA, Araminta MERCADANTE, Luiz Olavo BAPTISTA e José Carlos de MAGALHÃES.

[28] FADLALLAH, Ibrahim. "L'Ordre public dans les sentences arbitrales". *Recueil des Cours*, n. 217, v. V, 1989, p. 340.

[29] Id., ibid.

[30] Sobre este assunto, pode-se recordar a alínea 2, do art. 1.025 do Código de Processo Civil da Alemanha, de 1933: "El compromiso sera nulo si una parte se aprovecha de su superioridad económica o social para inducir a la otra a contraerlo o a acordar disposiciones que le coloquen en situación de ventaje con respecto a la misma, especialmente, en lo que atane al nombramiento o recusación de árbitros" *apud* VALLADÃO, Haroldo. *Direito Internacional Privado*. V. 3. Rio de Janeiro: Freitas Bastos, 1978, p. 220.

# Solução de Controvérsias em Contratos Internacionais: Sistemas Jurisdicionais Clássicos, Tratados Internacionais e Arbitragem. Estudo de Caso de Arbitragem em Contrato Internacional de *Franchising*

### José Cretella Neto

*Advogado em São Paulo. Mestre em Direito Internacional (USP)*

1. Sistemas Clássicos e sua Evolução – 2. Arbitragem e Tratados Internacionais – 3. Arbitragem em Contrato Internacional de *Franchising* – 4. Bibliografia

## 1. Sistemas Clássicos e sua Evolução

A forma tradicional de resolução de controvérsias surgidas no decorrer da execução dos contratos internacionais é a de Direito Internacional Privado, que consiste em submetê-las ao Poder Judiciário de determinado país.

Aplicam-se, assim, as regras consagradas por esse ramo do Direito, para determinar a legislação e o foro aplicáveis ao contrato.

A competência internacional do juiz brasileiro, por exemplo, é estabelecida por nosso Código de Processo Civil (CPC); de forma análoga, cada sistema jurídico delimita os casos em que o juiz nacional é competente para conhecer de determinados litígios, envolvendo cidadãos estrangeiros e/ou bens e direitos pertencentes a estrangeiros.

Assim, será competente o juiz brasileiro, em matéria de contratos internacionais, nos casos previstos nos arts. 88 (casos de competência *relativa*, isto é, *concorrente*[1]) e 89 (casos de competência *exclusiva*, ou *absoluta*, isto é, com exclusão de qualquer outra) do CPC.

Essa via, no entanto, submete as partes à legislação nacional de um dos contratantes, o que tende a colocar uma delas, desde o início, em relativa

---

[1.] Conforme esclarece José Carlos de MAGALHÃES, admite-se, nesses casos, a competência do juiz estrangeiro, desde que o réu expressamente a aceite (não podendo, contudo, ser *imposta* pelo juiz brasileiro). Trata-se do *princípio da submissão*, pelo qual aquele que, em princípio não estava sujeito a determinada jurisdição, pode voluntariamente submeter-se a ela, princípio esse sujeito a duas limitações: a) não prevalece onde se encontre estabelecida em lei a competência de Justiça estrangeira; e b) não resiste ao princípio da efetividade, isto é, não funciona quando este deve funcionar ("Competência Internacional do Juiz Brasileiro e Denegação de Justiça", *RT* n. 630/52).

desvantagem face à outra, pois ele não conhece perfeitamente o idioma, obriga-se a contratar advogados no exterior e arca com elevados custos de viagens para comparecer às audiências.

Quando se pretende resolver litígios por meio da aplicação de regras de Direito Internacional Privado, costuma-se identificar, inicialmente, as principais fontes atuais do Direito Contratual Internacional que são, em especial, as Convenções Internacionais.

Com relação ao Direito Europeu, aplica-se, de modo geral, a Convenção de Bruxelas de 1968, que regulamenta a jurisdição contratual em seu art. 5º, n.1.

Esta Convenção estabelece que o elemento de conexão a ser buscado, para a determinação da jurisdição competente, é o local de cumprimento da obrigação contratual delituosa. Por sua vez, a jurisprudência do Tribunal de Justiça das Comunidades Européias considera que o local de cumprimento da obrigação contratual deve ser determinado pelas normas de Direito material aplicáveis ao contrato, segundo os princípios aplicáveis do Direito Internacional Privado, da *lex fori*.

As normas de conexão foram unificadas pela Convenção de Roma, de 1980, sobre a determinação da lei aplicável às obrigações contratuais.

Entre os países da Comunidade Européia vigora, desde 1º.11.1993, o Tratado de Maastricht, que prevê não apenas a consecução dos objetivos estabelecidos pelo Tratado da Comunidade Européia (anteriormente denominado Tratado da Comunidade Econômica Européia), mas também alcançar uma união econômica e monetária e, sob determinado ponto de vista, até mesmo uma união social[2].

Dentro do campo de aplicação do Direito do MERCOSUL, a principal fonte do Direito Contratual Internacional é o denominado Protocolo de Buenos Aires, firmado em 5.08.1994[3], que regulamenta a jurisdição internacional em matéria contratual.

Importante assinalar, no entanto, que existe fundamental diferença entre a Convenção de Bruxelas e o Protocolo de Buenos Aires, pois, enquanto a primeira não pode ser considerada Direito Europeu em sentido estrito[4], o segundo é

---

[2.] FAZIO, Sílvia. *Os Contratos Internacionais na União Européia e no MERCOSUL*, Ed. LTr, São Paulo, 1998, p. 13.

[3.] O Protocolo de Buenos Aires, fonte normativa jurídica do MERCOSUL, consoante o art. 41 do Protocolo de Ouro Preto, passou a produzir efeitos no Brasil com a promulgação do Decreto Legislativo n. 129, de 5.10.1996. Segundo já tivemos oportunidade de assinalar, esse procedimento jurisdicional é de Direito Internacional Privado, modificado, porém, pela aplicação do Protocolo de Buenos Aires (CRETELLA NETO, José. "O Acesso de Indivíduos aos Sistemas de Solução de Controvérsias em Comércio Internacional", in *Solução e Prevenção de Litígios Internacionais*. Ed. Mania de Livro, São Paulo, 1998, p. 148 (coordenado por Araminta de Azevedo MERCADANTE, e José Carlos de MAGALHÃES).

[4.] Considera-se que é tratado de Direito Internacional Público, pois a adesão à Convenção de Bruxelas, de acordo com seu art. 63, é limitada aos Estados-Membros da Comunidade Européia; assim, não é nem direito primário nem direito secundário europeu. Logo, como tal, prevalece sobre as normas de direito interno dos Estados-Membros da Comunidade Européia.

modalidade de direito secundário, no âmbito do MERCOSUL, e sua redação (especialmente do art. 3º) não deixa claro se suas normas têm aplicação exclusiva ou concorrente com a legislação dos Estados-parte.

Uma série de outras diferenças têm sido apontadas entre a Convenção de Bruxelas e o Protocolo de Buenos Aires:

- a Convenção de Bruxelas prevê (art. 1º) sua aplicação em matéria civil e comercial, independentemente da modalidade de jurisdição; o Protocolo tem por objeto (art. 1º) a competência internacional para controvérsias originárias de contratos internacionais em matéria civil e comercial, celebrados entre pessoas naturais ou jurídicas, de Direito Privado;
- a Convenção de Bruxelas é aplicável a *qualquer* jurisdição, enquanto as regras do Protocolo somente se aplicam à jurisdição *contenciosa*;
- para aplicação espacial das normas da Convenção de Bruxelas, é suficiente (art. 2º) que o réu tenha residência no território de um dos Estados-membros; já o Protocolo de Buenos Aires é aplicável somente aos contratos celebrados entre pessoas com residência ou sede social em diferentes Estados-partes do MERCOSUL (art. 1º, *a*);
- os contratos de trabalho, de venda ao consumidor, de seguros, bem como os contratos relativos a direitos reais são excluídos do âmbito de aplicação do Protocolo, enquanto exercem função relevante no âmbito da Convenção de Bruxelas;
- a arbitragem foi excluída do âmbito de aplicação da Convenção de Bruxelas, enquanto no Protocolo é matéria expressamente incluída, e que consta inclusive do Preâmbulo[5].

Deve ser ressaltado, no entanto, que, embora existam consideráveis diferenças entre a Convenção de Bruxelas e o Protocolo de Buenos Aires, ambos têm o objetivo comum de preservar a unificação das regras de competência jurisdicional na União Européia e no MERCOSUL, respectivamente.

Ainda no âmbito das Américas, deve ser mencionada a Convenção Interamericana sobre Direito Aplicável aos Contratos Internacionais, estabelecida sob os auspícios da *Organização dos Estados Americanos – OEA*, e aprovada na terceira sessão plenária da *Conferencia Especializada Interamericana sobre Derecho Internacional Privado – CIDIP* (designada como CIDIP-V, ou *Convenção da Cidade do México*[6], e que se seguiu aos encontros de Montevidéu, de 1979, 1984, 1989, e Tucson/Arizona, em 1993).

---

[5.] FAZIO, Sílvia. *Os Contratos Internacionais na União Européia e no MERCOSUL*, Ed. LTr, São Paulo, 1998, pp. 65 a 68.

[6.] Opina Friedrich K. JUENGER que, a despeito de alguns defeitos, a Convenção do México deve ser considerada um marco no âmbito da cooperação interamericana. É que, embora fortemente influenciada por um texto internacional, originado em outro continente (a Convenção de Roma), justifica-se o esforço codificatório do

Essa Convenção, da qual participaram 17 países da América Latina, além do Canadá e dos EUA, tomou por bases: a) a Convenção de Haia, de 1955, sobre a lei aplicável à compra e venda internacional de bens móveis; b) a Convenção de Roma sobre a Lei Aplicável às Obrigações Contratuais, de 1980; e c) a Convenção de Haia, de 1986, sobre a compra e venda internacional de mercadorias[7].

A Convenção do México estabelece algumas disposições que representam considerável avanço na determinação da lei aplicável aos contratos internacionais, destacando-se, dentre elas, as seguintes:

- a vontade das partes deve ser manifestada no contrato; a falta de manifestação expressa autoriza o juiz a extrair, dos elementos que configuram a totalidade da relação contratual, a real intenção das partes (art. 7º, § 1º); não sendo possível, por meio dessa interpretação, determinar a vontade das partes quanto à lei aplicável, deve o juiz utilizar o conceito de "vínculos mais estreitos" (*vínculos más estrechos/ the most significant relationship*), como, por exemplo, o local de imóvel relacionado ao contrato, ou o do porto de carga ou descarga da mercadoria, ou, ainda, o do domicílio comercial do vendedor;
- as partes podem escolher a lei aplicável a todo o contrato ou somente a parte dele, ou seja, admite a *dépeçage* (arts. 7º e 8º)[8];
- a Convenção admite a *lex mercatoria* (art. 10)[9].

---

continente americano, pois foi empregado um método comparativo, para criar um produto superior (in "The Inter-American Convention on the Law Applicable to International contracts: some Highlights and Comparison"), *The American Journal of Comparative Law*, Berkeley, 42 (2) : 381-93, 1994).

[7.] Na Convenção de Haia de 1955, pela primeira vez se aceita, no plano internacional, a plena autonomia da vontade das partes para a designação da lei aplicável ao contrato, estabelecendo que, na falta de estipulação expressa, seja aplicada a lei do país onde o vendedor tenha residência habitual no momento em que tiver recebido o pedido e, se o tiver recebido em outro estabelecimento do vendedor, situado em país diverso de sua sede, aplica-se a do país onde se situa o estabelecimento. A Convenção de Roma aplica-se às obrigações contratuais em geral, salvo as expressamente excluídas pela própria Convenção, e determina que, em caso de inexistência de provisão contratual a respeito da lei aplicável, seja aplicada a legislação do país com o qual o contrato guarde relações mais estreitas. A Convenção de Haia, de 1986, por seu turno, integra os grandes princípios formulados nas duas convenções anteriores e complementa a Convenção de Viena, de 1980, sobre o direito uniforme aplicável aos contratos de compra e venda internacional de mercadorias.

[8.] A Convenção de Roma (art. 4.1. "Si une partie du contrat est séparable du reste du contrat et présente un lien plus étroit avec un autre pays, il pourra être fait application, à titre exceptionnel, à cette partie du contrat de la loi de cet autre pays") também admite a *dépeçage*, mas é prevista de maneira muito limitativa ao uso; por outro lado, permite considerar válidas cláusulas que poderiam ser consideradas nulas, "salvando-as" (vide, a respeito, Jacques FOYER, "Entrée en Vigueur de la Convention de Rome du 19 juin 1980 sur la Loi Applicable aux Obligations Contractuelles". *Journal de Droit International*, Paris, 118 (3) : 601-631, 1991).

[9.] Cabe reiterar a observação de Hermes Marcelo HUCK, de que, embora a *lex mercatoria* diga respeito a usos, costumes, práticas e princípios gerados pelo costume internacional não se trata de "qualquer costume", pois deverá ser aceito e consagrado pelos direitos nacionais, conquanto não viole a ordem pública. Um costume *contra legem* terá contra seu reconhecimento uma barreira praticamente intransponível (in *Sentença Estrangeira e Lex Mercatoria*. Ed. Saraiva, São Paulo, 1994, p. 112).

Não há dúvidas quanto à conveniência de que, nos contratos internacionais, em especial os de longa duração, como no caso dos de *master-franchising*, existam provisões para a solução não judicial de disputas, mediante a inserção de cláusulas tais como: a) notificação de uma parte a outra, com prazo estipulado, para corrigir faltas ou defeitos; b) possibilidade de renegociação de cláusulas ou partes do contrato; c) adoção do método de mediação por terceiros, escolhidos pelas partes; d) arbitragem[10].

Como alternativas, desenvolveram-se soluções que buscam resolver disputas entre as partes, mas sem obrigá-las a recorrer ao Poder Judiciário estatal nacional.

Quanto às principais causas geradoras de litígios entre franqueadores e franqueados, Nicholas Rose aponta as seguintes[11]:

- falta de pagamento;
- inadequado controle financeiro do franqueado sobre a operação, não indicando claramente o faturamento e a lucratividade do negócio;
- falha na manutenção de adequado controle da qualidade, no treinamento do pessoal e no padrão do serviço oferecido;
- violação de cláusula de confidencialidade;
- falta de apresentação adequada da marca ou da logomarca do franqueador;
- não cumprimento de cláusulas territoriais.

Ocorrendo desavenças entre o franqueador e o franqueado, cinco são os possíveis caminhos para resolver o litígio: discussão, mediação, resolução do contrato, ação judicial e arbitragem.

Os dois primeiros são por demais conhecidos para merecerem, aqui, quaisquer considerações, além do que têm conteúdo preponderantemente negocial, que se sobrepõe ao jurídico.

A resolução do contrato de *franchising*, devido à sua complexidade, ultrapassa o escopo desse trabalho, tendo sido objeto de estudo anterior[12]; a ação judicial, cujo resultado é sempre incerto, não apresenta peculiaridades de interesse, no estudo do *franchising*, exceto, talvez, pela má publicidade que causa, como quando a rede McDonald's escolheu essa via para resolver discordâncias, contra um franqueado, em Paris, nos anos 1970.

---

[10.] GARCEZ, José Maria Rossani. *Contratos Internacionais Comerciais*. Ed. Saraiva, São Paulo, 1994, pp. 11 e 12.

[11.] "Resolving International Franchise Disputes", in GRAMATIDIS, Yanos & CAMPBELL, Dennis (editores). *International Franchising: an In-Depth Treatment of Business and Legal Techniques*, Kluwer Law and Taxation Publishers, Boston, 1991, pp. 113 e 114.

[12.] "Do Contrato Internacional de *Franchising*", dissertação de Mestrado apresentada à Faculdade de Direito da USP, São Paulo, 1999, no prelo.

**253**

## 2. ARBITRAGEM E TRATADOS INTERNACIONAIS

Forma tradicional de resolução de controvérsias internacionais[13], em matéria contratual, tem sido a arbitragem cada vez mais utilizada, constituindo previsão a respeito, cláusula habitual dos contratos. De fato, cuidam as partes de elaborar cláusula específica, em praticamente todos os contratos internacionais de *franchising*.

Sem sombra de dúvida, pode a arbitragem comercial internacional, considerada por Hermes Marcelo Huck[14] "o braço direito de uma nova *lex mercatoria*", ser empregada na solução de controvérsias surgidas durante a execução de contratos internacionais de *franchising*.

Deve ser assinalado que, em setembro de 1993, a Assembléia Geral da Organização Mundial da Propriedade Intelectual – OMPI – aprovou a criação de um Centro de Arbitragem, que entrou em funcionamento em outubro de 1994, e que tem por finalidade administrar procedimentos e regras alternativos às disputas judiciais, para a resolução de litígios comerciais internacionais na área de propriedade intelectual.

O *modus operandi* do Centro de Arbitragem é estabelecido pelas *"Regras de Mediação"* e pelas *"Regras de Arbitragem"* da OMPI. O Centro de Arbitragem tem poderes para a criação do Tribunal de Arbitragem, a partir do pedido formal das partes, devendo indicar o Árbitro, ou os Árbitros, caso as partes não o façam, determinando ainda os honorários e fazendo observar o cumprimento dos prazos.

Como salienta Eugênio da Costa e Silva[15], o mediador não tem o poder de impor qualquer acordo entre as partes, pois o acordo depende essencialmente da boa vontade de ambas. Já no caso da Arbitragem, as partes geralmente cumprem a decisão determinada pelo Tribunal de Arbitragem. Se não o fizerem, o que é raro, a decisão poderá ser executada judicialmente, conforme dispõe a *"Convenção de Nova York de 1958 para o Reconhecimento e Execução de*

---

[13.] Os mais importantes Tratados e Convenções internacionais multilaterais sobre a arbitragem são: a) Protocolo de Genebra de 1923 (*Geneva Protocol on Arbitration Clauses*), ratificado pelo Brasil por meio do Decreto n. 21.187, de 22.03.1932; b) Convenção de Genebra de 1927 (*Geneva Convention on the Execution of Foreign Awards*); c) Convenção de Arbitragem de Nova York de 1958 (*Convention on the Recognition and Enforcement of Foreign Arbitral Awards*), que substitui a Convenção de Genebra de 1927, considerada a mais importante delas, tendo 91 países a ela aderido, mas que não foi, ainda, firmada pelo Brasil; d) Convenção de Genebra de 1961 (*European Convention on Recognition and Enforcement of Foreign Arbitral Awards*); e) Convenção de Washington de 1965 (*Convention on the Settlement of Investment Disputes between States and Nationals of other States*); f) Convenção de Moscou de 1972 (*Convention on Settlement by Arbitration of Civil Law Disputes Resulting from Economic, Scientific and Technical Cooperation*); g) Convenção do Panamá de 1975 (*Inter-American Convention on International Commercial Arbitration*), firmada, mas ainda não ratificada pelos Estados Unidos (ratificada pelo Brasil em 1995).

[14.] *Sentença Estrangeira e Lex Mercatoria*. Ed. Saraiva, São Paulo, 1994, p. 63.

[15.] "Arbitragem para a Resolução de Disputas Internacionais na Área de Propriedade Intelectual". *Revista da ABPI-Associação Brasileira da Propriedade Intelectual*, Rio de Janeiro, (18): 37-38, set./out., 1995.

*Sentenças Arbitrais Internacionais"*, da qual são Partes Contratantes mais de 90 países, e à qual o Brasil ainda não aderiu.

Os procedimentos a serem observados pelo Tribunal de Arbitragem, os poderes do Tribunal, os direitos e obrigações das partes no processo, e as funções do Centro de Arbitragem como autoridade administrativa, constam das *"Regras de Arbitragem da OMPI"*.

Entre nós, antes do advento da Lei n. 9.307, de 23.09.1996, a inserção de cláusula arbitral em contratos internacionais envolvendo partes brasileiras e estrangeiras costumava suscitar problemas, porque a prática negocial internacional partia dos pressupostos de que: a) a via arbitral era exeqüível; b) as partes contratantes, ao escolherem a arbitragem, estavam imbuídas de boa-fé[16].

Nesse sentido, é oportuna a nova Lei de Arbitragem brasileira, cujo principal objetivo é mudar a atitude dos brasileiros na maneira de resolver litígios de ordem patrimonial, sem esperar que a Justiça estatal solucione todas as pendências privadas[17].

A desconfiança e falta de tradição brasileiras, relativamente à arbitragem, aliás, pouco diferem das do resto da América Latina, que, após um período de franca aceitação, entre 1794 e 1938 (período em que os Estados latino-americanos participaram de quase duzentas arbitragens internacionais), deixaram de fazê-lo, após a Segunda Guerra Mundial, convencidos de que a pressão das grandes potências os desfavorecia[18].

É verdade que, perante a legislação brasileira, antes do advento do diploma legal de 1996, constituía a cláusula compromissória mera *obrigação de fazer* (ou seja, previa que as partes contratantes deveriam se submeter à arbitragem se, no decorrer da execução do contrato, surgisse controvérsia[19]), distinguindo-

---

[16.] CASELLA, Paulo Borba. "Arbitragem Internacional e Boa-Fé das Partes Contratantes: Cláusula de Arbitragem em Contrato Internacional". *Revista dos Tribunais*, São Paulo, 80 (668), 239-41, jun. 1991. A *Cour de Cassation* da França, na decisão do chamado caso GOSSET, reconheceu a autonomia e a independência da cláusula arbitral. O Instituto de Direito Internacional ratificou essa posição, considerando que as condições de validade do compromisso e da cláusula compromissória não são necessariamente sujeitas à mesma lei que se aplica à relação litigiosa (José Carlos de MAGALHÃES, "Contratos Internacionais", in *Revista da AASP*, ano II, n. 8, 1982, pp. 37-47).

[17.] VIde, a respeito, ARAÚJO, Nadia de, "A Nova Lei de Arbitragem Brasileira e os 'Princípios Uniformes dos Contratos Internacionais' Elaborados pela UNIDROIT", in *Arbitragem: A Nova Lei Brasileira (9.307/96) e a Praxe Internacional*, Ed. LTr, São Paulo, 1997 (Coordenador: Paulo Borba CASELLA). Rafaela Lacôrte Vitale PIMENTA e José Augusto F. COSTA consideram que a atual lei brasileira "tem o condão de simplificar o procedimento arbitral e a executoriedade das sentenças arbitrais, colocando dessa forma o país na esteira da tendência mundial, de incentivo aos meios extrajudiciais de solução de litígios. Além disso, a Lei n. 9.307/96 resolve questões como a insuficiência da cláusula arbitral, a necessidade, em alguns casos, de homologação da sentença pelo tribunal do país em que foi proferida etc.", "Ordem Pública na Lei n. 9.307/96", in *Arbitragem: A Nova Lei Brasileira (9.307/96) e a Praxe Internacional*, Ed. LTr, São Paulo, 1997 (Coordenador: Paulo Borba CASELLA).

[18.] MAGALHÃES, José Carlos de. *O Estado na Arbitragem Privada*. Ed. Max Limonad, São Paulo, 1988, p. 62.

[19.] Ou seja, deveriam celebrar um compromisso arbitral, precisamente quando já se tinha instaurada a divergência entre as partes. A Lei n. 9.307/96 manteve a distinção entre cláusula compromissória e compromisso arbitral, mas criou procedimento especial, de rito simplificado, destinado ao suprimento judicial da vontade da parte

**255**

se do compromisso arbitral, considerado contrato perfeito, indispensável para a realização da arbitragem. Essa exigência foi sempre apontada como um dos grandes entraves ao desenvolvimento da arbitragem no Brasil já que, uma vez nascido o litígio, tornava-se difícil entrarem as partes em acordo para estabelecer normas de arbitragem[20].

Como assinala Irineu Strenger[21], "a noção de autonomia da cláusula de arbitragem é relativamente recente, mas largamente admitida. Assim o estabelece o art. 21.2 do Regulamento da UNCITRAL – United Nations Comission on International Trade Law. Também a lei-modelo, aprovada em 1985 na sede da ONU dispõe, no art. 16.1, que uma cláusula compromissória que faça parte de um contrato será considerada como convenção distinta das outras cláusulas do contrato".

Hoje, nossa lei, que revogou expressamente os dispositivos pertinentes do Código Civil (arts. 1.037 a 1.048) e do Código de Processo Civil (arts. 101 e 1.072 a 1.102), encoraja as partes contratantes a incluírem uma cláusula arbitral nos acordos que celebram.

Alguns organismos internacionais possuem regras, mecanismos e instalações, que possibilitam às partes recorrerem à arbitragem, se assim o desejarem. Dentre as mais conhecidas, podem ser citadas:

- *International Chamber of Commerce* – ICC, com sede em Paris, que aplica suas próprias *Rules of Conciliation and Arbitration of Disputes*, por intermédio da ICC – *Comission on International Arbitration*, e dispõe de especialistas e técnicos que podem atuar como mediadores, árbitros ou peritos;
- *American Arbitration Association*, sediada em Nova York, que aplica as *Commercial Arbitration Rules*;
- *London Court of International Arbitration*;
- *Stockholm Chamber of Commerce* – SCC
- *United Nations Commission on International Arbitration* – UNCITRAL, que consiste em um conjunto de regras de arbitragem *ad hoc* (a Comissão não efetua arbitragens);
- *Australian Commercial Disputes Centre* – ACDC, empresa sem fins lucrativos, fundada em 1986, e subsidiada pelo governo australiano;
- Tribunal de Arbitragem da Câmara de Comércio Brasil-Canadá;

---

que, a despeito de ter-se obrigado pela cláusula, se recusar a celebrar o compromisso. Além disso, alterou o Código de Processo Civil, de forma a tornar a existência de cláusula compromissória causa impeditiva da instauração e do desenvolvimento de processo judicial versando sobre a matéria que deveria ser submetida à arbitragem, nos termos da cláusula inserta no contrato.

[20] MAGALHÃES, José Carlos de & BAPTISTA, Luiz Olavo. *Arbitragem Comercial*. Livraria Freitas Bastos, São Paulo, 1986, p. 25.

[21] *Arbitragem Comercial Internacional*. Ed. LTr, São Paulo, 1996, pp. 83-84.

- INAMA – Instituto Nacional de Mediação e Arbitragem;
- Câmaras de Arbitragem da maioria das associações de *franchising* nacionais.

De modo geral, os litígios envolvendo propriedade intelectual envolvem um ou mais dos seguintes tipos de contrato:
- licenças sobre propriedade intelectual;
- acordos para a transferência de propriedade intelectual (freqüentemente no contexto de uma aquisição de empresa ou de um negócio);
- acordos com os quais está envolvida a questão do desenvolvimento de propriedade;
- intelectual (tais como contratos de trabalho e/ou de pesquisa)[22].

Segundo o Relatório Final sobre Litígios sobre Propriedade Intelectual da ICC, normalmente as disputas envolvendo esse tópico referem-se ao pagamento de *royalties* (existência, montante devido), à duração exata dos contratos de licença, à questão sobre se o desenvolvimento de novos produtos é coberto pelo contrato, o direito de romper o contrato e as indenizações devidas pela quebra de contrato[23].

Teceremos, a seguir, comentários sobre um dos casos em que foi a ICC instada a instaurar juízo arbitral, envolvendo um contrato internacional de *franchising*.

## 3. ARBITRAGEM EM CONTRATO INTERNACIONAL DE *FRANCHISING* – ESTUDO DE CASO[24]

---

[22.] *ICC – International Chamber of Commerce - Final Report on Intellectual Property Disputes and Arbitration*, Paris, 1998, p. 39.

[23.] Um estudo estatístico do ICC sobre os casos em que foi chamado a arbitrar contratos que continham pelo menos um aspecto envolvendo propriedade intelectual, revelou que: a) entre 1990 e 1995, 11,7% dos casos de arbitragem continham um aspecto significativo referente à propriedade intelectual, sendo que 420 litigantes de 50 nacionalidades submeteram à ICC 199 casos referentes a essa matéria, como autores ou como réus; b) em 1996, a percentagem subiu para 14,5%, e em 1997, para 17,3%; c) nacionalidade dos principais litigantes: EUA (77), Alemanha (54), França (59), Itália (40) e Suíça (25); d) tipos de disputas (muitos casos envolviam mais de um tipo): contratos de licença e de *franchising* (143), *know-how* e assistência técnica (86), validade de marcas comerciais (35), desenhos e modelos (35), validade de patentes ou violações (34), nomes comerciais e sinais distintivos (19), direitos relativos a *copyright* ou a audiovisuais (9); e) locais mais freqüentemente escolhidos pelas partes, de comum acordo (o que ocorreu em 80% dos casos): Paris (54), Zurique (28), Genebra (23), Londres (22) e cidades situadas nos EUA (24); f) leis mais freqüentemente aplicadas ao mérito: suíça (35), americana (32), francesa (23), inglesa (13) e alemã (13).

[24.] Publicado no ICC – *Yearbook of Commercial Arbitration*, Paris, 1987, pp. 136-142. É preciso ter em mente que: a) a maioria dos laudos arbitrais não é publicada, pois a confidencialidade é justamente um dos fatores determinantes para a escolha da arbitragem; b) nos poucos laudos publicados, protege-se a identidade das empresas das mais variadas formas, omitindo suas razões sociais, deixando de informar detalhes do negócio, a espécie de

Dentre os inúmeros casos de arbitragem internacional, submetidos à *International Court of Arbitration* (*Cour International d'Arbitrage*) da ICC – *International Chamber of Commerce*, escolhemos para estudo um laudo arbitral (não publicado, e referido pela ICC como *Final Award in Case n.3460 of 1987*), proferido pelo árbitro Paul Sieghart, do Reino Unido, em Londres, referente a litígio entre um franqueador austríaco **X** (autor – *claimant*) e um franqueado sul-africano **Y** (réu – *defendant*).

Embora se trate de um contrato internacional de franchising do tipo industrial, nada obstaria a que idêntica decisão fosse proferida caso se tratasse de um business format franchising.

O contrato entre o franqueador **X** e o franqueado **Y**, firmado em 1979, previa a fabricação, pelo segundo, de produtos desenvolvidos pelo primeiro, sendo devidos *royalties* proporcionais às vendas (a partir de um valor mínimo), pela transferência de *know-how*.

A cláusula 10.4 do contrato estipulava que *"the parties are subjected to the jurisdiction of the International Chamber of Commerce, as the arbitration court"*.

Tendo a companhia sul-africana deixado de pagar os *royalties* mínimos, a empresa **X** ajuizou ação contra **Y**, em 25.01.1983, pedindo o pagamento de SA *Rand* 288.000 (equivalentes, à época, a AS 4.896.000) mais juros de 11%. **Y** contestou, em outubro de 1983, afirmando que existia no contrato uma cláusula arbitral (e que se submeteria à arbitragem), e pedindo que o julgamento ficasse suspenso.

Em 12.11.1985, foi a arbitragem solicitada à ICC, por **X**, reiterando o pedido de pagamento dos *royalties*, acrescentando, ainda, no entanto, que **Y** arcasse com as custas arbitrais.

**Y**, no entanto, contestou, afirmando que nada deveria pagar a **X**, tendo apresentado os seguintes argumentos:

- uma vez que havia ação em curso perante o Poder Judiciário da África do Sul, não seria possível instituir arbitragem;
- teria ocorrido a prescrição da ação de **X** para exigir o cumprimento de obrigações contratuais por parte de **Y**;
- o autor (**X**) teria deixado de cumprir algumas de suas obrigações contratuais.

Finalmente, em 1987, foi proferido o laudo arbitral pelo árbitro único, indicado pela ICC *Court of Arbitration*, condenando a empresa sul-africana a pagar à empresa **X** o montante de AS 4.896.000, acrescidos de juros, a partir de 25.01.1983, e das custas da arbitragem.

---

mercado em que atuam os litigantes etc. No caso em tela, excepcionalmente, informações mais completas foram publicadas, o que permitiu compreender melhor o procedimento arbitral.

A decisão final, em si, não causa surpresa, já que todos os sistemas jurídicos impõem pena de indenização àquele que viola contrato ou dá causa a seu rompimento.

Digno de nota, no procedimento arbitral, é o *iter* trilhado pelo árbitro, bem como alguns critérios que adotou e decisões que tomou, que destacaremos a seguir:

- **local da arbitragem**: uma vez que as partes se submeteram à ICC, a entidade designou Londres (capital do país de origem do árbitro) como a localidade onde deveria ser conduzida a arbitragem;

- **lei aplicável**: o árbitro adotou, como lei aplicável, o Direito Internacional Privado (DIP) inglês, justificando sua decisão pelo fato de a arbitragem ser feita na Inglaterra. Contudo, pelo DIP inglês, às questões relativas à execução e ao rompimento de contratos deve ser aplicada a denominada *proper law of the contract* (e não a *lex loci contractus*, como em outros países) que, no caso em tela, é a lei do lugar com o qual o contrato guarda vínculos mais estreitos; na prática, o local onde devem ser cumpridas as mais importantes obrigações, pelos contratantes. Relativamente ao contrato em discussão, esse local era a África do Sul, razão que levou (ou levaria) o árbitro a proceder de acordo com esse sistema jurídico. Ainda segundo o DIP inglês, no entanto, lei estrangeira é *matéria de fato*, que deve ser provada pelo interessado; no caso, nenhum dos litigantes trouxe aos autos essa prova, levando o árbitro a decidir que *"English private international law compels me to assume that any foreign law is the same as English domestic law. Neither party has furnished me with any evidence about the South African substantive law of the contract. Accordingly, I am bound to assume that it does not differ from the law of England"*. Assim, por meio desse curioso raciocínio, decidiu o árbitro, finalmente, que ao contrato aplicava-se a lei material *inglesa*;

- **prescrição**: o DIP inglês estabelece que as questões relativas à prescrição (*prescription*, como denominaram as partes, ou *limitation*, segundo a nomenclatura inglesa) são determinadas pela *lex fori* – no caso, a lei interna inglesa, segundo a qual, para uma ação oriunda de um contrato, é de 6 (seis) anos. O contrato havia sido firmado em setembro de 1979, e a arbitragem começou em novembro de 1985, mas nenhuma das alegadas violações contratuais havia ocorrido no período anterior a 6 anos da *instauração* do procedimento arbitral; assim, o árbitro rejeitou a alegação de prescrição, deduzida pela empresa **Y**;

**259**

- **competência para instaurar procedimento arbitral**: o autor, ao ajuizar ação perante a Justiça sul-africana em 25.01.1983, adotou uma de duas possíveis alternativas, ou seja, a via *judicial*, ou a *via arbitral*. O réu, no entanto, preferiu a arbitragem, pedindo à Justiça (*Special Plea*) que suspendesse o processo, o que foi feito, com a concordância do autor. No entanto, em carta datada de 18.08.1986, os advogados do réu enviaram ao árbitro cópia de uma *Notice of Withdrawal of the Special Plea*, submetido em novembro de 1986, pelos advogados do réu no processo judicial (que não eram os mesmos advogados nomeados para atuar na arbitragem), à Justiça sul-africana; ou seja, desejavam prosseguir no processo judicial[25]. O árbitro não aceitou esse retorno à Justiça estatal sul-africana, decidindo: "*I conclude that it was competent for the claimant to institute the present arbitration proceedings, and that it is competent for me to determine them*";

- **moeda, juros e custas**: o contrato estipulava pagamento de *royalties* tanto em Rands sul-africanos (SA Rand), quanto em xelins austríacos (AS), razão pela qual o réu foi condenado a pagar o montante devido em ambas as moedas.

Os juros foram fixados em 11% a/a, taxa média adotada pelos tribunais austríacos nos anos precedentes (que deveriam incidir desde 25.01.1983, data em que o autor exerceu seu direito de denunciar o contrato perante a Justiça sul-africana). No entanto, o árbitro recusou-se a conceder a incidência de juros compostos sobre o principal. Quanto às custas, o árbitro invocou o art. 20.2 das Regras (*Rules*) de arbitragem da ICC e também os honorários normais, aplicáveis aos agentes de patente austríacos, para condenar o réu ao pagamento correspondente. Desse valor, mandou deduzir os depósitos para as custas efetuados à conta da Corte de Arbitragem da ICC, resultando numa soma total de AS 274.900.

---

[25] Essa atitude do réu, aparentemente, deu impressão ao árbitro de falta de firmeza em sua posição, pois ora voltava-se para a Justiça estatal, ora declarava preferir a arbitragem, tentando confundir o julgador e ganhar tempo. Segundo o árbitro, "*...a defendant in similar circumstances could send a claimant from pillar to post in perpetuity, by calling for arbitration in the claimant chooses litigation and thereupon, reversing his position, calling for litigation if the claimant accepts that invitation and chooses arbitration (as it was perfectly entitled to do), and once the claimant, in response to that election, has instituted arbitration proceedings, it is no longer open to the defendant to resile from it*".

## 4. Bibliografia

ARAÚJO, Nadia de. "A Nova Lei de Arbitragem Brasileira e os 'Princípios Uniformes dos Contratos Internacionais' Elaborados pela UNIDROIT", in. Arbitragem: *A Nova Lei Brasileira (9.307/96) e a Praxe Internacional*, Ed. LTr, São Paulo, 1997, (Coordenador: Paulo Borba CASELLA).

CASELLA, Paulo Borba. "Arbitragem Internacional e Boa Fé das Partes Contratantes: Cláusula de Arbitragem em Contrato Internacional". *Revista dos Tribunais*, São Paulo, 80 (668), 239-41, jun. 1991.

COSTA E SILVA, Eugênio da. "Arbitragem para a Resolução de Disputas Internacionais na Área de Propriedade Intelectual". *Revista da ABPI-Associação Brasileira da Propriedade Intelectual*, Rio de Janeiro, (18): 37-38, set/out., 1995.

CRETELLA NETO, José. "O Acesso de Indivíduos aos Sistemas de Solução de Controvérsias em Comércio Internacional", in *Solução e Prevenção de Litígios Internacionais*. Ed. Mania de Livro, São Paulo, 1998, p. 148 (Coordenadores: Araminta de Azevedo MERCADANTE e José Carlos de MAGALHÃES).

_____. "Do Contrato Internacional de *Franchising*". Dissertação de Mestrado apresentada à Faculdade de Direito da USP, São Paulo, 1999, no prelo.

FAZIO, Sílvia. *Os Contratos Internacionais na União Européia e no MERCOSUL*, Ed. LTR, São Paulo, 1998.

FOYER, Jacques. "Entrée en Vigueur de la Convention de Rome du 19 juin 1980 sur la Loi Applicable aux Obligations Contractuelles". *Journal de Droit International*, Paris, 118 (3) : 601-631, 1991.

GARCEZ, José Maria Rossani. *Contratos Internacionais Comerciais*. Ed. Saraiva, São Paulo, 1994.

HUCK, Hermes Marcelo. *Sentença Estrangeira e Lex Mercatoria*. Ed. Saraiva, São Paulo, 1994.

ICC – International Chamber of Commerce. *Final Report on Intellectual Property Disputes and Arbitration*, Paris, 1998.

_____. *Yearbook of Commercial Arbitration*, Paris, 1987.

JUENGER, Friedrich K. "The Inter-American Convention on the Law Applicable to International contracts: some Highlights and Comparison)", in *The American Journal of Comparative Law*, Berkeley, 42 (2) : 381-93, 1994.

MAGALHÃES, José Carlos de. "Competência Internacional do Juiz Brasileiro e Denegação de Justiça", *RT* n. 630/52.

_____. *Do Estado na Arbitragem Privada*. Ed. Max Limonad, São Paulo, 1988, p. 62.

_____. "Contratos Internacionais", in *Revista da AASP*, ano II, n. 8, 1982, pp. 37-47).

MAGALHÃES, José Carlos de & BAPTISTA, Luiz Olavo. *Arbitragem Comercial*. Livraria Freitas Bastos, São Paulo, 1986.

MERCADANTE, Araminta de Azevedo. "Contribuição ao Estudo da Arbitragem Comercial Internacional" (dissertação de Mestrado), Biblioteca da FADUSP, não publicado, s/d.

PIMENTA, Rafaela Lacôrte Vitale & COSTA, José Augusto F. "Ordem Pública na Lei n. 9.307/96", in *Arbitragem: A Nova Lei Brasileira (9.307/96) e a Praxe Internacional*, Ed. LTr, São Paulo, 1997 (Coordenador: Paulo Borba CASELLA).

ROSE, Nicholas. "Resolving International Franchise Disputes", in GRAMATIDIS, Yanos & CAMPBELL, Dennis (editores). *International Franchising: an In-Depth Treatment of Business and Legal Techniques*, Kluwer Law and Taxation Publishers, Boston, 1991.

STRENGER, Irineu. *Arbitragem Comercial Internacional*. Ed. LTR, São Paulo, 1996.

# ARBITRAGEM COMERCIAL INTERNACIONAL NO JAPÃO

MASATO NINOMIYA

*Professor do Departamento de Direito Internacional
da Faculdade de Direito da USP*

AUREA CHRISTINE TANAKA

*Pós-graduanda em Direito Internacional (USP)*

1. Introdução – 2. Aspectos Gerais da Arbitragem no Japão; 2.1. A Lei n. 29 de 21 de abril de 1890, que regula os procedimentos para convocação por edital e a arbitragem – 3. Arbitragem Comercial Internacional: a Arbitragem da Associação de Arbitragem Comercial do Japão* ; 3.1. Características gerais; 3.2. Lei aplicável – 4. Conclusões – 5. Bibliografia

## 1. INTRODUÇÃO

O Japão é um país conhecido pela enorme tendência de ter as lides que envolvem seus cidadãos resolvidas através de meios alternativos de solução de litígios, como a conciliação, a mediação e a arbitragem.

Esta tendência dominante se relaciona, por certo, à cultura e à história japonesas, responsáveis pela construção do conceito que os japoneses têm do direito e por esse comportamento, meio que avesso a ter suas demandas resolvidas pelo Poder Judiciário.

O japonês é governado por regras de conduta não escritas[1], que, aliadas à influência do confucionismo, do budismo e do xintoísmo, fazem surgir uma sociedade que enfatiza um modo de comportamento que tem por finalidade preservar a harmonia e a coesão social. Assim, uma demanda judicial, na realidade, a última *ratio* para o japonês, demonstraria falta de virtuosidade e de capacidade em manter a compreensão mútua e a paz nas relações sociais.

Muitas dessas características advêm da época em que o Japão esteve isolado

---

\* Tradução livre do nome da instituição arbitral de que vai tratar este artigo: *The Japan Commercial Arbitration Association.*

[1] Para aprofundar essa visão, v. NODA, Yosiyuki. *Introduction au Droit Japonais*, especialmente o *Titre IV*.

do mundo, mergulhado no feudalismo, num modelo social e político estável, porém rígido e hierárquico.

A conciliação, muito utilizada desde então, tinha um caráter quase que obrigatório, isto é, forçava-se um acordo, tendo em vista que na falta deste, todos os envolvidos no litígio, desde as partes até os que participavam do julgamento, podiam ser responsabilizados, até mesmo punidos caso aceitassem uma petição de alguém que estivesse agindo de má-fé[2].

Essa prática da conciliação persiste até hoje, sendo este meio alternativo de solução de litígios o mais utilizado, em detrimento da mediação e da arbitragem[3].

O instituto da arbitragem, o tópico que nos interessa aqui, é o menos utilizado dentre os três por vários motivos, que serão oportunamente discutidos, mas muito porque a arbitragem lembra um procedimento judicial, no qual o árbitro exerce o papel de um "juiz" que tem de proferir uma decisão a respeito de uma contenda que é levada ao seu conhecimento.

Do ponto de vista doméstico, portanto, a arbitragem é pouco utilizada, tendo em vista a tradição da conciliação, mas não é o que ocorre nas relações de comércio internacional, por exemplo, sendo a arbitragem praticada, até mesmo existindo uma entidade, a Associação de Arbitragem Comercial do Japão, nos moldes de outras instituições existentes no mundo, da qual trataremos a seguir, depois de oferecer um contorno geral sobre a arbitragem no Japão.

## 2. Aspectos Gerais da Arbitragem no Japão

O Código de Processo Civil do Japão data de 1890. Foi um diploma legal cuja influência alemã é marcante, mesmo porque o código foi praticamente traduzido e incorporado, tal qual o foi o Código Civil de 1898. Relembremos que o Japão, depois da abertura ao mundo com a Restauração Meiji em 1868, "importou" o direito ocidental, numa tentativa de modernizar suas instituições jurídicas e também para melhor se relacionar no âmbito internacional com outros países, de uma forma mais igualitária.

A arbitragem estava prevista no Código de Processo Civil, Livro VIII, em seus arts. 786 a 805. Com a reforma do Código de Processo Civil, através da Lei n. 109 de 26 de junho de 1996, em vigor desde 1º de janeiro de 1998, o número de artigos, que era de 805, foi reduzido para 400. No entanto, a parte

---

[2] Sobre a evolução do instituto da conciliação no direito japonês, consultar o estudo feito por HENDERSON, Dan Fenno. *Conciliation and Japanese Law – Tokugawa and Modern.*

[3] Segundo o Prof. Takeshi Kojima, "*In Japan (...), the ratio of litigation to conciliation is two or three to one, which means that the ratio of conciliation in the overall number of disputes is very high. In addition, mediation is overwhelmingly predominant as compared with arbitration.*", in *Dispute Resolution Systems and Legal Culture*, p. 521.

relativa aos procedimentos para convocação por edital e à arbitragem, Livros VII e VIII, respectivamente, permaneceram sob o número da lei anterior, que havia instituído o Código de Processo Civil, ou seja, Lei n. 29 de 21 de abril de 1890. É importante ressaltar que a numeração dos artigos não foi modificada.

Desta forma, a parte relativa à arbitragem remanesceu inalterada, sob a "Lei n. 29 de 21 de abril de 1890, que regula os procedimentos para convocação por edital e a arbitragem" (referida neste estudo como Lei n. 29 ou simplesmente Lei). São disposições consideradas ultrapassadas e existe mesmo um projeto de lei[4] que, se aprovado, revogará tais normas, vindo a arbitragem a ser possivelmente regulada por uma lei própria, tendo como modelo as normas da UNCITRAL (*United Nations Commission for International Trade and Law*) a respeito da matéria.

Os vinte artigos da Lei n. 29 trazem, em seu bojo, vários aspectos já conhecidos quando se fala em arbitragem, restringindo-se, porém, à arbitragem interna, não fazendo referência a arbitragens governadas por leis estrangeiras, laudos arbitrais proferidos no estrangeiro, ou mesmo a arbitragens internacionais, entendendo parte da doutrina que as disposições da Lei não se aplicam a estas.

É certo, entretanto, que os tratados assinados pelo Japão são plenamente aplicados, conforme disposição constitucional (art. 98 (2)) que prevê a sua observância. A aprovação e ratificação pela Dieta (Poder Legislativo) também é prevista no art. 73 (3) da Constituição japonesa[5]. Desta forma, depreende-se que os tratados relativos à arbitragem internacional assinados pelo Japão (Protocolos de Genebra de 1923 e de 1927 e a de Nova York de 1958[6]) têm eficácia como uma lei interna e prevalecem sobre esta, suprindo a lacuna da Lei n. 29 nesta matéria.

O contrário, porém, é verdadeiro, ou seja, se os tratados suprem a lacuna da Lei, as lacunas daqueles são preenchidas por esta, apesar de parte da doutrina não acompanhar este posicionamento dos tribunais japoneses, que têm decidido que, por exemplo, uma vez que não existe dispositivo acerca do procedimento para o reconhecimento de laudos arbitrais estrangeiros, o art. 800 da Lei[7] teria

---

[4.] O Grupo de Estudos da Lei de Arbitragem composto por renomados professores japoneses elaborou um projeto da Lei de Arbitragem, cujo comentário e as traduções para as línguas inglesa, francesa e alemã se acham publicadas no *Chusai hô no ripporon teki kenkyu*, Bessatsu NBL, n. 25. Shoji Homu Kenkyukai, 1993.

[5.] A Constituição japonesa foi promulgada em 3 de novembro de 1946, em vigor a partir de 3 de maio de 1947.

[6.] De se notar, conforme entendimento da doutrina e jurisprudência japonesas confirmada oralmente pelo Professor Toshio Sawada, que o Protocolo de Genebra ainda se encontra em vigor entre os países que não assinaram a Convenção de Nova York e entre os países que assinaram-na e os que não a assinaram. Isto quer dizer que um laudo arbitral envolvendo uma empresa ou um nacional japonês e uma empresa ou um nacional de um outro país que não tenha assinado a Convenção de Nova York, mas seja signatário do Protocolo de Genebra, terá o seu reconhecimento, por exemplo, regido por esta última. Este também é o entendimento do Professor José Carlos de MAGALHÃES. V. seu artigo "A cláusula arbitral nos contratos internacionais". V. também " Procedimento arbitral no Brasil – o caso 'Lloyd Brasileiro contra Ivarans Rederi' do Superior Tribunal de Justiça", do Dr. Jürgen SAMTLEBEN.

[7.] O art. 800 da Lei n. 29 está assim redigido: *An award shall have the same effect as a judgment which is final and conclusive between the parties.*

aplicação, isto é, da mesma forma que um laudo que se refira a uma arbitragem doméstica tem o efeito de uma sentença, segundo o dispositivo em referência, o laudo arbitral estrangeiro também.

Desta maneira, observa-se que há uma complementaridade das regras concernentes à arbitragem, sejam elas da Lei ou de tratados assinados pelo Japão. A fim, portanto, de dar ciência do que dispõe a Lei n. 29 em relação à arbitragem, discorreremos brevemente acerca dos seus dispositivos.

### 2.1. A Lei n. 29 de 21 de abril de 1890, que regula os procedimentos para convocação por edital e a arbitragem

A arbitragem poderá ser utilizada quando a matéria objeto da contenda se referir a direitos disponíveis ou, também, àqueles que podem ser objeto de transação entre as partes (art. 786). Não há disposição sobre a necessidade do compromisso arbitral estar escrito.

Os árbitros podem ser escolhidos pelas partes (art. 789) e, no caso do compromisso arbitral silenciar a respeito da escolha, cada parte indica um árbitro (art. 788). Falhando, entretanto, uma das partes na indicação de um árbitro, pode a outra solicitar perante uma corte que esta indique alguém para ser árbitro (art. 789)[8].

O árbitro está sujeito às mesmas regras de impedimento e suspeição de um juiz e pode ser afastado caso se comporte indevidamente no cumprimento de sua função (art. 792).

Como não há uma regra expressa no sentido da lei aplicável ou mesmo o procedimento a ser seguido, existe então uma autonomia de vontade das partes, que podem estabelecer tanto a lei aplicável quanto o procedimento a ser seguido na arbitragem, ou mesmo deixar para os árbitros decidirem de acordo com os princípios de direito ou eqüidade.

O laudo arbitral proferido tem o efeito de uma sentença (art. 800), não sendo permitida uma revisão judicial, estabelecendo a lei, porém, os casos em que pode ser considerado nulo (art. 801): quando versar sobre direitos indisponíveis; quando o laudo condenar uma das partes a praticar ato proibido pela lei; no caso das partes não terem sido representadas conforme o previsto em lei ou não terem sido ouvidas durante o procedimento arbitral; quando o laudo não estiver fundamentado.

Desta breve exposição, percebe-se uma regulamentação do instituto em referência no direito japonês. A arbitragem não seria então uma velha desconhecida. O fato é que em comparação com a conciliação, é muito pouco utilizada

---

[8.] A corte competente será a indicada no acordo arbitral, ou, em não existindo este último, a que seria competente para resolver a controvérsia (art. 805 da Lei n. 29).

em assuntos domésticos, e muitas vezes, quando se recorre a esta forma alternativa de solução de litígios, tanto o árbitro quanto as partes se esforçam para caminhar em direção a um acordo, à mediação e conciliação dentro do procedimento arbitral[9], evitando-se uma decisão final.

Este fato revela a preferência por uma decisão conjunta que venha a abarcar os diferentes interesses das partes, onde não haja vencidos nem vencedores, na qual exista uma solução realmente satisfatória para todos. E isto faz da conciliação e da mediação institutos mais comuns do que a arbitragem.

Porém, nas relações internacionais, notadamente as de comércio internacional, em havendo controvérsias, estas normalmente são levadas à arbitragem, quando, é claro, não se conseguiu chegar anteriormente a um consenso, de tal sorte que, neste campo, a arbitragem é utilizada com mais freqüência.

## 3. A Arbitragem Comercial Internacional: a Arbitragem da Associação de Arbitragem Comercial do Japão

A Associação de Arbitragem Comercial do Japão é uma instituição arbitral permanente, cuja finalidade é a de contribuir para a solução de controvérsias oriundas das transações domésticas e internacionais.

Foi estabelecida em 1950, como um órgão da Câmara Japonesa para o Comércio e a Indústria, porém com o nome de Comitê para a Arbitragem Comercial Internacional.

Com o aumento do comércio internacional, esse Comitê foi reestruturado, em 1953, tornando-se uma instituição autônoma e independente em relação à Câmara Japonesa para o Comércio e a Indústria, sendo-lhe dado o nome como é conhecida hoje: Associação de Arbitragem Comercial do Japão.

Apesar de ter sido criada também para resolver controvérsias domésticas, os motivos mencionados no item 1 supra, mostram a razão pela qual pode-se dizer que praticamente esta instituição arbitral se presta a solucionar basicamente controvérsias que se relacionam ao comércio internacional, ainda que em pequeno número, se compararmos com outras instituições arbitrais como as arbitragens realizadas pela Câmara de Comércio Internacional (CCI) e pela Associação Americana de Arbitragem (AAA).

A Associação de Arbitragem Comercial do Japão não realiza, porém, somente arbitragens. Pode ser acionada como um órgão consultivo, podendo-se requerer pareceres, fazer consultas jurídicas, obter informações acerca de

---

[9]. TASHIRO, Kenji. "Conciliation or Mediation during the Arbitral Process – A Japanese View" e tb. SAWADA, Toshio. "International Commercial Arbitration – practice of arbitral institutions in Japan", pp. 86-88.

**267**

contratos internacionais, notadamente os de comércio internacional, ou mesmo sobre os procedimentos arbitrais adotados em outros países do mundo.

É responsável também por receber e transmitir documentos para as partes, organizar e manter painéis de árbitros, indicá-los na falta de acordo entre as partes, oferecer suas instalações para os procedimentos arbitrais, além de intérpretes, e realizar também o depósito dos laudos nas cortes, dentre outras atividades.

Porém, para se utilizar da estrutura da Associação, é preciso se tornar membro dela, podendo sê-lo tanto uma pessoa física quanto uma jurídica, pagando-se uma anuidade, que no início de 1999 estava no patamar de ¥ 100.000, aproximadamente US$ 830.00[10].

## 3.1. Características gerais

Existem dois tipos de procedimento: o que se poderia denominar de comum e o sumário[11]. Este último é utilizado quando o valor envolvido na arbitragem não ultrapassa os ¥ 20,000,000 (US$ 170.000), a não ser que as partes não queiram que seja utilizado o procedimento sumário, devendo a Associação ser notificada a este respeito, ou quando é estabelecido que o tribunal arbitral compor-se-á de mais de um árbitro.

Afora algumas diferenças entre ambos, como o fato de no procedimento sumário os prazos serem reduzidos, o tribunal arbitral ser composto de um único árbitro, de se ter somente um dia para ouvir as partes, as testemunhas e os eventuais peritos, de tanto o autor como o réu não poderem retificar o pedido ou a reconvenção, dos valores das custas e dos honorários serem menores e da previsão do laudo arbitral ser proferida em três meses, os princípios que regem a arbitragem são os mesmos, sendo que todas as regras, com exceção das mencionadas acima, são comuns a ambos os procedimentos.

Desta forma, é preciso que haja um compromisso arbitral por escrito (art. 5º), podendo este também estar inserto numa cláusula arbitral, não sendo necessário que seja num instrumento próprio (art.10 (4)). Este acordo de arbitragem deve, por certo, remeter a solução de uma eventual controvérsia à arbitragem da Associação.

O pedido de arbitragem deve conter (art.12 (1)): a íntegra da controvérsia, a remissão à arbitragem da Associação, bem como o compromisso arbitral, qualificação completa das partes, o pedido, seus fundamentos e os meios de

---

[10.] A conversão dos valores mencionados neste estudo foi feita utilizando-se uma taxa de câmbio de ¥ 120 para US$ 1.00. O valor da anuidade simples é de ¥ 25.000. Porém, segundo informações fornecidas pela própria Associação, normalmente se requer o pagamento de quatro unidades do valor da anuidade simples, ou seja ¥ 100.000.

[11.] O procedimento sumário foi introduzido pela reforma do estatuto da Associação, cujas regras entraram em vigor em outubro de 1997.

prova. Deve ser submetido em tantas cópias quantos forem os árbitros (se não tiver sido estabelecido o número, deverão ser entregues três cópias), além da cópia para o(s) réu(s).

É preciso também recolher o valor equivalente às custas iniciais e administrativas, sob pena da Associação não conhecer do pedido de arbitragem e devolvê-lo ao autor (art. 12 (4)).

As regras da Associação podem ser complementadas pelas da UNCITRAL, conhecidas como Regras de Arbitragem da UNCITRAL[12], adotadas em 1976 (art.1º). Pode-se também estabelecer que serão utilizadas as regras da UNCITRAL para a arbitragem da Associação, desde que haja acordo entre as partes[13].

Em havendo divergência na interpretação das regras, a interpretação da Associação é a que prevalece, a não ser que o tribunal arbitral já tenha proferido sua interpretação, caso em que esta vinculará as partes naquele caso específico (art. 3º).

Os árbitros podem ser escolhidos dentre os pertencentes ao painel mantido pela Associação (art. 8º), não sendo obrigatória a escolha de árbitros que figuram no painel. O tribunal arbitral pode ser composto de um ou mais árbitros (art. 5º (1)), conforme acordado pelas partes. Não existindo acordo sobre o número de árbitros, o tribunal arbitral compor-se-á de apenas um árbitro (art. 23).

Se as partes não apontam o(s) árbitro(s) no prazo acordado, ou, em não havendo acordo, dentro de quatro semanas após a data inicial do procedimento (que seria a data de três semanas depois do envio ao réu da aceitação do pedido de arbitragem – art. 10 (1)), a Associação encarregar-se-á de indicar o(s) árbitro(s) (art.22 (2)).

Anteriormente à reforma do estatuto da Associação (v. nota 11), os árbitros tinham que residir no Japão, o que reduzia muito a possibilidade de uma controvérsia vir a ser resolvida pela arbitragem da Associação. Isto porque, antes de tudo, não há muitos especialistas em arbitragem internacional no Japão, além do fato de que uma arbitragem internacional normalmente envolve empresas ou pessoas físicas de nacionalidade diversa da japonesa, preferindo estas escolherem árbitros muitas vezes residentes em outro país, o que não poderia ser feito pelas regras antigas da Associação. Atualmente, o art. 28 traz disposição no sentido de que se um árbitro indicado não reside no Japão, a parte que o indicou deve arcar com as despesas oriundas deste fato, ou se este foi indicado pela Associação, o tribunal arbitral deverá incluir as despesas no laudo proferido. Assim, indiretamente se afere a possibilidade de o árbitro ser uma pessoa não residente no Japão.

---

[12.] *UNCITRAL Arbitration Rules.*
[13.] Art. 1º da *Administrative and Procedural Rules for Arbitration under the UNCITRAL Arbitration Rules*, que entrou em vigor em junho de 1991.

**269**

O laudo deve conter o nome das partes, seus representantes, se for o caso, o fundamento da decisão, a data e a assinatura dos árbitros (art. 49). O prazo em que deve ser proferido varia de 5 a 8 semanas após a conclusão de que os dados que os árbitros possuem são suficientes para que possam decidir a questão: as partes foram ouvidas, as provas produzidas, os documentos necessários submetidos à apreciação etc.

As partes recebem uma cópia autenticada do laudo após o pagamento das custas e honorários (art. 50 (2)).

Laudos arbitrais proferidos no Japão são reconhecidos e têm eficácia como a de uma sentença final. Um laudo proferido em outro país também tem sua validade e eficácia reconhecidos no Japão, tendo em vista que é um país signatário do Protocolo de Genebra de 1927 e da Convenção de Nova York de 1958, além de existirem tratados bilaterais com outros países[14] para o efeito de se reconhecer laudos arbitrais proferidos no estrangeiro. De fato, não há conhecimento de que algum laudo estrangeiro não tenha sido reconhecido pelas cortes japonesas.

Dentro do procedimento arbitral pode ocorrer, como de fato ocorre, tratativas no sentido de se chegar a um acordo antes de o tribunal arbitral proferir sua decisão. Conforme exposto no item 1 deste trabalho, existe uma preferência do japonês em atingir uma solução produzida pelas partes, que não tenha sido proferida por um terceiro, estranho ao seu relacionamento.

Assim, nas regras da Associação, existe um dispositivo que autoriza o(s) árbitro(s) a funcionar(em) como mediador(es) – art. 39 e também uma previsão que possibilita que o acordo a que se chegou seja objeto de um laudo, a fim de se assegurar seu cumprimento e vincular as partes – art. 49 (2).

A única língua utilizada anteriormente para o procedimento era o japonês, o que constituía um entrave à expansão das atividades da Associação, como a disposição supramencionada de que os árbitros deveriam residir no Japão.

A reforma do estatuto da Associação trouxe consigo a possibilidade de se utilizar o inglês também, ao lado do japonês, ou uma das duas (art. 62 (1)). Pode-se utilizar outras línguas, mas a Associação pode requerer que se faça uma tradução para o inglês ou o japonês (art. 62 (2)), o que é muito comum.

Porém, no caso de divergência ou mesmo discrepância entre os textos (japonês e inglês), é o texto em japonês que prevalecerá (art. 62 (3)).

As partes podem, por acordo, ampliar os prazos previstos no estatuto da Associação, exceto alguns, como os de resposta, de submissão de reconvenção, de desistência da arbitragem e de indicação de árbitro(s). O tribunal arbitral

---

[14.] O Japão assinou tratados bilaterais sobre reconhecimento e eficácia recíprocos de laudos arbitrais com os seguintes países: Argentina, Bulgária, El Salvador, Hungria, Paquistão, República Popular da China, Peru, Polônia, Romênia, Rússia, Reino Unido, Estados Unidos e Iugoslávia. É de se ressaltar que estes tratados foram assinados no final da década de 50 até o início da década de 70.

**270**

também pode estender o prazo para ouvir as partes, para a produção de alguma prova etc., com exceção do prazo previsto no art. 59, que é o de três meses para proferir o laudo no caso de procedimento sumário.

Assim, percebe-se que as regras previstas por esta instituição arbitral são flexíveis em alguns pontos, deixando a cargo das partes complementá-las ou modificá-las, conforme seus interesses e possibilidades. De fato, esta é a vantagem de arbitragens regidas por uma instituição arbitral: as partes podem incorporar suas regras no todo ou em parte, certas de que em alguns pontos terão o respaldo de regras procedimentais previamente estabelecidas, que preenchem algumas lacunas ou situações não previstas no momento de se redigir uma cláusula ou um compromisso arbitral.

## 3.2. Lei aplicável

No Japão, a lei que trata das aplicações das regras jurídicas, trazendo também regras de direito internacional privado, e, desta forma, regulando os conflitos de leis no espaço e no tempo é denominada *Horei*.

O art. 7º (1) da *Horei* consagra o princípio da autonomia da vontade: "No que respeita à formação e ao efeito de um ato jurídico, a questão concernente à qual lei é a aplicável é determinada pela intenção das partes"[15].

Esta intenção pode ser explícita ou implícita. Neste último caso, a doutrina entende que a lei aplicável é a do lugar onde a arbitragem é realizada, se as partes designaram este lugar, porque assim teriam demonstrado sua intenção.

Mas o art. 7º (2) da *Horei* dispõe: "Se a intenção das partes é incerta, a lei do lugar onde o ato foi praticado deve regê-lo"[16], podendo-se aferir que a lei do lugar onde o contrato foi levado a efeito e no qual está inserta a cláusula arbitral é que poderia reger a arbitragem.

Desta forma, existe uma divergência doutrinária, que acaba se refletindo na jurisprudência, existindo decisões que, na omissão das partes quando da realização do contrato ou do compromisso arbitral, primam pela aplicação da lei do lugar onde a arbitragem é realizada ou que entendem que a lei aplicável ao contrato que contém a cláusula arbitral é a que deve reger a arbitragem.

De se notar que a questão da lei aplicável pode ser levantada quanto à validade do compromisso arbitral e quanto à possibilidade do objeto da controvérsia ser submetido a uma arbitragem. É recomendável, portanto, que se estabeleça de plano a lei que regerá a arbitragem, mesmo porque as regras da

---

[15]. Tradução livre do art. 7º (1): *As regards the formation and effect of a juristic act, the question as to which is the governing law is determined by the intention of the parties.*

[16]. Tradução livre do art. 7º (2): *If the intention of the parties is uncertain, the law of the place where the act is done shall govern.*

Associação não trazem disposição a respeito, ficando-se sujeito então à interpretação das cortes japonesas.

Quanto à lei aplicável ao procedimento arbitral, segue-se o disposto no art. 7º (1) da *Horei*, isto é, a lei que foi escolhida pelas partes. Porém, na falta de acordo, não se utilizará o previsto no art. 7º (2), e sim a *lex fori*, ou seja, a lei do lugar onde a arbitragem será realizada, no melhor entendimento deste princípio de direito processual internacional.

## 4. Conclusões

A estatística de que dispomos sobre o número de casos resolvidos no âmbito da Associação de Arbitragem Comercial do Japão é de 10 anos somente, de 1980 a 1990, quando foram resolvidos 65 casos[17].

O tempo médio para a solução das arbitragens é de dois anos, conforme constatação do Prof. Toshio Sawada, Vice-Presidente da Corte de Arbitragem da Câmara de Comércio Internacional, que inclusive foi conselheiro no estudo que antecedeu a reforma do estatuto da Associação[18].

O número reduzido de casos decorre de vários fatores, abordados neste trabalho, e que seriam a reduzida litigiosidade do japonês, que prefere um acordo a uma solução judicial ou extrajudicial (arbitragem), o que faz surgir a dificuldade de manutenção de uma instituição arbitral, até por falta de recursos financeiros, haja vista a resistência em se submeter uma controvérsia à arbitragem. Esse caráter preventivo do direito japonês, uma de suas peculiaridades, pode explicar a ampliação das atividades da Associação, onde se pode solicitar consultas e pareceres, especialmente nas questões de direito comercial internacional.

Outro fator apontado seria também a falta de prestígio da Associação, decorrente em grande parte pelo reduzido número de especialistas em arbitragem internacional no Japão, além do fato de outras instituições arbitrais, como a Câmara de Comércio Internacional e a Associação Americana de Arbitragem serem muito mais conhecidas.

Sem pretensões de esgotar o tema e todas as questões que podem surgir, cientes de que são inúmeras, tivemos a intenção de oferecer um panorama geral sobre a arbitragem no Japão, notadamente a arbitragem comercial internacional, que é a mais praticada.

Como mencionado anteriormente, apesar da possibilidade de se resolver pendências através da arbitragem, desde que os direitos envolvidos sejam

---

[17] ODA, Hiroshi. *Japanese Law*, p. 85.
[18] SAWADA, Toshio. "International Commercial Arbitration – practice of arbitral institutions in Japan".

disponíveis, o japonês se utiliza pouco deste instituto, ainda que prefira as soluções alternativas de controvérsias.

A conciliação ganha mais relevo e, até mesmo quando se inicia um procedimento arbitral, o número de casos que chega a um acordo antes da decisão final é grande. Isto não só por vontade das partes, mas também por esforço evidente dos árbitros[19].

Embora seja esta a tendência que se observa no Japão, é louvável que este seja um país que tem procurado se adaptar e incorporar o que se produz em matéria de arbitragem no âmbito internacional, haja vista que é signatário das convenções mais importantes sobre a matéria e que formou um grupo de trabalho ligado ao Conselho de Sistema Legislativo, órgão consultivo do Ministério da Justiça, responsável pela elaboração de projetos de lei, para reformular todo o sistema de arbitragem, possivelmente vindo esta a ser regulada por lei própria[20], revogando-se então a Lei n. 29 de 21 de abril de 1890, para incorporar e até mesmo inovar sobre as regras da UNCITRAL.

Desta forma, existe um arcabouço jurídico que serve de base para eventuais controvérsias entre empresas ou nacionais japoneses e seus parceiros comerciais, o que lhes traz uma certa segurança, embora, é claro, o japonês sempre tente enfatizar sua preferência pelo estabelecimento de uma solução amigável, ou seja, um acordo.

## 5 – BIBLIOGRAFIA

*The Code of Civil Procedure of Japan.* Eibun-Horei-Sha Bulletin Series, Tokyo, 1972.

HATAGUCHI, Hiroshi. "Commercial Arbitration", *in Law and Business in Japan. The Japan-Australia Business Cooperation Committee.* Tokyo, 1982, pp. 40-42.

HENDERSON, Dan Fenno. *Conciliation and Japanese Law – Tokugawa and Modern.* University of Tokyo Press. Tokyo, 1965.

KOJIMA, Takeshi. "Dispute Resolution Systems and Legal Culture", *in The International Symposium on Civil Justice in the Era of Globalization, Collected Reports.* The Editorial Board of the ISCJ, Tokyo, agosto de 1992.

MAGALHÃES, José Carlos de. "A cláusula arbitral nos contratos internacionais", *in Revista de Direito Mercantil, Industrial, Econômico e Financeiro*, n. 43, julho/setembro de 1981, pp. 29-36.

MIKAZUKI, Akira. "Kokusai chusai", *in Shin Jitsumu Minjisoshô hô Kôza*, vol. 7. Nihon Hyoronsha. Tokyo, 1982, pp. 219-266.

---

[19.] V. estudo de TASHIRO Kenji, e SAWADA, Toshio, citados à nota 9.

[20.] V. nota 4.

"Minji Soshohô" (Código de Processo Civil), *in Hanrei Roppô*. Yuhikaku, Tokyo, 1998.

NODA, Yosiyuki. *Introduction au Droit Japonais*. Librairie Dalloz. Paris, 1966.

ODA, Hiroshi. *Japanese Law*. Londres, Butterworths, 1992.

OGAWA, Hideki. "Proposed Draft of Japan's New Arbitration Law", *in Journal of International Arbitration*, vol. 7, n. 2, junho de 1990.

*Rules of The Japan Commercial Arbitration Association*. Disponível na Internet no endereço: www.jcaa.or.jp

SAMTLEBEN, Jürgen. "Procedimento arbitral no Brasil – o caso 'Lloyd Brasileiro contra Ivarans Rederi' do Superior Tribunal de Justiça", in *RT*, v. 704, junho de 1994, pp. 276-281.

SAWADA, Toshio. "International Commercial Arbitration – practice of arbitral institutions in Japan", *in Japanese Annual of International Law*, The International Law Association of Japan, n. 30, 1987, pp. 69-88.

TASHIRO, Kenji. "Conciliation or mediation during the arbitral process – A Japanese View", *in Journal of International Arbitration*, vol. 12, n. 2, junho de 1995, pp. 119-133.

# Considerações sobre a Primeira Corte Internacional de Justiça

**Fredys Orlando Sorto**

*Professor da Faculdade de Direito da Universidade Federal da Paraíba (UFPB), Mestre em Direito Internacional e Doutor em Ciência Política pela Universidade de São Paulo*

**SIGLAS**:
CJCA – Corte de Justiça Centro-americana
CIJ – Corte Internacional de Justiça da Haia
ONU – Organização das Nações Unidas
TIAR – Tratado Interamericano de Assistência Recíproca

1. Contexto histórico; 1.1. A importância estratégica do canal interoceânico; 1.2. O fenômeno do flibusteirismo como resultado do expansionismo; 1.3. A Doutrina de Monroe diante dos princípios de não-colonização e de não-intervenção – 2. A Corte de Justiça Centro-Americana: vigência, interesses externos e declínio; 2.1. As conferências de Washington; 2.2. A organização e competência da Corte; 2.3. Os tratados sobre o canal através da Nicarágua e os direitos dos Estados centro-americanos; 2.4. A ação da Costa Rica contra a Nicarágua: Tratado Cañas-Jerez e Laudo Cleveland; 2.5. A demanda de El Salvador contra a Nicarágua em virtude do Tratado Bryan-Chamorro. Dissolução da Corte – 3. Bibliografia

## 1. Contexto Histórico

Depois da Independência (1821), os países da América Central – Guatemala, Honduras, El Salvador, Nicarágua e Costa Rica – formaram durante a primeira metade do século XIX um Estado Federal e na primeira década do século XX instituíram a primeira Corte Internacional de Justiça de que se tem conhecimento. Os trabalhos a respeito desta Corte são raríssimos. O autor deste estudo tem dois objetivos básicos, a saber: examinar o contexto histórico em que se deu essa Corte e analisar a competência e a jurisprudência do mencionado Tribunal.

## 1.1. A Importância Estratégica do Canal Interoceânico

As relações da América Central com os grandes Estados são basicamente de dependência. Isso parece ter sido a regra desde sempre: Espanha, Inglaterra, Estados Unidos etc. Assim, a história regional, como resultado da constante participação externa, tornou-se uma história condicionada, em grande medida, por fatores políticos, militares e econômicos, produzidos extrinsecamente. Por isso, não há como entender de forma satisfatória a instituição, a vigência, a relevância e o declínio da **Corte de Justiça Centro-americana** (CJCA) sem antes considerar, nessa direção, alguns pontos cruciais.

Quais os fatores que possibilitaram essa dependência? Qual o objetivo dos Estados dominantes no período que antecede à criação do Tribunal Internacional? Há que notar, sobretudo, o vazio de poder surgido com a emancipação, os despojos estruturais deixados pelo colonialismo espanhol, o fracasso da federação e os exacerbados localismos como fatores determinantes dessa dependência.

O interesse de alguns países ricos, especialmente os Estados Unidos e a Grã-Bretanha, na região, é necessário dizer, estava ligado, naquela época, à idéia da construção de um estratégico canal interoceânico. Canal essencial tanto à economia européia como à norte-americana. Era, pois, uma obra importante na disputa comercial entre as potências. Os Estados Unidos tinham interesse ainda maior, dado que após a descoberta de ouro na Califórnia (território tomado do México em 1846), precisavam de uma via ligando o Pacífico ao Atlântico [1].

O primeiro estudo sobre a rota do canal foi realizado no final do século XVIII, por ordem do Ministro espanhol Manuel Godoy. Mais tarde, em 1825, o Congresso Federal Centro-Americano ordenou a abertura do canal através da Nicarágua[2]. Foram, então, tomados empréstimos na Grã-Bretanha. O canal,

---

[1] Para o expansionismo norte-americano do século XIX, não parece haver barreiras legais nem escrúpulos morais, na consecução de seus objetivos. O Senhor Brown expressou claramente isso ao declarar:

*Nos interesa poseer Nicaragua; acaso se encontrará extraordinario que yo hable así, y que manifieste la necesidad en que estamos de tomar posesión de la América Central; pero si tenemos necesidad de eso, lo mejor que podemos hacer es obrar como amos; ir a esa tierra como señores. Si sus habitantes quieren tener un buen gobierno, muy bien y tanto mejor; si no, que se marchen a otra parte. Acaso existen tratados; pero, qué importa eso? Lo repito: si tenemos necesidad de la América Central, sepamos apoderarnos de ella, y si la Francia y la Inglaterra quieren intervenir, les leeremos la **doctrina Monroe**.* (O grifo é do autor deste trabalho). Castro MEDINA, M. *Estados Unidos y América Latina*. La Habana, Siglo XXI, 1968, p. 353. *Apud*: GRIGULEVICH, I. Nicaragua indómita. p.137.

[2] Em 1824, houve grande movimentação para construir a obra. Foram contratadas as Casas Barclay e Herring Co., de Londres. No ano seguinte, os senhores Chas Bourke e Masthew Llanos apresentaram ao Congresso uma solicitação de privilégio exclusivo para a construção do Canal, mediante a qual ofereciam 25% da arrecadação anual ao Estado. Cf. Rodriguez CERNA, José. *Nuestro derecho internacional: sinopsis de tratados y anotaciones históricas*. p. 736.; Arias GÓMEZ, Jorge. Consideraciones acerca de la guerra nacional. *La Universidad*. p. 86; Veja-se também RODRIGUEZ, Mario. *A palmerstonian diplomat in Central America: Frederick Chatfield, Esq.* Tucson, University of Arizona; 1964.

porém, não foi construído. Os empréstimos, não obstante, foram cobrados com o emprego de canhões, de fragatas e com o bloqueio dos portos dos países devedores.

O Congresso da América Central recebeu do Rei dos Países Baixos, em 1828, uma proposta para a celebração de um tratado regulamentando a construção de um canal interoceânico. Essa tentativa também não deu em nada. O Congresso, contudo, declarou o canal através da Nicarágua uma obra a serviço da comunidade internacional, no sentido mais liberal e filantrópico[3].

A presença britânica na *Costa de Mosquito* e em Belize tornara-se um sério obstáculo às pretensões norte-americanas. Como ficara claro que a construção do canal não se faria sem o concurso dos britânicos, os Estados Unidos manifestaram a sua disposição de chegar a um acordo[4]. Disso resultou o Tratado Clayton-Bulwer, celebrado em Washington, em 19 de abril de 1850. O referido Tratado foi alicerçado na idéia de canal livre entre *mares livres*. Por esse acordo as partes se comprometiam a não manter individualmente o controle do canal marítimo e de não colonizar a América Central (art. 1º). As Partes também se declararam protetoras exclusivas de qualquer via de comunicação que viesse a ser construída na região (art.8º). A Grã-Bretanha, porém, mediante uma reserva ao Tratado manteve as suas possessões territoriais. Assim, apesar do conteúdo não colonialista do referido documento, Belize e a Mosquitia (*Costa de los Mosquitos*) permaneceram sob o domínio britânico[5].

Os Estados Unidos insistiram, apesar do acordo com os ingleses, em construir o canal por conta própria. Oficialmente celebraram o Tratado Cass-Irissari com a Nicarágua, em 1857, em troca da captura e da repatriação do *flibusteiro* William Walker[6]. Extra-oficialmente, apoiaram as ações de Walker. Esta política merece alguns comentários à parte.

### 1.2. O Fenômeno do Flibusteirismo como Resultado do Expansionismo

A afluência de passageiros, por causa da descoberta de ouro na Califórnia, concorreu para a criação da *American Atlantic and Pacific Ship Canal Company* (1849), empresa privada dirigida por Cornelius Vanderbilt, o qual recebera essa

---

[3.] RODRIGUEZ Cerna, José. ob. cit. p.734.
[4.] Cf. CABRERA A., Lucio. El canal interoceánico y la rivalidad anglo-norteamericana respecto a México y Centroamérica en 1850-1860. Los Tratados Clayton-Bulwer. *Boletín mexicano de derecho comparado*. p.21.; VALLE GIRON, Angel. La doctrina Monroe y el caso de Belice. Tratados Clayton-Bulwer y Dallas-Clarendon. *Revista de la facultad de ciencias jurídicas y sociales de Guatemala*. p. 104.
[5.] VALLE GIRON, Angel. ob. cit. p. 104.; CABRERA A., Lucio. ob. cit. pp. 32-6.
A Mosquitia (Mosquito Cost) está situada na costa atlântica da Nicarágua. Compreende em grande parte o atual Departamento de Zelaya e a comarca de San Juan del Norte. De 1655 a 1860 a Grã-Bretanha ocupou esta zona.
[6.] RODRIGUEZ Cerna, José. ob.cit. pp.742-6.

concessão do governo da Nicarágua. Com este ele havia assinado também um acordo para construir o referido canal[7]. Vanderbilt, a partir disso, tornou-se uma peça importante nos acontecimentos posteriores[8]. A ligação que se estabeleceu entre ele e o chefe dos *flibusteiros*[9], William Walker, foi, antes de tudo, uma sociedade comercial entre aventureiros e capitalistas, uma parceria que reproduzia *mutatis mutandis* a própria sociedade norte-americana.

A situação interna da América Central, sempre marcada por localismos doentios, contribuiu, de forma decisiva, para os acontecimentos provocados pela política extra-oficial dos Estados Unidos. O *flibusteirismo* foi um fenômeno ideologicamente baseado na doutrina do *Manifest Destiny* (destino manifesto). As ações de Walker foram, dessa forma, conseqüência do expansionismo norte-americano.

As atividades de Walker na América Central[10] começaram quando os liberais nicaragüenses, por intermédio de Franscico Castellón, que presidia o governo de León, contrataram o norte-americano Byron Cole. Este, por sua vez, introduziria trezentos mercenários para participar da guerra que os liberais travavam com os conservadores. Na realidade, era uma guerra entre *León* e *Granada*; uma guerra produzida pelos crônicos localismos regionais. Este contrato foi passado depois a William Walker, um *flibusteiro* notável, que, antes disso, operava em nome dos banqueiros Charles Morgan e Cornellius Garrison, agentes da companhia de Vanderbilt[11].

Walker desembarcou no Porto de *Realejo*, na Nicarágua, em julho de 1855, com a patente de coronel do "*exército democrático*" de Máximo Jerez, que estava em luta com o Presidente Frutus Chamorro. Dois anos antes da sua chegada o aventureiro já havia invadido os Estados mexicanos de Baja Califórnia e de Sonora, os quais declarara independentes e deles se proclamou Presidente.

Na Nicarágua, após algumas batalhas, Walker fez um acordo com Ponciano

---

[7.] Walker recebeu vinte mil dólares em ouro e muita ajuda material da empresa de Vanderbilt. Cf. MOLINA CHOCANO, Guillermo. *Estado liberal y desarrollo capitalista en Honduras*. p. 100.; Grigulevich, I. ob. cit., p. 134.

[8.] ARIAS GOMEZ, Jorge. ob. cit., pp. 73 e 80; STRAUSS NEUMAN, Martha. El filibusteirismo en Nicaragua y el expansionismo norteamericano. 1855-1857. pp. 82-3.

[9.] Não existe em língua portuguesa uma definição precisa para o vocábulo *flibusteiro*. Mas era uma espécie de pirata americano. *Flibusteiro*, segundo Antenor Nascentes, era o nome dado, no século XVIII, aos piratas dos mares de América, os quais viviam atacando navios e praças marítimas espanholas. *Dicionário de sinônimos*. 3ª ed., Rio de Janeiro, Nova Fronteira, 1981, p. 199. Para uma definição segura consulte o *Diccionario de 1a lengua española*. Madrid, Real Academia Espanhola, 20ª ed., 1984.

[10.] William Walker nasceu em Nashville, Tennessee, em 1824. Graduou-se em direito, em medicina e exerceu o jornalismo. Apoiado pelos escravocratas do Sul invadiu Baja Califórnia, Sonora (México), Nicarágua e Honduras. Foi fuzilado em 1860, em Honduras.

[11.] GALEANO, Eduardo. *As veias abertas da América Latina*. p. 120; Cf. NÚÑEZ POLANCO, Diómedes. Nicaragua y el Filibusterismo. *Cuadernos hispanoamericanos*. Madrid, 459: 19-30, set. 1988, pp. 20-1.

Corral, chefe dos conservadores. Em razão desse pacto, Corral se tornou Presidente e Walker, Comandante-Geral do Exército. Contudo, a intenção do *flibusteiro* não era a de ajudar conservadores ou liberais, mas a de tomar o poder, como já havia feito com os Estados do México. Em seguida, Walker fez anular as concessões feitas à companhia de Vanderbilt e embargou seus bens. Depois disso mandou fuzilar Corral e em seu lugar colocou Patrício Rivas.

Em abril de 1856, procedeu-se às eleições. Walker fez anular os resultados. Em seguida proclamou-se Presidente. Em 12 de julho, em Granada, assistido por John H. Wheeler, representante dos Estados Unidos na Nicarágua, o *flibusteiro* foi empossado Presidente. Nessa empresa tivera o apoio dos escravocratas de New Orleans e o reconhecimento oficial do governo dos Estados Unidos[12].

Como Presidente da Nicarágua, Walker confiscou os bens dos inimigos e determinou a introdução do idioma inglês nos documentos oficiais e na imprensa (os jornais *Herald* e *Nicaragüense* eram bilingües). Além disso, contraiu um empréstimo de dois milhões de dólares, dando como garantia parte do território do Estado da Nicarágua. Não bastasse isso, decretou a escravidão. Com efeito, pelo decreto de 22 de setembro de 1856, Walker estabeleceu a escravidão na Nicarágua. Deve-se lembrar, no entanto, que a Constituição Federal da América Central já havia abolido a escravidão[13]. O mesmo se diga da Constituição nicaragüense de então. Na verdade, toda a política do *flibusteirismo* estava baseada no sistema escravocrata, do qual, segundo Walker, dependia a estabilidade da raça branca do país[14].

O direito de escravizar era um dos pontos básicos da maçonaria racista do Sul e de parte da sociedade dos Estados Unidos. A escravidão na Nicarágua, que por certo se teria estendido a toda a região, foi a conseqüência da crença no direito divino de ter escravos negros e da necessidade de expandir esta instituição

---

[12] Cf. SAENZ, Vicente. *Pasado, presente y porvenir de Centro América*. p.41; NÚÑEZ Polanco, Diómedes. ob. cit., p. 25; ARIAS GÓMEZ. Jorge. ob. cit., pp. 84-80; PÉREZ BRIGNOLI, Héctor. *América Central: da colônia à crise atual*. p. 36.
Alguns autores negam o reconhecimento dos Estados Unidos ao governo do flibusteiro. A esse respeito, a *Encyclopaedia Britannica* não deixa dúvidas: "(...) The following year a U.S. adventurer, William Walker, conducted a notorious filibustering expedition into Central America with the hope of establishing a proslavery government that would be under the control of the United States. He established himself as military dictator, and then as president, of Nicaragua, and his dubious regime was recognized by the Pierce administration (...)." *The new encyclopaedia britannica*. 15ª ed. 9:431, 1989.

[13] O art.13 da Constituição Federal de 1824 prescreve: "Todo o homem é livre na República. Não poderá ser escravo o que se acolha às suas leis, nem cidadão o que trafique com escravos". Cf. RODRIGUEZ BETETA, Virgilio. Transcendencia de la guerra nacional en Centro América contra William Walker y sus filibusteros. *Anales de la sociedad de geografia e historia*. Guatemala, 30 (1-4):7-92, ene./dic. 1957.

[14] Cf. GAMEZ, José D. Los filibusteros: recortes del libro inédito "Recuerdos del pasado." *Revista de la universidad*. pp. 400-1; STRAUSS NEUMAN, Martha. ob. cit., p. 74; VIDAL, Manuel. *Nociones de historia de Centro América: especial para El Salvador*. pp. 282-94; NÚÑEZ POLANCO, Diómedes. ob. cit., p., 26. Veja-se, principalmente, WALKER, William. *La guerra de Nicaragua*. 3ª ed. Trad. Fabio Carnevalini, Managua: Banco Nicaragüense, 1993, 336 p.

pelo mundo[15]. Assim preceitua a Constituição da loja maçônica da qual Walker fazia parte:

> *Art.4º § 1º Nenhuma pessoa será admitida na qualidade de membro da Liga se não for cidadã de uma das Repúblicas Americanas, maior de vinte e um anos, crente no direito divino e político de ter escravos negros, e ávido por prestar a sua influência para perpetuar a instituição da escravidão dos Negros nos Estados e nos Territórios onde agora existe, e de levá-la a outros países onde o clima e o terreno indiquem a utilidade que dela se possa tirar[16].*

Parece oportuno esclarecer que se denomina *destino manifesto* a crença na superioridade racial dos brancos, do seu papel civilizador, bem como à convicção de que o destino nacional do povo dos Estados Unidos é o de submeter a América Latina pela guerra de conquista, pela diplomacia agressiva e pelo poder econômico[17]. Assim, por trás do *flibusteirismo*, da Doutrina de Monroe, e, de um modo geral, da política externa dos Estados Unidos, está sempre presente o *Manifest Destiny*. Mudam-lhe o nome de acordo com as circunstâncias, é óbvio, mas não o seu objetivo nem os meios empregados.

A situação de Walker, não obstante, começou a ficar complicada. Por exemplo: o Presidente da Costa Rica, Juan Rafael Mora, alegando possuir soberania sobre o Rio San Juan del Norte e direitos de navegação sobre o Lago da Nicarágua (direitos decorrentes das antigas concessões espanholas), declarou guerra a Walker. Neste propósito foi apoiado pela Grã-Bretanha. A Guatemala, Honduras e El Salvador, por seu turno, assinaram, em 18 de julho de 1856, a Convenção de Liga e de Aliança contra os *flibusteiros* na Nicarágua. Este acordo foi motivado pelo temor de que os Estados tinham de uma investida semelhante à ocorrida com Walker na Nicarágua. Os centro-americanos não reconheceram Walker como Presidente da Nicarágua, e sim a Patrício Rivas[18]. O *flibusteiro*, diante de tantas resistências, acabou sendo expulso da América Central. Ao regressar ao seu País foi recebido, em Nova York, como herói.

---

[15] William WALKER pertenceu à Grã Loja Suprema *Red Star.* Declara-se no preâmbulo da Constituição da Loja que os amigos do Sul e de suas instituições se organizam para "(...) conservar, perpetuar y entender la institución de la esclavitud de los negros como la base del sistema social e industrial más sólido, durable y benéfico que existe en el mundo (...)." Este documento faz parte dos anexos do processo instaurado contra Walker pela *Comandancia Principal del Puerto de Trujillo*, em 6 de setembro de 1860.

[16] Id., Ibid., p. 307. O documento aparece sob o título de *Constitución y leyes orgánicas de la Gran Logia Suprema de la Liga de la Estrella Roja de los Estados Unidos.* Nueva Orleans, abril de 1860.

[17] Cf. ARIAS GOMEZ, Jorge. ob. cit., p. 70; GLINKIN, A. *et alii.* ob. cit. pp., 166-7; ARON, Raymond. *República imperial: Os Estados Unidos no mundo do pós-guerra.* p. 20.

[18] O resultado da Convenção para expulsar Walker (18 de jul. 1856) foi a formação de um exército nacional de quatro mil homens, o bloqueio dos portos nicaragüenses, as gestões diplomáticas em Washington. A França, a Espanha e a Grã-Bretanha se manifestaram contrárias ao reconhecimento do governo flibusteiro feito pela administração Pierce. Cf. RODRIGUEZ CERNA, José. ob. cit., pp. 83-5.

Dever-se-ia indagar se tem ou não fundamento a afirmação de que o governo dos Estados Unidos apoiou as ações dos *flibusteiros*. Duas atitudes do governo de Washington confirmam o seu envolvimento de modo bastante eloqüente. A primeira se refere ao reconhecimento do governo de Walker, como já ficou registrado (cf. nota 12); a segunda, ao socorro militar dado a Walker, numa hora em que as suas opções eram render-se ou ser aniquilado. Realmente, quando o *flibusteiro* ficou sitiado em Rivas, em sua ajuda chegou o Comandante da Armada dos Estados Unidos, Charles H. Davis. Ambos assinaram um acordo de rendição, pelo qual os vencidos (sem precisar depor as armas) se comprometeriam a sair da Nicarágua, sob proteção do governo de Washington[19].

Ainda assim a ameaça do *flibusteiro* permanecia latente, tanto isso é verdade que, em 6 de agosto de 1860, Walker voltou à América Central. Desembarcou no *Puerto Trujillo* (Honduras), à frente de quase uma centena de homens. Saqueou o porto. Mas foi capturado pelos ingleses e entregue às autoridades de Honduras. Um processo foi instaurado imediatamente. Walker foi acusado de *flibusteirismo*, de vandalismo, de assassinato e de outros crimes. Declarou-se preso político, pois afirmou, em sua defesa escrita, que estava em guerra com Honduras. Segundo ele, esse Estado lhe tinha declarado guerra na época em que era Presidente da Nicarágua. Além disto afirmou que atacara Honduras para proteger os habitantes das *Islas de la Bahía*, que lhe haviam pedido que os protegesse do governo hondurenho. Segundo declarações do próprio Walker, registradas no processo, a base legal de sua investida contra Honduras residia no direito natural de proteger os fracos (habitantes das *Islas de la Bahía*) e no Direito das Gentes (*sic*).

Ao saber da captura de Walker em Honduras (realizada pelos britânicos), Gerardo Barrios, então Presidente de El Salvador, escreveu uma carta ao Presidente de Honduras, nestes termos: "Eu não encontraria expressões apropriadas para manifestar a minha gratidão às autoridades inglesas. Sua colaboração eficaz contra Walker poupou a América Central de imensos sacrifícios."[20]

Retomando-se um pouco a questão do tratado sobre o canal, é necessário esclarecer que as partes contratantes não consultaram nem mesmo o Estado onde a obra seria construída. Obviamente, o Tratado Clayton-Bulwer trouxe insatisfações às partes signatárias, por isso decidiram celebrar outro acordo, o Tratado Dallas-Clarendon. Neste foram fixadas as fronteiras de Belize e a Grã-Bretanha renunciou às possessões que mantinha em Honduras e na Nicarágua. Mesmo assim, o canal não foi construído[21].

---

[19.] ARIAS GOMEZ, Jorge. ob. cit., p. 85.

[20.] Carta do Presidente de El Salvador, Gerardo Barrios, ao Presidente de Honduras. *Revista de la Universidad*. p. 443.

[21.] Um grupo privado francês, liderado por Ferdinand Lesseps, fundara a *Compagnie Française* para construir o Canal através do Panamá, por concessão da Colômbia. A construção começou em 1880. Nove anos depois, a empresa havia quebrado. Cf. LEU, Hans-Joachim & VIVAS, Freddy. *Las relaciones interamericanas: una*

A América Central não teve participação na celebração dos tratados. A Nicarágua, por onde passaria o Canal, não foi levada em conta. Ademais, a Guatemala teve parte do seu território colonizado pela Grã-Bretanha e este direito de colonização foi reconhecido pelos norte-americanos. Deve-se, dizer, então, que os tratados regulavam questões relativas à América Central, mas não com ela nem com a sua participação. Tal acordo não só punha à margem os direitos dos Estados da região, mas também violava a Doutrina de Monroe e seu princípio de não-colonização.

O Tratado Dallas-Clarendon não resolveu nem a questão da construção do canal nem o problema de Belize. Este último foi objeto de um acordo entre a Grã-Bretanha e a Guatemala. Pelo acordo Aycinena-Wyke, a República da Guatemala renunciava aos seus direitos de propriedade e de soberania sobre Belize em troca da construção de uma via de comunicação terrestre e/ou fluvial, entre a Capital guatemalteca e a costa Atlântica (Art.7º). A Guatemala também pediu aos ingleses proteção contra as investidas dos *flibusteiros*. Como a obra, prevista no art. 7º, não fora executada pela Grã-Bretanha, a Guatemala decretou, somente em 1946, a caducidade do Tratado, por falta de cumprimento da cláusula compensatória[22].

### 1.3. A Doutrina de Monroe diante dos Princípios de Não-Colonização e de Não-Intervenção

A *Doutrina de Monroe*, como já foi observado, não foi levada em conta na hora de celebrar os acordos sobre a construção do canal. Oficialmente, essa doutrina foi enunciada pelo Presidente James Monroe, em 2 de dezembro de 1823, na mensagem anual ao Congresso. Tratava-se de uma declaração de política externa, em face da independência dos Estados americanos e dos interesses colonialistas europeus.

---

*antologia de documentos*. p. 69. CABRERA A. Lucio. ob. cit., pp. 26-31.

Diga-se que o primeiro tratado celebrado sobre a construção do Canal através do Panamá ocorreu em 10 de junho de 1846, em Bogotá, Capital de Nueva Granada (atual Colômbia). Até 1830, Nueva Granada, Venezuela e Equador formavam o Estado de *Gran Colombia*. Na época do tratado, Panamá fazia parte de *Nueva Granada*, República da Colômbia só a partir de 1863.

Em 1889, a companhia norte-americana *Maritime Canal Company of Nicaragua* recebeu uma concessão para construir o Canal através da Nicarágua. A construção começou pelo extremo do Atlântico. A companhia, porém, quebrou em 1893.

Em 1884, os EUA e a Nicarágua assinaram o acordo Frelighuysen-Zavala para construir o canal.

[22] Cf. MONTIEL ARGÜELLO, Alejandro. *Manual de derecho internacional público y privado*. pp. 195-7; RODRIGUEZ CERNA, José. ob. cit., pp. 451, 453-4 e 767; VALLE GIRON, Angel. ob. cit., pp. 105-8. Diz o supracitado artigo do Acordo Aycienena-Wike:

*Art.7º – [Las Partes] Convienen en poner conjuntamente todo su empeño; tomando las medidas adecuadas para establecer la comunicación más fácil (sea por medio de una carretera, o empleando los ríos o ambas cosas a la vez) entre el lugar más conveniente de la costa del Atlántico cerca del establecimiento de Belice y la Capital de Guatemala.*

**282**

Essa Doutrina proclama os seguintes princípios: 1) não-colonização européia do Continente Americano; 2) abstenção dos Estados Unidos de intervir nos assuntos internos da Europa; 3) inadmissibilidade de qualquer tipo de intervenção européia nos assuntos internos ou externos dos Estados americanos independentes; 4) neutralidade nas controvérsias da Espanha com suas ex-colônias, sempre, é claro, que não fosse posta em perigo a segurança dos Estados Unidos. Por outras palavras, a declaração proclamava os princípios de não-colonização, de não-intervenção e de isolacionismo[23]. Meses antes da declaração de Monroe, a Grã-Bretanha já havia sugerido ao governo dos Estados Unidos uma declaração conjunta incluindo os mesmos princípios[24].

Quanto ao conteúdo, a Doutrina de Monroe abrigava os principais interesses externos dos Estados Unidos. A formulação do princípio de *não-colonização* tinha por escopo opor-se à penetração russa e evitar a colonização, a título originário, do Continente Americano. A *não-intervenção*, por sua vez, foi incluída na Declaração por causa da ameaça de reconquista representada pelos países da Santa Aliança (Rússia, Áustria e Prússia). A inserção do princípio do *isolacionismo* foi devida, principalmente, ao fato de os Estados Unidos não disporem, naquele momento, de poder suficiente para competir com os europeus. Por essa razão, os estadunidenses declararam que não interviriam nos assuntos europeus[25].

A Doutrina de Monroe teve grande acolhida em todo o Continente Americano. Entusiasmo efêmero. Os latino-americanos se frustraram logo, porque os Estados Unidos rejeitaram todos os pedidos de aliança. Assim, *exempli gratia*, em 1824, o Chile e a Colômbia propuseram aos Estados Unidos uma aliança efetiva; em 1825 e em 1826, respectivamente, o México e as *Províncias Unidas del Plata* sugeriram uma aliança de cooperação. O Brasil também propôs uma aliança defensiva e ofensiva[26]. Mas os Estados Unidos não mostraram nenhum interesse por pactos, bilaterais ou multilaterais, de defesa coletiva ou de qualquer natureza, com base na Doutrina de Monroe.

---

[23.] ACCIOLY, Hildebrando. *Tratado de direito internacional público*. T. 1, pp. 268-73; MELLO, Rubens Ferreira de. *Textos de direito internacional e de história diplomática de 1815 a 1949*. pp. 17-20; SYRETT, Harold (org). *Documentos históricos dos Estados Unidos*. pp. 141-2; VALLE GIRON, Angel. ob.cit., p. 95; LÓPEZ JIMENEZ, Ramón. *Tratado de derecho internacional público*. T. 1, pp. 124-35; CRUCHAGA GANDARILLAS, Vicente. *La igualdad jurídica de los Estados*. pp. 67-76.

[24.] ARON, Raymond. ob. cit., p. 24.

[25.] O Tratado de Santa Aliança (Áustria, Prússia, Rússia) assinado em Paris, em 1815, tinha por finalidade assegurar o poder dos monarcas e manter o respeito à religião. A França e a Grã-Bretanha aderiram em 1818. Foi uma "Pentarquia, que implantou nas relações internacionais o regime do absolutismo, intervindo nos assuntos domésticos dos pequenos Estados." Cf. MELLO, Rubens Ferreira de. ob. cit., pp. 12-5; MELLO, Celso de Albuquerque, *Curso de direito internacional público*. V. 1, pp. 366-70.

[26.] ACCIOLY, Hildebrando. ob. cit., p. 273.

Os Estados Unidos se negaram, também, a celebrar uma aliança com os países participantes do Congresso do Panamá (1826). Os indícios de uma aliança coletiva interamericana só surgiriam em data posterior ao encerramento oficial da aludida Doutrina, precisamente na Conferência Interamericana de Consolidação da Paz (1936), na qual foi proclamado o princípio de solidariedade americana em todos os conflitos extracontinentais. Contudo, a consolidação cabal de aliança coletiva somente se deu com a celebração do Tratado Interamericano de Assistência Recíproca (TIAR), em 1947[27].

Por que os Estados Unidos se negaram, antes do TIAR, a celebrar qualquer tratado interamericano com base na Doutrina de Monroe? Cabe lembrar que esta surgiu durante o expansionismo norte-americano; logo, fora concebida para servir aos objetivos de expansão e não para atender aos interesses continentais. Elihu Root, Secretário de Estado da Administração de Theodore Roosevelt, no seu discurso de abertura da 8ª Conferência anual da *American Society of International Law*, em abril de 1914, dá resposta precisa à indagação acima:

*A Doutrina Monroe é uma declaração baseada no direito dos Estados Unidos a sua própria proteção, não pode, por isso, transformar-se numa declaração coletiva ou comum para todos os Estados americanos, nem mesmo para determinado número deles. Se o Chile ou a Argentina ou o Brasil desejarem contribuir com o peso da sua influência para alcançar um fim análogo, o direito em que tais Estados apoiariam a sua declaração seria o da sua própria segurança e não na segurança dos Estados Unidos* [28].

Pelo que essa política externa estadunidense representou nas relações interamericanas, e pela forma como foi vista pelos Estados do Continente, há que procurar saber se foi ou não a Declaração de Monroe uma regra de direito internacional público. No que tange a este aspecto, deve-se dizer que a Doutrina foi incorporada ao Pacto da Sociedade das Nações[29]. É verdade, o art. 21 do Pacto refere-se a ela como uma *aliança regional*. Mas, pelo que se sabe, a Doutrina de Monroe nunca foi um acordo regional. Quanto aos internacionalistas, a maioria não lhe atribui o caráter de princípio de direito internacional[30]. Os Estados Unidos, por sua vez, sempre se opuseram a sua transformação em

---

[27] ACCIOLY, Hildebrando. ob. cit., p. 273.

[28] ROOT, Elihu. La verdadera doctrina Monroe. *Revista de la Universidad*. 7(9):564-74, set. 1915; (10):587-592, oct. 1915, p. 590.

[29] O art. 21 do Pacto da Sociedade das Nações diz: "Os compromissos, tais como os tratados de arbitragem, e os *acordos regionais*, como a Doutrina de Monroe, destinados a assegurar a manutenção da paz, não serão considerados incompatíveis com nenhuma das disposições do presente Pacto" (o grifo é do autor deste trabalho). Cf. SEPÚLVEDA, César. *Las fuentes del derecho internacional americano*. pp. 120-1.

[30] Há autores, no entanto, que a reconhecem como regra de direito internacional. Dentre eles estão: James Brown Scott, Camilo Barcia Trelles, Charles Lyon Chandler, Clóvis Beviláqua e Salvador Sánchez y Sánchez. Cf. CRUCHAGA GANDARILLAS, Vicente. ob. cit., pp. 73-4.

princípio jurídico. Ela, de fato, não foi tida pelos Estados Unidos como regra de direito, mas como um instrumento de sua política externa em função da sua segurança e dos seus interesses; segurança e interesses que se estendem muito além de suas fronteiras. Deve-se, pois, concluir que tal Doutrina foi de ordem política e não de ordem jurídica. Em conseqüência, não foi uma regra de direito internacional, mas um instrumento de dominação.

Veja-se que, entre a declaração de Monroe (1823) e a celebração do Tratado Clayton-Bulwer (1850), os Estados europeus violaram repetidamente a soberania territorial dos Estados americanos, sem que a referida doutrina fosse invocada para evitá-lo. Aliás, os tratados Clayton-Bulwer e Dallas-Clarendon foram uma flagrante violação da Doutrina. Os tratados regulavam, por um lado, o direito de colonização de uma potência européia sobre território centro-americano e, por outro, acertavam a construção de um canal interoceânico sem consultar os Estados onde a obra seria executada. É interessante notar, também, que os responsáveis pela criação da Doutrina não atenderam os pedidos de ajuda, encaminhados pelos Estados que sofreram intervenções. Efetivamente, quando a França pretendeu estabelecer uma monarquia na Colômbia, este Estado propôs a celebração de um tratado de aliança com base na Doutrina de Monroe (1824), no entanto, a Proposta foi rejeitada. O mesmo destino tiveram os pedidos de ajuda do México, quando este sofreu o bloqueio militar francês (1838); o da Argentina, quando os ingleses ocuparam as Malvinas (1833), o da Guatemala, quando os britânicos se apossaram de Belize. Por causa de dívidas, os alemães intervieram nas alfândegas da Nicarágua e os britânicos bloquearam os portos nicaragüenses em 1844[31]. Todos os acontecimentos acima referidos foram posteriores à declaração do Presidente Monroe[32].

Visto que ela não tolhia as investidas extracontinentais, cumpre perguntar o seguinte: Quando e em que circunstâncias era aplicada? Qual o principal objetivo de seu emprego na América Central?

A sua aplicação esteve condicionada, naturalmente, pelos interesses dos seus mentores. Antes da construção do Canal do Panamá, por exemplo, foi reinterpretada para identificá-la com a construção da obra e, como corolário, excluir os europeus. Enquanto os privilégios dos Estados Unidos não estiverem em jogo, ela não precisou ser aplicada, mesmo diante de violações evidentes.

---

[31] Veja-se RODRIGUEZ CERNA, José. ob. cit., pp. 743-4.

[32] LEU, Hans-Joachim & VIVAS, Freddy. ob. cit., pp. 13-4. Segundo estes autores, a Doutrina de Monroe pode ser dividida em três períodos: 1º) desde a proclamação da declaração até 1845; 2º de 1845 até 1936; 3º de 1936 até os nossos dias.

[33] ROOT, Elihu. ob. cit., p. 590.

[34] A esse respeito, veja o que dispõe a Emenda Platt:

*Art. 3ª O governo de Cuba consentirá em que os Estados Unidos exerçam o direito de intervir na preservação da independência cubana, na manutenção de um governo adequado à proteção da vida, da propriedade e da liberdade individual.*

Mas, quando o projeto francês de construir o canal começou a ser executado, por Fernand Lesseps, os norte-americanos a invocaram prontamente. No entanto, são as palavras de Elihu Root, ex-secretário de Estado, as que de modo mais eloqüente manifestam o alcance e a flexibilidade da Doutrina:

> *É evidente que a construção do Canal do Panamá acentua, sobremaneira, a necessidade de usar na prática a Doutrina Monroe visto que ela se aplica a todo o território ao redor do Caribe ou próximo à Baía do Panamá (...). Mas (...) quem poderia traçar a linha divisória? (...) Quem se atreveria a dizer: 'Até este ponto a Doutrina Monroe deve ter aplicação; a partir deste ponto não deve tê-la?'*[33]

Os Estados Unidos a violaram expressamente, dentre outros, nos seguintes casos: 1) quando se apossaram de Porto Rico (1899); 2) quando impuseram a Cuba a Emenda Platt (*Platt Amendment*), pela qual se reservavam o direito de intervir[34] na ilha (1901); 3) quando assinaram com a Grã-Bretanha o Tratado Hay-Paucenfote (este ab-rogou o Tratado Clayton-Bulwer), o qual assegurou o privilégio de construir e de fortificar o canal interoceânico, ou seja, permitiu-lhes construir e controlar o Canal do Panamá[35].

O Tratado Hay-Herrán, de 1903, celebrado entre os Estados Unidos e a Colômbia, sobre a construção do Canal do Panamá, não foi aprovado pelo Senado colombiano. No mesmo ano, curiosamente, o Panamá se declarou independente e assinou o Tratado Hay-Banau-Varilla, que autorizava a execução da via interoceânica através de seu território. Antes da '*independência*' desse Estado, porém, havia sido cogitada a idéia de tomar pela força a região e construir o canal – o que não aconteceu. Optou-se, afinal, pela divisão do território colombiano. Os Estados Unidos, não obstante, pagaram a quantia de vinte e cinco milhões de dólares pelo desmembramento do Panamá. O Canal do Panamá foi inaugurado, finalmente, em 14 de agosto de 1914. Mas "O modo como Theodore Roosevelt adquiriu a Zona do Canal foi indecorosa pelos padrões modernos".[36]

---

*Art. 4º Todas as leis dos Estados Unidos são ratificadas e válidas em Cuba durante a ocupação militar da ilha (...)*".
Os cubanos foram obrigados a incorporar a Emenda Platt à sua constituição até 1934, quando foi ab-rogada pelos Estados Unidos. Cf. SYRETT, Harold. ob. cit., pp. 249-50; CRUCHAGA GANDARILLAS, Vicente. ob. cit., p. 70; CARPEAUX, Otto Maria. *A batalha da América Latina.* p. 6.
[35.] Veja-se LEU, Hans-Joachim & VIVAS, Freddy. ob. cit., pp. 10-20; MONTIEL ARGÜELLO, Alejandro. ob. cit., pp. 217-8; Sellers, Charles *et alii. Uma reavaliação da história dos Estados Unidos: de colônia a potência imperial.* pp. 271-3.
[36.] WESSON, Robert G. *A nova política externa dos Estados Unidos.* p. 281.

A Doutrina de Monroe fora reformada pelo Presidente Theodore Roosevelt, em 1904. Não fora propriamente uma transformação, mas a oficialização do caráter intervencionista que ela já ostentava na prática. A modificação se denominou *Teoria da Ação Preventiva* ou *Corolário Roosevelt da Doutrina de Monroe*, mais conhecida como *política do big stick*[37]. Foi, na realidade, um atentado à soberania dos Estados latino-americanos e, por extensão, ao Direito Internacional. Assim, de acordo com Celso Mello, a Doutrina foi transformada na bandeira intervencionista dos Estados Unidos, em detrimento da soberania dos Estados do Continente[38]. Segundo a mensagem presidencial de 1904, os países da América Latina que obedecessem às leis fundamentais da *sociedade civilizada* não estariam sujeitos à intervenção, haja vista que:

> *Qualquer país, cujo povo se conduz, bem pode contar com a nossa cordial amizade. Se um País mostra que sabe agir com razoável eficiência e decência nos seus assuntos sociais e políticos, se mantém a ordem e paga suas obrigações, não precisa temer a interferência dos Estados Unidos (...). Se todo o Estado banhado pelo Mar das Caraíbas mostrasse o progresso em estável e em justa civilização que, com a ajuda da Emenda Platt, Cuba apresenta desde que as nossas tropas deixaram a ilha, e tantas outras repúblicas, em ambas as Américas, mostram constante e brilhantemente, toda e qualquer interferência dos Estados Unidos nos seus assuntos internos estaria encerrada. Nossos interesses e os de nossos vizinhos do Sul, na verdade, são idênticos*[sic][39]

Charles Hughes, Secretário de Estado, defendeu em 1923 a limitação do emprego do Corolário Roosevelt apenas à América Central e ao Caribe. Uma das últimas manifestações da Doutrina, como instrumento oficial da política norte-americana, deu-se durante a segunda ocupação militar da Nicarágua (1927-1933), justificada, segundo o Presidente Colidge, pela penetração bolchevique[40].

---

[37.] O big stick se conhece também como *política do porrete*. "Speak softly and carry a big stick, you will go far" (fala macio, mas leva um porrete e chegarás longe), disse o Presidente Theodore Roosevelt na sua mensagem de 1904. *Enciclopaedia Britannica*. V. 2, p. 206. Cf. GLINKIN, A. *et. alii*. ob. cit., pp. 14-5; SELLERS, Charles. ob. cit., p. 273.

[38.] MELLO, Celso de Albuquerque. ob. cit., V. 1, p. 371.
Em 1912, Elihu Root, Secretário de Estado, em discurso proferido no Senado afirmou "É um fato inevitável e lógico que o nosso destino manifesto seja controlar os destinos de toda a América." ROUSSEAU. Charles. *Derecho internacional público*. p. 327.

[39.] Mensagem anual do Presidente Theodore Roosevelt, de 6 de dezembro de 1904. SYRETT, Harold. ob. cit., pp. 252-3.

[40.] Na X Conferência de Caracas, os EUA invocaram a Doutrina, devido à *penetração comunista* na Guatemala, no governo Arbenz (1954); em 1962, fora invocada pelo Presidente Kennedy para alicerçar sua política no caso da quarentena de Cuba. Cf. MELLO, Celso de Albuquerque. ob. cit., V. 1, p. 370; LEU, Hans-Joachim. ob. cit., p. 22.

A Doutrina de Monroe, substancialmente, não foi um *acordo regional*, tampouco foi um princípio de direito internacional. As suas maiores vítimas, sem dúvida, foram a América Central e o Caribe. Não obstante, há que lembrar que, durante a sua vigência, ocorreram intervenções também nas Filipinas (1898), no Havaí (1898), na China (1899) e na Turquia (1902). Na América Central e no Caribe, porém, a sua aplicação foi permanente e inexorável: República Dominicana (1905), Cuba (1906), Nicarágua (1912-1925), Haiti (1915), República Dominicana (1916), Honduras (1924) e Nicarágua (1927-1933).

Na administração do Presidente Taft, sucessor de Roosevelt, ao caráter intervencionista da política do *big stick* foi somado o elemento econômico[41]. Nessa fase a Doutrina de Monroe assumiu o nome de *diplomacia do dólar* (dollar diplomacy). Taft empregou o poder econômico para proteger os investimentos privados e para substituir os credores europeus. A América Latina, além de sujeita às intervenções armadas, contraiu pesadas dívidas com os Estados Unidos.

A intervenção militar (*big stick*) e econômica (*dollar diplomacy*) foram as faces da Doutrina de Monroe até 1933. Com respeito à América Central, o Presidente Taft foi muito persuasivo:

> *A nossa situação é de tal modo, a respeito dessas cinco repúblicas, que estamos seguros de poder conseguir grande parte do comércio que a paz e o desenvolvimento tranqüilo devem ampliar em grande escala. Já seja que demos passos formais para assumir o direito positivo de intervir ou não (...) para evitar a violação dos direitos dos Países estrangeiros (...). Não me preocupo em discutir os limites exatos da Doutrina Monroe (...). Monroe tem sido interpretada como a política dos Estados Unidos dirigida a conservar os interesses de todas as repúblicas americanas onde quer que estejam expostas a possíveis agravos do exterior[42].*

O governo dos Estados Unidos concedeu generosos créditos aos países centro-americanos para a liquidação das suas dívidas externas. Mas a forma como esses débitos foram contraídos com os Estados europeus e a maneira como os Estados Unidos transferiram em seu favor os créditos foram deveras notáveis. Não se transferiu apenas o crédito; transferiu-se, principalmente, uma zona de dominação. Mudou-se o agente externo. Em conseqüência, as relações

---

[41] Cf. CRUCHAGA GANDARILLAS, Vicente. ob. cit., pp. 71-2; *The new encyclopaedia britannica*. 4:157
[42] Discurso pronunciado pelo Presidente William Toward Taft, em Sacramento (Califórnia), em 11 de outubro de 1911. *Apud* SELSER, Gregorio. "Los inicios de la diplomacia del dolar: Honduras, 1911-1912", p. 135.
A reunião do Corolário Roosevelt da Doutrina de Monroe e da *Diplomacia do Dólar* é conhecida como *diplomacia das canhoneiras* (gunboat diplomacy).

**288**

do poder também foram alteradas. Vem, a propósito do endividamento externo da região, um caso típico: o de Honduras. Acerca da substituição dos capitais alemão, francês e inglês principalmente, o caso de Honduras é, decerto, muito esclarecedor. Efetivamente, teve-se, durante a administração liberal do General José Maria Medina (1862-1875), a ambiciosa idéia de construir uma estrada de ferro ligando *Puerto Cortés*, na costa atlântica, ao golfo de Fonseca, no Pacífico. Como garantia do financiamento, o governo de Honduras daria a exploração comercial da própria obra e de madeiras-de-lei. A mobilização dos agentes diplomáticos hondurenhos (em Londres, Carlos Guitiérrez e em Paris, Victor Herrán) acelerou a concessão dos créditos. Em 22 de março de 1867, os representantes diplomáticos assinaram, em Londres, em nome do Estado de Honduras, um empréstimo de três milhões de libras esterlinas com a Casa *Bischoffsheim* e *Goldschimidt,* com juros de dez por cento ao ano[43]. Em outubro, do mesmo ano, foi celebrado pelos mesmos diplomatas, em Paris, um empréstimo com a *Casa Dreyfus Scheyer.* Com os créditos garantidos, a construção da ferrovia foi iniciada. Contudo, o dinheiro, que no início parecia suficiente, inopinadamente minguou. Irromperam, por isso, súbitos embaraços entre o governo hondurenho e o governo inglês. O parlamento britânico se ocupou do esclarecimento da questão. Descobriu-se, afinal, que os agentes diplomáticos hondurenhos, os intermediários, a Casa Dreyfus e a Casa Inglesa tinham desviado grande parte do dinheiro destinado à construção da via férrea, de maneira que os recursos não chegaram nem a sair da Europa.

As conseqüências dessas falcatruas caíram sobre o erário inglês e principalmente sobre o de Honduras, que acabou recebendo apenas trezentas mil libras de um total de seis milhões. O sonho da ferrovia ficou reduzido a um pequeno trecho de noventa e cinco quilômetros ligando *Puerto Cortés* a *San Pedro Sula.* O empréstimo se transformara, com o tempo, pela ação dos juros, na exorbitante quantia de dezesseis milhões de libras esterlinas, em 1904. Assim, em vez dos benefícios esperados com a construção da estrada de ferro, Honduras recebeu essa pesada dívida. Os efeitos foram muito danosos para Honduras: senão veja isto: 1) os credores ingleses, portadores de bônus, ventilaram a possibilidade de vender o Estado inadimplente aos norte-americanos; 2) as alfândegas ficaram sob a intervenção inglesa[44]; 3) as terras e as riquezas naturais ficaram comprometidas; 4) a dívida comprometeu o desenvolvimento econômico e social de Honduras. Excluindo-se minúcias, os Estados Unidos assumiram as dívidas da América Central e simultaneamente o domínio da região[45].

---

[43.] MOLINA CHOCANO, Guillermo. ob. cit., pp. 100-1; SELSER, Gregorio. ob. cit., pp. 127-8.
[44.] MOLINA CHOCANO, Guillermo. ob. cit., pp. 88-116; SELSER, Gregorio. ob. cit., p. 128.
[45.] SELSER, Gregorio. ob. cit., pp. 128-9; *Enciclopédia mirador internacional.* V. 11, pp. 5.832-3.

Converteram-se os Estados Unidos, com a`concessão dos empréstimos, em credor exclusivo com direito a intervir nas alfândegas dos devedores. As alfândegas, principal fonte de receitas, estiveram sujeitas a intervenção porque tinham sido dadas como garantia dos créditos. Os resultados da política da *diplomacia do dólar* não tardaram. Assim, Manuel Bonilla, que havia sido candidato único à Presidência de Honduras, concedeu dez mil hectares de terras férteis ao proprietário da *Cuyamel Fruit*, Sam Zemurray[46]. Com esta concessão, a Cuyamel aumentou as terras encravadas, destinadas à cultura da banana, cuja maior proprietária era a concorrente *United Fruit Co.*[47]. Esta, hoje chamada *United Brands*, era dona de ferrovias, de portos, de estradas, de navios e de uma armada particular. Ela foi, por várias décadas, a corporação econômica mais influente da América Central e do Caribe[48].

## 2. A Corte de Justiça Centro-Americana: Vigência, Interesses Externos e Declínio

As relações da América Central com determinadas potências extra-regionais, como já foi observado, foram de subjugação. A soberania dos Estados ficou em plano inferior. De sorte que a posição geográfica da região, em vez de privilégio, tornou-se adversidade. Não obstante, todo esse processo possibilitou situações inusitadas, experiências, em muitos sentidos, pioneiras. Dentre as experiências precursoras, coube papel destacado ao Tribunal Internacional de Justiça, instituído pelos países da América Central, no início do século XX. Com efeito, a primeira corte internacional de justiça foi constituída em 1907, durante as Conferências de Washington. Esse Tribunal teve uma participação inusitada na questão da construção do canal interoceânico através da Nicarágua, assunto que envolvia grandes interesses externos. Este ponto será retomado mais adiante. Mas diga-se, antes disso, que, nas Conferências de Washington os países centro-americanos concluíram o primeiro Tratado Geral de Paz e de Amizade, no que o tema do não-reconhecimento dos governos *de facto*[49] foi

---

[46] Decreto n· 78 de 4 de março de 1912. Zamurray havia contribuído com armas e dinheiro para que o Presidente Bonilla chegasse ao poder.

[47] A United Fruit Co., foi uma força política e econômica regional muito importante, durante o século XX. Em conseqüência da invasão de Honduras, em 1924, a United Fruit adquiriu a Cuyamel (1929).

[48] Cf. SELSER, Gregorio. "Los inicios de la diplomacia del dólar". ob. cit., pp. 135-43; PÉREZ BRIGNOLI, Hector. ob. cit., p. 48; GALEANO, Eduardo. ob. cit., p. 119; GOTTMANN, Jean. *América*. pp. 255-6; *Guia do Terceiro Mundo 89/90*. p. 311.

[49] Com o começo da política do panamericanismo, finda formalmente a Doutrina de Monroe; finda também a política do não-reconhecimento dos governos *de facto*. O fim dessas políticas marcou o começo de uma nova fase nas relações regionais, no plano interno os Estados foram governados por ditaduras militares pró-norte-americanas; externamente os Estados Unidos criaram a política da *boa vizinhança*. Cf. ROSENBLUM, Jack J. *El interés norteamericano en la integración centroamericana*. pp. 30-1.

**290**

abordado num instrumento internacional. A corte foi, decerto, a obra-prima das Conferências de Washington.

## 2.1. As Conferências de Washington

As consecutivas tentativas, visando ao imediato restabelecimento da unidade, sucumbiram diante das insolúveis controvérsias internas. Foram tentativas fracassadas que o intervencionismo externo ajudou a exacerbar. A grande quantidade de tratados de paz celebrados pelas repúblicas centro-americanas, na primeira década deste século, demonstra, claramente, o grau das dificuldades enfrentadas pelos países da região. No entanto, o dinamismo dessas relações conduziu, vez por outra, a resultados surpreendentes, ainda que paradoxais. Assim, por um tratado celebrado entre El Salvador, Honduras, Nicarágua e Costa Rica estabeleceu-se a arbitragem obrigatória e instituiu-se a *Corte Centro-Americana de Arbitragem*[50]. Mas um conflito envolvendo a Guatemala, de um lado, e Honduras e El Salvador, de outro, frustrou a solução das diferenças pela via arbitral. O conflito finalizou com o envio à América Central do navio *Marblehead*[51], da armada dos Estados Unidos, a bordo do qual os Estados litigantes assinaram mais um tratado de *paz e de amizade*, em conseqüência da aplicação do *The Roosevelt corollary to the Monroe Doctrine*.

Não bastasse isso, novo conflito bélico surgiu entre Honduras e Nicarágua, ameaçando alastrar-se pela região. O México e os Estados Unidos intervieram, então, na luta. Esses Estados pressionaram os litigantes para que realizassem uma conferência de paz. O *convite* dos Presidentes Porfirio Díaz e Teodore Roosevelt foi prontamente aceito pelos beligerantes. As delegações se reuniram, em Washington, em 12 de novembro de 1907, para a *Conferência de Paz*. A abertura desta foi presidida pelo Secretário de Estado, Elihu Root, que defendeu medidas práticas para resolver a crise regional. O resultado foi o Tratado Geral de Paz e de Amizade, a Convenção Adicional ao Tratado Geral, a Convenção instituindo a Corte de Justiça Centro-Americana e mais seis acordos[52].

---

[50.] O Tribunal de Arbitragem fora criado pelo Pacto de Corinto, em 20 de janeiro de 1902. Foi instalado, em 2 de outubro de 1902, na Costa Rica. Mas não chegou propriamente a funcionar.
Cf. THOMAS, Joaquín E. La unión centroamericana en los tratados y convenciones diplomáticas. p. 871; HUDSON, Manley O. The Central American Court of Justice. p. 759; HERNÁNDEZ ALCERRO, Jorge Ramón. Los orígenes del regionalismo centroamericano y su situación actual. p. 38.
[51.] THOMAS, Joaquín E. ob. cit., p. 872; HUDSON; Manley ob. cit., p. 760-1; LÓPEZ JIMÉNEZ, Ramón. ob. cit., p. 232.
[52.] Há autores que afirmam terem os Estados Unidos e o México assinado os acordos de Washington. Isso não é verdade. Esses Estados intervieram apenas com os seus bons ofícios, mas não subscreveram os tratados, logo não havia vínculo jurídico. A confusão posterior foi estabelecida porque alguns autores indagaram sobre a jurisdição da Corte em relação a esses dois países.

O Tratado Geral de Paz e de Amizade e a Convenção Adicional merecem um rápido comentário. Tanto o Primeiro instrumento (art.2º) como o Segundo (art.1º) são tratados internacionais que consagram a doutrina do não-reconhecimento dos governos *de facto*, isto é, os pactuantes consagram a renomada *Doutrina Tobar*, cuja formulação tinha sido feita poucos meses antes (15/3/1907). Aplicou-se essa Doutrina na Nicarágua, em 1909, quando o General José Santos Zelaya foi derrubado. Empregou-se, também, no caso do golpe de Estado que depôs o Presidente da Costa Rica, Alfredo González Flores[53]. A base jurídica vinha dada pela Convenção Adicional ao Tratado Geral na qual se pode notar, de forma clara, a influência da Doutrina Tobar, vez que o referido instrumento determina:

> *Art. 1º As Altas Partes Contratantes não reconhecerão a nenhum governo surgido, em quaisquer das cinco repúblicas, em conseqüência de um golpe de Estado ou de uma revolução contra um governo reconhecido, enquanto a representação do povo, livremente eleita, não tenha reorganizado o Estado de forma constitucional.*

Cumpre notar que, retomando o tema do tribunal internacional, no processo de instituição da Corte de Justiça Centro-Americana (CJCA) os seus mentores se inspiraram no Tribunal Permanente de Arbitragem, o qual tinha sido criado na Segunda Conferência de Haia, em outubro de 1907[54]. Quanto ao instrumento constitutivo da Corte de Justiça da América Central observe-se, desde logo, que a Convenção que a estabeleceu consta de vinte e novos artigos, sendo um deles transitório, além disso há um protocolo adicional.

### 2.2. A Organização e a Competência da Corte

A Corte de Justiça Centro-Americana começou a funcionar em Cartago, na Costa Rica, em 25 de maio de 1908. Transferiu-se para San José quando sua

---

[53.] A Doutrina Tobar surgiu a partir de uma Declaração feita pelo chanceler equatoriano Carlos R. Tobar (1854-1920), em 15 de março de 1907, segundo essa Declaração:
> *A maneira mais eficaz de pôr termo às mudanças de Governo inspiradas pela ambição, que com alta freqüência perturbam o progresso e o desenvolvimento das nações latino-americanas, ocasionando sangrentas guerras civis, consiste em que os Estados se neguem a reconhecer os governos transitórios nascidos de revoluções, até que demonstrem ter o apoio de seus países.*

O art. 2ª do Tratado Geral de Paz e de Amizade, de 1907, registra da mesma forma a ascendência da Doutrina Tobar quando estabelece que os governos centro-americanos:
> *Art. 2ª Desejando assegurar nas Repúblicas da América Central os benefícios que derivam das instituições em vigor e de contribuir, ao mesmo tempo, para afirmar a sua estabilidade, assim como o prestígio que devem ter, os delegados declaram que qualquer disposição ou medida que tenda a alterar a ordem constitucional, em quaisquer uma delas, será considerada como ameaça à paz.*

[54.] GUTIÉRREZ, Carlos José. *La corte de Justicia centroamericana.* p. 36.

**292**

sede, em Cartago, foi destruída por um terremoto. A CJCA estava composta por cinco Juízes efetivos e dez suplentes, designados pelos Legislativos dos Estados contratantes, dentre os jurisconsultos de maior prestígio moral e intelectual. Os magistrados da Corte tinham mandato de cinco anos e gozavam, no país de sua nomeação, dos privilégios dos juízes do Supremo Tribunal de Justiça do Estado e, nos demais países, dos privilégios e das imunidades dos agentes diplomáticos, no exercício de suas funções. O cargo de juiz era incompatível[55] com o exercício da advocacia e com o desempenho de cargos públicos (cf. arts. 35 a 38 do Regimento da CJCA). Os magistrados tinham vencimentos de oito mil *pesos de ouro* anuais (um peso = um dólar dos EUA), garantia de inamovibilidade e do gozo das prerrogativas e das imunidades dos agentes diplomáticos[56].

Os magistrados, porém, não agiam com espírito comunitário, a despeito de atuarem numa instituição que representava, segundo consta, "a consciência nacional da América Central" (Cf. art. 13 da Convenção), e não os interesses de determinado país, mas isso não foi seguido à risca, simplesmente porque os Juízes "(...) nunca esqueceram a sua nacionalidade. Assim, nas questões que envolviam dois ou mais governos, votaram sempre pela tese do seu país, estivesse este equivocado ou não."[57] Na verdade, o fato de os governos efetuarem diretamente o pagamento dos vencimentos aos magistrados, como se cada um deles fosse funcionário do país de origem, afetou a imparcialidade, porque criou um vínculo de dependência do juiz com respeito à autoridade responsável pela sua indicação e pela sua manutenção. Esse caráter intergovernamental, do órgão jurisdicional em tela, foi o óbice que se postou entre a sua jurisdição e a de uma corte internacional de índole supranacional. Feitas essas ressalvas, há que notar que, a diferença do principal órgão judiciário das Nações Unidas, isto é, a Corte Internacional de Justiça da Haia (CIJ), a qual tem competência limitada pelo voluntarismo estatal, o Tribunal de Justiça da América Central foi, no entanto, o primeiro organismo com uma jurisdição tão ampla, só comparável à de um tribunal doméstico. Nas palavras de Bustamante y Sirven "A primeira Corte permanente de justiça internacional que teve o mundo foi, em conseqüência, uma instituição latino-americana"[58]. A CJCA, quer pela sua natureza, quer pela sua competência, quer pelos seus objetivos, foi, sem dúvida, uma instituição de vanguarda em direito internacional:

---

[55.] THOMAS, Joaquín E. ob. cit., pp. 878-9; HUDSON, Manley O. ob. cit., p.763-5. Veja-se, a este respeito, o Capítulo V do Regimento e o art. 2º da Convenção que instituiu o Tribunal.

[56.] A Corte teve estes Juízes no primeiro lustro: Angel María Bocanegra (Guatemala); Carlos Alberto Uclés (Honduras); Salvador Gallegos (até 1909) e Manuel Morales (El Salvador); José Madriz (até 1910), Francisco Paniagua Prado (até 1911) e Daniel Gutiérrez Navas (Nicarágua); José Astúa Aguilar (Costa Rica).

[57.] GUTIÉRREZ, Carlos José. ob. cit., p. 42.

[58.] BUSTAMANTE Y SIRVEN, Antonio Sánchez de. *Revista de derecho internacional*. Habana, n. 7, 30 de set. de 1923, p. 8. *Apud*: RODRIGUEZ CERNA, José. ob. cit., p. 130.

> *Art. 1ª A Corte de Justiça Centro-Americana tem por objetivo garantir com sua autoridade, fundada na honra dos Estados, e dentro dos limites da intervenção que lhe foi conferida, o direito de cada um dos pactuantes nas suas relações recíprocas, bem como manter neles a paz e a harmonia e constitui, pela sua natureza, pelas suas atribuições e pelo caráter da sua jurisdição, um **Tribunal Permanente de Justiça Internacional**, com jurisdição para julgar e resolver, pela petição da parte, todos os assuntos contidos no seu Estatuto (...).*

**COMPETÊNCIA**. No que tange à competência da CJCA, que é um dos pontos mais significativos, o assunto vem regulado nos primeiros quatro artigos da Convenção de Washington que a instituiu[59] e no capítulo segundo do seu Regimento. Na chamada competência ordinária incluem-se estas matérias: 1) todas as questões não resolvidas pelas chancelarias dos Estados interessados; 2) as demandas de cidadãos centro-americanos contra os governos contratantes, após o esgotamento dos recursos internos do país demandado ou quando comprovada a denegação de justiça. Eis o que dispõe a Convenção:

> *Art. 1ª As Altas Partes Contratantes acordam pela presente em constituir e manter uma Corte permanente que se denominará Corte de Justiça Centro-Americana, à qual se comprometem submeter todos os litígios ou questões que entre elas possam sobrevir, independente da natureza ou da origem da controvérsia, no caso das respectivas chancelarias não conseguirem uma solução.*

> *Art. 4ª Poderá igualmente conhecer as questões internacionais que por convenção especial lhe submeta quaisquer um dos governos centro-americanos e o de um país estrangeiro.*

Na denominada competência extraordinária fixaram-se as seguintes matérias: a referente à situação das partes durante o julgamento, incluindo as medidas provisórias estimadas necessárias, de acordo com as circunstâncias; e as controvérsias envolvendo um Estado da América Central e um outro estrangeiro, quando, por convenção especial, fosse decidido por eles submeter o caso ao crivo da Corte (art.19 § 2ª).

---

[59] No âmbito da CPJI e da CIJ os termos competência e jurisdição são empregados, muitas vezes, como sinônimos. "Il a été allégué (...) que la Cour devrait dans le doute décliner sa compétence. Il est vrai que la juridiction de la Cour est toujours une juridiction limitée, n'existant que dans la mesure où les Etats l'ont admise; par conséquent, la Cour ne l'affirmera (...) qu'à la condition que la force des raisons militant en faveur de la compétence soit prépondérante". CPIJ, série A, n. 9, p. 32. Cf. O art. 36 do Estatuto da CIJ.

**294**

Ainda sobre a jurisdição do Tribunal e suas atribuições, é muito significativo o conteúdo do art. 16 do seu Regimento:

> *Art. 16. A Corte de Justiça Centro-Americana não possui no que se refere à sua jurisdição ordinária mais autoridade, nem mais atribuições do que aquelas que expressamente lhe confere a sua lei constitutiva; e a partir do momento em que se inicie uma demanda, tem a faculdade para fixar a sua competência, tanto sobre o assunto principal da controvérsia, como sobre as questões incidentais que ocorram no processo, interpretando os tratados e aplicando os princípios de direito internacional referentes ao ponto ou pontos em questão.*

O acesso do indivíduo aos tribunais internacionais, ainda hoje, constitui matéria controvertida. A Corte Internacional de Justiça, por exemplo, só é acessível aos Estados. O Tribunal da América Central foi pioneiro, também nesse sentido, pois deu à pessoa humana a prerrogativa de acionar a justiça internacional e de tornar-se, por isso mesmo, sujeito de direito internacional:

> *Art. 2ª Esta Corte conhecerá, do mesmo modo, as questões que iniciem os particulares de um Estado Centro-Americano contra quaisquer dos governos contratantes, por violação de tratados ou de convenções, além dos casos de caráter internacional, quer o seu governo apóie ou não a reclamação; desde que se tenham esgotado os recursos que as leis do respectivo país concedam para tal violação, ou se demonstre denegação de justiça.*

> *Art. 3ª Também conhecerá os casos que ocorram entre quaisquer dos governos contratantes e pessoas físicas, quando de comum acordo lhe forem submetidos.*

Dos casos apresentados por particulares, na efêmera existência da Corte, apenas um teve tramitação completa. Foi o de Alejandro Bermúdez Núñez (nicaragüense) contra a Costa Rica, em 1913. Embora a primeira ação de um particular contra um Estado, perante um órgão com jurisdição internacional, tenha ocorrido um pouco antes, em 1909, no caso do cidadão nicaragüense Pedro Andrés Fornos Díaz contra a república da Guatemala[60].

---

[60]. A Corte já havia sido acionada antes por Onofre Castillo contra El Salvador (1908). Mas a petição não tinha autenticação e apresentava outros defeitos formais. Devido à sua inépcia, o tribunal a indeferiu.

O primeiro caso entre Estados foi resolvido pela Corte, em 1908. Honduras, cujo território havia sido declarado neutro, acionou El Salvador e Guatemala sob a acusação de serem os responsáveis por uma revolução que irrompera em seu território. A sentença da CJCA não foi favorável a Honduras, mas as medidas preliminares baixadas acabaram por neutralizar o processo revolucionário[61].

Em razão da competência, parece oportuno indagar se existiu a possibilidade de obter do Tribunal pareceres consultivos a respeito de questões de ordem jurídica[62]. A resposta pode ser ilustrada com um caso concreto. Quando ocorreu a ocupação da Nicarágua por tropas dos Estados Unidos, em 1912, foi de extrema relevância o papel da Corte na solução dos casos que surgiram. Na verdade, as provas tinham sido solicitadas pelo governo nicaragüense, para resolver um problema interno, e chegaram sob o pretexto de proteger a vida e os interesses dos cidadãos estrangeiros. Essa ocupação militar foi considerada pelo governo de El Salvador como uma situação jurídica anormal na região. O governo salvadorenho, persuadido da alteração na ordem constitucional na Nicarágua e do perigo que a ocupação militar representava para a América Central, solicitou à Corte uma opinião doutrinária e um parecer consultivo sobre o alcance do art. 2ª do Tratado de Paz e de Amizade[63] em relação aos Estados que assistiram às Conferências de Washington, isto é, os Estados Unidos e o México. A esta consulta a CJCA respondeu negando o seu papel de instância consultiva:

> *Em efeito, conforme a Convenção que lhe deu origem, esta Corte somente tem competência para dirimir em juízo as questões que lhe forem submetidas e qualquer precedente que abra em outra direção, caracterizando-a como corpo consultivo, perturbaria o seu desempenho, causaria prejuízo às Repúblicas que a constituíram.[64]*

### 2.3. Os Tratados sobre o Canal através da Nicarágua e os Direitos dos Estados Centro-Americanos

---

[61] *Ce premier cas jugé para la Cour centroamericaine est très important, non seulement au point de vue politique, puis qu'il empêche qu'une revolution éclat dans un pays, mais aussi au point de vue du droit international, car c'est la prémière aplication de l'ídéal, depuis longtemps désiré en Europe, d'une juridiction internationale, près de laquelle un Etat puisse présenter ses griefs contre un autre Etat."* [sic]. ALVÁREZ, Alejandro. *Le droit international americain.* Paris: A. Pedone, 1919, pp. 191-2. *Apud* RODRIGUEZ CERNA, José. ob. cit., p. 129.

[62] Veja-se o art. 96 da Carta da ONU e o cap. IV do Estatuto da CIJ.

[63] Cour *Art. 2ª Deseosas de asegurar en las Repúblicas de América Central los beneficios que se derivan de las instituciones en vigor y de contribuir al mismo tiempo a afirmar su estabilidad, así como el prestigio que debe rodearlas, los delegados declaran que cualquier disposición o medida que tienda a alterar el orden constitucional de una cualquiera de dichas repúblicas, será considerado como una amenaza a la paz.*

[64] Arquivo da Corte de Justiça Centro-Americana. *Apud:* GUTIÉRREZ, Carlos José. ob. cit., p. 89.

A Corte foi acionada depois, não pela ocupação propriamente dita, mas por causa do tratado que permitia aos Estados Unidos a construção do canal através da Nicarágua e da instalação de uma base naval no Golfo de Fonseca. Sabe-se que, mesmo após a construção do Canal do Panamá, os Estados Unidos temiam que outra potência viesse a construir uma obra semelhante através da Nicarágua. Então, os norte-americanos, aproveitando a situação vantajosa provocada pela sua ocupação da Nicarágua, 'assinaram' com este País, em 1913, o Tratado Chamorro-Weitzel[65], cujos efeitos eram muito prejudiciais aos outros países da América Central. Dessa forma, os Estados Unidos obtiveram a garantia de que nenhuma outra potência construiria um canal concorrente ao do Panamá. Esse privilégio foi conseguido com a colaboração do Presidente Adolfo Díaz, o qual ratificou a Convenção Chamorro-Weitzel. Por este Tratado os Estados Unidos obtinham, em caráter perpétuo, o direito de construir o canal através da Nicarágua, bem como o arrendamento de parte do *Golfo de Fonseca*, onde se estabeleceria uma base naval. El Salvador e Costa Rica, os mais prejudicados, protestaram, veementemente, ante as chancelarias dos Estados signatários do Tratado. Este, de fato, pelo seu teor, torna compreensível a preocupação dos demais Estados[66], consoante se pode observar no curioso e raro texto da Convenção, cujos artigos essenciais são citados abaixo:

> *Art.1ª O governo da Nicarágua concede, em caráter perpétuo, ao governo dos Estados Unidos os direitos exclusivos necessários e convenientes à construção, ao serviço e à manutenção de um canal interoceânico através do Rio San Juan e do Grão Lago da Nicarágua, ou por qualquer outra via em território nicaragüense, devendo-se fixar os detalhes das condições nas quais a obra será executada, utilizada e mantida, por entendimento recíproco de ambos os governos, quando a construção do referido canal for resolvida.*

> *Art. 2ª Para facilitar a proteção do Canal do Panamá, do canal através da Nicarágua e da rota do canal, bem como os direitos considerados na presente convenção, e para que o governo dos Estados Unidos possa ditar qualquer medida auxiliar ao governo da Nicarágua, junto com as que forem necessárias aos fins aqui expressos; o governo da Nicarágua, por este ato, dá em arrendamento,*

---

[65]. Há autores que atribuem a queda do Presidente José Santos Zelaya a sua recusa em assinar um tratado, com os Estados Unidos, para a construção do canal através da Nicarágua. Cf. GUTIÉRREZ, Carlos José, ob. cit., p. 108.

[66]. O Tratado Chamorro-Weitzel foi assinado, em 8 de fevereiro de 1913, por Diego Manuel Chamorro e George T. Weitzel, respectivamente, plenipotenciários da Nicarágua e dos Estados Unidos. Cf. LÓPEZ JIMÉNEZ, Ramón. ob. cit., pp. 238-40.

*por noventa e nove anos, ao governo dos Estados Unidos as ilhas do Mar do Caribe, chamadas Great Corn Island e Little Corn Island, e convém que na data e num determinado ponto do Golfo de Fonseca, designado pelo governo dos Estados Unidos, terá este o direito de estabelecer e de manter, por noventa e nove anos, uma base naval. O governo dos Estados Unidos terá a opção de renovar uma ou ambas as concessões supramencionadas, contidas neste artigo, ao expirar o prazo de noventa e nove anos.*

*Art. 3º O governo da Nicarágua concede, por este ato, ao governo dos Estados Unidos o direito perpétuo (à marinha mercante norte-americana) de cabotagem na Nicarágua, quer pela via do canal antes mencionada quer por outra qualquer, com o direito de embarcar e desembarcar total ou parcialmente, em todos os portos da Nicarágua, nas viagens dos navios, os quais gozarão de condições semelhantes às que a Nicarágua dá aos seus cidadãos e aos seus navios.*

*Art. 4º Em consideração às estipulações anteriores, de acordo com os fins desta convenção, o Governo dos Estados Unidos pagará em benefício do Governo da Nicarágua a soma de três milhões de pesos em moeda americana corrente; o pagamento será depositado numa instituição bancária norte-americana designada pelo Secretário de Estado dos Estados Unidos, essa quantia será utilizada na construção de obras públicas, ou no desenvolvimento e na prosperidade da Nicarágua conforme determinem as Altas Partes contratantes, devendo efetuar-se os gastos por ordem do Ministro da Fazenda com a aprovação do Secretário de Estado dos Estados Unidos ou por outra pessoa por ele designada. Far-se-á o referido pagamento um ano depois da troca dos instrumentos de ratificação desta Convenção.*

El Salvador, em particular, protestou contra a conclusão do Tratado. Francisco Dueñas, Ministro de El Salvador, entregou pessoalmente ao Secretário de Estado, William Bryan, uma extensa nota de protesto formal[67]. Nesta, o governo de El Salvador expunha, com detalhes, os danos que a referida

---

[67.] Não confundir Francisco Dueñas, Ministro de El Salvador acima citado, com o ex-presidente de El Salvador Francisco Dueñas (1811-1884).

A nota é datada de 21 de outubro de 1913 e dirigida ao Secretário de Estado. A Nota diz, dentre outras coisas, que a situação jurídica e geográfica do Golfo de Fonseca é de tal natureza que o arrendamento de quaisquer de suas partes afetará as outras:

*La Bahía o Golfo de Fonseca, tiene el carácter histórico, del propio modo y con el mismo título que lo tienen y se les ha reconocido a las bahías de Chesapeake y Delaware, en Estados Unidos, y las de Concepción y Miramichi, en la América inglesa. El derecho de dominio de los Estados Unidos en aquéllas y el de Gran*

Convenção causaria aos interesses dos países condôminos do Golfo de Fonseca.

O Senado norte-americano não aprovou o acordo[68]. Mas uma convenção idêntica foi assinada, sem remissão, pelas mesmas partes. Em 5 de agosto de 1914, foi assinado pelo Secretário de Estado, William J. Bryan, e pelo Ministro da Nicarágua, Emiliano Chamorro, o Tratado Bryan-Chamorro. O novo acordo foi aprovado pelo Senado estadunidense, em fevereiro de 1916, e o fez acompanhar de uma resolução. Nesta Convenção, ratificada pelas Partes Contratantes, os Estados Unidos obtiveram os mesmos direitos contidos no pacto anterior. Os efeitos locais do Tratado podem ser deduzidos da leitura dos dois primeiros artigos, infratranscritos:

> *Art. 1º O Governo da Nicarágua concede em caráter perpétuo ao Governo dos Estados Unidos, internamente livre de qualquer tributo, os direitos ou a exclusiva propriedade necessários e convenientes à construção, ao funcionamento e à conservação de um canal interoceânico pela via do Rio San Juan e do Grão Lago da Nicarágua, ou por qualquer outra rota em território nicaragüense. Os detalhes dos termos em que o canal será construído, administrado e mantido, serão combinados por ambos os governos, quando o governo dos Estados Unidos notifique ao governo da Nicarágua o seu desejo ou a sua intenção de construí-lo.*

> *Art. 2º Para facilitar ao governo dos Estados Unidos a proteção do Canal do Panamá e o exercício dos direitos de propriedade cedidos ao mesmo governo, em virtude do artigo anterior, para facilitar-lhe também a adoção de qualquer medida necessária aos fins aqui previstos, o governo da Nicarágua, pela presente, dá em arrendamento por um período de noventa e nove anos, as ilhas do Mar do Caribe, conhecidas como Great Island e Little Corn Island. Concede-lhe, além disso, por igual lapso de noventa e nove anos, o direito de estabelecer, de explorar e de manter uma base naval em*

---

*Bretaña en estás, ha sido reconocido y sancionado en tratados y laudos arbitrales, como título incontestable de propiedad y soberania (...). Y, en caso de guerra de los Estados Unidos con otra potencia marítima, los tres países dueños del Golfo se verían necesariament envueltos en serios peligros y gravísimas dificultades para conservar y defender su neutralidad; convirtiéndose, además, sus aguas territoriales dentro del Golfo, en campo de beligerancia, y rodeados de todas las calamidades propias de la lucha armada (...). Para una enajenación semejante se necesitaría además del consentimiento colectivo, la autorización plesbicitaria de los pueblos cuyos derechos territoriales resultarían menoscabados por la proyectada enajenación (...).* Apud: Lópes Jimenez, Ramón. ob. cit. pp., 240-4.

[68] Esse acordo foi rapidamente aprovado pelo Congresso e ratificado pelo Executivo nicaragüense. O Senado dos Estados Unidos, no entanto, rejeitou o tratado. Cf. GUTIÉRREZ, Carlos José. ob. cit., pp. 107-8, 121-4; LÓPEZ JIMÉNEZ, Ramón. ob. cit., p. 244.

*qualquer parte do território da Nicarágua no Golfo de Fonseca que o governo dos Estados Unidos escolha. Este País terá a opção de renovar, por outro período de noventa e nove anos, os arrendamentos e as concessões referidas, à expiração dos respectivos termos. Fica estabelecido, também, que o território ora arrendado e a base naval que possa ser construída, em face da concessão supra, estão sujeitos exclusivamente às leis e à soberania dos Estados Unidos durante o período pactuado*[69].

O Tratado Bryan-Chamorro se tornou, de um lado, uma ameaça direta às soberanias dos Estados de El Salvador e de Honduras; de outro, violou frontalmente o direito à livre navegação da Costa Rica sobre o Rio San Juan. Direito esse que deriva de um tratado internacional e de um laudo arbitral. Dever-se-ia mencionar, ainda, o art.3º do Tratado Bryan-Chamorro, conforme o qual, os Estados Unidos se comprometiam, em troca das concessões, a abater a quantia de três milhões de dólares da dívida que o governo nicaragüense contraíra com esse país.

O Tratado ficou malvisto na região, em razão dos seus efeitos danosos. A situação, de fato, tornou-se irreversível por meios diplomáticos, de sorte que as gestões diplomáticas de El Salvador foram em vão. Nestas circunstâncias, então, a Costa Rica e El Salvador optaram por levar o caso à Corte de Justiça Centro-Americana.

### 2.4. A Ação da Costa Rica contra a Nicarágua: Tratado Cañas-Jerez e Laudo Cleveland

A Costa Rica acionou o governo da Nicarágua na Corte de Justiça Centro-americana (CJCA), em 24 de março de 1916. Essa ação teve como fundamento legal os arts. 6º e 8º do Tratado Cañas-Jerez de 1858; além do Laudo Arbitral do Presidente dos Estados Unidos, Grover Cleveland[70]. Conforme o art. 6º do Tratado, o domínio exclusivo sobre o Rio San Juan pertence à Nicarágua; não obstante, reconhece-se, no mesmo documento Cañas-Jerez, que a Costa Rica tem o direito perpétuo à livre navegação no mencionado rio, especificamente, no trecho compreendido desde a foz, no Atlântico, até três milhas inglesas antes de *Castillo Viejo*. Assim, as embarcações dos dois países podem, sem

---

[69]. Convención entre Nicarágua y los Estados Unidos relativa a la ruta del Canal de Nicarágua y a una base naval en el Golfo de Fonseca. *Revista americana de derecho internacional*. Suplemento, pp. 277-9.

[70]. O Laudo Cleveland deriva da impugnação feita pela Nicarágua contra o Tratado Cañas-Jerez em 1870. Essa refutação foi feita com base em dois argumentos: 1) o Tratado não havia sido aprovado nos termos da Constituição de 1858; 2) a troca de ratificações ocorreu antes de o Tratado ser submetido à aprovação do Congresso. Cf. CASANOVAS Y LA ROSA, Oriol. *Casos y textos de derecho internacional*. pp. 109-13.

**300**

discriminação, atracar em qualquer ponto do rio, no trecho apontado, sem ter de pagar nenhum tipo de tributo[71]. Segundo o mesmo Tratado, a Nicarágua fica impedida de concluir qualquer convenção que tenha por objetivo a construção de canal interoceânico, sem antes ouvir a opinião da Costa Rica a respeito dos inconvenientes que o negócio possa trazer para os dois países. Essa opinião deve ser emitida trinta dias após o recebimento da consulta, no caso de a Nicarágua manifestar urgência. O voto da Costa Rica será consultivo, diz o instrumento, se os seus direitos naturais não forem atingidos[72].

A demanda da Costa Rica foi alicerçada, principalmente, no Laudo Cleveland, de 1888, que reconheceu a validade do Tratado Cañas-Jerez. Nos pontos 10 e 11, do Laudo Cleveland, ficou estabelecida para a Nicarágua a obrigação de consultar a Costa Rica antes de fazer qualquer concessão para a construção de canal através de seu território, segundo já estipulava o próprio Tratado Cañas-Jerez (art. 8º). Nos casos em que a construção trouxesse prejuízo aos direitos naturais deste país, nesta hipótese, o consentimento e o voto da Costa Rica tornam-se imprescindíveis[73].

---

[71.] O Tratado de limites, Cañas-Jerez, foi concluído em 15 de abril de 1858. Veja o que dispõe o mencionado art. 6º desse tratado a respeito do direito perpétuo à livre navegação da Costa Rica:

> Art. 6ª La República de Nicaragua tendrá exclusivamente el dominio y sumo imperio sobre las aguas del río de San Juan desde su salida del Lago, hasta su desembocadura en el Atlántico; pero la República de Costa Rica tendrá en dichas aguas los derechos perpetuos de libre navegación, desde la expresada desembocadura hasta tres millas inglesas antes de llegar al Castillo Viejo, con objetos de comercio; ya sea con Nicaragua, o al anterior de Costa Rica, por los ríos de San Carlos o Sarapiquí, o cualquiera otra vía procedente de la parte que en la rivera del San Juan se establece corresponder a esta República. Las embarcaciones de uno u otro país podrán indistintamente atracar en las riveras del río; en la parte en que la navegación es común, sin cobrarse ninguna clase de impuestos, a no ser que se establezcan de acuerdo entre ambos Gobiernos.

[72.] A este respeito estipula o Tratado Cañas-Jerez:

> Art. 8ª Si los contratos de canalización o de tránsito celebrados antes de tener el Gobierno de Nicaragua, conocimiento de este Convenio, llegasen a quedar insubsistentes por cualquier causa, Nicaragua se compromete a no concluir otro sobre los expresados objetos, sin oír antes la opinión del Gobierno de Costa Rica, acerca de los inconvenientes que el negocio pueda tener para los dos países; con tal que esta opinión se emita dentro de treinta días despues de recibida la consulta; caso que el de Nicaragua manifieste ser urgente la resolución; y no dañádose en el negocio los derechos naturales de Costa Rica, este voto será consultivo.

Veja-se Costa Rica v. Nicarágua. *Revista americana de derecho internacional*. v. 11, n. 1, 1917, p. 195.

[73.] O Laudo Arbitral do Presidente Cleveland, datado de 22 de março de 1888, confirmou a validade do Tratado CAÑAS-JEREZ e esclareceu todos os pontos passíveis de interpretação discrepante.

Costa Rica fundamentou a sua ação, como já se disse acima, nas respostas dadas na sentença arbitral aos pontos 10 e 11, as quais são transcritas abaixo:

> La República de Nicarágua queda obligada a no hacer concesiones para objetos de canal a través de su territorio, sin pedir primero la opinión de la República de Costa Rica, según determina el artículo VIII del tratado de límites de quince de abril de mil ochocientos cincuenta y ocho. Los derechos naturales de la República de Costa Rica, a que alude dicha estipulación, son los derechos que en virtud de los límites fijados por dicho tratado posee ella sobre el suelo que se reconece pertenecerle exclusivamente (...). Estos derechos deben considerarse dañados en todos los casos en que se ocupe o inunde el território perteneciente a la República de Costa Rica, o donde se haga algo perjudicial a Costa Rica en cualquiera de los puertos

Com base no exposto, a Costa Rica pediu à Corte Internacional de Justiça Centro-Americana que se manifestasse sobre as matérias seguintes, declarando,

*Primeiro* – que o Tratado Bryan-Chamorro havia violado os direitos da Costa Rica, adquiridos pelo Tratado Cañas-Jerez, pelo Laudo Cleveland e pelo Tratado Geral de Paz e de Amizade de 1907, nos seguintes pontos: 1) a Costa Rica não fora consultada quando da conclusão do Tratado Bryan-Chamorro; 2) a execução desse Pacto privaria o Estado costarriquenho de seus direitos de livre navegação pelo Rio San Juan no trecho compreendido entre a foz do rio, no Atlântico, e três milhas inglesas antes de chegar ao *Castillo Viejo*, além disso impediria os seus navios mercantes, ou os do serviço fiscal, de atracarem, livremente, em qualquer ponto da margem setentrional do mesmo rio, no trajeto indicado; 3) a execução do Tratado poderia, também, danificar e diminuir a margem costarriquenha do citado rio no aludido trecho, assim como as desembocaduras dos afluentes do Rio San Juan e dos territórios próximos a esses lugares; 4) a execução do Tratado poderia, ainda, prejudicar o condomínio da Costa Rica nas Baías de *San Juan del Norte* e *Salinas* ou de torná-lo ineficaz; 5) em razão das lesões potenciais indicadas nos itens anteriores, não há negar que o voto da Costa Rica teria sido indispensável e decisivo para tornar perfeito o pacto Bryan-Chamorro; esse voto, entretanto, não foi dado nem muito menos solicitado pela Nicarágua; 6) no que respeita ao arrendamento do território nicaragüense aos Estados Unidos, para a instalação de uma base naval no Golfo de Fonseca e nas *Islas del Maíz* (Great Corn Island e Little Corn Island), a Costa Rica não faz reserva alguma em seu favor, pois seus navios mercantes têm, em todas as águas marítimas, costas e portos da Nicarágua, o direito a ser tratados como navios nacionais nicaragüenses.

*Segundo* – que a violação dos direitos da Costa Rica, nas questões antes indicadas, ou mesmo por qualquer uma delas, torna plenamente nulo o Tratado Bryan-Chamorro, porquanto de ambas as partes contratantes era conhecida a capacidade relativa da Nicarágua para outorgar, sem restrições, como de fato o fez, os direitos nas águas e nos territórios tratados na mencionada Convenção.

*Terceiro* – que a procedência de tudo o que foi citado acima torna sem

---

*antedichos, o donde se verifique tal obstrucción o desviamiento del río San Juan que destruya o impida seriamente la navegación del mismo o de cualquiera de sus brazos en cualquier punto donde Costa Rica tiene derechos a navegarlos.* (**PONTO 10**).

*El tratado de límites de quince de abril de mil ochocientos cincuenta y ocho no da a la República de Costa Rica el derecho de ser parte en las concesiones para canal interoceánico que haga Nicaragua: aunque en los casos en que la construcción del canal envuelva perjuicio a los derechos naturales de Costa Rica, su parecer o dictamen tenga que ser, según menciona el artículo VIII del Tratado, más que simple voto consultivo. Parece que en tales casos su consentimiento es necesario; y que ella puede por lo tanto exigir compensación por las consecuencias que se le pida que otorgue; pero ella no puede exigir como un derecho suyo la participación en las ganacias que la República de Nicaragua se reserve para sí misma en compensación de los favores y privilegios que ésta a su vez conceda.* (**PONTO 11**).

**302**

efeito, com respeito à Costa Rica, o Tratado Bryan-Chamorro, cuja nulidade deve ser pronunciada pelo Alto Tribunal.

POR ÚLTIMO, o Estado demandante pediu à Corte internacional, nos termos do art.18 da Convenção que instituíra a CJCA, que fixasse a situação em que deveriam permanecer as partes até que fosse proferida a sentença final, sendo notificados de tal situação os governos dos Estados Unidos e da Nicarágua[74].

A Nicarágua, ante a ação da Costa Rica, se manifestou apenas por um telegrama do Ministro das Relações Exteriores. Nele refutava a competência da Corte para conhecer o caso, porque este envolvia um Estado estrangeiro. Por outras palavras, a questão da incompetência levantada pela Nicarágua baseava-se no fato de uma das partes do Tratado Bryan-Chamorro não ser signatária da Convenção que instituíra a Corte. Por essa razão o governo da Nicarágua declarou que não contestaria a ação. Além disso, argüiu que o assunto não poderia ser apreciado pela Corte, porque ele não tinha sido precedido do requisito efetuar gestões diplomáticas. Segundo o governo nicaragüense, as gestões feitas a respeito do acordo Chamorro-Weitzel não se aplicavam ao segundo Tratado. Assim sendo, a Nicarágua optou por desconhecer a ampla jurisdição que os Estados tinham conferido à Corte[75], pois 'entendeu' que a competência não abrangia os atos de soberania (*jus imperii*). Contudo, a manifestação da chancelaria da Nicarágua foi considerada pela Corte como contestação. A CJCA afirmou, em face da consistência dos argumentos apresentados pela Costa Rica, a sua competência para conhecer o caso em tela.

Após a análise dos fundamentos da incompetência alegada pela Nicarágua, a Corte observou que o art.1º da Convenção de Washington, de 1907, não excluía da sua jurisdição qualquer controvérsia que surgisse entre os Estados, independente da origem e da natureza do litígio. Não existia nada, observou a CJCA, que pudesse limitar a sua jurisdição. A Corte considerou como o seu dever examinar as relações jurídicas dos Estados Pactuantes, declarando-lhes o direito, com exclusão absoluta das situações de fato ou de direito que tivessem relação com outros Estados não sujeitos à sua jurisdição. Por outra parte, considerou que o Estado demandado incorrera em erro ao tomar por causa da demanda a denominação e não o objetivo do Pacto. A meta do Tratado era a

---

[74]. Cf. LÓPEZ JIMÉNEZ, Ramón. ob. cit. pp. 246-7; GUTIÉRREZ, Carlos José. ob. cit., pp. 112-3; Costa Rica v. Nicarágua. ob. cit., pp. 203-4.

[75]. Segue, *ad litteram*, o parágrafo da Nota da Chancelaria nicaragüense em que se refutava a competência da Corte para apreciar os atos *jus imperii*:

*Aceptar la existencia de una jurisdicción y potestad que pudiera conocer actos de esa naturaleza, haciéndose así superior a la soberanía nacional, con objeto de anular los actos de ésta y todavía más, los de otra parte contratante, también soberana e independiente, equivaldría a un desconocimiento manifiesto delos más elementales principios de Derecho, que garantizam la autonomía y soberanía de las naciones.* [Archivos de la Corte de Justicia Centroamericana, 1916].

Cf. LÓPEZ JIMÉNEZ, Ramón. ob. cit., p. 248; GUTIÉRREZ, Carlos José. ob. cit., p. 115.

construção do canal, obra sobre a qual a Costa Rica mantinha protestos consignados, desde 1913. Destarte, a Corte reputou os dois tratados sobre o canal (Chamorro-Weitzel e Bryan-Chamorro) como duas etapas de um mesmo negócio.

Ao estudar a estrutura jurídica do Acordo Bryan-Chamorro, a Corte teve como objetivo determinar o alcance internacional do Tratado, tanto entre as partes signatárias como em relação à situação de terceiros Estados interessados, no caso os Estados Unidos. Após examinar a parte dispositiva de ambos os tratados, o Tribunal afirmou que neles prevalecia a mesma idéia e a mesma intenção. As mudanças realizadas, resolveu, tinham sido somente de ordem terminológica e não de substância.

Mas, afinal, expressa-se no Tratado celebrado entre a Nicarágua e os Estados Unidos uma simples opção ou se consuma uma transferência de domínio? Conceder em caráter perpétuo (*ceder a perpetuidad*), afirmou a Corte, equivale a uma alienação perfeita, a uma transferência de domínio, à manifestação da vontade de transferir com a renúncia a todas as prerrogativas que constituem o direito de propriedade. Houve, além disso, o *animus adquirendum* da parte do comprador, que se comprometeu a satisfazer o preço estipulado no acordo, ou seja, três milhões de dólares, consoante o art. 3º da convenção. Cumpre, pois, concluir, que no Tratado existem elementos jurídicos que conduzem a uma inequívoca transferência de propriedade. Há, ainda, um título de transferência de domínio com objeto certo e determinado dos direitos reais que a Nicarágua alienou no Rio San Juan e no Grão Lago da Nicarágua. Portanto, ficou descartado o conceito de opção, como queria a Nicarágua e, em conseqüência, a Corte acatou a sustentação da Costa Rica.

Na parte referente à nulidade do pacto, que a Costa Rica havia pedido, a Corte decidiu-se, por unanimidade de votos, a não se pronunciar sobre este ponto, porque os Estados Unidos não estavam sujeitos à sua jurisdição[76]. A Corte resolveu, no entanto, que o governo demandado tinha realmente provocado as lesões jurídicas alegadas pela Costa Rica. Mas ressalvou a sua decisão, declarando que não se vinculava qualquer Estado alheio ao sistema institucional que tinha sido criado por força das convenções de Washington.

Em 30 de setembro de 1916, a Corte de Justiça Centro-Americana proferiu, no caso Costa Rica contra Nicarágua, a seguinte sentença final:

**PRIMEIRO.** *Declara-se sem valor a alegação de incompetência interposta pela Alta Parte demandada; e, em conseqüência, a Corte é competente para*

---

[76.] *Juzgar de la licitud o ilicitud con que procedió una parte contratante no sujeta al juicio de la Corte; pronunciarse sobre su conducta y dictar una resolución que por lata y absoluta le comprenda – a ella que no fue parte en el juicio ni tuvo ocasión legal de ser oída – no es misión del Tribunal, que penetrado de su alto deber, anhela mantenerse dentro de la óbita de sus facultades peculiares.* Costa Rica v. Nicarágua. ob. cit., p. 229.

**304**

*decidir a demanda interposta pelo governo da República da Costa Rica contra o governo da República da Nicarágua.*

SEGUNDO. *Declara-se que o governo da Nicarágua tem violado em prejuízo da Costa Rica os direitos que a este Estado lhe concedem o tratado de limites Cañas-Jeres, de quinze de abril de mil oitocentos e cinqüenta e oito, e o Tratado Centro-Americano de Paz e de Amizade, de vinte de dezembro de mil novecentos e sete; e*

TERCEIRO. *Quanto à nulidade do Tratado Bryan-Chamorro, pedida na demanda, esta Corte não pode fazer declaração de nenhuma espécie.*

NOTIFIQUE-SE *esta sentença às Altas Partes interessadas e aos demais governos da América Central*[77].

## 2.5. A Demanda de El Salvador contra a Nicarágua em virtude do Tratado Bryan-Chamorro. Dissolução da Corte

O governo de El Salvador fez durante vários anos, especificamente de 1913 a 1916, esforços diplomáticos perante o Departamento de Estado norte-americano na tentativa de reverter a situação surgida por efeito da convenção celebrada entre os Estados Unidos e a Nicarágua. Nessas diligências, o governo salvadorenho declarou formalmente que não reconhecia a validade do Tratado Bryan-Chamorro. Esgotada a comunicação diplomática, El Salvador impetrou na Corte de Justiça Centro-Americana, em 25 de agosto de 1916, uma ação contra a Nicarágua. O motivo da demanda foi o arrendamento de parte do território do Golfo de Fonseca para a construção de uma base naval, cuja construção estava prevista também no referido Tratado Bryan-Chamorro. El Salvador considerou que o arrendamento de parte do Golfo de Fonseca por um período de noventa e nove anos, renovável por um período igual, era extremamente prejudicial aos seus interesses, porque colocava em perigo a sua segurança, a sua existência como Estado independente e violava os seus direitos de condômino no Golfo de Fonseca. O libelo da demanda contém vários capítulos destinados a desenvolver, sob diversos pontos de vista, as pretensões da Parte Autora. O primeiro deles é consagrado à tese que considera o Tratado Bryan-Chamorro um ato oficial do governo da Nicarágua, que coloca em perigo a segurança nacional de El Salvador: "Ninguém pode negar que o estabelecimento de uma base naval por um Estado poderoso, na vizinhança imediata da República de El Salvador, constitui uma séria ameaça, não imaginária senão real e evidente, dirigida contra a existência da sua vida livre e autônoma".[78]

---

[77]. Costa Rica v. Nicarágua. ob. cit., p. 230.
[78]. EL SALVADOR y NICARAGUA. Sentencia de la Corte de Justicia Centro-americana. *Rev. Americana de derecho internacional*. p. 707.

À continuação El Salvador procurou demonstrar que o Pacto celebrado pela Nicarágua ia além da jurisdição territorial, a ponto de ferir os seus direitos supremos. Para reforçar esta proposição invocou o caso do Porto de *Agadir* (na Costa do Marrocos), do qual tentou apoderar-se a Alemanha (1911), para estabelecer uma base naval. A França e a Grã-Bretanha consideraram o propósito alemão uma ameaça à segurança nacional dos dois Estados, tanto em relação às suas colônias na África do Sul como pela proximidade da rota seguida pelos navios que atravessavam o Estreito de Gibraltar.

El Salvador invocou também o caso da *Bahía Magdalena*. Referiu-se às terras situadas à margem da Baía, que cidadãos dos Estados Unidos tinham recebido do governo mexicano. A transferência dessa concessão foi proibida primeiro pelo Governo e depois pelo Senado norte-americano (resolução Lodge). Os Estados Unidos consideraram a transferência do domínio dessas propriedades para uma companhia comercial japonesa uma ameaça à sua segurança.

Com fundamento nessas alegações, o governo de El Salvador procurou provar que os conceitos em que se apoiava o governo da Nicarágua, para justificar a sua conduta na celebração do Tratado, se chocavam com os sustentados por outros Estados, inclusive os Estados Unidos na questão da *Bahía Magdalena*. No que se refere a El Salvador os temores eram dobrados, visto que a questão envolvia uma potência hegemônica, os Estados Unidos, sendo por isso o caso em estudo mais definido e o perigo mais real para El Salvador.[79]

No segundo capítulo, El Salvador argüiu "o Tratado Bryan-Chamorro desconhece e viola os direitos de domínio que El Salvador possui no Golfo de Fonseca". Desde o século XVI, quando foi descoberto, o Golfo ficou sob o domínio da Espanha. Com a emancipação da América Central passou, automaticamente, à República Federal. Quando esta foi dissolvida, não tendo sido feita a delimitação da soberania dos Estados ribeirinhos o Golfo ficou, desde então, em regime de condomínio entre El Salvador, Honduras e Nicarágua. El Salvador sustentou, também, a tese de que o Golfo pertencia à categoria das chamadas **baías históricas**, sendo, portanto, domínio exclusivo dos Estados ribeirinhos. No final do 2º Capítulo da Petição, o Estado reclamante faz uma complexa análise das doutrinas defendidas pelos publicistas e pelas corporações científicas, em relação ao alcance do domínio dos Estados sobre o mar e as baías.

No terceiro capítulo, El Salvador se referiu ao Tratado Bryan-Chamorro, afirmando que este prejudicaria os seus interesses fundamentais, prejuízo também extensivo aos outros Estados da América Central. Com efeito, a alienação de parte do território a um Estado estrangeiro resulta, conforme o demandante, em míngua da possibilidade de retorno ao sistema federal. Outro ponto levantado foi o de que "(...) o Tratado era contrário ao artigo 2º do Tratado Geral de Paz

---

[79.] EL SALVADOR y NICARÁGUA. ob. cit., pp. 708-9.

e de Amizade assinado pelas Repúblicas da América Central em 20 de dezembro de 1907, em Washington". Os Estados, consoante esse artigo, assumiram o compromisso de não alterar, em nenhuma hipótese, a sua ordem constitucional.

Por último, alegou a nulidade do Tratado, com apoio no art. 2º da Carta Constitucional da Nicarágua, a qual proibia a celebração desse tipo de acordo[80] quando fosse contrário à independência e à integridade do Estado ou afetasse, de alguma maneira, a soberania. Excetuam-se aqueles acordos que tivessem por objeto a unificação da América Central. Assim sendo, o Tratado Bryan-Chamorro estava abertamente em contradição com a Constituição nicaragüense, nas estipulações em que a Nicarágua cedia, aos Estados Unidos, uma faixa do seu território para a construção de um canal interoceânico (art.1º) e uma parte do Golfo de Fonseca para a construção de uma base militar (art.2º). Além disso, o Tratado também impunha limitações em matéria fiscal e fazendária (art.3º). Em conclusão, o demandante arrematou nos seguintes termos:

> *Por conseguinte, essas estipulações são absolutamente inválidas e sua consumação não pode, por esse mesmo fato, realizar-se em virtude dos princípios da justiça internacional, chamados a regular os casos dos tratados internacionais fundamentalmente nulos, em especial, quando o Estado que pactua com outro cujas leis fundamentais se opõem ao acordado tinha conhecimento, prévio e pleno, dos motivos da invalidez; e quando, além disso, esses tratados menoscabam, com suas estipulações inválidas, direitos essenciais de terceiros Estados*[81].

A parte petitória da demanda da República de El Salvador contra a República da Nicarágua, em face das razões expostas até aqui, pede à Corte Internacional o seguinte: 1) que admita e tramite a demanda proposta; 2) que fixe a situação jurídica em que se deve manter o governo da Nicarágua; 3) que condene, na sentença final, o governo reclamado a abster-se de cumprir a referida convenção sobre o canal.

El Salvador, por ato posterior que ampliou a parte petitória, pediu à Corte que proferisse sentença, também, nos pontos seguintes: 1) contra a lesão dos seus direitos nos termos do art. 9º do Tratado Geral de Paz e de Amizade; 2) contra a violação das suas prerrogativas no Golfo de Fonseca, visto que a

---

[80] O referido artigo da Constituição política da Nicarágua diz:

*Art.2º – La soberanía es una, iunalienable, y reside esencialmente en el pueblo, de quien derivan sus facultades los funcionarios que la Constitución y las leys establecen. En consecuencia, no se podrá celebrar pactos o tratados que se opongan a la independencia o integridad de la nación o que afecten de algún modo su soberanía, salvo aquellos que tiendan a la unión con una o más de las Repúblicas de Centro América.*

[81] El Salvador v. Nicarágua. ob. cit., p. 714.

concessão comprometia a sua segurança e anulava os seus direitos de condômino; 3) contra a infração do art. 2º do Tratado Geral de Paz e de Amizade, dado que as concessões feitas pela Nicarágua estavam sujeitas às leis e à soberania dos Estados Unidos. Finalmente, El Salvador pediu à Corte que declarasse o governo da Nicarágua obrigado a reestabelecer e a manter *statu quo juris* que existia antes do Tratado Bryan-Chamorro.

A Nicarágua contestou a ação, em 6 de fevereiro de 1917. Usou o mesmo argumento da incompetência do Tribunal para conhecer e decidir o caso. A contestação se resumia, na verdade, a uma extensa análise dos pontos relacionados por El Salvador. Por longas considerações jurídicas, a Nicarágua negou a existência de qualquer condomínio no Golfo de Fonseca. À vista disso, El Salvador não poderia pretender direitos sobre as águas territoriais da Nicarágua[82], nem poderia, também, pretender a nulidade do Tratado Bryan-Chamorro, porque este direito cabia unicamente aos Estados signatários da Convenção. Dessa forma a Nicarágua, como Estado soberano e independente, não estava subordinado por nenhum acordo internacional a outro Estado. A Nicarágua sustentou, ainda, que os temores de El Salvador quanto a sua segurança e à perda da sua integridade eram falsos. Segundo a ótica do Governo da Nicarágua a presença dos Estados Unidos era mais uma garantia do que uma ameaça, pois os norte-americanos desde a época da independência tornaram-se, com a instituição da Doutrina de Monroe, defensores e guardiães do Continente. Em suma, a Nicarágua rebateu, uma a uma, as pretensões de El Salvador para, no final, afirmar que não se haviam esgotado as diligências entre as chancelarias e, sobretudo, que a Corte era incompetente para conhecer o caso, porque se tratava de uma questão que envolvia os direitos de um Estado extra-regional, o qual não estava sujeito à jurisdição da Corte, por não existir Convenção especial a esse respeito, nos termos do art. 4º da Convenção que instituiu a Corte.

*SENTENÇA*. A Corte, ao tratar do exame dos fatos e das apreciações de direito, começou a sua sentença com as considerações relativas à exceção de incompetência por falta de jurisdição levantada pelo governo da Nicarágua. A argüição do Estado demandado, na realidade, alicerçava-se em dois fatos: 1) o governo de El Salvador incluíra na demanda pontos sobre os quais não se havia procurado uma solução entre as chancelarias dos dois Estados; 2) a falta de jurisdição do Tribunal para decidir sobre questões mistas, isto é, aquelas que tivessem conexão com os interesses de uma potência estrangeira. Sobre o primeiro

---

[82.] Durante a tramitação da causa, a Secretaria de Relações Exteriores de Honduras levou ao conhecimento da Corte uma cópia da Comunicação de Protesto que havia encaminhado ao M.R.E. de El Salvador, na qual declarava que Honduras não tinha condomínio com El Salvador, nem com nenhum outro Estado, nas águas que lhe correspondiam no Golfo de Fonseca.

**308**

argumento, a Corte considerou que os governos de El Salvador e da Nicarágua tinham esgotado as tentativas de solução em nível de chancelarias, exatamente entre 14 de abril e 26 de julho de 1916.

Nas suas notas se observa que El Salvador tentou evitar a conclusão do Tratado com a estrutura jurídica com que foi concebido, pois feriria se fosse concluído, como de fato foi, não só os interesses do Estado demandante, mas também os da região como um todo. Em conseqüência, cabia a El Salvador a faculdade de formular o pedido com as matérias que estivessem relacionadas com o Tratado. O segundo argumento, que atacava a jurisdição da Corte, foi também rejeitado, porque, nos termos do art. 1º da Convenção de 1907, a jurisdição era estabelecida em geral para todas as questões ou controvérsias regionais, independente da natureza e da origem dos litígios. Além disso, o artigo 22 da Convenção outorgava à Corte *a faculdade de fixar sua própria competência*, interpretando os tratados pertinentes ao assunto em disputa e aplicando os princípios de direito internacional. Em virtude dessas considerações, a Corte declarou-se competente para conhecer a ação movida por El Salvador[83].

Após fixar a sua Competência, a Corte passou a examinar um dos pontos capitais do processo: a condição jurídica internacional do Golfo de Fonseca. Visando determinar essa condição jurídica, o Tribunal entendeu que o Golfo deveria ser visto desde uma tríplice perspectiva, a saber: a histórica, a geográfica e a dos interesses vitais dos Estados ribeirinhos. Quanto à parte histórica, entendeu que a origem do direito de domínio exclusivo era incontestável. Primeiro, durante o período colonial, o Golfo de Fonseca esteve sob o domínio da Espanha; depois, na fase unionista – primeira metade do século XIX – pertenceu à República Federal da América Central e, finalmente, quando foi dissolvida a federação, o Golfo passou a fazer parte do território de Honduras, de El Salvador e da Nicarágua, como uma dependência necessária, por razões geográficas e de defesa comum. Durante esses três períodos da história centro-americana, a posse pacífica do Golfo foi exercida pelos governos dos mencionados países, sem oposição de qualquer outro Estado. Contudo, esse domínio secular do Golfo foi mantido graças à aquiescência da comunidade internacional. Este *consensus gentium* nem sempre foi passivo, tal a ilustração dada pelos interesses externos que

---

[83.] *La absoluta competencia de la Corte se afianza al considerar que el Tratado Bryan-Chamorro dice relación inmediata al orden jurídico creado en Centro América, y se contrae, de manera exclusiva a bienes situados en territorio centroamericano (...). Bastará a la Corte para realizar su misión, mantenerse dentro de la órbita de sus peculiares atribuciones, dictando una decisión que sólo comprenda los derechos litigados de El Salvador y Nicaragua; pues de aceptar la tesis de la Alta Parte demandada, muchísimas cuestiones que pudieran presentarse entre los Gobiernos de Centro-América quedarían excluidas de su conocimiento y decisión, si se atendiera al deleznable argumento de que una tercera Nación, ajena al sistema institucional creado por los Tratados de Washington, tiene intereses conexos con las materias o cuestiones controvertidas.* [EL SALVADOR v. NICARÁGUA, ob. cit., pp. 730-1].

**309**

resultaram na conclusão do Tratado Clayton-Bulwer. Quanto à localização e às condições geográficas, estas ficam condicionadas ao exame das cartas geográficas apresentadas no processo. No que se refere aos interesses vitais dos Estados ribeirinhos, a Corte concluiu que o Golfo pertencia à categoria especial de *baía histórica*, cujo domínio exclusivo cabia a Honduras, a El Salvador e à Nicarágua. Pertencia à categoria das *baías históricas*, por reunir as condições determinadas pelos publicistas, pelos institutos internacionais e pelos precedentes estabelecidos, em matéria de águas territoriais, quer dizer: "Uma possessão secular com *animo domini*, pacífica e contínua e com aquiescência dos demais Estados."[84] Para considerar o Golfo de Fonseca como uma *baía histórica*, com características de *mar fechado*, a Corte se baseou nas considerações feitas pela Corte permanente de Haia, no Laudo Arbitral relativo a águas territoriais, datado de 7 de setembro de 1910. Com atenção especial aos comentários feitos pelo Juiz Drago, no seu voto dissidente. Comentários nos quais se distinguem claramente as *baías comuns* das chamadas *históricas*, partindo da idéia de que nem todas as entradas de mar têm igual importância nem exigem os mesmos cuidados de proteção.

A Corte aceitou a tese salvadorenha do condomínio. Mas é preciso observar que as delimitações de fronteiras, referentes a certos pontos do Golfo, só tinham tratado das zonas passíveis de conflitos, ficando, portanto, ainda por ser dividida uma considerável quantidade de águas pertencentes aos Estados ribeirinhos. A demarcação realizada pela Comissão Mista de Honduras e da Nicarágua (1900), instituída pelo Tratado Gámez-Bonilla[85], só chegou até um ponto médio entre a *Ilha do Tigre* e a *Ilha de Punta Cosigüina*. O resto das águas do Golfo ficou em

---

[84] EL SALVADOR v. NICARÁGUA. ob. cit., p. 737.
O caráter de baía histórica, ponto de relevo da decisão, remonta ao voto dissidente do Juiz Drago na sentença arbitral pelo Tribunal Permanente de Haia, em 1910. A condição de baía histórica do Golfo de Fonseca foi, inicialmente, defendida pelo jurista salvadorenho Salvador Rodriguez González. Este autor indaga o seguinte: suponho que não existisse condomínio sobre as águas do golfo, neste caso, qual seria a parte de cada Estado? Quem as demarcou? A natureza não fez tal deslindamento, nem muito menos os princípios de direito das gentes; nem sequer é possível praticar uma divisão da área compreendida *inter fauces terrae*, sem um acordo unânime entre El Salvador, Honduras e Nicarágua. Isto posto, não existindo divisão, o conceito mais justo é o que considera a totalidade das águas não divididas do Golfo como condomínio dos Estados ribeirinhos. Cf. RODRÍGUEZ GONZÁLES, Salvador. *El Golfo de Fonseca en el derecho público centroamericano. La doctrina Meléndez*. San Salvador, Imprenta Nacional, 1917; ACCIOLY, Hildebrando. ob. cit., pp. 259-62.
[85] A Nicarágua e Honduras celebraram, em 1894, o Tratado Gámez-Bonilla, por efeito do qual se estabeleceu uma Comissão Mista para demarcar a fronteira entre os dois Estados. Onde fosse possível seguir-se-ia o *uti possedetis juris* de 1821, onde não fosse se procederia à consulta de mapas e outros documentos que pudessem informar os limites (art. 2º). Em caso de desacordo, os contratantes recorreriam à arbitragem (art. 3º).
Entre 1900 e 1901 a Comissão discordou nos limites do trecho que vai do *Portillo de Teotecacinte* à costa do Atlântico. Para resolver a questão foi eleito árbitro o Rei da Espanha, Alfonso XIII. O Laudo do Monarca espanhol, fixando a fronteira, foi proferido em 23 de dezembro de 1906. Mas somente em 1911 Honduras se dirigiu à Nicarágua solicitando providências para extremar os territórios nos termos do Laudo. A Nicarágua a isso se negou, argüindo nulidade da Sentença Arbitral (1912). Em 1931, os dois Estados assinaram o Protocolo Irís-Ulloa; neste documento a Nicarágua reconhecia a validade do Laudo Arbitral. Mas, face às reformas feitas ao Protocolo pelo Congresso da Nicarágua, o acordo fracassou.

**310**

estado de comunidade entre os Estados de El Salvador, de Honduras e da Nicarágua. Por esse motivo o exercício da jurisdição tem por base a natureza jurídica do Golfo e a indispensabilidade que os países vizinhos têm de proteger e de defender os seus interesses econômicos vitais. Uma alteração na maneira de usar as águas comuns do Golfo de Fonseca implicaria na anulação dos direitos jurisdicionais dos condôminos; direitos, que devem ser exercidos com estrita igualdade e harmonia. Desta maneira, o co-proprietário não pode inovar nem transferir a um estranho, nem sequer compartilhar com ele, o uso e o gozo da coisa comum (ainda que isto traga vantagem), sem o expresso consentimento dos outros condôminos. A Corte entendeu, por isso, que a concessão feita pela Nicarágua aos Estados Unidos, em virtude do art. 2º do Tratado Bryan-Chamorro fazia supor, necessariamente, a ocupação, o uso e o gozo das águas, nas quais o Estado demandante possui direitos de co-soberania. Além disso, o território objeto da concessão e os navios de guerra da Armada dos Estados Unidos, conforme o mesmo dispositivo do Tratado, ficavam sujeitos às leis daquele país e à sua soberania. Em outras palavras, a concessão nicaragüense permitia que um Estado extra-regional se encravasse em território comum e indivisível, colocando em perigo os interesses vitais dos Estados condôminos[86].

A Corte considerou que o estabelecimento de uma base naval, em qualquer ponto do Golfo de Fonseca, constituía uma ameaça à segurança de El Salvador e uma violação dos seus interesses vitais. Entendeu também que, por razões históricas, a Nicarágua e El Salvador não podiam ser vistos como duas entidades internacionais ligadas por simples vínculos de cortesia. As repetidas manifestações, em suas Cartas constitucionais, nas quais afirmam taxativamente serem partes separadas da República da América Central, dão um exemplo

---

Devido a novos conflitos fronteiriços entre os dois países houve, em 1957, a participação do Sistema Interamericano. Por sugestão da OEA, diante da impossibilidade de acordo, as partes decidiram-se a submeter a questão à Corte Internacional de Justiça da Haia (CIJ). Nesta oportunidade a Nicarágua argumentou a nulidade do Laudo, nos seguintes pontos: 1) que o Rei da Espanha não havia sido realmente árbitro porque sua eleição não observara o procedimento indicado pelo Tratado Gámez-Bonilla; 2) que o compromisso já estava caduco na data do Laudo, porque o Tratado de 1894 indicava a validade de dez anos, a contar da assinatura do acordo; 3) que o Monarca espanhol se excedera em seus poderes; 4) que o árbitro incorrera em erro essencial na interpretação dos documentos; 5) e, finalmente, que lhe faltava a motivação ao Laudo. Contudo, em 18 de novembro de 1960, a Corte ditou Sentença final declarando a validade do Laudo Arbitral e a obrigação da sua execução por parte da Nicarágua.
Cf. EISEMANN, Pierre Michel *et alii*. *Petit manuel de la jurisprudence de la Cour Internationale de Justice*. pp. 91-95; Veja também a reserva de Honduras em relação ao art. 9º, inciso *b*, do TIAR.

[86]. Invocar os atributos da soberania para realizar atos que possam provocar dano ou perigo a outro país – afirmou a Corte – é desconhecer o princípio da interdependência dos Estados, que os obriga a ter respeito mútuo e a abster-se de praticar atos que envolvam lesão, ainda que potencial, aos direitos fundamentais dos demais sujeitos internacionais, que da mesma forma que os indivíduos, têm o direito de existir e desenvolver-se; e se esses princípios são de natureza indeclinável na órbita internacional, revestem-se ainda de maior importância quando se trata dos países da América Central, que, em algumas ocasiões, elevaram tais postulados à categoria de princípios básicos do seu direito público. Cf. EL SALVADOR v. NICARÁGUA. ob. cit., p. 750.

**311**

inequívoco do caráter especial das suas relações. Por conseguinte, todo e qualquer desmembramento territorial, mesmo sob a forma de arrendamento, contrariava os interesses primordiais de El Salvador e, por conexão, os da América Central. O Tratado Bryan-Chamorro era contrário, também, como já foi dito, ao Tratado Geral de Paz e de Amizade de 1907. Consoante os termos do art. 2º, do mencionado Tratado Geral de Paz e de Amizade, as partes assumiram, claramente, o compromisso de manter a paz na região pelo exercício institucional e pela manutenção da ordem constitucional. No caso em estudo, o governo da Nicarágua transgredira um dispositivo da sua Constituição, isto é, aquele que estabelecia a preservação da integridade territorial. O Tratado determinava também, no seu art. 9º, a igualdade de tratamento para todos os navios da América Central. Este privilégio extinguia-se com a concessão feita pela Nicarágua aos Estados Unidos, porquanto a outorga estava sujeita às leis e à soberania dos norte-americanos. Nestas circunstâncias, os países da região ficavam sem os privilégios estabelecidos pelo Tratado Geral de Paz e de Amizade de 1907 nos termos do art. 9º.

A Corte Internacional evitou na sua decisão, sabiamente diga-se, as questões de conteúdo político que implicassem os Estados Unidos. Nos dois casos oriundos do Tratado Bryan-Chamorro, ela procurou delimitá-los ao âmbito local e dar-lhes um tratamento puramente jurídico. Prova cabal desta assertiva é que a Corte se julgou incompetente para declarar a nulidade do Tratado. À semelhança do que decidira no caso da demanda da Costa Rica, reconheceu que a sua jurisdição estava restrita apenas às relações existentes entre as partes litigantes e a ditar sentenças que se limitassem às entidades soberanas sujeitas à sua jurisdição. "(...) declarar a nulidade absoluta do Tratado Bryan-Chamorro, ou a fórmula abreviada de *abstenção* que contém a demanda, equivaleria a julgar e a resolver sobre os direitos da outra parte signatária daquele tratado, [*os Estados Unidos*] sem ouvi-la nem vencê-la em juízo"[87]. A despeito desta posição da Corte, a nulidade do Tratado sobre o canal foi uma conseqüência inevitável da sua sentença.

O magistrado representante da Nicarágua, mesmo diante das lesões de direito demonstradas por El Salvador, como não poderia deixar de ser, face à dependência dos juízes com respeito aos governos dos seus Estados, foi o voto vencido.

Em conclusão a Corte de Justiça Centro-Americana, primeiro tribunal internacional da humanidade, proferiu a seguinte sentença final:

**PRIMEIRO** – *que é competente para conhecer e decidir o presente caso promovido pelo governo da República de El Salvador contra o da República da Nicarágua;*

---

[87.] EL SALVADOR v. NICARÁGUA. ob. cit., p. 761.

**312**

*SEGUNDO – que se devem rejeitar as exceções opostas pela Parte demandada;*

*TERCEIRO – que o Tratado Bryan-Chamorro, de 5 de agosto de 1914, pela concessão que contém de uma base naval no Golfo de Fonseca, ameaça a segurança nacional de El Salvador e viola os seus direitos de condomínio nas águas do aludido Golfo, na forma e com as limitações consignadas na Ata de votação e no parágrafo II da segunda parte desta sentença;*

*QUARTO – que viola os artigos 2º e 9º do Tratado Geral de Paz e de Amizade assinado em Washington pelos Estados centro-americanos, em 20 de dezembro de 1907;*

*QUINTO – que o governo da Nicarágua está obrigado, empregando todos os meios possíveis aconselhados pelo direito internacional, a restabelecer e a manter o estado de direito que existia antes do Tratado Bryan-Chamorro, entre as Repúblicas litigantes, no que respeita às matérias consideradas nesta sentença;*

*SEXTO – que a Corte se abstém de fazer qualquer pronunciamento a respeito do terceiro pedido da demanda inicial [nulidade do Tratado Bryan-Chamorro];*

*SÉTIMO – que a respeito da quarta pretensão da petição inicial, não procede fazer nenhuma condenação* [88].

A Nicarágua não reconheceu a sentença e optou por denunciar a Convenção que instituíra a Corte[89]. Em 12 de março de 1918, o Tribunal encerrou as suas funções e considerou extintos os seus poderes jurisdicionais. O Tratado Bryan-Chamorro, não obstante, permaneceu em vigor, entre os Estados Unidos e a Nicarágua, até 14 de julho de 1970, quando foi ab-rogado pelo Protocolo Guerrero-Barnebey[90].

A Corte de Justiça Centro-Americana, na sua curta existência, conheceu dez casos[91], mas foi o que se refere ao Golfo de Fonseca o mais importante de todos, quer pelos pontos de direito internacional abordados, quer pelo desempenho magistral da Corte.

---

[88]. EL SALVADOR v. NICARÁGUA. ob. cit., pp. 762-3.

[89]. A denúncia da Nicarágua encurtou em um ano a vida do Tribunal. Cf. art. 1º do Tratado Geral de Paz e de Amizade e art. 27 da Convenção que estabeleceu a Corte.

[90]. Sobre o Tratado Bryan-Chamorro, o Senador Borah, do Estado de Idaho, afirmou:
*O tratado que fizemos com a Nicarágua não representou em nenhum sentido o objetivo ou o desejo do povo nicaragüense. No que se relaciona com a Nicarágua, tudo foi feito por um governo que nós colocamos pela força no poder (...). Nós fizemos um tratado com nós mesmos. Fizemos um tratado com um governo que era instrumento nosso, que nos representava do outro lado da mesa de negociações.*
Cf. GUERRA y SÁNCHEZ, Ramiro. *La expansión territorial de los Estados Unidos.* Habana, Cultural, 1935. p. 455; DÍAZ-CALLEJAS, Apolinar. *Contadora: desafío al imperio.* Bogotá, pp. 98-9.
A idéia de construir um canal interoceânico através do território nicaragüense permanece. Atualmente os Estados Unidos e o Japão disputam a construção do canal. Conforme alguns estudos, a obra teria duzentos e cinqüenta quilômetros de comprimento e seria mais larga e mais profunda que o Canal do Panamá, permitindo, assim, a passagem de navios de maior porte. Custaria vinte e cinco bilhões de dólares.

[91]. **Jurisprudência da Corte de Justiça Centro-Americana**: 1) Honduras contra a Guatemala e El Salvador (1908); 2) Díaz contra a Guatemala (1908-1909); 3) Revolução na Nicarágua (1910); 4) Salvador Cerda

## 3. Bibliografia

ACCIOLY, Hildebrando. *Tratado de direito internacional público.* 2ª ed., Rio de Janeiro, Ministério das Relações Exteriores, 1956, T. 1.

ARIAS GÓMEZ, Jorge. "Consideraciones acerca de la guerra nacional". *La Universidad.* San Salvador: Universidad de El Salvador, 88 (3/4):64-90, jul./dic. 1963.

ARON, Raymond. *República imperial: Os Estados Unidos no mundo do pós-guerra.* Rio de Janeiro: Zahar, 1975, 471p.

BARRIOS, Gerardo. Carta do Presidente de El Salvador, Gerardo Barrios, ao Presidente de Honduras. *Revista de la Universidad.* Tegucigalpa, 1(7):443-5, jul./ 1909.

CABRERA A., Lucio. "El canal interoceánico y la rivalidad anglo-norteamericana respecto a México y Centroamérica en 1850-1860. Los Tratados Clayton-Bulwer". *Boletín mexicano de derecho comparado.* (NS). MÉXICO, UNAM, 13 (37):13-36, ene./feb.1980.

CARPEAUX, Otto Maria. *A batalha da América Latina.* Rio de Janeiro: Civilização Brasileira, 1965, 169p.

CASANOVAS Y LA ROSA, Oriol. *Casos y textos de derecho internacional.* 4ª ed. Madrid: Tecnos, 1984, 647p.

COSTA RICA versus NICARAGUA. *Revista americana de derecho internacional.* Washington, 11 (1):184-230, 1917.

CRUCHAGA GANDARILLAS, Vicente. *La igualdad jurídica de los Estados.* Santiago: Editorial Jurídica de Chile, 1968, 114p.

DÍAZ-CALLEJAS, Apolinar. *Contadora: desafío al imperio.* Bogotá, Oveja Negra, 1985, 301p.

EISEMANN, Pierre Michel *et alii. Petit manuel de la jurisprudence de la Cour Internationale de Justice.* 3ª ed. Paris. A. Pedone, 1980, 352p.

EL SALVADOR y NICARAGUA. Sentencia de la Corte de Justicia Centroamericana. *Revista Americana de derecho internacional.* Washington, Sociedad Americana de Derecho Internacional, 11(3):706-63, jul. 1917.

---

contra a Costa Rica (1911); 5) Revolução na Nicarágua (1912); 6) Felipe Molina Larios contra Honduras (1913); 7) Alejandro Bermúdez Nuñez contra a Costa Rica (1913); 8) eleição do Presidente Flores na Costa Rica (1914); 9) a Costa Rica contra a Nicarágua (1916); 10) El Salvador contra a Nicarágua (1916).

Em 1923, em Washington, foi concluído pelas repúblicas centro-americanas outro Tratado Geral de Paz e de Amizade. Foi aprovada também uma Convenção para a criação de uma Corte Arbitral. Esta não chegou a funcionar.

Em 1962, com a Carta de San Salvador (ODECA), instituiu-se a Corte de Justiça Centro-Americana. Não teve nem a competência e nem o significado da Corte de 1907. A Corte estabelecida pela Carta de San Salvador estava integrada pelos Presidentes das Cortes Supremas e tinha as seguintes competências: 1) conhecer todos os conflitos de natureza jurídica que os Estados convencionalmente lhe submetessem; 2) elaborar pareceres sobre projetos de unificação da legislação centro-americana, quando fosse solicitado pela Conferência de Ministros de Relações Exteriores ou pelo Conselho Executivo (Art.15).

Cf. *El sistema interamericano. Estudio sobre su desarollo y fortalecimiento.* p. 580; SAND, Marc. Une nouvelle juridiction internationale centraméricaine. *Journal du droit international.* Paris, 93(1):83-8, jan./ mars, 1966; Tratados y convenciones interamericanos. Formas, ratificaciones y depósitos con notas explicativas. *Serie sobre tratados.* Washington, OEA, n. 9, 1976, p. 54.

*ENCICLOPÉDIA MIRADOR INTERNACIONAL.* São Paulo: Encyclopaedia Britannica do Brasil, **11**:5832-3, 1989.

GALEANO, Eduardo. *As veias abertas da América Latina.* 2ª ed., Rio de Janeiro: Paz e Terra, 1978, 281p.

GAMEZ, José D. "Los filibusteros: recortes del libro inédito "Recuerdos del pasado." *Revista de la universidad.* Tegucigalpa, 7(7): 428-48, 1915.

GLINKIN, I. *et alii.* "Nicaragua indómita". In: *Sobre la historia de las intervenciones armadas norteamericanas.* Trad. M. Ciutat. Moscú: Progreso, 1984, 303p.

GOTTMANN, Jean. *América.* Barcelona: Labor, 1986, 435p.

GUIA DO TERCEIRO MUNDO 89/90. Rio de Janeiro: Terceiro Mundo, 1989, 647p.

GUTIÉRREZ, Carlos José. *La Corte de Justicia Centroamericana.* San José: Juricentro, 1978, 161p.

HERNÁNDEZ ALCERRO, Jorge Ramón. "Los orígenes del regionalismo centroamericano y su situación actual". *Revista de derecho.* Tegucigalpa, UNAH, 14(14):13-48, 1983.

HONDURAS. Proceso contra Walker: "Comandancia Principal del Puerto de Trujillo, 6 de septiembre de 1860". *Revista de derecho.* (SE). Tegucigalpa: UNAH, 4(4): 277-308, 1973.

HUDSON, Manley O. "The Central American Court of Justice". *American Journal of international law.* Washington, 26 (4):759-86, Oct. 1932.

INSTITUTO INTERAMERICANO DE ESTUDIOS JURÍDICOS INTERNA-CIONALES. *El sistema interamericano. Estudio sobre su desarollo y fortalecimiento.* Madrid, Cultura Hispánica, 1966, 609p.

LEU, Hans-Joachim & VIVAS, Freddy. *Las relaciones interamericanas: una antologia de documentos.* Caracas: Universidad Central de Venezuela, 1975, 335p.

LÓPES JIMÉNEZ, Ramón. *Tratado de derecho internacional público.* San Salvador, Ministerio de Educación, 1970, 2v.

MELLO, Celso de Albuquerque. *Curso de direito internacional público.* 8ª ed. rev. e aum. Rio de Janeiro: Freitas Bastos, 1986, 2v.

MELLO, Rubens Ferreira de. *Textos de direito internacional e de história diplomática de 1815 a 1949.* Rio de Janeiro: s.e. 1950, 881p.

MOLINA CHOCANO, Guillermo. *Estado liberal y desarrollo capitalista en Honduras.* Tegucigalpa: Banco Central de Honduras, 1976, 122p.

MONTIEL ARGÜELLO, Alejandro. *Manual de derecho internacional público y privado.* Guatemala: Piedra Santa, 1982, 403p.

NICARÁGUA–ESTADOS UNIDOS. "Convención relativa a la ruta del Canal de Nicaragua y a una base naval en el Golfo de Fonseca". *Revista americana de derecho internacional.* Washington, 10(2):277-9, abr./ 1916. Suplemento.

NÚÑEZ POLANCO, Diómedes. "Nicaragua y el Filibusterismo". *Cuadernos hispanoamericanos.* Madrid, 459:19-30, set. 1988.

PÉREZ BRIGNOLI, Héctor. *América Central: da colônia à crise atual.* São Paulo, Brasiliense, 1983, 83p.

RANGEL, Vicente Marotta. *Direito e relações internacionais.* 3ª ed., São Paulo: Revista dos Tribunais, 1988, 439p.

RODRÍGUEZ, Mario. *A palmerstonian diplomat in Central America: Frederick Chatfield, Esq.* Tucson: University of Arizona, 1964, 387p.

RODRÍGUEZ BETETA, Virgilio. "Transcendencia de 1ª guerra nacional en Centro América contra William Walker y sus filibusteros". *Anales de la sociedad de geografía e historia.* Guatemala, 30 (1-4):7-92, ene./dic. 1957.

RODRIGUEZ CERNA, José. *Nuestro derecho internacional: sinopsis de tratados y anotaciones históricas.* Guatemala: Tipografia Nacional, 1938, 816p.

ROOT, Elihu. "La verdadera doctrina Monroe". *Revista de la Universidad.* Tegucigalpa, 7(9):564-74, set. 1915; (10):587-592, oct. 1915.

ROSENBLUM, Jack J. "El interés norteamericano en la integración centroamericana". *Foro internacional.* México: Colegio de Mexico, 13(1):27-44, jul./set. 1972.

ROUSSEAU. Charles. *Derecho internacional público.* 3ª ed. Barcelona: Ariel, 1966, 747p.

SAENZ, Vicente. Pasado, presente y porvenir de Centro América. *Cuadernos americanos.* México, 3 (6):33-61, nov./dic. 1944 .

SAND, Marc. "Une nouvelle juridiction internationale centraméricaine". *Journal du droit international.* Paris, 93(1):83-8, jan./mars, 1966.

SELLERS, Charles *et alii. Uma reavaliação da história dos Estados Unidos: de colônia a potência imperial.* Rio de Janeiro: Jorge Zahar, 1990, 471p.

SELSER, Gregorio. "Los inicios de la diplomacia del dolar: Honduras, 1911-1912". *Cuadernos americanos.* México, 251(6):127-43, nov./dic. 1983.

SEPÚLVEDA, César. *Las fuentes del derecho internacional americano.* México: Porrúa, 1975, 154p.

STRAUSS NEUMAN, Martha. "El filibusteirismo en Nicaragua y el expansionismo norteamericano. 1855-1857". *Anuario de historia.* México, UNAM, 11:58-88, 1983.

SYRETT, Harold (org). *Documentos históricos dos Estados Unidos.* São Paulo: Cultrix, s.d., 339p.

*THE NEW ENCYCLOPAEDIA BRITANNICA.* Chicago: University of Chicago, 15ª ed., **2**:206; **4**:157; **9**:431; 1989.

THOMAS, Joaquín E. "La unión centroamericana en los tratados y convenciones diplomáticas". *Revista española de derecho internacional.* Madrid, 5(3):857-91, 1952.

VALLE GIRON, Angel. "La doctrina Monroe y el caso de Belice. Tratados Clayton-Bulwer y Dallas-Clarendon". *Revista de la facultad de ciencias jurídicas y sociales de Guatemala.* 10:95-109, ene./mar. 1951.

VIDAL, Manuel. *Nociones de historia de Centro América: especial para El Salvador.* 10ª ed. San Salvador: Dirección de Publicaciones del Ministerio de educación, 1982, 492p.

WESSON, Robert G. *A nova política externa dos Estados Unidos.* Rio de Janeiro, Zahar, 1978, 391p.

**316**

# A Prevenção e Solução de Litígios Internacionais no Direito Penal Internacional: Fundamentos, Histórico e Estabelecimento de uma Corte Penal Internacional (Tratado de Roma, 1998)

### Rodrigo Fernandes More

*Advogado em São Paulo.*
*Mestrando em Direito Internacional (USP)*

**Capítulo I**. Introdução – **Capítulo II.** Jurisdição e competência internacionais como elementos constitutivos da soberania e dirimentes de litígios internacionais – **Capítulo III.** Bases para o estabelecimento de uma corte penal internacional: o direito penal internacional – **Capítulo IV.** O Tratado de Roma de 1998 e a Corte Penal Internacional – **Capítulo V.** Conclusões

## Capítulo I – Introdução

As questões envolvendo o direito penal internacional estão se tornando cada vez mais importantes em matéria de prevenção e solução de litígios internacionais. De uma forma cada vez mais intensa, pesquisadores de diversas áreas, mesmo aquelas não diretamente afetas ao direito ou ao direito internacional, vêm percebendo a necessidade de se ponderar sobre antigos problemas políticos e sociais, tais como segurança pública, sob perspectivas mais especializadas. A interdisciplinariedade, indispensável para o pensamento do mundo contemporâneo, exige do pesquisador, do político, do próprio Estado, o lançar mão de "novos" conceitos de "velhas" disciplinas para equacionar problemas que afetam não mais o Estado ou o indivíduo de forma isolada, mas problemas cujos efeitos se projetam além-fronteiras e cuja solução deve, portanto, ser pensada de forma igualmente extraterritorial.

Há algum tempo, as fronteiras físicas entre Estados deixaram de ser barreiras efetivas contra os efeitos de atos praticados no Estado vizinho – atos lícitos ou ilícitos, civis ou penais. Nesta perspectiva, em matéria de direito penal, a solução de litígios entre particulares de um e outro Estado, com o tempo, passou a integrar a própria política internacional dos Estados. A jurisdição internacional, limitada pela competência internacional, passou a ser um instrumento de ampliação da soberania interna do Estado e, por conseqüência, também um instrumento de política internacional, incrementando sensivelmente o número e diversificando a natureza dos litígios internacionais.

Litígios, nos dizeres de Chiovenda, são "conflitos de interesses"; para Hobbes[1], podem ser também considerados como litígios a simples ameaça de conflito, ainda que este jamais venha a ocorrer. Para Francesco Carnelutti, citado por Vicente Greco Filho, *"Há conflito entre dois interesses quando a situação favorável para a satisfação de uma necessidade exclui a situação favorável para a satisfação de uma necessidade diversa."*[2]. De qualquer forma, tem-se o litígio no "interesse" dos sujeitos, independentemente da resistência de outrem[3].

No âmbito do direito interno, os sujeitos envolvidos nos litígios são três: o devedor, o credor e o Estado, ao passo que se tem somente dois focos de interesses envolvidos – o primeiro na relação credor-devedor, consubstanciado no interesse de recomposição dos danos causados (interesse privado); o segundo, na relação Estado-devedor, voltado à defesa do interesse público de preservação do estado de Direito, da segurança pública e bem-estar coletivo.

Noutra vertente, predomina no direito internacional o interesse público sobre o privado, característica que não exclui da apreciação da lei internacional relevantes questões atinentes aos direitos dos indivíduos, as quais recebem tratamento indireto, portanto por via reflexa, através da atuação dos Estados na ordem internacional, que cuidam de representar diplomaticamente os mais legítimos interesses dos indivíduos enquanto não-sujeitos de direito internacional. No entanto, em algumas situações especiais definidas no direito internacional, reconhece-se no indivíduo personalidade e capacidade internacional e, por conseguinte, exigem-se requisitos para sua atuação como sujeito de direito internacional. Isto porque o direito internacional foi criado por Estados e dirigido à regulamentação das relações entre Estados soberanos, os quais, no exercício desta soberania interna, cuidam de regular as relações de seus nacionais.

Diz-se, então, que o indivíduo sempre foi concebido como objeto de tutela do Estado, razão pela qual não pode atuar interna ou externamente com plena capacidade e personalidade senão nos limites traçados pelo Estado. Equivocada

---

[1]. *"Car la GUERRE ne consiste pas seulement dans la bataille et dans des combats effectifs; mais dansun espace de temps au la volunté de s'affrouter eu des batailles est suffisament avérée"* (HOBBES, Thomas. *Leviathan, Philosophie Politique*, tradução de François TRICAUD, Paris, Édition Sirey, 1971, p. 124).

[2]. CARNELUTTI, Francesco. *Sistema del diritto processuale*, Padova, 1936, v. 7, p. 3, citado por Greco Filho, Vicente. *Direito Processual Civil Brasileiro*, v. 1, 6ª ed., São Paulo, Saraiva, 1989, p. 12, nota 2.

[3]. Segundo ensinam CINTRA, GRINOVER e DINAMARCO (*Teoria Geral do Processo*, 12ª ed., São Paulo, Malheiros Editores, 1996, p. 20) os ... *"conflitos caracterizam-se por situações que uma pessoa, pretendendo para si determinado bem, não pode obtê-lo – seja porque a) aquele que poderia satisfazer sua pretensão não a satisfaz, seja porque b) o próprio direito proíbe a satisfação voluntária da pretensão..."*

assertiva! De modo bastante claro, vê-se que o indivíduo e o Estado são as figuras mais importantes a serem consideradas neste nosso estudo. O indivíduo como sujeito ativo e passivo de crimes; o Estado como persecutor e punidor destes atos criminosos.

Diferentemente do direito interno, no direito internacional Estado e indivíduo podem ser sujeitos de direitos, proposição que nos obriga a investigar a capacidade e personalidade destes entes, antes de reconhecer-lhes a legitimidade postulatória de direitos. Na relação de direito interno, capacidade e personalidade são regras claramente postas pelas leis do Estado. Se não se adaptam os indivíduos às prescrições legais, não lhes é reconhecida legitimidade postulatória. No direito internacional, os requisitos da legitimidade postulatória não se reportam ao direito interno dos Estados. Será sujeito de direitos internacionais todo aquele que for destinatário direto da norma internacional, não importando se o destinatário é ou não capaz em relação à lei de seu Estado de origem[4].

Conseqüência direta desta regra, expressamente reconhecida no art. 27 do Estatuto de Roma da Corte Penal Internacional[5], é o não reconhecimento dos indivíduos como sujeitos de direito em relação ao direito penal internacional, contrariamente ao seu amplo reconhecimento no âmbito do direito internacional penal[6], distinção doutrinária que nada influi na qualidade e quantidade de litígios cujos efeitos se espraiam da esfera interna para a internacional. Neste artigo, dirigido à análise da Corte Penal Internacional, portanto, ao tratamento jurídico internacional dos crimes internacionais e do direito penal internacional, não cuidaremos dos ilícitos próprios ao direito internacional penal.

Para tanto, cuidamos de dividir este estudo em cinco capítulos: I – Introdução; II – Jurisdição e competência internacionais como elementos constitutivos da soberania e dirimentes de litígios internacionais; III – Bases para o estabelecimento de uma corte penal internacional: o direito penal internacional; IV – O Tratado de Roma de 1998 e a Corte Penal Internacional; e V – Conclusões.

---

[4.] *"Em matéria de crimes internacionais o indivíduo não é sujeito de direito internacional..."* A afirmação, com a qual concordamos, é de autoria do Professor Fausto de QUADROS, da Faculdade de Direito de Lisboa (QUADROS, Fausto de. PEREIRA, André Gonçalves. *Manual de Direito Internacional Público*, 3ª ed., Coimbra, Almedina, 1995, p. 386). Segundo QUADROS, as regras de direito penal internacional são *"...regras dirigidas aos Estados, sem projeção em qualquer esfera jurídica individual..."* (Idem, p. 383). De fato, até mesmo na expressão máxima do direito penal internacional, a Corte Penal Internacional de Roma, a jurisdição de Corte sobre crimes depende da adesão dos Estados, ou seja, depende da incorporação do texto do Estatuto ao direito interno.

[5.] Estatuto da Corte Penal Internacional (International Criminal Court): devido à considerável extensão do Estatuto de Roma, como é conhecido o Estatuto da Corte Penal Internacional, não pudemos anexá-lo ao presente artigo, razão pela qual sugerimos uma pesquisa ao seu conteúdo diretamente no *site* da Corte - http://www.un.org/rights

[6.] Entre os ilícitos tratados pelo direito internacional penal estão as violações aos direitos humanos reconhecidos na Carta da Organização dos Estados Americanos, na Declaração Americana de Direitos

No capítulo destinado ao estudo da jurisdição e competência internacionais como elementos constitutivos da soberania e dirimentes de litígios internacionais, cuidaremos de analisar as bases sobre as quais se apóia o direito internacional, com destaque ao direito penal internacional e seus limites. No capítulo terceiro, socorrendo aos fundamentos lançados no capítulo anterior, debruçar-nos-emos sobre os fundamentos para o estabelecimento de uma corte penal internacional, a partir do estudo da terminologia, distinção, objeto e conteúdo do direito penal internacional. Finalmente, no último capítulo, faremos um breve exposição sobre a história e os fundamentos do Tratado de Roma de 1998, com especial atenção ao Estatuto da Corte Penal Internacional.

## Capítulo II – Jurisdição e competência internacionais como elementos constitutivos da soberania e dirimentes de litígios internacionais

*1. Os limites da jurisdição internacional dos Estados – conceitos gerais – 2. A competência extraterritorial dos Estados – 3. A busca da efetividade das decisões nacionais criminais em território estrangeiro*

A jurisdição e a competência internacionais dos Estados são elementos que compõem o moderno conceito de soberania do Estado, o qual vem sendo gradativamente erigido sob a perspectiva internacionalista de que os Estados, na ordem internacional, relacionam-se sob um regime de cooperação, não de subordinação, razão pela qual se pode afirmar que a soberania de um Estado não é absoluta, mas limitada na própria soberania dos demais Estados e nas normas de direito internacional[7].

A despeito da simplicidade do enunciado da regra, muitas são as divergências quanto à sua aplicação e abrangência, sejam elas consideradas na esfera

---

e Deveres do Homem e na Declaração Universal dos Direitos do Homem, como diretos inerentes à própria pessoa humana e, portanto, merecedores de uma tutela internacional convencional, independentemente de sua nacionalidade, cuja jurisdição está a cargo de tribunais internacionais de direitos humanos, a exemplo da Corte Interamericana de Direitos Humanos criada pela Convenção Americana sobre Direitos Humanos, a qual foi aprovada na Conferência de São José da Costa Rica em 22.11.69 e promulgada no Brasil através do Decreto n. 678, de 06 de novembro de 1992.

[7.]As técnicas de delimitação da competência internacional dos Estados foram estudadas por Richard Anderson FALK (in *International jurisdiction: horizontal and vertical conceptions of legal order*, Temple Law Quarterly, 1959, v. 32, p. 295).

**320**

internacional (cortes internacionais), seja na interna (tribunais nacionais).

Se uma decisão é tomada numa corte internacional ou organização internacional, nenhum esforço requer a percepção de seus efeitos extraterritoriais para um e outro Estado querelante. Por outro lado, se a decisão é tomada por um tribunal interno, idêntico efeito extraterritorial pode aflorar, atingindo pessoas, coisas e fatos situados noutro território.

O poder jurisdicional é do Estado e ligado diretamente ao exercício de sua soberania. Internamente, pode o Estado dispor de forma absoluta quanto à organização e administração de seus Poderes. Na ordem internacional, estes Poderes corporificam-se na forma indivisa de "Estado", que exerce seu poder jurisdicional através da atuação conjunta de todos os seus Poderes internos. Assim, são atos de jurisdição internacional do Estado não somente os atos Judiciários, mas também os Legislativos e Executivos, pois todos estes, em conjunto, representam um único Estado, uma única soberania. No limite da jurisdição internacional atua a competência internacional. Portanto, é a competência internacional que limita a soberania de um Estado.

Pensando o mundo moderno, vê-se que os choques de interesses nas duas esferas de relacionamento (indivíduo-Estado e indivíduo-indivíduo) vêm se multiplicando exponencialmente, em total descompasso com o estabelecimento de instrumentos eficazes para prevenção e solução destes conflitos de interesse, aos quais denominou-se de "litígios". Assim, divergências em matéria de jurisdição e competência internacionais, atinentes aos efeitos extraterritoriais das decisões dos Estados ou de órgãos internacionais, tendem a se tornar cada vez mais freqüentes, como também são mais comuns os socorros às mais variadas formas de solução de litígios, tal como a arbitragem ou a submissão do caso à jurisdição de uma corte internacional.

Deste modo, é de se considerar que discorrer sobre "prevenção" de litígios é mero exercício de retórica. Se existe um interesse resistido, existe litígio. Se não existe litígio nem ameaça a interesses (potencial confronto), não há que se falar em prevenção. Daí a distinção adotada sobre *litígio*: é conflito ou simples ameaça de interesses, independentemente de oposição.

Por estas razões, ainda que pensados de forma cartesiana, nos limites de regras e das formas de solução de controvérsias, os litígios são inevitáveis. Os conflitos de interesse não se reprimem pela simples existência de leis ou dos mais eficientes sistemas de solução de controvérsias, pois mesmo após a decisão jurisdicional permanece uma das partes irresignada, vencida em sua pretensão.

A competência internacional, limitadora da jurisdição e soberania internacionais, surge neste panorama de inevitáveis choques de interesses como indicadores das regras a serem aplicadas para a "ideal" composição do litígio. O produto do exercício da competência internacional são decisões (internas ou internacionais) cujos efeitos extraterritoriais dependem de efetividade para

**321**

serem eficazes. Sem efetividade, as decisões sobre litígios perdem-se no vazio, perpetuando-se o litígio.

Para melhor compreensão destas idéias, dividir-se-á este capítulo em quatro títulos. No primeiro título far-se-á a análise dos limites da jurisdição internacional dos Estados, permeada por breves notas sobre os fundamentos políticos[8] que os inspiraram. O segundo título tratará da competência internacional dos Estados e suas limitações no direito internacional. No terceiro título, tratar-se-á da busca da efetividade das decisões penais nacionais em território estrangeiro, título introdutório ao estudo do direito penal internacional, a ser apresentado no capítulo seguinte.

## 1. Os limites da jurisdição internacional dos Estados – conceitos gerais

Seria de bom alvitre iniciar a exposição com a determinação de um conceito de "jurisdição internacional". A maioria dos leitores fixaria o conceito e procuraria adequar neste cada idéia inserta no texto. Não é isto que se deseja, pois, diferentemente das ciências exatas, onde os conceitos ou teoremas são verdades absolutas e universais que se explicam em si mesmas, os conceitos nas ciências humanas são asserções tão relativas que já nascem fadados à própria extemporaneidade.

Mesmo assim, a técnica exige que se determine um conceito para justificar a tese defendida. Assim, a primeira advertência que se faz para elaboração de um conceito em direito internacional, tal como o conceito de "jurisdição internacional" é deixar de lado o plano e os paradigmas do direito interno, onde a *jurisdição* está vinculada a um elemento essencialmente territorial e *competência* representa a delimitação do exercício desta jurisdição, seja em razão do valor e da matéria, da função ou do território[9]. No plano do direito internacional, jurisdição e competência fundem-se num único conceito.

No plano internacional, os Estados não estão subordinados num ordenamento horizontal[10], não há hierarquia, portanto não há "poder". Há, sim, a harmonização natural de poderes, no que se pode denominar de "pacto de soberanias", onde nenhum Estado deixa de ser mais ou menos soberano ao permitir que decisões estrangeiras produzam efeitos em seus territórios, já que o próprio ato permissivo é um exercício de *soberania*. Tem-se, portanto, um

---

[8.] KAPLAN, Morton A. & KATZENBACH, Nicholas de B. *Fundamentos Políticos do Direito Internacional*, Zahar Editores, Rio de Janeiro, p. 188.

[9.] Lei n. 5.869, de 11 de janeiro de 1973: Código de Processo Civil Brasileiro em vigor, arts. 91 e ss.

[10.] O Professor FALK (op. cit, p. 298) apresenta em seu artigo um debate sobre o conceito horizontal e vertical da ordem legal internacional. No entender de Falk, a ordem internacional é essencialmente horizontal, de coordenação entre Estados, diferentemente da ordem interna, onde prevalece a hierarquia entre instituições, com o poder verticalizado e centralizado na figura do Estado.

**322**

arranjo horizontal que possibilita ao Estado exercer seu poder jurisdicional além de suas fronteiras, sem ferir prerrogativas de outros Estados.

A realização deste "pacto de soberanias" dá-se através de técnicas que visam delimitar os contornos da competência legal internacional dos Estados. Estas técnicas, na visão de Falk, denominam-se *jurisdição internacional*[11].

Ao nosso ver, *jurisdição internacional* é uma prerrogativa estatal atribuída pelo ordenamento internacional que permite aos Estados estender seu controle sobre pessoas, recursos e eventos ocorridos fora de seu território. Depreende-se do "conceito" que as regras de exercício de jurisdição internacional do Estado, embora ditadas pelo seu ordenamento interno, são limitadas pela ordem internacional[12].

No entanto, a ordem jurídica internacional é descentralizada, carente de instituições de interpretação imparcial de leis e de força para impor autoridade quanto aos limites da competência estatal. Fora do restrito universo das integrações regionais mais complexas, tais como uma Comunidade Européia ou uma Integração Econômica Total[13], o Estado ainda é tradicionalmente visto como centro de autoridade, o que faz da *reciprocidade* um importante elemento de estabilidade das relações entre os Estados, especialmente em se tratando de execuções de julgados estrangeiros em matéria penal.

Neste contexto, a solução de controvérsias internacionais, através da delimitação da competência legal internacional dos Estados, está nos arranjos horizontais, ou seja, nos tratados internacionais de direito material e especialmente de execução de julgados estrangeiros, já que, na essência, o ordenamento jurídico internacional é resultado de um arranjo horizontal. Um arranjo coordenativo garante que, dentro dos limites traçados nos tratados, o Estado conserve sua *soberania* (o que reforça a idéia de que a soberania não é um conceito de ordem interna, mas internacional)[14]. Isto significa que é a lei internacional que autoriza o Estado a exercer jurisdição sobre qualquer ato que

---

[11] FALK, op. cit., p. 295.

[12] E assim foi reconhecido, em 1927, pela Corte Permanente de Justiça Internacional, no julgamento do caso *Lotus*, no qual foi assinalado que "... *tudo o que pode ser exigido de um Estado é que não ultrapasse os limites que o direito internacional impõe à sua jurisdição; dentro destes limites, seu título para exercer sua jurisdição repousa em sua soberania*" (caso Lotus, in BRIGGS, Richard W., *The Law of Nations, Cases Documents and Notes*, F. S. Crofts & Co., NY, 1944, p. 287).

[13] Cf. Bela BALASSA (*Teoria da Integração Econômica*, Livraria Clássica Editora, Lisboa, 1962) sugere um gradualismo e diversidade para os diversos processos de integração econômica: zona de livre comércio, união aduaneira, mercado comum, união econômica e integração econômica total. Embora muito criticado este gradualismo mecanicista e pouco flexível, os críticos concordam quanto à instituição de órgãos supranacionais somente a partir da união econômica, até se atingir a integração econômica total, tal como preconizado para a União Européia.

[14] Ao nosso ver, o moderno conceito de *soberania* compreende dois elementos: *jurisdição* e *competência legal internacional*. Em outras palavras, soberania é jurisdição e competência.

**323**

não esteja sob expressa proibição da lei internacional[15].

Embora se fale sobre regras internacionais que limitam a competência legal internacional do Estado, a princípio, todo Estado é livre para definir sua competência internacional, na qual se inserem todas e quaisquer formas ou regras de solução de litígios.

A primeira regra limitadora desta competência é ditada pelo art. 2º da Carta das Nações Unidas, que reconhece a jurisdição territorial interna como absoluta. Uma segunda regra expressa a idéia de equipotência dos Estados: a jurisdição internacional externa é concorrente. Finalmente, uma terceira regra diz que um Estado não pode exercer sua jurisdição dentro do território de outro Estado, como conseqüência da exclusividade da competência territorial[16].

A partir destas regras verificam-se duas situações distintas: a primeira do Estado que evoca a competência internacional para julgar determinado caso; a segunda, do Estado que pretende fazer cumprir sua decisão em território estrangeiro.

Na primeira situação ocorre o típico conflito de competência internacional, no qual se discute qual Estado julgará o caso. Na solução do conflito está intrínseca a resposta sobre a execução do julgado, seja no território A, seja no B. Esta decisão se faz com base em princípios de direito internacional.

Já na segunda situação, não é o conflito de competência internacional o cerne da lide, mas a pretensão de um Estado de fazer executar sua decisão em território estrangeiro. A solução para a questão, de acordo com as mencionadas regras internacionais, parte do princípio de que a violação da jurisdição interna de um Estado somente se dá via consentimento (lei interna) ou por tratado internacional[17], pois o caráter absoluto da competência territorial para atos realizados em território nacional é indiscutível.

---

[15.] FALK (op. cit., p. 299) entende que estas regras proibitivas são os limites da discrição dos juízes para estender a jurisdição dos Estados para fora de seu território.

[16.] Art. 2º da Carta das Nações Unidas: *"A Organização e seus membros, para realização de seus propósitos mencionados no art. 1º, agirão de acordo com os seguintes princípios: 1. A Organização é baseada no princípio da igualdade soberana de todos os seus membros....3. todos os membros deverão resolver suas controvérsias internacionais por meios pacíficos, de modo que não sejam ameaçadas a paz, a segurança e a justiça internacionais....7. Nenhum dispositivo da presente Carta autorizará às Nações Unidas a intervirem em assuntos que dependam essencialmente da jurisdição de qualquer Estado ou obrigará os Membros a submeterem tais assuntos a uma solução, nos termos da presente carta; este princípio, porém, não prejudicará a aplicação de medidas coercitivas constantes do capítulo VII."* (In RANGEL, Vicente Marotta, *Direito e Relações Internacionais*, 5ª ed. Revista e atual., RT, 1997, p. 32).

[17.] Na análise dos fundamentos políticos que levam a concretização de tratados internacionais, KATZENBACH (op. cit.) vislumbrava o efeito de melhor acomodação de interesses nas comunidades de Estados que emergiam, pois a competência de um único Estado é um bloqueio para a realização de interesses e valores comuns.

**324**

## 2. A COMPETÊNCIA EXTRATERRITORIAL DOS ESTADOS

*i) O princípio da nacionalidade – ii) O princípio da segurança nacional – iii) O princípio da universalidade – iv) O princípio da territorialidade subjetiva e objetiva – v) O princípio da personalidade passiva*

No título anterior verificou-se, em duas situações bem distintas, os limites internos e externos da jurisdição internacional dos Estados. Ao lado da jurisdição internacional[18], constatou-se que a *regra de competência* internacional é, na verdade, o elemento que traz a matéria *sub judice* para a injunção jurisdicional interna do Estado. Neste título, sob a perspectiva que se vem traçando, cuidaremos da competência internacional dos Estados e dos efeitos extraterritoriais de normas nacionais.

A pesquisa a mais de duas dezenas de julgados da Suprema Corte dos Estados Unidos, da Corte Permanente de Justiça Internacional e Corte Internacional de Justiça permitiu concluir que, somente a partir da segunda década do Século XX, o termo *Law of Nations*, utilizado como representativo de um ordenamento internacional costumeiro, foi substituído pelo termo *International Law*, que consagra um ordenamento internacional, positivado nas diversas convenções internacionais que passavam a surgir em maior número e abrangendo um número mais significativo de matérias.

Historicamente, em 1917 sobreveio a Primeira Guerra Mundial, cuja influência direta sobre a América e Europa mudaram definitivamente o pensamento do mundo moderno. Até então, as revoluções ficavam restritas aos territórios e seus efeitos irradiavam indiretamente através de pensadores que sempre adicionavam ao contexto e às idéias revolucionárias sua própria ideologia. Assim ocorreu em todo o mundo moderno com relação aos ideais liberais preconizados na Independência dos Estados Unidos (1776) e na Revolução Francesa (1789).

Este pensamento moderno do mundo pós-Primeira Guerra fez fixar regras mais concretas de direito internacional (*International Law*), especialmente no que se referia à aplicação extraterritorial de leis nacionais, hoje o centro das controvérsias internacionais no âmbito do direito penal internacional.

Nos Estados Unidos, a aplicação de leis nacionais com efeitos extraterritoriais, bem como o reconhecimento da jurisdição internacional de outros Estados, sempre foi uma questão tratada de forma mais política e menos jurídica,

---

[18.] *Jurisdição* é um exercício de soberania. *Jurisdição internacional* é o resultado da composição legal internacional de *soberanias*.

de firmação de sua independência política[19].

A resposta da Comunidade Internacional (leia-se do Mundo Europeu) para a instabilidade das decisões americanas veio em 1927, através da Corte Permanente de Justiça Internacional, no julgamento do caso *Lotus*[20], um caso de direito penal internacional no qual se reconheceu como legítima a ampliação da jurisdição territorial turca, desde que circunscrita às regras de direito internacional. Fixava-se com maior força, através de um precedente jurispru- dencial, limites legais internacionais para o exercício da jurisdição e da competên- cia legal internacional.

Para apresentar o que a doutrina internacionalista entende como regras limitadoras da competência internacional, deve-se ter sempre em voga o conceito de *jurisdição internacional* proposto no primeiro título deste capítulo: *jurisdição internacional é uma prerrogativa estatal atribuída pelo ordenamento internacional, que permite aos Estados estender seu controle sobre pessoas, recursos e eventos ocorridos fora de seu território.* O ordenamento internacional, através de regras limitadoras da competência internacional, impõe limites legais à soberania e, conseqüentemente, à jurisdição internacional dos Estados.

Portanto, para solução de conflitos de soberanias equipotentes tornou-se imprescindível lançar mão de outros elementos que justificassem, com

---

[19.] A teoria do impacto territorial, sustentada pelos efeitos negativos causados em território americano dos fatos ocorridos no exterior, a ser estudada mais adiante como um dos princípios limitadores da competência legal internacional, nada mais é que a aplicação da própria jurisdição interna do Estado, como se considerasse o fato como ocorrido em seu próprio território. A solução para a recepção negativa da aplicação judicial desta teoria, mas lhe preservando a essência, foi regular diretamente as relações comerciais externas das empresas americanas com o restante do mundo. Assim, o *bloqueio econômico* imposto à Cuba pelos Estados Unidos (Lei Helms-Burton), comum e equivocadamente denominado de *embargo*, proíbe, em linhas gerais, pessoas físicas e jurídicas americanas de operarem com qualquer um que tenha qualquer tipo de relação com o Governo de Fidel Castro, exceção feita, recentemente, à Comunidade Européia. Em outras palavras, se uma empresa brasileira exporta seus produtos para Cuba, fatalmente não comercializará seus produtos para uma empresa americana, ou seja, estará excluído do maior mercado consumidor do Mundo.

[20.] O caso Lotus, típico caso de direito penal internacional, cuidou do julgamento de colisão de embarcações em alto-mar, tornou-se um dos mais valiosos casos da jurisprudência internacional. Em breve resumo dos fatos, um navio postal francês, o Lotus, abalroou um navio de carga turco em alto-mar, provocando a morte de cinco dos tripulantes turcos e o afundamento do navio cargueiro. Socorridos os náufragos, dirigiu-se o navio francês ao porto turco de Constantinopla, onde o oficial da hora francês, Tenente Demons, foi preso e denunciado pelas mortes dos tripulantes turcos. Processado pela Justiça Turca, Demons foi condenado a cumprir pena naquele país. A França, discordando da condenação de seu nacional e fundamentando, ainda, seu inconformismo no fato de o acidente ter se dado em alto-mar (sob a jurisdição de nenhum Estado), propôs à Turquia a submissão do caso à Corte Internacional de Justiça, no que obteve a concordância. Por maioria de votos, a CIJ julgou o caso favoravelmente à Turquia ao entender que não havia no direito internacional regra alguma que proibisse este Estado de aplicar sua lei penal sobre o caso. (HUDSON, Manley O. *World Court Report*, vol. II – 1927-1932, Washington, 1935, p. 20; BRIGGS, op. cit., p. 287).

razoabilidade[21], a prevalência da jurisdição de um Estado sobre outro. O elemento territorial, aplicado de modo isolado, tal como faziam as Cortes norte-americanas, não respondia mais pela solução das questões que exigiam solução legal extraterritorial, sem descuidar da efetividade.

Na busca destes outros elementos limitadores da competência legal internacional, pesquisadores de *Harvard Law School*[22], em 1935, demonstraram que alguns princípios de direito internacional eram universalmente aceitos e até mesmo consagrados no ordenamento interno de muitos países.

Estes elementos, denominados *princípios norteadores dos limites da jurisdição internacional*, foram identificados como *princípio da nacionalidade, princípio da segurança, princípio da universalidade, princípio da territorialidade objetiva e subjetiva* e *princípio da personalidade passiva*. À exceção do último destes princípios, que suscita alguma controvérsia, todos os demais, como asseverado, experimentavam reconhecimento universal, especialmente em matéria penal.

Vale anotar que estes princípios não devem ser considerados isoladamente, mas em conjunto. A questão é: dirimido o conflito de competências, o Estado que a mantiver julgará o caso tal como o teria julgado o Estado que a renunciou? O objetivo de toda decisão que pretenda produzir efeitos extraterritoriais é a razoabilidade no convencimento sobre as razões de prevalecimento de uma jurisdição sobre outra, quesito de elevada importância em matéria de direito penal. Veja-se, pois, como se enunciam estes princípios.

### i) O princípio da nacionalidade

De acordo com o princípio da nacionalidade, um Estado pode exercer jurisdição sobre seus nacionais, inclusive sobre atos por eles praticados fora do território do Estado, regra que suscita muitos conflitos de jurisdição internacional entre os Estados. O fundamento deste princípio é a preservação de regras de direito interno, seja daquelas que garantem direitos fundamentais aos seus cidadãos, seja daquelas que tipificam condutas antijurídicas indesejáveis (crimes).

O princípio da nacionalidade sofre algumas restrições quando se trata de pessoas jurídicas, dada a diversidade de critérios de fixação de nacionalidade. A solução proposta por alguns ordenamentos, por exemplo, é buscar na nacionalidade dos controladores da pessoa jurídica o elemento que permitirá

---

[21.] Segundo FALK (op. cit. p. 304), esta razoabilidade deve ser buscada numa composição horizontal entre os Estados, pois nesta perspectiva o Estado mantém-se como centro de autoridade primária, exatamente por não furtar da população as noções arraigadas de soberania e nacionalidade.

[22] "Research in International Law under the Auspices of the Harvard Law School. Jurisdiction with respect of Crime", *29 American Journal of International Law, Supp.* Ver também, BASSIOUNI, M. Cherif. *International Criminal Law*, obra em três volumes, v. 2 – *Procedure*, NY, Transnational Publishers, Inc., 1993, pp. 4 e ss.

**327**

fazer incidir suas leis. Isto é o que ocorre com a aplicação extraterritorial das leis antimonopólio dos Estados Unidos[23].

Em matéria penal, o direito brasileiro dispõe sobre a jurisdição brasileira, sem prejuízo de convenções internacionais, tratados e regras de direito internacional, ao crime cometido em território nacional. Considera a lei nacional como local do crime o lugar *"onde ocorreu a ação ou omissão, no todo ou em parte, bem como onde se produziu ou deveria produzir-se o resultado"* (art. 6º do Código Penal), ficando sujeito à lei brasileira, embora cometido no estrangeiro, os crimes elencados no art. 7º do referido Código desde que, respeitadas as exceções previstas na lei, o agente adentre em território nacional, o fato seja punível também no local do fato, estar o crime entre aqueles em que o Brasil permite a extradição, não ter sido o agente absolvido ou perdoado no estrangeiro e não estar extinta a punibilidade segundo a lei mais favorável. No que se refere à extradição, a Constituição Brasileira de 1988 trata do assunto entre as cláusulas pétreas (arts. 5º, LI; 60, §4º, IV), determinando que *"nenhum brasileiro será extraditado, salvo o naturalizado, em caso de crime comum, praticado antes da naturalização, ou de comprovado envolvimento em tráfico de entorpecentes e drogas afins, na forma da lei"*.

No direito comparado, Bassiouni[24] destaca que também o direito penal francês expressamente estende sua jurisdição sobre todos os crimes cometidos por nacionais franceses, mesmo aqueles cometidos fora de seu território. No direito norte-americano, não existe expressa previsão legal sobre a matéria, mas a Suprema Corte há muito tem reconhecido a jurisdição dos Estados Unidos sobre crimes cometidos extraterritorialmente por norte-americanos[25],

---

[23.] MAGALHÃES, José Carlos de. "A aplicação extraterritorial de leis nacionais", *Revista Forense* 293/89. p. 92: O professor Magalhães afirma que esta prática de tipificação de condutas de administradores de pessoas jurídicas faz aflorar um conflito de competências e de qualificações entre os Estados, pois interfere com pessoas jurídicas de outras nacionalidades que estão adstritas a seguir os parâmetros de leis nacionais a que estão sujeitas. Segundo o professor, atualmente no direito norte-americano, após a decisão no caso *Supplied Chemical Industries*, tem se considerado não passíveis de punição os administradores americanos sujeitos às leis estrangeiras.

[24.] BASSIOUNI, op. cit., v. 2 – *Procedure*, pp. 22/27.

[25.] BASSIOUNI, op. cit., v. 2 – *Procedure*, p. 25, nota 75: *"Rose v. Himley, 8 U.S. 143, 166 (4 Cranch) 240, 279 (1808) (dictum)...; Henfield's case, 11 F. Cas. 1.099 (C.C.D.Pa 1793 ) (No. 6360). In addition to the traditional (essential territorial) function of keeping the peace, one of the functions of the municipal criminal justice system simply is to control its citizens' conduct – to prohibit and attempt to the limit conduct deemed to be social harmful..."*. Também: *idem*, p. 23, nota 67: *Blackmer v. United States*, 284 U.S. 421 (1932), cuja íntegra encontra-se em BRIGGS, op. cit., p. 273; prosseguindo, BASSIOUNI anota: *"...Oppenheim stated that the law of nations does not prevent a state from exercising jurisdiction over its subjects travelling or residing abroad, because they remain under its personal supremacy. 1. L. Oppenheim, International law § 145, 330 (8th ed. 1955)...Professor W.E. Hall states: The authority possed by a stated community over its members being the result of the personal relation between it and the individuals of which its formed; its laws travel with them wherever they go, both in places within or without the jurisdiction of other powers. A state can not enforce its law within the territory of another state; but its subjects remain under a*

**328**

entendimento que se consolidou no julgamento do caso *Bowman* v. *United States*[26], julgado na Suprema Corte em 1922, no qual se estatuiu:

> *"The three defendants who were found in New York [but who commited the criminal acts while in Brazil] were citizens of the United States and were certainly subject to such laws as it might pass to protect itself and its property. Clearly it is no offense to the dignity or sovereignty of Brazil to hold them for this crime against the Government to which they owe allegiance."*

### ii) O princípio da segurança nacional

Segundo o princípio da segurança nacional, é lícito ao Estado agir em defesa de sua independência política, integridade territorial, segurança externa e interna, ainda que os fatos sejam praticados ou concebidos no exterior, sob a condição de que não tenham sido praticados no exercício regular de um direito reconhecido no Estado onde foi praticado. Aplica-se também esta jurisdição em relação à contrafação ou falsificação de símbolos nacionais, moeda, documentos que envolvam a credibilidade do Estado[27].

Para os mais atentos que acompanham a política norte-americana na América Central (exceto em relação a Cuba, que esteve protegida sob o escudo da Guerra Fria pela ex-URSS) e mais recentemente na América Andina, diversos exemplos de tentativas dos Estados Unidos de impor os efeitos de suas leis antidrogas podem ser lembrados, todos como se legitimados por fatores de proteção da segurança nacional dos Estados Unidos, especialmente quanto ao tráfico internacional de drogas[28].

No direito francês, a previsão de aplicação da jurisdição sobre crimes contra a segurança do Estado, contrafação de selos nacionais, moedas ou crime contra agentes diplomáticos ou consulares franceses está inserta no art. 694 do

---

*obligation not to disregard them, their social relations for all purposes as within its territory are determined by them, and its perservs the power of compelling observance by punishment if a person who was broken them returns within its jurisdiction.* W. E. Hall, International Law 56 (8th ed. 1924).

[26.] BASSIOUNI, op. cit., v. 2 – *Procedure*, p. 27.

[27.] MAGALHÃES, op. cit., notas 27 e 28: Art. 7ª e 8ª do Projeto de Convenção de Harvard, nota 20.

[28.] Os atos atentatórios à segurança dos Estados inserem-se em outro tema interessantíssimo – *A responsabilidade internacional dos Estados* – cuja discussão foge à matéria objeto deste trabalho. Todo Estado, independentemente de outros, deve procurar impedir e punir os autores de atos atentatórios à segurança de outros Estados, como um exercício de autopreservação e de preservação da própria ordem internacional. Ao nosso ver, a possibilidade de um Estado substituir-se a outro no controle e preservação de sua própria segurança nacional, atuando diretamente no território deste segundo Estado, é uma solução política engendrada pela doutrina internacionalista, para preservação do equilíbrio da própria ordem internacional. Não se trata, pois, de extensão de efeitos de leis nacionais em território estrangeiro, mas de própria susbtituição da autoridade, de sub-rogação de um poder que emana da soberania, a qual, por sua vez, é absoluta em território nacional.

**329**

*Code de Procedure Penal*[29]. No direito internacional (Corte Internacional de Justiça) o governo turco alegou o princípio da segurança nacional (*protective principle*) ao lado do princípio da personalidade passiva no famoso caso *Lotus*[30] (França v. Turquia, CPJI, 1927), mas a Corte firmou a jurisdição da Turquia pelo princípio da territorialidade objetiva.

### iii) O princípio da universalidade

O princípio da universalidade é um remanescente do direito internacional clássico, daquele direito a que se referia a *Law of Nations*, um direito não positivado, mas que visava a colaboração recíproca dos Estados em reprimir crimes e atos atentatórios aos mais basilares princípios de direito, tais como o tráfico de escravos, de mulheres e de crianças, a pirataria, o genocídio e os crimes de guerra e contra a humanidade[31].

### iv) princípio da territorialidade subjetiva e objetiva

A solução para a questão anteriormente proposta (do indivíduo que do Estado "A" atira e mata um outro no Estado "B") encontra resposta no desenvolvimento deste princípio, no qual o Estado passa a considerar o evento em dois momentos: parte ocorrendo dentro do seu território, parte, fora. Assim, um crime é cometido inteiramente dentro do território quando todos os seus elementos constitutivos se consumam dentro deste território; por outro lado, se o crime é cometido somente "em parte" dentro do território é porque pelo menos um de seus elementos constitutivos ocorreram fora deste território.

O princípio subjetivo confere competência ao Estado para estender sua jurisdição sobre participantes de eventos iniciados no Estado, mas consumados no exterior. Nos Estados Unidos, por exemplo, a Suprema Corte não reconhecia a jurisdição americana sobre crimes ocorridos fora do território americano, exceção feita a alguns casos extraordinários[32], pois prevalecia naquele sistema

---

[29] Cf. BASSIOUNI, op. cit., v. 2 – *Procedure*, p. 20: *"Every alien who, outside the territory of Republic, commits, either as author or as accomplice, a crime or a delict against the security of the State or of counterfeiting the seal of the State or national currency in circulation, or a crime against French diplomatic or consular agents or posts is to be prosecuted and adjudged according to the disposition of french law, whether he is arrested in France or the Government obtains his extradiction..."*

[30] Sobre o caso *Lotus*, vide nota 21 retro.

[31] Os tribunais norte-americanos fornecem farta jurisprudência relatando a aplicação de muitos destes princípios da *Law of Nations*, especialmente quanto ao tráfico negreiro, a exemplo dos casos *Schooner La Jeune Eugéne –1822* (BRIGGS, op. cit. p. 7) e *The Antelope – 1825* (idem, p. 12). Sobre crimes de guerra, contra a paz, contra a humanidade ver anexo Estatuto da Corte Penal Internacional estabelecida pelo Tratado de Roma de 17 de julho de 1998 e também: Convenção de Genebra de 1949, Cartas dos Tribunais Militares de Nuremberg e Tóquio (BASSIOUNI, op. cit., v. 3 – *enforcement*, pp. 121 e 139), Estatuto do Tribunal Penal Internacional para Ruanda (http:\\www.ictr.org), Estatuto do Tribunal Penal Internacional da ex-Iugoslávia (http//www.un.org).

[32] BASSIOUNI (op. cit., v. 2 - *procedure*, p. 9 e notas) assevera que *"... The United States Supreme*

**330**

o entendimento de que o Estado tem jurisdição absoluta sobre todos os eventos ocorridos em seu território em razão de seu direito de soberania[33].

Já o princípio objetivista permite que o Estado conheça, processe e julgue eventos iniciados no exterior, mas consumados dentro de seu território. No âmbito internacional, este princípio teve abrigo no caso *Cutting*[34], comentado por *John Basset Moore*, que declarou o princípio da seguinte forma: *um homem que, intencionalmente, pratica atos que provocam efeitos em outro território, é reconhecido como responsável na jurisdição criminal de todas as nações*[35]. Este caso representou uma grande evolução do princípio da territorialidade, pois o fundamento para firmar a competência mexicana sobre evento ocorrido no exterior, praticado por estrangeiro, sob as leis de outro país, não foi a extensão da competência territorial, mas a própria competência territorial[36].

Esta territorialidade objetiva, não aceita de início pelos Estados Unidos, que travaram uma batalha diplomática contra a decisão do caso Cutting, ganhou

---

*Court later states declared that under American Law, jurisdiction in criminal matters rests solely with the legislative and judicial branches of government of the state or country in which the crime is commited".* Ver especialmente nota 21 sobre precedentes jurisprudenciais: *Huntington v. Attrill*, 146 U.S. 657 (1892)... *Brown* v. *United States*, 35, App. D.C. 548 (1910) – BRIGGS, op. cit., p. 790 – (*the court of one state shall note execute the criminal law of another*); *Stewart v. Jessup*, 61 Ind. 413 (1875) (*a person is not subject to convinction and punishment in this state for a crime commited outside the state*).

[33.] Esta foi a política defendida na Suprema Corte desde a independência dos Estados Unidos, concretizada pelo Chief Justice Marshall no julgamento do caso *Schooner Exchange v. McFaddon* (BRIGGS, op. cit, p. 241) e *The Antelope* (BRIGGS, op. cit., p. 12), no qual se asseverou: "*the jurisdiction of the nation, within its own territory, is necessarily exclusive and absolute; it is susceptible of no limitation not imposed by itself. Any restriction upon it, derived validity from an external source, would imply a diminution of its sovereignty, to the extend of the restriction...in that power which could impose such restriction. All exceptions, therefore, to the full and complete power of a nation, within its own territory, must be traced up to the consent of the nation itself.*" ..." *courts of no country execute the penal law of another*".

[34.] Julgado no México em 1827. Cutting, um cidadão norte-americano, publicou em um jornal local do México um artigo injurioso contra o médico mexicano Medina. Em juízo, Cutting comprometeu-se a se retratar publicamente também num jornal, o que fez em letras minúsculas, num texto quase ininteligível. Na mesma data fez publicar num jornal americano em El Paso, no Texas, novo artigo injurioso. Medina voltou a processar Cutting no México. O juiz mexicano, ao fixar sua competência para julgar o caso, asseverou "*...que mesmo supondo, sem que aceite o fato, que a ofensa penal da difamação foi cometida no território do Texas, a circunstância de ter o jornal de El Paso, Sunday Herald, circulado nesta cidade,... constituiu a consumação do crime, em conformidade com o art. 664 do C. Pen*" (in BRIGGS, op. cit., nota 17, pp. 283 e 574).

[35.] BASSIOUNI, op. cit., v. 2 – *Procedure*, p. 17, nota 39: "*The principal that a man who, outside of a country willfully puts in motion a force to take effect in it is answerable to the place were the evil is done, is recognized in the criminal jurisprudence of all countries*".

[36.] MAGALHÃES, op. cit., p. 95; e BASSIOUNI, op. cit., v. 2 – *procedure*, p. 18: O enunciado do princípio da territorialidade objetiva foi declarado no julgamento do caso *Strassheim v. Dailey* (Suprema Corte, 1911), no qual o Chief Justice Holmes sentenciou: "*Acts done outside a jurisdiction, but intended to produce and producing detrimental effects within it, justify a state in punishing a cause of the harm as if he had been present at the effect, if the state should succeed in getting him within its power*".

espaço firme nas cortes americanas, desenvolvendo-se para a teoria que ficou conhecida por *teoria do impacto territorial.*

De acordo com esta teoria, o Estado possui competência para legislar e conhecer de eventos ocorridos ainda que integralmente no exterior, envolvendo participantes nacionais ou estrangeiros, desde que tais eventos venham a produzir efeitos no território do próprio Estado. Não é mais necessário que parte do evento se realize dentro do território. Preponderam os efeitos e os resultados lesivos dentro do território. Criou-se uma ficção legal de que o agente deve ser considerado como se tivesse presente no território onde se propagaram os efeitos de seus atos criminosos. Mais uma vez, não se tem a extensão do território para justificar a competência legal internacional, mas o exercício de própria jurisdição interna.

Além do direito penal, foi com base nesta teoria que os tribunais americanos, e seus juízes, passaram a considerar sob jurisdição interna as questões envolvendo as leis antimonopólio americanas, mesmo aquelas envolvendo empresas americanas no exterior ou empresas estrangeiras em territórios independentes. Sob o argumento de preservação da livre economia e dos mercados americanos, os Tribunais nacionais passaram a "legitimar os interesses" expansionistas do país, fortalecendo sua política e economia internas.

### v) O princípio da personalidade passiva

O princípio da personalidade passiva, como se disse, não goza de aplicação universal tal como os demais princípios elencados. De acordo com este princípio, um Estado pode ampliar sua competência para processar e julgar crimes ou violações cometidas contra seus nacionais. Para os países que adotam o sistema do *Common Law*, tal como os Estados Unidos, o elemento passivo não é justificativa legítima para ampliação da competência[37].

No direito francês, relata Bassiouni, após a experiência do caso Lotus, em

---

[37.] Nos Estados Unidos o princípio da personalidade passiva sempre foi repudiado, o que se deu em duas oportunidades distintas: no caso Cutting (1887) e num caso similar em 1940 . Vejam-se alguns cometários do Departamento de Estado dos Estados Unidos sobre estes julgados: *(Cutting)..."[T]he assumption of the Mexican Tribunal, under the law of Mexico, to punish a citizen of the United States for a offense wholly commited and consumated in his own country against its laws was an invasion of the independence oh this Government...".* (1940)*..."This Government continues to deny that, according to the principles of international law, an American citizen can be justly held in Mexico to answer for an offense commited in the United States, simply because the object of that offense happens to be a Mexican citizen, and its remains that according to the principles of international law."* (BASSIOUNI, op. cit., v. 2 – *Procedure*, p. 30 e nota 104). Veja-se também trecho da moção de repúdio do governo dos Estados Unidos à adoção da teoria da personalidade passiva pelo Supremo Tribunal do México por ocasião do julgamento do caso *Cutting* – 1827 (in BRIGGS, op. cit., p. 574, nota 17; BASSIOUNI, *idem*, p. 29): *"A State does not have jurisdiction to prescribe a rule of law attaching a legal consequence to conduct of a alien outside its territory merely on the ground that the conduct affects one of its nationals".*

1927, e os eventos em Haia, em 1974 (quando foram feitos reféns franceses e danificado o prédio do Consulado Geral francês), o art. 689 do Código de Processo Penal ganhou redação que exprime o máximo do princípio da personalidade passiva, dispondo que todo estrangeiro que seja autor ou cúmplice de um crime cometido fora da França contra nacionais franceses deve ser processado e julgado de acordo com a lei francesa[38].

### 3. A BUSCA DA EFETIVIDADE DAS DECISÕES NACIONAIS PENAIS EM TERRITÓRIO ESTRANGEIRO

O reconhecimento de algumas daquelas citadas regras internacionais de limitação da competência internacional, por certo, não é suficiente para a solução do maior dos problemas em matéria de litígios internacionais, seja na área penal, seja na civil. A problemática da concorrência de competências internacionais, cujas bases estão lançadas no direito interno dos Estados, não pode ser solucionada, mas mitigada por aquelas regras limitadoras e, de modo mais eficaz, através de tratados internacionais de cooperação judiciária.

Assim, quando se pretende dirimir litígios internacionais deve-se pensar, primeiramente, na efetividade da decisão a ser proferida, antes mesmo de se pensar na criação de instrumentos (órgãos) internacionais de solução de litígios, a exemplo da recém-criada Corte Penal Internacional (*International Criminal Court*). Efetividade e solução de litígios se alcançam através da compatibilização de sistemas jurídicos, especialmente quanto à execução de decisões estrangeiras, cujos requisitos extrínsecos (juízo de delibação) poderiam ser realizados diretamente pelo juiz monocrático no exame de admissibilidade da ação[39].

Os litígios envolvendo o direito penal, que se detêm sobre os efeitos extra-territoriais das decisões penais, devem, pois, ser pensados na perspectiva de estabelecimento de um sistema de cooperação internacional, envolvendo as áreas de execução penal, de política ostensiva e repressiva às diversas modalidades de crimes internacionalmente relevantes, cujos atos e efeitos se propagam além-fronteiras, transformando um problema de paz, segurança e bem-estar coletivo interno em preocupações internacionais. Este é o objeto de estudo do capítulo que segue.

---

[38]. BASSIOUNI, op., cit., v. 2 – *Procedure*, p. 28: tradução livre do autor.
[39]. Esta seria uma alternativa à maioria dos sistemas jurídicos, tal como o brasileiro, onde o juízo de delibação sobre decisões estrangeiras repousa na competência constitucional do Supremo Tribunal Federal (Constituição Federal de 1988, art. 102, I, "h").

# Capítulo III – Bases para o estabelecimento de uma corte penal internacional: o direito penal internacional

*1. O problema de um direito penal internacional – 2. Terminologia, distinção, objeto e conteúdo do direito penal internacional – 3. Delitos comuns atentatórios de interesses dos Estados (crimes internacionais)*

## 1. O problema de um direito penal internacional[40]

De que trata, afinal, o direito penal internacional? Seria um ramo do direito internacional clássico ou simples aplicação extraterritorial de direito interno dos Estados? Existe um direito penal internacional?

Segundo Schwarzenberger, o direito penal internacional, que trata dos chamados crimes internacionais cometidos por particulares, desenvolveu-se em sua técnica a partir dos conceitos e princípios de direito internacional clássico (*law of nations*), entre os quais se destacam o princípio da soberania, do qual decorrem, por exemplo, os mencionados princípios limitadores da competência internacional dos Estados (i.e. segurança, universalidade, nacionalidade, territorialidade e personalidade passiva).

Para os estudiosos que reconhecem a origem clássica do direito penal internacional, este pode ser considerado sob seis diferentes significados: como reflexo do escopo territorial do direito penal interno; como direito penal interno derivado de normas internacionais; como direito penal interno autorizado por lei internacional; como direito penal interno comum a todas as nações civilizadas; como cooperação internacional na administração da justiça penal interna; e como direito penal internacional no sentido material da palavra.

Se entendermos o direito penal internacional como reflexo do escopo territorial do direito penal interno, então devemos considerá-lo como verdadeiro nascedouro de conflitos internacionais. De fato, é regra universalmente aceita a competência legal internacional do Estado para conhecer, processar e julgar os crimes cometidos em seu território. Contudo, tal como já tivemos a oportunidade de verificar, estas mesmas leis podem estender a competência do

---

[40]. Este título foi inteiramente baseado em texto de Georg Schwarzenberger (SCHWARZENBERGER, Georg. *The Problem of an International Criminal Law*, in MUELLER, Gerhard O. W. & Wise Edward M. *International Criminal Law*, New York University, NY, Fred B. Rothman & Co, 1965, pp. 3/37). Ver também: DERBY, Daniel H. *A Framework for International Criminal Law*, in Bassiouni, op. cit., v. 1 – *Crimes*, p. 33.

**334**

Estado sobre crimes cometidos por nacionais ou estrangeiros situados no exterior. É neste ponto que surgem os conflitos de competência concorrente, regra reconhecida no direito internacional.

A solução do litígio que então surge está na aplicação de princípios de direito internacional clássico de limitação da competência legal internacional dos Estados, bem como na negociação e conclusão de tratados internacionais onde estejam claramente previstos os determinantes da competência legal internacional de cada um dos Estados envolvidos no conflito.

Como direito penal interno derivado de normas internacionais, o direito penal internacional surge de obrigações acordadas em tratados internacionais ou de deveres dos Estados decorrentes do direito internacional consuetudinário. Este é o caso do crime de pirataria, considerado o mais antigo ato reconhecido internacionalmente como crime, antes pelo direito consuetudinário e mais tarde por tratados internacionais[41].

Na concepção do direito penal internacional como um direito interno autorizado internacionalmente, temos duas categorias de crimes: a pirataria *ius gentium* e os crimes de guerra. Todo Estado tem o dever de combater a pirataria em seu território, dever que também se estende aos altos mares, em razão da aplicação da noção de *ius gentium* de que o mar é *res comunes*. No que se refere aos crimes de guerra, todo Estado deve punir toda e qualquer infração à regra de manutenção do bem-estar e paz internacionais. Nestes dois casos, o direito penal interno para persecução e punição dos violadores destes princípios surge por exigência do direito internacional, do direito penal internacional.

Em matéria de cooperação internacional na administração da justiça penal interna dos Estados, o quarto significado atribuído ao direito penal internacional, o já mencionado conflito de competências que freqüentemente surge entre Estados, torna-se um dos principais fatores de impunidade e, conseqüentemente, de conflitos internacionais. Não são incomuns os casos que se tem a condenação de um indivíduo num Estado e sua absolvição por outro. Boa parte destes conflitos pode ser minimizada, com a predeterminação de regras de competência e jurisdição entre Estados, regras que podem e comumente ganham corpo em tratados de cooperação judicial.

Finalmente, no sentido material da palavra, direito penal internacional comporta todos os atos criminosos que atingem diretamente a sociedade internacional. É disciplina que tem origem no direito internacional clássico costumeiro, do qual se extrai uma clara e universal repulsa por atos reconhecidamente criminosos.

---

[41.] Este direito cristalizou-se na Convenção das Nações Unidas sobre Direito do Mar, assinada em Montego Bay em 10.12.69, e que entrou em vigor internacionalmente em 16.11.94. Contudo, foi ratificada e incorporada ao direito brasileiro somente em 1995, através do Decreto 1.530, de 22.06.95. (RANGEL, op. cit., p. 337).

**335**

Em resumo, cada um dos seis significados atribuídos ao direito penal internacional revelam, de forma clara e objetiva, problemas que tocam menos ao reconhecimento e mais à efetividade do direito, a qual se traduz pela persecução e efetiva punição dos criminosos. Enquanto não se resolverem estas questões sobre efetividade, sobre procedimento penal, jamais se terá um rígido controle preventivo e dirimente sobre os litígios internacionais concernentes ao direito penal internacional. Mas, existe um direito penal internacional? Não há dúvidas quanto à relação direta entre o direito penal internacional e o direito internacional clássico. Os crimes internacionais já reconhecidos em tratados – tais como o genocídio, o seqüestro de aeronaves, crimes de guerra, de discriminação racial, terrorismo – nada mais são que a consolidação de direito internacional costumeiro há muito tempo reconhecido como obrigatório por todas as nações.

Dispostos em tratados internacionais, os crimes internacionais ganham especial tratamento da comunidade internacional, especialmente quanto à prevenção e repressão. A primeira destas ações é realizada no âmbito do direito interno através da incorporação das regras do tratado aos ordenamentos nacionais; a segunda, além da atividade interna do Estado, conta com órgãos intergovernamentais especialmente criados para a repressão do crime, tal como a Interpol (*International Criminal Police Organization*).

Se existem crimes reconhecidamente internacionais, se existe um aparelhamento para sua prevenção e repressão, não se pode negar a existência de um direito penal internacional, ainda que este seja concebido, tal como declinamos há momentos, como um reflexo do direito penal interno dos Estados.

Evidência maior da existência de um direito penal internacional pode ser colhida a partir do histórico das tentativas de estabelecimento de uma corte penal internacional, as quais serão objeto de análise em nosso próximo capítulo.

## 2. TERMINOLOGIA, DISTINÇÃO, OBJETO E CONTEÚDO DO DIREITO PENAL INTERNACIONAL[42]

### 2.1. Terminologia

A terminologia usada para determinar o objeto do direito penal internacional é resultado da convergência de duas diferentes disciplinas legais que vêm se desenvolvendo de forma distinta e independente, mas atuando de modo complementar. A primeira destas disciplinas abrange os aspectos de direito

---

[42.] BASSIOUNI, op. cit, v. 1 – *Crimes*, p. 3.

**336**

penal do direito internacional (direito penal substantivo); a segunda, os aspectos internacionais do direito penal interno dos Estados (*i.e.* efeitos extraterritoriais das leis, Código Penal Brasileiro, art. 7º). Assim, um estudo da primeira destas disciplinas revela que esta trata essencialmente de direito penal internacional substantivo ou de crimes internacionais; a segunda, de sua vez, dos efeitos extraterritoriais das leis internas dos Estados.

Da conjunção das duas disciplinas surge o direito penal internacional, fundado na seguinte perspectiva: há determinada conduta tipificada no direito internacional como criminosa (crime internacional tipificado por disposição convencional, consuetudinária ou por princípios gerais de direito abrigados pelo direito internacional), ao mesmo tempo que, no direito interno, ocorre a coincidência do tipo internacional com o tipo doméstico e a conseqüente aplicação da lei interna. Quando a aplicação da lei interna passa a considerar para fins de conhecimento, processamento e julgamento, direta ou indiretamente, o crime internacional, afloram seus efeitos extraterritoriais.

Noutra vertente, estabelecendo-se uma distinção entre o direito penal internacional e o direito internacional penal, pode-se afirmar que a terminologia atribuída ao direito internacional penal não nega seu vínculo direto com o direito internacional convencional, de caráter público, cujo desenvolvimento, principalmente na área de "Direitos Fundamentais do Homem", proporcionou a construção, com fundamentos teóricos e empíricos, de dispositivos que possibilitam a responsabilização do Estado por atos de violação daqueles direitos[43].

A despeito das celeumas acadêmicas sobre os "aspectos penais" dos Atos de Estado, se existe ou não impropriedade na terminologia adotada por alguns autores, é correto pensar que os Estados podem ser submetidos a uma corte internacional para responderem por atos lesivos, omissivos ou comissivos, atentatórios aos direitos fundamentais do homem, especialmente os de primeira geração (i.e. direito à vida, à personalidade). Um exemplo é a Corte Interamericana de Direitos Humanos, criada pela Convenção de São José da Costa Rica, e a Corte de Estrasburgo, com semelhante competência no âmbito da Comunidade Européia.

## 2.2. Distinção

Algumas distinções entre direito penal internacional e direito internacional penal podem ser desde logo extraídas das próprias distinções terminológicas apresentadas no tópico anterior, as quais podem se somar outras, que abrangem

---

[43.] Ver *Convenção de São José da Costa Rica* (in RANGEL, op. cit., pp. 704 e ss.).

a própria aplicação de uma ou outra disciplina.

Em breve resumo, veja-se a tabela prática a seguir sobre as distinções entre direito penal internacional e direito internacional penal:

| | DIREITO PENAL INTERNACIONAL | DIREITO INTERNACIONAL PENAL |
|---|---|---|
| SUJEITO ATIVO | Indivíduo | Responsabilidade do Estado |
| SUJEITO PASSIVO | Indivíduo | Indivíduo |
| TRIBUNAL | *Ad hoc* (*i.e.* Nuremberg, Tóquio, ex-Iugoslávia e Ruanda) e Tribunais Nacionais. | Corte Internacional de Direitos Humanos (Convenção de San José da Costa Rica); Corte Internacional de Estrasburgo (CE). |
| LEGITIMIDADE ATIVA | Estados e outros órgãos com personalidade internacional (exceto indivíduos) | Estados (modernamente tem-se admitido indivíduos) |

## 2.3. Objeto[44]

O objeto das prescrições normativas do direito penal internacional é delimitar as condutas específicas que se consideram atentatórias a um interesse social que transcende a órbita interna do Estado, cuja proteção necessita a aplicação de sanções impostas pelos Estados, através de uma atuação não somente em nível nacional, mas também internacional, coletiva e de cooperação.

Segundo Bassiouni[45], existem 22 tipos de *crimes internacionais*: agressão, crimes de guerra, uso ilegal de armas, emprego ilegal de armas, crimes contra a humanidade, genocídio, discriminação racial, escravidão e crimes conexos, experimentos médicos ilegais, pirataria, seqüestro de aeronaves, uso de força contra pessoas internacionais protegidas, tomada de civis como reféns, tráfico de drogas, destruição ou roubo de tesouros nacionais, crimes contra o meio ambiente, roubo de material nuclear, uso ilegal dos correios, tráfico de publicações obscenas, interferência com cabos submarinos, falsificação ou contrafação de símbolos nacionais e o suborno de oficiais públicos estrangeiros.

---

[44] BASSIOUNI, op. cit., v. 1– *Crimes*, p. 2.

[45] Idem.

**338**

A base legal de alguns destes tipos tem como fonte o *direito consuetudinário* e *princípios gerais de direito*, ao passo que outros já contam com previsão expressa em *tratados internacionais*.

A análise destes tipos e das convenções internacionais das quais foram extraídos (feita por Bassiouni) permite concluir que existem dez características penais que nelas se repetem com maior freqüência: 1. reconhecimento explícito de que o ato é um crime internacional, ou um crime regulado por direito internacional, ou simplesmente um crime; 2. reconhecimento implícito da natureza penal de um ato pelo estabelecimento de um dever de proibir, prevenir, processar e punir; 3. criminalização de determinada conduta; 4. direito ou dever de processar criminosos; 5. dever ou direito de punir determinada conduta prescrita; 6. dever ou direito de extraditar; 7. dever ou direito de cooperar no processo e punição (inclusive assistência judicial em procedimentos penais); 8. estabelecimento de bases jurisdicionais penais (ou teoria de jurisdição penal ou prioridade em jurisdição penal); 9. referência à necessidade de estabelecimento de uma corte penal internacional; 10. eliminação da possibilidade de recursos a órgãos superiores; características presentes, inclusive, no Estatuto da Corte de Roma.

### 2.3.1. Sistemas de execução no direito penal internacional[46]

O direito penal internacional tem evoluído através de dois sistemas de execução: um direto outro indireto. O primeiro detém-se sobre a aplicação direta da lei internacional sobre o indivíduo, o que somente será possível a partir de uma corte internacional de controle direto e, conseqüentemente, de um aparato institucional judiciário. Contudo, a incapacidade da comunidade internacional para encontrar um consenso político na criação de uma corte internacional tem sido suprida pelo sistema de execução indireta, onde o Estado, e não o Direito Internacional, de acordo com normas internacionais, promove a proibição, prevenção, processamento e punição do criminoso.

De sua vez, o direito internacional penal tem como objeto a preservação de valores e princípios universalmente reconhecidos pelos Estados de atos praticados diretamente por Estados. Entre estes valores estão, por exemplo, os mencionados Direitos Fundamentais do Homem, que se identificam pela universalidade e pelo caráter absoluto de preservação da própria identidade do ser humano. Um Estado pode ser chamado a responder por atos atentatórios a direitos humanos (aniquilação de minorias, a exemplo do relativamente recente massacre dos curdos no Iraque) ou por omissão na repressão a estes crimes.

## 2.4. Conteúdo[47]

---

[46.] BASSIOUNI, op. cit., v. 1 – *Crimes*, p. 6.
[47.] Idem.

**339**

Como se disse, os aspectos penais do sistema de direito penal internacional compreende uma série de disposições internacionalmente estabelecidas por via consuetudinária, por princípios gerais de direito ou por tratados, incriminadores de determinada conduta. Seu conteúdo pode ser extraído a partir da regulação internacional de, pelo menos, quatro matérias: 1. Controle de Guerra; 2. Regulamentação de conflitos armados; 3. Persecução de infrações das leis de guerra de sua iniciação e desenvolvimento; e 4. Delitos comuns de interesse internacional.

É importante destacar que o desenvolvimento das disposições integrantes de cada uma destas matérias tem sido progressivo e, de modo geral, tem seguido um modelo: o surgimento de um conjunto de obras doutrinárias que constituem base teórica mais específica, as quais, de sua vez, impulsionam a assunção de alguns compromissos internacionais, seguidos da formulação de proibições normativas específicas e a articulação de dispositivos sancionadores. Estas normas podem ser consolidadas em modelos ou projetos de convenções internacionais para estabelecimento de cortes penais internacionais, responsáveis pela persecução e punição de criminosos.

Para fins de análise no presente artigo, destacam-se entre aquelas quatro matérias de direito penal internacional os delitos atentatórios aos interesses comuns dos Estados.

## 3. Delitos comuns atentatórios de interesses dos Estados (crimes internacionais)

No âmbito das matérias objeto do direito penal internacional mencionadas no título anterior, Bassiouni[48] considera existirem duas formas básicas de tipificações penais, que resultam na identificação de crimes internacionais: tipificações penais destinadas ao Estado e as não destinadas ao Estado.

As tipificações destinadas aos Estados, geradas no âmbito das Nações Unidas, como obrigação internacional decorrente da própria Carta da ONU para a persecução e punição, no direito interno, de crimes universalmente reprováveis, tais como o genocídio, a segregação racial e a tortura.

Noutra vertente, as tipificações penais não destinadas aos Estados compreendem o resultado da evolução progressiva nas obrigações, por via convencional entre os Estados, de processar e punir crimes como a pirataria aérea e apoderamento ilícito de aeronaves, escravidão, tráfico de mulheres e crianças, terrorismo e seqüestro de pessoas internacionais protegidas; tipificações que também podem ser resultado da evolução progressiva nas obrigações por

---

[48.] BASSIOUNI, op. cit., v. 1 – *Crimes*, p. 4.

via consuetudinária, a exemplo do Convênio Internacional para Repressão de Circulação de Publicações Obscenas – 1923; do Convênio Internacional para Repressão de Competência Fraudulenta, abordando o dever de extradição; e do Convênio de Berna sobre envio de correspondência perigosa.

## Capítulo IV – O Tratado de Roma de 1998 e a Corte Penal Internacional

*1. Introdução à história de estabelecimento de uma Corte Penal Internacional – 2. A Corte Internacional: Tratado de Roma de 1998 – 3. O Estatuto da Corte Penal Internacional de Roma*

### 1. Introdução à história de estabelecimento de uma corte penal internacional

Ao final do século XIX, um período coroado de revoluções econômicas, sociais e políticas, a solução de conflitos internacionais já chamava a atenção da comunidade internacional.

Dentre os textos oficiais que narram as tentativas de estabelecimento de uma corte penal internacional, destaca-se a Convenção para Solução Pacífica de Disputas, assinada na Haia em 19 de julho de 1899, a qual jamais entrou em vigor, a exemplo dos diversos projetos com idêntico fim elaborados ao longo deste século, como a Convenção relativa ao Estabelecimento de uma Corte Internacional de Presas, assinada na Haia, em 1907, entre outras que se cuidará oportunamente de mencionar.

Com a rendição da Alemanha ao final da Primeira Guerra Mundial, em 28 de junho de 1919, assinou-se o Tratado de Versalhes (Tratado de Paz entre os Aliados e Forças Associadas e Alemanha), o qual entrou em vigor em 10 de janeiro de 1920 e previu a punição de crimes cometidos no período de guerra.

Ultrapassado o período de guerra, mas não os efeitos da convulsão política que desta se originou (e que derrocaria na Segunda Guerra anos mais tarde), em 16 de novembro de 1937, às portas da Segunda Grande Guerra, a insípida Liga das Nações propunha o estabelecimento de uma Convenção para a Criação de uma Corte Internacional Penal, a qual sequer chegou a vigorar. Em 1939 mais uma Grande Guerra espoucava na Europa, ganhando em poucos anos proporções mundiais, seja em termos territoriais, seja em atrocidades, crimes bárbaros, praticados contra seres humanos.

**341**

Em 8 de agosto de 1945 e 19 de janeiro de 1946, terminada a Segunda Guerra Mundial, foram assinados e entraram em vigor, respectivamente, o Acordo para Persecução e Punição dos Principais Criminosos de Guerra do Eixo Europeu (Carta de Londres), que teve como anexo a Carta do Tribunal Militar Internacional de Nuremberg, e o Acordo para Instalação do Tribunal Militar Internacional para o Extremo Oriente, o qual teve como anexo a Carta do Tribunal Militar Internacional para o Extremo Oriente (Tóquio)[49], considerados os dois primeiros tribunais especiais da História para conhecimento, processo e punição a criminosos de guerra.

Ainda em 1945, a Lei n. 10 do Conselho do Controle Aliado, para dar efeitos à Declaração de Moscou de 30 de outubro de 1943 e ao Acordo de Londres de 8 de agosto de 1945, estabeleceu uma base legal uniforme na Alemanha para a punição dos criminosos de guerra. O artigo segundo desta lei expressamente tipifica os crimes contra a paz, contra a humanidade e de guerra como atrocidades a serem punidas, independentemente de nacionalidade ou capacidade[50].

Ultrapassado o período de Guerra, teve-se a redação do Modelo de Estatuto para a Corte Internacional Penal, um anexo ao relatório do Comitê sobre Jurisdição Penal Internacional da ONU, de 31 de agosto de 1951 e a Revisão deste Modelo, em 20 de agosto de 1953, pela mesma Comissão[51]. Em 1980, a Assembléia Geral das Nações Unidas propõe um Modelo de Estatuto para a criação de uma jurisdição penal internacional concernente à implementação de uma Convenção Internacional sobre Supressão e Punição do Crime de Apartheid[52]. Infelizmente, nenhuma destas Convenções chegou a entrar em vigor.

---

[49] "O tribunal foi estabelecido [em virtude de e] para implementar a Declaração do Cairo de 1º de dezembro de 1943, da Declaração de Potsdam de 26 de julho de 1945, do Instrumento de Rendição de 02 de setembro de 1945 e da Conferência de Moscou de 26 de dezembro de 1945" (tradução livre do autor para o primeiro parágrafo do Capítulo I do julgamento (Tóquio, 1946 – dos crimes de guerra cometidos por oficiais japoneses – BASSIOUNI, op., cit., v. 3 – *Enforcement*, p. 139).

[50] BASSIOUNI, op. cit., v. 3 – *Enforcement*, p. 129.

[51] No âmbito das Nações Unidas: Relatório do Comitê sobre Jurisdição Penal Internacional – 27 de julho a 20 de agosto de 1953 [Assembléia Geral, Arquivos oficiais: nona sessão, suplemento n. 12 (A/2645), Nova York, 1954]. Juntamente com o relatório do Comitê foi elaborada uma proposta de estatuto para a Corte a ser criada. O propósito desta corte penal internacional, segundo os estudos do Comitê, era o processo e julgamento de pessoas acusadas de crimes reconhecidos pelo direito internacional (art.1º), podendo ser aplicado ao caso o direito internacional, inclusive direito penal internacional ou, quando apropriado, direito interno (art. 2º). A Corte seria permanente, sendo que suas sessões ocorreriam somente quando requeridas para julgamento (art. 3º). A Jurisdição da Corte não seria presumida, já que os Estado deveriam conferir-lhe jurisdição através de convenção, acordo prévio e especial ou declaração unilateral de vontade (art. 26). As punições aos condenados seriam aquelas previamente estabelecidas no instrumento que confere jurisdição à corte (art. 32). (in BASSIOUNI, op. cit., v. 3 – *Enforcement*, pp. 205/256).

[52] *"Draft Convention on the Establishment of an International Penal Tribunal for the Suppression and Punishment of the Crime of Apartheid and other International Crimes"*, in BASSIOUNI, op. cit., v. 3 – *Enforcement*, p. 276.

Anos mais tarde, a Assembléia Geral da ONU retomou esta antiga iniciativa através da Resolução 44/39, de 4 de dezembro de 1989, requerendo à Comissão de Direito Internacional a análise da questão sobre o estabelecimento de uma corte penal internacional. Em 28 de novembro de 1990, a Assembléia Geral, através da Resolução 45/41 convidou a Comissão de Direito Internacional a considerar as conseqüências de fixação de uma jurisdição penal internacional e do estabelecimento de uma corte penal internacional, pedido renovado através da Resolução 46/54 de 9 de dezembro de 1991.

Nesta época, ainda no ano de 1991, explodia na Europa, após quase cinqüenta anos sem guerras, os violentos conflitos separatistas na Iugoslávia. Naquele ano, a Iugoslávia, reconhecida historicamente como um reduto de resistências políticas e de conflitos étnicos desde a assunção do Marechal Tito em 1948, iniciava seu violento processo de fragmentação. Eslovênia e Croácia proclamaram sua independência em 25 de junho de 1991, Bósnia-Herzegovina, em 6 de abril de 1992; e a remanescente República Federal da Iugoslávia (Sérvia e Montenegro), sua nova constituição em 27 de abril daquele mesmo ano, todos processos calcados em violentos conflitos armados internos.

Estes conflitos internos, cujos efeitos já se podiam sentir nos Estados vizinhos, a exemplo da instável Albânia, chamaram a atenção do Conselho de Segurança das Nações Unidas, que ainda em setembro de 1991 declarou completo embargo internacional de armas e equipamentos militares para a Iugoslávia, seguindo-se uma série de medidas de intervenção até que, finalmente, em 22 de fevereiro de 1993, o Conselho de Segurança decide estabelecer um tribunal penal internacional para processar indivíduos responsáveis por sérias violações ao direito humanitário internacional cometidas no território da Iugoslávia. Estabelecia-se, então, o primeiro tribunal especial penal não-militar da história para conhecer, processar e julgar os crimes cometidos no território da ex-Iugoslávia a partir de 1º de janeiro de 1991[53].

Ao mesmo tempo que o Conselho de Segurança preocupava-se com a ameaça à segurança internacional provocada pelos conflitos internos na ex-Iugoslávia e com o estabelecimento do Tribunal Penal Internacional, a

---

[53.] Os apontamentos que se faz sobre o Tribunal Penal Internacional para a ex-Iugoslávia foram inteiramente baseados no texto de Geraldo Miniuci FERREIRA JR., "O Tribunal Criminal para a Iugoslávia", in *Solução e Prevenção de Litígios Internacionais*, obra organizada por Araminta de Azevedo MERCADANTE e José Carlos de MAGALHÃES, coordenadores do Núcleo de Estudos sobre Controvérsias Internacionais – NECIN, projeto CAPES, 1998, p. 93. O tribunal para a ex-Iugoslávia foi estabelecido por resolução do Conselho de Segurança da ONU (Resolução 808, de 22 de fevereiro de 1993). A completa relação das resoluções baixadas pelo Conselho de Segurança com relação à ex-Iugoslávia e ao Tribunal podem ser conferidas na obra do Prof. FERREIRA JR., pp. 97/98. Estão sendo processados pelo Tribunal Penal Internacional para a ex-Iugoslávia os seguintes indivíduos (casos/número referência): Tadic (IT-94-1); Nikolic (IT-94-2); Borovnica (IT-95-3); Meakic e outros (IT-95-4); Karadzic e Mladic (IT-95-5 e IT-95-18); Lasva Valley (IT-95-6);

Assembléia Geral das Nações Unidas, através das Resoluções 43/33, de 25 de dezembro de 1992 e 48/31, de 9 de dezembro de 1993, requereu à Comissão de Direito Internacional a elaboração de um projeto de estatuto para uma futura corte penal internacional. Desde a Segunda Guerra, era a primeira vez que se teria um tribunal especial da ONU para julgamento de crimes internacionais.

Entre os anos de 1992 e 1994, os estudos sobre o estabelecimento de uma corte penal internacional desenvolveram-se no âmbito da Comissão de Direito Internacional das Nações Unidas, mais especificamente entre as 42ª e 46ª sessões da Comissão, até nesta última sessão se concluiu o projeto de estatuto para uma corte penal internacional, que foi o último e mais importante projeto sobre o qual comitês especializados da ONU viriam a trabalhar, discutir e posteriormente consolidar no Estatuto de Roma.

No entanto, ainda em 1994, o Conselho de Segurança da ONU criava, através da Resolução 955 de 8 de novembro de 1994 mais um tribunal especial para conhecer, processar e julgar crime de genocídio e outras graves violações em conflitos internos de um Estado: estabeleceu-se o Tribunal Penal Internacional para Ruanda[54].

Em resumo, pode-se dizer que a experiência de duas guerras mundiais, as decepções acerca de convenções internacionais que não passaram de projetos

---

Blaskic (IT-95-14); Aleksovski (IT-95-14/1); Kordic e outros (IT-95-14/2); Marinic (IT-95-15); Kupreskic e outros (IT-95-16); Furundzija (IT-95-17/1-PT); Sikirica e outros (IT-95-8); Miljkovic e outros (IT-95-9); Jelisic e Cesic (IT-95-10); Martic (IT-95-11); Rajic (IT-95-12); Mrksic, Radic, Sljivancanin e Dokmanovic (IT-95-13a); Djukic e Krsmanovic (IT-96-19); Djukic (IT-96-20); Delalic e outros (IT-96-21); Erdemovic (IT-96-22); Gagovic e outros (IT-96-23); Kovacevic (IT-97-24); Krnojelac (IT-97-25); Kvocka e outros(IT-98-30), Krstic(IT-98-33) – fonte: http:\\www.un.org\rights. Ver também: *International Criminal Court for the Former Yugoslavia: international arrest warrants and orders for surrender for RADOVAN KARADIZIC and RATKO MLADIC* (36 *International Legal Materials* 92 (1997); *International Criminal Court for the Former Yugoslavia:* excerpts from judgment in prosecutor v. DUSKO TADIC and Dissenting Opinion (36 *International Legal Materials* 908 (1997).

[54.] O Tribunal Penal Internacional para Ruanda foi criado pelo Conselho de Segurança da ONU através da Resolução 955 de 08.11.1994, com o propósito de processar a reconciliação interna em Ruanda e a manutenção da paz na região, bem como para processar e julgar pessoas responsáveis por crimes de genocídio e outras sérias violações cometidos no território de Ruanda, bem como para processar e julgar cidadãos ruandeses que tenham cometido estes mesmos crimes em territórios adjacentes (http:\\www.itcr.org; http:\\www.un.org/rights). *Ratione temporis,* considerou-se a competência e jurisdição da corte internacional somente para os atos e fatos consumados entre 1º de janeiro e 31 de dezembro de 1994. Atualmente 28 processos pesam sobre 45 pessoas. Duas delas foram condenadas à pena de prisão perpétua e uma a 15 anos de prisão: o Primeiro-Ministro de Ruanda, Jean Kambanda, foi condenado a prisão perpétua em 4 de setembro de 1998, após ter sido considerado culpado por genocídio e crimes contra a humanidade; ele apelou da sentença. Jean-Paul Akayesu foi também condenado por crimes de genocídio e contra a humanidade e sentenciado à prisão perpétua em 2 de outubro de 1998 (Akayesu e o Promotor apelaram da sentença); Omar Serushago foi condenado a 15 anos de prisão em 5.02.98. Além destas condenações, outros julgamentos ainda estão em trâmite perante o Tribunal: Georges Anderson Nderubumwe Rutaganda (iniciado em 18.03.97), Alfred Musema (iniciado em 25.01.99) e o julgamento de Clement Kayishema e Obed Ruzindana, iniciado em 11.04.97 e terminado em 17.11.98, cuja sentença se aguarda para este ano. No que se refere aos

e modelos, as constatações de que violações às mais elementares regras de direito internacional positivas (especialmente de direitos humanos e genocídio) continuaram a ser praticadas, muitas vezes por ação direta dos Estados, todos elementos considerados diante das experiências relativamente eficazes de persecução e punição de crimes internacionais (crimes de guerra, contra a paz, contra a humanidade e genocídio) verificadas nos tribunais especiais criados em Nuremberg, Tóquio, ex-Iugoslávia e Ruanda, levaram à consolidação de um ideal maior para estabelecimento de uma corte penal internacional permanente para conhecer, processar e julgar crimes internacionalmente relevantes. Neste espírito, estabeleceu-se em 1998, através do Tratado de Roma, a Corte Penal Internacional, objeto de estudo de nosso próximo título.

## 2. O TRATADO DE ROMA DE 1998

Os violentos conflitos que surgiram desde a independência da Croácia e da Eslovênia, na ex-Iugoslávia, em 1991, e em Ruanda, em 1994, que tiveram a intervenção do Conselho de Segurança das Nações Unidas, levaram a ONU, através de seu órgão máximo – a Assembléia Geral – a baixar a Resolução 43/53, de 9 de dezembro de 1994, a qual constituiu um Comitê *ad hoc* para o Estabelecimento de uma Corte Penal Internacional. O Comitê *ad hoc* reuniu-se, então, em abril e agosto de 1995 para examinar o modelo de estatuto para uma Corte Penal Internacional produzido pela Comissão de Direito Internacional em 1994[55].

Acompanhando os avanços dos trabalhos do Comitê *ad hoc*, a Assembléia Geral, através da Resolução 50/46 de 11 de dezembro de 1995, decidiu criar um Comitê Preparatório para analisar os resultados e os diferentes pontos de vista discutidos nas reuniões do Comitê *ad hoc*. Assim, nesta resolução decidiu-se que em abril e agosto de 1996 estabelecer-se-ia um Comitê Preparatório das Nações Unidas sobre o estabelecimento de uma Corte Penal Internacional, de tal sorte que na mesma oportunidade realizar-se-iam suas duas primeiras sessões[56].

Na primeira sessão, entre 25 de março e 12 de abril de 1996, foram consideradas questões de escopo de jurisdição e definição de crimes, princípios gerais de direito penal, complementariedade (entre a Corte e os Tribunais nacionais), quais os casos que poderiam ser submetidos à Corte, cooperação

---

demais acusados, no Complexo Penitenciário de Arusha estão em custódia 36 indivíduos, 35 dos quais em Arusha e um no Estado do Texas, Estados Unidos.

[55] MORIS, Virginia & BOURLOYANNIS-VRAILAS, M. Christine. "The work of the Sith Committee at the Fiftieth Session of the UN General Assembly", *American Journal of International Law*, 1996, vol. 90, n. 3, p. 496.

[56] HALL, Christopher Keith. "The First Two Sessions of the UN Preparatory Committee on the

estatal com a Corte. Na segunda sessão, instalada entre 12 e 30 de agosto de 1996, observaram-se as seguintes matérias: questões procedimentais, julgamento justo e direitos de suspeitos e acusados, penalidades, organização administrativa da Corte, método de estabelecimento da Corte, e relacionamento entre a Corte e as Nações Unidas[57].

Após a segunda sessão, em 16 de dezembro de 1996, a Assembléia Geral da ONU (Resolução 51/207), reafirmando o mandato do Comitê, decidiu que este se reuniria por mais quatro sessões, sendo que as duas últimas sessões se dariam entre 1º e 12 de dezembro de 1997 e 16 de março e 3 de abril de 1998, a fim de completar o projeto de um texto consolidado, apreciável e amplo de uma convenção para submissão a uma conferência diplomática de plenipotenciários[58]. Também se decidiu que a Conferência Diplomática de Plenipotenciários para adoção e finalização de uma convenção teria lugar em Roma, a partir de 15 de julho de 1998[59], com duração de cinco semanas. Assim, durante a terceira e quarta sessões[60], o Comitê avançou sobre a discussão acerca do projeto da Comissão de Direito Internacional de 1994, retomando os trabalhos de estudo iniciados nas duas primeiras sessões. Ao final da quarta sessão, a Assembléia Geral baixou a Resolução 52/160 requerendo ao Comitê o prosseguimento dos trabalhos determinados na Resolução 51/207, de 17 de dezembro de 1996 e o fim das sessões com a redação final de um estatuto.

Assim, na quinta sessão[61], cuidou-se da preparação do texto do Estatuto da Corte a ser remetido à aprovação na Conferência de Plenipotenciários, bem como dos últimos debates acerca de temas como definição de crimes de guerra, princípios gerais de direito penal, penalidades, questões procedimentais e cooperação entre Estados.

Finalmente, em 17 de julho de 1998, em Roma, na sede da FAO (*Food and Agriculture Organization*) foi adotada a Conferência Diplomática das Nações Unidas de Plenipotenciários sobre o Estabelecimento de uma Corte Penal Internacional.

---

Establishment of an International Criminal Court", *American Journal of International Law*, 1997, vol. 91, n. 1, p. 177.

[57.] Idem, p. 178.

[58.] Tradução livre do autor: *"...in order to complete the drafting of a widely acceptable consolidated text of a convention, to be submitted to a diplomatic conference"* (HALL, op. cit., p. 124).

[59.] Tradução livre do autor: .. *"A diplomatic conference of plenipotentiares will be held in 1998, with a view to finalizing and adopting a convention on the establishment of an international criminal court."* (Idem).

[60.] HALL, Christopher Keith. "The Third and Fourth Sessions of the UN Preparatory Committee on the Establishment of an International Criminal Court", *American Journal of International Law*, 1998, vol. 92, n. 1, p. 124.

[61.] HALL, Christopher Keith. "The Fifth Session of the UN Preparatory Committee on the Establishment of an International Criminal Court", *American Journal of International Law*, 1998, vol. 92, n. 2, p. 331.

Foram convidados para a Conferência todos os membros das Nações Unidas e de suas agências especializadas, a Agência Internacional de Energia Atômica, organizações intergovernamentais credenciadas que participaram como observadores das sessões do Comitê Preparatório, o Tribunal Penal Internacional para a ex-Iugoslávia, o Tribunal Penal Internacional para Ruanda e organizações não-govenamentais credenciadas pelo Comitê.

Assinaram o Estatuto, ainda em 1998, setenta e um (71) Estados; até 23 de abril de 1999, outros onze (11) Estados cuidaram também de assiná-lo[62]. Ratificaram o Estatuto somente o Senegal (2 de fevereiro de 1999) e Trinidad e Tobago (6 de abril de 1999), restando outros cinqüenta e oito (58) depósitos de instrumento de ratificação, aceitação, aprovação ou acessão para que o Estatuto de Roma, de acordo com seu art. 126, entre em vigor.

O Brasil participou da Conferência Diplomática das Nações Unidas de Plenipotenciários para o Estabelecimento de uma Corte Penal Internacional – Conferência de Roma, mas não assinou o Estatuto alegando flagrante incompatibilidade entre alguns dispositivos do Estatuto à Constituição Federal de 1988, a exemplo da previsão estatutária de pena de prisão perpétua (art. 77, 1, b contra o art. 5º, XLVIII, b, da Constituição Federal de 1988) aos condenados pela Corte. Como o Estatuto não admite reservas (art. 120), o Brasil, em consonância com o aberto apoio que dispensou à iniciativa do Estatuto e seu estabelecimento na Conferência, muito provavelmente o assinará, mas dificilmente deverá ratificá-lo, pois depende este último ato, exclusivamente, de decisão do Congresso Nacional (art. 49, I, da Constituição Federal de 1988), casa na qual provavelmente se obstará a ratificação de convenção internacional em flagrante atentado à Constituição Federal vigente, especialmente em suas disposições pétreas.

### 3. O Estatuto da Corte Penal Internacional de Roma

*3.1. Características gerais da Corte – 3.2 Vítimas e acusados – 3.3. Crimes internacionais objetos de jurisdição da Corte – 3.4 Jurisdição ratione temporis. A regra do ne bis in idem e os princípios gerais de direito penal – 3.5 Excludentes de responsabilidade penal. Erro de fato e erro de direito. Cumprimento de ordens de governo e de superiores – 3.6 Administração – 3.7 . Pré-julgamento, prisão preventiva e julgamento perante a Câmara de Julgamento – 3.8 Penas e execução – 3.9. Solução de controvérsias no âmbito da Corte – 3.10. Disposições gerais atinentes ao processo de conclusão dos tratados internacionais*

---

[62] Fonte: http://www.un.org/rights/rome Statute of International Criminal Court.

Os debates entre os negociadores dos Estados, durante as cinco sessões preparatórias do Comitê da ONU para o estabelecimento de uma corte penal internacional, ganharam destaque na redação do Estatuto de Roma: jurisdição; lei aplicável; admissibilidade; definições de crimes internacionais como genocídio, crimes de guerra, crimes contra a humanidade e crimes de agressão; elementos do crime; princípios gerais de direito penal; organização administrativa; procedimentos processuais; penalidades; cooperação e assistência judicial entre os Estados; e execução.

O Estatuto de Roma comporta 128 artigos divididos em 13 partes: 1. Estabelecimento da Corte; 2. Jurisdição, admissibilidade e lei aplicável; 3. Princípios gerais de direito penal; 4. Composição e administração da Corte; 5. Investigação e persecução; 6. O julgamento; 7. Penalidades; 8. Apelação e revisão; 9. Cooperação internacional e assistência judicial; 10. Execução; 11.Assembléia dos Estados-partes; 12. Financiamento; e 13. Cláusulas finais.

### 3.1. Características gerais da Corte

Diferentemente das experiências anteriores em Nuremberg, Tóquio, ex-Iugoslávia e Ruanda, conhecidos tribunais internacionais especiais, a Corte Penal Internacional foi criada como uma instituição permanente, com limites bastante claros de jurisdição sobre pessoas que cometam o que se convencionou denominar no Estatuto de "mais sérios crimes internacionais"[63], jurisdição que será exercida de forma complementar à jurisdição penal interna dos Estados-parte, pois, conforme prevê o próprio Estatuto, a jurisdição da Corte não inibe os Estados de aplicarem ao mesmo caso sua própria lei interna[64].

De fato, a função principal da Corte é a persecução e punição de crimes internacionais nos casos em que os Estados, no exercício de sua soberania interna, falham ou são omissos no devido tratamento de graves e extremas violações a direitos fundamentais do Homem resguardados pelo direito internacional[65], tais como o genocídio, os crimes de guerra, os crimes contra a

---

[63.] Do texto original – Art. 1º: *"Article 1. The Court. An International Criminal Court ("the Court") is hereby established. It shall be a permanent institution and shall have the power to exercise its jurisdiction over persons for the most serious crimes of international concern, as referred to in this Statute, and shall be complementary to national criminal jurisdictions. The jurisdiction and functioning of the Court shall be governed by the provisions of this Statute."*

[64.] Do texto original: *"Article 80. Non-prejudice to national application of penalties and national laws. Nothing in this Part of the Statute affects the application by States of penalties prescribed by their national law, nor the law of States which do not provide for penalties prescribed in this Part."*

[65.] Do Preâmbulo original do Estatuto: *"Conscious that all peoples are united by common bonds, their cultures pieced together in a shared heritage, and concerned that this delicate mosaic may be shattered at any time, Mindful that during this century millions of children, women and men have been victims of unimaginable atrocities that deeply shock the conscience of humanity, Recognizing that such grave crimes threaten the peace, security and well-being of the world, Affirming that the*

humanidade, o crime de agressão, tipos penais internacionais expressamente abrangidos pelo Estatuto de Roma em seu art. 5º[66], com a devida ressalva quanto à fixação da definição, aos elementos do crime e condições de exercício de jurisdição da Corte quanto ao crime de agressão, os quais serão objeto de proposta de emenda ou de revisão ao texto do Estatuto, a ser submetidas ao Secretariado Geral das Nações Unidas, nos termos dos arts. 121 e 123 do Estatuto.

Órgão independente, a relação da Corte com as Nações Unidas será objeto de acordo a ser firmado pela Assembléia de Estados-parte e a ONU, devendo ser concluído pelo Presidente da Corte. A despeito deste relacionamento formal a ser estabelecido, o Estatuto remete desde logo à apreciação da Secretaria Geral da ONU questões sobre ratificação, aceitação e aprovação do Estatuto pelos Estados[67], bem como referentes a solução de controvérsias[68], reservas[69], emendas[70], revisão[71] e denúncia[72] do Estatuto.

---

*most serious crimes of concern to the international community as a whole must not go unpunished and that their effective prosecution must be ensured by taking measures at the national level and by enhancing international cooperation, Determined to put an end to impunity for the perpetrators of these crimes and thus to contribute to the prevention of such crimes, Recalling that it is the duty of every State to exercise its criminal jurisdiction over those responsible for international crimes, Reaffirming the Purposes and Principles of the Charter of the United Nations, and in particular that all States shall refrain from the threat or use of force against the territorial integrity or political independence of any State, or in any other manner inconsistent with the Purposes of the United Nations, Emphasizing in this connection that nothing in this Statute shall be taken as authorizing any State Party to intervene in an armed conflict in the internal affairs of any State, Determined to these ends and for the sake of present and future generations, to establish an independent permanent International Criminal Court in relationship with the United Nations system, with jurisdiction over the most serious crimes of concern to the international community as a whole, Emphasizing that the International Criminal Court established under this Statute shall be complementary to national criminal jurisdictions, Resolved to guarantee lasting respect for the enforcement of international justice, Have agreed as follows:..."*

[66]. Do texto original – art. 5º: *Article 5. Crimes within the jurisdiction of the Court. 1. The jurisdiction of the Court shall be limited to the most serious crimes of concern to the international community as a whole. The Court has jurisdiction in accordance with this Statute with respect to the following crimes: (a) The crime of genocide; (b) Crimes against humanity; (c) War crimes; (d) The crime of aggression. 2. The Court shall exercise jurisdiction over the crime of aggression once a provision is adopted in accordance with articles 121 and 123 defining the crime and setting out the conditions under which the Court shall exercise jurisdiction with respect to this crime. Such a provision shall be consistent with the relevant provisions of the Charter of the United Nations.*

[67] Do texto original – Art. 121, 4: *"Article 121. Amendments. ... 4. Except as provided in paragraph 5, an amendment shall enter into force for all States Parties one year after instruments of ratification or acceptance have been deposited with the Secretary-General of the United Nations by seven-eighths of them."*

[68]. Do texto original – Art. 119: *"Article 119. Settlement of disputes. 1. Any dispute concerning the judicial functions of the Court shall be settled by the decision of the Court. 2. Any other dispute between two or more States Parties relating to the interpretation or application of this Statute which is not settled through negotiations within three months of their commencement shall be referred to the Assembly of States Parties. The Assembly may itself seek to settle the dispute or make recommendations on further means of settlement of the dispute, including referral to the International Court of Justice in conformity with the Statute of that Court."*

[69]. De acordo com o art. 120 do Estatuto, não são admitidas reservas ao seu texto.

[70]. A previsão sobre emendas de caráter geral e emendas de caráter institucional estão disciplinadas nos

A princípio, a Corte permanente terá sua sede estabelecida na Haia, Holanda[73], personalidade legal internacional, além de capacidade necessária ao exercício de suas funções e cumprimento de seus propósitos. Nos termos do Estatuto, a jurisdição da Corte será exercida sobre o território dos Estados-parte e somente por acordo especial sobre territórios de outros Estados[74].

## 3.2. Vítimas e acusados

No que se refere à nacionalidade dos criminosos, das vítimas e da relação destes com os Estados-parte, o Estatuto de Roma tratou da matéria de forma indireta. O art. 1º fala em *"jurisdição sobre pessoas em relação aos mais sérios crimes internacionais previstos no Estatuto"*[75], de forma ampla, sem qualquer indicação sobre qualidades especiais exigidas dos sujeitos cujos direitos se pretende abrigar sob a jurisdição da Corte. O art. 13, de sua vez, dispõe sobre as formas de acesso à Corte – comunicação de um Estado-parte ao Promotor, comunicação do Conselho de Segurança das Nações Unidas ao Promotor e por iniciativa *proprio muto* do promotor[76], cuja interpretação deixa clara a impossibilidade de acesso direto das vítimas à Corte. Na declaração da competência internacional – *ratione loci* (art. 4º), *ratione materiae* (arts. 5º, 6º, 7º e 8º), *ratione temporis* (art. 11) – não se trata da competência *ratione personae*. Em resumo, em momento algum o Estatuto faz qualquer referência

---

arts. 121 e 122 do Estatuto.

[71.] Cf. art. 123 do Estatuto.

[72.] Cf. art. 127 do Estatuto.

[73.] Do texto original – art. 3º: *Article 3. Seat of the Court. 1. The seat of the Court shall be established at The Hague in the Netherlands ("the host State"). 2. The Court shall enter into a headquarters agreement with the host State, to be approved by the Assembly of States Parties and thereafter concluded by the President of the Court on its behalf. 3. The Court may sit elsewhere, whenever it considers it desirable, as provided in this Statute."*

[74.] Do texto original: *"Article 4. Legal status and powers of the Court. 1. The Court shall have international legal personality. It shall also have such legal capacity as may be necessary for the exercise of its functions and the fulfillment of its purposes. 2. The Court may exercise its functions and powers, as provided in this Statute, on the territory of any State Party and, by special agreement, on the territory of any other State."*

[75.] Do texto original – Art. 1º: *"Article 1. The Court. An International Criminal Court ("the Court") is hereby established. It shall be a permanent institution and shall have the power to exercise its jurisdiction over persons for the most serious crimes of international concern, as referred to in this Statute, and shall be complementary to national criminal jurisdictions. The jurisdiction and functioning of the Court shall be governed by the provisions of this Statute."*

[76.] Do texto original – Art. 13: *" Article 13. Exercise of jurisdiction. The Court may exercise its jurisdiction with respect to a crime referred to in article 5 in accordance with the provisions of this Statute if: (a) A situation in which one or more of such crimes appears to have been committed is referred to the Prosecutor by a State Party in accordance with article 14; (b) A situation in which one or more of such crimes appears to have been committed is referred to the Prosecutor by the Security Council acting under Chapter VII of the Charter of the United Nations; or (c) The Prosecutor has initiated an investigation in respect of such a crime in accordance with article 15."*

**350**

à nacionalidade de acusados e vítimas.

Imagine-se, então, o seguinte problema: num futuro bastante incerto, o Estatuto de Roma vigora entre seus mais de 100 Estados Parte. Um indivíduo nacional do Estado A, que não faz parte do Estatuto nem tem qualquer tipo de acordo com a Corte, passa a cometer uma série de atos criminosos no território do Estado B, onde já vigora o Estatuto há alguns anos. Fixada a competência da Corte *ratione loci* e *ratione materiae*, o Promotor decide indiciar o indivíduo do Estado A como um violador dos arts. 5º, 1, *b* e 7º, 1, *b* do Estatuto – crime de extermínio. O Estado A decide intervir no processo instaurado perante a Corte, em representação de seu nacional, alegando que a este não se aplica o Estatuto, pois é nacional de Estado que não reconhece a jurisdição internacional da Corte, tampouco jurisdição de qualquer corte internacional sob seus nacionais. Do problema surge a pergunta: como a Corte decidiria esta questão prejudicial?

Se se recorrer a uma interpretação sistemática do Estatuto verificar-se-á, como já asseverado, que nada se fala sobre exceções de nacionalidades. Assim, uma vez cometido um ato criminoso em território de jurisdição da Corte, independentemente da nacionalidade do acusado, será competente a Corte para conhecer, processar e julgar o caso. O indivíduo do Estado A, em que pese a representação diplomática de seu Estado nacional, estaria sujeito à jurisdição, enfim, à lei aplicável pela Corte. Se este indivíduo foragir-se em território estranho à jurisdição da Corte, o que pode se dar, inclusive, em seu próprio Estado nacional, por certo estará a salvo da ordem de prisão que a Corte eventualmente expedirá contra ele, pois somente poderá ser processado se comparecer pessoalmente perante a Câmara de pré-julgamento. Contudo, se adentrar desavisadamente em território de jurisdição da Corte, poderá ser preso e levado a julgamento, sem que seu Estado nacional possa, de forma direta perante a Corte, obstar seu julgamento e eventual condenação[77].

Noutra vertente do crime estão as vítimas. Para que se considere a tutela dos interesses de uma "vítima", basta que a violação ao estatuto (a um dos tipos penais) tenha se dado em respeito à competência *ratione loci* e *ratione temporis*, independentemente de sua nacionalidade.

Deve-se destacar, contudo, em relação às vítimas, a diferença de tratamento de sua personalidade jurídica na esfera internacional em relação à

---

[77.] Este exemplo deve ser considerado na amplitude das possibilidades que um caso desta natureza oferece. Se o Estatuto entrar em vigor por certo haverá muitos conflitos entre a Corte e os Estados não-Partes cujos nacionais lá são acusados. Os Estados Unidos, por exemplo, que nas reuniões do Comitê Preparatório e na própria Conferência se posicionaram contrários à jurisdição internacional da Corte tal como concebida no Estatuto, é um Estado que secularmente tem declarado através de sua jurisprudência – especialmente da Suprema Corte – a competência legal internacional sobre seus nacionais, mesmo fora de seu território. Um conflito desta natureza – Corte v. Estado não-Parte, o qual envolve a interpretação e aplicação de regras do Estatuto, provavelmente acabará por ser resolvido pela Corte Internacional de Justiça, tal como prevê expressamente o art. 119 do Estatuto.

de direito interno. No direito interno, a tutela de interesses dá-se de forma direta, por provocação direta da vítima ou do lesado; no direito penal internacional, esta tutela dá-se de forma indireta, através da intervenção de entes distintos da pessoa da vítima. No caso do Estatuto de Roma, tal como asseverado, a iniciativa, o poder de "representação" de reparação de direito perante a Corte, dá-se somente através de Estados-parte, do Promotor ou do Conselho de Segurança das Nações Unidas. Isto significa, em controvertida síntese, que o indivíduo, como vítima de um crime previsto no Estatuto de Roma, não deve ser considerado como sujeito de direito penal internacional, pois o Estatuto não o considera como destinatário direto da norma internacional.

Assim, pode-se dizer que os tipos penais previstos no Estatuto de Roma atingem o interesse do indivíduo, seja no pólo ativo, seja no passivo, de forma indireta. A satisfação do interesse dos indivíduos no âmbito do direito penal internacional dá-se através do concurso de terceiros, mesmo porque ao indivíduo é negado o direito de representação ou queixa diretamente perante a Corte.

Deve-se lembrar, também, que todos os quatro tipos de crime previstos no Estatuto se referem a crimes coletivos, "em massa", onde a identificação do sujeito passivo ou do direito individual afetado é irrelevante. Importa, sim, a preservação e a recomposição de um direito coletivo, apesar de o Estatuto prever no art. 75 o direito de reparação às vítimas, pagamento que será efetuado a partir de um *Trust Fund* (art. 79) composto de capital dos Estados-parte, das Nações Unidas e de colaboradores individuais. A tutela de interesses coletivos, difusos, cabe ao Estado (*in casu*, à Corte), tocando ao indivíduo somente de forma indireta.

### 3.3. Crimes internacionais objetos de jurisdição da Corte

O referido art. 5º do Estatuto de Roma limita a jurisdição da Corte sobre quatro tipos penais eleitos entre os mais sérios que acometem a comunidade internacional: genocídio, crimes contra a humanidade, crimes de guerra e crimes de agressão, destacando-se, como condição para apreciação pela Corte do crime, a constatação de um dos elementos subjetivos do tipo: o dolo direto ou o dolo eventual do agressor, denominado no Estatuto de *mental element*[78].

---

[78.] Do texto original: *"Article 30. Mental element. 1. Unless otherwise provided, a person shall be criminally responsible and liable for punishment for a crime within the jurisdiction of the Court only if the material elements are committed with intent and knowledge. 2. For the purposes of this article, a person has intent where: (a) In relation to conduct, that person means to engage in the conduct; (b) In relation to a consequence, that person means to cause that consequence or is aware that it will occur in the ordinary course of events. 3. For the purposes of this article, "knowledge" means awareness that a circumstance exists or a consequence will occur in the ordinary course of events. "Know" and "knowingly" shall be construed accordingly."*

Para efeitos do Estatuto, genocídio é crime caracterizado no art. 6º, entre outras disposições ali encerradas, pela intenção de destruir, em todo ou em parte, um grupo nacional, étnico, racial ou religioso, através de: assassinato de seus membros, produção de sérios danos corporais e mentais a seus membros, imposição de condições de vida que provoquem, total ou parcialmente, sua destruição física; imposição de medidas de controle de natalidade a estes grupos, transferência forçada de crianças deste grupo a outros grupos.

Os crimes contra a humanidade, previstos no art. 7º, caracterizam-se pelo ataque direto contra qualquer população civil, com intenção de assassinato, extermínio, escravização, deportação ou transferência forçada; aprisionamento ou outra severa privação do direito de liberdade em violação a regras fundamentais de direito internacional; tortura; rapto, escravização sexual, prostituição forçada, esterilização forçada e demais graves violências sexuais; perseguição política, racial, étnica, nacional, cultural ou religiosa contra grupos ou a coletividade; desaparecimento de pessoas; crime de segregação racial (*apartheid*) e outros crimes intencionais que causem grande sofrimento, danos corporais, mentais ou à saúde física das vítimas.

Aos crimes de guerra foi dedicado o mais extenso dos artigos do Estatuto (art. 8º), cujos fundamentos expressamente se encontram na Convencão de Genebra de 12 de agosto de 1949 e no próprio corpo do Estatuto, distinguindo entre os conflitos armados de caráter internacional dos não-internacionais[79].

A interpretação e aplicação dos arts. 6º, 7º, e 8º pela Corte, cujas modificações serão adotadas por votação de dois terços dos Estados-parte[80], serão auxiliadas pelos elementos dos crimes[81] referidos nestes artigos.

### 3.4. Jurisdição *ratione temporis*. A regra do *ne bis in idem* e os princípios gerais de direito penal

A Corte exercerá sua jurisdição *ratione temporis*, ou seja, somente apreciará crimes cometidos após seu estabelecimento e, no caso de Estado que vier a esta aderir, somente após o decurso de prazo estipulado no instrumento

---

[79.] De acordo com a letra (d) do art. 8º do Estatuto de Roma, os crimes de guerra tipificados no parágrafo 2º (c) deste mesmo artigo (o qual se refere expressamente ao art. 3º comum às quatro Convenções de Genebra de 1949), também se aplicam a conflitos armados de caráter não internacional, excluídas, contudo, as situações internas de distúrbios e tensões, tais como atos isolados ou esporádicos de violência ou outros atos de natureza similar.

[80.] Do texto original: *"Article 9. Elements of Crimes. 1. Elements of Crimes shall assist the Court in the interpretation and application of articles 6, 7 and 8. They shall be adopted by a two-thirds majority of the members of the Assembly of States Parties...."*

[81.] Elementos objetivos – conduta, objeto material... e subjetivos – dolo, sentimento de injusto e culpa em sentido estrito. (MIRABETE, Julio Fabrini. *Manual de Direito Penal*, v. 2, 6ª ed., São Paulo, Atlas, 1991, pp. 27/28)

de ratificação, aceitação, adoção ou acessão[82], em respeito aos princípios de direito penal reconhecidos nos arts. 22 e 23 do Estatuto, muitas vezes referidos nos casos dos tribunais militares especiais de Nuremberg e Tóquio, do *nullum crimen sine lege* e da *nulla poena sine lege*.

A comunicação à Corte sobre atos supostamente criminosos (art. 5º do Estatuto) cabe somente aos Estados Parte e ao Conselho de Segurança das Nações Unidas[83], devendo ser dirigidas ao Promotor[84] da Corte, que cuidará das investigações sobre as pessoas envolvidas e os fatos criminosos. Se o Promotor concluir que há razoáveis bases para se prosseguir na investigação, submeterá o caso à Câmara de Pré-Julgamento[85].

Na Câmara de Pré-Julgamento analisar-se-ão os requisitos de admissibilidade do caso[86], entre os quais se destaca a omissão ou falha do Estado no cumprimento da obrigação de investigação e persecução de crimes previstos no Estatuto. À Corte, como já se asseverou, cumpre esta função de realização do direito internacional e das normas previstas no tratado para prevenção, julgamento e punição dos crimes internacionais. Esta regra se faz necessária, pois nada impede que os Estados julguem e punam os criminosos que pratiquem atos previstos no Estatuto.

Para se evitar o *ne bis in idem*[87], ou seja, que uma pessoa seja julgada e condenada duas vezes pelos mesmos crimes, o Estatuto prevê que: 1. Nenhuma pessoa será processada perante a Corte por crimes previstos no Estatuto se esta já se pronunciou a respeito deles, absolvendo-a ou condenando-a; 2. Nenhuma pessoa será processada diante de qualquer outro tribunal por crimes previstos no Estatuto (art. 5º) se já processado diante da Corte; 3. Nenhuma

---

[82.] Do texto original – Art. 10: *"Article 10. Nothing in this Part shall be interpreted as limiting or prejudicing in any way existing or developing rules of international law for purposes other than this Statute."*

[83.] Cf. Capítulo VII da Carta das Nações Unidas (RANGEL, op. cit., p. 44).

[84.] Promotor *(prosecuter)*, atribuições e poderes: arts. 9, 13 a 15, 18, 19, 53 a 58, 60, 61, 65 a 68, 72, 76, 81, 83, 84, 93 a 95, 99, 100 e 112, todos do Estatuto.

[85.] Sobre a Câmara de Pré-Julgamento ver arts. 56 a 61.

[86.] Sobre os requisitos de admissibilidade de caso perante a Corte Penal Internacional ver os arts. 17 e 18 do Estatuto.

[87.] Do texto original – Art. 20: *"Article 20. Ne bis in idem. 1. Except as provided in this Statute, no person shall be tried before the Court with respect to conduct which formed the basis of crimes for which the person has been convicted or acquitted by the Court. 2. No person shall be tried before another court for a crime referred to in article 5 for which that person has already been convicted or acquitted by the Court. 3. No person who has been tried by another court for conduct also proscribed under articles 6, 7 or 8 shall be tried by the Court with respect to the same conduct unless the proceedings in the other court: (a) Were for the purpose of shielding the person concerned from criminal responsibility for crimes within the jurisdiction of the Court; or (b) Otherwise were not conducted independently or impartially in accordance with the norms of due process recognized by international law and were conducted in a manner which, in the circumstances, was inconsistent with an intent to bring the person concerned to justice."*

pessoa que já tenha sido processada por crimes previstos no Estatuto tornará a ser processada pela Corte pelas mesmas condutas, exceção feita a julgamento de outro tribunal com o propósito de proteger o criminoso da responsabilidade por crimes abrangidos pela jurisdição da Corte, ou que tenha sido conduzido ao arrepio das regras de conduta regidas pela imparcialidade e independência, de acordo com as normas do devido processo legal reconhecidas pelo direito internacional, ou tenha sido conduzido de maneira inconsistente com a devida aplicação da justiça.

Analisando cada um destes dispositivos, verifica-se que a regra do *ne bis in idem* conflita com o disposto no art. 80 do Estatuto, o qual prevê que a execução da decisão da Corte e a aplicação da pena ao condenado não prejudicará a punição deste pelo Estado-parte, de acordo com seu direito interno. Esta última regra admite, portanto, que haja dois julgamentos e, por conseguinte, a possibilidade de dois resultados conflitantes: absolvição e condenação. Problema que não se resolve nas regras do Estatuto.

Se entendermos as duas esferas como independentes, o conflito torna-se aparente; contudo, ocorrendo decisões conflitantes entre o Estado e a Corte, surge a responsabilidade e obrigação do Estado-parte com relação à decisão da Corte, tornando-se mais uma vez bastante flagrante o conflito, especialmente em relação ao art. 80 do Estatuto de Roma.

A solução para este conflito pode ser encontrada nas regras que estabelecem a lei aplicável[88] nos julgamentos da Corte, se não no Estatuto, nas normas interpretativas subsidiárias previstas no art. 21, 1, *b*: tratados internacionais e princípios e regras de direito internacional.

Diferentemente da "não-hierarquia" atribuída às fontes de direito internacional elencadas no conhecido art. 38 do Estatuto da Corte Internacional de Justiça, as fontes de interpretação e aplicação do Estatuto de Roma são apresentadas de forma taxativa e hierarquicamente organizada. Em primeiro lugar devem ser aplicados o Estatuto, os elementos dos crimes e regras de

---

[88.] Do texto original – Art. 21: "*Article 21. Applicable law. The Court shall apply: (a) In the first place, this Statute, Elements of Crimes and its Rules of Procedure and Evidence; (b) In the second place, where appropriate, applicable treaties and the principles and rules of international law, including the established principles of the international law of armed conflict; (c) Failing that, general principles of law derived by the Court from national laws of legal systems of the world including, as appropriate, the national laws of States that would normally exercise jurisdiction over the crime, provided that those principles are not inconsistent with this Statute and with international law and internationally recognized norms and standards. 2. The Court may apply principles and rules of law as interpreted in its previous decisions. 3. The application and interpretation of law pursuant to this article must be consistent with internationally recognized human rights, and be without any adverse distinction founded on grounds such as gender, as defined in article 7, paragraph 3, age, race, color, language, religion or belief, political or other opinion, national, ethnic or social origin, wealth, birth or other status.*"

procedimento e prova; em segundo lugar, se possível, tratados aplicáveis e princípios e regras de direito internacional, entre os quais se incluem os princípios gerais de direito sobre conflitos armados; em terceiro lugar, os princípios gerais de direito derivado da Corte a partir da investigação do sistema legal de direito interno dos Estados, entre os quais se incluem a lei interna do Estado que regularmente teria jurisdição sobre o caso. Far-se-á a aplicação destes princípios desde que não violem o Estatuto, o direito internacional nem os padrões e normas internacionalmente reconhecidas.

Os princípios gerais de direito penal a que se refere o Estatuto, exaustivamente estudados e discutidos nas sessões preparatórias da Conferência para Estabelecimento de uma Corte Penal Internacional, reconhecidos universalmente, foram identificados e apresentados em número de nove: 1. *Nullum crimen sine lege*[89]; 2. *Nulla poena sine lege*[90]; 3. Não retroatividade da lei *ratione personae*[91]; 4. Responsabilidade penal individual[92]; 5. Exclusão de jurisdição

---

[89] Do texto original – art. 22: *"Article 22. Nullum crimen sine lege. 1. A person shall not be criminally responsible under this Statute unless the conduct in question constitutes, at the time it takes place, a crime within the jurisdiction of the Court. 2. The definition of a crime shall be strictly construed and shall not be extended by analogy. In case of ambiguity, the definition shall be interpreted in favor of the person being investigated, prosecuted or convicted. 3. This article shall not affect the characterization of any conduct as criminal under international law independently of this Statute."*

[90] Do texto original – art. 23: *"Article 23. Nulla poena sine lege. A person convicted by the Court may be punished only in accordance with this Statute."*

[91] Do texto original – art. 24: *"Article 24. Non-retroactivity ratione personae. 1. No person shall be criminally responsible under this Statute for conduct prior to the entry into force of the Statute. 2. In the event of a change in the law applicable to a given case prior to a final judgement, the law more favorable to the person being investigated, prosecuted or convicted shall apply."*

[92] Do texto original – art. 25: *"Article 25. Individual criminal responsibility. 1. The Court shall have jurisdiction over natural persons pursuant to this Statute. 2. A person who commits a crime within the jurisdiction of the Court shall be individually responsible and liable for punishment in accordance with this Statute. 3. In accordance with this Statute, a person shall be criminally responsible and liable for punishment for a crime within the jurisdiction of the Court if that person: (a) Commits such a crime, whether as an individual, jointly with another or through another person, regardless of whether that other person is criminally responsible; (b) Orders, solicits or induces the commission of such a crime which in fact occurs or is attempted; (c) For the purpose of facilitating the commission of such a crime, aids, abets or otherwise assists in its commission or its attempted commission, including providing the means for its commission; (d) In any other way contributes to the commission or attempted commission of such a crime by a group of persons acting with a common purpose. Such contribution shall be intentional and shall either: (i) Be made with the aim of furthering the criminal activity or criminal purpose of the group, where such activity or purpose involves the commission of a crime within the jurisdiction of the Court; or (ii) Be made in the knowledge of the intention of the group to commit the crime; (e) In respect of the crime of genocide, directly and publicly incites others to commit genocide; (f) Attempts to commit such a crime by taking action that commences its execution by means of a substantial step, but the crime does not occur because of circumstances independent of the person's intentions. However, a person who abandons the effort to commit the crime or otherwise prevents the completion of the crime shall not be liable for punishment under this Statute for the attempt to commit that crime if that person completely and voluntarily gave up the criminal purpose. 4. No provision in this Statute relating to individual criminal responsibility shall affect the responsibility of States under international law."*

da Corte sobre menores de 18 anos[93]; 6. Irrelevância de capacidade jurídica oficial para julgamento perante a Corte[94]; 7. Responsabilidade de comandantes e superiores por ordens a subordinados[95]; 8. Não aplicabilidade de estatuto de limitações criados por Estados a crimes sob jurisdição da Corte[96]; 9. Elemento mental (somente se submeterá à Corte os crimes previstos no art. 5º, intencionalmente praticados ou cujo resultado criminoso e lesivo se admitia - art. 30)[97].

### 3.5. Excludentes de responsabilidade penal. Erro de fato e erro de direito. Cumprimento de ordens de governo e de superiores

Também cuidou o Estatuto das excludentes de responsabilidade penal[98], a exemplo da ocorrência doença mental ou doença que diminua a capacidade de discernimento da pessoa sobre a natureza ilegal de sua conduta; legítima defesa própria ou de outrem; pessoa em Estado de intoxicação que afete o discernimento sobre a legalidade e natureza de seus atos; pessoa que pratique atos necessários e razoáveis a se evitar a morte ou sérios danos físicos a si ou a outrem, desde que a pessoa não cause danos maiores que aqueles que pretende evitar.

---

[93.] Do texto original – Art. 26: *"Article 26. Exclusion of jurisdiction over persons under eighteen. The Court shall have no jurisdiction over any person who was under the age of 18 at the time of the alleged commission of a crime."*

[94.] Do texto original – Art. 27: *"Article 27. Irrelevance of official capacity. 1. This Statute shall apply equally to all persons without any distinction based on official capacity. In particular, official capacity as a Head of State or Government, a member of a Government or parliament, an elected representative or a government official shall in no case exempt a person from criminal responsibility under this Statute, nor shall it, in and of itself, constitute a ground for reduction of sentence. 2. Immunities or special procedural rules which may attach to the official capacity of a person, whether under national or international law, shall not bar the Court from exercising its jurisdiction over such a person."*

[95.] Do texto original – Art. 28: *"Article 28. Responsibility of commanders and other superiors. In addition to other grounds of criminal responsibility under this Statute for crimes within the jurisdiction of the Court: 1. A military commander or person effectively acting as a military commander shall be criminally responsible for crimes within the jurisdiction of the Court committed by forces under his or her effective command and control, or effective authority and control as the case may be, as a result of his or her failure to exercise control properly over such forces, where: (a) That military commander or person either knew or, owing to the circumstances at the time, should have known that the forces were committing or about to commit such crimes; and (b) That military commander or person failed to take all necessary and reasonable measures within his or her power to prevent or repress their commission or to submit the matter to the competent authorities for investigation and prosecution."*

[96.] Do texto original – Art. 29: *"Article 29. Non-applicability of statute of limitations. The crimes within the jurisdiction of the Court shall not be subject to any statute of limitations."*

[97.] Sobre o elemento mental: ver nota 78 retro.

[98.] Do texto original – Art. 31: *"Article 31. Grounds for excluding criminal responsibility. 1. In addition to other grounds for excluding criminal responsibility provided for in this Statute, a person shall not be criminally responsible if, at the time of that person's conduct: (a) The person suffers from a mental disease or defect that destroys that person's capacity to appreciate the unlawfulness or*

Outro dispositivo do Estatuto que merece destaque é o tratamento dado ao erro de fato e erro de direito[99]. O erro de fato pode ser argüido como excludente da responsabilidade criminal somente se negar o elemento mental exigido para o crime (dolo direto ou dolo eventual); o erro de direito, assim como qualquer outra espécie de conduta particular, é crime dentro da Jurisdição da Corte e não será excludente da responsabilidade criminal se não se negar o elemento mental exigido para o crime.

No que se refere ao cumprimento de ordens superiores e de prescrições legais[100], seja por civis, seja por militares, haverá responsabilidade criminal do agressor, exceto se a pessoa estiver sob obrigação legal de obediência a ordem de Governo ou de superior hierárquico; ou se a pessoa não souber que a ordem é ilegal ou se a ordem não for manifestamente ilegal. Contudo, para efeito do Estatuto, qualquer ordem para se cometer genocídio ou crimes contra a humanidade são consideradas (*iure et de iure*) como manifestamente ilegais e, portanto, não têm o condão de afastar a responsabilidade criminal do sujeito.

### 3.6. Administração

---

*nature of his or her conduct, or capacity to control his or her conduct to conform to the requirements of law; (b) The person is in a state of intoxication that destroys that person's capacity to appreciate the unlawfulness or nature of his or her conduct, or capacity to control his or her conduct to conform to the requirements of law, unless the person has become voluntarily intoxicated under such circumstances that the person knew, or disregarded the risk, that, as a result of the intoxication, he or she was likely to engage in conduct constituting a crime within the jurisdiction of the Court; (c) The person acts reasonably to defend himself or herself or another person or, in the case of war crimes, property which is essential for the survival of the person or another person or property which is essential for accomplishing a military mission, against an imminent and unlawful use of force in a manner proportionate to the degree of danger to the person or the other person or property protected. The fact that the person was involved in a defensive operation conducted by forces shall not in itself constitute a ground for excluding criminal responsibility under this subparagraph; (d) The conduct which is alleged to constitute a crime within the jurisdiction of the Court has been caused by duress resulting from a threat of imminent death or of continuing or imminent serious bodily harm against that person or another person, and the person acts necessarily and reasonably to avoid this threat, provided that the person does not intend to cause a greater harm than the one sought to be avoided. Such a threat may either be: (i) Made by other persons; or (ii) Constituted by other circumstances beyond that person's control. 2. The Court shall determine the applicability of the grounds for excluding criminal responsibility provided for in this Statute to the case before it. 3. At trial, the Court may consider a ground for excluding criminal responsibility other than those referred to in paragraph 1 where such a ground is derived from applicable law as set forth in article 21. The procedures relating to the consideration of such a ground shall be provided for in the Rules of Procedure and Evidence.*

[99.] Do texto original – Art. 32: *"Article 32. Mistake of fact or mistake of law. 1. A mistake of fact shall be a ground for excluding criminal responsibility only if it negates the mental element required by the crime. 2. A mistake of law as to whether a particular type of conduct is a crime within the jurisdiction of the Court shall not be a ground for excluding criminal responsibility. A mistake of law may, however, be a ground for excluding criminal responsibility if it negates the mental element required by such a crime, or as provided for in article 33."*

[100.] Cf. art. 33 do Estatuto.

Administrativamente, a Corte se divide em quatro órgãos (art. 44), cada qual com funções minunciosamente determinadas: Presidência (art. 38); Divisão de apelação, divisão de julgamento e divisão de pré-julgamento (art. 39); Gabinete do Promotor (art. 41) e Registro (art. 34).

## 3.7. Pré-julgamento, prisão preventiva e julgamento perante a Câmara de Julgamento

Para que o acusado possa ser julgado, o caso deve ser admitido pela Corte na Câmara de pré-julgamento, segundo as regras estabelecidas nos arts. 62 a 76 do Estatuto, entre as quais se destacam: a presença física do acusado durante todo o julgamento (art. 63), exigência que afasta a possibilidade de julgamento à revelia[101]; o dever da Câmara julgadora de exercer suas funções e poderes de acordo com o Estatuto e as regras de julgamento e provas (lei aplicável), garantir um justo e rápido julgamento, respeitando os direitos do acusado e o dever de proteção às vítimas, às testemunhas; a regra de presunção de inocência até prova em contrário; e o ônus do promotor de provar a culpa do acusado (presunção de inocência)[102]; além de garantias expressas sobre direitos do acusado, tais como: dever de ser prontamente informado em detalhes sobre a natureza, causa e conteúdo das acusações que contra ele pesam, em sua língua de compreensão e fala; tempo adequado para preparação de sua defesa; direito de ser julgado sem atrasos indevidos; direito a ter um assistente legal entre outros elencados no art. 67.

Admitido o caso pela Câmara de Pré-Julgamento, proceder-se-á às formalidades para detenção do acusado e sua apresentação perante a Câmara de Julgamento. Neste passo, necessário se faz a renovação de alguns comentários sobre os sujeitos passíveis de serem julgados pela Corte. Inicialmente disse-se que, em princípio, o Estatuto de Roma se aplica a toda e qualquer pessoa que incorra nos crimes ali tipificados, independentemente de sua nacionalidade, protegendo somente direitos de vítimas de Estados-parte. Mas como se dará a detenção do acusado para sua necessária apresentação perante a Corte? Dentre as obrigações assumidas pelos Estados-parte está o dever de cooperação, seja quanto a informações, seja quanto a atitudes diretas para tornar as decisões da Corte efetivas. A detenção de acusados insere-se

---

[101] Do texto original – Art. 63, 1: *"Article 63. Trial in the presence of the accused. 1. The accused shall be present during the trial...."*

[102] Do texto original – Art. 66, 1 e 2: *"Article 66. Presumption of innocence. 1. Everyone shall be presumed innocent until proved guilty before the Court in accordance with the applicable law. 2. The onus is on the Prosecutor to prove the guilt of the accused. 3. In order to convict the accused, the Court must be convinced of the guilt of the accused beyond reasonable doubt."* Verifica-se, ainda, que o tribunal deverá absolver o acusado se não estiver totalmente convencido de sua culpa (dúvida razoável).

**359**

exatamente neste dever de cooperar, obrigação que se limita aos Estados-parte[103]. Para os demais Estados, há a possibilidade de estabelecimento de acordos de cooperação judicial para com a Corte, os chamados "acordo *ad hoc*" (art. 87, 5).

### 3.8. Penas e execução

Ao acusado perante a Câmara de Julgamento poderão ser aplicadas qualquer uma das duas penas previstas no Estatuto[104]: prisão por certo período de tempo não superior a 30 anos e prisão perpétua, quando justificada pela extrema gravidade do crime e pelas circunstâncias individuais do condenado; excluída, portanto, a pena de morte prevista nos tribunais militares de Nuremberg e Tóquio.

A sentença da Corte, seja na dosimetria da pena de prisão ou na determinação da prisão perpétua, deverá consignar os fundamentos de uma e outra pena, considerando expressamente sobre a gravidade do crime e a pessoa do acusado, conforme prevê o art. 78. Se a pessoa for condenada por mais de um crime, a Corte julgará cada um dos crimes especificando o tempo total de prisão, o qual não poderá exceder a 30 anos ou prisão perpétua.

No entanto, conforme já destacado, a punição a condenados prevista no Estatuto não prejudicará a aplicação da lei nacional pelos Estados nem o direito destes em não aplicar as penalidades impostas pela Corte em razão da contrariedade a disposições de direito interno (art. 80), tal como ocorre no Brasil com a pena de prisão perpétua, vedada expressamente no texto Constitucional[105]. A pena será cumprida num Estado a ser designado pela Corte, escolhido a partir de uma lista de Estados que tenham indicado à Corte sua disposição em aceitar condenados. O Estado de execução, de sua vez, deverá informar à Corte qualquer circunstância ou condição de seu direito interno que possa afetar materialmente a execução da pena.

---

[103.] Entendimento expresso nos arts. 59, 87 a 92 do Estatuto.

[104.] Do texto original – Art. 77: "*Article 77. Applicable penalties. 1. Subject to article 110, the Court may impose one of the following penalties on a person convicted of a crime under article 5 of this Statute: (a) Imprisonment for a specified number of years, which may not exceed a maximum of 30 years; or (b) A term of life imprisonment when justified by the extreme gravity of the crime and the individual circumstances of the convicted person. 2. In addition to imprisonment, the Court may order: (a) A fine under the criteria provided for in the Rules of Procedure and Evidence; (b) A forfeiture of proceeds, property and assets derived directly or indirectly from that crime, without prejudice to the rights of bona fide third parties.*"

[105.] Vide Constituição da República Federativa do Brasil de 1988, art. 5º, XLVII: não haverá penas: a) de morte, salvo em caso de guerra declarada, nos termos do art. 84, XIX; b) de caráter perpétuo; c) de trabalhos forçados; d) de banimento; e) cruéis. (*Constituição da República Federativa do Brasil*, Coleção Saraiva de Legislação, 21ª ed., Saraiva, São Paulo, 1999, p. 9).

**360**

## 3.9. Solução de controvérsias no âmbito da Corte

Se reconhecermos que um dos objetivos da Corte é a solução de controvérsias internacionais acerca da aplicação do direito penal, também não podemos negar que sua atividade jurisdicional provoque novos conflitos. Para solucioná-los, o Estatuto prevê um sistema de solução de disputas sobre função jurisdicional da Corte, interpretação e aplicação do Estatuto. Assim, qualquer disputa sobre função jurisdicional da Corte será objeto de apreciação e decisão pela própria Corte; ainda, qualquer outra disputa entre Estados relativa à interpretação ou aplicação do Estatuto, que não se resolver mediante negociações a serem concluídas num prazo máximo de três meses, deverá ser apresentada à Assembléia de Estados-parte. A Assembléia deverá solucionar a disputa ou indicar os meios alternativos para sua solução, entre os quais expressamente se inclui a alternativa de submissão do conflito à jurisdição da Corte Internacional de Justiça[106].

Nas disposições sobre o suporte financeiro da Corte[107], diz-se que as despesas serão pagas pelo Fundo da Corte, a ser criado a partir da contribuição de Estados-parte, das Nações Unidas (mediante decisão da Assembléia Geral) e de voluntários, cuja escala de valores será baseada na escala de contribuições aplicadas no âmbito das Nações Unidas (art. 107).

## 3.10. Disposições gerais atinentes ao processo de conclusão dos tratados internacionais

No que se refere às formalidades intrínsecas às convenções internacionais, próprias do processo de conclusão de tratados, não são permitidas reservas ao Estatuto (art. 120); emendas (art. 121) somente poderão ser oferecidas após sete anos da entrada em vigor do Estatuto, devendo as mesmas serem submetidas ao Secretário-Geral da ONU, que prontamente fará a circulação do texto proposto a todos os Estados-parte[108].

---

[106] Do texto original – Art. 119: *"Article 119. Settlement of disputes. 1. Any dispute concerning the judicial functions of the Court shall be settled by the decision of the Court. 2. Any other dispute between two or more States Parties relating to the interpretation or application of this Statute which is not settled through negotiations within three months of their commencement shall be referred to the Assembly of States Parties. The Assembly may itself seek to settle the dispute or make recommendations on further means of settlement of the dispute, including referral to the International Court of Justice in conformity with the Statute of that Court."*

[107] Vide arts. 113 a 118 do Estatuto.

[108] Não antes de três meses após o recebimento da proposta, a Assembléia Geral de Estados-Parte decidirá pela maioria de votos presentes sobre a pertinência da proposta de emenda. A decisão sobre a aprovação de emenda ou de revisão do Estatuto será tomada por maioria de dois terços dos Estados-Parte (art. 121, 2).

**361**

Como regra geral, a emenda ou revisão entrará em vigor para os Estados-parte um ano após o depósito dos instrumentos de ratificação ou aceitação junto à Secretaria Geral da ONU por parte de sete oitavos dos Estados-parte. Exceção feita às emendas ao art. 5º (que prevê os crimes objeto do Estatuto), as quais entrarão em vigor para os Estados-parte imediatamente com o depósito do instrumento de ratificação ou aceitação, proibida a Corte de exercer sua jurisdição, nos termos da emenda, com relação ao Estado Parte que não a ratificou ou aprovou.

Após a ratificação ou aceitação da emenda por sete oitavos dos Estados-parte, aqueles Estados que não o fizeram podem denunciar o tratado, com efeitos imediatos, notificando os primeiros em prazo que não exceda a um ano da entrada em vigor da emenda. Para as emendas de natureza institucional (art. 108) que não puderem ser aprovadas por consenso, estas deverão ser submetidas e aprovadas por um *quorum* de dois terços dos Estados-parte e entrarão em vigor após seis meses de sua adoção pela Assembléia ou, se for o caso, pela Conferência.

Note-se que o processo de revisão do tratado não se confunde com o processo de emendas. A revisão do Estatuto é imperativo previsto no art. 123. Para tanto, a Secretaria Geral das Nações Unidas, após sete anos de vigência do Estatuto, proporá uma Conferência para revisão do Estatuto, e poderá incluir, além de outras matérias, a revisão do art. 5º. A decisão sobre os textos revistos a ser tomada nesta Conferência caberá à maioria absoluta dos Estados-parte.

O Estatuto foi aberto para assinaturas em Roma, na sede da FAO (*Food and Agriculture Organization of the United Nations*), em 17 de julho de 1998; permaneceu aberta a assinaturas no Ministério das Relações Exteriores da Itália até 17 de outubro de 1998. Atualmente, está aberta a assinaturas na sede das Nações Unidas, em Nova York, até 31 de dezembro de 2000, e entrará em vigor no primeiro dia do mês subseqüente ao depósito do 60º instrumento de ratificação, aceitação, adoção ou acessão junto à Secretaria Geral das Nações Unidas (arts. 125 e 126).

Em relação aos Estados, o Estatuto entrará em vigor no primeiro dia do mês subseqüente ao depósito de seu instrumento de ratificação, aceitação, adoção ou acessão junto à Secretaria Geral das Nações Unidas.

A denúncia por qualquer Estado-parte deverá se dar pela forma escrita e dirigida ao Secretário-Geral da ONU, produzindo efeitos quanto ao denunciante após um ano do recebimento da notificação, exceto se desta se assinar maior prazo. Vale destacar, porém, que o Estado, mesmo com a denúncia do Estatuto, não se exime das obrigações assumidas enquanto Parte (durante o prazo após a notificação), obrigação que se estende, expressamente, às contribuições para financiamento da Corte.

**362**

## Capítulo V – Conclusões

Muitas de nossas conclusões sobre o tratamento legal e doutrinário acerca do direito penal internacional e das controvérsias internacionais que suscita foram lançadas ao longo de nossa exposição sobre cada um dos temas estudados, de sorte que nestas breves palavras finais cabe-nos tão-somente a tentativa de enlace entre aquelas conclusões e tantos outros pensamentos que, diante de tão controvertidos e pouco explorados temas de direito internacional – direito penal internacional e cortes penais internacionais – nos assaltam e fogem, instigando a pesquisa, o conhecimento, aprofundamento e renovação de clássicos conceitos de direito internacional em situações modernas, de uma nova ordem legal internacional fundada em princípios de competência e jurisdição internacionais tendentes a ser reconhecidos por todos os Estados.

É de se pensar, também, o novo papel que esta ordem legal internacional reserva para a Organização das Nações Unidas, especialmente para a Assembléia Geral e Conselho de Segurança, cujas responsabilidades, atribuições e decisões muito vêm contribuindo para o reconhecimento de um direito penal internacional, de princípios elementares e universais de proteção aos direitos humanos, enfim, para a universalização de princípios de direito internacional de preservação da própria dignidade e natureza humanas. O estabelecimento de uma Corte Penal Internacional permanente é, sem dúvida, um destes avanços que se pode creditar ao trabalho das Nações Unidas, de sua Comissão de Direito Internacional, de organizações intergovernamentais e não-governamentais que colaboraram, discutiram durante nove (9) anos o que viria a ser consolidado em Roma, em julho de 1998.

Apesar dos esforços para o estabelecimento de uma corte penal internacional, intenções mais uma vez traduzidas em texto escrito – Tratado de Roma de 1998 ainda esbarra o direito penal internacional em antigas questões de direito interno dos Estados que impedem o avanço e a consolidação de estatutos internacionais atinentes a crimes internacionais, entre estas questões destacaram-se: jurisdição absoluta sobre pessoas, bens e fatos presentes dentro do território do Estado em contraposição à *teoria do impacto territorial*, principal causa de conflitos de competência internacional.

Estes conflitos, no âmbito do direito internacional, podem ser resolvidos de duas maneiras distintas: ou se socorre de acordos internacionais prévios e aplicáveis à matéria, com possibilidade, inclusive, de se negociar novos acordos específicos por via diplomática, ou se pactua a submissão do caso à jurisdição de uma corte internacional ou tribunal arbitral. Se nenhuma destas hipóteses puser termo à querela, cada uma das partes aplicará ao caso seu próprio direito interno, dependendo a efetividade de uma e outra decisão de fatores que muitas

**363**

vezes fogem ao controle dos Estados.

A problemática da efetividade das decisões nacionais de efeitos extraterritoriais e das decisões de órgãos internacionais não pode ser negligenciada em termos de prevenção e solução de litígios internacionais.

Assim, pode-se afirmar que o direito penal internacional e as regras limitadoras da competência legal internacional ainda funcionam como normas costumeiras informativas de uma ordem legal internacional, normas reconhecidas como obrigatórias e que integram o ordenamento jurídico da grande maioria dos Estados. Por esta razão, a efetividade do direito penal quanto aos crimes internacionais mais comuns é deslocada do direito internacional para o direito interno, de instrumentos internacionais para órgãos nacionais com estruturas já estabelecidas, incentivando-se uma série de pequenos acordos de cooperação judicial, negociados em pequenos blocos, o que favorece o processo negocial, reduz os conflitos entre a lei internacional e o direito interno e atende de forma mais eficaz os problemas que afligem os Estados envolvidos. No entanto, quanto aos crimes mais complexos, aqueles que atingem uma coletividade de pessoas (genocídio, crimes de guerra, contra a humanidade, contra a paz e agressão) e que contam com a omissão ou ação direta dos governos dos territórios onde ocorrem, enquanto não se renovar o governo ou a política governamental, a solução de justiça não pode ser dada de forma isolada pelo Estado, razão pela qual se legitima a intervenção da comunidade internacional, conforme o estabelecido no Capítulo VII da Carta das Nações Unidas.

Vale também um destaque final para as recentes experiências de aplicação de um direito penal internacional nos Tribunais Penais Internacionais para a ex-Iugoslávia e Ruanda, onde se processam e julgam criminosos internacionais pela prática de genocídio, crimes contra a humanidade e outros crimes odiosos contra a perservação e respeito aos mais elementares direitos do Homem. Sem dúvida, duas experiências que comprovam a existência de um direito penal internacional, de respeito às regras de direito internacional clássico, de solução pacífica de conflitos internacionais e, principalmente, de efetividade, haja vista os casos já julgados em Arusha, Tanzânia, sede do Tribunal Penal para Ruanda, e dos vários casos ainda em julgamento na Haia, sede do Tribunal Penal Internacional para a ex-Iugoslávia.

No tocante ao Estatuto de Roma, espera-se, mas não se acredita, que num futuro distante outros cinqüenta e oito (58) Estados, à exemplo de Senegal e Trinidad Tobago, depositem seus instrumentos de ratificação junto à Secretaria Geral das Nações Unidas, provocando a vigência do Estatuto e fazendo operar, num largo território, um direito penal internacional que se cuidou de erigir em atenção aos mais basilares princípios de direito humanitário e de direito internacional. Até que este futuro incerto se descortine, o Estatuto vigorará como um repositório de princípios, senão de costumes internacionais reconhecidos por várias nações, os quais devem ser observados e incorporados aos sistemas jurídicos dos Estados, tal como os princípios de *law of nations*, mesmo por aqueles Estados que ainda não cuidaram de assinar o Estatuto ou de depositar seu instrumento de ratificação. Existem princípios de direito internacional, princípios da antiga *law of nations*, que devem ser reconhecidos por todas as nações como preceitos de direito universalmente aceitos.

Os crimes objeto do Estatuto de Roma, independentemente da entrada em vigor do diploma, devem ser objeto de política dos Estados, seja em sua forma preventiva, seja na repressiva, esta última representada na atuação imparcial do poder judiciário no conhecimento, processamento e julgamento de crimes odiosos como os crimes de guerra, contra a paz, contra a humanidade, de agressão e genocídio, os quais são favorecidos por instabilidades políticas originadas de uma política social pobre, de sistemas educacionais e culturais em falência, de perda de identidade, de religiosidade, de coesão social, enfim, por governos e governados em disputa pela preservação dos mais elementares direitos humanos. Os recentes exemplos de Ruanda e da ex-Iugoslávia, infelizmente, são o retrato de uma convulsão política que não acabou em Versalhes em 1919, nem em Londres e Moscou em 1945, nem em Helsinque e Washington em 1987/1988 no fim da Guerra Fria.

## BIBLIOGRAFIA

BALASSA, Bela. *Teoria da Integração Econômica*. Lisboa, Livraria Clássica Editora, 1962.

BASSIOUNI, M. Cherif. *International Criminal Law*, vol. 1 – *Crimes*. Nova York, Transnational Publishers, Inc., 1993.

_____. *International Criminal Law*, vol. 2 – *Procedure*. Nova York, Transnational Publishers, Inc., 1993.

_____.*International Criminal Law*, vol. 3 – *Enforcement*. Nova York, Transnational Publishers, Inc., 1993.

BRIGGS, Richard W., "*The Law of Nations, Cases Documents and Notes*". Nova York, F. S. Crofts & Co., 1944.

CARNELUTTI, Francesco. *Sistema del diritto processuale, v. 7, Padova*, 1936.

CINTRA, Antônio Carlos de Araújo. GRINOVER, Ada Pellegrini. DINAMARCO, Cândido Rangel. *Teoria Geral do Processo*, 12ª ed., São Paulo, Malheiros Editores, 1996.

CÓDIGO de Processo Civil Brasileiro (Lei n. 5.869, de 11 de janeiro de 1973).

CONSTITUIÇÃO da República Federativa do Brasil. Coleção Saraiva de Legislação, 21ª ed., Saraiva, São Paulo, 1999.

FALK, Richard Anderson. "International jurisdiction: horizontal and vertical conceptions of legal order", *Temple Law Quaterly*, 1959.

FERREIRA JR., Geraldo Miniuci. "O Tribunal Criminal para a Iugoslávia", *in Solução e Prevenção de Litígios Internacionais*, obra organizada por Araminta de Azevedo Mercadante e José Carlos de Magalhães, NECIN, projeto CAPES, 1998.

GRECO FILHO, Vicente. *Direito Processual Civil Brasileiro*, v. 1, 6ª ed., São Paulo, Saraiva, 1989.

HALL, Christopher Keith. "The First Two Sessions of the UN Preparatory Committee on the Establishment of an International Criminal Court", *American Journal of International Law*, 1997, vol. 91, n. 01.

_____. "The Third and Fourth Sessions of the UN Preparatory Committee on the Establishment of an International Criminal Court", *American Journal of International Law*, 1998, vol. 92, n. 01.

_____. "The Fifth Session of the UN Preparatory Committee on the Establishment of an International Criminal Court", *American Journal of International Law*, 1998, vol. 92, n. 02.

HOBBES, Thomas. *Leviathan*. Philosophie Politique, tradução de François TRICAUD, Paris, Édition Sirey, 1971.

HUDSON, Manley O. *World Court Report*, vol. II - 1927-1932. Washington, 1935.

KAPLAN, Morton A.. KATZENBACH, Nicholas de B. *Fundamentos Políticos do Direito Internacional*. Zahar Editores, Rio de Janeiro.

MAGALHÃES, José Carlos de. "A Aplicação Extraterritorial de Leis Nacionais", *Revista Forense* n. 293.

MIRABETE, Julio Fabrini. *Manual de Direito Penal*, vol. 2. 6ª ed., São Paulo, Atlas, 1991.

MORIS, Virginia & BOURLOYANNIS-VRAILAS, M. Christine. "The work of the Sixth Committee at the Fiftieth Session of the UN General Assembly, *American Journal of International Law*, 1996, vol. 90, n. 03.

QUADROS, Fausto de. PEREIRA, André Gonçalves. *Manual de Direito Internacional Público*, 3ª ed., Coimbra, Almedina, 1995.

RANGEL, Vicente Marotta, *Direito e Relações Internacionais*. 5ª ed. revista e atualizada, São Paulo, RT, 1997.

SCHWARZENBERGER, Georg. "The Problem of an International Criminal Law", *in* MUELLER, Gerhard O. W. WISE, Edward M. *International Criminal Law*, New York University, NY, Fred B. Rothman & Co, 1965.

### Periódico:

*International Legal Materials*, publicação da *American Journal of International Law*, 1997, n. 36, p. 92 e 908.

### Fontes Internet (íntegra de textos de estatutos):

Organização das Nações Unidas: http://www.un.org:

*International Criminal Tribunal for the Former Yugoslavia*: http://www.un.org/rights

*International Criminal Tribunal for Rwanda*: http://www.ictr.org

*International Criminal Court - Rome Estatute*: http://www.un.org

# O Caso dos Testes Nucleares na Corte Internacional de Justiça e os Atos Jurídicos Unilaterais (Nova Zelândia v. França, 1974 e 1995)

### CELSO DE TARSO PEREIRA

*Diplomata (Divisão do Mercosul/MRE), Professor de Direito Internacional Público no CEUB-DF, Professor Assistente de Direito Internacional Público no Instituto Rio Branco (MRE), Mestre em Direito Internacional (LL.M.) pela Universidade de Kiel, Alemanha*

1. Os Fatos – 2. O Caso na Corte Internacional de Justiça – 3. Opiniões Individuais e Dissidentes – 4. As Fontes do Direito Internacional Público e Os Atos Jurídicos Unilaterais – 5. Comentários – 6. Críticas – 7. A Demanda Neozelandesa de 1995 – 8. Bibliografia

Em um intervalo de 20 anos, a Corte Internacional de Justiça foi acionada duas vezes pela Nova Zelândia com o intuito de fazer cessar testes nucleares franceses realizados em áreas do Pacífico Sul. Nas duas ocasiões (1974 e 1995), a França não foi dissuadida de levar a cabo os testes por temor de uma sentença condenatória da CIJ, mas sofreu críticas e pressões consideráveis dos movimentos ecologistas, que lograram, pelo menos, diminuísse o número dos testes previstos.

Em ambas as tentativas, a Nova Zelândia (e a França) não conseguiu obter a condenação da França. Na primeira ocasião, a CIJ decidiu não decidir, alegando a inexistência de um litígio; na segunda, decidiu que a demanda não era admissível com base no primeiro caso, visto que testes nucleares atmosféricos não abrangiam testes subterrâneos.

Em geral, os dois casos revelam procedimentos e argumentos atípicos e sem precedentes, especialmente no que se refere à caracterização das promessas unilaterais como geradoras de efeitos jurídicos, na elaboração de um aparente recurso extraordinário a sua própria sentença (§ 63 da sentença de 1974) e na utilização de um procedimento informal para analisar a demanda neozelandesa.

# 1. Os Fatos

*1.1.* O Governo francês realizou testes nucleares atmosféricos no seu centro de experiências do Pacífico, situado na Polinésia francesa, nos anos de 1966, 1967, 1968, 1970, 1971 e 1972. O local utilizado para as explosões foi principalmente o atol de Muroroa, no arquipélago de Tuamutu, situado a cerca de 4600 km da Nova Zelândia e a 1950 km das Ilhas Cook, Estado autônomo livremente associado àquele país. Zonas proibidas para navegação aérea e marítima foram implantadas pela França durante a realização dos testes. A Nova Zelândia afirma que seu território e o das ilhas Cook, Niue e Tokelau foram atingidos por depósitos de material radioativo. A França sustentou que os elementos radioativos produzidos eram tão infinitesimais que podiam ser desconsiderados.

*1.2.* Ao considerar que a França, assim procedendo, violava os direitos neozelandeses frente ao direito internacional e objetivando a proibição de todo teste futuro, a Nova Zelândia submeteu a questão à Corte Internacional de Justiça em maio de 1973, requerendo igualmente a indicação de medidas cautelares (*interim measures – mesures conservatoires*).[1] Apesar do deferimento pela Corte deste pedido – concretizado numa *ordennance* de junho de 1973 –, a França realizou duas novas séries de experimentos em 1973 e de junho a setembro de 1974. Algumas "declarações autorizadas" sobre a realização de testes no futuro foram feitas neste período pelo Governo francês. A Corte se pronunciou de maneira final sobre a demanda em dezembro de 1974.

## 2. O Caso na Corte Internacional de Justiça

*2.1.* A Nova Zelândia requereu que a Corte "*julgue e declare* que os testes nucleares causadores de disseminação de material radioativo efetuados pelo Governo francês na região do Pacífico Sul constituem uma violação dos direitos da Nova Zelândia sob o direito internacional e que estes direitos serão violados por qualquer novo teste" (item 11 do *arrêt*).

*2.2.* A França alegou que a Corte não era competente no presente caso, argumentando ter modificado em 1966 os termos de sua aceitação da jurisdição obrigatória da Corte Internacional de Justiça (art. 36 II do Estatuto da CIJ), excluindo expressamente os litígios decorrentes de "atividades referentes à defesa nacional". O Ato Geral de Arbitragem de 1928, que não comportava reservas e

---

[1] A Austrália apresentou, na mesma data, demanda contra a França, pelos mesmos motivos. A sentença de 20 de dezembro de 1974 é idêntica para os dois casos paralelos.

**368**

era igualmente invocado pela Nova Zelândia como base da competência, foi tido pela França como caduco, já que decorrente do sistema jurídico desaparecido da Liga das Nações. Por outro lado, considerava o pedido neozelandês não admissível, por tratar-se de questão meramente política e por inexistir qualquer regra internacional que a proibisse de realizar os testes; com estas razões, absteve-se de participar do processo judicial. Muito embora o Estatuto da Corte não preveja a revelia (*default*), o não comparecimento da França foi antecedido pelo da Islândia em 1972 nos "Casos das Pescarias" e da Índia em 1973 no "Caso Relativo a Prisioneiros de Guerra" e seria repetido em 1976 pela Turquia no "Caso da Plataforma Continental do Mar Egeu" e pelo Irã em 1980 no "Caso do Pessoal Diplomático e Consular em Teerã".

*2.3. A Corte Internacional de Justiça*, como órgão jurisdicional, tem por tarefa resolver os litígios (*différends*) existentes entre os Estados. A *existência de um litígio* é assim condição primeira para o exercício de sua função judiciária. Partindo deste pressuposto, a Corte afirmou ser necessário perquirir a existência de um litígio antes mesmo do exame das questões preliminares sobre sua competência e admissibilidade do pedido (seriam assim questões pré-preliminares?!).[2] Com este fim, a Corte passou a interpretar o objeto do pedido da Nova Zelândia, entendendo-o afinal como sendo unicamente *a cessação dos testes nucleares e não o pronunciamento de uma sentença declaratória*. Por outro lado, a análise de algumas declarações oficiais do governo neozelandês levou a Corte à conclusão de que a Nova Zelândia teria o cerne do seu interesse satisfeito *se houvesse uma garantia de que a França cessaria as experiências nucleares*.

*2.3.1.* Esta garantia (*assurance*) a CIJ entendeu estar presente numa série de 6 declarações unilaterais feitas pela França em 1974, que incluíam comunicados, mensagens e entrevistas à imprensa, nas quais o Presidente da França, o Embaixador francês na Nova Zêlandia, o Ministro de Relações Exteriores e o Ministro de Defesa franceses declaravam que os testes atmosféricos de 1974 seriam os últimos do seu tipo. Ressaltou-se especialmente uma declaração do Presidente (numa conferência de imprensa) e outra do Ministro de Defesa (na Assembléia da ONU), pelo fato de elas não incluírem o termo usual "normalmente" (*normalement – in the normal course of events*), eliminando aparentemente da posição francesa qualquer condição.

*2.3.2.* A conclusão da CIJ, reconhecendo força obrigatória a uma declaração unilateral, constitui provavelmente a parte mais importante e polêmica de seu

---

[2.] SUR, Serge. "Les Affaires des Essais Nucléaires", in *RGDIP*, 4, 1975, p. 980.

pronunciamento. A Corte afirmou que "é bem aceito que declarações feitas por intermédio de atos unilaterais e referentes a situações de fato ou de direito, podem ter o efeito de criar obrigações jurídicas. Declarações dessa natureza podem ter e freqüentemente têm um objetivo muito preciso. Quando é intenção do Estado que faz a declaração obrigar-se de acordo com seus termos, tal intenção confere à declaração o caráter de uma obrigação jurídica, ficando o Estado obrigado a seguir uma linha de conduta consistente com a declaração. *Um compromisso de tal natureza, expresso publicamente e com a intenção de obrigar-se, mesmo se fora do contexto de negociações internacionais, tem um efeito obrigatório.* Nessas circunstâncias, nada na natureza de um *quid pro quo*, nem a aceitação subseqüente da declaração, nem ainda uma resposta ou reação de outros Estados, é requerido para que a declaração tenha efeitos, já que esse requisito seria inconsistente com a natureza estritamente unilateral do ato jurídico mediante o qual se expressou o Estado". A Corte acrescentou: "Naturalmente nem todos os atos unilaterais implicam obrigação, mas um Estado pode decidir assumir uma certa posição em relação a um determinado assunto com a intenção de obrigar-se; esta intenção será determinada pela interpretação do ato. Quando os Estados fazem declarações que limitam sua liberdade de ação futura, impõe-se uma interpretação restritiva".

A relevância conferida ao fator *intenção* será determinante para a *ratio decidendi* da Corte. O fundamento legal internacional para tal posicionamento encontra-se, segundo a CIJ, na boa-fé. No § 49 da sentença ela ressalta que "um dos princípios básicos que preside a criação e a execução de obrigações jurídicas, qualquer que seja sua fonte, é o princípio da boa-fé. A confiança recíproca é uma condição inerente à cooperação internacional, sobretudo em uma época em que, em muitas áreas, ela se faz mais e mais indispensável. Assim como a própria norma do direito dos tratados *pacta sunt servanda*, o caráter obrigatório de um compromisso internacional assumido por uma declaração unilateral se baseia na boa-fé. Os Estados podem levar em consideração as declarações unilaterais e pautar-se por elas, tendo o direito de requerer que uma obrigação assim criada seja respeitada".

*2.3.3.* O dispositivo da sentença efetua a subsunção final: a Corte, por 9 votos contra 6, considerou que, face aos efeitos legais próprios às declarações unilaterais feitas pela França, o pedido da Nova Zelândia foi satisfeito, não tendo mais a demanda um objeto, nem havendo mais nada a julgar. Os 5 juízes que subscreveram a sentença *in totum* foram Manfred Lachs, Bengzon, Morozov, N. Singh e Ruda. Apresentaram opinião individual Forster, Gros, Petrén e Ignacio-Pinto. As dissidentes foram de Onyeama, Dillard, Jiménez de Aréchaga e Sir Waldock.

**370**

## 3. Opiniões Individuais e Dissidentes

*3.1.* Entre as opiniões individuais merecem destaque as do Juiz Gros e do Juiz Pétren. O primeiro entendeu que o pedido da Nova Zelândia nunca se baseou em direitos, na estrita ilegalidade dos testes franceses, mas sim apenas em questões políticas, não tendo a Corte nada a dizer em um "embate de interesses políticos". O Juiz Pétren afirma que o caso não tinha objeto *ab initio*, e não somente posteriormente, como na opinião da maioria. Deste modo, a Corte deveria ter negado a admissibilidade da demanda, pois não existia, à época do pedido, nenhuma norma internacional proibindo tais tipos de experiências, nem mesmo um costume internacional, visto a prática contrária de muitos Estados. Estas normas internacionais de legalidade ou ilegalidade dos testes com armas atômicas estariam ainda em processo de gestação.

*3.2.* As opiniões dissidentes criticam enfaticamente a Corte por haver não simplesmente interpretado, mas verdadeiramente revisado o pedido da Nova Zelândia. Esta havia claramente requerido uma *declaração judicial* sobre a ilicitude dos testes (*dire et juger*), bem como a sua cessação. A opinião da maioria é, portanto, uma *limitação judicial – inaudita parte –* dos pedidos da Requerente. A Nova Zelândia, ao ter frustrada sua expectativa de uma manifestação judicial sobre a ilicitude dos ensaios nucleares, é prejudicada em eventuais demandas por reparação que poderia opor à França quanto aos *testes já realizados*, especialmente em 1973 e 1974; a sentença indica apenas a possibilidade de um ilícito penal por parte da França no caso de desrespeito as suas declarações unilaterais, referentes a eventuais *testes futuros*. Os juízes dissidentes se interrogam, finalmente, como pôde a Corte chegar a conclusões de fundo (*substantive findings of law and fact*), tal como sobre os efeitos de atos unilaterais, sem ter definido preliminarmente sua competência e tendo afirmado que o caso não tem mais objeto. Concluem que a Corte era competente, o pedido admissível – visto o interesse jurídico da Nova Zelândia em ter os direitos inerentes a sua soberania territorial apreciados judicialmente – e a decisão de mérito obrigatória.

*3.3.* As diferentes posições poderiam ser assim resumidas:

*Corte*: o objeto inicial da demanda – fim dos testes – desapareceu com as declarações unilaterais francesas, que são obrigatórias;

*Opiniões individuais*: a demanda não possuía objeto desde seu início, pois trata-se de mera questão política, *non justiciable*, sem qualquer fundamento jurídico internacional.

*Opiniões Dissidentes*: a demanda inicial tinha escopo amplo e incluía pedido de sentença declaratória.

## 4. As Fontes do Direito Internacional Público e os Atos Jurídicos Unilaterais

Por fontes do direito internacional entende-se os modos formais de verificação do direito internacional,[3] as diversas categorias de normas jurídicas internacionais[4] ou ainda os métodos de criação das normas jurídicas.[5]

O art. 38 do Estatuto da Corte Internacional de Justiça, ponto de partida mais conveniente para o estudo das fontes do direito internacional, não faz menção aos atos jurídicos unilaterais. Conforme o art. 38, a Corte, na solução de controvérsias que lhe forem submetidas, aplicará as convenções internacionais, o costume internacional e os princípios gerais de direito. As decisões judiciárias e a doutrina servirão como meios auxiliares para a determinação das regras de direito.

A redação desse artigo é virtualmente idêntica à do Estatuto da Corte Permanente de Arbitragem de Justiça Internacional, de 1920, quando uma Comissão Consultiva de Juristas foi nomeada pelo Conselho da Liga das Nações para elaborar o projeto de uma Corte Permanente de Justiça Internacional.

A ausência dos atos jurídicos unilaterais e das resoluções das organizações internacionais no elenco de fontes explica-se, assim, por um lado, pela época em que foi redigido (antes do surgimento exponencial das organizações internacionais) e pelo fato de o art. 38 nunca ter pretendido ser uma fórmula peremptória e exaustiva das fontes, mas apenas um guia para a atividade da CIJ.[6]

A doutrina internacional (ela mesma presente no art. 38 como meio auxiliar) não é unânime a respeito de se conceder natureza de fonte aos atos jurídicos unilaterais. Os atos unilaterais são aqueles realizados por um só Estado e que, ao expressarem a vontade de seu autor, no âmbito de suas relações internacionais, podem gerar efeitos jurídicos obrigatórios.

*4.1.* De modo a poder ser considerado fonte de direito internacional, o ato unilateral, além de estar conforme às normas de direito internacional, deveria apresentar os seguintes requisitos:

a) uma inequívoca manifestação de vontade do Estado, efetuada com a intenção de obrigar-se;

b) a manifestação de vontade deve corresponder à de um só Estado determinado, já que a convergência da atuação de outro Estado implicaria a criação de um acordo;

c) a validade do ato unilateral não deve se encontrar subordinada à de

---

[3.] CARREÑO, Edmundo Vargas. *Introducción al Derecho Internacional*, p. 93.

[4.] BENADAVA, Santiago. *Derecho Internacional Público*, p. 41.

[5.] SORENSEN, Max. *Manual de Derecho Internacional Público*, p. 152.

[6.] TRINDADE, Antonio A. Cançado. *Aspectos do Direito Internacional Público Contemporâneo*, p. 5, MRE, IRBR, 1983.

outro ato jurídico, de maneira a diferenciar o genuíno ato unilateral das diversas fases do processo de celebração dos tratados (atos de ratificação ou adesão, denúncia etc.);

d) deve produzir, para o Estado responsável pelo ato, determinados atos jurídicos, podendo um Estado invocar a seu favor essa declaração unilateral de vontade.

Se fonte do direito é o modo pelo qual se manifesta o direito e pela qual os Estados devem pautar sua conduta, e observados os requisitos acima expostos, caberia afirmar o caráter de fonte do direito internacional aos atos jurídicos unilaterais. Ao considerarmos a descentralização típica do ordenamento jurídico internacional, onde os Estados convivem em relação de coordenação, não admira que atos unilaterais destes últimos possam gerar efeitos jurídicos no plano da sociedade de nações: a convivência pacífica e produtiva entre Estados heterogêneos depende da observação do *pacta sunt servanda* e do princípio da boa-fé.

*4.2.* Os principais atos jurídicos unilaterais, aceitos pelo Direito Internacional são:

a) o Reconhecimento, ato de caráter declaratório pelo qual um Estado constata e aceita um fato, uma situação ou uma pretensão de relevância internacional. Seria o mais importante dos atos unilaterais. Segundo Charles Rousseau, ele transforma "situações de fato em situações jurídicas". Podem ser objeto do reconhecimento, *v.g.*, o surgimento de um novo Estado ou a mudança de governo, a situação de beligerância ou guerra civil, pretensões territoriais, a nacionalidade de uma pessoa etc. Quanto ao Reconhecimento de Estado, não há em Direito Internacional um dever de reconhecer, mas há um dever de não-reconhecimento quando a nova entidade houver surgido em violação de uma norma imperativa de direito internacional;

b) o Protesto, como contrapartida do reconhecimento, pois através dele o Estado não admite como legítima uma pretensão ou uma situação determinada. É usado para salvaguardar direitos (como, *v.g.*, violações do próprio espaço aéreo por outros Estados) e deve ser feito, se necessário, de modo continuado;

c) a Notificação, ato pelo qual se comunica oficialmente a outro(s) sujeito(s) de direito internacional um fato, uma situação ou uma pretensão, conferindo assim certeza legal à informação. Pode ser facultativa ou obrigatória, como a notificação exigida pelo art. $7^{\underline{o}}$ do Tratado Antártico, que impõe a obrigação de notificar as expedições que são enviadas ao Continente Antártico;

d) a Promessa, ato que expressa o compromisso de um Estado de no futuro comportar-se de certa maneira. Deve ser manifestada de forma pública e com a clara vontade de obrigar-se. Apesar de ser relativamente rara, já que os Estados não tendem a fazer concessões espontâneas, o Direito Internacional parece ter já consolidado, embora não sem críticas, a promessa

**373**

como ato unilateral obrigatório (caso da Groenlândia Oriental, com a "Declaração Ihlen" e no caso dos Testes Nucleares);

e) a Renúncia, pela qual um Estado abandona, voluntariamente e de maneira expressa, um direito ou uma pretensão. Exemplos seriam a renúncia a direitos territoriais ou à imunidade de seus diplomatas (*waiver*).

Além desses, também o silêncio pode ser considerado, em determinadas situações, um ato unilateral tácito, do qual se podem derivar efeitos jurídicos. O princípio de que "*qui tacet consentire videtur*" já foi aplicado pelos tribunais internacionais: no mesmo caso mencionado da Groenlândia, o silêncio da Noruega em 1919, a respeito da extensão da soberania dinamarquesa sobre aquele território, foi interpretado como consentimento implícito, enquanto no caso do Templo de Preah Vihear a CIJ, em 1962, conferiu conseqüência jurídica ao silêncio da Tailândia a respeito de uma notificação enviada pelo Camboja com um mapa que colocava o templo em seu território. Nesse caso, o Juiz Alfaro defendeu a existência, em direito internacional, de uma "regra de anti-inconsistência", que vincularia um Estado ao seu comportamento.

*4.3.* A lista das fontes no art. 38 do Estatuto da CIJ tampouco inclui determinados atos das autoridades legislativas ou governamentais, como proclamações presidenciais, leis, decretos etc., que podem, eventualmente, ter repercussão no plano internacional. Na qualidade de "atos internos" dos Estados, parte da doutrina, de maneira dogmática, recusa-se a conceber que tais atos possam gerar obrigações internacionais. No âmbito do direito do mar, contudo, encontramos exemplos valiosos de como atos unilaterais podem chegar a criar efeitos jurídicos e contribuem à formação do costume.

Guggenheim afirma que "o processo de criação de normas jurídicas em seu nível superior – ou seja, no nível do direito internacional costumeiro – não se realiza exclusivamente no âmbito de obrigações recíprocas, de acordos, mas também naquele de compromissos internacionais unilaterais".[7] E Rousseau completa: "os atos jurídicos unilaterais podem criar, modificar ou extinguir relações jurídicas, mas sem que essa modificação na ordem jurídica internacional se efetue em detrimento de Estados terceiros. Em virtude do princípio da independência do Estado e de que cada Estado só pode se comprometer por sua própria vontade, o ato unilateral não pode criar obrigações a não ser para o sujeito de direito de quem emana a manifestação de vontade".[8]

Como enfatiza Marotta Rangel, "atos reiterados e uniformes, que não suscitam oposição formal de parte de certos Estados, acabam por constituir o

---

[7] GUGGENHEIM, Paul. *Traité de Droit International Public*, pp. 273/274, *apud* ROLIM, Maria Helena de Souza, in *A tutela jurídica dos recursos vivos do mar*.

[8] ROUSSEAU, Charles. *Derecho Internacional Profundizado*, p. 423, *apud* ROLIM, M., ob.cit.

que é denominado elemento exterior do costume internacional. A influência desses atos na transformação do direito do mar foi impressionante".[9] Citem-se aqui as Proclamações Truman de 1945, que deram origem a novos conceitos e práticas sobre a plataforma continental e a série de atos unilaterais dos países latino-americanos integrando a plataforma a seus territórios. Igualmente a evolução e consolidação do regime jurídico da zona econômica exclusiva é conseqüência de atos unilaterais dos Estados latino-americanos, que depois se irradiariam por outros continentes, desencadeando legislação interna que contribuiu à formação de "sistemas consuetudinários regionais de pesca".[10] Por outro lado, como assinala Maria Helena Rolim, a própria Convenção do Direito do Mar autoriza que, através de ato unilateral, o Estado Costeiro fixe as capturas permissíveis dos recursos vivos de sua ZEE. Assim, permite-se a oponibilidade de atos unilaterais a terceiros, com fundamento em tratado internacional.

Por último, é conveniente referir-se aqui ao conceito de *estoppel*, o qual está vinculado aos efeitos produzidos por um ato unilateral. A regra corresponderia ao *"venire contra factum propium"* e consiste em que um Estado não pode negar a verdade de uma declaração feita anteriormente ou negar fatos já afirmados como existentes, especialmente quando outro Estado adotou determinada medida baseada naquelas circunstâncias.

## 5. Comentários

*5.1.* A importância extraordinária do direito firmado por um caso que a Corte, tecnicamente, se recusou a decidir, está na repercussão desta jurisprudência sobre a atuação internacional dos Estados. Estes são induzidos a reconhecer o efeito jurídico de suas declarações solenes, o que contribui à solidificação do frágil sistema internacional, conferindo-lhe mais credibilidade e previsibilidade. Conduz, igualmente, a que os Estados adotem um maior controle sobre as declarações dos funcionários dos órgãos das relações exteriores. Tenderiam a escassear as freqüentes tentativas de qualificar os atos unilaterais como meras atitudes benevolentes, sem qualquer efeito obrigatório.

*5.2.* Este não é o primeiro caso na jurisprudência internacional que envolveu a análise dos efeitos de declarações unilaterais: em 1933 a Corte Permanente de Justiça, no *Eastern Greenland Case*, considerou que uma declaração verbal do

---

[9.] RANGEL, Vicente Marotta e CAMINOS, Hugo. *Les sources du Droit de la Mer*, p. 34. Economica, Paris, 1985.

[10.] HENKIN, PUGH, SCHACHTER, SMIT, *International Law, Cases and Materials*, p.1299: "No período de 10 anos de negociação da Convenção das Nações Unidas sobre o Direito do Mar, o princípio da zona econômica exclusiva recebeu gradualmente força jurídica dos atos unilaterais dos Estados costeiros, ao mesmo tempo em que recebia aceitação como um dos princípios mais importantes da nova convenção".

Ministro das Relações Exteriores da Noruega (a *Declaração Ihlen*), a qual expressava que seu país "não criaria nenhuma dificuldade" às pretensões dinamarquesas na questão da Groenlândia, tinha caráter obrigatório, com o efeito jurídico de tornar qualquer ato da Noruega no sentido de ocupar partes da Groenlândia "ilegais e inválidos".[11] A CPJI considerou que "não há dúvida que uma resposta dessa natureza (a declaração do Sr. Ihlen) dada pelo Ministro de Relações Exteriores em nome do seu governo em relação à solicitação de um representante diplomático de uma potência estrangeira, em uma questão que está em sua área de competência, é obrigatória ao país ao qual pertence o Ministro".[12] Ao contrário do Caso dos Testes Nucleares, porém, a declaração fora feita durante o curso de negociações formais e a Dinamarca emitira um compromisso recíproco de não levantar objeções às pretensões da Noruega sobre Spitzbergen; isto demonstrava a interdependência entre as duas declarações. No Caso dos Testes Nucleares, a Corte considerou que *efeitos jurídicos são criados mesmo se as declarações foram feitas fora do contexto de negociações formais, sem reciprocidade e erga omnes.*

*5.3.* Outro exemplo seria o conjunto de declarações unilaterais da África do Sul, entre abril de 1946 e julho de 1947, feitas perante o Secretário-Geral das Nações Unidas e o Quarto Comitê da ONU, a respeito das responsabilidades sul-africanas no sistema de Mandato para a África do Sudoeste (Namíbia). A CIJ, em seu parecer (*advisory opinion* no Caso do Status Internacional da África do Sudoeste) de 1950, concluiu que "estas declarações constituem um reconhecimento pelo Governo da União [Sul-Africana] da continuidade de suas obrigações [no sistema] de Mandato e não uma mera indicação da conduta futura desse Governo". A respeito dessa última conclusão, no entanto, o entendimento da CIJ foi o de que "uma mera indicação de conduta futura" não cria nenhuma obrigação legal.

*5.4.* No caso dos Testes Nucleares, a Corte prescindiu, *sponte propria*, do elemento da *consideration* (no direito anglo-saxão, um comportamento ou prestação objetiva da outra parte) para qualificar os efeitos do ato unilateral como obrigatório, visto que a própria Nova Zelândia considerou as declarações inconclusivas e requereu que a Corte se pronunciasse a despeito delas, não desistindo da demanda. Este parece ser, na verdade, o único ponto de acordo entre os dois contendores: a falta de obrigatoriedade das declarações francesas.

---

[11.] A Declaração oral, posteriormente reduzida a escrito e rubricada pelo Ministro norueguês, informava o Ministro dinamarquês de que "os planos do Governo Real Dinamarquês a respeito da soberania dinamarquesa sobre a totalidade da Groenlândia...não encontrariam nenhuma dificuldade em relação à Noruega".

[12.] *Apud* GARNER, James. "The international binding force of unilateral oral declarations", in *AJIL* 23, 1977, p. 495.

**376**

Se o próprio Demandante nega este efeito, a base da decisão da Corte parece reduzir-se a um argumento de autoridade.

Outra inovação da Corte, no campo procedimental, foi feita ao estabelecer que, no *caso de a França não respeitar seu comprometimento oral, os Demandantes poderiam "requerer um exame da situação" pela Corte (§ 63 do arrêt)*, o que seria considerado uma continuação do presente processo. Como se verá, esse dispositivo terá importantes conseqüências no futuro, servindo como base para a nova demanda da Nova Zelândia, em 1995.

## 6. Críticas

*6.1.* As críticas à decisão da CIJ são numerosas. Elas salientam que não há, absolutamente, consenso internacional sobre o efeito obrigatório das declarações unilaterais emitidas na ausência de um contexto de negociação, de reação afirmativa de outros países ou do depósito da declaração em um órgão oficial (o que acontecera no caso da "Declaração unilateral do Egito de 1957 sobre a nacionalização de Suez").[13] Pelo contrário, o único "princípio geral de direito" que parece existir é o de que promessas não são obrigatórias, a não ser se acompanhadas por algo mais que seja legalmente substancial. O conceito de boa-fé, utilizado pela Corte, não seria suficiente para tornar obrigatória uma declaração política ou similar, se ela não foi concebida com tal efeito por nenhuma parte envolvida. Pode-se perguntar, igualmente, se não haveria uma contradição no fato de ser possível para uma parte, em alguns casos, terminar suas obrigações *convencionais* sem violar o princípio da boa-fé (cf. Convenção de Viena sobre Tratados de 1969, arts. 56 e 61 a 64) e isto ser negado às obrigações assumidas por meio de declarações unilaterais (não havendo alegação de *estoppel* por alguma parte interessada). Alfred Rubin chega a afirmar que já que nenhum conceito de boa-fé pode tornar obrigatória uma declaração política ou qualquer outro pronunciamento não obrigatório, porque assim não concebido por nenhuma parte envolvida, alegar que a boa-fé isoladamente cria a obrigação é alegar um "absurdo óbvio".[14]

*6.2.* A CIJ estipulou a obrigatoriedade das declarações unilaterais *"se proferidas em público e com a intenção de se obrigar"*. Mas a interpretação da intenção francesa parece não corroborar a opinião daquele órgão judicial. No caso das declarações egípcias sobre o Canal de Suez, de 1957, a França publicamente afirmara, em 26 de abril de 1957, que "uma declaração unilateral,

---

[13] RUBIN, Alfred. "The Intternational Legal Effects of Unilateral Declarations", in *AJIL*, vol. 71, 1977, p. 3.
[14] Id. p. 9.

**377**

mesmo se registrada, não pode ter outro alcance que o de um ato unilateral e nós devemos tirar a conclusão dessa constatação de que, decretada unilateralmente, a declaração pode ser modificada ou anulada da mesma maneira". Mesmo os Estados que afirmavam a obrigatoriedade da declaração unilateral do Egito exigiam uma manifestação mais firme da intenção de se obrigar do que uma simples assertiva. O Egito registrara, ademais, a declaração com o Secretário Geral das Nações Unidas conforme o art. 102 da Carta. Tampouco se podia evidenciar que a regra proposta pela Corte fosse parte do direito internacional geral ou de algum tratado do qual a França fosse parte. Assim sendo, se este país reconhecesse o efeito jurídico pretendido de suas declarações unilaterais, poderia vir a ser até mesmo acusada com base no princípio do *estoppel*, já que estaria contradizendo seu comportamento anterior em outro litígio internacional. A análise da forma das declarações tampouco poderia comprometer a França: a única declaração feita por instrumento diplomático – uma Nota do Embaixador francês ao Ministro de Relações Exteriores da Nova Zelândia –, era extremamente cautelosa, indicando uma intenção presente, e não futura, e qualificada pela frase "*normalement*".

6.3. Seria inquietante para os políticos descobrirem que declarações no Congresso Nacional ou para a imprensa interna podem ser consideradas obrigatórias internacionalmente ou que intenções de política do Ministro de Defesa para o próximo ano possam ter efeitos indefinidos para o futuro. Apesar de planos distintos, se estes pronunciamentos não são geralmente obrigatórios perante a lei nacional, como justificar que o seriam no plano internacional? Mesmo a Assembléia Geral da ONU não é considerada normalmente um fórum onde declarações obrigatórias são feitas. As declarações francesas foram manifestações de uma política a seguir – a qual pode ser mudada – e não de direito.

6.4. O fundamento jurídico para a convicção da Corte não é encontrado em nenhum tratado do qual a França fosse parte; tampouco em algum costume internacional reconhecido; em nenhum princípio geral de direito internacional inequívoco ou em escritos unânimes dos publicistas mais renomados. Poder-se-ia, assim, concluir que a Corte teria julgado *ultra vires*, em desrespeito às fontes enumeradas no art. 38 do Estatuto? Não estaria a dimensão *erga omnes* atribuída à declaração unilateral em contradição com o dispositivo da força "*inter partes*" prevista do art. 59? A presente decisão configuraria, neste caso, uma mera opinião jurídica. Outra conclusão poderia ser que a CIJ, como implicitamente expresso no *arrêt*, submeteu-se à noção de que só deve exercer sua competência "se a solução judiciária pode abrir a via da harmonia internacional quando de um conflito" (§ 61); este posicionamento, contudo, repousa, em última análise, em uma apreciação política da situação: a concepção política da função judiciária

**378**

teria então prevalecido e a motivação da sentença não seria mais que uma justificação *a posteriori* de uma decisão tomada com outra base.[15] A Corte ter-se-ia valido da vagueza (*a open texture de Hart*) característica do direito de uma sociedade internacional heterogênea regida pela coordenação horizontal e tentado "construir", em prol da estabilidade do direito internacional, a obrigação jurídica francesa. Por outro lado, a relutância da Corte em resolver de maneira direta as verdadeiras questões pareceria indicar tendência a evitar confrontos com potências políticas (*in casu*, com a França e com a China, que também realizava os mesmos testes nucleares). As conseqüências dessa decisão para o cenário internacional são incertas: maior atenção às declarações unilaterais e decorrente incremento da confiança e previsibilidade internacionais ou a indisposição dos Estados a se submeter a uma Corte aplicadora de regras duvidosas, que age além do seu mandato e dá valor excessivo a declarações destinadas a ter efeito informativo ou estratégico.

## 7. A Demanda Neozelandesa de 1995

*7.1.* Considerando a intenção da França de realizar novos testes nucleares, subterrâneos, no atol de Muroroa e Fangataufa (intenção anunciada pelo Presidente Chirac em junho de 1995), a Nova Zelândia recorreu novamente à CIJ, em agosto de 1995, requerendo à Corte que declarasse (*dire et juger*):

a) que a realização dos testes nucleares pretendidos constituiriam uma violação dos direitos da Nova Zelândia assim como de outros Estados, face às regras de direito internacional; e subsidiariamente,

b) que a França não tem o direito de efetuar tais testes nucleares antes de proceder a uma avaliação de impacto ambiental conforme as regras intenacionais reconhecidas. Os direitos da Nova Zelândia, assim como de outros Estados, face ao direito internacional, seriam afetados se esta avaliação não demonstrasse que os testes não provocariam, direta ou indiretamente, nenhuma contaminação radioativa do meio marinho.

*7.2.* O fundamento legal do pedido neozelandês era o § 63 do *arrêt* de 1974 e o direito internacional atual (principalmente a Convenção de Nouméa de 1986, sobre a Proteção de Recursos Naturais e o Meio Ambiente da Região do Pacífico Sul, da qual ambos os países faziam parte). Além da Austrália, cinco Estados insulares dessa região interviram em apoio à demanda da Nova Zelândia: Samoa, Ilhas Salomão, Ilhas Marshall e Estados Federados da Micronésia.

---

[15.] Cf. SUR, S. Ob. Cit., p. 1017.

O texto central do § 63 tinha a seguinte redação:

*"A corte observa que, se o fundamento da presente decisão for colocado em questão, o Requerente poderá demandar um exame da situação conforme as disposições do Estatuto"*

Por essa cláusula, intensamente debatida pela doutrina, qualificada de atípica e sem precedente, a Corte parecia querer reservar-se o poder e a competência de, dadas as circunstâncias, retomar o caso: uma "reserva de reexame futuro", portanto. Esta cláusula, ademais, insere-se em um *arrêt*, como visto, igualmente atípico e sem precedente, pois a Corte não se pronunciara sobre o mérito nem sobre sua competência ou a admissibilidade da Demanda, mas havia declarado a força vinculante de um ato unilateral francês (promessa de não mais realizar testes nucleares atmosféricos).

Pode-se supor que a Corte, não obstante ter declarado que nada havia a julgar, tendo em vista o conteúdo das declarações unilaterais francesas, desejou assegurar à Nova Zelândia (e admoestar a França) que, caso a Demandada não se pautasse por suas declarações, mantinha-se uma porta aberta para o reexame do caso pela CIJ.

Por outro lado, o § 63, se entendido como a possibilidade de organizar um procedimento especial em benefício da Nova Zelândia, como um recurso extraordinário contra uma de suas decisões, pareceria indicar que a Corte se outorgou o poder de derrogar as disposições do Estatuto referentes ao valor definitivo de suas decisões (art. 60) e também aquelas relativas às possibilidades de interpretação e revisão (art. 61). Não parece haver, no entanto, em favor da Corte, qualquer dispositivo que lhe permita derrogar as regras contidas no Estatuto ou no Regulamento.

*7.3.* A Corte adotou um procedimento informal para a análise da demanda da Nova Zelândia. Informal, porque não corresponde nem ao procedimento formal em matéria contenciosa, como regulada pelo Capítulo III do Estatuto e pelo Título III do Regulamento da Corte, nem à via administrativa indicada pelo § 5º do art. 38 do Regulamento. O procedimento finalmente adotado, contudo, demonstra a ambigüidade com que a CIJ tratou o presente caso, pois ele se assemelhou ao procedimento habitual para o exame de exceções preliminares conforme o art. 79 do seu Regulamento.

Em resumo, o procedimento adotado foi o seguinte:[16]

a) após o depósito da demanda pela Nova Zelândia e o envio de uma carta pela França, representantes dos dois Estados tiveram uma reunião com o Presidente da Corte;

---

[16.] DANIELE, Luigi. "L´ordennance sur la demande d´examen de la situation dans l´affaire des essais nucléaires et le pouvoir de la Cour Internationale de Justice de régler sa propre procédure", in *RGDIP*, 1996-3, p. 659.

b) como combinado na reunião, foram apresentados a seguir ajudas-memórias informais, de caráter não definitivo;

c) no curso de uma sessão reservada, a Corte decidiu realizar uma sessão pública com os dois Estados e permitiu a inclusão de um juiz *ad hoc* designado pela Nova Zelândia;

d) na sessão pública desenvolveu-se a fase oral prescrita nos arts. 43 do Estatuto e 54 do Regulamento;

e) somente após o encerramento da sessão pública a Corte decidiu inscrever o caso em sua pauta geral (*rôle géneral*);

f) tendo rejeitado a demanda neo-zelandesa, a Corte decidiu eliminar a demanda de sua pauta geral.

Aparentemente, as hesitações da Corte a respeito do procedimento a adotar decorreram de sua vontade de não se ver obrigada a se posicionar sobre o pedido de medidas cautelares feito pela Nova Zelândia. No caso original de 1974, a Corte, dando mostras de um ativismo inaudito, havia concedido as medidas cautelares requisitadas, mediante uma ordenança de junho de 1973, e que, objeto de graves objeções francesas, acabaram não sendo observadas por esse país.

Quando uma demanda de medidas cautelares é apresentada, a Corte deve, conforme o art. 74, § 2º de seu Regulamento, "decidir com urgência". Isso acontece, no entanto, somente se o caso já houver sido inscrito no *rôle géneral*. Desse modo, a recalcitrância, até o último instante, em inscrever o caso na pauta geral, significava desonerar a Corte de se pronunciar sobre o pedido de *mesures conservatoires*, antes do exame do mérito.[17] Evitava-se, assim, o envolvimento em um renovado e delicado embate político entre as duas partes.

*7.4.* A Corte, em 22 de setembro de 1995, por 12 votos a 3, decidiu rejeitar o pedido da Nova Zelândia, por considerá-lo não abrangido pelas provisões do § 63, visto que a demanda de 1974 se referia somente a testes atmosféricos, e não a subterrâneos, como os atuais. De nada adiantou, portanto, a argumentação neozelandesa de que o § 63 fazia referência a "qualquer desenvolvimento que pudesse reativar a preocupação da Nova Zelândia de que testes franceses pudessem produzir contaminação do meio ambiente marinho devido a qualquer material radioativo artificial".

*7.5.* A interpretação restritiva da sentença atual contrapõe-se nitidamente à de 1974, que recorreu a "acrobacias jurídicas" para não decidir o mérito. Muito menos seria agora necessário para considerar que a Nova Zelândia, na essência do seu pedido original (que às vezes fala de testes atmosféricos e outras vezes simplesmente testes nucleares), almejava obter o fim de qualquer tipo de

---

[17.] DANIELE, Luigi. Ob. Cit., p. 659.

teste que apresentasse risco de contaminação radioativa. Se à época somente os riscos dos testes atmosféricos eram evidentes, atualmente há indícios de insegurança nos testes subterrâneos. Importantes princípios do direito ambiental, fundamentados em normas internacionais, ressaltados na opinião dissidente do juiz M. Weeramantry, como a obrigação geral de não causar danos ao meio ambiente nas áreas além da jurisdição nacional (Princípio 21 da Declaração de Estocolmo e 2 da Declaração do Rio de Janeiro), a obrigação específica de não causar danos pela introdução de substâncias radioativas no meio marinho (Convenção de Londres de 1972, de Nouméa de 1986 e de Paris de 1992), o estudo de impacto ambiental e o princípio da precaução e da preservação dos direitos das próximas gerações, poderiam ter sido invocados para aceitar o pedido da Nova Zelândia.

## 8. BIBLIOGRAFIA

ARÉCHAGA, Eduardo J. *El Derecho Internacional Contemporaneo*. Ed. Tecnos. Madrid, 1980.

BENADAVA, Santiago. *Derecho Internacional Público*. Editorial Jurídica Conosur. Santiago, 1993.

BROWNLIE, Ian. *Principles of Public International Law*. Clarendon Press. London, 1979.

CARREÑO, Edmundo Vargas. *Introducción al Derecho Internacional*. Editorial Juricentro. San José, 1992

COSTA, L.A. Podesta & RUDA, J. Maria. *Derecho Internacional Público*. Tipografica Editora Argentina. Buenos Aires, 1979.

DANIELE, Luigi. "L´ordennance sur la demande d´examen de la situation dans l´affaire des essais nucléaires et le pouvoir de la Cour Internationale de Justice de régler sa propre procédure", in *RGDIP*, 1996-3, pp. 659-671.

FRANCK, Thomas. "Word made law". 69 *AJIL* 1975, pp. 612-620.

GARNER, James. "The international binding force of unilateral oral declarations". 27 *AJIL* 1933, pp. 493-497.

HARRIS, D. J. *Cases and Material on International Law*. Sweet & Maxwell. London, 1979.

HENKIN, PUGH, SCHACHER, SMIT. *International Law, Cases and Materials*. West Publishing Company. St. Paul, Minn., 1987

MELLO, Celso D. de Albuquerque. *Direito Internacional Público*. Ed. Renovar, RJ, 1992.

Nuclear Tests (New Zealand v. France), Judgment of 20 December 1974, *I.C.J. Reports 1974*.

PREUSS, Lawrence. "The dispute between Denmark and Norway over the sovereignty of East Greenland". 26 *AJIL* 1932, pp. 469-487.

RANGEL, Vicente Marotta e CAMINOS, Hugo. "Les sources du Droit de la

Mer", in Dupuy, R-J et Vignes, D., *Traité du Droit de la Mer.* Economica. Paris, 1985.

ROLIM, Maria Helena de Souza. *A tutela jurídica dos recursos vivos do mar na Zona Econômica Exclusiva*. Max Limonad, SP, 1998.

RUBIN, Alfred. "The International Legal Effects of Unilateral Declarations". 71 *AJIL* 1977, pp.1-30.

SANDS, Philippe. "L´Affaire des Essais Nucléaires II: Contribution de l`instance au droit international de l´environnement". *RGDPI* 1997-2, pp. 447-474.

SORENSEN, Max. *Manual de Derecho Internacional Público*. Fondo de Cultura Económica. México, 1994.

SUR, Serge. "Les affaires des essais nucléaires". *RGDIP* 1975-4, pp. 972-1027.

TRINDADE, Antonio A. Cançado. *Aspectos do Direito Internacional Público Contemporâneo*, MRE, IRBR, 1983.

# O MECANISMO DE SOLUÇÃO DE CONTROVÉRSIAS DA OMC: UMA ANÁLISE À LUZ DA TEORIA DOS JOGOS

### MARCELO CALLIARI

*Conselheiro do CADE – Conselho Administrativo de Defesa Econômica*
*Mestre em Direito (Harvard)*
*Doutorando em Direito Internacional (USP)*

1. Introdução – 2. Tipos de Jogos – 3. O Dilema dos Prisioneiros – 4. A Teoria Aplicada: o Regime da OMC – 5. A Teoria Aplicada: o Mecanismo de Solução de Controvérsias – 6. Conclusão – 7. Bibliografia

## 1. INTRODUÇÃO

A Teoria dos Jogos constitui um método de análise que vem sendo cada vez mais utilizado em diferentes campos de estudo, da economia e da ciência política às relações internacionais e, mais recentemente, e de forma crescente, ao Direito. Abordagem particularmente versátil para tratamento de situações complexas, ela consiste na redução, a modelos simplificados, de circunstâncias nas quais múltiplos participantes interagem e precisam decidir um curso de ação entre diferentes alternativas possíveis, cada uma das quais se combina com as escolhas dos outros jogadores levando a diferentes resultados[1].

Embora versões complexas destes "jogos" cheguem a ser matematicamente muito elaboradas, mesmo as formas mais simples e acessíveis podem mostrar-se muito úteis no sentido de esclarecer ou destacar obstáculos estruturais à cooperação em diferentes situações e de ajudar a explicar como o comportamento dos Estados (ou a expectativa quanto a este comportamento) afeta e limita a ação uns dos outros[2]. Um ponto especialmente interessante é que modelos de jogos servem para ilustrar como, e por que razões, Estados podem afastar-se de formas cooperativas de comportamento mesmo quando todos seriam beneficiados com isso.

---

[1] Kenneth W. ABBOTT, *Modern International Relations Theory: A Prospectus for International Lawyers* 14 Yale J. Int. L. (1989) [doravante ABBOTT, *Theory*], pp. 354-355.
[2] Id, p. 354.

O objetivo central deste trabalho é então o de aplicar essa abordagem metodológica na análise da Organização Mundial do Comércio e, especialmente, de um dos seus elementos mais fundamentais e inovadores, o novo mecanismo de solução de controvérsias (doravante MSC). A teoria dos jogos de fato parece ser particularmente útil e ilustrativa para tal tarefa na medida em que serve para explorar quais os fatores que afetam a criação de normas e de instituições internacionais, bem como quais os incentivos e desincentivos para que os Estados as respeitem. Especificamente, no que se refere ao MSC, a intenção do presente artigo é explorar como o novo mecanismo, criado a partir da Rodada Uruguai e da constituição da OMC, pode interferir no comportamento dos Estados ao afetar os cálculos que estes fazem a cada decisão que tomam na área internacional.

O MSC de fato faz por merecer uma maior atenção acadêmica, constituindo, nas palavras do diretor-geral da OMC, Renato Ruggiero, "...em muitos sentidos o pilar central do novo sistema multilateral de comércio e a contribuição mais particular da OMC para a estabilidade da economia global"[3]. De jurisdição obrigatória para os Estados-membros, o sistema inclui uma decisão de "primeira instância", adotada por painéis de especialistas (experts) e um órgão de apelação cuja deliberação é definitiva, a não ser que todos os Membros, inclusive o país beneficiado pela decisão, votem contra. Quanto à sua importância no cenário internacional, Petersmann ressalta que, "da mesma forma que o mecanismo de solução de controvérsias do GATT 1947, o novo mecanismo de solução de controvérsias da OMC provavelmente se tornará o sistema multilateral mais aplicado para a solução legal de disputas entre governos"[4].

No que se refere à metodologia, contudo, assim como ocorre com qualquer modelo que tente reduzir situações complexas e multifacetadas a alguns de seus elementos, supostamente aqueles definidores, faz-se necessário o alerta de que atenção particular deve ser prestada às premissas básicas adotadas implícita ou explicitamente – bem como às conseqüências decorrentes dessas premissas. Da mesma forma que a maioria dos modelos de orientação econômica, a teoria dos jogos assume como premissa básica atores racionais, que buscam maximizar a sua utilidade – como quer que ela seja percebida pelo Estado em questão, como, por exemplo, o bem-estar da população em geral ou de um grupo específico, ou poder econômico ou militar. As limitações deste ponto de partida não são desprezíveis e devem sempre ser levadas em consideração.

Os Estados, na prática, de fato não são blocos monolíticos que produzem escolhas e preferências de uma forma absolutamente coerente e consistente, e uma variedade de condições internas dinâmicas afetam o processo de decisão.

---

[3] WORLD TRADE ORGANIZATION, *Trading into the Future*, segunda edição (1998), p. 38.

[4] PETERSMANN, Ernst-Ulrich, *The GATT/WTO Dispute Settlement System*, Kluwer Law International (1997), p. xiv.

O balanceamento de fatores feito por cada Estado para a escolha de seu curso de ação é muito mais complexo, dinâmico e mesmo frágil do que poderia parecer à luz da posição afinal apresentada perante outros Estados no front internacional. O cálculo relativo ao comportamento a ser adotado perante outros países ou uma organização internacional varia dramaticamente, dependendo do país e do momento histórico, político e social. Assim, podem ser fatores mais ou menos poderosos tanto as oportunidades econômicas envolvidas, o custo em termos de redução percebida de soberania, o temor de ser deixado de fora de um acordo importante, pressões internas como a proximidade de eleições ou poder de grupos setoriais etc. Mais ainda, a complexidade das interações que se verificam na arena internacional é tão vasta, os elementos considerados na tomada de cada decisão são tantos, a variedade das escolhas disponíveis para os Estados tão amplas que qualquer simplificação fatalmente significa uma relativa perda de textura na representação da realidade.

Tais considerações, contudo, não destoam daquelas enfrentadas pelo direito internacional público clássico, que tradicionalmente considerava o Estado, do ponto de vista da sua atuação no cenário externo, como um ente monolítico, desprezando circunstâncias domésticas ou mesmo outros possíveis atores da arena internacional. Nem por isso tal abordagem tradicional é desprovida de utilidade. Da mesma forma, mesmo com as limitações apontadas acima, a utilidade e o poder explanatório dos modelos não devem ser menosprezados. Ao mesmo tempo em que abrem mão de alguma complexidade analítica, ao isolar e concentrar-se apenas naqueles elementos considerados determinantes no relacionamento entre os Estados na esfera internacional, os modelos permitem uma melhor compreensão das características e das conseqüências da interação desses elementos. Mesmo jogos simples ilustram situações que têm aplicabilidade notável pelo menos no sentido de compreender as escolhas disponíveis aos atores internacionais, os limites ao seu comportamento e os fatores que precisam ser considerados em qualquer estratégia de ação.

## 2. TIPOS DE JOGOS

A aplicação da teoria dos jogos parte da premissa de que todos os jogadores são atores racionais e egoístas, isto é, buscam atingir seus próprios interesses – e, para fins deste trabalho, como jogadores serão considerados apenas Estados. Embora tal noção restritiva encontre-se cada vez mais ultrapassada no direito internacional moderno, ela facilita uma primeira aproximação com o modelo teórico que se pretende abordar. Ademais, no campo em que se desenrola este trabalho, a OMC, os Estados são ainda, de fato, os únicos jogadores permitidos.

De todo modo, cada jogo busca recriar as condições de interação entre os países na esfera internacional, considerando que os Estados têm diferentes opções de curso de ação e que as suas decisões vão se combinar com as decisões dos outros países levando, cada combinação, a um resultado diferente. Assim, por exemplo, no caso de dois países que tenham assinado um tratado banindo pesquisas relativas a armas químicas, cada um tem a opção de decidir respeitar o tratado ou não. Por mais ou menos independente que seja tal decisão para cada um, o resultado final depende da combinação das ações de ambos.

É evidente que cada Estado precisa levar em consideração o comportamento – ou pelo menos a sua expectativa quanto ao comportamento – do outro no momento de tomar suas próprias decisões. Cada um, porém, confere a cada combinação de resultados, valores, ou graus de "desejabilidade", diferentes, segundo seus próprios objetivos e preferências estratégicas. Assim, por exemplo, um dos dois Estados signatários do acordo mencionado acima pode considerar a suspensão das pesquisas de ambos como alternativa mais desejável do que uma corrida desenfreada, mas pode também considerar, dada a importância do setor militar no governo, por exemplo, ainda mais interessante que o outro cumpra o acordo, sustando seu desenvolvimento em armamento químico, enquanto ele próprio viola o tratado, seguindo com pesquisas e ampliando sua capacidade e sua vantagem sobre o outro nessa área.

Voltando ao modelo, as considerações acima mostram que a preparação do jogo requer a definição de três elementos, além dos próprios jogadores: as escolhas de ação disponíveis para cada jogador, os resultados derivados de cada uma das possíveis combinações de escolhas de cada um dos diferentes jogadores e o valor que os jogadores dão a cada um dos resultados, ou o "pagamento" que cada Estado recebe a partir de determinada combinação. A forma mais simples desse jogo apresenta dois jogadores e duas opções ou escolhas de ação, cooperação e deserção (geralmente ilustrada numa matriz 2x2), e apesar da artificialidade aparentemente reducionista já gera resultados bastante interessantes.

A análise compara então as diferentes combinações de escolhas e os valores obtidos pelos jogadores em cada uma. No caso de um acordo de livre comércio, por exemplo, os quatro resultados possíveis são: ambos os Estados cooperam, um deserta enquanto o outro coopera, o reverso desta anterior, e ambos os Estados desertam. Os valores são descritos em números ordinais, de 1 a 4, representando uma hierarquia relativa de "desejabilidade" de cada resultado para cada jogador, sendo 4 o resultado mais desejado e 1 o menos. O valor absoluto de cada resultado para cada país seria, de fato, praticamente impossível de calcular. É certo que tal necessidade metodológica traz uma dificuldade imediata, já que a definição da hierarquia pode refletir as preferências e valores do próprio analista. Especialistas como Duncan Snidal argumentam que, dada a dificuldade de identificar as reais preferências de cada Estado, a solução mais satisfatória é deixar que o analista defina a ordem de "desejabilidade" dos resultados para cada Estado de acordo com o seu próprio entendimento e conhecimento do tema[5].

No caso do livre comércio, por exemplo, a cooperação mútua pode ser vista como a alternativa mais lucrativa para ambos, se se aceitar o modelo clássico da teoria das vantagens comparativas. De acordo com esta visão, o desertor estaria prejudicando a si mesmo – e pelo menos em parte essa visão talvez simplista pode corresponder à realidade, dado que, por exemplo, os consumidores freqüentemente são os que acabam pagando o custo da manutenção de barreiras ao comércio defendidas por grupos setoriais específicos. Esta seria uma forma de jogo denominada "harmonia", na qual a cooperação é relativamente fácil de atingir, assumindo, é importante ressaltar, atores racionais.

É contudo possível imaginar – na verdade é muito fácil imaginar – que o processo interno de tomada de decisão de um Estado decida que desertar em um acordo de livre comércio, ao mesmo tempo em que o parceiro coopera, gera um resultado mais favorável do que a cooperação mútua. Isto ocorre com freqüência em relações comerciais concretas, na medida em que diferentes grupos localizados com força política dentro dos seus próprios países muitas vezes têm poder suficiente para influenciar decisões nacionais, impondo suas preferências sobre toda a nação. É claro que se pode considerar também o caso em que a nação, de acordo com valores próprios no momento temporal específico, pode recusar o objetivo de maximizar o bem-estar segundo o modelo das vantagens comparativas e valorizar outros elementos – como a preservação do emprego num setor específico, mesmo ao custo de manter preços mais altos do que os do mercado internacional para o consumidor, por exemplo.

Esse seria, por exemplo, o caso clássico do Estado assumindo o compromisso de um acordo de redução de tarifas, na expectativa de beneficiar-se dos mercados mais abertos do parceiro, mas criando meios de manter as suas próprias fronteiras relativamente fechadas. Tal situação agora complica o jogo consideravelmente (aproximando-o da textura mais complexa dos problemas concretos), e cria um dos modelos de jogos mais utilizados pelas ciências sociais, dada sua recorrência no mundo concreto, que é o chamado "Dilema dos Prisioneiros", tema da próxima parte deste trabalho.

## 3. O DILEMA DOS PRISIONEIROS

A descrição clássica do Dilema dos Prisioneiros é apresentada de forma sucinta por Abbott[6], um dos pioneiros na aplicação de modelos ao direito

---

[5] Duncan SNIDAL, *The Game Theory of International Politics*, 38 World Pol. 25 (1985).

[6] ABBOTT, op. cit., p. 359 (Tradução do autor).

internacional: "[...]DP é a história de dois prisioneiros culpados suspeitos de terem cometido um grave crime. O promotor só tem provas suficientes para condená-los por contravenção. Cada prisioneiro sabe que, se nenhum confessar, ambos receberão penas leves; se ambos confessarem, contudo, os dois serão submetidos a punições mais pesadas. Para estimular a confissão, o promotor encontra-se com cada prisioneiro em separado e faz a seguinte oferta: se um dos prisioneiros confessar e o outro não, todas as acusações contra o confessor serão esquecidas, enquanto o não-confessor receberá a pena máxima. O resultado típico é a confissão de ambos, levando a sentenças de prisão que poderiam ter evitado se tivessem ficado os dois em silêncio".

No caso do livre comércio, essa seria, como dito acima, a situação em que dois países enfrentam a opção de cumprir ou não um acordo de livre comércio. Cada um considera que o melhor resultado para si seria que o outro abrisse suas fronteiras enquanto ele próprio mantém as suas fechadas. Tal situação lhe daria um valor 4, o máximo, enquanto o outro ficaria com o pior resultado possível, 1. Se ambos cooperam, contudo, cumprindo o acordo e reduzindo suas barreiras, a situação é melhor do que se ambos desertam, o que seria equivalente a acordo nenhum. Assim, o resultado da cooperação mútua vale para cada um dos Estados 3 (a segunda melhor alternativa), enquanto a guerra comercial equivale ao resultado 2 (isto é, pior do que a cooperação mútua, mas ainda melhor do que reduzir suas fronteiras unilateralmente enquanto o outro mantém-se fechado – o que, como visto acima, equivaleria ao pior resultado).

A representação matricial da situação descrita acima é a seguinte:

|  |  | ESTADO **B** | |
|---|---|---|---|
|  |  | Coopera | Deserta |
|  | Coopera | (3,3) | (1,4) |
| ESTADO **A** | | | |
|  | Deserta | (4,1) | (2,2) |

É importante notar que a alternativa de cooperação total é aquela que maximiza o resultado total – ou o bem-estar total, considerando-se que o resultado reflete as preferências de cada nação –, com um total de 6 (3 por jogador), enquanto a alternativa de cooperação-deserção totaliza 5. A guerra comercial representada pela situação de deserção-deserção resulta na alternativa menos interessante do ponto de vista global, já que gera um bem-estar total de apenas 4. O Dilema dos Prisioneiros contribui para a compreensão do por que os jogadores freqüentemente acabam exatamente nesta última situação, a menos benéfica para todos, ilustrando a falta de cooperação, mesmo face a ganhos potenciais para ambos os parceiros, que é tão encontradiça em diversas áreas das relações internacionais.

De fato, cada país busca evitar acabar na posição de perdedor, aquela que gera o mais baixo resultado individual. É mesmo mais vantajoso forçar uma situação de deserção-deserção (resultado individual de 2) do que ser enganado enquanto coopera, abrindo suas fronteiras enquanto o outro mantém as suas fechadas (resultado individual de 1). Essa perspectiva torna a cooperação uma proposição arriscada, dado que pode produzir o melhor resultado, mas também o pior, dependendo de como o outro jogador se comportar. De outro lado, o incentivo para desertar é considerável, posto que ele evita o risco de acabar na posição do perdedor, e ao mesmo tempo deixa aberta a possibilidade do melhor resultado, caso o outro jogador coopere.

Crucial nesta situação, evidentemente, é a confiança que cada jogador tem no outro, e quanto maior a suspeita, maiores as chances de que ambos acabem com resultados subótimos, inferiores àqueles que poderiam ser alcançados. É aqui que regras e organizações internacionais podem ter um papel importante. Estados racionais, que percebem os ganhos potenciais da cooperação, poderiam estar dispostos a "render parcela da sua autoridade ou autonomia em troca de outros Estados fazerem o mesmo"[7], de forma a assegurar a obtenção de maiores benefícios a partir da sua interação com outros países. Regimes internacionais, ao tornar a deserção relativamente mais difícil, encorajam a confiança de que acordos serão respeitados, o que por sua vez aumenta a chance de que efetivamente o sejam, especialmente se as restrições impostas se aplicarem para todos os membros. Robert Koehane, especialista em relações internacionais da Universidade de Harvard, destacou a existência de um problema adicional que torna esta situação mais complexa, um problema sem dúvida conhecido dos juristas internacionalistas, referente à possibilidade, freqüente, de que os Estados não precisem violar aberta e explicitamente normas internacionais, dado que estas podem ser vergadas, interpretadas, renegociadas ou evitadas[8].

## 4. A Teoria Aplicada: o Caso da OMC

Uma das contribuições mais importantes que a teoria dos jogos pode trazer ao estudo das relações internacionais é a tentativa de explorar a criação de normas e organizações internacionais em situações de Dilema dos Prisioneiros,

---

[7.] Duncan SNIDAL, "Coordination versus Prisoners' Dilemma: Implications for International Cooperation and Regimes", *79 American Political Science. Review* 923 (1985).

[8.] Robert KOEHANE, *After Hegemony: Cooperation and Discord in the World Political Economy* (1984) [doravante KOEHANE, *Hegemony*] pp. 98-99.

**391**

as quais tenderiam a princípio a levar Estados racionais e egoístas para a não-cooperação. Mais do que isto, a análise concentra-se nas razões que levam os Estados, face a claros incentivos para desertar, a escolher enredar-se em regimes internacionais e respeitar os compromissos neles assumidos. Essa abordagem é particularmente relevante no caso da OMC, como será explicado mais adiante.

Como visto acima, Estados podem racionalmente perceber os benefícios potenciais da cooperação, mas podem ser impedidos de alcançá-los devido à incerteza quanto ao comportamento dos outros Estados. O padrão de incentivos no entanto varia significativamente quando o fator tempo é considerado. Como Koehane notou, o grau de continuidade no tempo de uma interação, racionalmente afeta os cálculos envolvidos[9]. A repetição de um Dilema dos Prisioneiros de fato reduz dramaticamente os incentivos para Estados desertarem, já que o ganho potencial do descumprimento agressivo (o resultado deserção-cooperação) praticamente desaparece depois da primeira rodada, posto que não se pode esperar que outros Estados persistam na posição do perdedor. Ao mesmo tempo, os benefícios alternativos da cooperação mútua ficam maiores à medida que se acumulam no futuro. Assim, Estados egoístas têm um incentivo racional maior para cooperarem em Dilemas dos Prisioneiros repetidos.

Obviamente, quanto mais longo o período de tempo em questão, mais o peso se move no sentido da cooperação, um movimento que é ainda mais pronunciado caso sejam esperadas infinitas repetições. É importante notar que uma deserção isolada, ou mesmo uma série delas, não leva necessariamente ao abandono de uma norma ou regime. Num ambiente de imensas disparidades de peso entre os países, como é o caso do comércio internacional, a identidade do desertor também é fator a ser considerado. A resposta do regime e de outros Estados a uma deserção sem dúvida vai depender do caráter da violação e do peso do violador. Mesmo assim, é concebível, senão provável, que uma deserção estimule outras, numa acumulação que tende a enfraquecer a norma ou regime em questão.

Assim, se a existência do regime em si é algo que o Estado valoriza, este vai incluir o risco de o regime ver-se ameaçado, ou enfraquecido, no seu cálculo de custos associados à deserção[10], mesmo no caso de países de maior peso comercial. Afinal, se estes participam do regime, provavelmente é porque esperam também com ele obter benefícios para si próprios, benefícios que poderiam ser ameaçados caso a violação de regras se dissemine. Outra consideração é que uma vez que um regime tenha sido descartado por falta de observância, pode ser ainda mais difícil tentar estabelecer um outro no futuro.

---

[9.] Id, p. 75.

[10.] Id, 105; ABBOTT, *International Relations Theory*, supra nota 1, p. 363.

**392**

Além do fator tempo, teóricos de relações internacionais identificam ainda um outro elemento que serve para aumentar a probabilidade de cooperação e de respeito a regras e regimes internacionais: a "repetição horizontal", ou a conexão entre diferentes áreas temáticas dentro da mesma estrutura[11]. Este fenômeno facilita tanto a criação como a conservação de regimes, dado que a ligação entre vários tópicos permite mais possibilidades de barganha entre os Estados e uma variedade maior de resultados alternativos derivados da cooperação. Ao mesmo tempo, aumenta a probabilidade de perdas futuras em decorrência de deserções presentes, já que tal ação afetaria o comportamento de parceiros potenciais em uma variedade de temas, reduzindo as chances de que o Estado infrator estabeleça no futuro novas relações que poderiam aumentar o seu bem-estar em uma variedade de setores.

É fácil notar a utilidade deste modelo em relação ao sistema multilateral de comércio. As repetições dentro do regime comercial são praticamente infinitas – é improvável, para dizer o mínimo, que qualquer país no mundo de hoje considere romper suas relações comerciais com o resto da comunidade internacional. Assim há um incentivo racional para respeitar as normas, mesmo que se imagine que ganhos de curto prazo derivariam de violações isoladas, posto que a perspectiva de perdas futuras é ainda maior e as vantagens de preservar o sistema como um todo são consideráveis. O regime do GATT/OMC também contribui ativamente para ampliar as repetições do jogo, ao promover reuniões regulares e rodadas periódicas ou mesmo séries de negociações tópicas, auxiliando com isto a consolidar o sistema aos olhos dos seus membros.

Até aqui, parece claro que a construção do regime da OMC, com suas expansões temáticas progressivas ao longo do tempo, tem acentuado exatamente as características do regime, que contribuem para aumentar o grau de respeito ao sistema. A vinculação de uma rede considerável de relações e de oportunidades de transação ao sistema amplia o efeito da repetição horizontal, tornando o regime mais valioso para os seus membros. Este efeito e o fato de que mais transações potenciais seriam ameaçadas por uma deserção tornam esta escolha de ação menos racional, e, portanto, de acordo com a premissa do modelo de que os Estados agem de forma racional, menos provável. Em outras palavras, a OMC torna-se tanto mais confiável e suas regras são tanto mais observadas, quanto maior for o regime que ela constitui. E quanto mais confiança um Estado tem de que outro vai cumprir os compromissos, mais disposto ele estará a se arriscar a cooperar, cumprindo-os também.

Um outro meio pelo qual regimes podem afetar o desfecho do Dilema dos Prisioneiros é alterando a valoração que os Estados conferem a diferentes

---

[11.] ABBOTT, *International Relations Theory*, supra nota 1, p. 363; SNIDAL, *Coordination*, supra nota 7, p. 931; KOEHANE, *Hegemony*, supra nota 8, p. 76.

resultados[12]. Se os Estados passarem a ver seus resultados individuais no caso de cooperação mútua como melhores do que aqueles da situação de cooperação-deserção, o incentivo para desertar pode ser significativamente reduzido. Essas alterações de percepção podem ser provocadas ou estimuladas pela informação, por exemplo. O GATT antes e a OMC agora de fato produzem uma quantidade considerável de estudos e trabalhos. Órgãos internos da organização, como a Divisão de Pesquisa e Análise Econômica e a Divisão de Estatística e Sistemas de Informação, preparam relatórios periódicos sobre o estado da economia mundial e das relações comerciais. Esses abrangentes estudos fazem mais do que apenas fornecer informações e análises sobre tendências e desenvolvimentos gerais. Os Relatórios Anuais da OMC e os diversos trabalhos sobre estatísticas do comércio internacional ("International Trade and Statistics")[13], por exemplo, sistematicamente apresentam um explícito viés no sentido de enfatizar os benefícios do livre comércio e do sistema multilateral e de chamar a atenção para os efeitos prejudiciais do protecionismo. Tomando o relatório sobre comércio e desenvolvimento de 1998, divulgado em abril de 1999, como um exemplo, dentre muitos, nota-se que, a incontáveis números relacionando variações nos fluxos de comércio com crescimento econômico, ele acrescenta um relato histórico da evolução das relações comerciais, ressaltando os perigos e perdas enfrentados em períodos de acirramento do protecionismo. Que isso aconteça, evidentemente não surpreende, mas serve para ilustrar o argumento de que as funções de provedor de informações que as instituições internacionais exercem, podem não apenas responder às necessidades dos Estados-membros, mas também tentar influenciar essas necessidades, ou pelo menos a percepção que se tem delas.

Imersos no regime GATT/OMC, os países são constantemente relembrados – ou convencidos – da superioridade do presente sistema em termos de contribuir para que cada um alcance seus próprios objetivos sociais e econômicos, e encorajados a buscar novos avanços na mesma direção. Esse tipo de informação pode contribuir para, segundo Abbott, "modificar as percepções dos Estados"[14], alterando o modo como cada um avalia suas próprias necessidades, e como cada um calcula quais são os incentivos para estabelecer novas transações e para respeitar compromissos assumidos. Mais ainda, a própria instituição pode, como abertamente sempre fez a estrutura institucional do GATT/OMC, assumir um papel ativo de liderança no esforço de reafirmar e consolidar essas novas percepções, ao mesmo tempo em que tenta aumentar a densidade do regime,

---

[12.] ABBOTT, *International Relations Theory*, supra nota 1, p. 365.

[13.] Algumas das páginas do site da OMC na Internet que contém estudos deste tipo são: ***Erro! Indicador não definido.** (publicações),* ***Erro! Indicador não definido.** relatório sobre comércio e desenvolvimento de 1998),* ***Erro! Indicador não definido.** (página da divisão de pesquisa e análise econômica).*

[14.] ABBOTT, *International Relations Theory*, supra nota 1, p. 363.

aumentando o envolvimento dos Estados na sua preservação. O secretariado do GATT, de fato, e o da OMC agora, sempre cumpriu esse papel de promotor, buscando persuadir Estados a fazerem novas transações e encorajando o cumprimento dos compromissos anteriormente assumidos.

Outra função crucial é exatamente a de monitorar o cumprimento de compromissos e o respeito às normas do sistema. A OMC por exemplo produz avaliações periódicas das políticas comerciais de cada um dos seus membros[15]. Ademais, sua própria estrutura incorpora requerimentos de notificação (exigindo que os países notifiquem o mais rapidamente possível a organização – e conseqüentemente os outros países – de qualquer alteração na sua política comercial, por exemplo) e de transparência, determinando que regras relativas a comércio exterior serão acessíveis e compreensíveis para todas as partes interessadas. No caso de disputa ou desacordo quanto a este aspecto, a organização também estipula procedimentos de consulta, quando o Estado é chamado a explicar e justificar uma política sob suspeição.

Todos estes mecanismos, só possíveis num regime complexo, praticamente asseguram que as violações serão no mínimo conhecidas e publicadas, dando ao violador a sensação pelo menos desconfortável de saber que será visto como um violador de regras. Os Estados precisam então levar todos estes fatores em consideração no seu cálculo de deserção, o que pode talvez alterar os resultados o suficiente para transformar um Dilema dos Prisioneiros em uma situação mais harmônica e cooperativa. De todo modo, a OMC vai ainda um passo adiante com a criação do novo mecanismo de solução de controvérsias. Esse mecanismo tem pelo menos dois impactos importantes relativamente à definição das características da situação, afetando a estrutura do jogo em questão, os quais serão abordados na próxima seção.

.

## 5. A TEORIA APLICADA: O MECANISMO DE SOLUÇÃO DE CONTROVÉRSIAS

Em primeiro lugar, as decisões do MSC, particularmente agora com a instituição de um tipo de corte constitucional com o novo Órgão de Apelação[16],

---

[15.] O GATT costumava preparar relatórios sobre políticas comerciais acerca de determinado número de países por ano (geralmente mais de um país por mês em média), alternando quais partes contratantes eram analisadas de modo a cobrir uma grande variedade delas. Grandes parceiros eram visados com mais freqüência (os Estados Unidos, Japão, Comunidade/União Européia e Canadá são avaliados a cada dois anos). A OMC está seguindo o mesmo padrão, e a informação sobre estes relatórios pode ser acessada em *http://www.wto.org/wto/reviews/reviews.htm.*

[16.] A Rodada Uruguai introduziu dramáticas inovações à solução de disputas vigente no antigo GATT. Muito sinteticamente, o processo hoje prevê que, diante de uma reclamação de um membro de que outro teria violado dispositivos da OMC, os envolvidos terão de participar de consultas e mediação na busca de um acordo. Boa

têm o efeito de esclarecer e dar sentido e limites reconhecíveis para o tipo de regulamentação notoriamente fluida e maleável característico do GATT. Esta constitui na verdade uma informação muito importante para o sistema, já que reduz a incerteza que deriva da falta de uma interpretação dotada de autoridade. Com o tempo, essas decisões tendem a se acumular, criando um corpo de normas mais denso e definido, numa evolução não tão distante do desenvolvimento jurisprudencial de qualquer sistema jurídico nacional.

A criação do MSC traz assim a perspectiva de um avanço dramático para o lento processo de judicialização do regime multilateral verificado nas últimas décadas. As decisões tomadas pelo Órgão de Apelação vão progressivamente criar um corpo de jurisprudência que tende, por sua vez, a alimentar o próprio sistema legal, tornando-o mais e mais consistente, compreensível e previsível. Um efeito importante é que esse desenvolvimento poderá esclarecer os próprios significados de "cooperação" e "deserção", ao aplicar as normas do regime a casos concretos, definindo que condutas efetivamente constituem ou não violações. Com isso, vêm à tona as escolhas, e os custos a elas associados, que estão disponíveis para os jogadores em cada situação de transação.

Em termos de efeitos estruturais, o resultado é uma redução da possibilidade que os Estados sempre tiveram no GATT de tentar rodear normas vagas e imprecisas sem ter que abertamente desafiá-las, e muitas vezes sem ter de arcar com o ônus de ter sua ação identificada como uma violação de regras.

Em segundo lugar, as mudanças no MSC provavelmente terão um impacto maior e mais direto sobre a eficácia do sistema, aumentando nos Estados violadores o temor de serem efetivamente condenados, bem como a possibilidade de sanções reais. O poder de veto que permitia ao Estado "réu" bloquear qualquer decisão de painel contrária a seus interesses foi eliminada com o advento da OMC e do MSC. Agora uma decisão de painel só será recusada se o Conselho Geral[17] da organização votar unanimemente contra ela. Isso significa que agora

---

parte dos casos, aliás, é resolvida nessa fase inicial. Caso tais esforços mostrem-se infrutíferos, um "panel" ou painel de 3 a 5 especialistas será instalado, escolhidos pelos litigantes ou, na falta de acordo, pelo diretor-geral da OMC. Esse painel tem seis meses para apresentar seu relatório final. Os países têm então 60 dias para apelar da decisão, caso contrário ela será submetida ao chamado Órgão de Solução de Controvérsias (Dispute Settlement Body), que é consituído pelo próprio Conselho Geral da organização – ou seja, todos os membros que quiserem participar (ver nota 17). Este órgão adotará a decisão do painel, a não ser que todos os países, inclusive aquele vencedor na decisão, votem contrariamente (consenso negativo), evento evidentemente bastante improvável. Caso haja recurso, o caso será apreciado, em até 90 dias, por três dos sete membros permanentes do novo Órgão de Apelação. O resultado da apelação é então submetido ao Órgão de Solução de Controvérsias, que o apreciará da mesma maneira que o relatório de um painel. Assim, a não ser que todos os membros da OMC concordem em rejeitar a decisão do Órgão de Apelação (inclusive o país beneficiado), ela será confirmada, tornando-se obrigatória e definitiva. Fonte: WORLD TRADE ORGANIZATION, *Trading into the Future*, op. cit. nota 3, pp. 38-42.

[17.] O Conselho Geral, o mais alto órgão executivo da organização, é composto de todos os Estados-membros que desejarem participar. No GATT, tradicionalmente cerca de 75% do total dos membros regularmente participavam do Conselho.

mesmo o país autor da reclamação e que ganhou no estágio do painel teria que votar contra seu próprio interesse para que a referida decisão não seja adotada – um caso que provavelmente não será muito freqüente, para dizer o menos.

Outra mudança significativa no antigo modelo do GATT que afeta a eficácia de todo o sistema é a formalização do caráter vinculativo das decisões do MSC. O país derrotado pode recorrer ao Órgão de Apelação, mas a decisão deste é final. O não-cumprimento abre caminho para sanções legítimas contra o violador. Para os Estados que estejam considerando deserção, essa mudança dramática aumenta a aposta consideravelmente, por duas razões. Ela traz a perspectiva de ser categoricamente rotulado de violador de regras (mais do que apenas desconfortável, um rótulo que pode tornar transações futuras mais difíceis), agora sem a saída de alegar uma interpretação diferente das normas. Ademais, essa evolução também abre a perspectiva de ser objeto de retaliações concretas e autorizadas. E aqui o escopo amplo do regime reforça o desincentivo para o descumprimento, já que permite uma grande gama de opções para retaliação – desde que, seguindo outro princípio básico do sistema, sejam proporcionais ao dano causado pela violação.

A questão da retaliação é contudo bastante complexa, e exige uma análise mais cuidadosa, que seguirá mais adiante. Antes, porém, é interessante abordar um outro fator relacionado aos impactos da repetição sobre a alocação de valores dos jogadores, que é a possibilidade de cooperação condicional. Para Abbott, "cooperação condicional significa começar uma interação cooperando, mas daí em diante seguir uma política de reciprocidade, de 'toma-lá-dá-cá', respondendo a cooperação com cooperação, a deserção com deserção. Uma estratégia crível, convincente, de reciprocidade reforça o elo entre ação presente e conseqüências futuras"[18].

Cooperação condicional é freqüentemente vinculada na literatura de relações internacionais à cooperação internacional descentralizada, em áreas nas quais não há instituições existentes[19]. A perspectiva do 'toma-lá-dá-cá', de receber o que se dá, é vista nestes casos como uma contribuição para estimular respeito a normas naquelas esferas das relações internacionais em que não há regime. Este tipo de comportamento serve como um alerta para que o analista não perca de vista as limitações de modelos simplificadores como a teoria dos jogos.

No caso do comércio, de fato, a cooperação condicional pode ser identificada tanto dentro como fora dos limites do regime internacional. O sistema do GATT e agora da OMC, como mencionado acima, incorporou o princípio da reciprocidade, e permite que um país reaja a uma violação de regras que cause dano, à retirada de concessões negociadas por um parceiro comercial (mesmo quando

---

[18.] ABBOTT, supra, nota 1, p. 365.

[19.] Robert AXELROD, *The Evolution of Cooperation* (Basic Books, 1984) [doravante AXELROD, *Evolution*].

tal retirada foi autorizada por razões específicas) ou mesmo a uma medida de um parceiro comercial que anule ou prejudique os benefícios legitimamente esperados por outro, ainda que não haja nenhuma ilegalidade na medida nos termos das regras da OMC. Tais retaliações têm de ter uma magnitude relacionada àquela do fluxo de comércio originalmente afetado. Mesmo dentro do quadro do sistema, no entanto, a possibilidade de recorrer a medidas retaliatórias freqüentemente não oferece uma resposta satisfatória ao problema da violação devido às enormes disparidades relativas entre os diferentes parceiros comerciais.

Um Estado que tenha, por hipótese, sido indevidamente prejudicado por práticas comerciais norte-americanas, por exemplo, e tenha obtido a permissão de retaliar, vai provavelmente encontrar-se numa posição duplamente negativa. Com poucas exceções, os Estados Unidos são em geral um mercado muito mais importante para outros países do que o contrário. Neste caso, a retaliação provavelmente não teria nenhum efeito para o violador, enquanto para o outro país ela acrescentaria ainda mais prejuízo ao dano que havia sido provocado pela restrição indevida para começar.

Este evidentemente não é um problema causado pela estrutura normativa do sistema comercial em si, mas da realidade da arena internacional. De todo modo, ele causa turbulências no sistema, já que os incentivos para respeito e os desestímulos à deserção funcionam de forma muito diferente para diferentes jogadores. É verdade que se poderia argumentar que o sistema teria que levar em conta essa realidade na sua estrutura, e o GATT, desde a Rodada Tóquio, concluída em 1979, inseriu no texto do Acordo Geral sobre Tarifas e Comércio a nova Parte IV, sobre Comércio e Desenvolvimento, reconhecendo formalmente como parte do regime que países menos desenvolvidos têm de ser tratados de forma diferenciada, abrindo espaço para exigências e isenções específicas para este grupo de países face a outras partes contratantes do GATT[20] e, agora, face a outros Estados-membros da OMC. Tal desdobramento, de todo modo, se buscava talvez atenuar um pouco os impactos das disparidades econômicas sobre o funcionamento do regime comercial, com certeza não os eliminou.

A situação torna-se ainda mais complexa porém com o reconhecimento de que políticas de reciprocidade são também perseguidas fora do regime comercial. Os Estados Unidos são mais uma vez o exemplo mais fácil, embora a União Européia também tenha adotado legislação relativa a ações comerciais unilaterais em resposta a práticas vistas como desleais implementadas por parceiros comerciais[21]. O American Trade Act de 1974 (mais conhecido pela sua infame seção 301, e emendas) e a legislação subseqüente, como o Omnibus Trade and

---

[20] GATT, *The Text of the General Agreement on Tariffs and Trade*, Genebra (1986), p. 53.
[21] Regulamentação do Conselho (EEC) 2641/84, OJ [1984] L. 252/1.

**398**

Competitiveness Act de 1988, por exemplo, chegam ao ponto de determinar a retaliação unilateral contra países cujos mercados sejam considerados fechados para exportadores norte-americanos, ou de forma mais geral cujas práticas comerciais sejam vistas como contrárias aos interesses econômicos dos EUA[22]. A ameaça de tais sanções vem sendo utilizada pelas autoridades comerciais norte-americanas ao longo da última década para pressionar parceiros a abrirem seus mercados, tomando em suas próprias mãos a tarefa que o sistema comercial multilateral deveria centralizar. Alguns dos procedimentos criados pela legislação comercial norte-americana não requeriam sequer que uma tentativa fosse feita para resolver as diferenças pelos canais multilaterais[23].

A disparidade concreta existente entre os diferentes parceiros comerciais, como visto uma característica da realidade mundial exógena e precedente ao regime multilateral de comércio, pode contudo ter seus efeitos pelo menos atenuados por esse mesmo regime. Abbott e Koehane ressaltam outro importante efeito da institucionalização, referente ao custo associado à insegurança relativa à confiabilidade dos parceiros e à probabilidade de que acordos e transações serão respeitados. Especialmente no que concerne situações envolvendo o Dilema do Prisioneiro, como o comércio internacional parece ser percebido pelos Estados em muitos casos, há um incentivo para violar as regras se se puder esperar que outros continuarão a observá-las. Esta é exatamente uma das razões para a constituição de instituições internacionais[24].

A existência de um corpo de normas e processos razoavelmente conhecido e consolidado, com definições e conceitos importantes sendo esclarecidos ao longo do tempo, com a intervenção de grupos especializados, como os sucessivos painéis do GATT (relembre-se o conceito de "comunidades interpretativas", que vem ganhando crescente atenção pelos estudiosos das relações internacionais[25] ), e agora com o muito mais aperfeiçoado Mecanismo de Solução de Controvérsias e seu Órgão de Apelação, pode aumentar a probabilidade de observância das normas e tornar os Estados, mesmo os relativamente mais poderosos, mais relutantes no momento de afrontá-las. De fato, como visto acima, o acúmulo progressivo de decisões dotadas de autoridade, a consolidação de

---

[22] Trade Act of 1974, seção 301, agora em 19 USCA seção 2411 (1980 e Suplementos 1988); Trade Agreements Act of 1979, 93 Stat. 295, 19 USCA (1980 e Suplementos 1988); Omnibus Trade and Competitiveness Act of 1988, Pub. L. N. 1100-418, 102 Stat.

[23] John H. JACKSON, *Restructuring the GATT System*, The Royal Institute of International Relations (Council on Foreign Relations Press, 1990).

[24] KOEHANE, *International Relations and International Law: Two Optics*, p. 2, Sherril Lecture, Faculdade de Direito da Universidade de Yale, 22 de fevereiro de 1996.

[25] JOHNSTONE, Ian, Treaty Interpretation: The Authority of Interpretive Communities, *12 Michigan Law Journal 1991*, excerto in Anthony D'AMATO, *International Law Anthology* (Anderson Publishing Co., 1994), citado em KOEHANE, *Two Optics*, op. cit., nota 24.

interpretações de normas e conceitos e o adensamento do regime normativo daí decorrente reduz a possibilidade de um Estado alegar que determinada medida na verdade não constituiu violação de compromissos assumidos.

O fenômeno descrito acima, de fato foi dramaticamente reforçado com a criação do Mecanismo de Solução de Controvérsias e do Órgão de Apelação. Segundo Petersmann, tal desdobramento da Rodada Uruguai representou a vitória da corrente "legalista", em face da "diplomática", relativamente à solução de disputas dentro do regime multilateral de comércio[26], um avanço que remete para o grau de desenvolvimento e maturação que atingiu o regime com a Rodada Uruguai e o acúmulo de cerca de 50 anos de experiência.

É sem dúvida desnecessário reiterar que incluir um acordo dentro de um regime maior, decerto não constitui garantia de que ele será respeitado. Há, porém, um cálculo adicional feito pelo Estado quando avalia os riscos envolvidos na violação de um compromisso, quanto a se o parceiro afetado pela violação é importante o suficiente, ou sobre como a informação acerca do não-cumprimento vai ser interpretada por outros parceiros potenciais no futuro. O fato de uma transação ter lugar dentro da esfera mais ampla de um regime pode afetar tais cálculos, alterando a percepção dos riscos e aumentando o custo da violação à lei, mesmo para parceiros comerciais mais importantes.

Tal processo funciona também por meio do fator reputação. Koehane destaca este como um dos elementos mais importantes na exploração da relação causal entre normas internacionais e o relacionamento efetivo dos Estados[27]. De acordo com o especialista em relações internacionais, e como visto acima, dentro de regimes, a informação é compilada e disseminada de forma mais intensa, permitindo que os países participantes possam mais facilmente fazer uma avaliação da reputação de parceiros potenciais. Tal informação evidentemente tem muita importância no processo de cálculo que cada Estado realiza quando avalia os custos de uma transação, já que se refere aos riscos envolvidos e à probabilidade de que o compromisso será respeitado. Ademais, saber que esse tipo de informação – a reputação, o histórico de um país quanto ao cumprimento de compromissos assumidos – será divulgado e conhecido, tende a tornar os Estados mais hesitantes quanto à decisão de não cumprir uma regra internacional.

## 6. Conclusão

É incerto até que ponto o recurso a práticas unilaterais como as mencionadas na parte anterior vai diminuir com a consolidação da OMC e a formalização do

---

[26] PETERSMANN, Ernst-Ulrich, *The GATT/WTO Dispute Settlement System* (Kluwer Law Internatioual, 1997), pp. 67-68.
[27] KOEHANE, *Two Optics*, op. cit., p. 3.

regime comercial, que dispõe de um procedimento de resolução de disputas muito mais "legalizado", nos termos de Petersmann citados acima (curiosamente, aliás, exatamente na forma defendida pelos negociadores norte-americanos durante as negociações da Rodada Uruguai). De todo modo, o fato de que o espectro do unilateralismo permanece vivo, ainda que como uma possibilidade teórica, constitui uma lembrança clara do estágio ainda infante do regime do comércio internacional e das limitações do modelo da teoria dos jogos, o qual, com todo seu poder persuasivo, poderia levar a crer num regime sem deserções caso os incentivos apropriados fossem adotados.

Novamente, contudo, cabe notar que isso não deve ser tomado como significando que o modelo deve ser descartado, mas sim que deve ser manipulado com cuidado. Em um argumento nada estranho ao direito internacional clássico, pode-se afirmar que, apesar dos contra-exemplos, a maior parte das normas internacionais são cumpridas a maior parte do tempo, e a maior parte das elaborações e conclusão do modelo da teoria dos jogos efetivamente corresponde à realidade na maioria das vezes. De todo modo, não pode ser negado que o regime do comércio internacional evoluiu consideravelmente. A existência da OMC e do regime multilateral de comércio, bem como a criação e progressiva consolidação do MSC, sem dúvida são desenvolvimentos importantíssimos no sentido de afetar os cálculos dos Estados, jogadores do Dilema dos Prisioneiros, no sentido de desestimular a defecção, aumentar a confiança no cumprimento das normas e mesmo de alterar a percepção dos jogadores quanto à "desejabilidade" dos diferentes resultados.

O próprio fato de que esse regime vem sendo paulatinamente ampliado sugere que os seus participantes têm visto nele um arcabouço útil e eficiente para suas relações. As primeiras rodadas de fato lidaram basicamente com barreiras tarifárias, sendo que as não-tarifárias foram introduzidas no sistema apenas posteriormente, e muitos setores comerciais tradicionais, como produtos agrícolas e têxteis, submetidos a sensibilidades políticas mais delicadas, permaneceram por muito tempo fora do regime principal[28]. Jackson ressalta, de fato, que um dos principais avanços da Rodada Uruguai foi exatamente o de ter incorporado ao regime multilateral de comércio, pelo menos quatro temas que haviam escapado de tratamento anteriormente, como serviços, medidas relativas a propriedade intelectual, medidas relativas a investimentos e agricultura (este, admite Jackson, já havia sido objeto de normas anteriores, mas nunca como parte efetiva do regime)[29]. Outros temas ainda, como meio ambiente e política

---

[28] JACKSON, *Restructuring the GATT System,* op.cit. nota 23, pp. 36-37. Barreiras não-tarifárias foram apenas abordadas na Rodada Tóquio (1973-79), a sétima rodada do GATT, e têxteis e produtos agrícolas só começaram a ser plenamente incluídos no sistema na própria Rodada Uruguai (1986-1993).

[29] John H. JACKSON, *The World Trading System* (MIT Press, segunda edição,1997), p. 305.

de concorrência, estão sendo objeto de comitês ou grupos de trabalho dentro da OMC, com o objetivo de avaliar as perspectivas do seu tratamento no seio do regime. Note-se que tais temas, que representam uma ampliação da esfera substantiva de competência do regime, poderiam facilmente ser tratados em outra dimensão institucional, mas, por opção dos países-membros, tratamento e abordagens dentro do regime estão sendo explorados.

Neste sentido, a própria existência da OMC – e a sua tendência histórica de progressivo crescimento em termos de abrangência – pode ser vista como contribuindo para reduzir os incentivos para deserção inerentes a situações de Dilema dos Prisioneiros. Ao reforçar as características próprias de regimes internacionais que em geral ajudam a estabilizar as relações entre Estados, a organização amplia aquela esfera de interações internacionais que são relativamente mais previsíveis e confiáveis, contribuindo mesmo para levar o sistema multilateral de comércio um passo adiante na direção de um tipo de jogo mais cooperativo.

## 7. BIBLIOGRAFIA

ABBOTT, Kenneth W., "Modern International Relations Theory: A Prospectus for International Lawyers" *14 Yale Journal of International Law* (1989).

AXELROD, Robert, *The Evolution of Cooperation,* Basic Books (1984).

GATT, *The Text of the General Agreement on Tariffs and Trade,* Genebra (1986).

HENKIN, Louis, *How Nations Behave: Law and Foreign Policy,* Columbia University Press, segunda edição (1979) (1968).

JACKSON , John H., *Restructuring the GATT System,* The Royal Institute of International Relations, Council on Foreign Relations Press (1990).

_____ . *The World Trading System,* MIT Press, segunda edição (1997).

KOEHANE, Robert, *After Hegemony: Cooperation and Discord in the World Political Economy* (1984).

_____. *International Relations and International Law: Two Optics*, Sherril Lecture, Faculdade de Direito da Universidade de Yale (22/02/996).

ORGANIZAÇÃO MUNDIAL DO COMÉRCIO, home-page na internet acessível em *http://www.wto.org*

PETERSMANN, Ernst-Ulrich, *The GATT/WTO Dispute Settlement System,* Kluwer Law International (1997).

SNIDAL, Duncan, "Coordination versus Prisoners' Dilemma: Implications for International Cooperation and Regimes", *79 American Political Science. Review* (1985).

_____ . Duncan, *The Game Theory of International Politics*, 38 World Politics (1985).

WORLD TRADE ORGANIZATION, *Trading into the Future*, Genebra, segunda edição (1998).

# A Regulamentação Internacional do Setor Têxtil e de Vestuário e a Abertura Comercial: Os seus Impactos para a Indústria Brasileira

### Geraldo Reis

*Professor do Departamento de Economia da UNIMONTES.*
*Mestre em História da Economia, pela Faculdade de Filosofia, Letras e*
*Ciências Humanas da Universidade de São Paulo*

1. Introdução – 2. Livre Comércio e Protecionismo – 3. O Acordo Multifibras e o Protecionismo Multilateral – 4. Os Efeitos do Acordo Multifibras – 5. O Acordo sobre Têxteis e Vestuário: Em Direção a uma Liberalização Gradual e Negociada – 6. O Setor Têxtil e de Vestuário Brasileiro e o Impacto da Regulamentação Internacional e da Abertura Comercial – 7. Considerações Finais – 8. Bibliografia

## 1. Introdução

Desde os anos 50, o comércio internacional de têxteis e de vestuário (doravante T&V) tem sido submetido às regras rígidas que progressivamente foram incorporadas ao sistema multilateral, sob o GATT/OMC, mas concretizando um acentuado desvio das regras de livre comércio que o próprio sistema multilateral se propõe a reforçar.

Apesar da intensa regulamentação internacional que legitimou níveis crescentes de protecionismo, o governo brasileiro agiu em sentido contrário, promovendo a liberalização desse setor depois da mudança da política de comércio exterior empreendida em 1990.

O trabalho tem por objetivo, em primeiro lugar, analisar a regulamentação internacional do setor T&V com o Acordo Multifibras (AMF) e com o Acordo sobre Têxteis e Vestuário (ATV) e o seu respectivo impacto sobre o comércio mundial deste setor. Em segundo, discutir a abertura comercial implementada pelo Brasil após 1990, particularmente no caso do setor T&V, e como ela representou um afastamento em relação à regulamentação internacional sob o AMF e o ATV, bem como destacar os seus efeitos para a cadeia têxtil brasileira.

O trabalho se dividirá em cinco tópicos: no primeiro, será feita uma breve exposição da controvérsia entre o livre comércio e o protecionismo. No segundo, serão enfocados os principais aspectos do AMF. No terceiro, as conseqüências do AMF para o comércio internacional de têxteis e, no quarto, a implementação do ATV e o desmantelamento gradual do AMF. No último tópico, serão discutidos os impactos da regulamentação internacional e da abertura comercial sobre o setor T&V brasileiro.

## 2. Livre Comércio e Protecionismo

O livre comércio foi afirmado como um objetivo a ser perseguido por todos os países, após os escritos de Adam Smith e David Ricardo, os fundadores da chamada Teoria Clássica do Comércio Internacional. Eles salientaram que a liberalização do comércio seria benéfica para exportadores e importadores, estimulando a especialização produtiva ao orientarem os seus recursos para aqueles setores em que tiverem maiores vantagens comparativas. Isto possibilitaria a redução dos custos de produção, ampliando a oferta de produtos, aumentando a concorrência, que provocaria a transferência dos produtores menos competitivos para outras atividades. Os consumidores, por sua vez, se beneficiariam porque a intensificação da concorrência traria a diminuição dos preços.

Os argumentos a favor do livre comércio foram reforçados posteriormente pela Escola Neoclássica, embora com uma abordagem distinta. E, atualmente, no final do século XX, os adeptos do livre comércio conquistaram novamente grande espaço acadêmico e prestígio junto a muitos governos, favorecidos pelos acontecimentos impulsionados pela chamada globalização. Na visão deles, a globalização expressa a existência de um mundo progressivamente sem fronteiras econômicas, com a prevalência de um ambiente de comércio livre de barreiras tarifárias e não tarifárias.

Contudo, embora tenha havido um incremento acelerado do comércio internacional nas últimas décadas, "em certos aspectos, a economia internacional atualmente é menos aberta e integrada do que o regime que prevaleceu de 1870 a 1914" (Hirst & Thompson, 1998, p.15). Ademais, existem ainda inúmeras barreiras ao comércio, que de tempos em tempos são erguidas, em razão das necessidades dos principais países que dominam o comércio internacional. Tais países se utilizaram – e ainda se utilizam – de medidas explícitas e de artifícios para proteger a economia nacional. Neste século, países que apresentaram rápido crescimento do comércio internacional, como Japão e Coréia do Sul, estiveram distantes de uma política comercial liberal.

Convém ressaltar que o próprio Adam Smith destacou que o livre comércio seria uma grande utopia, como se segue:

**404**

"Na verdade, falar que a liberdade de comércio seja um dia totalmente estabelecida na Grã-Bretanha é tão absurdo quanto esperar que um dia nela se implante uma Oceana ou Utopia. Opõem-se irresistivelmente a isso não somente os preconceitos do público, mas também – o que constitui um obstáculo muito mais intransponível – os interesses particulares de muitos indivíduos, irresistivelmente contrários a tal coisa" (1985, I, p. 391).

Assim, torna-se óbvio que o maior ou menor grau de liberalização comercial de um país resulta especialmente da capacidade dos produtores locais de defenderem seus interesses, isto é, do poder de exigir do governo algum tipo de proteção contra a concorrência estrangeira. Esse tem sido o fator determinante da regulamentação do comércio internacional de diversos produtos, sobretudo o de T&V.

O protecionismo dominante no comércio de certos produtos transformou-se em questão de discórdia nas rodadas de negociações promovidas pelo Acordo Geral sobre Tarifas e Comércio (GATT). O GATT foi firmado em 1947 e deveria ter um caráter provisório até a formação de um organismo permanente, a Organização Internacional de Comércio (OIC), cujo projeto de criação, entretanto, fracassou.

O GATT promoveu oito rodadas de negociação entre 1947 e 1994, cujo objetivo era a redução das barreiras ao comércio. O GATT tinha como princípios básicos a cláusula da nação mais favorecida (NMF), da não-discriminação e da reciprocidade. Nas rodadas de negociações, ficaram evidentes os conflitos de interesses entre os países, especialmente entre os países desenvolvidos e os em desenvolvimento. Os países desenvolvidos eram partidários de um comércio mais livre, isento de barreiras e de sistemas de preferências, ou seja, que obedecia fielmente os princípios do GATT, que supunha a existência de condições eqüitativas entre os parceiros comerciais. Estes princípios se confrontavam com as demandas dos países em desenvolvimento, que queriam um tratamento diferenciado em razão das suas especificidades. Além disso, havia uma contradição entre a defesa do livre comércio patrocinada pelos países desenvolvidos e a imposição de inúmeras barreiras ao comércio de diversos produtos, particularmente daqueles produzidos pelos países em desenvolvimento. E, nos anos 50, novas barreiras começaram a ser montadas, como a adoção de Restrições Voluntárias às Exportações, de quotas, de medidas antidumping e de salvaguardas, numa tentativa de proteger setores ameaçados pela concorrência dos países em desenvolvimento.

Dentre os setores ameaçados, estava o T&V, que se transformou no segmento da indústria mais protegido, tendo o seu comércio paulatinamente fugido aos princípios e regras do GATT por pressão dos países desenvolvidos, em prejuízo dos países em desenvolvimento.

## 3. O Acordo Multifibras e o Protecionismo Multilateral

O início da intensa regulamentação protecionista do setor T&V, por países signatários do GATT, remonta a meados dos anos 50.[1] Os Estados Unidos impuseram ao Japão um acordo de Restrição Voluntária de Exportação em 1955, sobre tecidos de algodão. Em 1957, devido a intensificação das pressões norte-americanas, o Japão teve de implementar um programa de restrição com duração de cinco anos, sob o amparo do *Agricultural Act*.[2] A medida norte-americana foi imitada pelo Reino Unido, que impôs Restrição Voluntária de Exportações primeiro a Hong Kong e depois à Índia e Paquistão.[3] Tais acordos abriram caminho para medidas restritivas de alcance mais amplo.

O Japão perdeu espaço no mercado americano em razão dessas restrições, à medida que a sua participação no total das importações de T&V americanas declinou de 63% para 26% entre 1958 e 1960. O espaço perdido foi ocupado especialmente por Hong Kong, cuja parcela aumentou de 14% para 28% no período (Cf. Branski, 1992, p.15). Nesse momento, alguns países asiáticos começaram a ganhar posições no mercado internacional de T&V, pois se beneficiaram da estratégia japonesa de transferir aqueles segmentos com tecnologia padronizada e intensivos em trabalho para os países vizinhos, que possuíam mão-de-obra abundante e barata.

Contudo, o fato de Hong Kong ter resistido em aceitar um acordo de restrição de exportações parecido com o imposto ao Japão, e a ameaça representada sobretudo pelos países asiáticos à indústria dos Estados Unidos, mostraram a dificuldade de os norte-americanos continuarem a estabelecer acordos bilaterais para regulamentar o setor. Isto é, não se tratava mais do risco proporcionado pelas importações provenientes de um único país, mas de vários países, exigindo a negociação de acordos multilaterais. Tendo em vista a criação de mecanismos multilaterais, os Estados Unidos apresentaram ao GATT, em 1959, a proposta do conceito de "desorganização de mercado" (market disruption), que daria o tom dos acordos seguintes e abriria espaço para o avanço das medidas restritivas. Tal conceito era coerente com o dispositivo previsto no art. XIX do GATT (salvaguardas), e abarcaria principalmente a situação em que houvesse um acelerado aumento ou potencial aumento de importação de

---

[1] A indústria têxtil já havia sido objeto de políticas protecionistas antes do GATT. Em 1937, os produtores têxteis americanos e japoneses negociaram acordo inter-industrial de limitação de exportação de produtos têxteis (Cf. NEUVILLE, 1993).

[2] O Agricultural Act foi implementado em 1956 e autorizou o Presidente dos Estados Unidos a negociar com governos estrangeiros acordos de restrição de exportações de produtos agrícolas ou têxteis (Cf. NEUVILLE, 1993).

[3] Para uma análise do Acordo Multifibras, bem como dos seus antecedentes, vide NEUVILLE (1993), BRANSKI (1992), JIMÉNEZ (1995) e SPINANGER (1998).

produtos de qualidade comparável, a preços mais baixos que os praticados pelo produtor doméstico, provocando ou ameaçando provocar sérios danos aos produtores domésticos do país importador.[4]

As partes contratantes do GATT, em novembro de 1960, aceitaram esse conceito, e criaram um comitê permanente denominado "Comitê para Evitar Desorganização de Mercado", cuja tarefa era supervisionar e coordenar consultas sobre o assunto. Mesmo que tal conceito tivesse aplicação ampla, o GATT restringiu o seu uso aos produtos T&V.

Em julho de 1961, por iniciativa do governo norte-americano, foi negociado o Acordo de Curto Prazo (STA), sob o patrocínio do GATT, que teria validade de um ano. O empenho do governo dos Estados Unidos em promover a negociação deste Acordo resultava de compromisso de campanha assumido pelo Presidente John F. Kennedy com os produtores norte-americanos, que há algum tempo reclamavam proteção. O Acordo envolveu a participação de 16 países, entre os maiores importadores e exportadores da época, que admitiram que, em caso de ocorrência de "desorganização de mercado", os países importadores afetados poderiam adotar medidas restritivas, por meio de acordos negociados bilateralmente, sobre 64 categorias de produtos têxteis de algodão.

O Acordo de Curto Prazo foi substituído pelo Acordo de Longo Prazo sobre Têxteis de Algodão (LTA), em fevereiro de 1962, para vigorar por cinco anos e envolveu 19 participantes. Em essência, o novo Acordo era semelhante ao anterior, e foi renovado em 1967 e 1970, vigorando até 1973. No último ano de sua vigência, haviam 82 países participantes. O Brasil esteve presente apenas como observador.

Cabe ressaltar que a taxa de penetração das importações de têxteis nos Estados Unidos era de 6% e de cerca de 2% para vestuários, quando o governo deste país tomou a iniciativa de negociar os primeiros acordos multilaterais, no início dos anos 60 (Cf. Spinanger, 1998, p. 6). Ou seja, magnitudes tão reduzidas foram capazes de despertar a reação dos representantes do setor T&V, exigindo medidas preventivas, que já percebiam os riscos da ausência da regulamentação do comércio desses produtos em meio à crescente concorrência internacional

---

[4] A estrutura legal do GATT admitia, em circunstâncias específicas, o uso de medidas restritivas para proteger a indústria doméstica do aumento das importações. Tais medidas deveriam envolver prioritariamente o uso de tarifas, conforme o art. XII, em detrimento de proibições ou de outros mecanismos de controle de importações, como limites quantitativos. Contudo, o art. XIX do GATT previa o uso de limitações quantitativas quando as importações provocarem danos à indústria nacional, como se segue: "Se, em consequência da evolução imprevista das circunstâncias e por efeito dos compromissos que uma parte contratante tenha contraído em virtude do presente Acordo, compreendidas as concessões tarifárias, um produto for importado no território da referida parte contratante em quantidade por tal forma acrescida e em tais condições que traga ou ameace trazer um prejuízo sério aos produtores nacionais de produtos similares ou diretamente concorrentes, será facultado a essa parte contratante, na medida e durante o tempo que forem necessários para prevenir ou reparar esse prejuízo, suspender, no todo ou em parte, o compromisso assumido em relação a esse produto, ou retirar ou modificar a concessão" (GATT, 1948, pp. A.53-A.54). Mas, os países desenvolvidos sempre preferiram o uso de Restrições Voluntárias às Exportações ou Dispositivos de Ordenamento do Mercado, em substituição ao art. XIX do GATT (Cf. BRANSKI, 1992, pp. 12-13).

gerada pela entrada de novos competidores.

Os acordos negociados no início dos anos 60 provocaram mudanças importantes no setor. As restrições impostas tanto ao Japão, que à época era o principal exportador, quanto ao comércio de fibras de algodão, proporcionaram oportunidades para a entrada de novos fornecedores e o incentivo ao uso das fibras sintéticas. Conforme ressaltou Branski, "estes flancos abertos pelo LTA propiciaram o aumento das exportações dos países em desenvolvimento, evidenciando sua ineficácia enquanto instrumento efetivo de controle" (1992, p. 21). Mas, provavelmente o aspecto mais importante de tais acordos foi o fato de que eles definiram a tendência do setor T&V em direção a uma progressiva regulamentação do seu comércio internacional, através do uso de medidas protecionistas por parte dos países desenvolvidos, os maiores importadores. Essas medidas foram colocando o setor à margem e em conflito com os princípios e as regras do GATT.

No início dos anos 70, o mercado mundial de têxteis passou por transformações importantes, como o aumento do consumo de fibras químicas, que não foram submetidas aos acordos anteriores, e a entrada de novos países exportadores, especialmente países em desenvolvimento, cujas exportações estavam livres das restrições, aplicadas principalmente aos grandes exportadores como o Japão. Neste contexto, as restrições impostas sob o amparo do Acordo de Longo Prazo eram incapazes de fornecer a proteção necessária à indústria T&V dos países desenvolvidos, especialmente dos Estados Unidos e da CE, exposta a uma crescente concorrência que colocava em risco a sua sobrevivência e, por conseguinte, reforçava a pressão dos produtores locais. Por isso, em fins de 1973, foi negociado no âmbito do GATT o Acordo Multifibras, que entrou em vigor em 1º de janeiro de 1974, com validade de 4 anos, para ampliar a proteção do setor T&V dos países desenvolvidos.

O AMF englobava produtos T&V feitos tanto à base de algodão como aqueles que tivessem em sua composição 50% ou mais do peso de lã, fibras sintéticas e artificiais, e suas misturas. Estavam excluídos do AMF as exportações dos países em desenvolvimento de produtos têxteis de fabricação artesanal em teares manuais ou feitos à mão e as exportações de produtos têxteis artesanais do folclore tradicional (GATT, 1974, art. XII).

Dentre os objetivos do AMF, estavam:
"(...) a expansão do comércio, a redução de barreiras a esse comércio e a liberalização progressiva do comércio mundial de produtos têxteis, e, ao mesmo tempo, assegurar o desenvolvimento ordenado e eqüitativo desse comércio e evitar os efeitos desorganizadores sobre os mercados de cada país e sobre os diversos tipos de produtos tanto de países importadores quanto de países exportadores" (Idem, Ibidem, Art. I, § 2º).

**408**

E o objetivo principal do AMF era:

"(...) favorecer o desenvolvimento econômico e social dos países em desenvolvimento e assegurar um aumento substancial de suas receitas de exportação de produtos têxteis, e de lhes proporcionar a possibilidade de conseguir uma participação maior no mercado mundial de têxteis" (Idem, Ibidem, Art. I, § 3º).

Esses objetivos do AMF carregavam duas grandes contradições: em primeiro lugar, a tentativa de promover a liberalização do comércio de T&V através da legitimação multilateral dos procedimentos de imposição de restrições à importação de têxteis, que exprimiam o protecionismo dos países desenvolvidos. Em segundo, a pretensão de favorecer os países em desenvolvimento exportadores de têxteis submetendo-os a uma dura disciplina através de quotas, que não gerou outro efeito senão um intenso prejuízo ao limitar as suas exportações.

Novamente, como nos Acordos anteriores, o conceito de "desorganização de mercado" fundamentou o sistema, justificando o uso de medidas restritivas seletivas por países e por produtos, através de quotas, pelos países importadores quando se encontrassem numa situação em que a importação de T&V provocasse grave dano ou "ameaça real de grave dano para os produtores nacionais" (Idem, Ibidem, Anexo A, § I).

Baseado no conceito de "desorganização de mercado", o AMF definia os casos em que as medidas restritivas poderiam ser aplicadas. O Art. III admitia o uso de medidas unilaterais no caso em que a importação de produtos T&V ainda sujeitos a restrição provocasse a "desorganização de mercado" (Idem, Ibidem, art. III, §§ 1º e 3º). O art. IV, por sua vez, previa o recurso aos acordos bilaterais para a eliminação de "riscos reais de desorganização de mercados" (Idem, Ibidem, art. IV, §§ 1º e 2º).

As restrições impostas pelas quotas deveriam obedecer ao nível base, que era definido pelas exportações dos 14/15 meses anteriores ao pedido de restrição. Mas o art. III admitia, em situações excepcionais e críticas, medidas restritivas em níveis diferentes do nível base.[5]

O AMF instituiu o Órgão de Supervisão de Têxteis, cujas principais funções eram zelar pela implementação do Acordo, solucionar controvérsias entre as partes contratantes e formular recomendações e analisar anualmente todas as restrições vigentes e todos os acordos bilaterais implementados (Idem, Ibidem, art. XI, §§ 1º, 4º, 5º e 12º).

O principal instrumento à disposição dos países importadores para evitar

---

[5.] A este respeito veja-se BRANSKI (1992, pp. 24-25).

a "desorganização dos mercados" seriam as quotas, em tese negociadas mutuamente com os fornecedores, cujo nível deveria ser estabelecido obedecendo-se o desempenho passado das importações. Esse critério era considerado o meio mais eficaz de garantir aos exportadores a manutenção do seu volume de comércio. Desse modo, as quotas anualmente seriam reajustadas num percentual mínimo de 6%. Em situações excepcionais, quando houvesse consenso, após consultas ao país ou países exportadores, quanto aos impactos negativos sobre a produção doméstica do acréscimo de importações, seria admitido um percentual menor de crescimento da quota. No caso de novos exportadores, o AMF previa a concessão de um coeficiente de crescimento mais elevado para as quotas. Os países que em as exportações representassem uma parcela muito reduzida das exportações mundiais e igualmente das importações de um determinado país importador, deveriam ficar livre das quotas (Idem, Ibidem, art. VI, §§ 1º e 3º).

O AMF sugeria ainda a isenção das restrições para o comércio de produtos T&V importados "sob regime de importação temporária para fins de reexportação depois de processados" ou a imposição de "tratamento especial e diferenciado para as reimportações, num país participante, de produtos têxteis que esse país haja exportado para outro país participante com a finalidade de processamento e de posterior reimportação (...)" (Idem, Ibidem, art. VI, §§ 5º e 6º).

Portanto, as regras do AMF contemplavam uma certa divisão do trabalho entre os países no âmbito da cadeia têxtil, ao favorecer o tratamento especial para as importações de mercadorias processadas no exterior, que utilizavam insumos têxteis produzidos nos países desenvolvidos. Este tipo de procedimento iria se multiplicar após os anos 80 com a proliferação das "maquilas" na América Central e Caribe e das Zonas Francas, na Ásia.

Por fim, as medidas restritivas contempladas pelo AMF deveriam ser compatibilizadas com a implementação de políticas para viabilizar a reestruturação industrial dos países participantes, inclusive com a transferência de produtores menos eficientes para outras linhas de produção ou para outros setores da economia. Isto deveria favorecer o acesso dos produtos T&V dos países em desenvolvimento aos mercados dos países importadores.

Embora o AMF tenha representado uma extensão das medidas preventivas que estavam sendo adotadas desde os anos 60 para proteger a indústria T&V das importações cada vez mais baratas dos países em desenvolvimento, a reestruturação empreendida pelos países importadores conseguiu apenas evitar a transferência daqueles segmentos da cadeia produtiva mais dependente de capital e tecnologia, como a produção de T&V de alta qualidade. Por essa razão, o AMF, que havia nascido para ser provisório e de curto prazo, até que se completasse o processo de ajuste estrutural da indústria T&V dos países importadores, foi prorrogado em três ocasiões, durante cerca de vinte anos, para garantir a sobrevivência de segmentos importantes da cadeia têxtil dos

**410**

países importadores.

A negociação do primeiro Protocolo de Extensão do AMF (AMF-II) ocorreu em 1977, para entrar em vigor a partir de 1º de janeiro de 1978 por um período de 4 anos. Esse Acordo foi mais restritivo pois incluiu a cláusula de "afastamentos razoáveis" (*reasonables departures*) proposta pelos Estados Unidos e endossada pela Comunidade Européia (CE), que admitia aos países descumprir certos dispositivos do AMF em situações específicas. Baseados nesta cláusula, os países poderiam se afastar da taxa de crescimento das quotas prevista no Anexo B do MFA (Cf. Branski, 1992, pp. 33-34).

O Segundo Protocolo de Extensão do AMF (AMF-III), foi negociado em 1981 e entrou em vigor a partir de 1982 para um período de 4 anos e 7 meses e foi bem menos restritivo que o anterior. Os países exportadores conseguiram a eliminação da cláusula de "afastamentos razoáveis", e acrescentar a exigência de informações mais rigorosas para se comprovar a "desorganização de mercado" com o intuito de disciplinar o seu uso. Entretanto, incorporou limites adicionais para o crescimento das quotas pelos países importadores, que vinham sofrendo o aumento de importações têxteis, apesar da proteção oferecida pelo AMF.

O Terceiro Protocolo de Extensão do AMF (AMF-IV) passou a vigorar a partir de julho de 1986 para um período de cinco anos. Esta renovação aumentou a restrição e estendeu a cobertura para fibras vegetais e mistas de seda. Os países importadores puderam reduzir quotas dos grandes exportadores e diminuir a taxa de crescimento anual das quotas para abaixo do nível previamente acertado de 6 %.

Após 1991, O AMF foi renovado temporariamente aguardando a conclusão da Rodada Uruguai. No período de negociações desta Rodada, os países exportadores aceitaram a prorrogação do AMF sob a condição de que os produtos têxteis seriam reintegrados às regras e disciplinas do GATT. Havia a expectativa na época de que a Rodada seria a mais ampla de todas as promovidas pelo GATT, à medida que deveria envolver um número recorde de países e a incorporação de novos temas.[6]

O esforço das partes contratantes foi orientado para recuperar o poder do GATT de promover a liberalização do comércio mundial, processo que havia sido comprometido especialmente em razão da crise econômica provocada pelo primeiro choque do petróleo, em 1973, quando ocorreu o recrudescimento do protecionismo dos países ricos. Ademais, havia a pressão do governo Reagan de incorporar temas de interesse norte-americano – e de outros países ricos, principalmente os da CE – na agenda de negociação, como serviços, investimentos e propriedade intelectual. Por isso, não obstante toda a pressão dos produtores de T&V dos países ricos

---

[6.] A Declaração de Punta del Leste, que abriu a Rodada Uruguai, assinalava que "as negociações na área de têxteis e vestuário devem objetivar a formulação de modalidades que permitiriam a eventual integração deste setor ao GATT com base em regras e disciplinas fortalecidas, contribuindo também desse modo para o objetivo de uma completa liberalização do Comércio" (GATT, 1986, pp. L.6-L.7).

contra qualquer processo mais significativo de liberalização do setor, o desmantelamento do AMF foi aceito pela maior parte dos governos destes países como forma de obter concessões em outras áreas estratégicas.[7]

Embora o desmantelamento do AMF fosse o preço a ser pago para se obter concessões em outras áreas, não havia um consenso entre países exportadores e importadores quanto ao melhor caminho a ser seguido. Conseqüentemente, a reintegração do setor T&V ao GATT envolveu uma série de discussões no âmbito da Rodada Uruguai, quando foram apresentadas diversas propostas que podem ser agrupadas em duas versões básicas: a primeira, a proposta dos países em desenvolvimento, da CE, do Japão e dos países nórdicos, que pediam a liberalização do setor dentro da estrutura do AMF. A segunda, a proposta patrocinada pelos Estados Unidos e Canadá que previa uma estrutura transitória nova, com quotas globais que seriam aumentadas progressivamente a partir dos seus níveis iniciais.[8]

Os países em desenvolvimento apoiaram a primeira proposta porque muitos deles não queriam uma liberalização imediata, pois o AMF garantia o acesso aos mercados dos países importadores por parte dos produtores menos competitivos.

As propostas apresentadas nas primeiras reuniões fracassaram, inclusive em outras áreas polêmicas. Somente em 1991 surgiu uma proposta que obteve consenso, o Documento Dunkel, apresentado pelo Diretor-Geral do GATT, Arthur Dunkel, e contemplava a proposta feita pelos países em desenvolvimento, CE e Japão sobre T&V. Com este Documento, submetido à apreciação em 20 de dezembro de 1991, na reunião de Bruxelas, pretendia-se concluir a Rodada Uruguai. Entretanto, a delegação norte-americana se retirou da reunião, a poucas horas do seu encerramento, em virtude de divergências quanto aos setores agrícola e de serviços. Mesmo assim, o Documento acabou se transformando no texto básico para a implementação do regime têxtil do GATT, após a realização de alguns ajustes, e substituiu a proposta americana – apesar da oposição dos produtores deste país – e canadense.

O Acordo Final da Rodada Uruguai – cujo principal resultado foi a criação da Organização Mundial do Comércio (OMC) –, firmado em Marrakesh, em 15 de abril de 1994, estabeleceu um processo de reestruturação do comércio de T&V, que ficaria conhecido como Acordo sobre Têxteis e Vestuário (doravante ATV) como será visto mais adiante.[9] O ATV contemplou muitos aspectos do Documento Dunkel e preservou o fundamento da Declaração de Punta del Leste.

---

[7.] O *Omnibus Trade & Competitiveness Act*, de 1988, que autorizava o governo norte-americano a negociar na Rodada Uruguai, não incorporava o setor T&V. Contudo, posteriormente, o governo norte-americano mudou de atitude, tendo um papel importante nas negociações deste setor (Cf. JIMÉNEZ, 1995).

[8.] Sobre as negociações envolvendo o setor têxtil e de vestuário na Rodada Uruguai, vide NEUVILLE (1993) e JIMÉNEZ (1995).

[9.] O governo brasileiro teve um papel ativo nas negociações sobre o setor na Rodada Uruguai e fez parte do

O desmantelamento anunciado do AMF representa o fim de uma das maiores aberrações do sistema multilateral de comércio. O Acordo contemplava objetivos conflitantes, como o de liberalizar o comércio de têxteis e proteger os mercados dos países importadores. E suas prorrogações distanciaram ainda mais o AMF desses objetivos, ao permitir desvios importantes das suas regras e, por conseguinte, do próprio GATT, endossando os artifícios protecionistas utilizados pelos países importadores.[10]

## 4. Os Efeitos do Acordo Multifibras

Mas, apesar de todo o protecionismo legitimado com o AMF, a produção têxtil mundial sofreu transformações intensas, com uma contínua transferência de segmentos importantes da cadeia têxtil para os países em desenvolvimento, que se tornaram competidores agressivos, em detrimento dos países desenvolvidos.

Essa transferência obedeceu a própria lógica da produção capitalista, ou seja, foi condicionada pela busca – inerente ao sistema – de regiões que oferecem recursos produtivos a custos mais baixos. Após os anos 50, alguns países experimentaram acelerada industrialização, que geralmente se iniciava por aqueles setores menos intensivos em tecnologias modernas e altamente dependentes de mão-de-obra, fator abundante e barato nestes países, como o setor T&V. Por isso que, a partir deste período, países como Hong Kong, Coréia do Sul, Taiwan, Índia e Turquia tornaram-se grandes produtores e exportadores, fornecendo produtos a preços muito baratos. Tal situação passou a ameaçar os produtores tradicionais, como os Estados Unidos e os países da CE.

Posteriormente, as empresas multinacionais começaram a adotar a estratégia de realizar a costura e o acabamento de produtos nos países em desenvolvimento, com o uso de insumos têxteis produzidos nos países desenvolvidos. Esta estratégia foi seguida pelos tigres asiáticos, como Hong Kong e Coréia do Sul – que estavam enfrentando aumento dos custos de mão-de-obra –, que transferiram parte da produção para os países vizinhos. Além disso, alguns países utilizavam tal estratégia para fugir das quotas ou para se beneficiar das quotas não preenchidas de algum país.

No caso dos Estados Unidos, uma norma do Programa Tarifário Americano (*US Tariff Schedule*), implementado em 1963, concedeu isenção de direitos

---

grupo que queria o desmantelamento rápido do AMF, pois acreditava que a liberalização poderia favorecer a indústria nacional, ao ampliar seus mercados (Cf. NEUVILLE, 1993).

[10.] Jiménez ressalta que a concepção do AMF "nos anos 70 obedeceu a necessidade de dar uma solução política ao problema do comércio de têxteis e vestuário a fim de acalmar, de uma maneira *legal*, o aumento das demandas por parte dos grupos de pressão de alguns países desenvolvidos (...)" (1995).

alfandegários sobre artigos de vestuário costurados no exterior. Além disso, a Iniciativa da Bacia do Caribe (CBI) de 1983, o Acordo de Livre Comércio da América do Norte (NAFTA) de 1992, e os projetos da Agência Americana para o Desenvolvimento Internacional (USAID), têm estimulado a confecção de roupas no exterior. Tais iniciativas eram coerentes com o AMF, conforme já foi visto, que previa um regime especial para este tipo de produção (Cf. Pugatch, 1998). Além disso, os incentivos fornecidos impulsionaram o desenvolvimento das chamadas "maquilas" em países da América Central e do Caribe e a criação de Zonas Francas em diversas partes do mundo, que também foram estimuladas por programas de outros países e por estratégias de grandes empresas multinacionais.

E, à medida que a indústria têxtil foi se tornando cada vez mais intensiva em capital, especialmente com o avanço da automação,[11] enquanto a produção de vestuário permanecia intensiva em mão-de-obra, acelerou o processo de transferência de parte da cadeia têxtil para os países em desenvolvimento cujos custos de produção eram menores, preservando a competitividade das multinacionais. Concomitantemente às transformações tecnológicas, ocorreu uma profunda mudança nas formas de gestão e organização da produção, com impactos profundos na cadeia têxtil. As constantes alterações nas preferências dos consumidores, provocando ciclos de moda de duração muito rápida e as políticas de *just-in-time*, exigiram um elevado grau de integração entre produtores e fornecedores, e a diminuição das distâncias entre a localização da produção e o consumo da moda. Por essa razão, uma parte da produção foi deslocada para países vizinhos. No caso americano, para países da América Central e do Caribe; no caso da CE, para países do Leste Europeu e, no caso do Japão, Coréia do Sul e Hong Kong, para países como China, Vietnã, Indonésia e Bangladesh.[12]

A transferência da produção de T&V para os países em desenvolvimento foi motivada principalmente pela busca de mão-de-obra barata. Os países em desenvolvimento, que conquistaram espaço no mercado têxtil mundial, são denunciados por favorecer a superexploração da força de trabalho. Nestes países, as normas básicas de proteção ao trabalho, convencionadas através da Organização Internacional do Trabalho (OIT) são desrespeitadas, como a proibição do trabalho de menores (Convenções 5 e 138), a liberdade de formar sindicatos e o direito à negociação coletiva (Convenções 87 e 98), a convenção do salário mínimo (133) e as normas sobre saúde e higiene trabalhista e não-

---

[11.] Atualmente a indústria têxtil é uma das indústrias mais intensivas em capital. No caso norte-americano, por exemplo, no início dos anos 60, apenas 6% da indústria têxtil era automatizada, proporção que subiu para 40% em fins dos anos 80 (Cf. PUGATCH, 1998). E, nas últimas três décadas, o avanço da tecnologia provocou uma redução de 40% na necessidade de mão-de-obra (Cf. PANGEA, 1999).

[12.] A transferência da produção de têxteis e vestuário para os países em desenvolvimento provocou também o deslocamento das indústrias de máquinas têxteis, cujas atividades não se limitam à montagem de equipamentos, mas à própria produção (Cf. SPINANGER, 1998).

**414**

discriminação (Cf. OIT, 1998). A ausência de tais normas implica principalmente salários baixos, exploração intensa do trabalho de mulheres e de crianças e, no caso da China, trabalho forçado.

Desde os anos 70, diversas entidades, especialmente a *International Textile, Garment and Leather Worker's Federation*, lutam pela incorporação de uma cláusula social nos acordos internacionais sobre o comércio, para garantir o cumprimento das normas básicas de proteção ao trabalho. Contudo, as tentativas fracassaram. No final dos anos 80, o termo "dumping social" passou a ser utilizado para indicar os baixos custos trabalhistas e as prolongadas jornadas de trabalho que asseguravam a competitividade dos exportadores dos países em desenvolvimento, especialmente no setor T&V, que mais abusam deste artifício. Até mesmo o governo dos Estados Unidos, entre 1987 e 1990, insistiu na necessidade de se incluir a cláusula social no GATT, sem sucesso por causa da oposição dos países da Ásia, África, América Latina e Caribe. E, na Rodada Uruguai, o assunto voltou a ser discutido sem se chegar a uma decisão satisfatória.[13]

Alguns indicadores sobre o comércio mundial de têxteis mostram as transformações citadas anteriormente. A partir dos cálculos elaborados por Spinanger (1998), envolvendo os 13 maiores exportadores de T&V em 1996, sendo 7 países desenvolvidos (Itália, Alemanha, Estados Unidos, França, Reino Unido, Bélgica/Luxemburgo e Japão) e 6 países em desenvolvimento (China, Coréia do Sul, Taiwan, Hong Kong, Índia e Turquia) é possível verificar a mudança de posição dos principais exportadores mundiais. Em 1965, os 7 países desenvolvidos eram os 7 maiores exportadores mundiais de T&V, com 64,6% do total, ficando os outros 35,4% divididos pelo restante dos países do mundo. Os 13 países listados detinham 79,2% das exportações mundiais, sendo o grupo dos 6 países em desenvolvimento responsável por 14,6%. Em 1973, quando foi assinado o AMF, a parcela dos 7 países desenvolvidos havia declinado para 54% e a do resto do mundo subido para 46%. O grupo dos 13 países teve uma diminuição para 72,7% enquanto aumentava a participação dos 6 países em desenvolvimento para 18,7%. Em 1996, quando se iniciava o desmantelamento do AMF, a proporção dos 7 países desenvolvidos havia declinado para 34%, ao mesmo tempo que o resto do mundo observava um incremento para 66%. O grupo dos 13 países apresentou uma redução na sua fatia para 65,3% e o grupo dos 6 países em desenvolvimento teve um acréscimo para 31,3% do total.

Os indicadores mostram que a perda de espaço dos países desenvolvidos é

---

[13.] Mesmo nos países desenvolvidos existem denúncias quanto às condições insatisfatórias na indústria têxtil e de vestuário, com a proliferação das *sweatshops* e das unidades domésticas que utilizam imigrantes ilegais ou mão-de-obra feminina (chineses e mexicanos nos Estados Unidos, bengaleses no Reino Unido e turcos nos Países Baixos). Essas unidades não seguem os padrões mínimos de segurança e proteção social para os trabalhadores. Sobre o problema da superexploração dos trabalhadores e da ausência de normas de proteção ao trabalho no setor T&V vide Clean CLOTHES (1993), OIT (1998), PUGATCH (1998) e PANGEA (1999).

muito mais acelerada em vestuários do que em têxteis, em virtude do surgimento de novos competidores com custos mais baixos e do fato de muitos produtores desses países incentivarem a confecção de vestuário no exterior utilizando insumos têxteis produzidos no próprio país. Conseqüentemente, a transferência da produção de têxteis para os países da periferia é um pouco mais lenta que o deslocamento da produção de vestuários.[14]

Outro aspecto a ser salientado é o aumento da importância da China nas exportações mundiais, ao passar da décima primeira posição em 1965 para a primeira nos anos 90. O Japão, ao contrário, que era o primeiro colocado em 1965, tornou-se o décimo terceiro em 1996 (Cf. Spinanger, 1998).

A partir dos anos 90, tornaram-se expressivas as importações dos países vizinhos aos grandes centros consumidores. No caso da CE, os países da Ásia têm perdido espaço para os países do Mediterrâneo (do Marrocos à Turquia), do Leste Europeu e Rússia. Os países latino-americanos ampliaram a sua participação nas importações dos Estados Unidos, de 12,47% em 1990, para 24,88% em 1996, enquanto os países da Ásia experimentaram um declínio de 74,31% para 61,50% no mesmo período (Idem, Ibidem, 1998). Entre 1991 e 1995, as importações norte-americanas de T&V da Ásia (excluindo-se Índia) cresceram somente 3%, enquanto as importações provenientes do México se expandiram a uma média de 36% ao ano, em razão do NAFTA. Tal comércio tornou-se vantajoso para os norte-americanos, pois 80% do vestuário mexicano é confeccionado com tecidos produzidos nos Estados Unidos (Cf. ITMF, 1996). Entre 1994 e 1997, as importações norte-americanas originadas de toda a América cresceram 92%, enquanto as importações provenientes dos demais países do mundo cresceram apenas 19%. Nesse mesmo período, as importações vindas

---

[14.] No caso dos produtos têxteis, em 1965, os 7 países desenvolvidos exportavam 64,8% do total mundial, ficando os outros 35,2% divididos pelo restante dos países do mundo. Os 13 países listados detinham 78,9% das exportações mundiais, sendo o grupo dos 6 países em desenvolvimento responsável por 14,1%. Em 1973, a parcela dos 7 países desenvolvidos havia declinado para 58,8% e a do resto do mundo subido para 41,2%. O grupo dos 13 países teve uma diminuição para 72,5% enquanto caía a participação dos 6 países em desenvolvimento para 13,7%. Em 1996, a proporção dos 7 países desenvolvidos havia declinado para 41,1%, ao mesmo tempo que o resto do mundo observava um incremento para 58,9%. O grupo dos 13 países apresentou uma redução na sua fatia para 71,5% e o grupo dos 6 países em desenvolvimento teve um acréscimo para 30,4% do total. A mudança foi mais expressiva para os vestuários. Em 1965, os 7 países desenvolvidos participavam com 63,9% das exportações mundiais, declinando para 44,1% em 1973 e 27,6% em 1996. O resto do mundo teve um crescimento na sua parcela de 36,1% em 1965 para 55,9% em 1973 e 72,4% em 1996. O grupo dos 6 países em desenvolvimento ampliou a sua participação de 16,2% em 1965 para 29% em 1973, alcançando 37% em 1983, declinando em 1996 para 32% (Cf. SPINANGER, 1998). Em 1980, 70% do vestuário consumido nos Estados Unidos era produzido no mercado interno, percentual que caiu pela metade no início dos anos 90 (Cf. PUGATCH, 1998). Em fins dos anos 80, 70% do vestuário vendido na Europa eram produzidos no próprio continente, diminuindo à metade por volta de 1993 (Cf. Clean CLOTHES, 1993). Ademais, o setor têxtil e vestuário sofreu os impactos da globalização, à medida que, em três décadas, 50% da capacidade produtiva da indústria de vestuário mundial se deslocou para os países em desenvolvimento (Cf. USITC, 1994).

**416**

do México cresceram 210% (Cf. USITC, 1998).

Em suma, os dados evidenciam que nos últimos trinta anos ocorreu um conjunto de transformações na cadeia têxtil, reforçando a divisão internacional do trabalho do setor. Nos países ricos, especialmente Alemanha, Itália e Estados Unidos, têm permanecido os segmentos intensivos em capital, como a produção de insumos têxteis, máquinas e vestuário de alta qualidade, e as atividades de gerência (especialmente financeira), marketing, comercialização e *design* das empresas multinacionais. Nos países em desenvolvimento, por sua vez, tem proliferado a produção de insumos e de vestuários – muitas vezes produzidos com insumos provenientes dos países desenvolvidos – intensivos em mão-de-obra. Estas tendências são reforçadas pelos próprios interesses das grandes empresas dos países desenvolvidos – as mesmas que reclamam por mais proteção –, à medida que têm como meta localizar a produção onde os custos são baixos, as condições são favoráveis e os mercados consumidores estão próximos. Mas, se o AMF não impediu a transferência da produção para os países em desenvolvimento, ao menos evitou o colapso da produção nos países desenvolvidos e reforçou a sua especialização em determinados segmentos da cadeia têxtil. O seu desmantelamento, através do ATV, representa uma tentativa de criação de um novo instrumento jurídico adaptado às condições vigentes no comércio mundial do setor. Isto é, o AMF tornou-se obsoleto ao manter níveis de proteção muito acima da média do setor industrial em meio a profundas transformações no comércio mundial de T&V.

## 5. O Acordo sobre Têxteis e Vestuários: em Direção a uma Liberalização Gradual e Negociada

O ATV entrou em vigor em 1º de janeiro de 1995, e, com ele, os membros da OMC se comprometeram a eliminar as restrições ao comércio de T&V num período de 10 anos, integrando o setor às normas do GATT em 1º de janeiro de 2005.

Assim, todos os produtos que estavam submetidos a contingentes sob o AMF (tops, fios, tecidos, confecções e vestuários), conforme o Anexo ao ATV, deverão ser progressivamente integrados. O processo de integração, ao longo do período de 10 anos, foi estabelecido no art. 2º da seguinte forma: a etapa 1 será iniciada em 1º de janeiro de 1995, com a integração de pelo menos 16% do volume de importações de 1990. A etapa 2, a partir de 1º de janeiro de 1998, com a integração adicional de pelo menos 17% do volume de importações de 1990. A etapa 3, após 1º de janeiro de 2002, com a integração adicional de pelo menos 18% do volume de importações de 1990. A etapa 4, iniciada em 1º de janeiro de 2005, com a integração dos 49% restantes, quando então terão sido

**417**

eliminadas todas as restrições amparadas pelo Acordo.

O processo de integração será acompanhado de um programa de liberalização das restrições existentes, determinado também pelo art. 2º. Assim, os antigos coeficientes de crescimento do AMF aplicáveis a cada um dos contingentes serão incrementados da seguinte forma: na etapa 1, o nível das restrições "será aumentado anualmente em percentagem não inferior à do coeficiente de crescimento estabelecido para as respectivas restrições, acrescido de 16%". Na etapa 2, "o coeficiente de crescimento aplicável às respectivas restrições durante a etapa 1" terá aumento anual de 25%. E, na etapa 3, "o coeficiente de crescimento aplicável às respectivas restrições durante a etapa 2", terá aumento anual de 27%.[15] No caso dos pequenos exportadores, será adiantada uma etapa nos coeficientes de crescimento.[16]

Os países que aplicavam restrições sob o AMF (Estados Unidos, CE, Canadá e Noruega) têm poder para decidir os produtos que devem integrar cada etapa e notificar ao Órgão de Supervisão de Têxteis (OST). É um órgão permanente, quase judicial, e que possui principalmente a responsabilidade de supervisionar a aplicação do Acordo, examinar as medidas implementadas que se sustentam no Acordo e a conformidade de tais medidas com as suas regras (GATT, 1994, art. 8º, § I). Os membros que considerarem que os seus interesses estão sendo prejudicados por "qualquer questão específica" poderão recorrer ao OST, cujas recomendações ou determinações deverão ser feitas preferencialmente no prazo de 60 dias. Os membros, por sua vez, "procurarão aceitar inteiramente toda recomendação do OST" (Idem, Ibidem, art. 8º, §§ 6º, 8º e 9º).

Durante o período de transição, foi garantido aos membros o direito de aplicar um mecanismo de salvaguarda transitória, aos produtos não integrados, conforme o § 1º do art. 6º.[17] Os produtos integrados poderão se beneficiar da salvaguarda prevista no art. XIX do GATT de 1994. Para os membros que não aplicaram restrições amparadas no art. 2º, mas que eram signatários do AMF, o referido direito foi concedido, desde que fosse notificado ao OST num prazo de 60 dias após a entrada em vigor do Acordo Constitutivo da OMC, processo este realizado por pouco mais de 40 membros. A aplicação do direito estava condicionada à comprovação de que o aumento das importações causa ou ameaça

---

[15.] Esses coeficientes teriam a seguinte implicação: "um coeficiente de crescimento de 6% no marco do AMF de 1994 passaria a ser de 7% no marco do Acordo Sobre Têxteis e Vestuários e se aplicaria a cada ano de 1995 a 1997; depois seria incrementado em 8,7% para cada ano compreendido entre 1998 e 2001, e em 11 por cento para os anos 2002, 2003 e 2004" (Cf. Site www.wto.org).

[16.] São considerados pequenos exportadores aqueles "membros cujas exportações estejam sujeitas, no dia anterior ao da entrada em vigor do Acordo Constitutivo da OMC, a restrições que representem 1,2 por cento ou menos do volume total das restrições aplicadas por um membro importador em 31 de dezembro de 1991" (GATT, 1994, art. 2º, § 18).

[17.] A salvaguarda transitória foi vetada "às exportações de qualquer membro cujas exportações do produto em questão já se encontrem sujeitas a restrição" em razão do ATV (Idem, Ibidem, art. 6º, § 4º).

**418**

causar dano grave à produção doméstica. As medidas de salvaguarda podem ser aplicadas de maneira seletiva, membro por membro, através de acordo bilateral ou mesmo unilateralmente, na ausência de acordo. A restrição pode durar até 3 anos, não podendo ser renovada ao seu término.

As características citadas anteriormente diferem substancialmente a salvaguarda transitória, do ATV, da salvaguarda prevista no art. XIX do GATT de 1994, que só pode ser aplicada por um período de até 8 anos, ao produto importado independentemente da sua origem, em obediência ao princípio da não-discriminação, com a seletividade sendo permitida somente em situações excepcionais. Ademais, prevê a concessão de uma compensação à parte afetada pelo efeito negativo causado pela aplicação da salvaguarda (Cf. Smeets, 1995, pp. 102-103).

Além de promover a integração dos T&V ao GATT, o ATV trata da questão da fraude (*circumvention*). O art. 5º estabelece que os membros "deverão adotar as necessárias disposições legais e/ou procedimentos administrativos com vistas ao tratamento e combate" da fraude, que se manifesta "mediante reexpedição, desvio, declaração falsa sobre o país ou lugar de origem e falsificação de documentos oficiais". O ATV prevê o estabelecimento de consultas e a colaboração entre os membros na investigação da fraude, e a aplicação de medidas punitivas quando forem comprovadas, dentre as quais a denegação da entrada das mercadorias.

Por fim, o ATV contém disposições que buscam assegurar o respeito às regras e disciplinas do GATT, como uma parte essencial do processo de liberalização do setor. Assim, o Acordo estabelece que todos os membros devem: em primeiro lugar, tomar as medidas necessárias para se atingir o melhor acesso aos mercados através de medidas como "reduções e consolidações tarifárias, reduções ou eliminação de barreiras não tarifárias e facilitação de procedimentos aduaneiros, administrativos e concessão de licenças". Em segundo, garantir a "aplicação de políticas sobre condições de comércio leais e eqüitativas" no que se refere a "dumping e regras e procedimentos sobre antidumping, subsídios e medidas compensatórias e proteção de direitos de propriedade intelectual". E, em terceiro, "evitar a discriminação contra importações no setor de têxteis e vestuários ao adotar medidas por motivos de política comercial geral" (Idem, Ibidem, art. 7º, § 1º).

Embora a concretização do ATV tenha contado com o apoio de importadores e exportadores, as primeiras análises quanto ao seu impacto e as medidas iniciais implementadas são conflitantes. Por um lado, ainda existe a pressão por parte dos industriais dos países importadores, que consideram que o ATV provocará o desmonte do setor T&V nestes países. Por outro, os exportadores dos países em desenvolvimento entendem que o processo de integração de produtos realizado até agora frustrou a expectativa de uma liberalização do setor no curto prazo, que terá de esperar até 2005.

O Comitê de Relações Econômicas Externas (*Comitte on External Economic Relations*) do Parlamento Europeu elaborou um Relatório (1996) analisando o desempenho do setor T&V dos países da CE. O Relatório destaca a situação difícil enfrentada pelo setor nos últimos 10 anos, em razão dos seus problemas internos e da forte competição que vem sofrendo, implicando aumento das importações, perda de postos de trabalho (que na época atingiu 850.000 em dez anos, num setor que emprega 2,3 milhões de pessoas) e a transferência da indústria de vestuário para fora da CE. A previsão é de que a tendência verificada no período anterior seja repetida nos próximos 10 anos, que coincide com o período de implementação do ATV, embora apenas 30% das importações da CE serão cobertas pela liberalização. Ou seja, a liberalização não trará uma modificação significativa nas tendências do setor (European Parliament, 1996).

No caso dos Estados Unidos, a *United States International Trade Comission* (USITC) elaborou documento, em 1994, intitulado *Impact on the U. S. Economy and Selected Industries of the GATT Uruguay Round Agreement*, que apresenta relatos de entidades sobre o efeito do ATV para o setor T&V norte-americano. O documento salienta que o setor será o mais afetado da economia do país pelo Acordo da Rodada Uruguai. O Comitê Consultivo do Setor Industrial (*The Industry Sector Advisory Committee* – ISAC) assinalou que o referido Acordo provocará um incremento das importações e uma queda de 50% a 60% da produção T&V norte-americana. O Instituto Americano de Manufaturas Têxteis (*The American Textile Manufactures Institute* – ATMI) também projetou um rápido crescimento das importações em decorrência do Acordo. E outras Associações americanas apontam para o risco de eliminação de 33% a 75% da indústria de vestuário do país.

Na visão de alguns observadores, os efeitos negativos da liberalização poderão provocar a intensificação das pressões sobre o governo norte-americano para estender a proteção ao setor, após 2005 (Cf. USITC, 1996).

Mas se os produtores dos países desenvolvidos protestam contra o desmantelamento do AMF, a forma utilizada para proceder à integração dos produtos posterga a liberalização do setor, fato criticado pelos exportadores dos países em desenvolvimento. Os importadores, sobretudo Estados Unidos e CE, utilizaram o artifício de incorporar à lista de liberalização da primeira fase produtos que não estavam submetidos à quota. Ou seja, os produtos cujas importações podem ser expandidas nunca estiveram sob quota. Enquanto isso, os produtos considerados "sensíveis" às importações permanecerão protegidos por algum tempo. Nos Estados Unidos, os produtos considerados "sensíveis" correspondem a 89% dos produtos vestuários, 47% dos produtos têxteis e 67% de todos os produtos T&V combinados[18] (Cf. Yoon & McGee, 1998).

---

[18.] Nos Estados Unidos, em maio de 1996, existiam 884 quotas em vigor para categorias individuais de têxteis

A aceleração das taxas de crescimento das quotas possivelmente terá um impacto maior sobre as importações de T&V norte-americanas que a integração do setor ao GATT. Isso decorre da liberdade concedida aos países para escolher os produtos integrados em cada fase. Por conseguinte, os Estados Unidos podem adiar a remoção das quotas dos artigos considerados sensíveis até a terceira fase.[19] Mesmo que o ATV torne obrigatória a integração das quatro categorias de produtos em cada fase, não foi determinado nenhum percentual de distribuição (Cf. USITC, 1994).

O efeito das importações nos Estados Unidos pode ser atenuado ainda em razão da liberalização prevista no ATV não se estender aos países que estão fora da OMC, como China e Taiwan, respectivamente o primeiro e o quarto maior fornecedor do país em 1997. Esses países não faziam parte do GATT, mas eram signatários do AMF. O próprio Presidente Clinton declarou que a China não será beneficiada com a liberalização enquanto não se tornar membro da OMC[20] (Cf. USITC, 1994 e 1996).

Os Estados Unidos também foram o primeiro e único membro da OMC a utilizar o procedimento de salvaguarda previsto no ATV em 1995, iniciando 24 ações que envolveram 9 produtos, contra 14 países. Este fato motivou a queixa de muitos países exportadores à OMC (Cf. USITC, 1996).

Por outro lado, existe a reclamação dos Estados Unidos e dos países da CE quanto ao problema do acesso a mercados. Na visão deles, os países em desenvolvimento, especialmente os grandes exportadores, dificultam a entrada do produto estrangeiro, preservando tarifas elevadas, como é o caso da China, Índia, Paquistão e Coréia do Sul, desrespeitando a determinação do ATV. Isso estaria impedindo o comércio realmente livre no setor, prejudicando especialmente as exportações de produtos de média e alta qualidade, segmento em que os países desenvolvidos são muito competitivos. Além disso, China, Índia e Paquistão são acusados de adotarem expedientes como o de dobrar o preço das exportações de matérias-primas, para favorecer o seu uso no mercado interno e encarecer o custo de produção dos importadores. Vale destacar que o Brasil e Tailândia foram apresentados como bons exemplos, em virtude de terem diminuído expressivamente as suas tarifas (Cf. USITC, 1994; European Parliament, 1996).

---

e vestuários, envolvendo 44 países e 123 das 148 categorias da CITA (*U. S. Committe for the Implementation of Textile Agreements*) (Cf. YOON & MCGEE, 1998).

[19] Está previsto que 94% dos produtos "sensíveis", que, portanto, estão sob restrição através de quotas, serão integrados somente em 1º de janeiro de 2005 (Cf. USITC, 1996). No caso dos vestuários, 89% dos produtos submetidos a quotas serão integrados apenas na última etapa (Cf. Site MICT/SECEX).

[20] Em 1º de abril de 1998, os Estados Unidos aplicavam quotas às importações provenientes de 47 países, sendo 37 membros da OMC, 9 não membros e o México, cujas quotas seguiam as regras do NAFTA. Para os países não membros da OMC, a importação de produtos do AMF estão sujeitas à Seção 204 do *Agricultural Act*, de 1956 (Cf. USICT, 1998).

Contudo, a manutenção de tarifa elevada não se restringe aos países em desenvolvimento pois, nos Estados Unidos, a tarifa média para T&V fica muito acima da média dos demais produtos industrializados, mesmo após o ATV (Cf. Yoon & McGee, 1998).

Além da crítica à resistência dos países em desenvolvimento em favorecer o acesso aos seus mercados, persiste a denúncia de que a sua competitividade no setor T&V é amparada no chamado "dumping social". Mesmo depois do fim da Rodada Uruguai, os países desenvolvidos insistem em incorporar a cláusula social aos tratados comerciais negociados no âmbito da OMC. Entretanto, o conteúdo da Declaração Ministerial de Cingapura, de 13 de dezembro de 1996, não apresentou nenhum avanço, ao condenar o uso das normas trabalhistas com fins protecionistas e reconhecer que baixos salários são uma vantagem comparativa que os países mais pobres têm e que não deve ser questionada (Cf. OIT, 1998).

A avaliação possível dos impactos do ATV indica que se trata de um procedimento que representa um avanço em relação ao AMF, mas satisfez os interesses dos países desenvolvidos, que conseguiram um prazo de 10 anos para a efetiva liberalização do setor, sobretudo aproveitando-se da ausência de regras rígidas quanto ao processo de integração de produtos. Mesmo assim, de acordo com Greenaway & Milner (1995), estudos realizados revelam que em nenhum outro setor os ganhos do processo de liberalização promovidos pela Rodada Uruguai serão tão expressivos quanto o de T&V. Embora as cifras variem de estudo para estudo, os mais recentes estimam que os benefícios totais da Rodada se situariam entre US$ 89 e US$ 230 bilhões. O estudo de Nguyen, Peroni & Wigle, de 1993, calcula que os ganhos totais serão de US$ 212,1 bilhões, sendo US$ 84,5 bilhões somente no setor T&V em decorrência do ATV[21] (Cf. Greenaway & Milner, 1995, pp. 568-569). Ainda que estas projeções sejam demasiadamente otimistas, pois se sustentam em hipóteses que desprezam a distribuição desigual dos benefícios, o efeito da continuidade do protecionismo, através de barreiras não tarifárias, do abuso de artifícios e do fato de que as tarifas permanecerão relativamente altas neste setor, os ganhos com o ATV serão consideráveis para os países em desenvolvimento mais competitivos.

## 6. O SETOR TÊXTIL E DE VESTUÁRIO BRASILEIRO E O IMPACTO DA REGULAMENTAÇÃO INTERNACIONAL E DA ABERTURA COMERCIAL

---

[21] Em 1986, a UNCTAD estimou que a liberalização do setor T&V, com a remoção das quotas e a diminuição das tarifas, provocaria um acréscimo de 135% nas exportações de vestuário e de 78% na de têxteis dos países em desenvolvimento. Pelas estimativas feitas em 1990 por Trela & Whalley, utilizando um modelo de equilíbrio geral, o crescimento das exportações de T&V dos países em desenvolvimento seria superior a 100% (Cf. SMEETS, 1995, p. 107).

Dentre os diversos aspectos que interferem no desempenho do setor T&V brasileiro, as mudanças nas regras internacionais que regulam o seu comércio internacional, como foi visto na seção anterior, e a abertura comercial empreendida pelo governo após 1990 têm um papel fundamental. Antes de se proceder a uma análise sobre o primeiro aspecto, cabe discutir os impactos da abertura comercial.

Esse setor ocupou historicamente uma posição importante no processo de industrialização brasileiro, com peso expressivo no valor da produção industrial e no emprego. O setor T&V foi beneficiado pelo rápido crescimento da indústria brasileira, sob a égide da Industrialização via Substituição de Importações (ISI), entre a década de 30 e o início da de 80. Tal desempenho foi determinado principalmente pela decisiva intervenção do Estado, por meio da concessão de estímulos e subsídios, bem como da criação de infra-estrutura e a sua entrada em setores básicos. A estratégia da ISI exigiu ainda níveis elevados de proteção contra a concorrência estrangeira, tornando a economia bastante fechada ao exterior.

Os desequilíbrios enfrentados pelo Brasil a partir dos anos 80, em razão do elevado endividamento externo, exigiram um processo de ajustamento que provocou a estagnação da economia e o aumento da inflação. A crise criou um ambiente favorável à difusão de teses neoliberais, que concebiam a estratégia da ISI como um grande equívoco. Os neoliberais argumentavam que a modernização da economia exigiria uma abertura comercial radical ao exterior.[22]

Após 1990, o governo Collor executou uma política econômica coerente com as teses neoliberais, que se manifestou principalmente através da abertura da economia brasileira, acelerando o processo de eliminação de barreiras iniciado em 1988 – que contemplou especialmente a diminuição de número de itens do Anexo C, cuja importação estava suspensa, de 2.400 para 1.200. Em 1990, a abertura envolveu a extinção desta lista e do limite quantitativo por importador, além da eliminação do teste do similar nacional. Ao mesmo tempo, foi implementada uma reforma tarifária, através da redução das alíquotas de imposto de importação. A reforma foi acelerada no governo seguinte, de Itamar Franco.

---

[22.] O argumento neoliberal é muito bem sintetizado nas idéias de Gustavo Franco, ex-presidente do Banco Central – embora tenham ganhado notoriedade após o início do processo de abertura comercial –, que responsabiliza o modelo de substituição de importações pela miséria e desigualdade existentes no Brasil, ao provocar o fechamento da economia e impedir a modernização das empresas. Por isso, ele advoga que "(...) um projeto conseqüente (portanto, livre de charlatanismo populista) de crescimento com redução da pobreza e da concentração de renda haveria de ter como elemento central a aceleração da taxa de crescimento da produtividade, o que, necessariamente, haveria de ter lugar com a superação da SI [substituição de importações] e aprofundamento do processo de abertura" (1996, p. 13). Franco acrescenta: "Cumpre, portanto, ter claro que o novo modelo de crescimento que temos de redefinir deve contemplar um grau de abertura substancialmente maior – talvez o dobro ou o triplo – do que hoje temos, se é que queremos evitar que nossa vulnerabilidade externa prejudique nosso crescimento daqui por diante" (Idem, Ibidem, p. 34).

Por essa razão, entre 1988 e 1994, a tarifa média caiu de 50% para 12% (percentual semelhante ao do México e ligeiramente inferior ao da Argentina).

Antes da reforma, os níveis de proteção nominal eram muito elevados, mas havia uma diferença expressiva entre a tarifa legal e a tarifa verdadeira (determinada pelo quociente entre o imposto realmente arrecadado e o valor da importação). Na prática, a tarifa legal não era efetivada devido às reduções ou isenções tarifárias. Em 1985, para a indústria de transformação como um todo, a tarifa legal era de 90%, de 161,6% para a indústria têxtil e de 192,2% para a indústria de vestuário e de calçado, enquanto a tarifa verdadeira para o ano de 1984 era de 19,1%, 6,6% e 1,1%, respectivamente. Mesmo assim, o volume de importações era baixo porque as barreiras não-tarifárias eram utilizadas freqüentemente, especialmente através de controles administrativos e de suspensão da emissão de guias de importação para os produtos do Anexo C. Em 1984, 99,3% dos produtos do setor têxtil, 90,5% dos de vestuários e de calçados e 55,6% dos da indústria de transformação estavam sujeitos a algum tipo de proteção não-tarifária explícita. Em 1989, esse percentual caiu para 43%, 83,3% e 21,8%, respectivamente (Cf. Nazareth, 1994, pp. 6-48).

Com a extinção do Anexo C, em 1990, e a reforma tarifária, cai substancialmente o nível de proteção para os produtos industriais brasileiros, particularmente os T&V. A tarifa legal média caiu de 34,2% em 1990 para 15,8% em 1994 para têxteis e de 49,6% para 19,9% no mesmo período para vestuário. A proteção efetiva, por sua vez, diminui de 47,1% para 19,5% no caso de têxteis, e de 59,3% para 23,1% no de vestuários (Idem, Ibidem, pp. 65-66).

A pretensão do governo com a abertura comercial, por meio da redução drástica das barreiras tarifárias e não-tarifárias, era promover um "choque de competitividade" na economia, modernizar o parque industrial ao facilitar a importação de máquinas e equipamentos e contribuir para o controle da inflação, provocando a sua queda com o aumento da concorrência naqueles setores dominados por monopólios e oligopólios. Com o Plano Real, depois de julho de 1994, o governo facilitou ainda mais a importação, sobretudo ao deixar a moeda se sobrevalorizar. Conseqüentemente, a combinação da abertura comercial com a sobrevalorização da moeda – através do uso do câmbio como instrumento de coordenação de preços – favoreceu o aumento da importação, que influenciou na queda da inflação para menos de 2% em 1998.

Mas, a expansão das importações não foi compensada por um incremento compatível das exportações que, ao contrário, apresentaram um crescimento lento, invertendo o resultado da balança comercial brasileira, que se tornou deficitária.[23] Esses déficits tiveram de ser financiados pela entrada de capitais

---

[23.] De um superávit de US$ 10 bilhões em 1994, o país passou a acumular déficits de US$ 3,2 bilhões em 1995, US$ 5,5 bilhões em 1996, US$ 8,3 bilhões em 1997 e de US$ 6,4 bilhões em 1998.

estrangeiros, notadamente especulativos, que requereu a manutenção de juros elevados, ampliando a dependência externa. Ademais, as taxas de juros elevadas provocaram um enorme endividamento público. Os imensos déficits comerciais e a dificuldade encontrada para continuar financiando-os após a crise asiática – que acabou despertando a fuga de capitais – obrigaram o governo a pedir socorro financeiro ao exterior no final de 1998, sendo atendido com um pacote de ajuda financeira articulado pelo Fundo Monetário Internacional, de cerca de US\$ 42 bilhões.

Os efeitos microeconômicos[24] da abertura comercial também foram sensíveis. O setor T&V foi submetido a uma intensa concorrência que tem comprometido o seu desempenho ao levar à falência várias empresas e ameaçar a sobrevivência de muitas outras. Alguns indicadores refletem esses efeitos. Em primeiro lugar, até 1994, o setor T&V apresentou superávit na sua balança comercial, sendo que, no final dos anos 80, tal superávit era superior a US\$ 1 bilhão. Entretanto, após a abertura, passou a acumular déficit, que atingiu US\$ 1,1 bilhão em 1997. As exportações declinaram após 1995, e o valor exportado em 1997 (US\$ 1,26 bilhão) foi inferior ao de 1988 (US\$ 1,29). As importações, por sua vez, aumentaram de US\$ 468 milhões em 1990 para US\$ 2,4 bilhões em 1997. Além disso, o déficit do setor correspondeu a 29% de todo o déficit comercial brasileiro de 1997.

Em segundo, embora em 1996 90% do déficit comercial tenha sido ocasionado pela importação de fibras têxteis, o desempenho comercial de todos os produtos foi bastante insatisfatório. Entre 1992 e 1996, as importações totais cresceram 330%, sendo 264% de fibras têxteis, 215% dos fios, 285% dos filamentos, 591% dos tecidos e 785% das confecções (vestuários). Enquanto isso, ocorreu um decréscimo de 13% das exportações totais, com queda de 43% nas exportações de fibras têxteis, de 39% de fios e de 19% de confecções. Houve crescimento de 16% nas exportações de filamentos e de 2% de tecidos.[25]

Em terceiro, face a esse desempenho, o setor T&V enfrenta uma espécie de desintegração da cadeia produtiva,[26] à medida que os produtos produzidos

---

[24.] Para uma análise do setor T&V brasileiro vide COUTINHO e FERRAZ (1993), NAZARETH (1994), BRANSKI (1992), HIRATUKA & GARCIA (1995) e GORINI & SIQUEIRA (1997). Vide ainda o documento *Ações Setoriais para o Aumento da Competitividade da Indústria Brasileira* (1998). Tal documento pode ser obtido no site do Ministério da Indústria, Comércio e Turismo (MICT) (Site www.mict.gov.br).

[25.] Calculado a partir de dados citados por GORINI & SIQUEIRA (1997). A abertura provocou também o aumento do coeficiente de penetração das importações (importação/consumo aparente). Entre 1989 e 1995, o coeficiente subiu de 0,8% para 17% no segmento de fiação e tecelagem de fibras artificiais ou sintéticas, de 3,6% para 15,6% no beneficiamento, fiação e tecelagem de fibras naturais e de 0,9% para 6,9% no de outras indústrias têxteis. No mesmo período, o coeficiente para o total da indústria subiu de 4,6% para 14%. Nos três casos assinalados, o aumento do coeficiente foi superior à média da indústria (Cf. MOREIRA & CORREA, 1997, pp. 74-75).

[26.] Amadeo denomina desintegração da indústria o "aumento da participação de insumos e componentes importados nos custos primários das empresas, redução da participação de insumos industriais domésticos e de trabalho, e redução do valor adicionado por unidade produzida". Isto é, para cada produto T&V produzido domesticamente, o valor agregado no país é menor (1995).

dependem cada vez mais de insumos importados. O país, que já foi responsável por 10% das exportações mundiais de algodão, tornou-se um dos maiores importadores após 1992, quando passou a ter déficit no comércio desta matéria-prima. E, como foi citado no parágrafo anterior, ocorreu um aumento da importação de fios, filamentos e de tecidos.

Em quarto, a abertura comercial e a conseqüente desintegração da cadeia produtiva têm gerado impactos negativos na produção e no emprego. Entre 1992 e 1996, a produção de fios diminuiu 25% e a de tecidos 10%, enquanto a produção de malhas ficou praticamente estagnada. Somente no segmento de vestuário e de outras confecções, a produção aumentou cerca de 19% entre 1993 e 1996. Nazareth estimou que a participação da indústria têxtil no PIB da indústria de transformação tenha declinado de 6,5% em 1980 para 4,6% em 1992 (1994, p. 90). Provavelmente, com os impactos negativos causados pelo aprofundamento da abertura, esta tendência tenha se acentuado. Além disso, entre 1990 e 1996, o número de empresas do setor têxtil (fiação, tecelagem, malharia e beneficiamento) diminuiu de 4.938 para 3.817, enquanto ocorreu um acréscimo do número de empresas do setor de vestuário e de outras confecções de 14.362 em 1993 para 18.036 em 1996. Tal aumento reflete o surgimento de pequenas empresas em detrimento das grandes e médias. No que se refere ao nível de emprego, houve uma redução do número de trabalhadores no setor têxtil de 809 mil em 1990 para 356 mil em 1996. No segmento de vestuário e outras confecções, o número de empregados permaneceu praticamente inalterado (1 milhão e 337 mil) apesar do incremento da quantidade de empresas.[27]

Os efeitos microeconômicos advindos da abertura decorreram da sua falta de gradualismo e, principalmente, da ausência de uma política industrial. No caso do setor T&V, o processo de abertura seguiu na contramão da tendência internacional, pois as mudanças nas regras, que estavam sendo processadas na Rodada Uruguai e que resultaram no ATV, orientavam para uma liberalização apenas gradual do setor. Ou seja, ocorreu uma abertura radical em meio a permanência de regras protecionistas em âmbito mundial.

Nos países desenvolvidos, especialmente na CE, e os países em desenvolvimento que conseguiram aumentar a sua competitividade internacional, o setor T&V contou com políticas industriais ativas, que envolviam incentivos à melhoria da produtividade, à racionalização da indústria, à pesquisa e desenvolvimento, ao investimento, além da assistência financeira do Estado. Estes países contaram ainda com políticas comerciais que envolveram a proteção dos mercados e o estímulo à exportação. No caso dos países desenvolvidos, o AMF, apesar das suas inconsistências, disciplinou a concorrência estrangeira enquanto a reestruturação foi realizada (Cf. Coutinho & Ferraz, 1993).

---

[27] Conforme documento *Ações Setoriais para o Aumento da Competitividade da Indústria Brasileira* (1998), do MICT.

**426**

No Brasil, desde os anos 70, o setor T&V sentiu a ausência de política setorial específica. O Programa Setorial Integrado, formulado em 1989 para orientar o processo de reestruturação do setor, foi abandonado, em favor da abertura da economia. Assim, os problemas estruturais enfrentados pelo setor, como a heterogeneidade tecnológica e gerencial, a falta de mecanismos adequados de financiamento, a defasagem dos métodos de gestão e de organização da produção e a fragilidade dos processos de cooperação dentro da cadeia deixaram de ser atacados através de uma estratégia articulada entre o governo e as empresas. Ao contrário, imaginava-se que o "choque de competitividade" proporcionado pela abertura corrigiria as distorções do setor. Isto é, o ajuste seria realizado espontaneamente pelo mercado.

A estratégia seguida pelo Brasil comprometeu a capacidade competitiva do setor T&V no mercado interno e externo. A debilidade do setor para enfrentar a concorrência no mercado interno obviamente se traduz em fragilidade para poder avançar de modo agressivo no mercado externo. Por essa razão, a participação do Brasil no mercado mundial de T&V declinou acentuadamente, de 1% em 1983 para 0,4% em 1996, conferindo ao país um papel marginal no mercado. Essa condição de fornecedor marginal no mercado mundial de T&V configura uma contradição em virtude de o país dispor dos elementos necessários ao desenvolvimento do setor, como recursos naturais e mão-de-obra em abundância.

E a situação poderia ser pior. Embora as regras do AMF e do ATV tenham sido prejudiciais aos interesses dos países em desenvolvimento, ao dificultar as suas exportações, acabou beneficiando os exportadores menos competitivos, como o Brasil, ao garantir uma fatia do mercado dos países ricos que, em condições normais, seria ocupada por exportadores mais competitivos.

Tal fato pode ser mostrado ao se analisar o preenchimento das quotas negociadas pelo Brasil com os Estados Unidos, CE e Canadá sob o abrigo do AMF e do ATV. Desde a implementação do AMF, em 1974, o Brasil firmou acordos com os Estados Unidos, CE e Canadá,[28] que foram renovados a cada extensão, até a negociação do ATV. Após 1995, os acordos foram submetidos às regras de integração e de crescimento de quota do ATV.

Quanto aos acordos firmados com a CE, havia uma grande irregularidade no preenchimento das quotas durante a vigência do AMF. O único produto cujo índice de utilização superou os 90% foi fio de algodão, produto submetido às maiores restrições. Contudo, após 1991, o percentual de utilização caiu drasticamente. Os felpudos também apresentaram um crescimento no índice de

---

[28.] A importância do Canadá é muito pequena e, atualmente, apenas 5 produtos estão sob quotas e o percentual de utilização também é pequeno.

**427**

utilização, situando-se, depois de 1987, numa média superior a 80%.[29] Após 1991, há uma queda no percentual de utilização de todos os produtos, com exceção dos felpudos. Esta tendência se acentua após 1995, sob o ATV. Mesmo o fio de algodão, produto que no Brasil apresentava índice elevado de utilização, diminuiu para apenas 2% em 1998. Neste ano, o percentual para os felpudos foi de 58,75%.

No que se refere aos Estados Unidos, até o terceiro Acordo Bilateral, o percentual de utilização das quotas era muito baixo, ocorrendo uma melhora a partir de então. Entre os anos de 1987 e 1991, o índice de utilização para produtos como Brim/lona, denim, fios de algodão, tecidos para lençóis, sarja/cetim, camisas de malha, saias, calças/shorts/bermudas, roupões, lençóis, era superior a 90%. Outros produtos como tecidos para estampar, jaquetas, toalhas felpudas e panos de copa apresentaram percentuais expressivos de utilização. Contudo, após 1991, há um declínio expressivo nestes índices. Com o ATV, esta tendência foi acentuada. Em 1998, o único produto que apresentou percentual superior a 50% foram roupões (59,23%). Artigos de vestuário como jaquetas, saias e camisas de malha tiveram o índice reduzido para menos de 10%.

A subutilização e o preenchimento irregular das quotas decorrem de fatores como baixa competitividade em qualidade e preços e o fato de que, historicamente, os empresários brasileiros orientaram a maior parte da sua produção para o mercado interno, onde a concorrência era menor, garantindo margens de lucros mais elevadas.[30] Em condições normais, ou seja, na ausência de restrições como as permitidas pelo AMF e o ATV, o país poderia perder esses mercados.

O desempenho exportador brasileiro tem sido tão irregular que, além de não preencher as quotas, apresenta uma taxa de crescimento das exportações que é muito inferior à de países que protegem intensivamente os seus mercados. Entre 1973 e 1996, as exportações dos Estados Unidos passaram de US$ 1,5 para US$ 15,36 bilhões, as exportações alemãs de US$ 3,96 para US$ 21,01 bilhões, as italianas de US$ 2,83 para US$ 29,16 bilhões e as francesas de US$ 2,73 para US$ 12,86 bilhões, enquanto as brasileiras subiram de US$ 640 milhões para US$1,29 bilhões.[31]

No mercado americano, atualmente o Brasil possui uma participação inferior à de países sul-americanos como Peru e Colômbia, tendo exportado apenas US$ 148 milhões em 1997 (Cf. USITC, 1998). Ademais, as exportações americanas de T&V para o Brasil tiveram um incremento médio anual de 43% entre 1991 e 1995, enquanto as exportações para a Ásia e a CE aumentaram apenas 12% (Cf. ITMF, 1996).

---

[29.] Para uma análise do percentual de utilização de quotas até 1988, nos acordos bilaterais firmados pelo Brasil, vide BRANSKI (1992, pp. 62-72). Após 1988, conforme dados do MDIC/SECEX/ABIT/Sinditêxtil.

[30.] Essa conclusão também pode ser encontrada em Branski (1992).

[31.] Calculado a partir das estimativas de Spinanger (1998).

Por fim, cabe comentar a denúncia de que o setor T&V estaria sendo vítima de concorrência predatória através de prática de dumping por parte dos fornecedores estrangeiros.[32] Contudo, entre 1988 e 1998, quando o Brasil passou a contar com mecanismos de defesa comercial, foram iniciadas 63 investigações antidumping, de medidas compensatórias e de salvaguardas. Somente 4 casos envolveram o setor T&V e a única aplicação de medida ocorreu em 1991, contra Índia e Bangladesh, por causa da prática de dumping na importação de sacos de juta. E, até o início de 1999, o governo brasileiro havia implementado apenas dois processos de salvaguarda, com base no ATV: a primeira, em junho de 1996 contra importações de tecidos artificais e sintéticos provenientes da China, Taiwan, Hong Kong e Coréia do Sul, que expira em maio de 1999. A segunda, em julho de 1997, contra vestuários importados da China, com vigência até junho de 2000.[33]

O problema da concorrência predatória não pode ser negligenciado, especialmente no setor T&V, submetido a uma competição acirrada em âmbito mundial que obriga os produtores a utilizarem todos os artifícios para vencer as barreiras comerciais. Entretanto, os problemas deste setor no Brasil estão associados a uma estratégia de abertura que desprezou a necessidade de uma reestruturação do setor através de uma política industrial ativa. Ao promover a liberalização de um mercado cujo funcionamento em âmbito mundial está condicionado por regras rígidas que garantem a proteção da indústria em diversos países, o Brasil se antecipou ao resto do mundo.

## 7. Considerações Finais

A regulamentação do comércio internacional de T&V evidencia que o livre comércio ainda é uma grande utopia, que conflita com a política comercial dos países desenvolvidos, quase sempre orientada para proteger aqueles setores submetidos mais intensamente à concorrência estrangeira.

O AMF representou uma das maiores aberrações protecionistas sob o patrocínio do GATT, opondo-se aos seus princípios e regras fundamentais. E o seu desmantelamento gradual através do ATV mostrou que a liberalização de mercados submetidos à longa proteção não pode ser – e nem será – instantânea quando envolve os interesses das nações mais desenvolvidas. Ao mesmo tempo, foi possível verificar que, embora o AMF e o ATV tenham sido insuficientes para livrar a indústria T&V destes países da concorrência estrangeira, pelo

---

[32.] Existiria ainda o problema do subfaturamento em razão de deficiências no sistema de valoração aduaneira e o contrabando – que se situaria entre 20 e 30% da produção nacional. De acordo com o documento *Ações Setoriais para o Aumento da Competitividade da Indústria Brasileira* (1998), do MICT.

[33.] De acordo com as Portarias Interministeriais 7/96 e 7/97, do MICT/MFA.

menos forneceram o prazo necessário para a realização de uma reestruturação capaz de evitar o colapso da produção e fortalecer a especialização em certos segmentos da cadeia têxtil.

O Brasil, ao contrário, empreendeu uma abertura comercial rápida, desvinculada de uma política industrial ativa que pudesse ampliar o poder competitivo da indústria frente à concorrência estrangeira. No caso do setor T&V, a sua fragilidade estrutural já se manifestava na incapacidade, ainda sob o AMF, de preencher as quotas negociadas. Com o ATV, tal incapacidade tem se aprofundado, no mesmo momento em que o setor passa por aumento das importações em decorrência da abertura. Neste contexto de perda de competitividade dentro e fora do país, fica evidente que a direção seguida foi oposta à dos principais produtores mundiais.

## 8. Bibliografia

ALMEIDA, P. 1994. "O Fim de Bretton Woods? A Longa Marcha da Organização Mundial do Comércio". *Contexto Internacional,* 16(2):249-282.

AMADEO, E. 1995. "A Desintegração da Indústria Mexicana". *Gazeta Mercantil,* 1º/02/03/12/96.

_____. 1997a. "Desenvolvimento no Brasil(1)". *Gazeta Mercantil,* 21/22/23/03/97.

_____. 1997b. "Desenvolvimento no Brasil (2)". *Gazeta Mercantil,* 27/28/29/03/97.

BRANSKI, R. M. 1992. O *Acordo Multifibras e as Exportações Brasileiras de Produtos Têxteis e de Vestuário.* Campinas, Dissertação de Mestrado/IE/UNICAMP.

CLEAN CLOTHES. 1993. *Continuos Global Relocation.* (Site www.cleanclothes.org).

COUTINHO, L. & FERRAZ, J. C. 1993. *Estudo da Competitividade da Indústria Brasileira – Competitividade da Indústria Têxtil.* Contratado por MCT/FINEP/PADCT, estudo realizado por IE/UNICAMP, IEI/UFRJ, Fundação Dom Cabral e Fundação Centro de Estudos do Comércio Exterior.

EUROPEAN PARLIAMENT. COMITTEE ON EXTERNAL ECONOMIC RELATIONS. 1996. *Epades report:* A-0327. (Site www.europarl.eu.int).

FRANCO, G. 1996. *A Inserção Externa e o Desenvolvimento.* Brasília, Mimeo.

GATT. 1948. "Lei 313, de 30/0/1948, que autoriza o Poder Executivo a aplicar, provisoriamente, o Acordo Geral Sobre Tarifas Aduaneiras e Comércio". In: MERCADANTE, A. A. (Coord.). 1988. *Acordo Geral Sobre Tarifas Aduaneiras e Comércio (GATT) – Instrumentos Básicos.* São Paulo, IDIRI, 2 Volumes.

GATT. 1974. "Decreto 15.104, de 20/12/1974, Acordo Sobre o Comércio Internacional de Têxteis". In: MERCADANTE, A. A. 1988. Op. Cit.

GATT. 1986. "Rodada Uruguai – Declaração Ministerial" In: MERCADANTE, A. A. 1988. Op. Cit.

GATT. 1994. "Decreto 1.355 de 30/12/1994, Promulga a Ata Final que Incorpora os Resultados da Rodada Uruguai de Negociações Comerciais Multilaterais do GATT – Acordo Sobre Têxteis e Vestuário". Edições Aduaneiras, 1995.

GORINI, A. P. & SIQUEIRA, S. H. G. 1997. *Complexo Têxtil Brasileiro. BNDES Setorial*, novembro (Site BNDES.GOV.BR).

GREENAWAY, D. & MILNER, C. 1995. "Repercusiones de la Ronda Uruguay en el Empleo Mundial". *Revista Internacional del Trabajo*, 114(4-5):555-580).

HIRST, P. & THOMPSON, G. 1998. *Globalização em Questão*. Petrópolis, Vozes (Coleção Zero à Esquerda).

HIRATUKA, C. & GARCIA, R. C. 1995. "Impactos da Abertura Comercial sobre a Dinâmica da Indústria Têxtil Brasileira". *Leituras de Economia Política*, 1(1): 83-105.

HODARA, I. 1995. "El Libre Comércio en el Hemisferio y las Restricciones del Acuerdo Multifibras". In: BANCO INTENRAMERICANO DE DESARROLLO & COMISIÓN ECONÓMICA PARA AMÉRICA LATINA Y EL CARIBE. 1995. *La Liberalización del Comércio en el Hemisferio Occidental*. Washington, D. C.

ITMF. 1996. "ITMF Meeting Explores – New Global Scenario". *Americas Textiles International*.

JIMÉNEZ, C. 1995. "El Tratamiento del Sector Textil en la Ronda Uruguay". *Sumários Afers Internationals*, n. 29 (Site www.cidob.org).

LEAL, J. P. G. 1997. *A Organização Mundial de Comércio*. IPEA, Texto para Discussão n. 517.

MACIEL, G. A. 1995. "A Dimensão Multilateral. O Papel do GATT na Expansão da Economia. A Rodada Uruguai e a Criação da OMC em 1994". *Boletim de Diplomacia Econômica*, n. 19, pp. 130-146.

MOREIRA, M. M. & CORREA, P. G. 1997. "Abertura Comercial e Indústria: o que se pode esperar e o que se vem obtendo". *Revista de Economia Política*, 17(2):61-91.

NAZARETH, P. A. 1994. *A liberalização Comercial no Brasil: Impactos sobre o Complexo Têxtil/Vestuário*. Rio de Janeiro, Dissertação de Mestrado/Instituto de Economia Industrial/UFRJ.

NEUVILLE, J. L. 1993. "The Multifiber Arrangement: its Past, Present and Future". *Working Paper n. 21*, Center for International Business Education and Research (CIBER), College of Business and Management, University of Maryland.

O'DAY, P. T. 1997. "ATC Phase-Out: A Few Big Winners; a long List of Losers". *International Fiber Journal*, 12(1), february.

OIT – ORGANIZACIÓN INTERNACIONAL DEL TRABAJO. 1998. "La Industria de la Maquila en Centroamerica". *ACT/EMP publicaciones*, Informe para o Seminário Sub-regional de Empleadores de Centroamerica y Republica Dominicana – Guatemala, 22 e 22/04/97 (Site www.ilo.org).

ORGANIZACIÓN MUNDIAL DEL COMÉRCIO. 1997. *Información Estadística de base com Respecto al Comercio de los Textiles y el Vestido*. Genebra, Documento G/L/184.

PANGEA. 1999. *Explotación Materiales para una Acción Educativa en el Consumo Crítico – Carpeta de Ropa*. (Site pangea.org).

PUGATCH, T. 1998. *Historical Development of the Sweatshop*. INTS - 92: The Nike Seminar, International Studies, University of North Carolina.

RÊGO, E. C. L. 1996. "Do GATT à OMC: O que Mudou, como Funciona e para onde Caminha o Sistema Multilateral de Comércio". *Revista do BNDES*, 3(6):3-22.

RODRIGUES, A. F. 1997. "A Cadeia Têxtil e de Vestuário Brasileira". *Revista Têxtil*, edição n. 5, out-nov.

REIS, G. & BARRAL, W. 1998. "Globalização e Concorrência Predatória". In: PIMENTEL, L. O. 1998. *Mercosul no Cenário Internacional: Direito e Sociedade. Curitiba*, Juruá Editora.

SMEETS, M. 1995. "Main Features of the Uruguay Round Agreement on Textiles and Clothing, and Implications for the Trading System". *Journal of World Trade*, 29(5):97-109.

SMITH, A. 1985. A *Riqueza das Nações: Investigação sobre sua Natureza e suas Causas*. São Paulo, Nova Cultural, 2 volumes.

SPINANGER, D. 1998. "Textiles Beyond the MFA Phase-Out". *CSGR Working Paper n. 13*, University of Warwick (Site www.warwick.ac.uk).

USITC – UNITED STATES INTERNATIONAL TRADE COMISSION. 1994. Potential Impact on the U. S. *Economy and Selected Industries of the GATT Uruguay Round Agreement*. Investigation no 332-353, publication no 2790, june.

_____. 1996. "USITC Publication on World Textile And Apparel Trade (U. S. Implementation of Agreement Draws Criticism)". *USITC Reports*.

_____. 1998. *Annual Statistical Report on U. S. Import of Textiles and Apparel: 1997*. Investigation n. 332-343, publication n. 3.102, abril.

YOON, Y. & McGEE, R. 1998. *Korea and The World Trade Organization: Problems and Prospects*. Texto apresentado na Fifth International Conference on Korean Studies, International Society for Korean Studies, Osaka, 1997 – Seton Hall University.

## TABELA 1 – ALGUMAS DATAS FUNDAMENTAIS NA HISTÓRIA DO AMF E DO ATV

| | |
|---|---|
| Dezembro de 1995 | O Japão restringe unilateralmente as exportações de algodão e vestuário para os EUA para "promover mutuamente relações benéficas" |
| Janeiro de 1957 | É alcançado o acordo qüinqüenal com o Japão para limitar as exportações de têxteis para os EUA |
| Novembro de 1958 | O Reino Unido firma limitação "voluntária" de produtos de algodão com Hong Kong, sob ameaça de imposição de menores níveis de volume. |
| Setembro de 1959 | O Reino Unido firma acordos de restrição similar com a Índia e o Paquistão. |
| Novembro de 1960 | As Partes Contratantes do GATT reconhecem o problema de "desorganização de mercado", mesmo que apenas como ameaça. |
| Julho de 1961 | O Acordo de Curto Prazo (STA) é alcançado. |
| Fevereiro de 1962 | O Acordo de Longo Prazo (LTA) é alcançado, para se iniciar em 1º de outubro de 1962, e para vigorar por cinco anos. |
| 1963/64 | Os Estados Unidos tentam (e não conseguem) alcançar um acordo internacional sobre produtos de lã. |
| Junho de 1965 | O Reino Unido implementa um sistema global de quotas, em violação ao LTA (que prevê apenas restrições de produtos específicos). |
| Abril de 1967 | Um acordo é alcançado para estender o LTA por três anos. |
| Outubro de 1970 | Um acordo é alcançado para estender o LTA por três anos. Posteriormente, foi estendido por mais três meses, para preencher a lacuna temporal até a vigência do MFA. |
| 1969/71 | Os Estados Unidos negociam acordos de restrição voluntária (VERs) com fornecedores asiáticos de lã e fibras. |
| Dezembro de 1973 | O AMF é firmado, para se iniciar em 1º de janeiro de 1974 e vigorar por quatro anos. |
| Julho-dezembro de 1977 | A Comunidade Econômica Européia e os Estados Unidos negociam acordos bilaterais com países em desenvolvimento, antes de concordar com a extensão do AMF. |
| Dezembro de 1977 | O AMF é estendido por quatro anos. |
| Dezembro de 1981 | O AMF é renovado por cinco anos. A Administração Reagan, sob pressão das importações resultantes da depreciação do dólar, negocia quotas restritas. |
| Julho de 1991 | O AMF é estendido, aguardando os resultados da Rodada Uruguai. |
| Dezembro de 1993 | A Ata Final da Rodada Uruguai prevê um prazo de dez anos para a extinção do AMF e de outras quotas sobre têxteis, no Acordo sobre Têxteis e Vestuário (ATV) |
| 1º de janeiro de 1995 | 1ª fase do ATV de liberalização pelos países importadores (16% do volume de importação de 1990) |
| 1º de janeiro de 1998 | 2ª fase do ATV de liberalização pelos países importadores (17% do volume de importação de 1990) |
| 1º de janeiro de 2002 | 3ª fase do ATV de liberalização pelos países importadores (18% do volume de importação de 1990) |
| 1º de janeiro de 2005 | 4ª fase do ATV de liberalização pelos países importadores (49% do volume de importação de 1990) |

FONTE: Baseado em FINGER, Harrison (1996: Tab. 4.4) e AGGARWAL (1985:44-63) *apud* SPINANGER (1998).

# Sistemas para Solução de Divergências nas Instituições de Integração e o Mercosul

### Luíz Olavo Baptista

*Professor Titular de Direito Internacional da Faculdade de Direito da USP. Membro da Corte Permanente de Arbitragem (Haia). Árbitro designado pelo Brasil para o sistema de solução de controvérsias do Mercosul.*

*Mais étant mon intention d'écrire choses profitables à ceux qui les entendront, il m'a semblé **plus convenable de suivre la vérité effective de la chose que son imagination**.* (Niccoló Machiavelli, *Il Principe*, Cap. XV [Oeuvres complètes, Paris, Gallimard, Bibl. de la Pléiade, 1952, p. 289])

## Introdução

Nos dias da globalização, quando há predomínio da ideologia liberal[1], pareceria inútil falar de soberania assim como de integração econômica regional. Entretanto assistimos simultaneamente a um processo de fragmentação, em que o crescimento das organizações regionais pode ser visto como um movimento que opõe o regionalismo à globalização. Também há um insurgir das nacionalidades opondo-se aos propósitos unificadores dos Estados – como o demonstram de modos diversos a fragmentação de alguns países do Leste Europeu e o que está ocorrendo na África –, manifestações de outra contradição.

Aquelas iniciativas que, na primeira metade do século, constituíam experiências tímidas e prenhes de indagações sobre seu futuro sucesso, prosperaram na sua segunda metade. Proliferaram baseadas no espírito de imitação – do sucesso das experiências européias – e na necessidade de aumentar a dimensão dos mercados.

---

[1.] O registro do fenômeno não contém juízo de valor, positivo ou negativo, mas é necessário para a compreensão do tema que vamos estudar, o da solução de disputas.

Na América Latina a CEPAL foi a matriz ideológica desse movimento, tendo orientado a criação da ALALC, sucedida depois pela ALADI. Esta já abria as portas para a criação de regimes de integração sub-regionais, que, como ela, se colocariam sob a Cláusula XXIV do GATT.

Dentro desse panorama, movidos pelas imposições da economia mundial, e visando seus objetivos de crescimento e desenvolvimento econômico, quatro países ibero-americanos criaram o Mercosul.

Marcados profundamente pelas culturas jurídicas francesa e italiana[2], mais do que pela ibérica, seus sistemas jurídicos, na classificação já tradicional de René David[3], pertencem à família romano-germânica. No processo de ocupação de seus territórios, durante o período colonial, esses países foram arrancados, quase sempre pela força das armas e pela superioridade tecnológica, das mãos dos autóctones, o que ensejou que neles se criasse uma cultura de fronteira[4]. Ao mesmo tempo, os "mores" do absolutismo ibérico ali implantados, persistiram depois da independência, preservados pela série de ditadores que pontilharam sua história.

A construção do direito dos Estados do Mercosul veio então a se fazer sob os signos do formalismo e do europeísmo. Com efeito, as influências predominantes – inglesa no âmbito econômico, e francesa no cultural – produziram o modo de pensar das elites. Neste, a aparência como a consciência eram de modernidade, mas a essência e o inconsciente preservavam o comportamento tradicional.

O resultado pode ser exemplificado por Pedro II, em sua resistência à abolição, em sua relutância diante da modernização e da industrialização preconizadas por Mauá. Todavia, é o mesmo monarca que mantém correspondência com Victor Hugo e dá subsídios a Graham Bell para desenvolver o telefone. Modernidade, sim, mas de discurso a distância; aqui, senzalas e Poder Moderador...

Esse tipo de esquizofrenia intelectual ainda persiste em nossos dias, com personagens e temas diferentes, mas com a mesma postura estrutural de resistência do arcaico ao novo, do tradicional ao moderno, da reação dos cristalizados no passado contra os que vivem os seus dias, reagindo a dados da realidade e não a fantasmas.

---

[2] Esta influência tem início antes da independência do Brasil, Argentina e Uruguai, mas se acentua no curso do século XIX, e no início deste, conformando os modelos jurídicos criados – ou mesmo copiados – com pitadas do pensamento jurídico alemão.

[3] *Les grands systèmes de droit*, 4ª ed. Paris: Dalloz, 1971.

[4] Este processo foi, como ressaltava Manoel BONFIM, a continuidade do movimento da Reconquista, que ocorreu na Península Ibérica, visando à expulsão dos mouros. É de se registrar a coincidência da queda de Granada com a descoberta da América por Cristóvão Colombo. A Reconquista era uma cruzada, porque se queria também converter os autóctones, ao mesmo tempo em que os territórios ocupados passavam a ser do Rei que os havia trazido para o Cristianismo. Era uma ocupação territorial, uma expansão das fronteiras.

Essas variáveis, econômica e cultural, deformam o mundo do direito na região, fazendo dele, em certas circunstâncias, uma abstração[5] inatingível para os que não dispõem de poder efetivo. O processo tende mais a se inspirar na obra de Kafka do que a realizar sua missão[6] democrática.

Isso ocorre em diferentes graus, considerado cada país ou situação, mas obedece ao mesmo modelo de comportamento. Isso explica a atitude dos governantes, que se acham situados acima do direito (ou de serem eles, e não a vontade dos povos a sua fonte), e a das elites intelectuais que – na direita ou na esquerda – pretendem saber melhor que o povo o que lhe convém. A isso se contrapõe, pelas razões sociológicas apontadas e pela cultura de torre de marfim da academia, a visão dogmática e formalista da democracia e do sistema jurídico como meio de afirmar o estado de direito e a garantia dos direitos individuais.

Foi nessa perspectiva que se engendrou, equilibrando-se em constante malabarismo, a construção dos sistemas jurídicos dos Estados que compõem o Mercosul.

Surpreendentemente é sob a ótica do pragmatismo que o Mercosul vem sendo construído como uma proposta de regionalização, na era da globalização. Não foi criado como oposição a esta, mas como veículo para uma inserção mais adequada e meio de evitar relação de dependência e marginalidade (ou reduzi-la) que, isoladamente, os seus integrantes talvez não alcançassem[7].

Entretanto as características culturais da região acima referida informam as interpretações e a avaliação de muitos sobre o sistema para solução de divergências que aí se instituiu. Será preciso então que se tenha em mente – e cada um deve procurar fazer esse exercício por si mesmo – quais os interesses nacionais que melhor são atendidos por este ou aquele modelo, levando em conta não só os dados da atual realidade, como, também, por inevitáveis, os históricos.

Para isso é preciso saber com que elementos – dada a inspiração predominantemente européia dos sistemas jurídicos da região e a formação de seus operadores – se contou. Ou seja, que experiências havia e quais os precedentes, vividos na experiência ocidental, se utilizaram como modelos. A seguir, impõe-se refletir sobre como o aproveitamento desses dados permitiu o enfoque pragmático, e qual a validade e perspectivas deste.

# 1. Sistemas para Solução de Controvérsias: Modalidades

---

[5] Isso quiçá explique a interpretação que alguns dão ao positivismo kelseniano, ou o apego de outros a escolas de direito natural já arquivadas nos textos de história por parte de outros.

[6] Estas circunstâncias – e certamente outras que não cabe discutir aqui – fizeram com que no Brasil se chegasse a uma valorização do consensualismo e do pragmatismo.

[7] Cf. Kym ANDERSON e Richard BLACKHURST, (org.) *Regional integration and the Global Trade System*, Harvester Wheatsheaf, Hemel Hampstead, 1993, pp. 21 e ss.

A humanidade, no curso da história, desenvolveu várias modalidades de sistemas para solução pacífica de controvérsias internacionais[8], cujas características tentaremos extrair, para, depois, examinar o impacto que tiveram sobre a escolha feita pelo Mercosul, visando determinar quais os elementos políticos que levaram à escolha do modelo, em seus tratados institutivos.

Várias são as modalidades de sistema para solução pacífica de controvérsias internacionais, as quais se desenvolveram, nos tempos modernos, mais mediante processos de integração, por razões de ordem política e econômica. Foram estas que levaram a que o objetivo de alguns dos mecanismos consistissem em resolver controvérsias nas quais um desses aspectos predominava sobre os demais. Entretanto não podemos esquecer que a concepção e a escolha dos modos, pacíficos ou não, para solução de controvérsias é sempre política, já que esta, ao final das contas, está presente mesmo nas divergências econômicas. Por isso, há que destacar o papel da soberania. Ela constitui o principal personagem – há quem diga obstáculo – nos sistemas para solução de controvérsias internacionais, já que os personagens são os Estados[9].

Para ordenar a exposição, recordo brevemente essas origens, já que a noção de soberania está na raiz das disputas internacionais e das formas para solucioná-las.

O conceito de soberania que foi desenvolvido principalmente a partir dos escritos de Machiavelli, Jean Bodin e seus contemporâneos[10], e serviu para modelar o Estado moderno (cuja origem tradicionalmente se convenciona datar na Paz de Westphalia, de 1684, onde também se situa usualmente a origem do direito internacional moderno[11]), não admitia nenhum poder superior ao do soberano.

Por outro lado, a expansão colonial iniciada por Portugal e Espanha, com a conquista de "novos mundos", levou à invenção do mundo como mercado[12],

---

[8.] O termo controvérsias será empregado neste texto em seu sentido mais amplo, correspondente ao de "differend" ou "litige", em francês, ou, na terminologia de CARNELUTTI, "lide". Também anoto que é usado como noção pré-jurídica, embora descreva situação juridicamente relevante.

[9.] Entretanto, é bom ter presente que atores privados cada vez mais vão conquistando espaços neste campo, deixando de ocupar o lugar modesto que lhes reservava o sistema de proteção diplomática. No campo dos direitos humanos, por exemplo, há um acesso bastante amplo para que se diga existente o direito das pessoas recorrerem a tribunais internacionais, ainda que estes sejam na maioria de caráter regional, como a Corte Européia de Direitos Humanos, ou o Tribunal de S. José da Costa Rica. No âmbito econômico, como se verá, algumas organizações internacionais começam a abrir as portas de sistemas nos quais os particulares se podem opor a Estados, internacionalmente, como se verá.

[10.] V. Gerard MAIRET, *Le principe de souveraineté; Histoires et fondements du pouvoir moderne.* Paris, Gallimard, 1996, *passim.*

[11.] Cf. por exemplo, R. REDSLOB, *Histoire des Grands Principes du Droit des Gens*, Paris, 1923, p. 213. "on peut dire qu'en 1648 apparaît pour la première fois dans le monde du droit des gens, une conscience universelle. La vision nouvelle qu'un statut mondial doit être établi et corroboré par la volonté commune de tous les peuples, voici la conception qui se fait jour à l'issue de la guerre des 30 ans".

[12.] G. MAIRET, op. cit., p. 44.

**438**

dando origem a uma concepção de Estado cuja fundação política foi pensada por Hobbes, que introduz o povo como fonte da legitimidade[13]. É Hobbes quem exprime a idéia do contrato social, depois recuperada, em outros termos, por Rousseau.

A idéia de fraternidade, entretanto, sempre persistente no pensamento dos filósofos[14] e nos ensinamentos religiosos, foi retomada pelos pensadores do Iluminismo e da Revolução Francesa[15] que lhe associaram a razão, cujo papel ressaltaram, como fundamento das ações humanas. Ao mesmo tempo ocorria a associação do conceito de Nação ao de Estado, a partir de Sieyès que anuncia a **soberania nacional**, em seu libelo datado do começo de 89, noção que será adotada pela "Declaração dos direitos do homem e do cidadão", incorporando a idéia herdada do Ancien Régime[16], cuja forma definitiva, na era moderna, se consolida pela Constituição francesa de 1791:

> *"La souveraineté est une, indivisible, inaltérable et imprescriptible. Elle appartient à la nation."*

Esses conceitos vão influenciar, poderosamente, a formação do direito internacional moderno, dando origem à "Era das Nações" e à territorialização da soberania. Constituía-se esta no poder incontestado do Estado, sobre o território ocupado pela nação, devendo ambos viver fraternalmente, segundo o pensamento dos iluministas.

Se o processo de criação ou individualização de territórios nacionais (não mais domínios pessoais) tem início no Renascimento, é a guerra entre os Estados Nações nascentes que o conclui. Pode-se dizer que o estado de guerra é um corolário da soberania, ou uma conseqüência desta, pois é o meio de afirmá-la. A soberania então só existe quando é incontestada, o que só pode ocorrer dentro de um território, e caberia ao direito fazer com que cada Estado pudesse exercer sua própria soberania sem interferir no exercício da dos demais[17].

O que ocorre então é uma atividade de coordenação entre sistemas jurídicos que deu causa à existência do direito internacional privado, ao lado de regras, desenvolvidas pelo costume e pela prática, e depois pelos tratados. Mediante

---

[13.] LÉVIATHAN, Cap. XVII.

[14.] Recorde-se ESPINOSA e KANT.

[15.] Veja-se a Declaração dos direitos e deveres dos Estados do Abbé Grégoire, apresentada à convenção em 1795.

[16.] No discurso de Luiz XV ao parlamento de Paris, em 3 de março de 1766, na sessão chamada da "flagellation", ele enuncia a idéia de nação para se opor aos desejos dos integrantes dos parlamentos de Rennes e de Pau.

[17.] Daí porque, por exemplo, IHERING no seu *A luta pelo Direito* toma como exemplo, clássico, o fato de que um Estado não pode ceder um centímetro sequer de seu território, ou os tratados de direito internacional dedicavam tanto espaço ao navio de guerra, à extraterritorialidade das embaixadas etc.

tais regras, os Estados visavam proteger as respectivas esferas de soberania, que constituirão o moderno direito internacional público.

É então que, na esteira da segunda etapa da Revolução Francesa, o pensamento da paz é posto em novos termos por Kant, cujo *"Projeto para a paz perpétua"* de 1795[18] leva à idéia de que uma situação de fato pode conduzir a uma situação jurídica e ao reconhecimento da necessidade de se buscarem soluções pacíficas, e não bélicas, para as divergências entre os Estados. A paz passa a ser uma idéia reguladora que tira as Nações do estado de natureza. Assim, na mesma linha do abbé de Saint Pierre, passando por Rousseau, Kant introduz a noção de que o domínio do direito se situa também no exterior dos Estados, permitindo fundar no direito a possibilidade da paz.

A idéia do pensamento clássico – de que a paz era o conteúdo da política – é atacada por Clausewitz, para quem a paz depende da capacidade que tem uma Nação de obrigar outra, ou outras, a obedecer à sua vontade. A concepção que propõe não é mais a da paz fundada no acordo de vontades, mas na eliminação de uma delas. A guerra passa a ser uma modalidade da vontade soberana:

*La guerre d'une communauté de nations entières et notamment de nations civilisées, surgit toujours d'une situation politique et ne résulte que d'un motif politique. Voilà pourquoi la guerre est un acte politique...*[19]

Paradoxalmente, é a partir dessa concepção de soberania, absoluta, que surge o esforço para se elaborarem procedimentos que permitam aos Estados proceder a uma valoração política e, depois, jurídica, que os leve a concretizar a solução da controvérsia de modo pacífico.

Isso se fazia pelos meios que representavam a menor interferência na soberania, ou seja, pela ordem, a negociação, a mediação de terceiros cujos bons ofícios fossem aceitos e, em último recurso, pela arbitragem, ressuscitada[20]. Se nada disso desse resultado (ou se houvesse a certeza da vitória) pela via bélica.

No suceder das idéias, Hegel e Marx empreendem a destruição do conceito de Nação; para Marx, foi substituído pelo de classe.

Essa obra leva à erosão do conceito de soberania até então vigente, que passou a se configurar em nosso século de outra forma.

---

[18] Emanuel KANT, *Oeuvres Complètes*, Paris, Gallimard, Bibl. de La Pléiade, 1986, tomo III, pp. 343 e ss.

[19] *De la Guerre*, Trad. Naville, Paris, Ed. De Minuit, 1955, p. 66.

[20] Há freqüente menção à arbitragem entre as cidades-estado gregas nos textos de direito internacional. Historicamente, porém, há poucos registros. O mesmo ocorreu nos tempos dos romanos. Para uma visão crítica, ver B.M. TAUBE, "Les origines de l'arbitrage international. Antiquité et Moyen Age". *RCADI*, t. 42 (1932 IV) 1-115.

**440**

Como bem apontou Hannah Arendt, no seu *Origens do Totalitarismo*, este conceito abalou a comunidade humana no que ela possuía de mais fundamental, a idéia do que há de comum entre um ser e outro, a qual funda a possibilidade da *res publica*, que foi destruída pela experiência totalitária.

Sua reconstrução recomeça com a Carta das Nações Unidas, que incluiu uma obrigação jurídica, mais que moral, de buscar a solução pacífica das divergências, retomando o fio do pensamento que Kant havia desenvolvido. O que se fazia antes, desordenadamente, passa-se agora a fazer de modo regrado.

Dessa forma, a cada idéia desenvolvida no curso da história – de Nação, de Estado, de soberania – corresponderam concepções diferentes de formas para a solução de disputas, embora os instrumentos adotados tivessem formalmente alguma semelhança. As diferenças eram, são e serão decorrentes da maneira como se concebem os personagens, e das causas que dão origem às disputas. Estas, que haviam sido predominantemente dinásticas e territoriais, perderam o caráter dinástico – que foi substituído pelo ideológico ou pelo político – e abandonaram o caráter territorial, para adquirir o econômico. Simultaneamente, a obra de séculos de direito internacional, associada às mutações tecnológicas e políticas, erodem o conceito tradicional de soberania externa. Este, entretanto, resiste, pois o conceito de soberania interna lhe proporciona o reforço de que necessita para ir resistindo.

É sobretudo nos mecanismos para solução de disputas que a soberania se afirmou, e é neles que evolui para um novo conceito, que visa assegurar a paz e o comércio entre as nações. Vejamos então, abandonando as digressões históricas, quais são os modelos, presentes neste século, de sistemas para solução de divergências entre Estados, e as finalidades a que se destinaram, assinalando que podem ser classificados em dois padrões: o tradicional, de alcance maior e em que predomina o político, e o econômico, de menor alcance.

## A – O Padrão Tradicional para Solução Pacífica de Controvérsias

Ao falar em modelos, estaremos focalizando sistemas, que incluem várias modalidades ou métodos, para se alcançar a solução pacífica de divergências entre Estados, e que foram criados pelo direito internacional. Não é o caso de nos aprofundarmos na história. Podemos começar com o século que ora se vai extinguindo.

O sistema precursor, na era contemporânea, é o da Convenção da Haia de 1899[21]. Ela foi revista em 1907, na segunda Conferência da Paz, também

---

[21.] Veja-se, para uma curta história do direito internacional, inclusive deste período José Luiz Fernandes FLORES,

realizada em Haia, de que resultou um novo tratado, na esteira do primeiro, ambos devendo ser considerados como uma unidade.

## 1) O Modelo Tradicional: Elementos Formais

Este modelo entroniza oficialmente a solução pacífica de disputas como regra de direito internacional, pois, no dizer de um autor, cria *"un 'derecho de la paz' para cuyo mantenimiento se recurrió a medios como el arbitraje"*[22].

Como se disse, o direito internacional evoluíra, até então, partindo do ser, essencialmente, o direito da guerra, para outras concepções. É interessante que, embora o modelo fosse destinado a resolver questões de conteúdo predominantemente político, foi nos tratados de comércio que se buscaram as regras – construídas pouco a pouco – para ser integradas no direito internacional. É aí que, a partir do século XVIII, se vai buscar a arbitragem, quase esquecida nos séculos anteriores, para lhe dar relevo no sistema que se criava. Com efeito, o fato de caber aos soberanos a escolha de resolver a disputa por árbitros, de indicá-los e de fixar os limites de sua atuação casava-se plenamente com a noção então vigente de soberania. Ao mesmo tempo, as negociações, a conciliação e outras fórmulas diplomáticas também se encaixavam nesse contexto.

Com as convenções da Haia, acima referidas, esta fórmula para solução de controvérsias recebe a consagração definitiva como método para solução pacífica de controvérsias internacionais, sendo sistematizada.

Lamentavelmente, as Conferências da Paz não conseguiram evitar que, poucos anos depois, fosse deflagrado um terrível conflito. O choque que a humanidade sofreu, com a barbárie e a extensão da I Grande Guerra, gerou a Sociedade das Nações, em 1919, e, como dizia Miaja de la Muela[23], com ela *"se abre un periodo en la evolución del Derecho de las Gentes radicalmente distinto a los anteriores"*.

Criou-se, no segundo tratado, a Corte Permanente de Justiça Internacional, preservada a Corte Arbitral Permanente, mantendo-se o modelo para solução de divergências de 1899, dividido em fases diplomática (negociações) e jurisdicional (arbitragem e submissão à CPJI).

A característica do modelo era – preservando a liberdade inerente à concepção de soberania dos Estados, então vigente – tornar as questões objeto de negociações diplomáticas e, na impossibilidade de solução através destas, submeter a terceiros a determinação do direito. Com isso, queria-se levar os Estados a aceitarem a jurisdição da CPJI ou de um tribunal arbitral internacional.

---

*Derecho Internacional Público*, Madrid, Editoriales de Derecho Reunidas, 1980, pp. 731 e ss.

[22] Id., p. 749.

[23] Adolfo Miaja de LA MUELA, *Introduccion*, Madrid, 1979, (7ª ed.) Segunda Parte, p. 563.

**442**

Mas essa fórmula apresenta o defeito fundamental de não ser vinculante para aqueles a quem se aplica, e, ademais, o de não ter sanções eficazes.

Novamente uma guerra de grandes proporções sucedeu ao colapso da Liga das Nações, e ao seu término a humanidade procurou, outra vez, reassegurar princípios que a levem à paz e à solução pacífica das controvérsias entre os Estados.

Assim é que, na Carta das Nações Unidas, vamos reencontrar a idéia para solução pacífica das divergências, mas convertida em dever de todos os Estados. O seu art. 33 estabelece essa obrigação e os procedimentos a seguir. Estes se apresentam como forma de cumprimento da referida obrigação: negociações, inquérito, mediação e conciliação. O art. 36 dá ao Conselho de Segurança a faculdade de recomendar o procedimento mais adequado, procurando evitar impasses resultantes da dificuldade de comunicação, mas também levando em conta o dado político de que no Conselho tinham assento permanente as maiores potências da época[24].

O primeiro desses procedimentos (que recordaremos muito sumariamente), o mais elementar, e, ao mesmo tempo, o mais difícil e complexo, é o *acordo*, que nasce das *negociações*. Ele cria uma nova situação política e jurídica.

As negociações como decidiu a CPJI[25], são um

*"méthode légale et régulière d'administration suivante lequel les gouvernements, dans l'exercice de leur pouvoir incontestable, poursuivent leurs rapports mutuels et discutent, ajustent et règlent leurs différends"*

Como se vê, a Corte ressalta o aspecto da soberania, mesmo nas negociações, lembrando que os governos nelas se engajam *"dans l'exercice de leur pouvoir incontestable"*.

Do ângulo político, o acordo é uma solução ou fórmula que satisfez às partes e, do ponto de vista do direito internacional público, resulta na **criação de uma norma de conduta**, ainda que aplicável tão-só às partes envolvidas no caso.

A dificuldade do acordo levou à busca de fórmulas que o facilitassem: são os **bons ofícios** e a **mediação**, procedimentos que foram vistos como iguais, mas que variam quanto à intensidade. No primeiro caso há apenas a transmissão de informações e propostas, visando facilitar a compreensão do problema e a reaproximação das partes; o segundo implica um esforço consciente para que se

---

[24.] O fato é que, apesar de todos estes tratados e regras, continua-se a recorrer a atividades belicosas. Quiçá, foi por isso que se decidiu na Assembléia Geral da ONU, em 24 de outubro de 1970, aprovar uma declaração relativa aos princípios do direito internacional relativos às relações amigáveis e à cooperação entre os Estados.
[25.] Caso Mavrommatis, Série A, n. 2, p. 62.

chegue ao acordo, um conteúdo persuasivo que não parece presente nos bons ofícios[26].

A **conciliação**, figura próxima, costuma ser desenvolvida por órgãos criados para esse fim, as comissões de conciliação. Estas podem ser "ad hoc" ou institucionais, existindo no seio de algum organismo internacional. Sua função é preparar um relatório no qual propõe os termos para a solução da controvérsia, onde se combinam aspectos políticos e jurídicos.

Aparentada a esta fórmula situa-se, também, a comissão de inquérito, cuja função é examinar os fatos ou o fato, e, a partir desse exame, apresentar suas conclusões, determinando a realidade, que supostamente as partes não teriam conseguido ver.

Tanto no relatório da comissão de conciliação como na de inquérito, não há obrigatoriedade. Uma propõe solução para a controvérsia, outra para um ponto de fato, o que permitiria às partes chegar à solução de sua divergência. Ambas dependem de atos de vontade dos envolvidos, que consistem em aceitar a instauração da comissão e a proposta feita por esta. Essa fórmula repousa na concepção de soberania vigente, de que os Estados são livres e decidem de acordo com os próprios interesses (os quais, como é óbvio, incluem a existência de um estado de direito) e valores.

O acordo é, pois, a solução a que se vai chegar através da intervenção das comissões de conciliação ou de inquérito.

Mas a eliminação da divergência pode vir de um fato ou ato jurídico diferente do acordo: a sentença internacional[27].

A sentença internacional nasce da aceitação prévia, pelos Estados envolvidos, de uma norma de direito internacional – multilateral, plurilateral ou bilateral –, criada mediante um acordo de vontades, o tratado em que se delega a um terceiro a solução da controvérsia, e em que a decisão deste encontra seu fundamento jurídico último.

Assim, na **essência** a sentença de um tribunal internacional não difere de um laudo arbitral internacional. As diferenças são de **forma e procedimento**.

Tanto o árbitro como o juiz internacional não têm poder, pois não há um órgão de que este possa emanar, assim como não há um super-Estado, ou organismo, superior aos Estados, que possa aplicar sanções. Também estas nascem do acordo, pelo qual os Estados as admitem.

Esse aspecto da sentença internacional – oriunda de um tribunal ou de um árbitro – tem causado muita confusão quando se ignora o direito internacional e se tenta raciocinar em termos do ordenamento interno, aplicando àquele as regras deste.

---

[26.] Esta descrição é sumária, e deixa de lado detalhes e variantes doutrinárias de concepção.

[27.] Alguns autores, como G. MORELLI (*Soluzione Pacifica delle controversie internazionali*, Napoli, Ed. Scientifiche Italiane, pp. 53 e ss), entendem que a sentença é fato jurídico, outros, que seja ato. Não é o caso de discutir aqui este ponto.

Se, no interior dos sistemas jurídicos nacionais, o Estado **tem o poder jurídico de decidir** sobre as controvérsias (*jurisdictio, potestas judicandi*), poder este que lhe permite admitir que os particulares derroguem a regra geral, elegendo a solução arbitral, no sistema internacional, por inexistir esse poder, o juiz e o árbitro internacional estão em pé de igualdade, pois não há poder superior ao dos Estados nem existe regra geral para ser derrogada.

Em suma, no direito internacional, são os próprios sujeitos do direito que outorgam a ambos, juiz e árbitro, pela mesma via dos tratados, a *"potestas judicandi"*. Com efeito, como acentua o antigo brocardo, *"pars inter parem nem habet jurisdictio"*, ainda é característica da soberania a igualdade formal de todos os Estados.

Esse modelo clássico foi aplicado às disputas de natureza política, mas, com o aumento do conteúdo econômico comercial das relações internacionais, sofreu mudanças que atenderam às novas realidades. Estas, por vezes, seguiram essa mesma fórmula, com poucas alterações, como ocorreu no caso do Benelux. Em outros casos, enveredaram por fórmulas que procuraram desenvolver o aspecto político, para criar um ente supra-estatal, como ocorreu na União Européia.

## A VARIANTE DO BENELUX

No caso do Benelux, nas linhas gerais, seguiu-se o modelo clássico, modificado apenas para alcançar maior eficácia relativa, pois era preciso apressar a solução dos problemas. Não se desejou inovar, mas adaptar. Ademais, os problemas que poderiam surgir eram tanto políticos quanto econômicos, e convinha, em certos casos, dar-lhes conteúdo jurídico.

À fase de negociações seguem-se as demais, terminando pelo recurso à arbitragem, feita por uma corte permanente. O conceito clássico de soberania é cuidadosamente preservado pelo modelo, em cada uma de suas fases.

A fase arbitral, entretanto, constituiu objeto de maior cuidado quanto à regulamentação. Competiu à instância arbitral estabelecer a interpretação do tratado no tocante às regras convencionais comuns a todas as partes, e avaliar a legalidade de sua aplicação no interior de cada país.

O Capítulo 7 do tratado Benelux cuida do colégio arbitral, atribuindo-lhe a missão de

*"régler les différends qui pourront s'élever entre les Hautes Parties contractantes en ce qui concerne l'application dudit Traité et des dispositions conventionnelles relatives a son objet."*[28]

---

[28.] F. DUMMON. *La Cour de Justice Benelux*, Bruxelas, Bruylant, 1980, p. 31.

Estabelece, ademais, que as decisões são definitivas e sem recurso, assim como o é a jurisdição da corte arbitral (art. 46 de Tratado Benelux).

Ficou aberta entretanto – em decorrência do conceito de soberania vigente à época – a possibilidade de não-execução. Com efeito, o tratado não prevê – o que, como sabemos, é elemento importante – a obrigação de cumprimento automático da decisão em determinado prazo, tendo as partes se submetido, automática e obrigatoriamente, à jurisdição da CIJ para julgar esse caso de responsabilidade internacional (art. 50 do tratado Benelux, art. 36, II do Estatuto da Corte).

Não há acesso dos particulares ao sistema como explica o *Comentaire Commun:*

*A défaut de contact direct entre les institutions de l'Union et les populations des trois pays, il n'y aura en pratique sur le plan international aucune matière à litige autre que des différends entre États. Aussi le Traité organise-t-il un arbitrage du type classique[29].*

Como vemos, não se deu aos particulares acesso direto, mas, conservando a tradição do direito internacional, eles o têm indiretamente, pela via da proteção diplomática.

A impossibilidade de acesso dos particulares, ou melhor, o fato de que só os Estados podem ser partes, o que também existe no GATT, tem sido objeto de críticas, aqui e acolá, em razão do modo pelo qual se desenvolveu a internacio-nalização da economia.

A obtenção da proteção diplomática, como nós sabemos, é difícil, embora haja ocorrido com relativa freqüência[30]. De qualquer modo tem por conseqüência – pouco agradável aos particulares – o predomínio do interesse público sobre o privado.

As variantes do modelo apresentam graus diferentes de efetividade, mas têm um defeito comum: a possibilidade de ocorrerem dificuldades na execução da decisão arbitral em razão da resistência dos Estados.

No Benelux, a previsão é de recurso à CIJ em caso de os Estados se recusarem a cumprir a decisão arbitral. Mas, a quem recorrer no caso de descumprimento de decisão da Corte? Assim, não há, nesse modelo, nem automatismo nem sanção efetiva para a obrigatoriedade da decisão. Quanto a esse último aspecto pouco se evoluiu nesta órbita, preservando-se os problemas existentes no âmbito político, embora haja ocorrido melhoras no panorama jurídico.

---

[29] Jacques KARELLE et Fritz de KEMMETER. *Le Benelux Commenté*. Bruxelles. Ets. E. Bruylant, 1961, p. 104.

[30] Veja-se a relação de casos apresentados por Jean COMBACAU, na sua obra conjunta com Serge SUR, *Droit International Public*, Paris, Montchrestien, 2ª ed. 1995, pp. 621 e ss.

**446**

Entretanto, é esse ainda o padrão dominante na prática internacional, devendo-se registrar que foram sendo criados mecanismos paralelos, para certos tipos de problemas e divergências.

Em nossos dias, utilizam-no, ainda com esse perfil tradicional, o CIRDI, o NAFTA[31], os acordos entre o Chile e Estados Unidos, os acordos entre o Chile e a APEC, assim como o próprio tratado da APEC. Isso, para não falarmos dos acordos comerciais passados pela União Européia com outros países[32]. Todos esses acordos estabelecem as duas fases: diplomática e arbitral. Esta vai ganhando mais precisão e relevo nos diferentes casos.

Variam, entretanto, os detalhes, o tempo e os prazos, assim como o modo de escolha dos árbitros ou peritos, mas não se modifica a estrutura básica, que se mantém sempre a mesma – a arbitragem sucede a uma fase negocial, e só ocorre quando esta falhou. As formas da soberania são preservadas, quando não seu conteúdo.

Um modelo, todavia, que seria inexato chamar de internacional, foi desenvolvido de modo inovador: o da integração européia, onde se instituíram órgãos supranacionais para reger um processo de integração que se desejava ver levado ao grau mais avançado, o da união política.

## Das Comunidades à União Européia: A Supranacionalidade: Evoluindo para uma Estrutura Federativa

O modelo que foi inaugurado pela Comunidade Européia do Carvão e do Aço (CECA), e que mais tarde se estendeu às Comunidades Européias, reproduz a estrutura dos sistemas existentes no interior dos países organizados como federação (ainda que a competência dos tribunais superiores destes possam ter mais amplitude de competência que o europeu). Ali a semente foi a CECA, onde o conteúdo das questões era técnico e econômico, e a delicadeza da situação aconselhava a jurisdicizar as questões, para esvaziar seu lado político.

Criou-se no seio da organização um órgão supranacional com poderes judicantes, que é o Tribunal[33]. O modelo deste é um híbrido entre CIJ e as cortes constitucionais dos países europeus – pela sua origem, pela independência dos

---

[31.] É importante ressaltar que, no caso dos acordos Canadá-EUA, assim como no caso do NAFTA, vamos ver que o modelo tradicional persiste sem grandes modificações para aquelas matérias de conteúdo predominantemente político, mas apresenta diferenças no caso de outros tipos de divergência, como se registrará.

[32.] Cf. Jean Victor LOUIS, Marc André GAUDISSART e Lode van den HENTE, "Les clauses de règlement de différends dans les accords passés par l'Union Européenne", in *L'Arbitrage et le Droit Européen*, Bruxelles: Bruylant, 1997, pp. 146 e ss.

[33.] Posteriormente à sua fundação, o Tribunal teve dividida sua competência entre o Tribunal de Justiça e o Tribunal de primeira instância.

juízes e por outros elementos – mas apresenta diferenças substanciais em relação à primeira, aproximando-se, sem maiores limitações, das últimas.

A matéria de sua competência é ligada ao comércio e à integração, mas encontra o limite de operar no interior de uma zona, a do mercado comum europeu. Além disso, a submissão dos Estados é automática e obrigatória. É a corte que interpreta a norma comunitária que foi erigida em nível hierárquico superior aos direitos nacionais[34]. Nisso, são evidentes as semelhanças com um tribunal federal superior.

As ações cabíveis têm natureza declaratória, e não executiva, em matéria de direito comunitário. Podem ser a ação declaratória incidental de caráter prejudicial (na qual os juízes nacionais pedem ao tribunal que interprete as regras de direito comunitário que irão aplicar), os recursos de anulação e carência (que visam a assegurar o controle da legalidade dos atos ou omissões das instituições) e a exceção de ilegalidade. Os últimos permitem o controle direto, o primeiro, o controle indireto.

O sistema tem, ainda, competência executória nas ações para a apuração da responsabilidade civil extracontratual das Comunidades, e nas reclamações dos funcionários comunitários.

Finalmente, o sistema pode incluir competência arbitral, quando esta lhe é assegurada por cláusula compromissória.

Não há a necessidade de proteção diplomática nos casos em que os particulares têm direito de agir. Pode, assim, ocorrer o acesso dos particulares, de plano. A eficácia das sentenças, nos casos de competência do Tribunal, é similar à das oriundas dos juízes nacionais, em razão do que dispõem os tratados instituidores das Comunidades e os direitos nacionais.

Entretanto, como bem acentua Combacau *"c'est là une des pièces principales d'un système juridique fédéral dont les ressorts sont pour l'essentiel étrangers au droit international"*[35].

Por essa razão, estamos diante de um sistema que seria imprudente chamar de internacional, e onde o jurídico prima sobre o econômico e o político.

É sua semelhança com o direito interno que faz com que juristas que não têm formação especializada em direito internacional sejam levados a imaginar a possibilidade de sua transplantação para outros sistemas, de caráter nitidamente internacional, sem atentar para as diferenças de propósito que cercaram a construção de cada um desses modelos, e que são justamente o que lhes confere validade.

---

[34.] É importante anotar que essa superioridade hierárquica opera tão-só em determinadas matérias, e o entendimento da doutrina tem sido de que a norma comunitária, no seu âmbito, supera o direito constitucional dos países que integram a União Européia. Poder-se-ia dizer também que ela integra o seu regime constitucional, o que daria no mesmo resultado prático. Não cabe aqui discutir este ponto, que é complexo e foge ao nosso tema.

[35.] Opus cit., p. 624.

**448**

## 2) Introdução do Elemento Econômico: A Evolução dos Modelos

Concebido para a solução de conflitos de natureza eminentemente política (embora o econômico estivesse subjacente) o modelo que descrevemos poderia servir de fundamento para o que é adotado por instituições internacionais de caráter econômico, em especial pelo GATT, em 1947, em que o elemento preponderante era a natureza comercial do objeto da divergência. Com efeito, nele foram buscar os instrumentos para o sistema que se construiu.

Tratava-se, no caso do GATT, não de assegurar a paz resguardando a soberania, mas, sobretudo, de dar cumprimento às normas livremente acordadas entre as partes sobre seu comércio exterior, assim como a aplicação a princípios daí decorrentes. É claro que a problemática da soberania se encontrava presente, assim como a relutância, que decorre dessa concepção, de aceitar que terceiros resolvessem os litígios. A necessidade de se atender a esses dois objetivos leva sempre a soluções de compromisso, em que a perfeição ideal nunca é atingida, mas sempre sacrificada no altar do pragmatismo.

O modelo que vai surgir caracteriza-se pela flexibilidade; suas regras são complexas e não foram elaboradas de acordo com procedimentos jurídicos. Elas constituem, isso sim, fruto de uma construção consensual em que, em lugar de se buscar a maior precisão, procurou-se, ao contrário, dar-lhes latitude e vagueza, para que pudessem ser aceitas por todos; cada qual interpretando os termos como lhe convinha.

Isso fez com que conceitos pouco usados no direito internacional – como o de "razoabilidade", por exemplo – passassem a ter um papel importante[36]. De outro lado o conceito de "cooperação", valorizado pela ONU e presente em sua Carta, além de abundante em seus documentos, permeia esse tipo de acordo e os mecanismos para solução de disputas que utilizam.

### O Modelo do GATT e o Tradicional

As diferenças vão aparecer nesses dois casos, tanto nos objetivos – a que já referimos – como nos efeitos da intervenção dos terceiros (eis que os procedimentos de negociação formalmente não se alteram[37]) e em suas conseqüências.

---

[36.] Cf. Jean J. A. SALMON, *Le concept du raisonnable en droit international public, Mélanges offerts à Paul Reuter, Le droit international: unité et diversité*, Paris: Pédone; também Robert LEGROS, "L'invitation au raisonnable", *Revue régionale de droit*, Namur-Luxembourg, 1976, I, pp. 6 e ss.

[37.] Embora, como disse, o papel da cooperação seja aí importante.

**449**

Do ponto de vista substancial, é importante ressaltar que as dimensões econômica e comercial são diferentes da política, e independem desta apenas sob um ponto de vista relativo. Isto se reflete nas disputas e em seus efeitos.

O peso militar da população é substituído pelo do mercado, enquanto o treinamento e a belicosidade dos exércitos têm seu lugar, nos cálculos dos políticos, ocupado pela preparação tecnológica da força de trabalho e pela capacidade de produção. A poupança acumulada faz as vezes de arsenal, e os sistemas de informação visam mais aos segredos industriais e comerciais do que aos militares. As diferenças vão daí para fora, refletindo-se no poder relativo dos países dentro do contexto internacional, o qual não corresponde diretamente ao seu poderio militar. Essa afirmativa é exemplificada pelo Japão.

Por isso, foi necessário elaborar novas fórmulas para solução de controvérsias, modificando e adaptando as existentes, e visando dar-lhes efetividade, mas preservando a soberania.

As variantes desenvolvidas partem do modelo do GATT e se afastam, em alguns aspectos, do modelo tradicional. Nelas, fica clara a predominância da natureza econômico-comercial do objeto das disputas visadas pelos modelos, refletindo-se essa preocupação nas sanções e na natureza das decisões tomadas pelos terceiros convidados a intervir na solução das controvérsias.

## Solução de Controvérsias no GATT

Com efeito, foi anotado com inteligente acuidade que[38]

*"A vida econômica no mercado caracteriza-se pela conjuntura e pelo aleatório, que podem alterar a reciprocidade dos interesses – sobretudo porque se trata de uma reciprocidade derivada da equivalência das vantagens e não da identidade das trocas. ... (omissis) ... A consulta na elaboração do direito, leva a normas que têm mais a característica de um standard jurídico que o da tipificação rígida das condutas, posto que a tipificação não capta a mutabilidade da vida econômica".*

Assim, a solução de disputas no seio do GATT começa com a obrigação de consultar (art. XXII, mas presente em muitos outros artigos do tratado).

As consultas constituem a oportunidade para as partes ventilarem os fatos sob vários ângulos, cada qual podendo avaliar o interesse da outra. É, também, a ocasião em que avaliam suas respectivas posições jurídicas. Desse conhecimento

---

[38] Cf. Celso LAFER, na conferência citada, pp. 17 e ss.

**450**

e julgamento subjetivo por cada qual é que pode nascer a conciliação. Trata-se, aí, na essência, de uma fórmula de apuração de fatos.

O painel, etapa subseqüente, é mais uma comissão de inquérito que um tribunal arbitral[39], o direito aparecendo ou sendo explicitado à luz do fato econômico. Sua função, como explicita documento do GATT[40] é de:

*"review the facts of a case and the applicability of GATT provisions and to arrive at objective assessment of these matters".*

As conclusões do painel, quando eram assumidas pelas Partes Contratantes, transformavam-se em recomendação a ser proposta, ou deliberação (*ruling*), conforme o caso (art. XXIII, 2 do GATT). As opiniões dos peritos, os *reports*, têm **efeito de recomendação**, mas essa poderia ser recusada pelo Conselho, e seria aplicável se não ocorresse unanimidade. Alcançada esta, a decisão seria obrigatória[41].

Embora aumentada sua efetividade, quando em confronto com o sistema tradicional, e a despeito de haver sanções para o descumprimento, ainda assim elas não alcançavam um grau ótimo (as diferenças relativas de volumes de comércio e importância dos países também contribuíam, para esvaziar o significado das sanções).

Os acordos elaborados na década de 90 – dentre eles o Mercosul e o Acordo Canadá-EUA – introduzem novidades no modelo do GATT. Essas são uma evolução no sentido de criar mecanismos especiais para determinados tipos de matérias.

## O Acordo EUA-Canadá e o NAFTA: Diversidade de Modelos

Criado por tratado de 17 de dezembro de 1992, que entrou em vigor em 10 de janeiro de 1994, o NAFTA representa uma expansão do acordo EUA-Canadá[42], tal como o Mercosul foi sucessor de acordos entre Argentina e Brasil.

O NAFTA, como é conhecido o Acordo de Livre Comércio da América do Norte, repousa no GATT. É construído com base na autorização dada pela cláusula XXIV deste, como foi ressaltado desde logo pelo comunicado conjunto

---

[39.] V. a propósito Pierre PESCATORE, *Drafting and Analizing Decisions in Dispute Settlement*, reimpressão do *Handbook of WTO/GATT Dispute Settlement*, New York Transnational Publishers, 1995, p. 17.

[40.] *Agreed Description of Customary Practice of the GATT in the field of Dispute Settlement* (art. XXIII-2) in *GATT Analitical Index*, p. 589.

[41.] Essa e outras características mudam com o advento da OMC.

[42.] Celebrado em 1988, e tendo entrado em vigor em 1º de janeiro de 1989, foi substituído pelo NAFTA.

em que os presidentes Bush e Salinas de Gortari anunciaram sua intenção de negociar o tratado.

Embora repousando nos princípios do GATT (agora da OMC), o NAFTA tenta ser mais do que aquele, abordando novos temas, justamente os que sempre preocuparam a diplomacia norte-americana quando da negociação do Uruguai Round. Com efeito, tanto o acordo Canadá-EUA como o NAFTA vão além dos dispositivos típicos de uma zona de livre comércio, pois incluem regras sobre direito da concorrência e sobre investimentos. Contêm – e nisso consiste sua originalidade sob o prisma da solução de disputas – procedimentos especializados para o caso dos investimentos, dos direitos compensatórios e do "anti-dumping".

Entretanto, apenas o capítulo 20 do tratado, que cuida das diferenças entre Estados, será mencionado, porque representa a busca de novas fórmulas nesse campo.

A primeira e mais importante das novidades é a **obrigação de consultas**, expressa como dever dos membros, no seio da Comissão de Livre Comércio. Outra é a orquestração, por esta, dos procedimentos para solução de disputas, que promove uma certa jurisdicização dos mesmos, e, em que há caminhos que as partes devem percorrer obrigatoriamente, concebidos que foram para permitir-lhes chegar a soluções mutuamente satisfatórias (procedimentos esses, portanto, diplomáticos).

O "locus" da solução de divergências no NAFTA é a Comissão de Livre Comércio, órgão central que deve proceder à aplicação do tratado[43]. Ela é, assim, mais uma conferência diplomática do que uma instituição permanente autônoma. Reúne-se no mínimo uma vez por ano em sessão ordinária[44], mas suas atividades são asseguradas pelos governos dos Estados-partes, através de funcionários que compõem os diferentes comitês e grupos de trabalho instituídos pelo acordo. A Comissão é composta por representantes de nível ministerial ou seus delegados, sendo partes os Ministros ou secretários do Comércio dos três países, designados por cada um.

Os membros da Comissão constituem a interligação entre as Partes e o acordo, e, designados por seus próprios países, são subordinados aos respectivos governos, e sem qualquer autoridade sobre estes. Decidem por consenso e agem segundo instruções dos respectivos países[45].

Ao criar a Comissão, os Estados-partes visaram diretamente fazer-se ouvir, mas, sem dúvida, também ouvir os demais. Pode-se dizer, então, que as relações dos membros da Comissão serão diferentes segundo cuidem do funcionamento do acordo ou de conciliar diferenças de opinião ou divergências entre as Partes.

---

[43.] Arts. 2001 e ss.

[44.] Arts. 2001-5.

[45.] Arts. 2001-4.

**452**

Neste último caso, os membros da Comissão deveriam agir com independência[46].

É importante notar que, a despeito do detalhamento das regras, no tocante ao modo de proceder da Comissão para conduzir as consultas, não há procedimento fixo, apenas dá-se ao Presidente a atribuição de conduzir o entendimento e exprimir o consenso[47].

Quase ao mesmo tempo surgia o Mercosul, o qual, por sua vez, propunha outras novidades.

## O Modelo do Mercosul – Internacionalidade Atenuada, Eficácia Reforçada

O modelo do Mercosul, embora derivando diretamente dos modelos acima examinados, envolve uma evolução que introduz diferenças substanciais.

Vejamos como é configurado hoje, após o Protocolo de Ouro Preto, já que sua primeira fase foi chamada, com razão, de provisória, e serviu para gestar o modelo vigente.

Nele, o procedimento[48] tem três fases: da **negociação diplomática, da intervenção do Grupo Mercado Comum**, que faz uma recomendação (com caráter de recomendação em conciliação ou de comissão de inquérito, conforme o caso); na hipótese de a negociação não prosperar ou de a recomendação não ser aceita, passa-se à terceira fase, contenciosa, da **arbitragem**. Nisso não inova grandemente. As diferenças são de detalhes e procedimentos.

Tal como ocorre no NAFTA, inovou-se, em relação ao modelo clássico, introduzindo prazos para cada uma das fases e a obrigatoriedade das consultas.

Se a primeira fase, de negociação e de intervenção do Grupo Mercado Comum, repete o modelo tradicional do Direito Internacional Público, tal como ocorre no caso do NAFTA, a última, da arbitragem, apresenta, sob vários aspectos, todos eles muito importantes, uma evolução interessante.

Essa evolução repousa em três fatores, novos, sob o ângulo da efetividade:

Primeiro, **a submissão obrigatória** dos Estados à arbitragem, no curso do procedimento.

Segundo, pelo fato de que o **laudo é obrigatório** – introduzido que foi no sistema jurídico de cada um dos países, juntamente com o Tratado – deve ser cumprido pelas autoridades locais como se fora lei[49].

---

[46] Arts. 2007-5.

[47] Esse é, aliás, o procedimento nos julgamentos coletivos nos EUA; o "reporter", em geral o juiz cuja opinião predominou, deve procurar exprimir o pensamento da maioria que o apoiou.

[48] Na realidade, depois de Ouro Preto passaram a ser dois procedimentos, um endereçado à Comissão de Comércio do Mercosul, e outro, ainda nos moldes originais do Protocolo de Brasília, passando pelo Grupo Mercado Comum. Entretanto, estruturalmente são iguais.

[49] Há quem, na Argentina, entenda que o laudo não é obrigatório. No direito brasileiro não resta dúvida de que é.

**453**

Terceiro, porque há **normas processuais obrigatórias**. Assim as partes não podem mais ver no tribunal arbitral uma sua criatura, pois a submissão preexiste ao litígio. O comportamento deste é predeterminado pela existência de regras processuais. A diferença da arbitragem tradicional é sutil, mas prenhe de conseqüências.

Há aí, por isso, mais do que na Corte Arbitral Permanente de Haia, da qual, Combacau dizia que *"elle n'est donc nullement un tribunal permanent, mais une réserve d'arbitres pour des tribunaux 'ad hoc' que des États parties viendraient à constituer"*[50].

A outra evolução, importante, em que a proposta do Mercosul difere do modelo tradicional, é que **as pessoas privadas têm acesso, direto**[51] **ou indireto**, ao sistema para solução de disputas, conforme previsto pelo Protocolo de Ouro Preto.

Finalmente, sem inovar, o modelo se distingue pela competência, específica à aplicação das normas do Mercosul, e no âmbito deste; isto é, só podem ser partes pessoas residentes ou estabelecidas no Mercosul e os quatro países-membros.

## B. Eficácia Relativa dos Modelos

A avaliação da eficácia relativa dos modelos jurídicos usualmente se faz, visando ao objeto do sistema, sob três enfoques.

Um, o tradicional, em que a avaliação é feita apenas sob o ângulo da dogmática jurídica. Outro, que se lhe opõe, utiliza um critério político-econômico. Finalmente, uma terceira posição, eclética, estabelece um balanço entre os aspectos jurídicos, econômicos e políticos.

### 1) Posição Tradicional – Critério Jurídico

A posição tradicional, dogmática, baseia-se na estrutura formal do modelo estudado. É, sem sombra de dúvida, uma visão abstrata. Ela abstrai o aspecto político e econômico, supondo que o direito exista independentemente da realidade que pretende regular ou que nasça fora da história.

Nela, a eficácia relativa do modelo é aferida pela facilidade de acesso ao sistema, e pela certeza de execução das sentenças, sob o ponto de vista dos países envolvidos.

---

[50] COMBACAU e SUR, opus cit. nota 25, p. 589.

[51] Antes de ser criada a Comissão de Comércio do Mercosul e modificado o sistema de solução de disputas pelo Protocolo de Ouro Preto, havia apenas a hipótese de acesso indireto. Agora há casos de acesso direto ao sistema.

Duas questões, em geral, são propostas: Há acesso dos particulares? Há automatismo na aceitação da jurisdição do órgão?

Havendo necessidade da proteção diplomática para o acesso dos particulares, o modelo recebe uma pontuação baixa, sob esse critério dogmático. Essa se deve à dificuldade e aleatoriedade do acesso ao mecanismo para solução de disputas causadas pela discricionariedade do ato do Estado de conceder a proteção diplomática. Aí, pretende-se abolir a soberania, e, eliminando o papel do Estado enquanto árbitro de interesses, substituí-lo pelo interesse privado.

A aceitação da jurisdição, entretanto, como vimos, depende sempre, no direito internacional clássico, da vontade do Estado, e a implementação do laudo será aleatória, pois tem conotações políticas.

Com efeito, a doutrina tradicional do Direito Internacional Público entende que o laudo é aplicável na medida em que coincide com o interesse político do país, que, por isso, pode-se recusar a cumpri-lo[52]. (Novamente a pontuação desce em razão da incerteza jurídica, aí presente, para os critérios dogmáticos).

Por isso mesmo, o modelo das Convenções da Haia e o antigo modelo do GATT, embora apresentando diferentes graus de eficácia, são criticados sob um prisma dogmático, pelo seu conteúdo político, eis que foram concebidos para afetar o mínimo possível a soberania dos Estados.

## 2) Critério Político

Este foi justamente o predominante para a aceitação de jurisdição e para a implementação dos laudos. É por isso que a estrutura do primeiro modelo das Convenções da Haia serviu de base para o do GATT, em que houve apenas os aperfeiçoamentos cabíveis em razão da especialização da matéria. Foi ele o adotado tanto nos modelos clássicos quanto nas evoluções destes, quando há envolvimento de interesses gerais, em especial de caráter político ou político-econômico. Somente quando se desejou trazer a questão para o âmbito da discussão entre particulares, mas em ambiente internacional, foi que se enveredou, como no caso dos procedimentos "anti-dumping" no NAFTA, para procedimentos de outra natureza.

Queria-se, de todas as formas, com a fórmula tradicional, que sempre se repete, preservar a autonomia e a soberania dos Estados. Estes acatariam as decisões segundo o que melhor lhes parecesse ou atendesse aos seus interesses.

O raciocínio predominante era ainda político (embora com fortes conotações econômico-comerciais), tanto no modelo do GATT, de 1947, como no Benelux, ou no caso do Capítulo 20, Seção B, do NAFTA. Por isso, a conseqüência

---

[52.] Cf. Gaetano MORELLI, *Soluzione Pacifica delle controversie internazionali*, Napoli, Ed. Scientifiche Italiane, 1991, *passim*.

acabou sendo a de afastar a certeza jurídica e a obrigatoriedade.

A decisão política se fazia presente até mesmo na avaliação das posições das partes, associada embora a critérios econômicos, e o aspecto jurídico tinha papel muito limitado.

Como acentuou Morelli[53], a aceitação das sentenças e laudos estrangeiros constitui decisão que envolve um juízo de conveniência, portanto político, por parte do Estado.

Por essa mesma razão, como bem acentua Celso Lafer, no caso do GATT,

*"os findings, recommendations, rulings, dos painéis .... (omissis) .... [s]ão, enquanto tal, um parecer, ou como diria Bobbio, um conselho dotado de **vis directiva**, e não um comando com **vis cogendi**, conselho cujo cumprimento requeria o consenso do destinatário – no caso, as Partes Contratantes, que tinham ex-vi do art. XXIII os quasi judicial powers. Precisamente porque são conselhos, e não comandos, os panel reports são, nas palavras de Pierre Pescatore, persuasive not descriptive documents"*[54].

O painel, no sistema do GATT, tem papel similar ao do árbitro ou do juiz internacional.

É um terceiro que indica qual a solução adequada. Isso dá à sua aceitação, pelos Estados, como se disse, um conteúdo político. Este aparece também no momento do cumprimento de seu relatório, laudo ou sentença, pois ambos os atos implicam, para o Estado que deverá obedecer, em abdicar de parcelas da sua soberania.

Assim, é a autorização das partes – decorrente da decisão, eminentemente política, de acatá-la, e não de imposição legal – que legitima a intervenção do terceiro. O produto dessa atuação deságua em duas vertentes: a da arbitragem (e da decisão de alguma corte internacional), onde há um pronunciamento de direito e de fato associado a um comando, e a do relatório do painel, onde ocorre, apenas, um parecer, ato declaratório e não executivo.

Paradoxalmente, a decisão de submeter o problema a um terceiro, apesar desse conteúdo político, tem o condão de despolitizar a questão, circunscrevendo-a e tornando-a suscetível de avaliação racional, jurídica. Sai-se do âmbito da soberania e passa-se imperceptivelmente, mas efetivamente, para o plano material dos interesses comerciais em jogo.

Por isso mesmo, os sistemas para solução pacífica de disputas, de caráter

---

[53.] Op. cit., nota 52.

[54.] Celso LAFER, op. cit., nota 38, referindo-se a Norberto BOBBIO, *Studi per una teoria generale del diritto*, Torino GIACHIPELLI, 1970, pp. 49-78, e Pierre PESCATORE, *Drafting and Analising Decisions on dispute settlements*, cit., p. 17.

econômico-comercial, foram tendendo, historicamente, a ritualizar o procedimento, regulamentando-o.

O aperfeiçoamento, dentro deste sistema, orientou-se numa linha mais fiel à tradição, no modelo do Benelux, e na inovação representada pela banalização das questões na proposta do GATT (1947), que, embora diminuindo seu conteúdo jurídico, as despolitizou, reduzindo-as ao ângulo comercial[55]. É nos organismos de integração mais recentes que vamos encontrar os sinais da continuidade desta evolução.

### 3) Posição Moderna – Critério Jus-Econômico

No curso da evolução histórica, o conteúdo cada vez mais econômico das relações internacionais fez com que fosse preciso adotar um modelo em que o fundamento econômico encontrasse o apoio do jurídico, visando despolitizá-lo tanto quanto possível. Com isso, alcançou-se maior eficácia, e contribui-se para a paz.

Como bem apontado por Celso Lafer, em sua brilhante conferência sobre o sistema para solução de controvérsias da OMC, *"cabe lembrar a importância atribuída ao comércio internacional como uma das condições para uma humanidade pacífica"*[56].

Dessa forma, sendo o comércio modo de desenvolver a paz, os sistemas para solução pacífica de controvérsias nela inseridas adquiriram importância e sofisticação[57]. Por isso, o modelo do GATT evoluiu para o da OMC, na busca de maior eficácia e certeza.

Aplicou-se nessa evolução o preceito da Resolução 37/10 da Assembléia Geral da ONU, de que os Estados deverão escolher os meios pacíficos apropriados em função das circunstâncias e da natureza da controvérsia.

A proposta era a de que variassem os modos de resolução das lides, de acordo com o conteúdo destas.

Isso já ocorre na OMC, em que o lado jurídico é acentuado pelo conjunto de disposições adotadas (sem que os painéis tenham, ainda, perdido totalmente seu caráter de comissões de inquérito e continuem a fazer, numa ótica independente, o "fact finding", que já foi ou deveria ter sido feito pelas partes nas consultas).

Nesse sentido o Acordo sobre Solução de Disputas (em inglês DSU) representa uma evolução baseada na experiência adquirida e na construção do consenso. A tônica dessa evolução é a crescente formalização e jurisdicização

---

[55.] Essas concepções dominaram os três primeiros quartéis do nosso século. Sucedeu-lhes, como que numa evolução natural, o modelo da OMC, em que se alinham o jurídico e o econômico.

[56.] Publicada em português pelo Instituto Roberto Simonsen, in *Documentos Debates Estudos 3*, S. Paulo, 1997, p. 7.

[57.] Veja-se a opinião de Cordell HULL citado por Celso LAFER na referida conferência.

dos mecanismos para solução de divergências[58].

À medida que ocorre o aperfeiçoamento da instituição, o elemento jurídico vai crescendo, sobrepondo-se progressivamente ao econômico e ao político. É porque ele acrescenta uma certeza maior e uma objetividade que o econômico e o político, sozinhos, não têm nem podem dar.

Entretanto o sistema GATT/OMC ainda é de direito internacional público e não deixa de ser, na linha proposta na Resolução 37/10, uma mutação especializada do modelo clássico, que há pouco examinamos.

4) Posição de Síntese

A análise desses critérios permitirá estabelecer um balanço entre o jurídico e o político-econômico. Esse balanço se faz no estabelecimento das sanções e na sua eficiência.

Como sabemos, em direito internacional as sanções podem ser jurídicas ou econômicas. As econômicas têm maior eficácia relativa. Isso, porque apresentam um problema fundamental, que é o do poder ou peso relativo dos Estados. A sanção econômica, quando aplicada contra um Estado de grande poder relativo, tem pequena eficácia. A sanção econômica aplicada contra um Estado depende do poder do(s) Estado(s) que a impõe(m) para que seja eficaz. Uma sanção interposta por um Estado poderoso (França), por exemplo, contra outro de grande poder (Alemanha) pode ter grande eficácia Mas depende também do tipo de sanção: um pequeno Estado como o Chile pode impor uma sanção importante ao Japão, se restringir sua exportação de cobre para este país.

Isto leva a que a **efetividade das sanções** não seja a mesma em todos os casos. Com isso, a sanção econômica, por si só, não representa progresso nem é meio definitivo para implantar a solução dada a qualquer disputa. Varia de caso a caso, deixando pois a desejar como padrão. Sob o ângulo jurídico constatamos que as sanções nos organismos regionais são a exclusão e a condenação. Esta tem efeitos morais e jurídicos. Morais, pela censura que se faz ao comportamento do Estado infrator. Jurídicos, porque o Estado infrator incorre numa responsabilidade internacional.

Mas os efeitos das sanções desta natureza são limitados.

Elas atingem seu efeito máximo na exclusão do Estado da organização internacional que o sancionou. Entretanto, muitas vezes, o ato criticado em si mesmo contém a exclusão. A infração consiste em ignorar as regras da organização, como se o infrator dela não fizesse parte, o que é um ato de auto-exclusão (ao menos em relação às obrigações).

---

[58.] Um sinal dessa tendência está no fato de que alguns países pretendiam se fazer representar por advogados no órgão de solução de disputas da OMC.

O infrator é privado dos benefícios decorrentes da pertença à organização, mas certamente terá pesado as conseqüências de seu ato e considerado que as vantagens da auto-exclusão superam as vantagens da continuidade. Em alguns casos, é como alguém que deixa de comparecer às seções de um círculo literário porque acha que as conferências ou reuniões não mais lhe interessam. Nada tem a perder com sua exclusão, porque já a havia escolhido. Noutros casos, a decisão de descumprir a decisão pode decorrer de necessidades políticas ou outras, internas. A escolha recaiu na opção menos onerosa, o que não quer dizer que os efeitos das sanções internacionais não sejam sentidos.

Por isso mesmo, esta sanção é de efeito limitado.

O peso relativo do Estado produz um efeito imunizante quanto às sanções. Aquele que representar, numa organização econômica ou de integração, o maior mercado, sendo dela excluído, não terá prejuízo tão grande quanto os demais, aplicadores da sanção.

Isso fará com que estes, temerosos das perdas que podem vir a sofrer, hesitem quanto ao rigor das exigências que formularão. Mesmo no campo político, a ausência de uma grande potência pode levar à dissolução um organismo internacional, como bem ilustra a história da saída dos Estados Unidos da Sociedade das Nações.

Outro ângulo da avaliação é da eficácia relativa dos sistemas para solução de controvérsias no que tange à qualidade das respostas que podem dar aos problemas colocados.

Em primeiro lugar, quanto mais veloz a decisão, melhor a solução. No Brasil, o juspublicista Rui Barbosa forjou uma frase lapidar "*justiça tarda é injustiça qualificada*". A frase define o problema. Isto é, uma decisão que não chegue a tempo deixa de produzir o efeito necessário.

Realmente, nos modelos de integração econômica, a solução para uma divergência que só venha a ser obtida em prazo muito longo significa que o Estado, os Estados ou as pessoas que foram vítimas da infração sofreram danos que não poderão mais ser reparados ou que se agravaram com o correr do tempo.

Do outro lado, a medida ocorre em relação à eficácia do mecanismo, isto é, se o mecanismo tem a possibilidade de avaliar o problema e de dar a ele solução adequada. Evidentemente, a medida da eficácia é relacionada com a eficácia da sanção, mas não se esgota nela.

A eficácia vai mais longe.

A eficácia passa, forçosamente, pela adequação da solução à natureza da disputa e ao ambiente em que esta se situa. Aí não se trata de dogmatismo, mas de uma interpretação construtiva que leve em conta os dados e a realidade, para obter a resposta ao problema, o que é reforçado pelo fato de que há uma avaliação política.

**459**

## II. Aspectos Políticos dos Processos de Integração

Entre os aspectos políticos dos processos de integração, existem duas considerações que são fundamentais para nossa reflexão. Uma consiste em considerar quais são os objetivos que as partes se fixaram. A outra, qual o impacto do ambiente sobre o projeto.

Ambas são determinantes na escolha e na medida de eficácia dos sistemas para solução de controvérsias.

### A) Os Objetivos das Partes

Um processo de integração pode orientar-se para um dos modelos tradicionais, previstos inclusive no GATT 47: uma zona de livre comércio, uma zona aduaneira comum, um mercado comum. Acrescentam-se a essa duas outras formas mais intensas de integração: a união econômica e a confederação.

Evidentemente, ao estabelecer seu objetivo, as partes, no processo de integração, também fixam os parâmetros que regulam a construção do seu mecanismo para solução de disputas.

Este, para atingir a eficácia possível e ter a velocidade adequada, depende de dois fatores: integrar-se no projeto das partes, facilitando o trajeto até a consecução da meta de integração desejada, e responder bem à situação que é vivida naquele momento pelo processo.

Com efeito, não teria sentido, por exemplo, numa zona de livre comércio, a construção de um tribunal supranacional, porque nas zonas de livre comércio não existem normas supranacionais que devam ser aplicadas. Tampouco caberia facultar o acesso de particulares ao sistema, pois as relações existem tão-só de Estado a Estado.

Já no caso de uma zona aduaneira comum, a existência de mecanismos de defesa da concorrência que devem atuar no conjunto do mercado levaria a uma solução nos moldes já utilizados pelo NAFTA. O mesmo se diria em matéria de proteção dos investimentos.

A criação de uma confederação ou ente confederativo implica naturalmente a existência de um tribunal supranacional, pois está sendo criada uma nova entidade que, soberana, primará sobre as demais.

Cada um desses modelos, ou cada uma dessas fases, implicará, pois, uma diferente estrutura para a solução de disputas.

No caso da internacionalidade, as relações que existem são unicamente entre os Estados e destes com os seus súditos. O mecanismo deverá orientar-se no sentido de que um Estado possa cobrar do outro o cumprimento do avençado, de acordo com o espírito do Tratado. O problema é eminentemente político.

Nós, internacionalistas, temos a tendência de, acreditando na fraternidade do gênero humano, desenvolver o *wishful thinking* de querer vê-la aplicada nas relações internacionais. O que não ocorre.

Os Estados agem mais por interesse do que por motivos ou razões de elevada ordem moral. Até mesmo quando defendem teses do mais intenso conteúdo ético, certamente as entrelinhas têm um propósito político.

Um dado de realidade nos mostra que a vida dos Estados, como a das pessoas, sofre influências externas. Além disso, o modo de ser e os interesses vão mudando e se adaptando ao desenvolvimento e ao ambiente externo. Isso faz com que eles tenham de ir reagindo aos impactos das mudanças internas e da evolução do ambiente econômico ou geopolítico. Isto pode afetar, de modo direto ou indireto, e às vezes importante, os interesses dos parceiros nos movimentos de integração. Surgirão então conflitos de interesses.

Tais conflitos podem evoluir para divergências, de maior ou menor gravidade.

É aí que o modelo escolhido deve atuar. Deve ser desenhado para responder no nível em que os conflitos de interesse ocorram, e de modo a resistir às pretensões.

No caso dos organismos de integração que tenham caráter de internacionalidade, o modelo deve ser predominantemente político. Será político porque o relacionamento é político[59] e entre os Estados.

Não é possível permitir que um particular possa impedir uma ação de governo destinada a satisfazer o bem comum e o interesse geral. Nesse caso, o bem comum e o interesse geral devem ter primazia sobre os interesses individuais, cabendo ao indivíduo ou corporação privados reclamar perante o Estado onde atuam, se cabível, o remédio para o prejuízo sofrido. Este tipo de conflito, entre o bem comum e o interesse individual, deve ser composto dentro do Estado em que ocorre a reclamação.

Esse Estado é que responderá, de acordo com sua própria sistemática, pelo impacto que seus súditos ou as pessoas nele estabelecidas tenham sofrido, em razão das mudanças ocorridas.

No pólo oposto, ao termos um organismo de integração de conteúdo confederativo, como ocorre com a União Européia, sem sombra de dúvida, como lembrado por Jean Combacau, em conceito que atrás citamos, lá se trata *"d'un système juridique fédéral dont les ressorts sont pour l'essentiel étrangers au droit international"*. Por isso mesmo é que na União Européia há uma Corte de Justiça como meio para solução de divergências.

Assim, os objetivos do modelo de integração têm importante efeito quanto à escolha do sistema para solução de controvérsias que está subordinado a estes.

---

[59.] Muito embora o conteúdo das questões possa ser econômico ou técnico.

**461**

Evidentemente, a escolha de um objetivo ambicioso – como a criação de uma união econômica ou uma confederação, em que todos os demais aspectos da integração foram alcançados e se fundem no político – implicou a opção por um modelo da supranacionalidade.

Por isso, digo que o direito de integração é um direito transitório, um processo pelo qual as normas migram do Direito Internacional Público para o Direito Constitucional à medida que o processo de integração se vai adensando. Evidentemente, pode ocorrer uma interrupção nesse processo, ou os objetivos das partes serem mais limitados, não sendo alcançados os graus mais elevados de integração.

Ele é Direito Internacional Público enquanto predominam as regras da supranacionalidade. Começa a ter pretensões a vir a ser Direito Constitucional, embora ainda fique no âmbito do Direito Internacional, quando o processo de integração adquire uma ou outra faceta de supranacionalidade. Finalmente, converte-se em Direito Constitucional quando o processo de integração adquiriu tal substância, que se torna uma união política, sob forma federal ou confederal.

Na medida em que se intensifica o aspecto da supranacionalidade, o crescente caráter constitucional faz com que, pelo menos em determinadas áreas de competência, ou de jurisdição, seja preciso uma solução a que todos tenham acesso.

Nesse caso, é a concepção do modelo integracionista que acarretará necessidade de participação não só do Estado como do particular, mas também do próprio organismo de integração que tenha porventura editado normas de caráter supranacional.

Este tem o dever de fazer sua própria construção. Terá, para isso, as faculdades que lhes tenham sido outorgadas pelos Tratados organizativos, e precisa de mecanismos para solução de divergências, instrumentos que lhe permitam curvar a vontade dos recalcitrantes, forçando-os a cumprir as regras que editou, tanto quanto aquelas a que se obrigou.

Colocados estes parâmetros, seria o caso de examinarmos o Mercosul.

## B) O MERCOSUL

Devemos encarar o Mercosul sob um duplo eixo. O primeiro é o da originalidade do seu modelo; o segundo, o da sua eficácia.

O modelo do Mercosul apresenta uma originalidade, no sentido de que ele é único, sob o aspecto de sua organização e dos países que o compõem e, também, pelo modo como ocorreu essa organização. Vejamos, primeiro, as características do Mercosul.

### 1) Características do Mercosul

**462**

O Mercosul apresenta duas características únicas. Vejamos a primeira.

Os países constitutivos do Mercosul têm todos a matriz ibérica. Partilham duas línguas muito próximas, o português e o espanhol. A comunicação é fácil. A matriz jurídica é ibérica, com influências italianas, francesas e alemãs, e o sistema legal pertence à grande família do sistema romano-germânico, na classificação de René David. Apenas nos tempos mais recentes, em determinados ramos do direito, ocorreu uma influência desigual, nos quatro países, do sistema norte-americano.

Por isso, a harmonização do direito, nesses países onde ela não existe, é relativamente simples.

Do ponto de vista político, os países que compõem o Mercosul têm histórias semelhantes. Nelas divergem da matriz européia, e foram levados a organizar-se de modo diferente.

Em épocas próximas, tiveram regimes ditatoriais e democráticos alternadamente. Em épocas próximas, também, sofreram as mesmas crises econômicas. Enfim, o comportamento da região foi muito uniforme, sendo as semelhanças entre esses países maiores do que seus habitantes habitualmente crêem; em conseqüência, as diferenças são menores do que em geral se imagina.

O fato de que os regimes sejam presidencialistas, e concentrem um grande poder no executivo, faz com que a condução da política externa esteja nas mãos do executivo, ao contrário do que ocorre com a matriz do sistema presidencialista, os Estados Unidos.

O Congresso tem poder meramente sancionador, pois as decisões fundamentais e a condução da política externa constituem incumbência ao poder executivo. Também a este compete a iniciativa orçamentária e uma série de outras funções importantes, inclusive o poder de iniciativa legislativa.

A faculdade de nomeação de funcionários, inclusive internacionais, é sempre do poder executivo.

Essas características conduzem a algumas conseqüências que pesam nas atitudes diante de um processo de integração econômica.

Como sabemos, nos regimes parlamentares o poder executivo é exercido por delegados diretos do parlamento, cuja confiança devem manter. Isso faz com que as normas que editem, assim como os demais atos que pratiquem, sejam, de algum modo, emanados do próprio parlamento. Quando o gabinete nomeia embaixadores, representantes em organismos internacionais e outros funcionários, fá-lo, em geral, representando a maioria parlamentar. Ainda que o presidente, como na França, possa ser virtualmente quem conduz a política externa, é o Parlamento que escolhe seu ministro das relações exteriores. Assim, a maioria governamental atua diretamente na política externa, que reflete seu programa e pontos de vista.

Nos regimes presidencialistas, o fato de que há uma separação marcada

**463**

entre os poderes executivo e legislativo leva a uma atitude dos congressos, quando não decorre de norma constitucional, negativa à delegação de poderes normativos. Isto significaria, na prática, uma renúncia, em favor do executivo, do poder de legislar. Implicaria uma perda insuportável de função.

De outro lado, outra característica política importante do Mercosul é o fato de que sua construção se fez num binário de gradualismo e pragmatismo. Isto é, dentro do Mercosul, a construção é feita passo a passo, e as respostas jurídicas, pragmáticas, decorrem dos fatos.

Existe sempre uma resposta aos fatos.

Não há, no Mercosul, projeção real para o futuro do sistema jurídico. A leitura dos instrumentos constitutivos e das Decisões, Resoluções e Diretrizes nos mostra, claramente, que o Mercosul legisla *ex post facto* e não *pro-facto*.

Assim, haverá sérias resistências quando se falar em supranacionalidade na elaboração normativa.

Por outro lado, as dissimetrias econômicas, geográficas e demográficas, que adiante comentaremos, não permitem chegar a uma fórmula adequada de representatividade sem que os parceiros menores fiquem em nítida desvantagem diante dos maiores.

## A) CARACTERÍSTICAS DAS PARTES

No que concerne às partes, temos outro aspecto característico do Mercosul.

Em nenhuma das instituições de integração há tamanhas diferenças de extensão territorial, economia e população como a que ocorre entre os países que participam do Mercosul. Apenas para recordar, a população do Brasil ultrapassa 155 milhões de habitantes, a da Argentina fica ao redor de 33 milhões, e Paraguai e Uruguai, juntos, têm ao redor de 7,7 milhões.

Entre o maior, Brasil, e o menor, Uruguai, há uma diferença de território e população de mais ou menos 50 vezes.

Se verificarmos os dados econômicos, as dissimetrias continuam: a Argentina apresentou um PIB de 260 bilhões de dólares; o Brasil, de 600 bilhões; o Uruguai, de 11,4; e o Paraguai, de 6,8 bilhões.

A ocorrência dessas dissimetrias envolve, como é óbvio, não só projetos nacionais e políticas econômicas diferentes, como, também – e isso importa muito para o tema que focalizamos –, o fato de que qualquer fórmula de representação democrática, seja a criação de um Parlamento do Mercosul, seja a criação de um órgão que, indiretamente representativo, pudesse legislar, encontre dois obstáculos: ou a sub-representação da população brasileira ou o desaparecimento dos países menores.

Esses dados fazem com que haja necessidade de se buscar uma fórmula

**464**

que permita aos mais fracos igualar-se aos mais fortes. Essa foi a do consenso, que se refletiu na formulação das estruturas do Mercosul.

## B) Originalidade Relativa do Modelo do Mercosul

O Mercosul, em razão dessas peculiaridades, desenvolveu características, em seu modelo, que são originais em relação aos paradigmas da integração.

Isso ocorre de modo marcado no que concerne às fontes do seu direito e à competência dos seus órgãos.

Isso igualmente sucede pela opção por construir um modelo onde o político e o econômico primam sobre o jurídico, o que repercutiu em seu sistema para solução de disputas.

O mais perfunctório exame, feito pelo mais bisonho dos observadores, mostra que o Mercosul não reproduz o modelo da União Européia. Este, como sabemos, foi copiado, quase que *ipsis literis* pelo Pacto Andino. As adaptações feitas à matriz, na experiência andina, não foram muitas.

No Mercosul, entretanto a estrutura é diferente.

As fontes de direito são de Direito Internacional Público. A criação das normas também obedece a esse padrão. As regras emanadas da organização internacional, como acontece na OIT, têm que ser admitidas pelos sistemas jurídicos de cada país.

A competência dos órgãos, ainda que dita executiva, é limitada à execução de algumas atividades previstas pelos tratados.

A solução de disputas, assim, obedeceu ao padrão genérico do Direito Internacional Público. Entretanto, constitui-se em modelo para vários acordos posteriores firmados no seio da ALADI[60], nos quais sempre há a negociação direta entre as partes, depois a intervenção (com algumas diferenças de modalidade) do órgão de administração do tratado, e, por último, se não ocorreu acordo, a arbitragem internacional. Em todos esses casos, como ocorre no Mercosul, a competência é para casos ligados à interpretação, aplicação e descumprimento do acordo ou de outros atos jurídicos a eles vinculados.

## 2) Eficácia do Modelo Mercosul

Tendo em vista estes aspectos, examinemos agora qual o grau de eficácia

---

[60.] Acordo de Complementação Econômica Argentina-Chile de 2 de agosto de 1991; ACE Chile-México de 22 de setembro de 1991; ACE Chile-Venezuela de 2 de abril de 1993; ACE Bolívia-Chile de 6 de abril de 1996, e ACE Colômbia-Chile de 6 de dezembro de 1993.

relativa alcançado pelo sistema para solução de controvérsias do Mercosul, sob os prismas do Direito Internacional Público, de um lado, e por ser este aplicável, do Direito Constitucional, do outro lado. O exame será rápido, pois os limites que nos foram impostos não permitem alongar esta exposição.

## A) Sob o Ângulo do Direito Internacional Público

Como vimos, a eficácia dos modos e dos sistemas para solução de controvérsias difere, sendo aferido, tanto no direito interno como no internacional, por dois ângulos: o da rapidez e o da efetividade da solução.

Do ponto de vista da rapidez, no Mercosul temos uma velocidade de decisão das questões muito maior que a existente nos judiciários de qualquer dos países-membros.

Assim, a fase negocial tem prazo de 15 dias[61], o Grupo Mercado Comum deve pronunciar-se em 30 dias[62] e, escolhidos, os árbitros devem decidir em 60 dias[63] prorrogáveis por mais 30, a partir da designação do Presidente do Tribunal. A sentença deve ser cumprida em 15 dias. Entretanto – é da natureza dos documentos diplomáticos – há uma fórmula para escapar à rigidez dos prazos, que é o comum acordo das partes. É justamente nesse ponto que poderá vir a ocorrer a demora na solução de algum caso, em razão de entendimentos que os Estados possam manter, diretamente, por fora do sistema, e que os levem a pedir adiamentos. Mas nesse caso, evidentemente, está-se atendendo ao interesse das partes.

Cabe também a possibilidade de medidas provisórias a serem decretadas pelos árbitros, e que permitirão dar efeito mais rapidamente a alguma decisão ou antecipar sua aplicação.

Sob este ângulo, a velocidade é satisfatória, e não deve ficar a dever à da solução de controvérsias nos demais sistemas de integração, NAFTA, Comunidades Européias etc.

Entretanto, há que se considerar outro obstáculo ao decurso dos prazos. Eles começam a ser contados a partir do momento em que um dos países divergentes comunica a existência da controvérsia ao Grupo Mercado Comum. Isso pode levar a demoras, segundo o interesse relativo dos governos pela matéria (que pode ter-se originado de reclamação de particulares) e sua apreciação da urgência da mesma.

O outro critério de eficácia é o do cumprimento das decisões. O sistema prevê a obrigatoriedade da decisão arbitral, e, ao contrário do que ocorre nos demais acordos examinados, a execução é obrigatória, não sendo a desobediência

---

[61.] Protocolo de Brasília, art. 3º, § 2º.

[62.] Protocolo de Brasília, art. 6º.

[63.] Protocolo de Brasília, art. 20.

**466**

prevista senão indiretamente, com a inclusão de sanções para esse comportamento[64].

A decisão é irrecorrível, salvo o pedido de esclarecimentos sobre seu conteúdo[65], que não constitui recurso, no sentido estrito da palavra, pois não permite a mudança do teor daquilo que foi decidido, mas apenas da forma como se exprimiu a decisão.

A obrigatoriedade da implementação da decisão, entretanto, dependerá fundamentalmente do sistema jurídico de cada país; portanto, do que dispuser seu direito constitucional. Isso se manifesta claramente nas apreciações que são feitas pelos comentaristas, que parecem supor a liberdade de decisão por parte dos Estados signatários como se fora o mecanismo clássico. Isso só pode ocorrer a partir do papel que um tratado desempenha ao produzir efeitos no interior de cada país, pois o cumprimento de um laudo emanado de tribunal arbitral criado por acordo internacional deve ser visto como obrigação que nele se integra.

## B) Sob o Ângulo do Direito Constitucional

Para evitar imprecisões, falarei apenas do que ocorreria no Brasil.

Os tratados institutivos do Mercosul foram aprovados pelo Congresso Nacional e promulgados pelo Presidente da República. São, assim, lei no país. Contêm diretrizes que devem ser cumpridas pelos integrantes do poder executivo tal como se fossem emanadas de lei ordinária, tendo em vista o princípio da legalidade dos atos da administração.

O Protocolo de Brasília prevê a obrigação de execução imediata da sentença arbitral[66], no seu art. 21. O tratado, inclusive, emprega a expressão "terão efeito de coisa julgada", a propósito do laudo.

No sistema constitucional brasileiro, a administração se submete, entre outros, como disse, e repito, ao princípio da legalidade. Este significa que o executivo deve fazer **o que a lei determina**. A prática de atos discricionários é uma exceção e deve ser prevista na lei, sob pena de o funcionário cometer ato ilícito. O mesmo ocorre quando deixa de cumprir providência determinada pela lei.

Caso ocorresse, por hipótese, uma decisão do sistema para solução de controvérsias do Mercosul e o poder executivo não a cumprisse no prazo, qualquer prejudicado poderia recorrer ao Poder Judiciário, pela via do mandado de segurança, para obter satisfação. E se seu direito for líquido e certo, com certeza a terá, de imediato.

---

[64] Protocolo de Brasília, art. 23.
[65] Protocolo de Brasília, art. 22.
[66] A expressão laudo e a de sentença arbitral são sinônimas no direito brasileiro.

Assim, temos a certeza jurídica da efetivação da solução para a divergência. A sanção prevista no Protocolo de Brasília serve – no caso – apenas para a hipótese de algum dos governos dos demais países não desejar submeter a questão a um juiz nacional do Brasil, o que certamente não ocorrerá se houver interesses privados em causa (estes agirão prontamente, e sem dificuldades).

## CONCLUSÃO

Nestas breves reflexões, foi possível detectar alguns problemas e examinar, ainda que de modo muito rápido, as características dos sistemas para solução de controvérsias.

Uma conclusão nos parece óbvia: cada sistema foi criado para uma circunstância específica, e todos procuraram preservar, de todas as maneiras, a soberania. A exceção foi a União Européia, onde o projeto era e continua sendo de unificação política.

No caso do Mercosul, a característica de pragmatismo de suas instituições auspicia a possibilidade de uma evolução constante, o que lhe permitirá adaptar-se às novas realidades.

Sou francamente favorável a esse tipo de enfoque, que me parece mais fundado na realidade e de molde mais a facilitar que a impedir o desenvolvimento de relações harmônicas e duradouras entre os parceiros. Como diz o velho brocardo, "o ótimo é inimigo do possível". Se queremos prosseguir com a integração, busquemos o possível.

**468**

# PROBLEMAS DA INTEGRAÇÃO NO MERCOSUL: OBSTÁCULOS ESTRUTURAIS E CONFLITOS NEGOCIAIS

PAULO ROBERTO DE ALMEIDA*

*Doutor em Ciências Sociais, diplomata. Diretor-Geral do Instituto Brasileiro de Relações Internacionais e Editor Adjunto da* Revista Brasileira de Política Internacional

1. Introdução – 2. Opções Extremas: entre um mercado comum completo e a ALCA – 3. Opções de *Realpolitik*: a grande estratégia do Mercosul – 4. A Agenda Institucional do Mercosul: a questão da supranacionalidade – 5. O Futuro do Mercosul: *a work in progress* – 6. Bibliografia

## 1. INTRODUÇÃO

Qualquer exercício de análise sobre o itinerário institucional futuro do Mercosul deve partir, antes de mais nada, de seus componentes estruturais – isto é, os elementos "pesados" que determinam sua atual conformação enquanto *processo* em curso de integração *comercia*l – para discutir em seguida os principais problemas que se colocam para sua evolução política e econômica, tanto do ponto de vista interno como externo. Em outros termos, não se poderia deixar de delimitar as condições econômicas e materiais do *sistema evolutivo* algo difuso que constitui hoje o Mercosul – algo entre uma zona de livre comércio incompleta e uma união aduaneira *sui generis* – para traçar as opções comerciais que se apresentam aos países-membros e para examinar as propostas políticas disponíveis em termos de organização institucional, do ponto de vista de seu desenvolvimento interno. O perfil futuro do Mercosul também depende, em parte, do como evoluirá o relacionamento externo do esquema integracionista, notadamente no que se refere ao processo hemisférico e à continuidade do processo de aproximação com a União Européia, uma vez que forças centrí-

---

* Autor dos livros *O Mercosul no contexto regional e internacional* (São Paulo: Aduaneiras, 1993) e *Mercosul: fundamentos e perspectivas* (São Paulo: LTr, 1998) e co-organizador, com Yves Chaloult, do livro *Mercosul, Nafta, Alca: a dimensão social* (São Paulo: LTr, 1999).

petas ou centrífugas podem atuar tanto no sentido de sua diluição progressiva no âmbito de esquemas de liberalização extramercosulianos ou no de seu reforço enquanto bloco comercial num mundo basicamente administrado por regras multilaterais de comércio.

Cabe indagar, portanto, se o Mercosul apresenta características muito definidas enquanto bloco de integração ou se ele ainda é, numa analogia dramatúrgica, uma personagem em busca de um roteirista ou de um autor. Como se poderá constatar pelo seguinte quadro analítico dos blocos e esquemas de integração, as possibilidades de sua fixação são diversas, no passado recente como no futuro próximo, neste dependendo precisamente de como poderão evoluir, nos planos interno/externo, a coesão doméstica do grupo e os desafios a ele lançados pelas conversações hemisféricas e pelas negociações multilaterais e extra-regionais.

| Tipos / Medidas | Área de Preferências Tarifárias | Zona de Livre Comércio | União Aduaneira | Mercado Comum | União Econômica e Monetária |
|---|---|---|---|---|---|
| **Redução de barreiras tarifárias e não tarifárias** | Alalc (de fato); Aladi; Asean; Apec; Acordos bilaterais Brasil-Uruguai (PEC), Uruguai-Argentina (CAUCE) e BR-ARG (ACE-14); Mercosul 1991-1994; | Alalc (projeto não realizado); Nafta; Asean (2010-20?); Alca (2006-2015?); Mercosul ao cabo do período de transição (1995?); | Zollverein (1844); Benelux (primeiro projeto: 1932); Pacto Andino (proj.); SADC (projeto); | CECA (1951, parc.); Tratado de Roma (1957); Tratado de Integração Brasil-Argentina (projeto de mercado comum até 1998); | União Econômica Belgo-Luxemburguesa (1922); |
| **Tarifa Externa e Política Comercial Comum** | | Comunidade Andina (esquema parcial entre Colômbia e Venezuela); Mercosul (1995); | Benelux (1948-1958); UA Checo-Eslovaca; Mercosul no período de convergência entre 1995-2001; | MCCA (projeto); Caricom (projeto); Mercosul (2005?, à exceção dos trabalhadores); | Império Alemão (1871); |
| **Livre circulação de fatores de produção** | | | Mercado Comum Europeu (1968); | Mercosul (a partir de 2006?); | França-Mônaco; Itália-San Marino e Vaticano; |
| **Liberdade de estabelecimento** | | | | Ato Único Europeu (1986-1993); Mercosul (2015?) | Tratado de Maastricht (1992); |
| **Moeda e/ou política monetária comum** | | | | | Europa dos 11 - "Euroland" (1999-2002); |
| **Políticas econômicas comuns** | | | | | Estados Unidos da Europa? |

Fonte: Paulo Roberto de Almeida: "A dimensão social nos processos de integração" in, Yves Chaloult e Paulo Roberto de Almeida (orgs.): *Mercosul, Nafta e Alca: a dimensão social* (São Paulo: LTr, 1999)

São muitas, portanto, as dúvidas e as alternativas dicotômicas colocadas no futuro do Mercosul. Essas opções poderiam, contudo, ser resumidas em duas perspectivas mais ou menos bem definidas, ainda que aparentemente pouco factíveis em sua plenitude, de desenvolvimento político-institucional. Por um lado, na vertente "otimista", a realização plena do projeto integracionista original, ou seja, um mercado comum caracterizado pela "livre circulação de bens, serviços e fatores produtivos", consoante os objetivos do art. 1º do Tratado de Assunção, ainda não realizáveis no futuro imediato. Por outro lado, no extremo "pessimista", a diluição do Mercosul numa vasta zona de livre-comércio hemisférica, do tipo da ALCA, de conformidade com o programa traçado em Miami em dezembro de 1994 e confirmado em Santiago, em abril de 1998. As negociações da ALCA encontram-se atualmente em curso e ainda que o Congresso dos Estados Unidos não tenha explicitamente habilitado o Executivo daquele país a realizar concessões comerciais no processo em andamento, pode-se razoavelmente presumir que o mandato autorizativo – vulgarmente chamado de *fast track* – virá em tempo hábil, consoante uma estratégia de longo prazo do gigante norte-americano.

Antes de discutir se tais opções extremas seriam factíveis, realizáveis no curto ou médio prazo ou mesmo credíveis no atual contexto político-diplomático e econômico da região, vejamos o que significaria o desenvolvimento de uma estratégia intermediária de menor custo político e econômico para o Mercosul, que seria representada por uma zona de livre-comércio geograficamente menos ambiciosa, como a proposta Área de Livre Comércio Sul-Americana (ALCSA). Esse espaço de liberalização comercial de âmbito exclusivamente sul-americano não tinha recebido, até os mais recentes progressos da ALCA, a continuidade esperada pelos seus proponentes originais e parecia até há pouco colocado numa espécie de limbo político pelos negociadores da integração. Para registro histórico, lembre-se que esse projeto tinha sido apresentado no Governo Itamar Franco como "Iniciativa Amazônica", pelo então chanceler Fernando Henrique Cardoso, depois ampliado em escala continental pelo Chanceler Celso Amorim. Nas duas modalidades, se previa a negociação, diretamente pelo Mercosul e sua ulterior protocolização pela ALADI, de amplos acordos de liberalização comercial e de complementação econômica entre os países do Mercosul e os demais países do continente. Tal como apresentado pelo Brasil, ele não despertou entusiasmo nos demais parceiros do Mercosul, na medida em que reduzia o impacto do acesso preferencial ao mercado brasileiro por parte desses países e introduzia um difícil processo de negociações "triangulares" que tinha de levar em conta não apenas o chamado "patrimônio histórico" da ALADI, mas ainda acordos de alcance parcial que os países do Mercosul e seus associados pudessem manter individualmente com outros países latino-americanos membros de outros esquemas integracionistas (caso do México e do NAFTA).

**472**

A conclusão, em 16 de abril de 1998, de um acordo de liberalização do comércio entre os países do Mercosul e a Comunidade Andina vem recolocar num novo patamar os esforços de consolidação de uma zona de livre comércio na América do Sul. A ALCSA representa uma opção de médio escopo hemisférico, servindo para reforçar o esquema liberalizador no âmbito geográfico da América do Sul. Seu pleno desenvolvimento representa uma estratégia de grande importância na conformação de um projeto econômico próprio para a região, independentemente da vontade política do principal parceiro hemisférico. A despeito das enormes dificuldades negociais – inclusive internas aos quatro membros do Mercosul – em torno de concessões recíprocas e da recuperação do "patrimônio histórico" da ALADI, as duas uniões aduaneiras em consolidação pareciam dispostas a ultimar as negociações no decorrer de 1999, com vistas a implementar a área de livre comércio bizonal a partir do ano 2000, mesmo que alguns produtos sejam de fato excluídos da liberalização ou recebam esquemas bastante prolongados de desgravamento tarifário.

Caberia observar, finalmente, em relação a essa "terceira via" da integração regional sul-americana, que ela não atende, está claro, às necessidades de investimentos e de tecnologia dos países-membros do Mercosul, nem tampouco a um incremento significativo de suas exportações de maior valor agregado, podendo representar, ao contrário, uma via de acesso ampliado aos mercados do Cone Sul por parte das economias setentrionais da região. Por último, nenhum esquema integracionista ampliado ao continente sul-americano pode resolver os conflitos internos próprios ao Mercosul, tanto os de natureza econômica como os de caráter político-institucional, nem eludir a necessidade intrínseca de se lograr, até 2005 previsivelmente, uma maior coesão interna do bloco em face dos desafios que se projetam nos planos hemisférico e multilateral.

Esses conflitos potenciais entre os países do Mercosul derivam de assimetrias reais do ponto de vista econômico-estrutural, como qualquer estatística de repartição setorial dos respectivos produtos internos e de população ocupada por ramos de atividade poderia confirmar. Não se trata, tão simplesmente, de uma suposta oposição de interesses econômicos entre países industrialmente mais "avançados" – como poderia ser aparentemente o Brasil – e outros com a vocação agropastoril mais afirmada, mas de diferenças nas estruturas fiscais e tributárias e no papel dos Estados respectivos nos sistemas educacional e previdenciário, por exemplo. O país mais "avançado" tecnologicamente é também o de maiores fragilidades sociais e educacionais, como se poderá constatar nas tabelas seguintes de indicadores econômicos e sociais.

**473**

## QUADRO 2
### INDICADORES ECONÔMICO-SOCIAIS DO MERCOSUL, 1997

| | Área (1.000 km²) | População (1.000) | Cresci-mento 1990-96 | População Urbana | Mortal. Infantil (1.000) | Expect. de vida (anos) | Taxa de Alfabeti-zação | PNB (US$ 1.000) | PNB per capita | Despesa social/ total | Índice Desenv. Humano |
|---|---|---|---|---|---|---|---|---|---|---|---|
| **Argentina** | 2.766 | 35.798 | 1,2 | 89% | 19,6 | 74,3 | 96% | 305,7 | 8.570 | 21,9 | 36% |
| **Brasil** | 8.511 | 164.511 | 1,6 | 80% | 53,4 | 61,4 | 83% | 773,4 | 4.720 | 27,7 | 62% |
| **Paraguai** | 406 | 5.651 | 2,7 | 54% | 22,3 | 74,1 | 92% | 10,2 | 2.010 | 16,0 | 91% |
| **Uruguai** | 176 | 3.270 | 0,6 | 91% | 14,7 | 75,2 | 97% | 19,4 | 6.020 | 42,0 | 38% |
| **Mercosul** | 11.861 | 209.231 | 1,5 | 81,4% | | | | 1.108,7 | 5.298 | | |

Fonte: Paulo Roberto de Almeida: "A dimensão social nos processos de integração" in, Yves Chaloult e Paulo Roberto de Almeida (orgs.): *Mercosul, Nafta e Alca: a dimensão social* (São Paulo: LTr, 1999)

QUADRO 3
COEFICIENTES DE DESIGUALDADE NO MERCOSUL, 1994

| | % Famílias abaixo da linha da: | | | | Distribuição da Riqueza Urbana (% do total) | | | | | Coeficiente de Gini (concentração de riqueza) |
| | Pobreza | | Indigência | | 40 % mais pobres | 30 % que seguem | 20 % abaixo ricos | 10 % mais ricos | Múltiplo ricos/ pobres | |
| | Total | Rural | Total | Rural | | | | | | |
|---|---|---|---|---|---|---|---|---|---|---|
| **Argentina** | 12 | 17 [3] | 2 | 6 [3] | 14,4 | 22,9 | 28,1 | 34,6 | 9,7 | 0,44 [4] |
| **Brasil** [1] | 41 | 51 | 16 | 30 | 11,8 | 19,1 | 26,6 | 42,5 | 14,5 | 0,51 [2] |
| **Paraguai** | 36 [2] | — | 13 | — | 16,1 | 22,6 | 26,1 | 35,2 | 8,7 | 0,42 [5] |
| **Uruguai** | 6 | 23 [3] | 1 | 8 [3] | 21,6 | 26,1 | 26,7 | 25,4 | 4,7 | 0,30 |

[1] 1993.
[2] 1992; estimativa do Paraguai, válida apenas para a área metropolitana.
[3] 1986.
[4] Apenas Grande Buenos Aires.
[5] Apenas Assunção.

Fonte: CEPAL, Panorama Social da América Latina, 1996

**Quadro 4**

**Estrutura tributária no Mercosul, 1996**

**Tributos como % do PIB**

| | Receitas do Governo | Imposto de Renda | TVA Vendas | Seguridade Social | Comércio Exterior | Excise Taxes | Patrimônio Riqueza | Outros |
|---|---|---|---|---|---|---|---|---|
| **Argentina** | 18,3 | 2,3 | 6,4 | 3,8 | 0,7 | 1,3 | 0,2 | 0,3 |
| **Brasil** | 26,5 | 4,1 | 9,5 | 5,4 | 0,6 | — | — | — |
| **Paraguai** | 13,4 | 2,2 | 4,1 | 1,1 | 2,2 | 1,4 | 0,0 | 0,5 |
| **Uruguai** | 27,8 | 2,6 | 8,5 | 7,2 | 1,0 | 3,3 | 0,8 | 1,0 |

Fonte: IMF, International Financial Statistics, 1997.

## 2. Opções Extremas: entre um mercado comum completo e a ALCA

No que se refere aos cenários extremos, comecemos por examinar a "hipótese" em função da qual foi elaborado o próprio projeto do Mercosul, ou seja, a realização do mercado comum sub-regional. A terem sido cumpridos os objetivos fixados no art. 1º do Tratado de Assunção, o mercado comum previsto deveria ter entrado em funcionamento no dia 1º de janeiro de 1995, o que obviamente não foi o caso. Segundo uma leitura otimista desse instrumento diplomático e do próprio processo de integração, esses objetivos serão cumpridos nesta etapa complementar, que pode ser denominada de "segunda transição", observados os prazos fixados no regime de convergência estabelecido para os diferentes setores definidos como "sensíveis" e cumpridos os requisitos mínimos desse mercado comum. Isto significaria, entre outros efeitos, a implementação efetiva da Tarifa Externa Comum e a conformação eventual, se necessário, de exceções verdadeiramente "comuns" a essa pauta aduaneira, e não listas nacionais de exceções como hoje se contempla. Idealmente, todas as barreiras não-tarifárias e medidas de efeito equivalente deveriam ter sido suprimidas. A coordenação de políticas macroeconômicas, nessa perspectiva, supõe igualmente que os países-membros deveriam ter delimitado todas as áreas cruciais de cooperação em vista da necessária abertura recíproca de seus mercados a todos os bens e serviços dos países-membros, inclusive no que se refere à oferta transfronteiriça de serviços e ao mútuo reconhecimento de normas e regulamentos técnicos específicos.

Na ausência de progressos mais evidentes nessas áreas, esperava-se que os países pudessem ter definido, pelo menos, um sistema de paridades cambiais com faixas mínimas de variação, entre as moedas respectivas, bem como a harmonização dos aspectos mais relevantes de suas legislações nacionais relativas a acesso a mercados. Estes são os requisitos mínimos para a conformação de um amplo espaço econômico conjunto no território comum aos países do Mercosul, a partir do qual se poderia caminhar para a consolidação progressiva e o aprofundamento do processo de integração, em direção de fases mais avançadas do relacionamento recíproco nos campos econômico, político e social.

Ainda que esse cenário razoável não se concretize, como parece previsível, nos primeiros anos do próximo século, seu desdobramento faz parte da lógica interna do Mercosul. Em todo caso, ele resultaria num Mercosul muito próximo do padrão de integração apresentado pelo Mercado Comum Europeu em finais dos anos 60, isto é, após terem os signatários originais do Tratado de Roma completado sua união aduaneira e definido uma espécie de "coexistência pacífica" entre uma pretendida vocação comunitária – encarnada na Comissão,

**477**

mas freada pelos representantes dos países-membros nos conselhos ministeriais – e um monitoramento de tipo intergovernamental, consubstanciado no papel político atribuído ao COREPER, o Comitê de Representantes Permanentes, não previsto no primeiro esquema institucional.[1] Em outros termos, mesmo a mais "comunitária" das experiências integracionistas, sempre foi temperada por um necessário controle intergovernamental ou, melhor dizendo, nacional. No caso específico do Mercosul, as dúvidas ou obstáculos levantados em relação ao aprofundamento do processo de integração não parecem derivar de reações epidermicamente "soberanistas" ou mesquinhamente nacionalistas – ou até mesmo "chauvinistas", como parecem acreditar alguns – mas de determinadas forças políticas ou de correntes de pensamento, para não falar de interesses setoriais "ameaçados", que logram "congelar" o inevitável avanço para a liberalização comercial ampliada entre os membros. Tais tendências não são necessariamente nacionalmente definidas, mas existem no interior de cada um dos países envolvidos no processo.

Quanto à outra hipótese extrema, a diluição – ou dissolução, prefeririam alguns setores norte-americanos – do Mercosul na ALCA, ela apenas poderia resultar de uma opção consentida e desejada pelos próprios países-membros, a menos que se admita uma deterioração sensível da "solidariedade mercosuliana" nos anos finais da segunda fase de transição. Considera-se aqui, como hipótese "realista" de trabalho, que a ALCA terá seguimento e conclusão exitosos, escapando à sua implosão por forças internas – sindicais e congressuais – dos Estados Unidos ou à sua própria "diluição" no caso de uma nova rodada abrangente de negociações comerciais multilaterais que signifique eventualmente sua inocuidade por efeito de incorporação de sua pauta negocial substantiva.

A hipótese da diluição do Mercosul na ALCA não pode ser excluída de todo, a julgar pelas assimetrias persistentes e por uma certa busca de "vantagens" unilaterais, como parece ser a tentativa do Paraguai de preservar os aspectos mais distorcivos de sua atual condição de "entreposto aduaneiro" da produção eletrônica de baixa qualidade que é despejada em seu território a partir de países asiáticos emergentes. Num caso – consolidação do Mercosul – como no outro – começo da implantação da ALCA –, a data fatídica de 2005

---

[1.] Não se pode excluir a hipótese de também o Mercosul vir a instituir, em Montevidéu, uma espécie de COREPER, mas parece evidente que esse eventual "órgão" informal teria mais a função de assessorar o trâmite de matérias administrativas junto à Secretaria Administrativa ou de facilitar o contato "diário" entre os quatro países do que, como no exemplo original europeu, os objetivos de "controlar" um órgão legitimamente comunitário — a Comissão —, estabelecer-lhe limites no processamento das atividades de "rotina" (definidas em função dos "interesses nacionais") e, também, de acelerar o trâmite de matérias julgadas relevantes pelas capitais. Sua institucionalização requereria uma mera "emenda", por via de decisão ministerial, ao Protocolo de Ouro Preto, mas também parece evidente que seu significado político transcenderia o simples aspecto de um "acabamento" na incipiente estrutura organizacional da união aduaneira.

aparece como um verdadeiro marco divisor, um "antes" e um "depois" num processo de escolhas cruciais que estarão sendo colocadas para os países do Mercosul nos primeiros anos do século XXI. Os estadistas do Brasil e da Argentina, em primeiro lugar, não poderão furtar-se a essas opções dramáticas e da qualidade das respostas dadas por suas respectivas diplomacias econômicas a alternativas por vezes contraditórias dependerá o futuro do Mercosul.

Os pressupostos formais e substantivos da ALCA são, evidentemente, inferiores em escala integracionista aos do Mercosul, muito embora a agenda econômica da liberalização hemisférica, tal como pretendida pelos Estados Unidos, compreenda bem mais do que os componentes elementares de uma "simples" zona de livre-comércio. Com efeito, tal como definido em Miami, em dezembro de 1994, aprofundado sucessivamente nos encontros ministeriais de Denver (junho de 1995), em Cartagena de Índias (março de 1996), em Belo Horizonte (maio de 1997) e em San José (março de 1998), e confirmado na segunda cúpula hemisférica (Santiago, abril de 1998), o programa da ALCA pretende ser algo mais do que um mero exercício de rebaixamento tarifário e de concessões recíprocas de ordem não-tarifária, cobrindo ainda, de forma abrangente, campos como os de serviços, investimentos, propriedade intelectual, concorrência e compras governamentais.

Conscientes do projeto ambicioso impulsionado pelos Estados Unidos, assim como de suas próprias fragilidades estruturais no confronto com a supremacia competitiva do Big Brother do Norte, os países-membros do Mercosul buscaram refrear o ímpeto inicial de, nos termos da Declaração de Miami, se "começar imediatamente a construir a ALCA", logrando afastar, na reunião ministerial de Belo Horizonte (maio de 1997), a ameaça de que se deva, "até o fim deste século [obter] progresso concreto para a realização deste objetivo". O Mercosul adotou uma postura essencialmente crítica em relação à ALCA, quando não um posicionamento cético à consecução de alguns dos – senão todos – objetivos fixados na Declaração de Miami, com exceção da própria meta geral de se empreender a construção de uma "zona de livre comércio hemisférica".

Uma das primeiras conquistas do Mercosul no processo preparatório às negociações foi consagrar o princípio dos *building blocks*, pelo qual a construção da ALCA se faria não pela adesão de cada país individualmente ao NAFTA, como pretendiam os norte-americanos, mas pela conjunção oportuna dos diversos esquemas sub-regionais de liberalização e de integração. A outra vitória foi afastar o espectro da *early harvest*, a perspectiva de resultados antecipados até o ano 2000, adicionalmente ao princípio do *single undertaking*, pelo qual se deve esperar um entendimento global sobre todos os benefícios e vantagens antes da implementação de qualquer acordo setorial que porventura se obtenha. O sucesso foi consagrado nas últimas reuniões do processo hemisférico, quando, ao definir responsabilidades partilhadas em termos das sucessivas

**479**

presidências do processo negociador e de desenvolvimento dos trabalhos dos grupos setoriais, se logrou obter, a partir de San José, resultados equilibrados do ponto de vista do Mercosul e do Brasil. Este país assegurará, juntamente com os Estados Unidos, a co-presidência do processo negociador durante a última – e mais crucial – fase de definição do perfil da futura zona de livre comércio hemisférica.

O que, afinal, assusta tanto os negociadores do Mercosul na projetada ALCA? Existem fatores tanto de ordem estrutural quanto elementos conjunturais que podem explicar as reticências brasileiras em relação a esse projeto. Em primeiro lugar, aparece o evidente diferencial de competitividade e de base produtiva (economias de escala) entre os dois maiores parceiros hemisféricos. Os Estados Unidos compõem uma economia de 7 trilhões de dólares, voltada atualmente para os aspectos mais dinâmicos da nova economia de serviços, ao passo que o Mercosul apresenta-se como uma economia inferior a um trilhão, considerada globalmente, e um PIB per capita proporcionalmente menor. O maior integrante do Mercosul, o Brasil – detentor de um PIB equivalente a menos do décimo do norte-americano –, tenta consolidar seu processo industrializador em meio aos desafios derivados da implementação da Rodada Uruguai e de seu próprio programa unilateral de abertura comercial, não considerando o processo ainda não concluído de estabilização macroeconômica.

Ainda assim, os argumentos a favor ou contra a ALCA podem ser utilizados num ou noutro sentido, em função da postura que se adote em relação aos ganhos esperados de uma ampliação de mercados não mais limitada em escala sub-regional, mas estendida a todo o hemisfério. Como já tivemos a oportunidade de salientar em relação a uma eventual adesão ao NAFTA,[2] os que encaram positivamente essa opção, não deixam de ressaltar o maior potencial de mercado e a superior qualidade da parceria tecnológica que podem derivar de uma "relação especial" no continente norte-americano, particularmente com os Estados Unidos, comparativamente à modéstia do poder de compra e as menores possibilidades tecnológicas oferecidas no Cone Sul.[3] Aqueles que por sua vez privilegiam os laços sub-regionais tampouco podem deixar de sublinhar, como parece claro, o desnível de poder negociatório com o Big Brother do Norte, o que condenaria o Mercosul a fazer muito mais concessões do que as que obteria em troca em termos de acesso ao mercado dos Estados Unidos.

---

[2.] Paulo Roberto de ALMEIDA, "O Brasil e o Mercosul em Face do NAFTA", *Política Externa*, São Paulo: vol. 3, n. 1, junho-julho-agosto 1994, pp. 84-96.

[3.] De fato, simulações econômicas sobre os efeitos "industriais" da liberalização unilateral e da conformação de "PTAs" (*preferential trade arrangements*) indicam uma maior relação custo-benefício nos esquemas Norte-Sul do que nos acordos regionais tipicamente Sul-Sul; ver Diego PUGA e Anthony J. VENABLES, "Trading Arrangements and Industrial Development", *The World Bank Economic Review*, vol. 12, n. 2, may 1998, pp. 221-249.

Em segundo lugar, precisamente, e no segmento deste último argumento, um outro fator de temor pode ser encontrado na também evidente assimetria de concessões e benefícios esperados de mais um processo de liberalização conduzido apenas em escala hemisférica, quando o perfil geográfico do comércio exterior brasileiro – consoante seu perfil tantas vezes afirmado de *global trader* – e seu relacionamento econômico-financeiro e tecnológico apontam para uma diversificação bem mais ampla de parcerias, com algumas áreas tradicionais de concentração, a começar pelo continente europeu. A União Européia é, e continuará sendo no futuro previsível, o mais importante mercado comercial e um dos principais provedores de investimentos para a economia brasileira, assim como a implementação do euro trará efeitos positivos para o Brasil e para o Mercosul em termos de comércio, finanças e diversificação de reservas. Ainda que não se conceba uma "preferência hemisférica" no terreno dos investimentos diretos, uma liberalização comercial conduzida apenas nesta parte do planeta poderia desestabilizar um quadro de parcerias comerciais e de estratégias empresariais – descontando-se a vertente agrícola, está claro, na qual a UE apresenta-se ainda como irredutivelmente protecionista – que promete muito mais em termos de inserção econômica internacional para o Brasil e para o Mercosul do que um pretendido acesso "privilegiado" ao mercado norte-americano.

Em terceiro e mais importante lugar, pode-se considerar o espectro do eventual abandono de um projeto regional de construção de um espaço econômico próprio, no qual, a despeito de todas as suas aparentes fragilidades, o Brasil assume um nítido papel hegemônico, em favor de um esquema não controlado de liberalização *à outrance*, na qual este País se veria atribuir, se tanto, uma função secundária. Em outros termos, a questão essencial ligada à ALCA não se refere, na verdade, a seus aspectos comerciais ou mesmo econômicos, mas sim, inquestionavelmente, a um projeto de poder. Compreende-se, dessa maneira, que o projeto ALCA constitui uma "opção extrema" não apenas em relação ao Mercosul, mas principalmente em relação à agenda geoestratégica, ainda que "inconsciente", do Estado brasileiro. Com efeito, não há, nem nunca houve, na doutrina geopolítica brasileira – subjacente e jamais explicitada em sua história diplomática – o equivalente de um "manifesto destino". Não se pode negar, entretanto, a existência latente de uma concepção própria quanto aos cenários possíveis ou desejáveis para o desenvolvimento do País no contexto sul-americano, podendo afirmar-se que a implementação concreta dessa concepção passa pela conformação de um espaço econômico integrado no hemisfério americano meridional.

Esses são, em resumo, os temores explícitos ou implícitos que suscita o projeto da ALCA e as razões, *ipso facto*, pelas quais a diplomacia brasileira se mobilizou para diminuir seu impacto ou neutralizar seus efeitos. Deve-se recordar, *en passant*, que o projeto da ALCA pode ser também "implodido", não por

**481**

ações concretas que possam ser adotadas pelo Mercosul ou pelo Brasil em particular, mas por avanços sensíveis que possam ser registrados no plano do sistema multilateral de comércio, mais concretamente a partir do lançamento de uma esperada Rodada do Milênio envolvendo quase todos, senão todos, os temas atualmente em discussão no âmbito hemisférico. Com efeito, que sentido teria, por um lado, conduzir negociações simultâneas de escopo comercial e não-tarifário em foros distintos e paralelos, ainda que não antagônicos, e como seria possível compatibilizar, por outro lado, exigências e demandas de dois conjuntos heteróclitos de parceiros econômicos?

Mesmo que se pretenda criar uma dinâmica regional, ou hemisférica, que sustente negociações de escopo mais amplo, ainda que razoavelmente mais "equilibradas", no foro da Organização Mundial de Comércio, o início de mais uma rodada abrangente de negociações multilaterais em âmbito universal inviabilizaria, na prática, a continuidade desse exercício em escala hemisférica. Por outro lado, o fato de o Brasil e os Estados Unidos assumirem, na última fase de negociações da ALCA, a co-presidência do processo parece ser uma espécie de garantia de sua conclusão exitosa, comprometendo de fato o principal parceiro do Mercosul – no que seria a "síndrome da cumplicidade" – com os objetivos estratégicos de *grande politique* dos Estados Unidos na consecução do projeto de Miami. Não se pode descurar, todavia, os ímpetos protecionistas e mesmo essencialmente paroquiais do Congresso – independentemente da força política dominante – e dos setores trabalhistas da potência norte-americana no que poderia ser chamado de "auto-implosão" da ALCA, hipótese que – com base nas dificuldades iniciais para a obtenção de um mandato negociador para o Executivo, o famoso *fast track* – não pode ser descartada *in limine*. Tendo em vista, porém, o caráter parcialmente autônomo do processo negociador – isto é, em relação às sociedades civis respectivas – e mesmo sua "inércia" relativa até os momentos decisivos do fechamento do *single undertaking*, entre 2003 e 2005, a variável ALCA continuará a "pesar" sobre os destinos do Mercosul até o acabamento de sua "segunda fase de transição" e sua definição como união aduaneira plena.

## 3. OPÇÕES DE *REALPOLITIK*: A GRANDE ESTRATÉGIA DO MERCOSUL

Quais seriam, em contrapartida, as opções razoáveis, ou as mais prováveis, que se apresentam para o desenvolvimento futuro do Mercosul? Elas se situam, claramente, no campo de seu aprofundamento interno, em primeiro lugar nos terrenos econômico e comercial, no âmbito de sua extensão regional, no reforço das ligações extra-regionais (em primeiro lugar com a União Européia) e, finalmente, mas não menos importante, no apoio que o Mercosul pode e deve buscar no multilateralismo comercial como condição de seu sucesso regional e internacional enquanto exercício de diplomacia geoeconômica.

Parece evidente que, a despeito de dificuldades pontuais e de obstáculos setoriais, a marcha da integração econômica não poderá ser detida pelas lideranças políticas que, nos próximos cinco ou dez anos, se sucederão ou se alternarão nos quatro países-membros e nos demais associados. Tendo resultado de uma decisão essencialmente política, de "diplomacia presidencial" como já se afirmou, o Mercosul econômico não poderá ser freado senão por uma decisão igualmente política: ora, afigura-se patente que o processo de integração possui um valor simbólico ao qual nenhuma força política nacional tem a pretensão de opor-se. Daí se conclui que os impasses comerciais, mesmo os mais difíceis, tenderão a ser equacionados ou contornados politicamente e levados a uma "solução" de mútua e recíproca conveniência num espaço de tempo algo mais delongado do que poderiam supor os adeptos de rígidos cronogramas econômicos. Nesse sentido, o Mercosul não é obra de doutrinários ortodoxos, mas de líderes pragmáticos.

Assim, sem entrar na questão do cumprimento estrito do programa de convergência ou no problema da compatibilização de medidas setoriais nacionais, tudo leva a crer que a futura arquitetura do Mercosul econômico não seguirá processos rigorosamente definidos de "aprofundamento" inter e intra-setoriais, dotados de uma racionalidade econômica supostamente superior, mas tenderá a seguir esquemas "adaptativos" e instrumentos *ad hoc* essencialmente criativos, seguindo linhas de menor resistência já identificadas pragmaticamente. Se o edifício parecer singularmente "heteróclito" aos olhos dos cultores dos esquemas integracionistas pode-se argumentar, em linha de princípio, que o itinerário do Mercosul econômico não precisa seguir, aprioristicamente, nenhum padrão de "beleza estética" ou de "pureza teórica" no campo da integração. Em qualquer hipótese, o Mercosul não está sendo construído para conformar-se a padrões organizacionais previamente definidos em manuais universitários de direito comunitário, mas para atender a requisitos econômicos e políticos de natureza objetiva, que escapam – e assim deve ser – a qualquer definição teórica ou pretensa coerência metodológica.

No que se refere à questão do aprofundamento interno, político e institucional do Mercosul, eventualmente inclusive no terreno militar, não se pode deixar de sublinhar, uma vez mais, as dificuldades inerentes – e as demandas inevitáveis, pelos protagonistas já identificados – vinculadas ao problema da supranacionalidade, constantemente agitado, como uma espécie de "espantalho acadêmico", sobre a mesa de trabalho de "mercocratas insensíveis". Não se poderia excluir, a esse respeito, a evolução progressiva do atual principal opositor a qualquer "renúncia de soberania" no âmbito do Mercosul, o Brasil, em direção de uma posição mais próxima, intelectualmente falando, dos demais países-membros – seja os declaradamente "supranacionais", como Uruguai e Paraguai, seja a Argentina moderada, isto é, em favor de uma combinação de instituições intergovernamentais e comunitárias –, muito embora tal questão esteja em conexão direta com a definição de um outro tipo, ponderado, de sistema decisório interno à união aduaneira.

Nenhum desses cenários "razoáveis" tem, como nos casos anteriores, sobretudo no exercício da ALCA, a data fatídica de 2005 como fator político de mutação estratégica. Eles se situam mais no terreno da continuidade do que no da ruptura, ainda que alguns "choques" internos tenham de ocorrer para tornar verdadeiramente possíveis, ou prováveis, alguns dos desenvolvimentos aqui considerados. É bem verdade que, no caso dos prazos finais de convergência intra-Mercosul, o ano de 2005 – e, antes dele, o ano 2000 para a liberalização completa da maior parte das exceções tarifárias – aparece como uma espécie de "ponto de não retorno" no cenário da integração sub-regional, mas ele também pode ser visto como um "ponto de fuga", após o qual os países-membros, ainda a braços com processos delongados de estabilização macroeconômica e confrontados a difíceis escolhas no terreno de suas políticas econômicas nacionais, continuariam afastando diante de si ou – para usar um verbo dotado de conotação positiva – buscando ativamente a "implementação" da união aduaneira projetada.

Aceitando-se que tanto a ALCA como uma hipotética "Rodada do Milênio" na OMC, ambos sob o signo de um "GATT-plus", poderão servir de aguilhões para a implementação efetiva dessa união aduaneira, tem-se que antes ou a partir de 2005 os países-membros estarão avançando desta vez no caminho do mercado comum. As dificuldades derivadas da abertura comercial brasileira efetuada em princípios dos anos 90 e das turbulências financeiras do final da década já terão sido provavelmente absorvidas e restaria apenas consolidar as bases de um novo modelo de crescimento econômico e de integração à economia mundial. Nessa fase, com toda probabilidade, estaremos assistindo à consolidação de novas configurações industriais na sub-região e no Brasil em particular, com um crescimento extraordinário do comércio intra-industrial e intrafirmas.[4] Tem-se como certa, igualmente, a continuidade do processo de internacionalização da economia brasileira, em ambos os sentidos, ou seja, não apenas a recepção de um volume cada vez maior de capitais estrangeiros nos diversos setores da economia, com destaque para o terciário, mas igualmente a exportação ampliada de capitais brasileiros para dentro e fora da região. Com efeito, o Brasil é também,

---

[4] Na verdade, esse comércio já vinha crescendo a taxas geométricas desde o início do processo de integração; como informado em estudo sobre o processo de constituição da estrutura tarifária no Mercosul, o intercâmbio intra-regional se expandiu, desde a assinatura do Tratado de Assunção, a uma taxa anual de 28,5%, o que representa três vezes mais do que a expansão global do comércio regional (9%) e cerca de cinco vezes a taxa de crescimento do comércio mundial (6%); ver Marcelo OLARREAGA e Isidro SOLOAGA, "Endogenous Tariff Formation: the case of Mercosur", *The World Bank Economic Review*, vol. 12, n. 2, may 1998, pp. 297-320.

crescentemente, um país "exportador" de capitais, mesmo se os Estados federados ainda lutam desesperadamente, inclusive por mecanismos espúrios de incentivos e de "guerra fiscal", para atrair investimentos diretos estrangeiros.

Nesse sentido, o Mercosul se consolidará como "plataforma" industrial de uma vasta região geoeconômica, mas se converterá igualmente em grande exportador mundial de *commodities* e sobretudo de bens industriais, o que ele hoje faz em escala muito modesta. Seria ainda prematuro debater a questão da "moeda comum", mas não se poderia excluir tampouco essa hipótese, via adoção prévia de um sistema qualquer de paridades correlacionadas entre suas principais moedas. Este cenário pareceria estar vinculado ao abandono, pela Argentina, do sistema de paridade fixa, assim como à aceitação, pelo Brasil, de um mecanismo compartilhado de gestão cambial, mas afigura-se ainda precoce especular sobre os caminhos certamente originais que podem, também neste caso, conduzir a um padrão monetário unificado – que pode até mesmo significar preservação das moedas nacionais – no futuro mercado comum. A própria adoção efetiva da moeda única européia, entre 1999 e 2002, que poderá "sugerir" o afastamento da referência exclusiva ao dólar, ainda hoje básica, nas operações de comércio exterior e de finanças internacionais dos países-membros, contribuirá certamente para alimentar o debate interno em torno da questão. Não se vislumbra, entretanto, além de exercícios acadêmicos obviamente inevitáveis e alguns debates preliminares de certa forma bem-vindos, qualquer definição de calendário e de compromissos nesta área antes de uma "terceira fase de transição", a partir de 2006. Mas, mesmo um Mercosul minimalista até lá não poderá eludir o problema da coordenação cambial como condição essencial de avanços ulteriores nos demais terrenos da construção do mercado comum.

Em outros termos, quaisquer que sejam as dificuldades eventuais, o Mercosul terá de avançar no terreno econômico-comercial como condição prévia à preservação de sua identidade política, regional e internacional, em face dos desafios hemisférico e multilateral que se apresentarão nos primeiros anos do século XXI. As demandas não são apenas externas, na medida em que se conhece o apetite – e mesmo a necessidade – argentina pela coordenação de políticas macro-econômicas, bem como a reiterada insistência do Uruguai, e com menor ênfase do Paraguai, por instituições supranacionais. Este aspecto é, porém, mais retórico do que efetivo, sendo bem mais importantes, no caso argentino, o problema da descoordenação cambial – de fato a ameaça de desvalorização por parte do Brasil – e, para todos os demais países, a questão do acesso continuado e desimpedido ao mercado interno da principal economia sul-americana.

## 4. A AGENDA INSTITUCIONAL DO MERCOSUL: A QUESTÃO DA SUPRANACIONALIDADE

Um dos grandes problemas da evolução política futura do Mercosul é, precisamente, o "salto" para a adoção integral de instituições comunitárias de tipo supranacional, transição que ocorrerá mais cedo ou mais tarde nos países-membros, considerando-se que o Mercosul constitui, efetivamente, o embrião de etapas superiores de integração. Este setor é, obviamente, o de maiores dificuldades intrínsecas, uma vez que combina, como seria de se esperar, preocupações relativas à soberania estatal e ao assim chamado "interesse nacional". A questão principal neste campo refere-se à possibilidade de formação de uma ordem jurídica comunitária no Mercosul, que muitos autores consideram automaticamente a partir do conceito similar oriundo do direito comunitário construído a partir da experiência européia de integração econômica e política.

Em outros termos, o Mercosul deveria ou precisaria aproximar-se do modelo europeu para receber uma espécie de rótulo comunitário, uma certificação de boa qualidade de origem supranacional? Contra essa perspectiva "européia" são levantados, e não apenas pelos "mercocratas", vários óbices estruturais e sobretudo políticos nos países-membros. A despeito de uma aceitação de princípio por parte das elites desses países dos pressupostos da construção comunitária – ou seja, a cessão de soberania, a delegação ou transferência de poderes, a limitação da vontade soberana do Estado – a internacionalização efetiva de suas economias respectivas ou uma ativa e assumida interdependência entre os países-membros do Mercosul parece ainda distante. O problema aqui parece ser mais de ordem prática do que teórica: os economistas, que são os que de fato comandam o processo de integração, pelo menos em seus aspectos práticos, não têm o mesmo culto à noção de soberania – seja contra ou a favor – em que parecem deleitar-se os juristas e os acadêmicos em geral.

Ainda que todos possam concordar em que a soberania nacional pode e deve recuar à medida que se avança num projeto de mercado comum, não se trata de uma questão em relação à qual os atores relevantes possam ou devam se posicionar simplesmente contra ou a favor, ou, ainda, de uma noção que deva ser encaminhada ou resolvida por um tratado jurídico de qualquer tipo. A soberania, qualquer que seja o seu significado jurídico, não costuma integrar os cálculos de PIB ou as estimativas de (des)equilíbrios de balança comercial. Da mesma forma, ela não se sujeita facilmente à coordenação de políticas macroeconômicas, daí sua irrelevância prática para a condução efetiva do processo integracionista. Ela é, sim, exercida diariamente, na fixação da taxa de câmbio – que pode até ser declarada estável – ou na determinação do nível de proteção efetiva em situações de baixa intensidade integracionista, que é justamente aquela na qual vivem os países do Mercosul (ou, pelo menos, o maior deles, que é também o menos livre-cambista dos quatro). Em outros termos, a "soberania" não é um conceito operacional, a mesmo título que a harmonização de leis ou a padronização de normas técnicas, mas tão simplesmente um "estado de espírito", uma percepção dos resultados prováveis de ações políticas adotadas – conscientemente ou não – pelos protagonistas de um processo de integração: é algo que se constata *ex post*, mais do que o resultado de uma planificação ideal do futuro.

Diversos juristas e estudiosos do Mercosul têm avançado a idéia de que caberia impulsionar, através da "vontade política", a implementação gradual de um modelo supranacional, indicando o Brasil como o grande responsável pela preservação do caráter intergovernamental da estrutura orgânica mercosuliana pós-Ouro Preto. É verdade, mas neste caso se tratou de obra meritória, na medida em que tal atitude salvou o próprio Mercosul de um provável desastre político e de possíveis dificuldades econômicas e sociais. A *Realpolitik* é sempre a linha de maior racionalidade nas situações de forte incerteza quanto aos resultados de qualquer empreendimento inovador, seja uma batalha militar, seja um salto para a frente nesse modesto *Zollverein* do Cone Sul.

Dito isto, este articulista pretende deixar claro que não defende uma posição "soberanista" estrita no processo de construção, necessariamente progressivo e gradual, do Mercosul. A soberania, como no velho mote sobre o patriotismo, costuma ser o apanágio dos que se atêm à forma em detrimento do conteúdo, à letra em lugar do espírito da lei. Sua afirmação, em caráter peremptório ou irredentista, é geralmente conservadora, podendo mesmo sua defesa exclusivista e principista ser francamente reacionária no confronto com as necessidades inadiáveis de promoção do desenvolvimento econômico e social e do bem-estar dos povos da região. O que, sim, deve ser considerado na aferição qualitativa de um empreendimento tendencialmente supranacional como é o caso do Mercosul é em que medida uma renúncia parcial e crescente à soberania por parte dos Estados-partes acrescentaria "valor" ao edifício integracionista e, por via dele, ao bem-estar dos povos integrantes do processo, isto é, como e sob quais condições especificamente uma cessão consentida de soberania contribuiria substantivamente para lograr índices mais elevados de desenvolvimento econômico e social.

O assim chamado interesse nacional – tão difícil de ser definido como de ser defendido na prática – passa antes pela promoção de ativas políticas desenvolvimentistas do que pela defesa arraigada de uma noção abstrata de soberania. Deve-se colocar o jurisdicismo a serviço da realidade econômica – e não o contrário – e ter presente que cabe ao Estado colocar-se na dependência dos interesses maiores da comunidade de cidadãos e não servir objetivos imediatos e corporatistas de grupos setoriais ou fechar-se no casulo aparentemente imutável de disposições constitucionais soberanistas. Em certas circunstâncias, pode-se admitir que uma defesa bem orientada do interesse nacional – que é a defesa dos interesses gerais dos cidadãos brasileiros e não os particulares do Estado, a defesa dos interesses da Nação, não os do governo – passe por um processo de crescente internacionalização, ou de "mercosulização", da economia brasileira. Quando se ouve impunemente dizer que a "defesa do interesse nacional" significa a proteção do "produtor" ou do "produto nacional" poder-se-ia solicitar ao mercocrata de plantão que saque, não o seu revólver, mas a planilha de custos sociais da proteção efetiva à produção nacional (o que envolve também, é claro, o cálculos dos efeitos renda e emprego gerados no País).

A opção continuada dos países-membros do Mercosul por estruturas de tipo intergovernamental, submetidas a regras de unanimidade, pode portanto ser considerada como a mais adequada na etapa atual do processo integracionista em escala sub-regional, na qual nem a abolição dos entraves à livre circulação de bens, serviços e fatores produtivos, nem a instituição efetiva da tarifa externa comum, nem a integração progressiva das economias nacionais parecem ainda requerer mecanismos e procedimentos supranacionais suscetíveis de engajar a soberania dos Estados. Esses objetivos podem, nesta fase, ser alcançados através da coordenação de medidas administrativas nacionais e da harmonização das legislações individuais. Ainda que os objetivos do Mercosul sejam similares aos do Mercado Comum Europeu e, eventualmente, em última instância, aos da União Européia, não há necessidade, para o atingimento dos objetivos que são os seus atualmente, de que o seu sistema jurídico copie, neste momento, o modelo instituído no Tratado de Roma e, numa fase ulterior, o Tratado de Maastricht. Basta atribuir-lhe personalidade de direito internacional e implantar um marco de disciplina coletiva no exercício das respectivas soberanias nacionais.

Um outro campo de avanços "virtuais" seria o da cooperação política entre os países-membros. É teoricamente possível pensar, no Mercosul, em etapas mais caracterizadas de integração política, a exemplo da Europa de Maastricht. Não há contudo, neste momento, a exemplo dos conhecidos mecanismos europeus, uma instância formal de cooperação política e de coordenação entre as chancelarias respectivas para uma atuação conjunta nos foros internacionais, assim como não há uma instância específica do Mercosul para assuntos militares e estratégicos (a despeito mesmo da realização, tanto em nível bilateral Brasil-Argentina, como em nível quadrilateral, de diversas reuniões – de caráter meramente informativo e com características quase acadêmicas – entre representantes militares dos quatro países-membros). A prática diplomática, contudo, tem levado a consultas políticas constantes entre os quatro países, sobretudo Brasil e Argentina, tanto no nível presidencial como por meio das chancelarias respectivas. Esses contatos passaram, cada vez mais, a envolver os setores militares respectivos dos países-membros. Já, previsivelmente, os Estados Maiores conjuntos das forças armadas nacionais, no Brasil e na Argentina, reduziram ao mínimo, ou pelo menos a proporções insignificantes, os riscos de uma instabilidade político-militar nas relações recíprocas. Isto significa, tão simplesmente que a hipótese de guerra, sempre traçada nas planilhas de planejamento estratégico dos militares, é cada vez mais remota, senão impossível.

No terreno mais concreto dos conflitos comerciais, parece por outro lado evidente que, assim como na experiência européia a existência da Corte de Luxemburgo permitiu desmantelar de fato muitas barreiras não-tarifárias erigidas *depois* da consecução da união aduaneira,[5] a eventual introdução de uma corte arbitral permanente no Mercosul poderia desarmar a maior parte dos impedimentos colocados pelos *lobbies* setoriais nacionais à abertura efetiva dos mercados internos à competição dos agentes econômicos dos demais parceiros. Talvez este seja o "primeiro grão" de supranacionalidade e de direito comunitário que caberia, por simples questão de racionalidade econômica, impulsionar no processo de integração.

## 5. O FUTURO DO MERCOSUL: *A WORK IN PROGRESS*

As fases mais avançadas do processo integracionista no Cone Sul poderão, a exemplo da experiência européia, permitir o estabelecimento de uma cooperação e coordenação política propriamente institucionalizada e poderão até mesmo desembocar, a longo prazo, num processo ao estilo da Europa-92 e envolver as diversas dimensões discutidas e aprovadas por Maastricht, ou seja, união econômica ampliada (moeda e banco central), coordenação da segurança comum e ampliação do capítulo social em matéria de direitos individuais e coletivos. Nesse particular, as centrais sindicais do Mercosul vêm demandando, com uma certa insistência, a adoção de uma "Carta Social", com direitos sociais e trabalhistas mínimos a serem respeitados pelos "capitalistas selvagens" do Cone Sul. Ainda que se possa conceber novos avanços no capítulo social do Mercosul, é previsível que a orientação econômica predominante neste terreno – isto é, tanto empresarial como governamental – continuará privilegiando mais a "flexibilidade" dos mercados laborais, ao estilo anglo-saxão, do que uma estrita regulação dos direitos segundo padrões europeus.

No que se refere, finalmente, ao relacionamento externo do Mercosul, caberia enfatizar primeiramente o aprofundamento das relações com outros esquemas de integração, a começar obviamente pela União Européia. O

---

[5.] De fato, como indica Carlos Rozo, foi o "ativismo jurídico" da Corte Européia de Justiça que serviu de fator catalizador no processo integrador europeu, sem o que os esforços integradores não teriam sido tão profundos ou permanentes como foram objetivamente; ver o artigo "Juridical Activism and Regional Integration: Lessons from the European Court of Justice", *Integration & Trade*, vol. 1, n. 2, may-august 1997, pp. 27-45.

Mercosul se constituiu no bojo de uma revitalização dos esquemas de regionalização, sobretudo os de base sub-regional. Sua primeira fase de transição coincidiu com a constituição de uma área de livre comércio na América do Norte (NAFTA), entre o México, os EUA e o Canadá, logo seguida pelo próprio desenvolvimento da idéia da "Iniciativa para as Américas" sob a forma de uma zona de livre comércio hemisférica, a ALCA. Ao mesmo tempo, outros esquemas eram lançados ou se desenvolviam em outros quadrantes do planeta: todos eles obedecem, em princípio, à mesma *rationale* econômica e comercial, qual seja, a da constituição de blocos comerciais relativamente abertos e interdependentes, integrados aos esquemas multilaterais em vigor.

A União Européia, que levou mais longe esse tipo de experiência, talvez seja o bloco menos aberto de todos, mas é também aquele que apresenta o maior coeficiente de abertura externa e de participação no comércio internacional de todos os demais, sendo ademais o principal parceiro externo do Mercosul. A atribuição pelo Conselho Europeu de um mandato negociador à Comissão de Bruxelas, no sentido de ser implementado o programa definido no acordo inter-regional assinado em dezembro de 1995 em Madri, parece ainda carente de maior definição quanto a seu conteúdo efetivo, em primeiro lugar no que se refere ao problema da liberalização do comércio recíproco de produtos agrícolas, uma das bases inquestionáveis do protecionismo europeu, francês sobretudo.

O Mercosul deve relacionar-se amplamente com os diversos esquemas sub-regionais, mas, ao mesmo tempo, preservar seu capital de conquistas no Cone Sul. Em outros termos, a associação, via acordos de livre comércio, de parceiros individuais (foi o caso do Chile e da Bolívia, a partir de 1996) ou de grupos de países (os da Comunidade Andina, por exemplo), deve obedecer única e exclusivamente aos interesses dos próprios países-membros do Mercosul, para que os efeitos benéficos do processo de integração sub-regional não sejam diluídos num movimento livre-cambista que apenas desviaria comércio para fora da região. Tal seria o caso, por exemplo, de uma negociação precipitada em prol da ALCA, sem que antes fossem garantidas condições mínimas de consolidação da complementaridade intra-industrial entre Brasil e Argentina e de expansão do comércio em geral no próprio Mercosul e no espaço econômico sul-americano em construção.

Um acordo precipitado no âmbito da ALCA introduziria certamente uma demanda excessiva por salvaguardas durante a fase de transição e, sabemos pela experiência do próprio Mercosul, que elas devem limitar-se aos ajustes temporários requeridos pelos processos de reconversão ligados à repartição intersetorial dos fluxos comerciais e, em nenhum caso, dificultar ou impedir a marcha da especialização e da interdependência intra-industrial. As regras de origem, por outro lado, que conformam um dos capítulos mais intrincados de

**490**

qualquer processo de liberalização, poderiam ser indevidamente utilizadas para impedir fluxos de comércio com outras regiões ou investimentos de terceiros países, geralmente europeus ou mesmo asiáticos, reconhecidamente mais dinâmicos em determinados setores de exportação.

A "ameaça" da ALCA incitou presumivelmente os europeus a se decidir por avançar na implementação do acordo de cooperação inter-regional firmado em Madri. Como registrado nesse instrumento, a liberalização comercial "deverá levar em conta a sensibilidade de certos produtos", o que constitui uma óbvia referência à Política Agrícola Comum, uma das áreas de maior resistência à abertura no ulterior processo de negociação. Não obstante, é de se esperar que por volta de 2005, e coincidindo com avanços similares nos planos hemisférico e multilateral, o Mercosul e a União Européia tenham delineado de maneira mais efetiva as bases de um vasto esforço de cooperação e de liberalização recíproca. Uma etapa decisiva no esforço negociador bilateral deverá ser realizada por ocasião da Cimeira Europa-América Latina, a realizar-se no Rio de Janeiro no primeiro semestre de 1999, quando também deverão reunir-se representantes de cúpula do Mercosul e da União Européia com vistas, possivelmente, ao anúncio do início das negociações tendentes a conformar, se não um novo esquema de integração, pelo menos um processo progressivo de liberalização do comércio recíproco dos dois espaços de integração regional. Também aqui, como no caso da ALCA, a possibilidade de resultados exitosos do ponto de vista do Mercosul depende em grande medida do grau de coesão interna do grupo, tanto no terreno econômico como no político.

Mais importante do que qualquer esquema "privilegiado" de âmbito regional é, contudo, o reforço contínuo das instituições multilaterais de comércio, condição essencial para que o Mercosul não seja discriminado indevidamente em qualquer área de seu interesse específico, seja como ofertante competitivo de produtos diversos, seja como recipiendário de capitais e tecnologias necessárias. A OMC representa, nesse sentido, um foro primordial de negociações econômicas e, como tal, um terreno comum de entendimento com os diversos esquemas regionais de integração. Essa instituição não constitui, entretanto, um guarda-chuva tranqüilo e muito menos uma panacéia multilateralista suscetível de preservar os países-membros dos desafios da globalização já em curso: pelo contrário, ela tende a ser, cada vez mais, o próprio foro da globalização, ao lado de suas "irmãs" mais velhas de Bretton Woods, o FMI e o Banco Mundial. Atuando de forma coordenada na OMC, bem como em outros foros relevantes do multilateralismo econômico internacional – como a OCDE, a UNCTAD e as instituições de Bretton Woods –, os países-membros do Mercosul logram aumentar seu poder de barganha e ali exercer um talento negociador que os preparará para a fase da "pós-globalização" que já se anuncia.

Em síntese, tendo em vista que o processo de construção do Mercosul não obedece tão simplesmente a opções de política comercial ou de modernização econômica – ainda que tais objetivos sejam, por si sós, extremamente relevantes do ponto de vista econômico e social de seus países-membros – ou a meras definições externas e internacionais de caráter "defensivo", mas encontra-se no próprio âmago da estratégia político-diplomática dos respectivos Governos e de certa forma entranhado a suas políticas públicas de construção de um novo Estado-nação na presente conjuntura histórica sub-regional, parece cada vez mais claro que o Mercosul está aparentemente "condenado" a reforçar-se continuamente e a afirmar-se cada vez mais nos planos regional e internacional. Nesse sentido, ele deixa de ser um "simples" processo de integração econômica, ainda que dotado de razoável capacidade transformadora do ponto de vista estrutural e sistêmico – algo limitado, reconheça-se, para o Brasil enquanto "território ainda em formação", por mais significativo que ele possa ser no quadro dos sistemas econômicos nacionais respectivos dos demais países-membros –, para apresentar-se como uma das etapas historicamente paradigmáticas no itinerário já multissecular das nações platinas e sul-americanas, como uma das opções fundamentais que elas fizeram do ponto de vista de sua inserção econômica internacional e de sua afirmação política mundial na era da globalização. O Mercosul é, mais do que nunca, um *work in progress*.

## 7. BIBLIOGRAFIA

ALMEIDA, Paulo Roberto de. *O Mercosul no contexto regional e internacional.* São Paulo: Aduaneiras, 1993.

_____. "O Brasil e o Mercosul em Face do NAFTA", *Política Externa*, São Paulo: vol. 3, n. 1, junho-agosto 1994, pp. 84-96.

_____. *Mercosul: fundamentos e perspectivas.* São Paulo: LTr, 1998.

CARAMUTI, Ofelia Stahringer de (coord.). *El Mercosur en el nuevo orden mundial.* Buenos Aires: Ediciones Ciudad Argentina, 1996.

OLARREAGA, Marcelo e SOLOAGA, Isidro. "Endogenous Tariff Formation: the case of Mercosur", *The World Bank Economic Review*, vol. 12, n. 2, may 1998, pp. 297-320.

PUGA, Diego e VENABLES, Anthony J. "Trading Arrangements and Industrial Development", *The World Bank Economic Review*, vol. 12, n. 2, may 1998, pp. 221-249.

ROZO, Carlos. "Juridical Activism and Regional Integration: Lessons from the European Court of Justice", *Integration & Trade*, vol. 1, n. 2, may-august 1997, pp. 27-45.

# Papel da Comissão de Comércio MERCOSUL: o tribunal do MERCOSUL disfarçado?

### Paulo Borba Casella

*Professor Associado de Direito Internacional da
Faculdade de Direito da USP; Doutor e Livre-Docente (USP)*

1. Composição e Atribuições da CCM – 2. Papel e Atuação de Tribunal Integrado – 3. Solução de Controvérsias e Mecanismos Institucionais – 4. Interpretação Jurisprudencial de Princípios Constitucionais – 5. Processo Europeu de Integração: Falácia do "efeito BENELUX" – 6. Sistema Judicial da Integração Andina – 7. Ocorrência de Órgão Judicial Supranacional em Processo de Integração – 8. A CCM e o Papel de Tribunal Comum

Não obstante a situação ainda institucionalmente provisória do MERCOSUL, vale ter presente a indispensável ocorrência de mecanismos institucionais e operacionais, legais e administrativos, como auxiliares da administração e garantidores da continuidade do processo de integração.

Nesse sentido, no caso do MERCOSUL, se coloca a Comissão de Comércio do MERCOSUL, ao lado dos dois órgãos de caráter executivo, o Conselho e o Grupo Mercado Comum, da Comissão Parlamentar Conjunta, do Foro Consultivo Econômico e Social e da Secretaria Administrativa, que não caberia aqui referir.

Além e ao lado da atuação inicialmente contemplada, diante da inocorrência de tribunal integrado, está a Comissão de Comércio do MERCOSUL desempenhando função crucial como canal de determinação do conteúdo e aplicação das normas comuns.

## 1. Composição e Atribuições da CCM

A Comissão de Comércio do MERCOSUL, nos termos do Protocolo de Ouro Preto, arts. 16 a 21, integrada por quatro membros titulares e quatro suplentes, coordenada pelos Ministérios das Relações Exteriores, reúne-se ao menos uma vez por mês, "ou sempre que solicitado pelo Grupo Mercado Comum ou por qualquer dos Estados-partes". A CCM se manifesta através de Diretrizes ou Propostas, sendo as Diretrizes obrigatórias para os Estados-partes.

À Comissão de Comércio, incumbida de assistir o Grupo Mercado Comum, compete velar pela aplicação dos instrumentos de política comercial comum, acordados pelos Estados-partes, para o funcionamento da união aduaneira, "bem como acompanhar e revisar os temas e matérias relacionados com as políticas comerciais comuns, com o comércio intra-MERCOSUL e com terceiros países". Teria a CCM, na letra da lei comum, a atribuição precípua de assegurar a adequação técnica dos "instrumentos de política comercial comum".

As funções e atribuições da CCM são explicitadas pelo art. 19 do mesmo Protocolo:

i) velar pela aplicação dos instrumentos comuns de política comercial intra-MERCOSUL e com terceiros países, organismos internacionais e acordos de comércio;

ii) considerar e pronunciar-se sobre as solicitações apresentadas pelos Estados-partes com respeito à aplicação e ao cumprimento da tarifa externa comum e dos demais instrumentos de política comercial comum;

iii) acompanhar a aplicação dos instrumentos de política comercial comum nos Estados-partes;

iv) analisar a evolução dos instrumentos de política comercial comum para o funcionamento da união aduaneira e formular propostas a respeito do Grupo Mercado Comum;

v) tomar as decisões vinculadas à administração e à aplicação da tarifa externa comum e dos instrumentos de política comercial comum acordados pelos Estados-partes;

vi) informar ao Grupo Mercado Comum sobre a evolução e a aplicação dos instrumentos de política comercial comum, sobre o trâmite das solicitações recebidas e sobre as decisões adotadas a respeito delas;

vii) propor ao Grupo Mercado Comum novas normas ou modificações às normas existentes referentes à matéria comercial e aduaneira do MERCOSUL;

viii) propor a revisão das alíquotas tarifárias de itens específicos da tarifa externa comum, inclusive para contemplar casos referentes a novas atividades produtivas no âmbito do MERCOSUL;

ix) estabelecer os comitês técnicos necessários ao adequado cumprimento de suas funções, bem como dirigir e supervisionar as atividades dos mesmos;

x) desempenhar as tarefas vinculadas à política comercial comum que lhe solicite o Grupo Mercado Comum;

xi) adotar o Regimento interno que submeterá ao Grupo Mercado Comum para sua homologação.

Além das "funções e atribuições" referidas, cabe à Comissão de Comércio considerar reclamações apresentadas pelas seções nacionais da Comissão de Comércio do MERCOSUL, originadas pelos Estados-partes ou em demandas de particulares – pessoas físicas ou jurídicas – relacionadas com as situações previstas nos arts. 1º ou 25 do Protocolo de Brasília, "quando estiverem em sua área de competência".

## 2. PAPEL E ATUAÇÃO DE TRIBUNAL INTEGRADO

Diante da ausência de instituições supranacionais, na consolidação de espaço econômico integrado, cabe considerar o papel de tribunal, na sua tríplice função: (a) como instância jurisdicional em sentido estrito, (b) como mecanismo de solução de controvérsias, interpretação e aplicação das normas comuns e (c) no controle da legalidade dos atos da Administração.

Já na sua primeira e principal atribuição, enquanto instância jurisdicional em sentido estrito, será preciso delimitar o âmbito de atuação do tribunal, não somente entre Estados-partes e estes e a Administração comum, mas também facultando o acesso de pessoas físicas e jurídicas de direito privado interno à referida instância jurisdicional, para examinar e julgar casos de violações ou lesões a direitos assegurados pelas normas comuns regentes da integração, tenham sido tais situações causadas por órgãos das Administrações nacionais ou da Administração comum.

Cabe pensar, adiante do término do período transitório, pós-Protocolo de Ouro Preto, qual deveria ser a configuração e quais as atribuições de tribunal do MERCOSUL, como órgão de gestão e consolidação da integração, não só pelas necessidades e atribuições acima apontadas, como pela possibilidade de influenciar diretamente a criação e consolidação de ordenamento jurídico novo, de caráter supranacional, indistinta e uniformemente aplicável em todo o território integrado, do qual resultem, também, diretamente, direitos e obrigações para pessoas físicas e jurídicas de direito privado interno, mediante a ocorrência de poderes de controle de caráter supranacional: para o pleno funcionamento do modelo de integração, nos moldes de mercado comum. Como apontava (1996), é preciso dotar um tribunal integrado de mecanismos que solucionem as controvérsias surgidas não só entre os Estados, mas também entre estes e os particulares, e entre os últimos. Este comporá o cenário institucional e estrutural da integração, ao lado de órgãos de caráter executivo, parlamentar e acessório[1].

---

[1.] P. B. CASELLA, *MERCOSUL: exigências e perspectivas* (S. Paulo, LTr Ed., 1996; esp. cap. vii: "O Tribunal: mecanismos de solução de controvérsias, interpretação e aplicação das normas comuns e controle da legalidade dos atos da Administração", pp. 164/178).

**495**

# 3. Solução de Controvérsias e Mecanismos Institucionais

Sem prejuízo do papel que possa ter sistema estritamente intergovernamental de solução de controvérsias, tal como foi adotado pelos países do MERCOSUL no *Protocolo de Brasília para a solução de controvérsias*, de 17 de dezembro de 1991, emendado pelo Protocolo de Ouro Preto, de 17 de dezembro de 1994, com vigência transitória, como adequadamente já estipulava o texto do Protocolo de Brasília, a continuidade e a consolidação da empreitada de integração exigirão estabilidade institucional e continuidade de atuação que, sistema composto de processamento diplomático e administrativo de controvérsias conjugado com painéis de arbitragem *ad hoc,* remotamente poderia oferecer.

Nesse sentido tornam-se patentes as deficiências ínsitas a tal mecanismo, referindo a necessidade de instituição formalmente constituída e operando como tribunal supranacional, para que o processo de integração possa ser consolidado, através do desenvolvimento de instituições e ordenamento jurídico próprios.

O art. 18 do Tratado de Assunção já previa, em 1991, que antes do estabelecimento do Mercado Comum, a 31 de dezembro de 1994, os Estados-partes convocariam reunião extraordinária com o objetivo de determinar a estrutura institucional definitiva dos órgãos de administração do Mercado Comum, assim como as atribuições específicas de cada um destes e seu sistema de tomada de decisões. Como lucidamente refere Vicente Marotta Rangel (1993, 1996)[2], com antecedência de quase quatro anos, os Estados-partes estabeleceram as bases normativas de integração econômica regional, onde existiu, "entre 26 de março de 1991 e 31 de dezembro de 1994, período de cerca de 45 meses, que deveria ser preparatório da determinação definitiva do MERCOSUL, ou seja, período qualificado de *transição* no curso do qual a administração e execução do ordenamento instituído pelo Tratado de Assunção estiveram a cargo de dois órgãos: a) o Conselho do Mercado Comum; b) Grupo do Mercado Comum. Assinale-se, destarte, não haver essa convenção previsto nenhum órgão de caráter jurisdicional".

O artigo terceiro do Tratado de Assunção estipulava que durante o período de transição, "e a fim de facilitar a constituição do Mercado Comum", os Estados-partes adotariam um sistema de solução de controvérsias. Conforme previa o Anexo III, item 2, ao Tratado de Assunção de 1991, caberia ao Grupo Mercado Comum levar aos Estados-partes "uma proposta de sistema de solução de

---

[2.] Vicente Marotta RANGEL, "Solução pacífica de controvérsias no MERCOSUL: estudo preliminar" (conferência realizada no ILAM, S.Paulo, junho de 1993), bem como "Solução de controvérsias após Ouro Preto" (in P. B. CASELLA *et al., Contratos internacionais e direito econômico no MERCOSUL*, S.Paulo, LTr Ed., 1996).
No mesmo sentido Eduardo GREBLER, "A solução de controvérsias no Tratado do MERCOSUL" (idem, S. Paulo, LTr Ed., 1996).

controvérsias, que vigerá durante o período de transição". Assim, em lugar de sistema permanente de solução de controvérsias, que até hoje não foi implementado, vige, ainda, com emendas introduzidas pelo Protocolo de Ouro Preto, de 1994, com destinação ainda provisória, o Protocolo de Brasília, de 1991.

Oportuno referir posição de Vicente Marotta Rangel, no trabalho referido (1996), destacando a ausência de órgão de caráter jurisdicional e os efeitos desta, porquanto, "da estrutura do MERCOSUL, explicitada nos tratados básicos respectivos, não participa nenhum órgão com atribuições exclusivas em matéria de solução jurídica de controvérsias, embora seja certa a existência do Tribunal Arbitral instituído pelo Protocolo de Brasília", comportando duas modalidades de processamento de controvérsias: o político ou diplomático e o jurídico, circunscrevendo-se em qualquer dessas modalidades o sistema ao contencioso entre Estados-partes. Com o aval da própria experiência, observa, com certo ceticismo, Marotta Rangel: "Como tem ocorrido com o Tribunal Permanente de Arbitragem da Haia, o Tribunal arbitral do MERCOSUL poderá consistir a ser precipuamente uma lista de árbitros", na medida em que "o sistema vigente não cogita sequer da implantação tanto do mecanismo de controle efetivo da legalidade como de um sistema orgânico de interpretação uniforme dos tratados de integração", como ocorreu tanto nos casos europeu como andino, e prossegue, "é evidente que meros tribunais arbitrais *ad hoc*, compostos de três membros, não estão em condições de exercer controle efetivo de legalidade do MERCOSUL e de realizar um sistema orgânico de constante exegese do sistema de integração regional. Não darão ensejo sequer à elaboração de um *corpus* de decisões que nos assegurem da uniformidade necessária à tarefa de interpretação".

## 4. INTERPRETAÇÃO JURISPRUDENCIAL DE PRINCÍPIOS CONSTITUCIONAIS

Tanto no direito interno, *e.g.*, em sistemas judiciais federais, como ainda mais em tentativas de integração, congregando, em projeto comum, Estados, com seus respectivos ordenamentos jurídicos distintos e tradições historicamente diferenciadas em matéria de jurisprudência e hermenêutica jurídica, na medida em que estas pretendam alcançar dimensão institucional, seja nos moldes de mercado comum ou união econômica e monetária – colocando-se, compreensivelmente, tais imperativos em menor grau nos casos, estrutural e institucionalmente mais simples, de zona de livre comércio ou união aduaneira –, a atuação de tribunal comum será peça-chave do equilíbrio e da adequação do sistema, na medida em que este permitirá a progressiva estruturação de *corpus iuris communis*, indistinta e uniformemente aplicável a todos. Tal atuação pode ser desdobrada em setores ou áreas, para permitir melhor visualização de sua relevância e desdobramentos, em relação aos Estados-membros, aos órgãos institucionais de gestão da empreitada de integração, aos tribunais nacionais, e finalmente, em relação aos particulares, pessoas físicas e jurídicas de direito privado interno, para os quais o tribunal se colocaria como instância jurisdicional independente, em relação a referido tribunal supranacional.

Um tribunal integrado, em relação aos Estados-membros, enquanto sujeitos de direito internacional, atua como meio e modo de solução de controvérsias entre Estados-partes, bem como controla a conformidade da atuação em relação às normas regentes da integração, frente às respectivas administrações nacionais; em relação aos órgãos responsáveis pela gestão da empreitada de integração, quer se configurem ou não como instituições comunitárias, a ação do tribunal desdobra-se em dois aspectos que se poderia distinguir, interna-mente, assegurando o controle da legalidade dos atos da administração, como nas relações externas, apreciando a juridicidade e manifestando-se sobre acordos com terceiros Estados ou outras organizações internacionais; em relação aos tribunais nacionais, coloca-se como instância de uniformização da aplicação e interpretação das normas comuns, obviando os inconvenientes que decorreriam inevitavelmente da inserção de normas em contextos jurídicos nacionais diversos, progressivamente agravando-se o distanciamento pela interpretação e aplicação por tribunais nacionais diversos; e, ainda, como instância jurisdicional, seja em grau de recurso ou através de mecanismo de reenvio prejudicial, atuando como "corte constitucional" ou fiscal do direito comum da integração, também, como dito, em relação aos particulares, pessoas físicas e jurídicas de direito privado interno, para os quais o tribunal se colocaria como instância jurisdicional independente.

Como referido, não somente em contexto supranacional, mas igualmente em sistemas internos federais, se faz sentir o papel e necessidade de Tribunal comum ou Corte suprema ou federal ou constitucional, que, além de assegurar a coerência e uniformidade do sistema, também atue desenvolvendo novos conceitos, com mudança qualitativa e da extensão do caráter do controle judicial, sobretudo em se tratando de ordenamento novo, em gestação, cuja configuração irá se cristalizando progressivamente, na medida em que se consolide o esforço de integração[3].

---

[3.] Em processo de integração, se coloca a necessidade de opção clara e firme a respeito do tema. Nesse sentido, se coloca Louis FAVOREU (1991), enfocando o papel da justiça constitucional como elemento de construção do ordenamento jurídico europeu, bem como Michel WAELBROECK (já em 1969), estudando a temática dos tratados internacionais e jurisdições internas nos países do Mercado Comum, insistindo na necessidade de que os Estados reconheçam o imperativo de que "a vida jurídica se curve ante as exigências da ordem pública internacional", bem como citando Walter GANSHOF van der MEERSCH (1968, 1969), pronunciando-se

A condição de poder eminentemente judicial, que outrora se reconhecia ao Judiciário, foi se transformando em variante do poder legislativo, na linha de análise da "transformação da interpretação constitucional", proficientemente desenvolvida por Christopher Wolfe, abordando a experiência norte-americana (1991)[4], onde este ressalta "não seria exagerado afirmar que a aparição do direito constitucional feito pelo juiz tem sido a característica mais marcante da atuação de nossos tribunais federais desde o final do século passado".

O fenômeno, detectável e relevante em contexto interno, em Estados federais, se torna ainda mais premente ao considerar esforços de integração econômica, onde os Estados-partes, sem prejuízo das áreas de atuação e regulação uniformizadas, conservam suas respectivas identidades como sujeitos de direito internacional, conseqüentemente, também integralmente seus ordenamentos jurídicos internos e jurisprudências nacionais, em relação às quais o tribunal atuará – ou não – como o elemento catalisador do processo de integração. A matéria suscita várias indagações extremamente interessantes e complexas, que seria tão inadequado quanto impossível abranger neste passo, onde o foco deve concentrar-se na ação do tribunal, enquanto mecanismo de solução de controvérsias, interpretação e aplicação das normas comuns e controle da legalidade dos atos da Administração, indagações essas dizendo respeito a implicações e desdobramentos jurídicos como econômicos, com destaque para as relações entre direito internacional e ordenamentos e órgãos internos de execução, a questão da aplicação extraterritorial ou supranacional de normas comuns, para o conjunto de território economicamente integrado, ainda que politicamente conservando identidades distintas, e a crescente interdependência econômica entre Estados, onde se viu acontecer a transferência de competências antes nacionais para esfera internacional, concernente a aspectos econômicos, comerciais e sociais, bem como políticas econômicas nacionais, caracterizando contexto de crescente interdependência econômica mundial.

Duas experiências de integração se destacam no sentido de alcançar dimensão supranacional, destacando-se como salto qualitativo em relação a experiências anteriores, nas quais predominava o caráter estritamente intergover-

---

categoricamente a favor do reconhecimento da superioridade hierárquica da norma internacional. Louis FAVOREU, *La justice constitutionnelle comme élément de construction de l'ordre juridique européen* (SAARBRÜCKEN, Vrbei, vol. 250, 1991). Michel WAELBROECK, *Traités internationaux et juridictions internes dans les pays du Marché commun* (préface de H. ROLIN, Bruxelas/Paris, CIDC/Ed. A. Pedone, 1969). Walter GANSHOF van der MEERSCH, "Discours de rentrée" du procureur général à la Cour de Cassation, du 2 septembre 1968 (in *Journal des Tribunaux*, 21 set. 1968, p. 495); b/c seu verbete "Le droit communautaire et ses rapports avec les droits des États membres", in *Les Novelles: droit des Communautés européennes*, Bruxelas, 1969.

[4] Christopher WOLFE, La transformación de la interpretación constitucional (trad. M.G. RUBIO DE CASAS y S. VALCARCEL, Madri, Edtrl. Civitas, 1ª ed., 1991, (c) 1986; intr.: "La transformación de la interpretación constitucional", pp. 15/31).

namental das relações entre Estados-partes, não obstante a diversidade de alcance da atuação de cada caso concreto, nos processos europeu e andino de integração.

O caso europeu suscitaria a falsa controvérsia a respeito da Corte BENELUX que, inadvertida e inadequadamente, foi lembrada como ilustração do oposto do seu sentido e atuação. Parafraseando Monteiro Lobato, trata-se de "paranóia ou mistificação?"

## 5. Processo Europeu de Integração: Falácia do "efeito BENELUX"

Lembrando a experiência européia, desde o início – conforme estipulam os arts. 31 do Tratado CECA, 164 do Tratado CE e do Tratado EURATOM, compete ao Tribunal "garantir o respeito do direito na interpretação e aplicação do presente Tratado e dos regulamentos de execução" – o Tribunal de Justiça da Comunidade Européia (TJCE), e a partir de sua instituição pelo Ato Único Europeu, também o Tribunal de Primeira Instância vêm desempenhando papel fundamental, não somente como garantidores do ordenamento comunitário, assegurando a uniformidade de interpretação e aplicação deste, como ainda na qualidade de criador desse mesmo ordenamento, aos quais podem ser atribuídos numerosos e relevantes desenvolvimentos conceituais, tendo por escopo a construção de ordenamento que assegure a existência de um mercado comum, posteriormente de um mercado único, rumando agora para união econômica e monetária.

Como observa Rui M. G. de Moura Ramos (1994)[5], não basta que a vigência das normas comunitárias seja assegurada nos mesmos termos, e sem que ela possa depender de qualquer condicionalismo de origem nacional, em todo o território comunitário (que não deixa de ser por igual território deste ou daquele Estado-membro), pois "urge, na verdade, ademais, que a norma veja assegurada na prática a sua aplicação e que a censura do poder judicial se exerça sobre as situações em que se evidencie a existência de violação dos seus comandos. Isto é, torna-se imperioso o estabelecimento de um controlo jurídico sobre a efectiva aplicação do direito comunitário às situações que se inserem no seu âmbito material de aplicação".

Tal sistemática, decorrente do sistema estabelecido pelos Tratados, tem alcance restrito às matérias pertinentes à integração, de acordo com a qual é atribuída ao TJCE – e, atualmente, também ao Tribunal de Primeira Instância – "a competência para julgar determinadas categorias de recursos e ações em que

---

[5.] Rui Manuel de Moura RAMOS, "Reenvio prejudicial e relacionamento entre ordens jurídicas na construção comunitária" (in *Das Comunidades à União Européia: estudos de direito comunitário*, Coimbra, Coimbra Ed., 1994, pp. 213/237; esp. n. 7, pp. 221/2).

**500**

se suscite a questão da conformidade com os tratados de certas atuações das instituições e dos Estados (tratando-se destes, o referido juízo abrange também a conformidade das suas atuações com o direito comunitário derivado, isto é, com o direito criado pelas Comunidades em execução dos tratados). Trata-se pois, não de uma competência plena mas de uma competência de atribuição, em que o poder de julgar dos tribunais criados pelas Comunidades apenas se pode exercer dentro dos limites estabelecidos a tal respeito pelos tratados", sendo que "em tudo o mais o controlo da aplicação da ordem comunitária é devolvido pelos tratados aos órgãos judiciais nacionais".

Ainda que até certo ponto artificialmente destacando do conjunto europeu o "plano-piloto" BENELUX, na medida em que este somente existe e avançou, como ocorrido, por estar inserido em contexto mais amplo[6] contou este núcleo integrado também com Tribunal, cujo Tratado, assinado em Bruxelas, em 31 de março de 1965, relativo à instituição e ao estatuto da Corte de Justiça BENELUX, entrou em vigor em 1º de janeiro de 1974. A primeira assembléia geral teve lugar em 22 de março de 1974, enquanto a primeira sessão plenária foi realizada, no Palácio de Egmont, em Bruxelas, em 11 de maio de 1974. A competência da Corte BENELUX concerne a interpretação das normas jurídicas comuns à Bélgica, ao Luxemburgo e aos Países Baixos, em razão da existência da União Econômica do BENELUX, além de outros tratados celebrados entre os três países, bem como o contencioso trabalhista do Secretariado Geral da União Econômica BENELUX e dos escritórios BENELUX de marcas de produtos, de desenhos e modelos. Um dos raros autores a estudar extensamente o Tribunal BENELUX, F. Dumon já apontava (1980)[7] que as questões suscitadas diante da Corte BENELUX e da Corte Européia colocavam ambas diante de questões jurídicas comuns, onde "a jurisprudência admirável da alta jurisdição européia forneceu respostas a muitos desses problemas", destacando o papel e influência da Corte Européia, como instância de alcance geral, não obstante a existência e atuação de órgão jurisdicional específico, com competência de extensão territorial e temática mais restrita, especificamente entre os países BENELUX. Não somente contou o processo de consolidação de União econômica no BENELUX com Tribunal próprio, como este se viu direta e relevantemente amparado e impulsionado pela Corte Européia, nos processos onde a Corte BENELUX teve de se

---

[6.] Pessoal e textualmente o frisaram Georges VAN HECKE e Michel WAELBROECK, em reuniões em Bruxelas, em dezembro de 1994 e fevereiro de 1995.

[7.] F. DUMON, *La Cour de Justice BENELUX* (Bruylant, Bruxelles, 1980; *passim*; cfr. já na intr., pp. 5/7). Embora já tenham se passado duas décadas desde sua publicação, impõe-se como referência básica a respeito, visto constituir a obra de DUMON um dos raros estudos do tema, com alentada extensão (contando o volume 460 páginas). Reproduzidos no volume de F. DUMON (cit. supra) se encontram, dentre vários anexos, o *Tratado relativo à instituição e ao estatuto de Tribunal de Justiça BENELUX*, assinado em Bruxelas, em 31 de março de 1965, bem como o *Protocolo adicional* a referido Tratado, assinado também em Bruxelas, em 25 de outubro de 1966, relativo ao uso de idiomas no Tribunal.

posicionar em matérias de criação ou gestão de direito próprio, sobretudo em relação a direitos de propriedade industrial, concernente a marcas.

## 6. Sistema Judicial da Integração Andina

Na experiência andina, o Tribunal, em exame histórico do desenvolvimento da matéria, foi criado por Tratado próprio, de 28 de maio de 1979, decorrência da percepção da necessidade de "garantir o estrito cumprimento dos compromissos derivados direta e indiretamente do Acordo de Cartagena", de 1969, dez anos após a celebração deste, "com capacidade para declarar o direito comunitário, dirimir controvérsias deste decorrentes e interpretá-lo uniformemente". Ainda que freqüentemente se oponha à invocação da experiência andina a limitação dos resultados alcançados, o dado mais relevante foi o reconhecimento e aceitação, pelos Estados andinos, da necessidade do princípio de "sistema judicial da integração andina"[8], consistente em tribunal supranacional, com competência para dizer uniformemente o direito comum, nas matérias relativas à integração, controlar a legalidade e atuação dos órgãos da Administração comum e das Administrações dos Estados-partes.

Como ressalta a análise da doutrina a respeito da experiência do Pacto Andino, na linha de Galo Pico Matilla (1992), Antonio Linares (1984/86), Francisco Orrego-Vicuña (1974), Robert Kovar (1972) e Luis Carlos Sáchica (1990)[9], "nenhum ordenamento jurídico adquire eficácia, isto é, vigência real, se carece de mecanismo de controle jurisdicional que cumpra a tríplice função: a) exercer controle de legalidade sobre os próprios organismos do sistema, a fim de assegurar que a atuação destes se sujeite como um todo aos estatutos constitutivos do ordenamento; b) sancionar qualquer descumprimento por parte

---

[8.] TRIBUNAL DE JUSTIÇA DEL ACUERDO DE CARTAGENA, *El sistema judicial de la integración andina* ("ponencias presentadas en el Seminario realizado en Caracas – Venezuela, en enero de 1989", Quito, Trib. de Just. del Acuerdo de Cartagena, s/d), contendo: René DE SOLA, "La importancia del derecho en el proceso de integración"; Luís H. FARIAS Mata, "La cooperación judicial entre los países miembros en la aplicación uniforme del derecho de la integración: la interpretación prejudicial"; Armando TOLEDANO Laredo, "Análisis de la jurisprudencia del Tribunal de Justicia de la Comunidad Europea: las sentencias judiciales"; Iván GABALDON Marquez, "Derecho y integración: la experiencia andina"; Luigi BOSELLI, "Derecho y integración"; Carmelo MARTINEZ Cohn, "Jurisprudencia del Consejo de Estado de Colombia en materia de la integración subregional andina"; Rafael ROMERO Sierra, "Somera reseña jurisprudencial de la Corte Suprema de Justicia de Colombia en materia del Pacto Subregional Andino".

[9.] Galo Pico MATILLA, *Derecho Andino* (Quito, Tribunal de Justicia del Acuerdo de Cartagena, 2ª ed., 1992); Antonio LINARES, "El Tribunal de Justicia del Acuerdo de Cartagena" (AADI, II.1984/86, pp. 53/63); (1984/86), Francisco ORREGO-VICUÑA, "La création d'une Cour de Justice dans le Groupe andin" (C.D.E., 10.1974, ns. 1-2, pp. 127/148); Robert KOVAR, "Le groupe andin: une expérience d'intégration économique entre États en voie de développement" (Misc. W.J. GANSHOF van der MEERSCH, Bruxelas, 1972, vol. II, pp. 203/223) e Luis Carlos SÁCHICA, *Introducción al derecho comunitario andino* (Bogotá, Edtrl. Temis, 1990).

dos destinatários dos preceitos do ordenamento, distintos dos organismos do mesmo; e c) formular interpretação obrigatória das normas do ordenamento em único sentido ou direção, visando assegurar que seus efeitos sejam uniformes e criem autêntico direito comum, geral e igualitário, interpretação essa que exerce influxo moderador e direcionador sobre os funcionários encarregados da aplicação da normativa do ordenamento em questão"[10].

Seja desde o primeiro momento, como ocorreu na experiência européia, ou seja após década de esforços, antes de se empreender tal passo, como se deu na experiência andina, fica patente a necessidade da presença e atuação de instância jurisdicional estável, com competência exclusiva para aquelas matérias relacionadas à consolidação do espaço economicamente integrado.

## 7. Ocorrência de Órgão Judicial Supranacional em Processo de Integração

Desse modo se sabe qual seja a configuração necessária para assegurar a ocorrência de órgão judicial supranacional em processo de integração, e se evidencia a inquietação em relação ao atual sistema, estritamente intergovernamental e pouco manejável, de solução de controvérsias, adotado pelos países do MERCOSUL, nos termos do *Protocolo de Brasília para a solução de controvérsias*, de 1991. Sem prejuízo da necessidade deste ou algo equivalente, em primeiro momento, como seria a fase de transição, que já se completou, não estaremos aptos a prosseguir no esforço de construção de espaço economicamente integrado, sem encetarmos algo mais estável e de atuação mais abrangente e diretamente vinculante, tanto em relação às instituições como aos governos nacionais, à administração comum como às distintas administrações nacionais, aos cidadãos e pessoas jurídicas de direito privado como aos tribunais nacionais, nos moldes de tribunal supranacional, com competência claramente delimitada em relação ao conjunto dos efeitos da empreitada de integração.

---

[10]. Luis Carlos SÁCHICA (op. cit., cap. vi: "El ordenamiento jurídico andino y su jurisdicción", item 2, "El tribunal de justicia del acuerdo", pp. 97/115; cit. p. 97) ressalta: "Esta necesidad lógica y operativa, común a todos los ordenamientos jurídicos, se hizo sentir también desde la iniciación del Acuerdo Subregional Andino en 1969, pero solo vino a ser satisfecha diez años después, cuando entró en una de sus más graves crisis el proceso de integración de dicha área y se juzgó indispensable sanear los crónicos incumplimientos, así como darle precisión y fijeza tanto al derecho andino primario, contenido en el tratado que créo el Acuerdo, como en el secundario, conformado por las numerosas decisiones de la Comisión y resoluciones de la Junta mediante la creación del Tribunal de Justicia del Acuerdo, con jurisdición sobre los cinco países miembros. La propuesta 43 de la citada Junta concretó esas aspiraciones y sirvió de documento básico para preparar el correspondiente tratado."

Seria lamentável comprometer a eficiência e alcance de verdadeira integração por negligenciar as especificidades de tribunal internacional ou supranacional, não se podendo esquecer a complexidade, a dimensão e os desdobramentos de casos levados à corte internacional, pois, como expôs proficientemente Sir Robert Jennings, no caso da Corte Internacional de Justiça, examinando a natureza e os desdobramentos de "raciocínio judicial em tribunal internacional" (1991)[11], a tecnicidade do raciocínio e da fundamentação das decisões são vitais para assegurar a sua aceitação, mesmo sendo desfavorável, por parte de países soberanos e independentes.

O sistema do Protocolo de Brasília teve sua estréia bem-sucedida (no primeiro caso, julgado em 1999). Contudo, para a institucionalização da solução de controvérsias, pelo amadorismo de seus mecanismos, teve a Argentina de ameaçar recorrer aos mecanismos da Organização Mundial do Comércio, para mover o Brasil, mostrando-se politicamente delicada a situação, além de complexa e dificilmente operacionalizável a ferramenta, nunca podendo desempenhar o papel que se esperaria de um tribunal. Para preencher o espaço de atuação será necessário poder contar com órgão institucional, sob a configuração de tribunal, para estar apto a desempenhar o papel ao mesmo tempo politicamente delicado e tecnicamente exigente, para o qual serão necessários juízes especializados, combinando experiência técnica e visão política, além de política e culturalmente imparciais.

Neste campo judicial e da solução de controvérsias a supranacionalidade da composição e da atuação do tribunal serão vitais para que este possa desempenhar seu papel de modo eficiente e atue como instrumento de consolidação de ordenamento comum entre os países do MERCOSUL, ficando

---

[11.] Sir Robert JENNINGS "Judicial reasoning at an International Court" (Saarbrücken, VRBEI, vol. 236, 1991; cit. pp. 1/2):

"The cases before international courts are different; different not least in their dimensions. At least that is true of the sort of cases that come before the International Court of Justice. For in many of those cases, there is a degree of complexity greater in degree, almost indeed in kind, than is found in the kind of situation that normally comes before the domestic court. (...)

"Given a case or cases of that sort certain things follow concerning the process of judicial reasoning involved in attempting a judicial decision. Thus, the idea that there might be a simple answer in terms of what may be called doing justice between the parties has to be abandoned. (...) If you are faced with the kind of case that comes before the International Court of Justice that simple approach of doing justice is no good. There is no simple answer. There is a lot to be said in terms of sheer merit on both sides of the vast majority of international cases, and one must therefore find another more technical, sophisticated and even 'artificial' (in a good sense), way of deciding. It is no good telling yourself that 'I will see that right is done in this case'. It is, at least in my experience, never so simple. Were it otherwise, the case would hardly be before the International Court of Justice at all; because, contrary to popular belief, the cases brought to the Court or likely to be brought to the Court are cases of great importance to the countries concerned; and indeed a very large proportion directly involve territorial sovereignty, probably the most sensitive of all subjects of international relations. Moreover, it is easy to understand that on matters of this kind, a government may be able to accept an unfavourable decision that is essentially a technical, legal one, whereas it simply could not in terms of practical politics accept a decision ostensibly based upon a simple notion of right and wrong."

patente quanto será preciso mudar – desde as mentalidades até a divisão de competências entre tribunais superiores de cada Estado-parte[12] – para se efetivar tais expectativas.

Indo além do estrito utilitarismo na construção de espaço econômico integrado, pode a construção de mercado comum, entre os países integrantes do MERCOSUL, como vem sendo questionado e experimentado em outros quadrantes, ser ocasião para atentar para o papel social do direito, a formação dos profissionais de direito e o redimensionamento da atuação profissional em contextos geográfica como culturalmente mais amplos. Premonitória e lucidamente exclamava René David (1950): "única dentre todas as ciências, a ciência do direito falsamente acreditou que poderia ser puramente nacional. Enquanto teólogos, químicos, médicos, astrônomos e todos os outros cientistas se envergonhariam por ignorar os progressos que suas ciências alcançavam no exterior, os juristas se limitaram ao estudo de seus direitos nacionais"[13]. Nessa mesma linha de indagação, tentando detectar o surgimento e estimular o desenvolvimento de ordenamento jurídico supranacional, se inserem coletâneas de estudos recentes, i.e., sob a coordenação de A. S. Hartkamp, M. W. Hesselink, E. H. Hondius, C. E. du Perron, J. B. M. Vranken, questionando a configuração possível de um Código civil europeu (1994), ou, sob a coordenação de B. S. Jackson e D. McGoldrick, examinando as "visões jurídicas de uma nova Europa" (1993), ou, ainda, sob a coordenação de Marc Maresceau, examinando a dimensão legal e o papel da política comercial européia, a partir da consolidação do mercado único (1993), ou, finalmente, o volume, com contribuições de Olivier Beaud, André-Jean Arnaud *et al.*, examinando aspectos e necessidades d' "a Europa e o direito" (1991)[14].

Tais esforços exprimem o anseio e a necessidade de situar dimensão verdadeiramente européia para a reflexão e a regulamentação jurídicas, de modo que se possa passar do antigo *ius gentium* ao seu sucessor, o *ius commune*, até alcançar um possível direito europeu, que se configure como ordenamento jurídico

---

[12.] No caso brasileiro seria, inclusive, necessária reforma da divisão de competências entre Tribunais superiores e o Tribunal comum, em relação aos assuntos da integração.

[13.] René DAVID, *Traité élémentaire de droit civil comparé: introduction à l'étude des droits étrangers et à la méthode comparative* (Paris, Pichon & Durand-Auzias, 1950, III). Após anos fora do mercado, foi reeditado o "clássico" de R. DAVID e Camille JAUFFRET SPINOSI, *Les grands systèmes de droit contemporains* (Paris, Dalloz, 10ª ed., 1992), ao qual sempre é oportuno remeter.

[14.] A. S. HARTKAMP, M. W. HESSELINK, E. H. HONDIUS, C. E. du PERRON, J. B. M. VRANKEN (editors), *Towards a European Civil Code* (Nijmegen/ Dordrecht, Ars Aequi Libri/ M. Nijhoff, 1994); B. S. JACKSON e D. MCGOLDRICK (editors), *Legal visions of the new Europe: essays celebrating the Centenary of the Faculty of Law, University of Liverpool* (Londres, Graham & Trotman/ M. Nijhoff, 1st. publ., 1993); Marc Maresceau (editor), *The European Community's Commercial Policy after 1992: the legal dimension* (papers presented at a workshop org. by the European Institute of the Univ. of Ghent, 6-7 feb. 1992; Dordrecht, M. Nijhoff, 1993); Olivier BEAUD, André-Jean ARNAUD *et al.*, "L'Europe et le droit" (*Droits – Revue française de théorie juridique*, n. 14, 1991).

digno do nome, como se vem ensaiando. Justamente isso vai consideravelmente além da estrita dimensão comercial e econômica da integração; exigindo bases conceituais novas e estáveis, para impulsionar rumo a novas dimensões, esse espaço economicamente consolidado já foi construído na Europa.

## 8. A CCM e o Papel de Tribunal Comum

Mais do que pretender a transposição, visto nos encontrarmos em estágio diverso e consideravelmente menos avançado do processo de integração, trata-se de ter presente a dimensão na qual a interdependência econômica exigirá mecanismos jurídicos para seu tratamento e solução, e tais necessidades, como mecanismos de atuação do direito, para a consolidação do processo integracional. A receita é conhecida, não sendo necessário "reinventar a roda", sem prejuízo de nossa possibilidade de ser criativos, adaptando conceitos básicos a nossas necessidades e perspectivas. Mas não se diga que isso nunca foi experimentado, ou que não tivemos tempo para construir tais bases. É questão antes de saber se teremos maturidade institucional e suficiente firmeza de vontade política que nos permitam dar os passos indispensáveis para a estruturação e funcionamento de tais mecanismos.

As experiências européia e andina demonstram a medida na qual a Corte ou Tribunal supranacional foi vital para consolidar o espaço econômico e tem mantido a significação e ampliado o escopo de sua atuação a partir desse patamar – ou não o pode fazer, por outros impedimentos e desvios funcionais – desempenhando "novo papel"[15], como vem fazendo a Comissão de Comércio do MERCOSUL.

Para que não sejam levantadas as especificidades da experiência européia, supostamente inviabilizando comparações, lembre-se, no mesmo sentido, a constatação, ocorrida na experiência andina, quanto à necessidade e extensão de atuação de tribunal supranacional. Nesse sentido, a respeito da "importância do direito em processo de integração econômica", frisa René De Sola (1989)[16], a formação de agrupamentos dessa natureza suscita objeções por parte daquelas pessoas que ainda mantêm o conceito clássico de soberania, mas o desenvolvimento do direito internacional a partir do fim da II Guerra Mundial como a

---

[15.] Como referem Jean MISCHO (1990) e A. H. ROBERTSON em 1957, ressaltando a importância da atuação de tribunal supranacional:
Jean MISCHO, "Un rôle nouveau pour la Cour de Justice?" (R.M.C., 33.1990, n. 342, pp. 681/686); Arthur Henry ROBERTSON, *Legal problems of European integration* (RCADI, 1957-I, t. 91, pp. 105/211; chap. iii: "Organs of a judicial character", pp. 149/163).

[16.] René DE SOLA, "La importancia del derecho en el proceso de integración" (in *El sistema judicial de la integración andina*, Quito; Seminário realizado em 1989; pp. 33/44; cit. pp. 35/36).

integração "significam limitação da soberania dos Estados como antes se entendia. Mas é isso algo contrário ao interesse dos Estados? A soberania é sistema de competências que tem por finalidade manter o Estado, fazê-lo alcançar seus fins, que é o bem-estar da coletividade". Dessa forma, o deslocamento de atribuições de controle jurisdicional da integração por parte de tribunal supranacional, não anulará a existência e necessidade de ordenamentos internos e jurisprudências nacionais, tribunais superiores nacionais, em todas as matérias que não se relacionem com a gestão da integração.

O tribunal comum ou supranacional, em processo de integração, em suma, além de atuar como mecanismo de solução de controvérsias, tem papel-chave para assegurar a uniformidade e consistência da interpretação e aplicação das normas comuns e manter, de forma institucionalmente estável, o controle da legalidade dos atos da Administração. Logicamente tais aspectos, além e acima de sua estrita dimensão técnica, têm alcance e desdobramentos políticos extremamente delicados e complexos. Em que medida isso poderá vir a ser alcançado na experiência até aqui comercialmente bem-sucedida do MERCOSUL, não obstante suas lacunas conceituais e estruturais, que todavia não foram superadas, ainda permanece, necessariamente, em aberto.

Ao Tribunal do MERCOSUL caberá dirimir as controvérsias sobre a interpretação e aplicação do ordenamento jurídico comum, como órgão de solução judiciária de controvérsias surgidas no âmbito do processo de integração, garantindo o respeito do direito na interpretação e a uniformidade da aplicação do ordenamento do MERCOSUL[17].

Marcelo Halperin analisando o "índice de conflitualidade no MERCOSUL" (1996)[18] mostrou a extensão considerável de dois terços de todos os casos submetidos à apreciação da Comissão de Comércio do MERCOSUL, dizendo respeito ao conteúdo e aplicação do direito do MERCOSUL. Desta forma, esta instância administrativa, que teria atuação muito mais restrita, ficando limitada

---

[17.] V. tb. Luís H. FARIAS Mata, "La cooperación judicial entre los países miembros en la aplicación uniforme del derecho de la integración: la interpretación prejudicial" e Iván GABALDON Marquez, "Derecho y integración: la experiencia andina" (in *El sistema judicial de la integración andina*, Quito, Trib. de Just. del Acuerdo de Cartagena, op. cit., s/d, pp. 45/66 e 87/109).

R. ALONSO GARCIA, já advertia, em seu *Derecho comunitário, derechos nacionales y derecho comun europeo* (1989): "si la 'comunidad' europea se limitara a la fase de producción normativa, la desconcentración operada en la fase de su efectiva aplicación podría correr el riesgo de desembocar en una ruptura de dicha 'comunidad'." Ricardo ALONSO GARCIA, *Derecho comunitário, derechos nacionales y derecho comun europeo* (Madri, Edtrl. Civitas/ Serv. de Publ. de la Facultad de Derecho de la Universidad Complutense, 1ª ed., 1989; cap. ii: "La uniformidad en la interpretación y aplicación de la normativa comunitaria", cit. p. 165).

No mesmo sentido, v. P. B. CASELLA, *Comparative approach to competition law in the E.C. and the MERCOSUL* (Saarbrücken, Vrbei, vol. 301, 1993).

[18.] Marcelo HALPERIN "Indice de conflitualidad en el MERCOSUR" (in *Estrategias de articulación y reforzamiento de las capacidades de gestión de una Unión aduanera: opciones para el MERCOSUR*, Montevideo, CEFIR – Centro de Formación para la integración regional, 1996).

aos aspectos de implementação da união aduaneira, tem sido o nosso tribunal comum "disfarçado". Enquanto esquizofrenicamente perde-se contato vital com a realidade, ignorando a necessidade existente e demanda reprimida, e sem atentar para os fatos, alega-se não ser todavia necessária a configuração de tribunal comum, mostra a realidade como essa necessidade, por via indireta, vem sendo atendida pela CCM.

Mais do que formular condenação pela ocorrência da lacuna, cabe ponderar as razões que teriam motivado a postergação da implementação até o momento da consolidação da convergência da Tarifa Externa Comum, visto tratar-se de aspecto vital para a continuidade e êxito de toda a empreitada de integração, mas cuja opção traz, em seu bojo, delicadas e amplas implicações de ordem política e administrativa, além de legal e institucional.

Ante a situação presente, somente nos cabe esperar pela evolução do processo, nos próximos anos, atentando para as exigências e perspectivas de consolidação de espaço economicamente integrado e juridicamente homogêneo. Não obstante a ausência de mecanismo definitivo de solução de controvérsias, no âmbito do MERCOSUL, perdurando até aqui, a Comissão de Comércio do MERCOSUL, respondendo a questões dizendo respeito ao conteúdo e aplicação das normas comuns, vem desempenhando o papel que seria cabível a tribunal integrado.

# A APLICAÇÃO DO DIREITO DERIVADO DO MERCOSUL PELO JUIZ NACIONAL

## ORLANDO CELSO DA SILVA NETO

*Mestrando em Direito Internacional (USP). Professor de Instituições de Direito Público e Privado no Mercosul e Direito Comercial Comparado I na Universidade do Vale do Itajaí – UNIVALI, campus São José. Membro da American Society of International Law.*

1. Introdução – 2. O conceito de direito derivado – 3. A importância da aplicação do direito derivado para a consolidação do processo de integração – 4. A aplicação do direito derivado pelo juiz europeu – 5. A aplicação do direito derivado do Mercosul pelo juiz brasileiro – 6. Conclusão – 7. Bibliografia

## 1. INTRODUÇÃO

Paulo Borba Casella[1] afirmou recentemente que "*a construção do espaço economicamente integrador exige, igualmente, adequada implementação de ordenamento jurídico harmonizado. A supressão de barreiras alfandegárias e outras ao livre fluxo comercial acarreta incremento do volume de negócios, com a correspondente necessidade de atuação unificada nos Judiciários nacionais. Assegurar esse patamar mínimo é algo ainda não consolidado no MERCOSUL*".

Nesse sentido, atesta-se apenas pelo uso da lógica ou da mera razoabilidade, sem necessidade de estudos estatísticos[2], que o aumento do número de demandas judiciais é conseqüência lógica e inexorável do aumento do fluxo comercial no Mercosul.

---

[1] STF e o MERCOSUL. *Diário Comércio e Indústria*. São Paulo, 11 e 13 de julho de 1998, p. 4.

[2] Desconhece-se a existência de estudos estatísticos a respeito de demandas "intrazonais". Estes seriam de inestimável valia para a correta dimensão do problema. Não obstante, pode se prever que exista um aumento proporcional ao aumento do volume de negócios.

Também, à medida que o Mercosul cresce em complexidade, começa a se expandir seu ordenamento jurídico, sendo cada vez maior o número de regras exaradas por seus órgãos, especialmente o Conselho do Mercado Comum e Grupo Mercado Comum[3]. Todas essas regras, tão logo incorporadas – quando necessário – passam a integrar o conjunto de normas jurídicas que devem ser obrigatoriamente observadas pelos participantes do processo de integração. Fazem parte do que começa a ser chamado de ordenamento jurídico do Mercosul, e são obrigatórias.

Bem certo que é praticamente unânime entre os doutrinadores a crítica ao mecanismo de incorporação dessas normas aos ordenamentos nacionais, especialmente o brasileiro. Werter Rotuno Faria[4] é incisivo:

*"À medida em que aumenta o número de normas do Mercosul, mais escancarada fica a inadequação de seu método de introdução ou recepção na ordem interna dos Estados-Membros.*

*De vários modos os governos podem impedir a aplicação das normas dos tratados e dos atos obrigatórios das organizações internacionais: abstendo-se de submetê-los à aprovação do Congresso, deixando de ratificar os tratados e não fazendo públicas as disposições acordadas.*

*O modo de introdução das normas dos órgãos do Mercosul nos ordenamentos nacionais não é consentâneo com a noção de mercado comum que, em termos de direito, segundo* Robert Kovar, *"se traduz numa ordem jurídica própria marcada pelos imperativos da unidade, uniformidade e eficácia".*

Não obstante, apesar dessa inadequação, existem efetivamente "normas do Mercosul", que já estão em plena vigência no Brasil. Estando vigentes, fazem parte do sistema nacional de direito positivo, e podem ser aplicadas pelo juiz nacional.

Este artigo tem por objeto a análise da aplicação do "direito derivado[5]" do Mercosul pelo juiz nacional brasileiro, por meio do comentário de alguns acórdãos

---

[3.] Didier Opertti BADAN ("Perspectivas de la institucionalidad del Mercosur" . *Revista Uruguaya de Derecho Internacional Privado*. Montevidéo: FCU, 1997. Ano II, n. 2. p. 34) relata : "El consejo de Mercado Común que ha mantenido 12 reuniones, há aprobado en el periodo 17/12/91 al 19/6/97, 102 decisiones, de las cuales requieren incorporación 66 y solamente han sido efectivamente incorporados por los cuatro Estados Parte, 29 de ellas ellas.

En cuanto a las Resoluciones del Grupo Mercado Común ascienden a 525, de los cuales 359 necesitan incorporación, habiéndose cumplido este requisito por los cuatro Estados parte con relación a 23 de ellas.

Respecto a las Directivas de la Comisión de Comercio del MERCOSUR entre 1994 y 1997 se han aprobado 55 de las cuales requieren incorporación 39 y 1 há cumplido ese proceso en los cuatro Estados Parte."

[4.] A unidade do Direito e uniformidade na interpretação e aplicação das normas do Mercosul. In: BAPTISTA, Luiz Olavo e FONSECA, José Roberto Franco da (orgs.) *O Direito Internacional no terceiro milênio*. São Paulo: LTr, 1998. p. 387.

[5.] O conceito é explicado e delimitado a seguir.

da ainda incipiente jurisprudência[6]. Antes, entretanto, é necessário que se possa discorrer sobre alguns tópicos preliminares, fundamentais à análise e compreensão do tópico.

## 2. O CONCEITO DE DIREITO DERIVADO

Antes que se possa propriamente definir o conceito de direito derivado, é fundamental considerar que este faz parte de um conjunto de normas ou, mais ainda, de um sistema jurídico denominado, no modelo europeu, de Direito Comunitário.

Conforme Carlos Francisco Molina Del Pozo[7]:

*"Pode-se dizer que o Direito comunitário é constituído propriamente por um conjunto de regras que determinam a organização, as competências e o funcionamento das Comunidades Européias. Vai ser o tribunal de Justiça Comunitário que insiste em declarar que este direito supõe uma ordem jurídica própria, que se diferencia da ordem jurídica interna dos Estados membros. Exatamente este ordenamento jurídico próprio, distinto do internacional e do interno de cada Estado membro, é que é denominado ordenamento jurídico comunitário.*

*Nesta ordem de coisas, o direito comunitário vai se distinguir da ordem jurídica internacional com base em dois pontos essenciais. Em primeiro lugar, a ordem jurídica internacional é uma ordem baseada fundamentalmente sobre a idéia de cooperação, enquanto que a ordem comunitária é uma ordem destinada a desenvolver um processo de integração. Em segundo lugar, o Direito internacional é essencialmente um Direito convencional, enquanto que o Direito comunitário, ainda que tenha tido sua origem nos Tratados instituidores (fundacionais), será amplamente desenvolvido pelas instituições comunitárias, que foram criadas em tais Tratados, e que dispõem de um verdadeiro poder normativo que gera o que se decidiu chamar de Direito comunitário derivado".*

---

[6.] Para ser preciso, faz-se o comentário de todos os acórdãos que este autor conseguiu encontrar, valendo-se dos critérios de pesquisa detalhados no item 5.

[7.] *Manual de Derecho de la Comunidad Europea*. Madri: Trivium, 2ª ed., 1990, p. 295. Puede decirse que el Derecho comunitario está constituido propiamente por un conjunto de reglas que determinan la organización, las competencias y el funcionamiento de las Comunidades Europeas. Va a ser el Tribunal de Justicia comunitario quien insista en declarar que este Derecho supone un orden jurídico propio, que se diferencia del orden jurídico interno de los Estados miembros. Pues bien este propio, distinto del internacional y del interno de cada Estado es lo que se denomina ordenamiento jurídico comunitario.

A este orden de cosas, el Derecho comunitario se va a distinguir del orden jurídico internacional en base a dos puntos esenciales. En primer lugar, el orden jurídico internacional es un orden baseado fundamentalmente sobre la idea de cooperación, mientras que el orden jurídico comunitario es un orden destinado a desarrollar un proceso de integración. En segundo lugar, el Derecho internacional es esencialmente un Derecho convencional,

Tem-se assim que (para o modelo europeu) existe um ordenamento jurídico comunitário, distinto tanto do ordenamento nacional quanto do ordenamento internacional. Analisando-se este modelo sob o ponto de vista da teoria geral do Direito, ver-se-á que este apresenta como principal fonte[8] a lei, isto é, a norma escrita e vinculante, sendo certo que também no modelo europeu, assim como nos direitos nacionais, há uma hierarquia de leis, que não obstante algumas divergências doutrinárias, poderia ser assim descrita:

1. Direito originário – Tratados constitutivos
   Tratados modificativos e complementares aos Tratados constitutivos
2. Direito derivado[9] – Regulamentos
   Diretivas
   Decisões

Assim, da mesma forma como nos sistemas nacionais[10] muitas vezes as leis vêm regular matérias constitucionais, o direito derivado regulamentará os tratados instituidores e seus tratados modificativos e complementares. Falando sobre fontes secundárias[11], Lasok e Bridge[12] expressam o seguinte conceito:

*"Por fontes secundárias de Direito comunitário entendemos os atos normativos dos órgãos comunitários que resultam em um corpo legal gerado pela própria comunidade em sua quase autônoma capacidade. Vemos essas*

---

mientras que el Derecho comunitario, si bien tiene su origen en los tratados fundacionales, sera ampliamente desarrollado por las instituciones comunitarias que en dichos tratados se crean, las cuales disponen de un verdadero poder normativo que es generador de lo que se ha dado en llamar el Derecho comunitario derivado.

[8.] Não se vai, nesse artigo, enfrentar a questão das fontes do Direito Europeu, sobre a qual, não obstante a extensa literatura disponível, não há consenso, como bem demonstra DEL POZO (Op. cit. pp. 296/7), ao externar as visões diferentes de 4 autores (LOUIS, para quem existiria a constituição comunitária, direito derivado – dividido em atos típicos e inominados – Direito internacional e princípios gerais do Direito; CEREXHE, para quem existiriam fontes obrigatórias – tratado. Direito derivado, atos convencionais e princípios gerais do Direito – fontes não obrigatórias, fontes *sui generis* e fontes supletivas; Isaac, para quem existiriam tratados, direito comunitário derivado, Direito surgido dos compromissos externos da Comunidade, Direito complementar e fontes não escritas; e sua própria, segundo a qual existiriam fontes obrigatórias, não obrigatórias, atos *sui generis* e atos complementares). Não obstante, a divergência é centrada principalmente na forma de classificação, e não no conteúdo do Direito Europeu.

[9.] Embora as recomendações e avisos possam ser classificados como parte do Direito derivado, estas não poderiam, em teoria geral do Direito, ser classificadas como lei, eis que carecem de obrigatoriedade.

[10.] Com a importante ressalva de que, enquanto nos sistemas nacionais pode-se admitir a criação de leis que extravazem a Constituição, desde que não lhe sejam contrários, o direito europeu derivado se constitui somente de normas que regulamentem disposições contidas nos tratados institutivos e suas modificações.

[11.] LASOK, D. e BRIDGE, J.W. (*Law and institutions of the European communities*. Londres: Butterworths, 1991. 5ª ed., p. 125.) dividem as fontes secundárias em obrigatórias e não obrigatórias, obrigatórias sendo os regulamentos, diretivas e decisões. Conclui-se, portanto, que há igualdade, ou, ao menos, grande similaridade de conceitos entre fontes secundárias e direito derivado.

[12.] Op. cit., p. 125. By secondary sources of Community Law we understand the law making acts of the community organs which result in a body of Law generated by the community itself in its quasi-autonomous capacity. We regard these sources as secondary because their authority is derived from the provisions of the founding treaties.

*fontes como secundárias porque sua autoridade é derivada das provisões dos Tratados constitutivos. Mais ainda, na hierarquia das normas legais elas se colocam em segundo lugar face às provisões dos Tratados. Seu âmbito é circunscrito e sua validade pode ser auferida pelas disposições contidas nos Tratados. Para todos os fins e propósitos, elas parecem legislações delegadas".*

O conceito acima inclui também algumas fontes não obrigatórias, especialmente recomendações e opiniões. Essas espécies normativas, embora não vinculantes, costumam ser consideradas como fonte do direito europeu, embora não de forma pacífica[13]. Para fins deste artigo, entretanto, estas "fontes não vinculantes" não interessam, pois, se não obrigatórias, sua aplicação ou não aplicação não poderá ser objeto de análise pelo juiz nacional. Outrossim, para os objetivos deste artigo:

*"deve se entender por Direito derivado todo o conjunto de atos jurídico-normativos emanados dos distintos órgãos institucionais da Comunidade Européia que têm competência atribuída para emiti-los com base nos Tratados e que, uma vez cumprida a formalidade de terem sido publicados no Diário Oficial das Comunidades Européias, vinculam em diferentes medidas os Estados membros[14]"*

É certo que, no Mercosul, a situação não é a mesma. Luiz Olavo Baptista[15] trata o problema da seguinte maneira:

*"Como se sabe, as normas advindas do Mercosul, de caráter subordinado, isto é, as decisões e resoluções, são emanadas de órgãos da própria organização internacional. As primeiras, são obrigatórias para os países signatários. O que quer dizer isso? Isto quer dizer que estas normas fazem parte da estrutura do Mercosul, estão coonestadas por um tratado internacional.*

---

Moreover in the hierarchy of legal norms they rank second to treaty provisions. Their scope is circumscribed and their validity can be tested against the criteria laid down in the treaties. To all intents and purposes they resemble delegated legislation.

[13]. LASOK e BRIDGE e (Op. cit., p. 153) traçam a seguinte consideração: *É discutível se recomendações e opiniões podem ser vistas como fontes do Direito Comunitário. Estão listadas no art. 189 do Tratado da Comunidade Econômica Européia como atributos do Conselho e da Comissão, necessários para a execução de sua missão, mas, ao contrário dos regulamentos, diretivas e decisões, não têm força vinculante.* It´s debatable wether recommendations and opinions can be regarded as sources of community law. These are listed in article 189 of the EEC treaty as attributes of the power of the Council and Commission necessary for the execution of their task but, unlike regulations, directives and decisions, are said to have no binding force.

[14]. DEL POZO (Op. cit., pp. 305/6) ... se ha de entender por Derecho derivado todo el conjunto de actos jurídico-normativos emanados de los distinctos órganos institucionais de la Comunidad Europea que tienen atribuida la competencia para dictarlos en base a los tratados y que, una vez cumplida la formalidad de haber sido publicados en el Diario Oficial de las Comunidades Europeas, vinculan en diferente medida a los Estados miembros.

[15]. Inserção das Normas do Mercosul no Direito Brasileiro. In: BATISTA, Luiz Olavo, FONSECA, José Roberto Franco da. *O Direito internacional no terceiro milênio: estudos em homenagem ao professor Vicente Marotta Rangel.* São Paulo: LTr, 1998, p. 396.

*Existem duas escolas de pensamento sobre o efeito de tais decisões. A primeira delas, equipara as decisões do Conselho do Mercosul, aos diferentes protocolos da OIT. Então, seria preciso a introdução dessas normas no país, através da sua homologação pelo Congresso Nacional.[16]"*

Desta forma, com as diferenças apontadas em relação ao Direito europeu, pode-se dizer que o direito derivado do Mercosul se compõe de normas emanadas dos órgãos do Mercosul, nominadamente as decisões do Conselho do Mercado Comum, as resoluções do grupo Mercado Comum e as diretrizes da Comissão de Comércio do Mercosul.

## 3. A Importância da Aplicação do Direito Derivado para a Consolidação do Processo de Integração

Já se viu que o direito derivado é o conjunto normativo gerado pelos órgãos comunitários, ou do Mercosul, conforme missão que lhes foi outorgada pelos Tratados constitutivos, e que tem como objetivo regulamentar e assegurar a total implementação dos objetivos previstos nestes tratados. Mas até que ponto, ou em que extensão, o direito derivado atua na implementação dos objetivos fundamentais? É essa questão que se tentará brevemente responder nesse momento.

Inicialmente, há de se compreender dois conceitos próprios do Direito Comunitário, até para que se possa diferenciar a situação em relação ao Mercosul: a aplicabilidade direta e a primazia do Direito comunitário[17]. Estes são

---

[16.] O mesmo autor, mais adiante, especifica essa distinção com mais detalhes. Assim (p. 400): "a primeira forma de pensar contempla a natureza puramente normativa das decisões do Conselho do Mercado. Para ela, estas poderiam ser assimiladas, a título exemplificativo, quanto ao modo de produção, efeitos, modo de aprovação e promulgação, aos protocolos da OIT. Seria sempre necessária a introdução das normas dessa natureza no nosso sistema jurídico através de sua homologação pelo Congresso Nacional. A necessidade de aprovação, ressaltada no Decreto Legislativo 188, encontra aí ampla guarida. Em suma, qualquer regra emanada da Organização Internacional o Mercosul deveria ser objeto do ritual de aprovação dos tratados.

Outro modo de ver, que me parece mais pragmático e acertado, classifica as Decisões em duas categorias.

Aquelas que, por tratarem de matérias normativas, cuja natureza e hierarquia são pela Constituição de Lei Federal (ou tratado), e que na ordem interna exigiriam atos conjugados do Legislativo e do Executivo para sua inserção no sistema, só poderão ser introduzidas após os trâmites previstos no direito interno para os tratados; as outras, de natureza meramente regulamentar, incluídas dentro da esfera de atribuições e competência exclusiva do Poder Executivo, serão introduzidas na ordem normativa brasileira pela via dos decretos e portarias, em cumprimento da obrigação internacional livremente assumida, e que é, assim, incorporada em nosso direito".

[17.] LASOK & BRIDGE (Op. cit., p. 337): "O impacto do Direito comunitário nas leis de outros Estados-membros depende de dois princípios: a aplicabilidade direta e a supremacia do Direito comunitário. O primeiro é relevante para a implementação, o último para o cumprimento do Direito comunitário". The impact of community law upon the laws of the member states depends on two principles: the direct applicability and the supremacy of community law. The former is relevant to the implementation, the latter to the enforcement of Community Law.

fundamentais para definir o modo como o Direito comunitário, incluindo o Direito derivado, é implementado e aplicado em relação aos ordenamentos jurídicos dos Estados-membros[18].

A aplicabilidade direta é, de forma geral, a característica que algumas normas possuem de não necessitarem de qualquer procedimento interno[19] para serem válidas nos Estados-membros. Ou seja, basta que sejam publicadas no Jornal Oficial das Comunidades Européias para que entrem em vigor. A exata extensão do termo vigência, entretanto, merece alguns comentários, em função das peculiaridades que o Direito europeu apresenta, tendo um significado diferente dependendo da espécie normativa em questão. Basicamente, os instrumentos vinculantes de Direito derivado são os Regulamentos, as Diretivas e as Decisões.

Os regulamentos estão previstos no art. 189 do Tratado CEE[20], sua emissão é de competência exclusiva da Comissão, são aplicáveis diretamente e, a partir do momento em que publicados, geram efeitos nas relações entre particulares, e não apenas em relação aos Estados-membros[21], podendo igualmente serem invocadas contra disposição contrária prevista em lei nacional e inclusive na Constituição[22]. É, portanto, espécie normativa "diretamente efetiva"[23] nos Estados-membros[24], apresentando como característica ser uma norma abstrata

---

[18.] Deve-se ter a precaução para não confundir os conceitos de aplicabilidade direta e efeito direto. Vide, a seguir, nota de rodapé 22 (WYATT e DASHWOOD). Todas as espéceis normativas do Direito derivado são diretamente aplicáveis, mas Regulamentos e decisões são também diretamente efetivos.

[19.] No Brasil, por exemplo, como regra geral, atos internacionais precisam passar por longo processo que inclui a aprovação legislativa, a ratificação executiva e a publicação no *Diário Oficial da União*. Araminta de Azevedo MERCADANTE (" A processualística dos atos internacionais: Constituição de 1988 e Mercosul". In: CASELLA, Paulo Borba. (coord.) *Contratos internacionais e Direito Econômico no Mercosul*. São Paulo: LTr, 1996. pp. 458 - 505) descreve em detalhes todos os passos desse processo.

[20.] Art. 189 ....
*O regulamento tem carácter geral. É obrigatório em todos os seus elementos e diretamente aplicável em todos os Estados-membros.* (extraído de TIZZANO, Antonio, VILAÇA, José Luis e GORJÃO HENRIQUES, Miguel. Código da União Européia. Coimbra: Almedina, 1997. p. 79.

[21.] WYATT, Derrick e DASHWOOd, Allan. *The substantive Law of the EEC*. Londres: Sweet e Maxwell, 1980. pp. 35/6. *Considerando que regulamentos constituem legislação direta pela Comunidade, não apenas podem os individuais contar com previsões específicas contra outros individuais e Estados-membros, mas podem invocar os objetivos e propósitos gerais dos regulamentos contra as disposições das leis nacionais.* Since regulations constitute direct legislation by the Community, not only may individuals rely on specific provisions as against other individuals and Member States, they may invoke the general objectives and purpose of regulations as against national legal provisions.

[22.] Tribunal de Justiça das Comunidades Européias, sentença n. 6/64, de 15 de julho de 1964 (Caso Costa/Enel).

[23.] WYATT e DASHWOOD (Op. cit, pp. 25/6). *O impacto jurídico do Direito Comunitário nos Estados-membros, entretanto, surge de sua capacidade, até mesmo de sua tendência, de gerar direitos individuais que tribunais nacionais obrigatoriamente devem resguardar. Esta posição é complicada pela terminologia confusa, que descreve disposições comunitárias como sendo ou " diretamente aplicável" ou " diretamente efetiva". Esta última expressão descreve uma provisão com suficiente clareza e precisão para gerar um direito para uma pessoa física ou jurídica, contra outra pessoa física ou jurídica, ou outro Estado-membro. Estabelecer efeito direto é uma questão de interpretação, e é evidente que provisões específicas do Tratado, assim como provisões específicas dos regulamentos, diretivas ou decisões podem ser consideradas como tendo essa qualidade.* The legal impact of Community Law in the Member States, however, springs from its

e obrigatória em todo seu conteúdo[25].

Diretivas[26] são normativas que visam a dar cumprimento aos fins do Tratado, obrigando a todos os Estados-membros a que se destina em relação ao resultado que deve ser alcançado, deixando às instâncias nacionais a competência para fixar a forma e os meios necessários para alcançá-lo. Embora a diretiva necessite ser "internalizada", a prática atual tem mostrado diretivas cada vez mais técnicas, amplas, precisas e detalhadas, verdadeiramente semelhante aos regulamentos[27], ao menos quanto à forma.

---

capacity , even its tendency, to give rise to rights in individual which national courts are bound to safeguard. The position is complicated by a rather confusing terminology, which describes provisions of Community Law as being either "directly applicable" or "directly effective". The latter expression describes a provision endowed with sufficient clarity and precision to bestow a legal right on a natural or legal person, as against another natural or legal person, or a Member State. Establishing direct effect is a matter of interpretation, and it is clear that specific provisions of the treaty, as well as specific provisions of regulations, directives or decisions may be endowed with this quality.

[24.] Carlos Francisco Molina DEL POZO (Op. cit., p. 307): *Pode-se afirmar, como faz um autor, que a noção de regulamento implica para os Estados membros, por um lado, uma efetiva renúncia ao exercício de certas competências, e inclusive a uma parte da soberania nas matérias que delegam à Comunidade, por outro, a noção de regulamento supõe a existência e a aceitação do princípio do efeito direto, que se manifesta através da ausência de intervenção por parte das Autoridades nacionais. Desta forma, as disposições contidas nos regulamentos comunitários, presentam a característica de serem imediatamente aplicáveis em cada um dos Estados-membros, apresentando um efeito diretamente obrigatório para todos os interessados.* Puede afirmarse como hace algún autor, que la noción del reglamento implica para los Estados miembros, de un lado, una efectiva renuncia al ejercicio de ciertas competencias, e incluso a una parte de la soberanía en las materias que se delegan a la Comunidad; y de otro lado, la noción del reglamento supone el partir de la existencia y aceptación del principio del efecto directo, el cual se manifesta a través de la ausencia de intervención por parte de las autoridades nacionales. Así pues, las disposiciones contenidas en los reglamentos comunitarios presentan la virtualidad de ser inmediatamente aplicables, en cada uno de los Estados miembros, presentando un efecto directamente obligatorio para todos los interesados.

[25.] O que não significa que seja completa, podendo eventualmente ser desenvolvido ou complementado por medidas executivas, a serem tomadas ou pela autoridade regulamentadora ou outra autoridade.

[26.] "As diretivas são formas de produção legislativa que vinculam os Estados-membros destinatários, obrigando-os a tomar medidas de natureza legislativa ou administrativa, conforme o disposto em suas Constituições, para a obtenção do resultado previsto em cada um desses atos comunitários. Os Estados-membros podem escolher a forma e o meio que utilizarão para cumprir as diretivas. O detalhamento destas, que vem se tornando cada vez mais freqüente, não deixa margem para o exercício da competência das instâncias nacionais, no tocante à forma e aos meios dos atos de execução". FARIA, Werter Rotuno. "Métodos de harmonização aplicáveis no Mercosul e incorporação das normas correspondentes nas ordens jurídicas internas". In: BASSO, Maristela. (org.) *Mercosul: seus efeitos jurídicos, econômicos e políticos nos Estados-Membros.* Porto Alegre: Liv. do Advogado. 1995. pp. 79/80.

[27.] DEL POZO (Op. cit., p. 315): *Efetivamente, de uma parte, as instituições comunitárias competentes para emanar esse tipo de norma, Conselho e Comissão, vêm adaptando diretivas cujo conteúdo é cada vez mais, como já mencionávamos, preciso, até o ponto de praticamente não deixar qualquer margem de apreciação às instâncias nacionais. Desta maneira, a diretiva se converteu em um texto normativo que comporta um número considerável de artigos, todos muito precisos, até poder-se afirmar, em muitas ocasiões, que se trata de um ato auto-suficiente ... De outra parte, a segunda transformação que se vê na diretiva se deve não às instituições competentes para editá-la, mas, como já expressamos, pelo Tribunal de Justiça das Comunidades Européias. Efetivamente, de acordo com o teor da regra especificada nos Tratados, a diretiva não é por si mesma diretamente aplicável. Não obstante, o Tribunal de Justiça das Comunidades entendeu o contrário em muitas sentenças, em que veio a reconhecer um efeito direto ou, melhor, uma aplicabilidade*

Finalmente, decisões, também previstas no art. 189 do Tratado CEE, são atos administrativos dirigidos a destinatários individualizados[28], bastando a notificação destes para que entre em vigor.

Quanto à primazia do Direito Comunitário, trata-se do princípio segundo o qual o Direito Comunitário tem prevalência sobre os ordenamentos nacionais. Foi inicialmente aplicado pelo Tribunal de Justiça das Comunidades Européias em 1964, no *"leading case"* Costa v. Enel[29]. O que se apreende na doutrina e na jurisprudência em relação a este princípio é que, ao fazer parte da Comunidade, os Estados cedem uma parcela de sua soberania – cessão esta prevista nos tratados institucionais – à Comunidade, por meio da transferência de competências a instituições desta. Estas instituições, valendo-se das competências que lhe foram atribuídas, produziu e ainda produz intensa atividade legislativa, que vem a formar, conjuntamente com os tratados originários, o que se convencionou chamar de ordenamento jurídico comunitário.

---

*direta, para determinadas diretivas.* En efecto, de una parte, las instituciones comunitarias competentes para emanar este tipo de normas, Consejo y Comisión, vienen adaptando directivas cuyo contenido es cada vez, como ya mencionábamos, más preciso, hasta el extremo de no dejar practicamente ningún margen de apreciación a las instancias nacionales. De esta manera, la directiva se ha convertido en un texto normativo que comporta un número bastante considerable de artículos, todos ellos muy precisos, hasta el punto de que puede afirmarse en muchas ocasiones, que en definitiva se trata de actos autosuficientes .... De otra parte, la segunda transformación que se advierte en la directiva se debe no ya a las instituciones competentes para emanar essa norma, sino, como ya expresábamos antes, al Tribunal de Justicia de las Comunidades Europeas. Efectivamente, según el tenor de la regla especificada en los Tratados, la directiva no es por sí misma directamente aplicable. No obstante, el Tribunal de Justicia da La Comunidad ha entendido lo contrario en varias sentencias en las que vino a reconocer a determinadas directivas un efecto directo o, mejor, una aplicabilidad directa.

[28.] DEL POZO (Op. cit., p. 320): *As decisões são atos jurídicos utilizados, por exemplo, para impor sanções aos particulares, às empresas ou aos Estados-membros, como conseqüência do descumprimento de alguma das disposições do ordenamento jurídico comunitário.* Las decisiones son actos jurídicos que se utilizan, por ejemplo, para imponer sanciones a los particulares, a las empresas o a los Estados miembros, como consecuencia del incumplimiento de alguna norma del ordenamiento jurídico comunitário.

[29.] Os fatos são os seguintes: um particular argüiu, perante a Corte de Milão, a ilegalidade de uma lei italiana nacionalizando a indústria de energia elétrica. A corte italiana utilizou-se do reenvio prejudicial, fazendo diversas questões ao TJCE, sendo que o governo italiano argüiu que era totalmente inadmissível que o TJCE sequer opinasse no caso, pois a corte italiana era obrigada a aplicar a lei italiana, posterior à legislação comunitária. A corte decidiu que: "Desume-se de todas as observações que a lei derivada do tratado, uma fonte de direito independente, não poderia, devido a sua natureza especial e original, ser derrogada por provisões legais domésticas, independente de sua forma, sem perder seu caráter de Direito comunitário e sem que a própria base legal comunitária fosse questionada". It follows from all these observations that the law stemming from the Treaty, an independent source of Law, could not, because of its special and original nature, be overriden by domestic legal provisions, however framed, without being deprived of its character as Community Law and without the legal basis of the Community itself being called into question. A Corte voltou a se manifestar em outros casos, como o Acórdão Simenthal: *Qualquer tribunal nacional deve, em um caso dentre de sua jurisdição, aplicar o direito comunitário em sua integridade e proteger os direitos que este confere aos individuais e deve, em conformidade, colocar de lado qualquer provisão de leis nacionais que conflite com este, anterior ou posterior à norma comunitária.* Every national court must, in a case within its jurisdiction, apply Community Law in its entirety and protect rights which the latter confers on individuals and must accordingly set aside any provision of national law which may conflict with it, wether prior or subsequent to the Community rule. Trechos dos acórdão extraídos de Louis, Jean-Victor. *The Community Legal Order. Bruxelas*: Comissão das Comunidades Européias. Série European perspectives. 2ª ed. 1990. p. 127.

E, conforme Del Pozo[30]:

*"Nesta ordem de idéias, o Tribunal de Justiça Comunitário assinalou que, diferentemente dos tratados internacionais ordinários, o Tratado da Comunidade Econômica Européia instituiu uma ordem jurídica própria, integrado ao sistema jurídico dos Estados-membros e que se impõe em nível triplo: a suas jurisdições, a seus nacionais e ao próprio Estado. Desta forma, e conforme enfatizado diversas vezes pelo próprio Tribunal de Justiça, nenhuma norma nacional, nem mesmo de ranking constitucional, poderá se opor ao disposto nos Tratados e na legislação deles derivada."*

Verificados os conceitos destes dois princípios, vitais para o entendimento do *modus operandi* do ordenamento jurídico comunitário, e considerando-se também que os órgãos comunitários têm desenvolvido intensa atividade legislativa, conclui-se, resumidamente, que o direito derivado tem desempenhado a função vital de instrumentalizar a consecução dos objetivos fundamentais. Ou seja, o direito derivado tem a função de concretizar a disposição abstrata contida no tratado. A prática tem mostrado que essa função tem sido desempenhada a contento pelas autoridades comunitárias e, mais importante, como se verá no próximo tópico, quando o direito derivado é de alguma forma descumprido ou ameaçado, o Tribunal de Justiça das Comunidades Européias tem exercido seu poder de forma a possibilitar o avanço do Direito Comunitário, na busca dos objetivos fundamentais consignados nos Tratados.

No Mercosul, também a aplicação do direito derivado vai servir como instrumento para a consecução dos objetivos fundamentais[31], não da mesma maneira que no modelo europeu, em função das peculiaridades por este apresentadas, mas na forma prevista no Tratado de Assunção e Protocolo de Ouro Preto.

---

[30.] Op. cit., p. 339. En este orden de ideas el Tribunal de Justicia Comunitario se ha expresado señalando que, a diferencia de los Tratados internacionales ordinarios, el Tratado CEE ha instituido un orden juridico propio, integrado en el sistema jurídico de los Estados miembros y que se impone a un triple nivel: a sus jurisdiciones, a sus nacionales y a los mismos Estados. De esta manera, y tal como ha puesto de relieve en repetidas ocasiones el propio Tribunal de Justicia, ninguna norma nacional, ni aun de rango constitucional, podrá oponerse a lo dispuesto por los Tratados, o por la legislación que de ellos deriva.

[31.] O objetivo fundamental do Mercosul – constituição de um Mercado comum – encontra-se no Tratado de Assunção, art. 1º, da seguinte forma:

*Art.1º . Os Estados-partes decidem constituir um Mercado Comum, que deverá estar estabelecido a 31 de dezembro de 1994, e que se denominará "Mercado Comum do Sul".*

*Este Mercado comum implica:a livre circulação de bens, serviços e fatores produtivos entre os países, através, entre outros, da eliminação dos direitos alfandegários, de restrições não tarifárias à circulação de mercado e de qualquer outra medida de efeito equivalente;o estabelecimento de uma tarifa externa comum e a adoção de uma política comercial comum em relação a terceiros Estados ou agrupamentos de Estados e a coordenação de posições em foros econômico-comerciais regionais e internacionais;a coordenação de políticas macroeconômicas e setoriais entre os Estados-partes – de comércio exterior, agrícola, industrial, fiscal, monetária, cambial e de capitais e serviços, alfandegária, de transportes e comunicações e outras que se acordem – a fim de assegurar a igualdade de condições adequadas de*

Assim, nas palavras de Deisy de Freitas Lima Ventura[32]:

*"restou descartado qualquer tipo de aplicabilidade direta das regras comunitárias, assim como sua primazia sobre as regras nacionais. Não há dúvidas a respeito do predomínio da posição brasileira, que traçou o quadro institucional definitivo à imagem e semelhança de suas propostas."*

## 4. A APLICAÇÃO DO DIREITO DERIVADO PELO JUIZ EUROPEU

Vistos o conceito e a importância do direito derivado, cabe agora tecer algumas considerações sobre a aplicação desse direito pelos juízes europeus. Inicialmente, cabe lembrar que o "Poder Judiciário Comunitário", embora exercido também por todos os juízes nacionais dos Estados-membros, que aplicam e interpretam o Direito Comunitário, tem como órgão máximo o Tribunal de Justiça das Comunidades Européias. Este tem, bem certo, competência direta em algumas situações, enquanto a divide com os órgãos nacionais em outras[33].

No tocante à competência direta, esta se divide, sinteticamente em:

*1.* Recursos diretos:

a) recurso de anulação, previsto nos arts. 173, 174 e 176 do Tratado CEE,

b) recurso de carência, que se encontra regulado nos artigos 175 e 176 do Tratado CEE, tendo por objetivo constatar ante o Tribunal de Justiça a inatividade do conselho ou da Comissão, para que este lhes obrigue a pronunciarem-se,

c) exceção de ilegalidade, prevista no artigo 184 do Tratado CEE, constituindo-se em recurso incidental que se apresenta no âmbito de um processo principal, visando a anulação de determinado ato, que será declarado inaplicável ao caso concreto em discussão no litígio principal.

---

concorrência entre os Estados-Partes; e o compromisso dos Estados-partes de harmonizar suas legislações, nas áreas pertinentes, para lograr o fortalecimento do processo de integração."

[32.] *A ordem jurídica do Mercosul.* Porto Alegre: Livraria do Advogado, 1996. p. 60.

[33.] DEL POZO (Op. cit., p. 165) explana: *Seguindo a opinião da maioria da doutrina deve-se distinguir, em primeiro lugar, os recursos diretos da questão ou incidente prejudicial. Enquanto nos primeiros a competência é do Tribunal de Justiça Comunitário Europeu com exclusão de qualquer outro, nacional ou internacional, no incidente prejudicial a competência não é exclusiva do órgão jurisdicional comunitário, que a comparte com o órgão jurisdicional do Estado-membro que lança a questão.* Siguiendo la pauta marcada por la opinión doctrinal mayoritaria hay que distinguir, en primer lugar, los recursos directos de la cuestión o incidente prejudicial. Mientras que en los primeros el enjuiciamiento de los mismos compete al Tribunal de Justicia comunitario europeo con exclusión de cualquier otro, nacional o internacional, en el incidente prejudicial la

**2.** Contencioso de plena jurisdição, em que estão compreendidos uma série de recursos diretos que dão lugar a processos autônomos, que o TJCE conhece e decide com competência exclusiva. São estes:

a) a impugnação de sanções impostas por instituições comunitárias,
b) as reclamações para obter uma indenização com base na responsabilidade extracontratual da Comunidade,
c) o estabelecimento de uma cláusula compromissória, e a adoção de um compromisso entre os Estados-membros que atribua competência ao Tribunal.

**3.** Controle dos Estados-membros, basicamente a apreciação de recurso por descumprimento de norma comunitária por um Estado-membro, que se encontra regulado nos arts. 169 e 171 do Tratado CEE e pode ser interposto ou pela Comissão ou por outro Estado-membro.

Quanto à competência não direta, ela se exerce por meio do "reenvio prejudicial[34]", que deve ser utilizado sempre que houver uma questão relativa à interpretação do Direito comunitário e, de acordo com o direito interno do Estado membro, estiver o órgão nacional agindo como instância final, não cabendo recurso de sua decisão. Em havendo recurso cabível, fica apenas facultado ao juiz submeter a questão ao Tribunal de Justiça Comunitário.

O TJCE decidiu, no acórdão Foto/Frost, sentença de 22 de outubro de 1987, caso 314/85, que sempre que a questão for sobre a validade do direito comunitário, e não sobre sua interpretação, o juiz nacional deve obrigatoriamente submetê-la à apreciação da Corte comunitária, não importando sua instância ou existência de recurso cabível.

---

competencia no lo ostenta con exclusividad el órgano jurisdiccional comunitario europeo, sino que la comparte con el órgano judicial del Estado miembro que plantea la cuestión.

[34.] Conforme Carlos Francisco Molina DEL POZO (Op. cit., p. 176): *O procedimento de reenvio rejudicial se inicia com a suspensão do litígio principal por parte do juiz nacional e o lançamento de uma questão prejudicial perante o órgão jurisdicional comunitário, terminando com a resposta do Tribunal de Justiça, por meio de uma sentença que será enviada ao juiz interno, o qual deverá continuar o processo principal e sentenciar atendo-se à resposta recebida .... O objeto do lançamento de uma questão prejudicial com base no artigo 177 é o exame das disposições comunitárias, por parte do Tribunal de Justiça, em relação às exigências e finalidades do Direito comunitário.* El procedimiento de reenvio prejudicial se inicia con la suspensión del litigio principal por parte del juez nacional y el planteamiento de una cuestión prejudicial ante el órgano jurisdiccional comunitario europeo, terminando con la respuesta del tribunal de Justicia contenida en una sentencia que será remitida al juez interno, el cual deberá continuar el procedimiento principal y dictar sentencia ateniéndose as la respuesta recibida ... El objeto del planteamiento de una cuestion prejudicial en base del artículo 177 es el examen de las disposiciones comunitarias, por parte del tribunal de Justicia, en relación con las exigencias y finalidades del Derecho comunitario. Para uma análise mais detalhada, vide CASELLA, Paulo Borba. *Comunidade Européia e seu ordenamento jurídico.* São Paulo: LTr, 1993.

**520**

O objetivo da existência do mecanismo de reenvio prejudicial é, conforme muito bem relata Roger Grass[35]:

*"assegurar uma aplicação uniforme do Direito comunitário pelas jurisdições nacionais. Esta exigência de uniformidade é particularmente imperiosa quando a validade de um ato comunitário esteja em causa, pois divergências desta natureza comprometeriam a unidade da ordem jurídica comunitária e atentariam contra a exigência fundamental de segurança jurídica".*

Assim, ainda que, conforme mencionado na abertura deste tópico, todos os juízes dos Estados-membros sejam também juízes comunitários, as suas decisões são sempre ou baseadas na jurisprudência prévia do TJCE ou condicionadas ao pronunciamento deste no caso concreto sob análise (no caso do reenvio prejudicial). Como corolário lógico, a fonte jurisprudencial por excelência será sempre o Tribunal de Justiça das Comunidades Européias.

E o TJCE tem sido sempre progressivo, no sentido de não deixar que pressões internas[36] de qualquer natureza atrapalhem a marcha rumo à plena implementação dos objetivos comunitários, como bem observa Georges Vandersanden[37]:

*"Direito Econômico e Direito Institucional são os dois componentes da matéria sobre a qual a Corte – incluo nesse termo a Corte de Justiça e o Tribunal de Primeira instância – não parou de pensar e repensar sua obra*

---

[35.] L´article 177 du traité CEE. In: CHAUVIN, Jean & TRUBERT, Etienne. *Le droit communautaire et international devant le juge du commerce.* Paris: L´épargne. p. 90. Assurer une application uniforme du droit communautaire pour les juridictions nationales. Cette exigence d´uniformité est particulièrement impérieuse lorsque la validité d´un acte communautaire est en cause, car des divergences a cet égard compromettraient l´unité de l´ordre juridique communautaire et porteraient atteinte à l´exigence fondamentale de sécurité juridique.

[36.] A esse respeito, vale transcrever a lição de Ernst Ulrich PETERSMANN (*The GATT/WTO Dispute Settlement System.* Genebra: Kluwer Law. 1997. pp. 13-16) , analisando o problema do protecionismo, principalmente quando se trata da consecução da política externa de um país: *Por uma gama de razões, freqüentemente os governos eleitos periodicamente não podem agir como maximizadores neutros do interesse público. Como a maior parte das pessoas percebem sua receita como produtores de uma determinada área, mas gastam-na em milhares de produtos e serviços distintos, é racional que se concentrem em seus interesses como produtores; como conseqüência, em todas as sociedades, os interesses dos produtores apresentam tendência a ser melhor organizados e politicamente mais influentes que os interesses dispersos dos consumidores. Governos dependem de suporte político e, por conseguinte, tem que acomodar as pressões de grupos de interesse.* For a variety of reasons, periodically elected governments often cannot act as neutral maximizers of the public interest. As most people earn their income as a producer in a specific area but spend their income on thousands of different products and services, it is rational for them to concentrate on their producer interests; hence, in all societies, producer interests tend to be better organized and politically more influential than dispersed consumer interests. Governments depend on political support and therefore have to accommodate interest group pressures.

[37.] Introduction. In: ———.(dir) *La reforme du systeme juridictionnel communautaire.* Bruxelas: Université de Bruxelles, 1994. p. 11. "Droit économique et droit institutionnel, telles sont les deux composantes de la matière sur laquelle la Cour - j'inclus sous ce terme à la fois la Cour de Justice et le Tribunal de première instance - n, a cessé de penser et de repenser son ouvrage dans le sens voulu par sa mission Qui est d'assurer le respect du droit dans l'interprétation et l'application du traité.

*dentro do sentido desejado para sua missão, que é de assegurar o respeito ao Direito na aplicação e interpretação do Tratado.*

*Sua obra é uma obra criativa no sentido profundo do termo.*

*Ao contrário do político, freqüentemente hesitante, às vezes desesperador em sua falta de decisão ou ineficácia, o Poder Judiciário Comunitário se encarnou na Corte e se expressou com voz forte, elaborando a construção de uma ordem jurídica adaptada às particularidades da Comunidade, calcada ao redor da trilogia Estados-Membros, instituições e indivíduos, fazendo desses últimos, antes mesmo do surgimento de uma Europa dos cidadãos, os beneficiários, em parte igual, deste novo direito".*

Assim, a aplicação do Direito comunitário pelo juiz europeu, em seu conjunto, aí englobado o Direito derivado, tem se dado de maneira a sempre assegurar o progresso da Comunidade, impulsionando este objetivo quandos os interesses nacionais lhe são contrários[38]. No Mercosul, entretanto, a situação é bem outra, como se verá.

## 5. A APLICAÇÃO DO DIREITO DERIVADO DO MERCOSUL PELO JUIZ BRASILEIRO

Se, conforme se viu até agora, o modelo europeu é fortemente baseado na existência de um tribunal central, de natureza supranacional, cuja jurisprudência é vinculante, a situação no Mercosul é bastante diversa. Não existe o tribunal supranacional com poder decisório definitivo sobre as matérias "comunitárias" ou "integracionistas"[39], e a interpretação das normas do Mercosul é necessariamente descoordenada e, porque não dizer, desordenada[40-41].

---

Son oeuvre est une oeuvre créatrice au sens profond du terme.

A l'inverse du politique, souvent hésitant, parfois désésperant par son absence de décision ou son inefficacité, le pouvoir judiciaire communautaire s'est incarné dans la Cour et s'est exprimé d'une voix forte, élaborant la construction d'un ordre juridique adapté aux particularités de la Communauté, axé autour de la trilogie Etats membres, institutions et individus et faisant de ces derniers, avant même qu'apparaisse l'idée d'une Europe des citoyens, les bénéficiaires à part égale de ce nouveau droit."

[38.] Vide, por exemplo, dentre muitos outros, o já mencionado caso *Costa v. Enel.*

[39.] Há, por certo, o tribunal arbitral previsto no capítulo IV do Protocolo de Brasília, mas, concordando integralmente com as palavras de Paulo Borba CASELLA. *Mercosul.* São Paulo: LTr, 1997, p. 175: "O sistema estipulado pelo protocolo brasiliense para solução de controvérsias, pelo amadorismo de seus mecanismos, além de complexo e dificilmente operacionalizável, nunca poderia desempenhar o papel que se esperaria de um tribunal. Para preencher o espaço de atuação, será necessário poder contar com órgão institucional, sob a configuração de tribunal, para estar apto a desempenhar o papel ao mesmo tempo politicamente delicado e tecnicamente exigente, para o qual serão necessários juízes especializados, combinando experiência técnica e visão política, além de política e culturalmente imparciais."

[40.] Luís Fernando Franceschini da ROSA, Op. cit., p. 131, comentando a problemática da correta aplicação e interpretação do Direito no Mercosul, explica que: "...deve-se ter presente, também, que a aplicação e interpretação

Desta forma, cabe exclusivamente ao juiz nacional, sem parâmetros centrais e hierarquizados de orientação, aplicar concretamente o direito derivado do Mercosul. É certo que algumas questões, notadamente relativas à vigência ou não do direito derivado[42], serão de competência do Supremo Tribunal Federal, como no exemplo da Carta Rogatória 8.279-4, República Argentina, a seguir comentado, o que pode gerar uma jurisprudência uniformizada no âmbito nacional, pretensão que é impossível no âmbito do bloco, face à *suso* abordada inexistência do tribunal supranacional.

---

do Direito no Mercosul, como também ocorre na experiência européia, não é feita por uma estrutura burocrática comunitária, que atue paralelamente aos Estados. Ao contrário, os administradores e juízes dos Estados-Membros encarregam-se de dar efetividade ao direito comunitário e são eles que, no exercício de suas atividades, interpretam e aplicam o direito no Mercosul.

Seria extremamente recomendável que o Judiciário nacional pudesse contar com a interpretação uniforme daquelas normas que se vê obrigado a subsumir aos casos concretos, seja sob a forma de um mecanismo prévio de consulta, seja mesmo pela aproveitabilidade dos precedentes formulados em julgamentos de casos análogos." O mesmo autor, continuando seu raciocínio, argumenta que esta falta de aplicação uniforme do direito, assim como a inexistência de um órgão ou tribunal isento (não vinculado a interesses nacionais) pode levar o processo de integração ao fracasso, como no caso do Pacto Andino: "Problemas dessa magnitude podem perfeitamente paralisar o avanço do processo integrativo e comprometê-lo definitivamente, o que ocorreu com a integração andina. Lá, a ausência de um Tribunal permanente, com a missão precípua de interpretar uniformemente o direito comunitário, vinculando os Estados-Membros ao respeito de suas decisões, esteve na base do fracasso do Pacto Andino."

[41.] Sobre a importância da interpretação uniforme das normas de direito uniforme – classificação em que se enquadra o direito derivado, sugere-se a leitura da excelente tese de doutorado de José Augusto Fontoura COSTA, *A aplicação uniforme do direito uniforme.* São Paulo: biblioteca do DIN/FADUSP, 1998.

[42.] A vigência e internalização do direito derivado são aliás, questões das mais complexas no âmbito do Mercosul, em virtude do diferenciado tratamento constitucional encontrado nos 4 Estados-membros. Em relação aos demais países do Mercosul, Paulo Borba CASELLA (*Mercosul: exigências e perspectivas.* São Paulo: LTr, 1996. pp. 53-4) relata que:

*"Constituições mais recentes como a Constituição do Paraguai de 1992, ao mesmo tempo em que seu preâmbulo assinala que o povo paraguaio ratifica a soberania e independência nacionais, mas integrado à comunidade internacional, admitem a existência de ordenamento jurídico supranacional, em decorrência do qual, nos termos do artigo 145, a República do Paraguai, em condições de igualdade com outros Estados, admite ordenamento jurídico supranacional que garanta a vigência dos direitos humanos, da paz, da justiça, da cooperação e do desenvolvimento político, econômico, social e cultural.*

*Igualmente interessante, dentre os demais dispositivos contidos no capítulo relativo às "relações internacionais", artigos 141 a 145, destaca-se a expressa regulação das relações entre direito interno e direito internacional, no artigo 142, no qual se prevê que os tratados internacionais, validamente celebrados e aprovados por lei do Congresso, cujos instrumentos de ratificação tenham sido trocados ou depositados, integram o ordenamento jurídico interno, em hierarquia imediatamente inferior à Constituição Nacional.*

*Na Constituição uruguaia se coloca a previsão, no artigo sexto, além da opção pela solução pacífica de controvérsias, de que a República Oriental buscará a integração social e econômica dos Estados latino-americanos, especialmente no que se refere à defesa comum de seus produtos e matérias-primas, bem como efetiva complementação de seus serviços públicos.*

*A Constituição argentina oferece interessantes perspectivas, a partir da revisão de 1994, em matéria de integração supranacional, na medida em que ficam expressamente referidos, dentre as atribuições do Congresso Nacional, nos termos do artigo 75, em seu inciso 24, aprovar tratados de integração que deleguem competências e jurisdição a organizações supraestatais, em condições de reciprocidade e igualdade, e que respeitem a ordem democrática e os direitos humanos."*

Sobre a posição argentina na questão da hierarquia das normas internacionais no sistema interno, Luiz Fernando Franceschini da ROSA (*Mercosul e Função Judicial.* São Paulo: LTr, 1997. p. 123), explica que a questão já

As matérias objeto do direito derivado do Mercosul são diversas, englobando, grosso modo, todo e qualquer assunto que possa influenciar na livre circulação de mercadorias, serviços, pessoas e na liberdade de estabelecimento dos agentes econômicos, conforme estabelecido no já citado art. 1º do Tratado de Assunção.

Não obstante, se os processos de integração econômica têm como sua primeira fase a livre circulação de mercadorias, entendida esta como a possibilidade de circular, permanecer e ser comercializada no território dos demais Estados-membros sem a imposição de barreiras, independentemente de sua natureza, é de se esperar que as primeiras alterações no ordenamento interno dos Estados-membros se façam na área tributária – eliminação de barreiras tarifárias, que são as mais amplamente disseminadas e mais facilmente perceptíveis. E, se as primeiras modificações se deram na área tributária, não causa espanto o fato de que os primeiros pronunciamentos judiciais também sejam referentes a tal matéria. Por conseguinte, os primeiros acórdãos relativos à aplicação do direito derivado pelo juiz nacional encontrados por este autor versam principalmente sobre questões tributárias.

Antes que se faça uma breve análise dos julgados transcritos, convém explicitar os critérios de busca utilizados. Foram pesquisados os seguintes tribunais[43-44]:

---

havia sido resolvida pela Corte Suprema, sendo consagrada na Revisão Constitucional de 1994: "Neste país, a jurisprudência da Corte Suprema de Justiça definiu-se pela superioridade dos Tratados à frente das leis ordinárias, na década de 90.

*Tal definição foi iniciada, em 1992, pelo caso* SOFOVICH, *em que a Corte constitucional declarou a primazia da Convenção Americana sobre Direitos Humanos sobre as leis internas, assim como sua aplicabilidade direta, por meio do acórdão* FIBRACA *e, em 1994, por meio do Acórdão Cafés la Virgínia S/A em que se resolveu a questão hierárquica, mas manteve-se a tradição de obrigatoriedade de transformação do Tratado em lei interna, via mediação legislativa, sem, portanto, atribuir-lhe aplicabilidade imediata.*

*Em 1994, por ocasião da reforma constitucional argentina, a Constituição resolveu definitivamente a questão hierárquica, por meio do artigo 75 e seus incisos 22 e 24, pelos quais os Tratados e as normas ditadas por organizações supraestatais, formadas por Tratados de integração, passaram a gozar de hierarquia superior à das leis."*

[43.] O autor gostaria de expressar sua gratidão à Sra. Cynthia e equipe da biblioteca da Procuradoria da República no Estado de Santa Catarina pela ajuda e orientação ofertada na pesquisa jurisprudencial.

[44.] Desnecessário dizer que não foram esgotadas todas as possibilidades de pesquisa, sendo possível que alguns acórdãos relativos à aplicação do direito derivado pelo juiz nacional não tenham sido colacionados. Afinal, "preciso dizer que não vasculhei todos os documentos disponíveis, por mais amplo que tenha sido meu esforço, que meu livro é construído sob uma pesquisa necessariamente parcial? Sei, desde já, que minhas conclusões serão refeitas, discutidas, substituídas por outras, e assim o desejo" (Ai-je besoin de dire que je n'ai pas dépouillé tous les documents d'archives à ma portée, si ample qu'ai été mon effort; que mon livre est construit sur une enquête forcément partielle? Je sais, pour avance, que mes conclusions seront represies, discutées, remplacées par d'autres, et je le souhaite. F. BRAUDEL, "La mediterranée et le monde mediterranéen à l'époque de Philippe II". 1949, extraído de CASELLA, Paulo Borba. *Comunidade Européia e seu ordenamento jurídico*. São Paulo: LTr, 1994). O autor tentou, entretanto, esgotar os recursos disponíveis, valendo-se de meios eletrônicos, da leitura de diversos periódicos, repertórios e revistas, contando inclusive com auxílio de profissionais da área da pesquisa da informação.

1 – Supremo Tribunal Federal.
2 – Superior Tribunal de Justiça
3 – Tribunal Superior do Trabalho
4 – Tribunal Regional Federal da 1ª Região
6 – Tribunal Regional Federal da 3ª Região
7 – Tribunal Regional Federal da 4ª Região
8 – Tribunal Regional Federal da 5ª Região
9 – Tribunal de Justiça do Estado do Rio Grande do Sul
10 – Tribunal de Justiça do Estado de Santa Catarina
11 – Tribunal de Justiça do Estado do Paraná
12 – Tribunal de Justiça do Estado de São Paulo

Foram utilizados como critérios de busca as palavras "mercosul", "Tratado de Assunção", "direito derivado", "conselho do mercado comum" e "cmc", exceto naquelas pesquisas realizadas em revistas e repertórios de jurisprudência, em que este autor fez a seleção pelas ementas. Os resultados da pesquisa são a seguir transcritos e comentados:

## 1. SUPREMO TRIBUNAL FEDERAL

**I – Agravo regimental na Carta Rogatória n. 7.613. Julgado em 3 de abril de 1997. Publicado no *DJU* de 9 de maio de 1997. Relator: Ministro Sepúlveda Pertence.**

*"Sentença estrangeira. Protocolo de Las Leñas. Homologação mediante carta rogatória. O Protocolo de Las Leñas, Protocolo de cooperação e Assistência Jurisdicional em matéria civil, comercial, trabalhista e administrativa entre os países do Mercosul não afetou a exigência de que qualquer sentença estrangeira – à qual é de equiparar-se decisão interlocutória concessiva de medida cautelar – para tornar-se exeqüível no Brasil, há de ser previamente submetida à homologação do STF, o que obsta à admissão de seu reconhecimento incidente, no foro brasileiro, pelo juízo a que se requeira a execução; inovou, entretanto, a convenção internacional referida ao prescrever, no artigo 19, que a homologação (dito reconhecimento) de sentença provinda dos Estados-partes se faça mediante rogatória, o que importa admitir a iniciativa da autoridade judiciária competente do foro de origem e que o exequatur se defira independentemente de citação do requerido, sem prejuízo da posterior manifestação do requerido, por meio de agravo à decisão concessiva ou de embargos ao seu cumprimento".*

**Comentário:**

O Protocolo de cooperação e assistência jurisdicional em matéria civil, comercial, trabalhista e administrativa – Protocolo de Las Leñas[45], dispõe, em seu art. 19:

*"Art. 19 – O pedido de reconhecimento e execução de sentenças e de laudos arbitrais por parte das autoridades jurisdicionais será tramitado por via de cartas rogatórias e por intermédio da Autoridade Central"*

O protocolo inovou neste ponto, como faz referência a decisão, ao instituir a homologação de sentença por meio de carta rogatória. O protocolo, entretanto, inovou apenas no tocante ao procedimento, não suprimindo a necessidade de se homologar referida sentença pelo STF. Alguns autores já haviam se posicionado neste sentido[46], ainda anteriormente à vigência do Protocolo no direito interno e, ademais, a decisão é consentânea com a jurisprudência prévia – relativa à hierarquia das normas de direito internacional – do Supremo Tribunal. Ressalte-se, ademais, que o próprio Protocolo, elaboração conjunta e consensual dos Estados partes, não tem, desde sua origem, a intenção de dispensar a homologação, requisito previsto na Constituição Federal.

**II – Carta Rogatória n. 8.279-4[47]. Procedência: República Argentina. Relator: Ministro Celso de Mello (Presidente). Justiça Rogante: Juiz nacional de primeira instância no Cível e Comercial Federal n. 4 de Buenos Aires. Diligência: Requerer, junto ao juiz de Direito da Comarca de Belém – Pará, providências no sentido de proceder ao embargo das mercadorias consignadas em nome de Coagulantes Argentina S/A, que se encontrem a bordo do navio Santos Dumont, de propriedade de Chaval Navegação Ltda., bem como sua interdição para navegar.**

*Mercosul. Protocolo de Medidas Cautelares (Ouro Preto/MG). Ato de Direito Internacional Público. Convenção ainda não incorporada ao Direito interno brasileiro. Procedimento constitucional de incorporação dos atos internacionais que ainda não se concluiu. O Protocolo de medidas cautelares adotado pelo Conselho do Mercado Comum (Mercosul), por ocasião de sua VII Reunião, realizada em Ouro Preto/MG, em dezembro de 1994, embora*

---

[45.] Em vigor no Brasil por meio do Decreto 2.067, de 12 de novembro de 1996.

[46.] Por exemplo, Nádia de ARAÚJO, Carlos Alberto de SALLES e Ricardo Ramalho de ALMEIDA. ("Cooperação interjurisdicional no Mercosul". In: BASSO, Maristela (org.) *Mercosul: seus efeitos jurídicos, econômicos e políticos nos Estados-membros.* Porto Alegre: Livraria do Advogado, 1995, p. 357): "a disposição convencional não pretende certamente que seja suprimida a homologação de sentença estrangeira como requisito para sua homologação no âmbito do Mercosul". Ainda, este autor, em artigo conjunto com Suzana Soares MELO ("A cooperação jurisdicional no Mercosul". In: RODRIGUES, Horácio Wanderlei. *Solução de controvérsias no Mercosul.* Porto Alegre: Livraria do Advogado, 1997. pp. 102-3).

[47.] Ainda não publicada oficialmente no *Diário de Justiça da União.*

**526**

*aprovado pelo Congresso Nacional (Decreto Legislativo nº.192/95), não se acha formalmente incorporado ao sistema de Direito positivo interno vigente no Brasil, pois, a despeito de já ratificado (instrumento de ratificação depositado em 18/03/97), ainda não foi promulgado, mediante decreto, pelo presidente da República. Considerações doutrinárias e jurisprudenciais em torno da questão da executoriedade das convenções ou tratados internacionais no âmbito do direito interno brasileiro. Precedentes: RTJ 58/70, Rel. Min. Oswaldo Trigueiro – ADI n. 1.480-DF, Rel. Min. Celso de Mello.*

**Comentário:**

Duas questões merecem destaque neste acórdão. Inicialmente, ao decidir que o Protocolo de medidas cautelares não havia passado por todas as etapas necessárias a sua incorporação, pôs por terra qualquer pretensão acerca da existência da aplicabilidade direta das normas do Mercosul.

Por outro lado, há que se notar que, ao considerar como inaplicável o protocolo de medidas cautelares, o STF confirmou longa linha jurisprudencial, no sentido de não deferir *exequatur* a cartas rogatórias cujo objeto sejam providências de natureza cautelar.

Referida decisão foi violentamente criticada por Paulo Borba Casella[48] que, no entanto, reconhece sua conformidade com a jurisprudência prévia do Supremo, nos seguintes termos:

*"A decisão do Supremo Tribunal Federal pode não ser exatamente o que se teria esperado, em termos de contribuir para a consolidação progressiva de ordenamento legal harmonizado. É conservadora, é territorialista, alinha-se por concepções tradicionais, se não obsoletas do direito e da convivência entre Estados. Contudo, à luz do atual direito positivo brasileiro, não se pode dizer que esteja tecnicamente errada. Assim, pode ser que tenhamos que esperar mais um pouco para efetivar a construção da integração do ponto de vista jurídico. Política e economia já enxergaram isso e estão trabalhando nessa dimensão."*

A crítica também é compartilhada pelos demais Estados-partes do Mercosul, como, por exemplo, expressa o embaixador argentino no Brasil, Jorge Hugo Herrera Vegas[49]:

*"A decisão do presidente do Supremo Tribunal Federal (sic) carta rogatória n. 8.279-4 República Argentina, relator Ministro Celso de Mello (presidente), de aplicar aos tratados do Mercosul a doutrina dualista e exigir*

---

[48.] STF e o Mercosul. Diário Comércio e Indústria, 11 e 13 de julho de 1998, p. 4.

[49.] A vigência dos tratados do Mercosul. *Gazeta Mercantil Latino-american*a, 18 a 24 de maio de 1998, p. 2.

*o ditame de uma norma de incorporação criou insegurança nas relações jurídicas entre nossos países.*

*(...)*

*Essa decisão causou a maior surpresa porque é contrária à doutrina do monismo atenuado que tradicionalmente sustenta a doutrina jurídica brasileira. Quer dizer que os tratados entram em vigência logo depois do câmbio ou depósito de seus instrumentos de ratificação, salvo se o tratado indique expressamente outra coisa. Essa é a posição que sustenta, nesse caso, o procurador-geral da República ao manter a vigência do protocolo de medidas cautelares. A sentença cria uma grande insegurança jurídica e põe em dúvida os fundamentos legais do Mercosul, já que seus tratados não têm uma norma de incorporação ao direito interno como a exigida nesse caso, na decisão do ministro Presidente".*

## 2. TRIBUNAL REGIONAL FEDERAL DA 1ª REGIÃO

**I – Apelação em Mandado de segurança n. 0100020621, 3ª Turma. Publicado no *Diário da Justiça da União* de 27 de março de 1998, p. 111. Relator: Juiz Tourinho Neto.**

*ADMINISTRATIVO. TRIBUTÁRIO. BAGAGEM DE DIPLOMATA. VEÍCULO. ISENÇÃO. DECISÃO MERCOSUL/CM/ DEC N. 18/94. NORMAS GERAIS E ESPECIAIS.*

*I – As normas gerais estabelecidas pela decisão do Mercosul n. 18 de 1995 não podem revogar as normas especiais previstas nos Decretos-Lei 37, de 1966, e 1.455, de 1976, principalmente por cuidarem da mesma problemática.*

*II – São isentos de impostos, relativamente aos automóveis de sua propriedade (Decreto-Lei 37, de 1966, alterado pelo artigo 1º do Decreto-Lei 1.123, de 1970, Decreto-Lei n. 1.455, de 1976, arts. 1º, c e 2º, e parágrafo 1º, e Decreto-Lei n. 2.120, de 1984, artigo 7º ), os funcionários da carreira diplomática, quando removidos para a Secretaria de Estado das Relações Exteriores.*

*III – O diplomata brasileiro, em serviço no exterior, quando retorna ao Brasil, por determinação superior, trazendo em sua bagagem o veículo, de fabricação estrangeira, na verdade, não o está importando. Ele traz consigo o que era seu, quando morava no exterior.*

*Decisão: Por votação unânime, negar provimento à apelação e à remessa.*

**Comentário:**

A decisão Mercosul n. 18/94, publicada no *Diário Oficial da União* de 29 de dezembro de 1995, dispõe, em seu art. 6º, inciso I, que:

*"Fica proibido importar sob este regime mercadorias que não constituam bagagem, bem como aquelas que estejam sujeitas a proibições ou restrições de caráter não econômico.*

Em seu art. 7º, dispõe:

*"Estão excluídos do presente regime os veículos automotores em geral, motocicletas, motonetas, bicicletas com motor, motores para embarcação, motos aquáticas e similares, casas rodantes, aeronaves, embarcações de todo tipo".*

Por outro lado, o Decreto-Lei 37, de 18 de novembro de 1966, que dispõe sobre o Imposto de Importação, reorganiza os serviços aduaneiros e dá outras providências, em seu art. 13, inciso I, dispõe:

> *"Artigo 13 – É concedida isenção do imposto de importação nos termos e condições estabelecidos no regulamento, à bagagem constituída de:*
> *(...)*
> *III – outros bens de propriedade de:*
> *a) funcionários da carreira diplomática, quando removidos para a Secretaria de Estado das Relações Exteriores, e os que a eles se assemelharem, pelas funções permanentes de caráter diplomático, ao serem dispensados de função exercida no exterior e cujo término importe seu regresso ao país;"*

No caso concreto, tratava-se de mandado de segurança impetrado "contra ato do Secretário da Receita Federal que indeferiu o pedido de liberação do veículo Mercedes-Benz, ano de fabricação 1986, modelo 190, identificado sob n. WDB2010241A301760, carroceria D, adquirido quando servia como Embaixador do Brasil no Irã. Alega que do Irã foi removido para os EUA, levando o referido automóvel, sob condição de não vendê-lo naquele país, e daí foi removido, posteriormente, para a Austrália, levando o veículo, sob a mesma condição. Em 11 de março de 1996, foi removido para o Brasil, para a Secretaria de Estado das Relações Exteriores, e trouxe em sua bagagem o automóvel em questão" (Extraído do relatório do acórdão).

O bem-fundamentado acórdão concluiu que o regime instituído pela decisão 18/94 não albergava a bagagem dos diplomatas, pois se tratava de norma genérica, destinada a viajantes "comuns", e não diplomatas. Para estes, entretanto, o regime de bagagem é o do supradescrito art. 13 do Decreto-Lei 37.

Não obstante se tratasse do conflito de duas normas reguladoras de fatos com elementos internacionais, a solução não se baseou, nem mesmo para negar-lhe validade, em qualquer princípio de direito internacional. Não foi analisado o aspecto do conflito hierárquico em qualquer dos seus aspectos, quais sejam, o da hierarquia das normas internacionais sobre as nacionais ou o aspecto da hierarquia do Decreto-Lei, norma recepcionada com força de lei ordinária pela nova Constituição, sobre o Decreto. Abordou-se apenas a questão da especialidade da lei e, desta forma, não houve qualquer conflito entre direito derivado e direito nacional, mas conflito entre duas normas, uma geral e outra especial.

## 3. TRIBUNAL REGIONAL FEDERAL DA 2ª REGIÃO

**Apelação em mandado de segurança n. 212.495. 1ª Turma, Relatora: Juíza Maria Helena.** *DJ* **de 12 de dezembro de 1995, p. 86.254.**

*MERCADORIA ESTRANGEIRA EM TRÂNSITO. FALSA DECLARAÇÃO DE CONTEÚDO.*

*I – Legítima a retenção de mercadoria em trânsito quando, acidentalmente, a autoridade aduaneira constata falsa declaração de conteúdo. Exegese dos artigos 73, 74 e 105 do Decreto-Lei n. 37/66.*

*II – O acordo firmado pelos países integrantes do "cone sul" (Mercosul) impõe aos Estados convenentes cooperação mútua no combate às fraudes e respeito nas relações comerciais e fiscais.*

*III – Recurso a que se nega provimento.*

**Comentário**:

Muito mais do que versar sobre a aplicação de qualquer norma de direito derivado, o presente acórdão é significativo pois, se, para a solução da questão concreta, o Tribunal valeu-se exclusivamente de normas de gênese interna[50], enunciou como princípio comum do Mercosul a *"cooperação mútua no combate às fraudes e respeito nas relações comerciais e fiscais"*.

Não houve, portanto, a aplicação do direito derivado neste caso, mas o reconhecimento expresso da existência de princípios comuns do Mercosul merece destaque, tornando válida a menção desta decisão no contexto deste artigo .

## 4. TRIBUNAL REGIONAL FEDERAL DA 5ª REGIÃO

**I – Apelação em mandado de segurança n. 531.023, 1ª Turma, Relator Juiz Ridalvo Costa, publicado no** *Diário da Justiça da União* **de 18 de março de 1994, p. 10.592.**

---

[50.] Os arts. 73 e 74 do Decreto-Lei 37/66 dispõem sobre trânsito aduaneiro e o art. 105 dispõe sobre a pena de perdimento de mercadoria.

**530**

*TRIBUTÁRIO. AFRMM. ISENÇÃO. TRATADO DE ASSUNÇÃO. Segundo protocolo adicional do acordo de complementação econômica 14. Preliminar de ilegitimidade do Sr. Delegado regional do Departamento Nacional de Transportes Aquaviários – DNTA, em Fortaleza. Legitimação passiva do Ministério das Relações Exteriores. Carência de ação.*
*Decisão: unânime.*

**II – Agravo de instrumento n. 96.05.10639-6, 2ª Turma, Relator Juiz Petruccio Ferreira, publicado no *Diário de Justiça da União* de 11 de outubro de 1996, p. 77.314.**

*INTERNACIONAL PÚBLICO. TRIBUTÁRIO. PROCESSUAL CIVIL. AGRAVO DE INSTRUMENTO. AFRMM. ISENÇÃO. CONCESSÃO LIMINAR. TRATADO DE ISENÇÃO (SIC). INAPLICABILIDADE.*
*1. Estabelece o artigo primeiro do Decreto 350/91, que promulgou o tratado de Assunção, que os gravames aplicados ao comércio recíproco dos países signatários serão retirados até o final de 1994, sendo tais gravames os direitos aduaneiros e as medidas de efeito equivalente.*
*2. O AFRMM, por incidir também sobre o transporte de mercadorias produzidas internamente, quando enviadas através de navegação de cabotagem, não possui efeitos aduaneiros.*
*3. A isenção do AFRMM, quando decorrente de ato internacional, depende de prévio requerimento ao Ministério das Relações Exteriores.*
*4. Agravo improvido.*

**Comentário:**

Nestes casos, que versam sobre o mesmo objeto, qual seja, a isenção do Adicional de Frete para a Renovação da Marinha Mercante – AFRMM com base no Tratado de Assunção[51], os particulares se insurgiram contra atos das autoridades aduaneiras, que teriam retido mercadorias importadas de países do Mercosul até que fosse pago o AFRMM.

---

[51.] O Tratado de Assunção, promulgado na legislação pátria pelo Decreto 350/91, em seu anexo primeiro, assim dispõe:
Artigo primeiro – Os Estados-partes acordam eliminar, o mais tardar a 31 de dezembro de 1994, os gravames e demais restrições aplicadas ao seu comércio recíproco.
No que se refere às listas de exceções apresentadas pela República do Paraguai e pela República Oriental do Uruguai, o prazo para sua eliminação se estenderá até 31 de dezembro de 1995, nos termos do artigo 7º do presente Anexo.
Artigo segundo – Para efeito do disposto no artigo anterior, se entenderá:
a) por gravames, os direitos aduaneiros e quaisquer outras medidas de efeito equivalente, sejam de caráter fiscal, monetário, cambial ou de qualquer outra natureza, que incidam sobre o comércio exterior. Não estão compreendidas neste conceito taxas e medidas análogas, quando respondam ao custo aproximado dos serviços prestados; e

Sua pretensão não foi atendida com base principalmente no fato de que o AFRMM contemplaria também a navegação de cabotagem, o que excluiria qualquer "efeito aduaneiro", eis que também incidiria sobre os produtos nacionais transportados entre dois portos nacionais.

No aspecto adjetivo, é de se notar que uma das decisões se manifestou no sentido de que a autoridade impetrada seria o Ministro de Estado das Relações Exteriores, e não o Delegado regional do DNTA, enquanto a outra mencionou que a isenção decorrente de tratado internacional deve ser solicitada ao Ministério das Relações Exteriores, o que não teria ocorrido na espécie. Ambas, no entanto, enfrentaram o mérito, e decidiram que o AFRMM não é uma restrição ou gravame ao comércio entre os países do Mercosul. Nesse sentido:

*"Nestes termos, não vislumbro a inclusão do Adicional em análise na pretendida isenção, vez que o mesmo não se reveste de natureza protecionista, sendo cobrado tão-somente em função do uso dos portos nacionais, verificado quando da entrada de navios nos mesmos. Ademais, observa-se que tal exação não incide apenas sobre movimentações internacionais, contemplando também, o que exclui qualquer "efeito aduaneiro". Entender-se de modo contrário seria estabelecer incômoda disparidade aos produtos nacionais, vez que, produzidos em determinada parte da Federação e remetidos ao local de consumo pela via marítima, lacustre ou fluvial, submetem-se ao referido adicional, enquanto os produzidos nos demais países signatários do Tratado de Assunção e deles importados não se submeteriam a esta exação.*

*A presente norma internacional tem claro sentido de remover empecilhos ao livre comércio entre os signatários, de modo que os Estados do cone sul passam a tratar igualitariamente as mercadorias internamente produzidas e as importadas dos demais. Tal igualdade de tratamento impede a presente isenção[52]."*

**III – Agravo de instrumento n. 05006352/PB, 2ª Turma, Relator: Juiz Araken Mariz, publicado no *DJ* de 27 de junho de 1997.**

*TRIBUTÁRIO. IMPORTAÇÃO DE ÁLCOOL PARA FINS CARBURANTES. MAJORAÇÃO DE ALÍQUOTA. DEC. 1.343/94. DESNECESSIDADE DE LEI COMPLEMENTAR.*

*1 . O artigo 146, III, a, da Constituição Federal de 1988, ao dispor sobre a necessidade de Lei Complementar para a definição de tributos*

---

b) por restrições, qualquer medida de caráter administrativo, financeiro, cambial ou de qualquer natureza, mediante a qual um Estado impeça ou dificulte, por decisão unilateral, o comércio recíproco. Não estão compreendidas no mencionado conceito as medidas adotadas em virtude das situações previstas no art. 50 do Tratado de Montevidéu de 1980.

[52]. Trecho do voto do Juiz Petruccio Ferreira no Agravo de instrumento n. 96.05.10639-6.

*e suas espécies, refere-se tão-somente a fatos geradores, bases de cálculo e contribuintes.*
*1. Existência de legislação anterior, que, embora lei ordinária, foi recepcionada pela nova ordem jurídica como lei complementar.*
*2. As normas do Decreto 1.343/94 deverão ser interpretadas como vinculação ao firmado no Tratado de Assunção, cujo um dos propósitos é o estabelecimento de uma Tarifa Externa Comum e a adoção de uma política comercial comum em relação a terceiros Estados ou agrupamentos de Estados e a coordenação de posições em foros econômico-comerciais regionais e internacionais.*
*3. Segurança denegada.*

**IV – Apelação Cível n. 00596.488/AL, 2ª Turma, Relator: Juiz Araken Mariz, publicado no *DJ* de 12 de setembro de 1997.**

*TRIBUTÁRIO. CAUTELAR. IMPORTAÇÃO DE ÁLCOOL PARA FINS CARBURANTES. MAJORAÇÃO DE ALÍQUOTA. DEC. 1.343/94. DESNECESSIDADE DE LEI COMPLEMENTAR. LEGALIDADE.*
*1 . Ausentes os requisitos* fumus boni iuris *e* periculum in mora.
*2. O artigo 146, III, a, da Constituição Federal de 1988, ao dispor sobre a necessidade de Lei Complementar para a definição de tributos e suas espécies, refere-se tão-somente a fatos geradores, bases de cálculo e contribuintes.*
*3. A alteração da alíquota do imposto de importação de combustíveis (álcool carburante), promovida pelo Decreto 1.343/94, não necessita.... (sic)*[53]
*4. Existência de legislação anterior, que, embora lei ordinária, foi recepcionada pela nova ordem jurídica como lei complementar.*
*5. "A aplicação da Tarifa Externa Comum, exatamente por ser externa, não visa os países integrantes do próprio Mercosul, mas apenas a outros países, como os Estados Unidos da América". (TRF, Quinta região, Pleno, MS 29.206-PE, Relator para o acórdão Juiz Castro Meira).*
*6. As normas do Decreto 1.343/94 deverão ser interpretadas como vinculação ao firmado no Tratado de Assunção, cujo um dos propósitos é o estabelecimento de uma Tarifa Externa Comum e a adoção de uma política comercial comum em relação a terceiros Estados ou agrupamentos de Estados e a coordenação de posições em foros*

---

[53.] A ementa do referido acórdão foi extraído do sistema PRODASEN, e se encontrava desta forma neste sistema. Este autor tentou obter a íntegra do referido acórdão junto ao TRF da 5ª Região, mas até o momento do fechamento deste artigo não havia obtido êxito.

*econômico-comerciais regionais e internacionais, não havendo, em conseqüência, qualquer desvio de finalidade do ato de alteração.*
*7. Apelação e remessa oficial providas.*

**Comentários:**

Tratava-se, em ambos os casos, de questionamentos relativos ao aumento da alíquota de importação do imposto de importação pelo Decreto 1.343/94, que "altera a Tarifa Aduaneira do Brasil – TAB, para o fim de aplicação da Tarifa Externa Comum – TEC, aprovada no âmbito do Conselho do Mercado Comum do Mercosul, e dá outras providências", por importadores de álcool carburante de terceiros países, não membros do Mercosul.

As decisões concluíram que, de acordo com o sistema tributário nacional, as alterações da alíquota do imposto de importação podem ser feitas por decreto, o que torna legal a majoração efetuada.

Sob o ponto de vista do direito derivado, os acórdãos são importantes porque enunciam o compromisso comum dos Estados-partes em adotar uma política comercial comum, que justifica, inclusive sob o aspecto jurídico, a adoção de alíquota de importação para produto proveniente de terceiro Estado. Vê-se, nesses dois acórdãos, a enunciação de princípios próprios do processo de integração, ainda que a questão tenha sido definida exclusivamente sob o aspecto interno, da aplicação dos princípios de direito tributário interno.

## 6. Conclusão

O presente artigo, com as deficiências que lhe são inerentes, algumas justificáveis, outras devido às deficiências do autor, tentou traçar um panorama da aplicação do "direito derivado" do Mercosul pelo juiz nacional brasileiro. Desnecessário dizer, como já ressaltou-se, que é possível, talvez bastante provável, que outras decisões existam – quiçá até mesmo despertem questões mais interessantes que as ventiladas nos acórdãos colacionados no presente artigo.

Não obstante, com o que foi possível colacionar, algumas conclusões podem ser elencadas:

1. O Supremo Tribunal Federal não mudou sua interpretação acerca da internalização das normas de direito internacional no ordenamento nacional, não obstante estarem estas inseridas no contexto de um processo de integração econômica. Desta forma, não obstante os veementes protestos doutrinários, permanece a interpretação dualista, o que gera insegurança jurídica aos partícipes do processo, sejam eles pessoas públicas ou privadas

e críticas por parte dos parceiros do Brasil no Mercosul, visto que o principal deles, Argentina, tem adotado, tanto em sua Constituição, como por meio das interpretações de sua Corte Constitucional, um entendimento bastante diferente.

2. Em relação aos demais tribunais, é de se notar que estes procuram, na questão relativa ao "conflito" de normas do Mercosul e nacionais, resolvê-lo não com base na "natureza internacional" da norma, mas lhe dão um tratamento de norma nacional para então, com base nos critérios tradicionais de solução de conflitos – lei *superior*, lei *anterior*, lei *especial* –, não abordando sequer os problemas que seriam levantados em função do reconhecimento de uma natureza diferenciada do "direito derivado".

3. Por outro lado, se a conclusão acima é verdadeira, não é menos verdade que há, em alguns dos acórdãos colacionados, a menção à existência de objetivos comuns do Mercosul, que podem – e devem – ser utilizados para a interpretação de normas de "direito derivado". Se os casos colacionados não abordaram efetivamente a aplicação destes objetivos enquanto guias na aplicação do "direito derivado, ao menos sua declinação pode servir como presságio de que em futuros casos esses mesmos princípios venham a ser observados.

4. Por fim, a conclusão a que se chega é que não há um número de decisões suficientes para que se possam extrair critérios seguros acerca da aplicação do "direito derivado" do Mercosul pelo juiz nacional. Há indícios de que o juiz nacional preferirá sempre analisar a questão sempre do prisma do conflito interno de normas, como aliás, já predisseram e mencionaram Ferenc Majoros[54] e Paulo Borba Casella[55], o que, para a consolidação e aprofundamento do processo de integração do Mercosul é bastante

---

[54.] Les Conventions internationales en matière de droit privé. Paris: A. Pedone. Vol. 1, 1976. p. 132:
*Ora, uma tentativa de esclarecimento da mentalidade dos juízes se mostra urgente em função das interpretações arbitrárias que poderiam ser dadas pelos tribunais na aplicação desses tratados.*
*É necessário então inicialmente afirmar que uma atitude "genérica" dos juízes não pode de maneira alguma desejada, já que a maneira de enxergar dos magistrados é necessariamente determinada, mais do que pelo espírito e teor das diferentes constituições, pelo temperamento nacional e individual, tanto como pelas distintas tradições, pela hierarquia da instância provocada, e por outros numerosos fatores técnicos e outros que não são mencionados aqui.*
Or, un essai de mise au claire à propos de la mentalité des juges s´avère urgent en vue d´interprétations arbitraires qui pourraient être données à l´attitude des tribunaux à l´égard de l´application de ces traités.
Il faut d´ailleurs préciser d´entrée de jeu qu´une attitude des juges "en général" ne peut aucunement être envisagée, puisque la manière de voir des magistrats est nécessairement déterminée, outre que par l´esprit et la teneur des différents constitutions, par le tempérament national et individuel, de même que par les traditions distinctes, par la hauteur de l´instance saisie, ainsi que par de nombreux facteurs techniques et autres qui ne peuvent guère être retenus ici.

[55.] Modalidades de harmonização, unificação e uniformização do Direito o Brasil e as convenções interamericanas de Direito Internacional Privado. In: ARAÚJO, Nádia de. *Integração jurídica interamericana*. São Paulo: LTr, 1998. p. 103. "Compreensivelmente, juízes estatais, mais do que árbitros privados, tenderão a privilegiar

**535**

indesejável. Há, conforme mencionado, indícios de que há o reconhecimento da existência de objetivos comuns – princípios – do Mercosul, e estes poderão, embora não tenham sido diretamente aplicados nos acórdãos colacionados, servir como guias para futuras aplicações do "direito derivado".

Desnecessário dizer, entretanto, que este autor espera que seu trabalho seja aprofundado pelos demais estudiosos do Mercosul, aguardando com ansiedade as futuras contribuições e notícias de novas decisões, bem como a crítica – e as sugestões – acerca do presente artigo.

## 7. BIBLIOGRAFIA

BADAN, Didier Opertti. "Perspectivas de la institucionalidad del Mercosur". *Revista Uruguaya de Derecho Internacional Privado.* Montevidéo: FCU, 1997. Ano II, n. 2. pp. 13-35.

BAPTISTA, Luiz Olavo. "Inserção das normas do Mercosul no Direito Brasileiro". In:_____. FONSECA, José Roberto Franco da. *O Direito internacional no terceiro milênio: estudos em homenagem ao professor Vicente Marotta Rangel.* São Paulo: LTr, 1998. pp. 390-404.

CASELLA, Paulo Borba. *Comunidade Européia e seu ordenamento jurídico.* São Paulo: LTR, 1993.

_____. *Mercosul: exigências e perspectivas.* São Paulo: Ltr, 1996.

_____. "STF e o MERCOSUL". *Diário Comércio e Indústria.* São Paulo. 11 e 13 de julho de 1998. p. 4.

DEL POZO, Carlos Francisco Molina. *Manual de Derecho de la Comunidad Europea.* Madri: Trivium, 2ª ed., 1990.

FARIA, Werter Rotuno. "Métodos de harmonização aplicáveis no Mercosul e incorporação das normas correspondentes nas ordens jurídicas internas". In: BASSO, Maristela. (org.) *Mercosul: seus efeitos jurídicos, econômicos e políticos nos Estados-Membros.* Porto Alegre: Liv. do Advogado. 1995. pp. 77-88.

———. "A unidade do Direito e uniformidade na interpretação e aplicação das normas do Mercosul". In: BAPTISTA, Luiz Olavo e FONSECA, José Roberto Franco da (orgs.) *O Direito Internacional no terceiro milênio.* São Paulo: LTr, 1998. pp. 152-65.

GRASS, Roger. "L´article 177 du traité CEE". In: CHAUVIN, Jean & TRUBERT, Etienne. *Le droit communautaire et international devant le juge du commerce.* Paris: L´épargne, 1996.

---

o positivismo jurídico, relutando em aplicar norma ou princípio de caráter internacional, esquecendo que tal diversidade, contudo, longe de ser fruto do acaso, é essencial e deliberada, justamente distinguindo os casos regidos por lei interna, dos resultantes de relação de caráter internacional. Em relação a situações cujos elementos são regidos pela lei interna plenamente justificável se afigura a pretensão da tutela da lei nacional; inadequada e distorsiva, tal pretensão, em relação aos casos contendo elementos de estraneidade".

LASOK, D. e BRIDGE, J.W. *Law and institutions of the European communities.* Londres: Butterworths, 1991. 5ª ed.

LOUIS, Jean-Victor. *The Community Legal Order. Bruxelas: Comissão das Comunidades Européias.* Série European perspectives. 2ª ed., 1990. p. 127.

MERCADANTE, Araminta de Azevedo. "A processualística dos atos internacionais: Constituição de 1988 e Mercosul". In: CASELLA, Paulo Borba. (coord.) *Contratos Internacionais e Direito Econômico no Mercosul.* São Paulo: LTr, 1996. pp. 458-505.

PETERSMANN, Ernst Ulrich. *The GATT/WTO Dispute Settlement System.* Genebra: Kluwer Law. 1997.

ROSA, Luís Fernando Franceschini da. *Mercosul e função judicial.* São Paulo: LTr, 1997.

UNIÃO EUROPÉIA. Tribunal de Justiça das Comunidades Européias, sentença n. 6/64, de 15 de julho de 1964, Caso Costa/Enel.

VANDERSANDEN, Georges. "Introduction". In: _____.(dir) *La reforme du systeme juridictionnel communautaire.* Bruxelas: Université de Bruxelles, 1994.

VENTURA, Deisy de Freitas Lima. *A ordem jurídica do Mercosul.* Porto Alegre: Livraria do Advogado, 1996.

WYATT, Derrick e DASHWOOD, Allan. *The Substantive Law of the EEC.* Londres: Sweet e Maxwell, 1980.

# O Conflito Fronteiriço Argentino-Chileno e seus Reflexos na Integração Regional – Mercosul

## A solução da contenda demarcatória entre Argentina e Chile como elemento dinamizador do processo integracionista

### Luiz Fernando Quadros Malta Pinto de Sampaio

*Bacharel em Direito.*
*Mestrando em Integração Latino-Americana (PROLAM-USP).*

1. Introdução – 2. Antecedentes Históricos – 3. Acontecimentos Recentes – 4. O "Novo" Tratado de Limites – 5. Desdobramentos – 6. Conclusão – 7. Bibliografia

## 1. Introdução

*"...tengo la sensacion de que más allá de las encendidas proclamas nacionalistas que vamos a escuchar los próximos días, en los dos países y la mayor parte de nuestra gente quiere resolver, terminar de una vez por todas, y pasar a otras cosas más producivas, mas constructivas en nuestra relación.*
*...*
*Nosostros tenemos un Tratado de 1984 que dice cómo se arreglan los problemas limítrofes. Comprometer un país a no presentar problema limítrofe a la mesa de negociación, equivale a un tratado, no podría ser una declaración entre el Presidente Menem y el Presidente Frei, tendría que ser tratado, aprobado por el Congreso argentino y el Congreso chileno y si vamos aprobar un tratado, por qué no terminamos este asunto de una vez por todas y no se lo dejemos a nuestros nietos, que seguramente van estar más interesados en la integración que nosotros"*[1]

---

[1.] Trechos de entrevista coletiva fornecida pelo Ministro das Relações Exteriores do Chile, José Miguel Insulza, abordando a questão fronteiriça, realizada aos 25 de junho de 1998.

Elemento de notória instabilidade no concerto das nações na América do Sul sempre foi o relacionamento existente entre o Chile e a Argentina, sobretudo as controvérsias acerca do perímetro exato de seus respectivos territórios pátrios. Ao contrário do Brasil, que há quase um século consolidou suas fronteiras nacionais como resultado sobretudo de eficiente labor empreendido pelo Barão de Rio Branco[2], as vizinhas nações conservavam até recentemente seus litígios fronteiriços, herança ainda da administração colonial da Coroa Espanhola conjugada com a peculiar geografia, a portentosa Cordilheira dos Andes, separando os dois países.

Porém, em dezembro último, as Repúblicas da Argentina e do Chile, através de seus presidentes democraticamente eleitos, Carlos Menem e Eduardo Frei, deram importante passo no sentido de aplainar as diferenças seculares e conferir novo ímpeto às suas relações bilaterais. Àquela oportunidade os dois mandatários sul-americanos, reunidos no Salão Branco da Casa Rosada, sede do Executivo argentino, firmaram tratado internacional acerca dos limites fronteiriços da região conhecida como *Campos de Hielo del Sur*, para os chilenos, ou *Hielos Continentales*, conforme denominação portenha da região localizada no extremo sul do continente americano, pondo fim, assim, à derradeira disputa de limites, ainda pendente, envolvendo os dois países. O referido tratado bilateral de limites, muito embora tenha gerado inúmeros e acalorados debates nas sociedades argentina e chilena, não obteve maiores repercussões além dos quadrantes destes dois países, passando quase desapercebido para as demais nações da região. Entretanto, o êxito obtido pela Argentina e pelo Chile na solução pacífica de seu diferendo sobre fronteiras constitui fundamental marco para o processo de integração do continente sul-americano, e mais diretamente, para o próprio sucesso do bloco econômico Mercosul, do qual a Argentina é Estado-parte, e o Chile ostenta *status* de Estado associado. O presente trabalho pretende, então, demonstrar quais as implicações do tratado celebrado pela Argentina e pelo Chile para o futuro do esquema integracionista no continente. Neste sentido, faz-se necessário, primeiramente, breve referência à contenda fronteiriça entre os dois países e sua evolução histórica; ao depois, em estágio seguinte, serão apreciados os elementos informadores do tratado e fatores determinantes de sua celebração, para, ao final, elucidar quais as conseqüências da implementação do tratado limítrofe, demonstrando sua relevância para o projeto de desenvolvimento econômico-social vislumbrado pelos países da região[3].

---

[2] Para melhor compreensão da temática referente à consolidação das fronteiras nacionais brasileiras, veja-se *Uma História Diplomática do Brasil (1531-1945)*, de José Honório RODRIGUES e Ricardo A. S. SEITENFUS, Editora Civilização Brasileira, Rio de Janeiro, 1995.

[3] Como ensina o renomado internacionalista Celso D. de Albuquerque MELLO, "*O limite é a linha que separa o território entre dois Estados. A fronteira é a região ao redor do limite. Na prática e através da História as duas noções têm sido utilizadas como sinônimas, mas a distinção se impõe no campo jurídico*", in *Curso de Direito Internacional Público*, 2º vol., 10ª ed., Rio de Janeiro, Editora Renovar, 1994, p. 859.

## 2. Antecedentes Históricos

Conforme é cediço, tanto o Chile como a Argentina compartilham de uma origem comum, ambos, ex-colônias da Coroa Espanhola, tornaram-se independentes em ocasiões próximas, sendo digno de observação que o movimento de independência do Chile contou com importante auxílio de José de San Martín, militar argentino, na guerra de reconquista contra a metrópole e consagração definitiva da independência chilena. Contudo, estando independentes, Chile e Argentina tomaram rumos diversos, evoluindo gradativamente para um contexto de confronto recíproco, sobretudo diante da necessidade premente, na segunda metade do século XIX, de consolidação de seus respectivos Estados nacionais e institucionalização de um poder central, onde a demarcação dos limites do Estado constituía importante instrumento desta política. Porém, face às peculiaridades geográficas da região, o claro estabelecimento dos limites fronteiriços entre ambos os países não era questão de fácil solução, o que acarretou o florescimento de inúmeros litígios que permaneceram latentes durante quase todo o presente século, em que pese, frise-se, as várias tentativas de resolução[4].

Neste sentido, mencione-se o Tratado de Limites de 1881 e o Protocolo Adicional e Aclaratório de 1893. O Tratado de 1881 representou a renúncia chilena sobre o território patagônico e disciplinava em síntese: i) que a linha de fronteira correria pelos cumes mais elevados da Cordilheira dos Andes que divide as águas e passará por entre as vertentes que se desprende de um lado e de outro; ii) ao Chile caberia uma faixa de território ao norte do Estreito de Magalhães; iii) a Terra do Fogo seria dividida, cabendo uma parte ao Chile e outra à Argentina, sendo que todas as ilhas situadas entre o canal e o Cabo Hornes seriam chilenas; e iv) a zona do Estreito de Magalhães seria considerada área neutra à bandeira das duas nações. Fora neste tratado (1881) que se originou o debate acerca dos conceitos da linha de cumeeira e *divortium aquarum*, que foram utilizados como conceitos complementares, embora, na verdade, sejam distintos, não havendo coincidência nas linhas decorrentes de sua utilização. A controvérsia quanto à aplicação de tais conceitos gerou em conseqüência a grande parte dos conflitos fronteiriços subseqüentes.

Em fins do ano de 1978 o diferendo fronteiriço quase resultou em um confronto bélico direto entre a Argentina e o Chile em face das infrutíferas tratativas acerca do domínio das ilhas Lennox, Picton e Nueva situadas no Canal

---

[4] Oportuno esclarecer que o conflito fronteiriço entre a Argentina e o Chile remonta ao ano de 1847, quando o governo argentino apresentara protesto ao Estado chileno acerca da ocupação de território que este empreendera no Estreito de Magalhães através do estabelecimento de uma fortificação, Bulnes, naquela região, o que resultou na assinatura de um tratado de limites em 1856 fundado no princípio do *"uti possidetis ita possideatis"* – assim como possuis, continuareis a possuir.

de Beagle, que apenas fora sustado mediante a pronta e eficaz intervenção do Pontífice João Paulo II, que indicou o cardeal italiano Antonio Samoré para a mediação do conflito[5].

## 3. ACONTECIMENTOS RECENTES

Já em 1984, ainda sob o auspício papal, restabeleceu-se a normalidade das relações bilaterais entre a Argentina e o Chile, através da celebração do Tratado de Paz e Amizade, firmado pelos presidentes Augusto Pinochet e Raúl Alfonsin, recém-eleito pelo voto direto. Mais tarde, com o restabelecimento do regime democrático também no Chile e consecutiva eleição de Patrício Aylwin, houve nova dinamização das relações bilaterais argentino-chilenas, celebrando-se importante acordo de limites no mês de agosto de 1991 na cidade de Buenos Aires, Argentina, iniciando-se a derradeira fase de solução pacífica da contenda fronteiriça entre ambos os países. Referido acordo, mais precisamente, a celebração de uma Declaração Presidencial conjunta, firmada pelos presidentes Menem e Aylwin, previa, em seus anexos, três distintas disciplinas acerca da controvérsia de fronteiras. A primeira demarcava a área relativa ao *Campo de Hielo Sur* utilizando um conceito designado por linha poligonal, consistente em traçar-se uma linha convencional com o fim de se estabelecer uma divisão praticamente igualitária do território sob litígio entre as duas nações, abandonando-se o critério da *"divortium aquarum"* e o princípio dos altos picos ou linha de cumeeira[6], face às dificuldades geográficas do território em litígio, devendo, ao final, ser submetido à aprovação perante os respectivos parlamentos nacionais. De outra parte, acordou-se, no referido tratado, que o diferendo referente à *Laguna del Desierto* seria submetido a um Tribunal Arbitral. Por fim, estabeleceu-se que os outros 22 pontos da fronteira em conflito demarcatório seriam resolvidos através de negociações diretas entre os dois países.

O Tribunal arbitral, posteriormente criado, manifestou-se favoravelmente à pretensão argentina em relação à *Laguna del Desierto* em outubro de 1994, enquanto, em relação a *Campos de Hielo Sur*, o acordo não prosperou diante de

---

[5.] Em abril de 1977 a Rainha Elizabeth II, do Reino Unido, ratificou laudo arbitral, no qual conferia a soberania sobre as ilhas Lennox, Picton e Nueva ao Chile, colocando o governo argentino em posição estrategicamente desvantajosa, visto que o Chile adquiriria o controle sobre o Estreito de Magalhães e, conseqüentemente, da passagem biocêanica Pacífico-Atlântico, colaborando sobremaneira para o aumento das hostilidades entre os dois países.

[6.] Ainda conforme preleciona o eminente jurista Celso Albuquerque na obra citada retro, pp. 861/862, vários critérios podem ser utilizados na demarcação dos limites, dentre eles o critério designado por linha de cumeeiras, *"é a linha que une os cumes mais altos de uma cadeia de montanhas"*, e ainda o critério da linha do divisor de águas ou, *"divortium aquarum"*, em que o limite *"passa nos locais em que se dividirem as bacias hidrográficas"*, sendo importante salientar que tais critérios não se confundem.

sua não aprovação pelos parlamentos do Chile e da Argentina, tendo em vista a controvertida metodologia adotada de demarcação dos limites com a utilização da "linha poligonal".

## 4. O "NOVO" TRATADO DE LIMITES[7-8]

Iniciou-se, então, novo esforço diplomático levado a cabo pelos Chanceleres José Miguel Insulza, do Chile, e Guido Di Tella, da Argentina, abandonando-se a polêmica "linha poligonal" e reintroduzindo os conceitos de *divortium aquarum*" e linha de cumeeira. Paralelamente, ambos os governos incentivaram o debate interno acerca da questão limítrofe, o que possibilitou a obtenção de um consenso mínimo dentre os diversos setores da sociedade e correntes políticas, permitindo, então, que, aos 16 de dezembro de 1998, fosse celebrado pelos presidentes Eduardo Frei e Carlos Menem o acordo de determinação dos limites entre Chile e Argentina na fronteira comum compreendida entre o Monte Fítz Roy e "cerro" Daudet. Devendo-se salientar que, embora prescinda de aprovação pelos parlamentos nacionais de ambos os países, sua ratificação, ao contrário do acordo precedente, é dada como certa, tendo em vista que mesmo sendo diminuto o lapso temporal decorrido desde sua assinatura, já fora convalidado tanto pelo Senado chileno – necessitando apenas de aprovação pela Câmara de Deputados – como também obteve parecer favorável na Câmara de Deputados argentina.

O "novo" acordo celebrado pela Argentina e pelo Chile não apresenta sob o aspecto jurídico qualquer inovação, assemelhando-se a tantos outros acordos do gênero e, como anteriormente salientado, adotou novamente os critérios de demarcação *divortium aquarum*" e linha de cumeeira para o estabelecimento da linha fronteiriça. Contudo, é oportuno observar que, nos artigos finais do recente tratado, os países acordantes decidiram alçar ao espectro de suas relações recíprocas a matéria relativa à defesa do meio ambiente da área objeto do acordo, prevendo ações conjuntas no campo científico, além de outras possíveis utilizações em decorrência das características naturais da região. Convencionou-se, outrossim, a adoção por ambas as partes de medidas eficazes no sentido de prevenir e enfrentar situações de emergência e catástrofes que porventura ocorram. Por fim, ficou disposto que uma comissão mista de limites Chile-Argentina confeccionaria um mapa na escala 1:50.000 para efeitos de demarcação.

---

[7] Cópia em anexo do tratado.
[8] Utilizo o termo "novo" para o acordo celebrado em dezembro de 1998, para diferenciá-lo daquele firmado anteriormente, no ano de 1991.

Porém, a importância fundamental do acordo celebrado entre a Argentina e o Chile não está no tratado propriamente considerado, mas, sim, no fato de ter representado alternativa ao impasse secular existente na delimitação precisa dos contornos fronteiriços entre os dois países, onde o apego ao estrito formalismo e rigidez de posições foram substituídos por posicionamentos firmes, mas, todavia, suscetíveis de negociação. A positiva vontade política de ambos os governos envolvidos em obter uma solução satisfatória e, acima de tudo, pacífica, à questão limítrofe exerceu inquestionável peso na superação do impasse. É oportuno observar, neste particular, que o governo chileno detinha cômoda posição frente ao litígio *Campos de Hielo Sur,* visto que o Tratado de 1991 era tido como lhe sendo mais favorável e de fácil ratificação pelo Congresso chileno, ao passo que, em relação à Argentina, o mesmo não se verificava, existindo forte oposição à ratificação daquele anterior instrumento, daí por que a necessidade de se obter novo consenso em relação aos limites territoriais, o que, eventualmente, poderia acarretar o "congelamento" do processo demarcatório. Mas o impasse a nenhum dos envolvidos interessava; buscou-se assim, o entendimento que importou na celebração do derradeiro tratado.

## 5. DESDOBRAMENTOS

Importante paralelo que deve ser traçado quando da análise do conflito fronteiriço entre a Argentina e o Chile é o referente ao tipo de regime político vigente em cada um dos países. Neste contexto então e no âmbito da relação bilateral Argentina-Chile, depreende-se com facilidade o relevante papel desempenhado pela "simples" existência de instituições de cunho democrático no controle e orientação da política externa de ambos os países, onde o recurso ao uso da força como instrumento "válido" de atuação no sistema internacional adquire função terciária, em favor de negociações diplomáticas diretas e incentivo a profundo e profícuo debate dentre os setores envolvidos a fim de atender-se satisfatoriamente aos interesses existentes, buscando-se, sempre, a resolução pacífica das controvérsias. Assim, veja-se que a contenda chileno-argentina passou do quase conflito armado verificado no Natal de 1978, quando tanto a Argentina como o Chile passavam por regimes de exceção, autoritários, com exacerbado nacionalismo, até o recente "Abraço" dos presidentes Frei e Menem no Estreito de Magalhães, fevereiro de 1999, repetindo similar gesto dos presidentes Federico Errázuriz e Julio Roca realizado há mais de cem anos, naquele mesmo local, simbolizando de forma singular a superação da centenária animosidade entre os dois países, que agora passam por excelente fase em suas relações.

**544**

Observe-se, ainda, que a celebração do acordo referente a *Hielos Continentales* insere-se numa perspectiva mais ampla do concerto bilateral empreendido pela Argentina e pelo Chile, pois muito além do que apenas resolver o embate fronteiriço específico, ambas as nações pretendem galgar estágios superiores na interação de suas sociedades, sobretudo do ponto de vista econômico. Indicativo desta nova direção, pode-se observar inclusive do próprio tratado, no qual consignou-se expressamente que respaldava o acordo a decisão dos governos de *"intensificar las relaciones de vecindad que se expresan en una auténtica y efectiva integración"*. Hielos Continentales representa um marco desta nova fase da relação Chile-Argentina, justamente porque fora o derradeiro conflito de fronteira a ser solucionado e, o que deveras salutar, pela via pacífica, sequer se recorrendo a eventual arbitragem, pondo fim, como já salientado anteriormente, à antiga e ácida diferença que sempre pautou suas posições recíprocas. Demonstraram ser possível a composição adequada de conflitos sem que, para tanto, houvesse necessidade de recurso ao uso da força, como outrora verificado. Paralelamente às negociações sobre fronteiras, Argentina e Chile, optaram, também, em dinamizar suas relações em diversas outras matérias, notadamente a econômica, dando impulso a inúmeras negociações que culminaram com a celebração de tratados bilaterais disciplinando, por exemplo, suas relações comerciais, através do Acordo de Complementação Econômica n. 16, no âmbito da Associação Latino-Americana de Desenvolvimento e Integração ou, ainda, o Tratado de Promoção e Proteção de Investimentos de agosto de 1991.

Neste aspecto, merece destaque a gradativa importância que adquire o capital chileno investido na Argentina, montante que supera a quantia de 6 bilhões de dólares americanos e isto, apenas no período compreendido entre os anos de 1990 e 1996, o que corresponde a mais de 50 % de todo o capital investido no exterior por grupos chilenos.

Desenvolveram-se, mesmo antes da superação definitiva do litígio fronteiriço, mas certamente incentivados por referido episódio, inúmeros outros acordos envolvendo o Chile e a Argentina, abarcando as mais variadas matérias, desde o estabelecimento de um controle integrado de fronteiras, passando pela implementação de um gasoduto entre as cidades de Los Andes (Chile) e Mendoza (Argentina), até a provável celebração, em data próxima, de um tratado acerca da exploração conjunta dos recursos minerais situados na fronteira dos dois países. Da mesma forma, veja-se o recente Protocolo sobre Integração Física, celebrado no âmbito do Mercosul, reafirmando a vontade política de ambas as partes (Mercosul e Chile) em incrementar suas interconexões físicas, terrestres, fluviais, lacustres, marítimas e aéreas, acordo este com importantes e diretos reflexos, sobretudo à Argentina, em decorrência de sua situação geográfica privilegiada no bloco econômico.

De outra parte, pode-se afirmar, inclusive, que era medida que se impunha com certa urgência tanto ao Chile como à Argentina que empreendessem esforços com o intento de compor pacificamente suas seculares rivalidades no pertinente aos limites fronteiriços, em face do imperativo representado pelo processo de integração econômica empreendida no âmbito do Mercosul, dos quais são integrantes tanto o Chile como a Argentina, e cuja dinamização e aprofundamento dependia, por certo, da superação do conflito citado. Não mais mostrava-se possível a manutenção da permanente hostilidade entre os dois países, visto que se mantida intocada tal matéria, representaria a mesma elemento fragilizante do processo de integração econômica que se intenta empreender no Cone Sul, tornando-o susceptível de repentinas e indesejáveis crises – como bem ilustrativa é a história recente da região[9].

Obviamente, a questão fronteiriça era fator condicionante de qualquer outro ato de política externa de cada um dos países em relação a seu vizinho transandino, onde a mera existência do impasse e incertezas diante do avolumado conjunto de litígios impossibilitava o aprofundamento das relações em outras esferas, muito embora a vocação natural para tanto, em face da extensa fronteira, mais de 4.000 quilômetros, por ambos compartilhada. Da mesma forma, no contexto das nações latino-americanas, no jogo das relações internacionais, também tornava-se difícil um melhor aproveitamento das oportunidades e potencialidades comerciais, ainda em decorrência da possibilidade de alinhamentos ou não em prol de uma ou outra nação, muito embora, não se possa olvidar, o ambiente favorável proporcionado pela criação da ALALC e posterior substituição pela ALADI.

Assim, era efetivamente necessário dar claro sinal à comunidade internacional da superação da divergência limítrofe envolvendo dois importantes parceiros do bloco econômico regional, indicando de forma cristalina a maturidade institucional a que estavam alçando-se os Estados-partes, capazes de, pacificamente, diluir de maneira equilibrada questão que sempre influenciou os ânimos e a política externa dos países da região[10]. Ademais, ao eliminar-se o referido fator de instabilidade, conferiu-se maior vigor também às recém-criadas "instituições" no âmbito do Mercosul, pois, como já mencionado, afastou também

---

[9] Neste particular, singular exemplo refere-se à contenda fronteiriça envolvendo o Peru e o Equador, na região conhecida por Cordilheira do Condor e Vale do Rio Cenepa, que perdura por mais de cinqüenta anos, entrando os referidos países em confronto bélico direto em janeiro de 1995, com inúmeras baixas, tanto civis como militares. E, como bem observado pelo ilustre Professor Paulo Casella certa ocasião, em aula ministrada na Faculdade de Direito da USP, que, *"permissa venia"*, trago à colação, no sentido de que o referido conflito representara "a morte cerebral" do Pacto Andino.

[10] Resta ainda, aos Estados-membros do Mercosul, solucionar a questão relativa à frágil democracia paraguaia, que rotineiramente dá sinais de instabilidades, como recentemente no caso da renúncia do Presidente Raúl Cubas; devendo-se salientar, contudo, a louvável inserção da chamada "Cláusula Democrática", que condiciona a defesa da democracia como fator de aceitação como membro do agrupamento regional.

**546**

a possibilidade de ocorrência de eventuais crises que colocariam em risco a própria existência e operacionalidade do acordo constitutivo do Mercosul e tratados subseqüentes.

Mas não só, pois já estando afastada a contenda fronteiriça de uma vez por todas, permite-se aos operadores econômicos que estabeleçam planos mais consistentes de desenvolvimento e investimento, seja por parte do setor produtivo privado, seja pelo lado do setor estatal, podendo este realizar inclusive uma melhor alocação dos recursos nacionais, deslocando ou reduzindo sobremaneira os gastos até então empreendidos na segurança nacional, eis que, eliminada importante hipótese de conflito, e investindo mais ativamente no desenvolvimento econômico-social, como meio de reduzir a gritante, porém, costumeira desigualdade social.

## 6. CONCLUSÃO

É claro que, em determinados conflitos podem ocorrer situações que conduzam a um impasse de posições no embate, tendo ambas as partes louváveis e respeitáveis fundamentos a respaldar suas respectivas pretensões que, se contrapostas, mostram-se contraproducentes e impassíveis de composição. Em assim sendo, exige-se das partes envolvidas a formulação e tomada de posição sob um ângulo maleável e, de certa forma, criativo, a fim de possibilitar uma resolução satisfatória do determinado ponto controvertido. Neste aspecto, então, é que se vislumbra com maior nitidez a importância da existência de um regime democrático na condução dos negócios do Estado, qualquer que seja ele, permitindo uma maior "adaptabilidade" do interesse nacional, perfeitamente identificado e não viciado[11], levando em consideração o interesse contrário, visando sempre à solução pacífica da controvérsia.

Importante anotar também que, ao contrário do observado na União Européia, na qual a criação de um mercado comum fora vislumbrado como um dos elementos de neutralização do secular conflito franco-alemão, através da gestão comum dos recursos naturais, sobretudo do carvão e do aço, no continente

---

[11.] Utilizo a expressão "não viciado" ao me referir ao interesse nacional com o propósito de esclarecer que, por vezes, o interesse nacional eleito por um determinado governo pode estar dissimulado, a fim de atender interesses outros que não propriamente o nacional, fundado numa coerente política externa. Assim, por exemplo, entendo como viciado o interesse nacional, quando este é utilizado com fins precípuos de ordenação interna, falsamente apresentados à respectiva sociedade como constituindo interesse externo do Estado, como ao meu ver fora o caso da Guerra das Malvinas, pois embora tenha evidente caráter de interesse nacional a questão relativa à soberania sobre aquele arquipélago, o conflito armado fora apresentado ao povo argentino como inevitável, a fim de atender a interesses do regime militar, carente de elemento de coesão interno para a sustentação daquele frágil regime.

sul-americano a integração econômica – estruturada como estratégia de desenvolvimento econômico e social da região – fora, a meu entender, fator determinante a sedimentar os conflitos existentes, particularmente os relativos a contendas fronteiriças[12].

Assim, no caso da Argentina e do Chile, houve um evidente reescalonamento das prioridades nacionais com clara opção pela coordenação das economias nacionais, compreendidas num contexto maior de inserção competitiva da região no comércio internacional, tendo em vista a necessidade de reverter a tendência verificada nas últimas décadas de perda de importância das economias da porção sul do continente americano no intercâmbio de produtos no mercado global.

## 7. Bibliografia

BANDEIRA, Moniz, *Estado nacional e política internacional na América Latina: o continente nas relações Argentina-Brasil (1930-1992)*, Editora Ensaio, 1993.

LUNA, Felix, *Breve historia de los argentinos*, 6ª ed., Editorial Planeta Argentina, 1994.

MELLO, Celso Duvivier de Albuquerque, *Curso de Direito Internacional Público*, 10ª ed., Volumes I e II, Editora Renovar, 1994.

VALENZUELA, Francisco Frías, *Manual de Historia de Chile*, 11ª ed., Editora Zig-Zag, S.A, Santiago de Chile, 1993.

*Mercosul: Legislação e Textos Básicos*/Ministério das Relações Exteriores e Comissão Parlamentar Conjunta do Mercosul – Seção Brasileira. Senado Federal, Brasília, 2ª ed., 1996.

---

[12.] Apenas a título de ilustração, oportuno observar também a superação da rivalidade entre Brasil e Argentina, que, já em meados da década de oitenta, celebraram acordo disciplinando o uso da energia atômica, fomentando, assim, uma confiança recíproca, até então incipiente, possibilitando tempos depois a celebração do Acordo de Complementação Econômica entre os dois países, que mais tarde veio a "transformar-se" no atual Mercosul.

**548**

# Acuerdo entre la República de Chile y la República Argentina para precisar el recorrido del límite desde el Monte Fitz Roy hasta el Cerro Daudet

La República Argentina y la República de Chile en adelante las Partes;

DESEOSAS de completar la demarcación de la frontera común; TENIENDO PRESENTE el Tratado de Limites de fecha 23 de julio de 1881, el Protocolo de fecha de 1 mayo de 1893 y demás instrumentos aplicables en la materia objeto del presente Acuerdo;

RECORDANDO los propósitos señalados en la Declaración Presidencial de fecha 2 de agosto de 1991;

DECIDIDAS a intensificar las relaciones de vecindad que se expresan en una auténtica y efectiva integración;

ACUERDAN:

### Artículo I
Las Partes con el fin de precisar el recorrido del límite entre ambos países desde Monte Fítz Roy hasta el Cerro Daudet, establecen dos secciones conforme a lo que que se indica a continuación:

### Sección A
Dede el Cerro Murallón hasta el Cerro Daudet
La línea del límite queda determinada de la siguiente manera : partiendo desde el Cerro Murallón la línea sigue la divisoria de aguas que pasa por los cerros Torino Este, Bertrand – Agassiz Norte, Agrassiz Sur, Bolados, Onelli Central, Spegazzini Norte y Spegazzini Sur.
A panir del Cerro Spegazzini Sur, la línea prosigue mediante segmentos de recta que unen sucesivamente los puntos señalados con las letras A, B, C, D, E, F, G, H, I y J.
Entre el punto J y el identificado con la letra K la línea corre por la divisoria de aguas determinada por ambos puntos. Desde el punto K la línea continúa mediante segmentos de recta que unen los puntos identificados con las letras L y M.
Desde el punto M la línea sigue por la divisoria de agua hasta el punto señalando con la letra N, desde donde continúa por la divisoria de aguas que une este último punto con los cerros Pietrobelli,

**549**

Gardener, Cacique Casimiro y el punta Ñ. En seguida, mediante un segmento de recta la línea alcanza el punto identificado con la letra O.

Desde el punto Q la línea se dirige por medio de un segmento de recta al cerro Teniente Feilberg, desde donde prosigue por la divisoria de agua que la conduce hasta el punto identificado con la letra P.

Desde el punto P la línea prosigue uniendo mediante segmentos de recta el punto Q, el Cerro Stokes, los puntos R, S, T y el Cerro Daudet donde termina su recorrido.

Las coordenadas de los puntos antes indicados figuran en el Anexo 1 del presente Acuerdo. La traza antes descrita que ha sido representada en la imagen satelital Spot (escenas panorámicas) escala 1: 100.000 se incluye a modo ilustrativo y referencial en el Anexo II del presente Acuerdo.

Para la demarcación en el terreno las Partes encomiendan a la Comision Mixta de Límites Chile – Argentina conforme a lo dispuesto en el Protocolo de Reposición y Colocación de Hitos en la Frontera Chileno de Fecha 16 de abril de 1941 y en el Plan de Trabajos y Disposiciones Generales la realización de las levantamientos a fin de confeccionar conjuntamente una carta a escala 1:50.000 como requisito impresindible para llevar a cabo la referida demarcación.

### Sección B

Desde la cumbre del Monte Fitz Roy hasta el Cerro Murallón.

Desde la cumbre del Monte Fitz Roy la línea descenderá por la divisoria de aguas hasta un punto de coordenadas X=4.541.630 Y=1.424.600. De allí proseguirá en línea recta hasta un punto situado en coordenadas X=4.540.950 Y=1.421.200 siendo la traza descrita representada en la imagen satelital Spol (escenas panorámicas escala 1:100.000. que se incluye a modo ilustrativo y referencial el Anexo II del presente Acuerdo.

Desde el último punto indicado en el párrafo precedente la línea seguirá por el paralelo del lugar hacia el Occidente y será trazada dando cumplimiento a lo dispuesto en los instrumentos aplicables que se establece en el Protocolo sobre Reposición y Colocación da Hitos en la Frontera Chileno-Argentina de fecha 16 da abril de 1941 y en el Plan de Trabajos y Disposiciones Generales que rige a la Comisión Mixta de Limites Chile-Argentinas en particular el

Punto 1.21 de este último.

En el área determinada entre los paralelos de latitud Sur 49°10'00'' y 49°47'3O'' y los meridianos de Longitud Oeste 73°38'00'' y 72°59'00'', según sistema de coordenadas geográficas Campo Inchauspe 1969, las Partes encomiendan a la Comisión Mixta de Límites Chile-Argentina la realizacización del levantamiento a fin de confeccionar conjuntamente la carta a escala 1:50.000 conforme a lo dispuesto en el citado Protocolo de 1941 y en sus documentos conexos. Dicho levantamiento cartográfico en la mencionada escala constituirá un requisito impresindible para llevar a cabo la demarcación en el terreno.

Las coordenadas señaladas precedentemente figuran con el Anexo 1 del presente Acuerdo en el sistema WGS 84.

En este sector no será aplicable el Protocolo Específico Adicional sobre Recursos Hídricos Compartidos de fecha 2 de agosto de 1991.

## Artículo II

Las coordenadas de la Sección A indicadas en el Anexo I del presente Acuerdo, corresponden a valores establecidos por los sistemas de proyecciones Conforme Gauss Krügger (Datum Geodésico Campo Inchauspe, 1969) y WGS 34.

En la Sección B establecida en el Artículo 1 del presente Acuerdo, los valores de las coordenadas a partir del Monte Fitz Roy están referidos al Punto Astronómico Hito 62 de la Comisión Mixta de Límites Chile. Argentina. En el Anexo 1 se indican Estas últimas coordenadas en dicho sistema y en el sistema WGS 84.

## Artículo III

En el marco del presente Acuerdo las Partes declaran que todas las aguas que fluyen hacia y desaguan por el río Santa Cruz serán consideradas a todos los efectos como recurso hídrico propio de la República Argentina. Asimismo, serán consideradas a todos los efectos como recurso hídrico propio de la República de Chile las aguas que fluyen hacia los fiordos oceánicos.

Cada Parte se compromete a no alterar en cantidad y calidad las recursos hídricos exclusivos que corresponden a la otra Parte en virtud del presente Acuerdo.

### Artículo IV

Las Partes cooperarán estrechamente a fin de aplicar estrictas medidas de protección del medio ambiente en el sector objeto del presente Acuerdo y promoverán actividades científicas conjuntas y otros usos suceptibles de realizarse acorde con las características naturales de las áreas protegidas conionne a las disposiciones del Tratado sobre Medio Ambiente de fecha 2 de agosto de 1991.

### Artículo V

Las Partes se comprometen a adoptar medidas eficaces par prevenir y enfrentar situaciones de emergencia y catástrofes que, pudieran sobrevenir y que afecten las actividades que se realicen en el sector objeto del presente Acuerdo. En virtud de estas medidas se facilitarán los medios de auxilio más adecuados disponibles de acuerdo con los procedimientos vigentes.

### Artículo VI

Forman parte integrante del presente Acuerdo los Anexos I y II.

552